프랑스 농촌사의
기본성격

프랑스 농촌사의 기본성격

2023년 1월 12일 초판 1쇄 찍음
2023년 1월 26일 초판 1쇄 펴냄

지은이 마르크 블로크
옮긴이 이기영
책임편집 고인욱
편집 최세정·이소영·엄귀영·김혜림
표지·본문디자인 김진운
본문조판 민들레
마케팅 최민규·정하연·김현주

펴낸이 고하영·권현준
펴낸곳 (주)사회평론아카데미
등록번호 2013-000247(2013년 8월 23일)
전화 02-326-1545
팩스 02-326-1626
주소 03993 서울특별시 마포구 월드컵북로6길 56
이메일 academy@sapyoung.com
홈페이지 www.sapyoung.com

ISBN 979-11-6707-089-0 93920

Marc Bloch
Les caractères originaux de l'histoire rurale française

프랑스 농촌사의
기본성격

마르크 블로크 지음 | 이기영 옮김

사회평론아카데미

뤼시엥 페브르의 머리말

1931년에 처음으로 오슬로에서 출판되고 같은 시점에 파리에서도 벨레트르 출판사에서 발행되었던 마르크 블로크의 저서 『프랑스 농촌사의 기본성격』(*Les caractères originaux de l'histoire rurale française*)은 오래전 절판되었다. 생전에 마르크 블로크는 이 책을 반드시 재출간할 계획이라고 나에게 여러 차례 말한 바 있다. 그러나 그가 생각한 것은 그의 원저를 단순히 재출간하는 것이 아니었다. 역사가는 시간을 정지시키지 못하며 좋은 역사책이라면 20년 뒤에는 개정할 필요가 있음을 누구보다도 그는 잘 알고 있었다. 그러나 블로크는 자신의 목적을 달성하지 못하고 말았으며, 다른 사람이 그의 이론적 근거를 검증해 주고 그것의 규명을 통해서 독창적인 그의 가설들을 더욱 발전시켜 주기를 기대했던 자신의 뜻을 아무에게도 전하지 못하고 말았다. 마르크 블로크에게는 자신의 위대한 저서를 자신이 바라던 대로 개정할 시간적 여유가 없었다. 그렇지만 시간이 있었다면, 정말로 그는 자신의 책을 개정했을까? 나는 마르크 블로크가 다소 따분하고 무엇보다도 쉽지 않은 이러한 개정작업을 하기보다는 새로운 책의 저술을 구상하고 구체화해서 쓰는 즐거움을 택했을 가능성이 높았으리라고 생각한다. 보통 저자가 전에 저술한 책을 수정하려고 할 때, 그가 할 수 있는 일이라곤 자기 스스로가 애초 초안의 포로가 됨을 느끼고는 그로부터 벗어나려고 애쓸 뿐이기 때문이다. 어쨌든 이런 점은 중요하지 않다. 우리의 친구는 다른 많은 것과 함께 이것에 관한 비밀을 자신의 무덤 속으로 가져가 버렸다. 분명한 사실은 역사에 관한 우리의 고전 가운데 하나가 20년 전부터 재출간을 기다리고 있었다는 점이다. 이 책이 바로 그것이다.

이 중판본은 두 가지 부분으로 구성되어 있다. 하나는 오슬로에 있는 비교문명연구소(Instituttet for Sammenlignende Kulturforskning)의 적절한 주도로 1931년에 출간되었던 위대한 저서의 원전을 그대로 전재(轉載)한 것이다. 주지하다시피 메이예, 비노그라도프, 예스페르선, 카알그런, 마그누스 올슨, 알폰스 돕슈 등과 같은 학자들에게 차례로 연구소의 사업과제에 참여해 주기를 요청했던 이 중요한 연구소는 1929년에 관례적인 활동영역을 과감히 탈피하여, 아직 나이가 젊고 학계에 처음 진출하여 진로를 모색하고 있던 마르크 블로크에게 프랑스 농촌사의 기본성격에 대해 몇 번의 강연을 해 줄 것을 제안했다. 이 책은 그 강의록을 모은 것이다. 강연은 성공적으로 이루어져서 마르크 블로크가 처음으로 자신의 강점과 일찍이 대가로서의 능력을 깨달을 수 있는 기회가 되었다. 그렇지만 강연내용은 그 후에 수정되고 천착되고 확충됨으로써 우리 모두가 이용하는 이 책으로 나오게 되었다. 나는 『역사학보』(Revue historique)에서 이 책의 출간을 환영하고 더할 나위 없이 훌륭한 책이라고 말했다. 이 책은 참고문헌 안내에서 두 권의 책을 누락시켰다. 누락된 두 책은 어쩌면 영원히 알려지지 않아도 마땅할 것 같기는 하지만, 현학자들이 볼 때는 그로 인해 저자의 '학문적 명성'이 위태로워지지 않을까 하는 불안감이 생길 수도 있는 것이었다. 그러나 이 책은 그런 불안을 일거에 제거하고 정확하게 학계의 연구성과를 평가하며 연구방향을 제시할 줄 알았던 사람의 저서이다.

블로크의 작업은 쉽지 않았다. 프랑스는 오늘날 그렇듯이 지리적 환경으로 봐서나, 보통 생각하는 것 이상으로 다양한 정착민이 뒤섞여 살면서 끼친 색다른 여러 자취로 봐서나, 또 우리가 프랑스적이라고 부르는 땅에 대한 여러 경합하는 물질문명과 정신문명의 영향으로 볼 때나, 서로 매우 다른 지방들로 구성된 나라였다. 그래서 대단히 복잡할 수밖에 없는 농업사의 기본특성을 도출하는 일은 쉽지 않았을 것이다. 그러나 그렇다고 하더라도 그 작업은 필요불가결하였다. 프랑스는 대단히 오래된 농업국가이다. 그렇기 때문에 프랑스 농촌사가 그만큼 중요하다는 점을 인정하지 않는다면, 변혁이란 것이 무릇 농업의 중흥에 다름 아닌 나라의 과거와 심지어 현재를 대단히 잘못 이해할 위험성이 있다. 블로크는 선구자로서 그 많은 위험을 무릅쓸 용기를 지니고 있었다. 그는 그 밖에 다른 자질도 갖추고 있었다.『프랑스 농촌사의 기본성격』이 훌륭한 책이 될 수 있었던 것은 저자의 바로 이런 자질 때문이었다.

물론 1931년 이전에도 '프랑스의 농업발전'―이것은 오제-라리베의 탁월한 저서의 제목으로, 그 책은 그의 당대에 큰 기여를 했다―에 대해 상당한 능력을 갖추고 서술할 정도로 농업기술에 정통한 사람들이 있었다. 그리고 역사 고유의 영역에서도 학식이 두드러진 몇몇 중요한 저서가 있었다. 퓌스텔의『자유지』(自由地)[*Alleu*: 퓌스텔 드 쿨랑주(Fustel de Coulanges) 저『메로빙 시대의 농촌 자유지와 장원』(*l'Alleu et le Domaine rural pendant l'époque mérovingienne*, Hachette, Paris, 1889를 말함/역자)]나, 이보다 논란의 여지가 더 크면서도 활기차고 도발적인, 그럼에도 불구하고 어쩌면 너무나도 쉽게 잊혀 버린 자크 플라크의 『고대 프랑스의 기원』 (*Les Origines de l'ancienne France*)을 그 예로 들 수 있다. 심지어 높은 수준의 개론서들도 있었다. 예컨대 여러 가지 오류가 발견되고 법률 만능주의적 경향이 있으며 활기가 부족함에도 불구하고 앙리 세의 『중세 프랑스의 농촌계급과 장원제』(*Les Classes rurales et le régime domanial en France au moyen âge*)를 이용하지 않은 사람이 어디 있는가? 그러나 이들 역사가에게는, 아니 예외 없이 이 모든 역사가에게는 농업기술이란 수수께끼와 같은 것이었다. 나는 1932년에 "이들의 농민은 쟁기 대신에 특허장을 사용하여 오로지 증서대장만을 갈아질할 뿐이다"라고 쓰지 않을 수 없었다. 특히 그들 가운데 아무도 장원 영주가 순 경제적인 문제에 봉착했을 수 있다는 생각을 하지 못했다. 명약관화한 사실인데도, 그들은 농업에 관한 문제를 특정 코뮌이나 지방에 한정시켜서 연구할 수는 없다는 생각 역시 하지 못했다. 농업문제는 최소한 유럽적인 차원에서만 제기될 수 있기에 비교사가가 연구해야 할 분야다.

마르크 블로크가 훌륭한 책을 쓸 수 있었던 것은 다음과 같은 그의 강점 때문이다. 그는 황소나 바퀴달린 쟁기, 윤작 같은 것을 모르고서는 농업사를 쓰지 않겠다고 생각했다. 게다가 그는 원사료와 문헌에 대한 깊은 지식, 생생한 경제 현실에 대한 감각, 예전 사람들의 생활방식에 대한 관심, 그리고 독일, 영국, 벨기에 및 여타 나라에서 농촌사의 주요 문제를 탐구했던 사람들—마이첸으로부터 시봄과 비노그라도프를 거쳐 데 마레에 이르기까지—의 연구성과에 대한 해박하고도 정확한 이해 등의 능력을 두루 갖추고 있었다. 그뿐만 아니라, 그는 다재다능한 그의 능력을 집중하고 각종 분야에 대한 지식을 활용하였다. 그리하여 당시 스트라스부르의 프랑스 대학에 재직하고 있던 이 젊은 교수만이 우리가 절실히 필요로 했던 이 책을 쓸 수 있었으며, 한 사람의 스승을 만나는 행운을 가진 그 많은 젊은이들이 그가 권위를 가지고 개척한 길을 따라나서게 할 수 있었다.

그러나 블로크가 쓴 1931년의 책이 학문발전에 생산적인 기여를 하려면, 그것이 잠정적인 성격의 저서임이 곧 드러날 필요가 있었다. 블로크는 이 점을 누구보다 잘 알고 있었다. 그 책은 조금씩 인용되고(우리들의 책은 그 때문에 저술된다) 소화되며 공동의 지적 재산으로 이전될 뿐 아니라, 끊임없이 검토되고 반박되고 수정되며 개정되어야 했다. 블로크는 이 점을 잘 알고 누구보다도 더 큰 열의와 신망과 능력을 갖고 앞장서서 저서의 개정작업을 위한 노력을 아끼지 않았다. 그렇다고 해서 그의 이런 자세와 노력을 정신상의 한 강점으로 치부하지는 말자. 스스로를 무오류의 사람이라고 생각하는 것은 틀림없이 어리석은 일일 것이다. 자신의 저서가 '결정판'이라고 믿는 사람은 역사가라고 할 수 없다. 연구의 폭과 깊이를 확대하고 겉보기에 아주 근사해 보이는 가설과 아주 단단하게 짜인 것처럼 보이는 이론틀을 정확하게 다듬는 부단한 작업이 얼마나 중요한지를 이해하지 못하는 사람은 아둔한 사람이다.

블로크가 1931년에서 1941년 사이에 농업문제에 관해『아날』(*Annales d'histoire économique et sociale*) 지(誌)에 기고했던 모든 글은 오직 한 가지만을 목표로 했다고 말해도 좋을 것이다. 그 목표란, 초판에서 전체적으로 파악할 수 있었던 사실들을 보다 면밀하게 연구하는 것, 다시 말하면 그 근거를 검증하고 범위를 확대하는 것이었다. 우리가 희귀본이 된 1931년의 그의 책을 재발간하려고 할 때, 바로 이런 점 때문에 우리는 또 하나의 과제를 떠안게 되었다. 이제는 블로크가 우리와 함께 재출간에 관해 상의할 수 있는 상황이 아니므로, 우리는 그를 대신해서 가능한 범위 안에서 작업을 해야 했다. 작업과정에서 그의 견해가 우리의 견해로 뒤바뀌는 일은 없었으며, 그의 견해 중 그 어떤 것도 소홀히 취급하지 않았다. 그리고 블로크가 1931년부터 1941년까지 10년여 간 끊임없는 노력을 기울여 그의 견해에 관해서 언급하고 첨삭하며 수정한 모든 것을 정성껏 수집했다. 이것은 쉽지 않은 작업이었다. 이 일을 수행하는 데는 커다란 자기희생과 동시에 능력은 물론이고 비상한 수완도 필요했다. 우리는 마르크 블로크의 제자 가운데 한 사람인 로베르 도베르뉴에게 이 일을 잘 수행해 줄 것을 부탁했다. 도베르뉴는 탐구심이 강하고 재주가 있는 역사가로서, 농업문제에 관심이 크며 몇 년 전부터 보스 지방에 관한 중요한 책을 집필 중이다. 그렇지만 우리가 여기서 할 일은 그가 이 과업을 맡아서 수행하는 헌신적인 자세를 칭찬하는 게 아니다. 단지 우리가 이 어려운 작업이 빨리 끝나서 동일한 책 표지 아래 블로크의 원저서와 함께 발간할 수 있기를 바랐으나, 아쉽게도 그렇게 되지 못했다는 점만을 말해 두겠다. 그래서 우리는 『프랑스 농촌사의 기본성격』의 원문을 있는 그대로 먼저 출판하기로 결정했다. 머지않아 출판될 이 책의 제2권은 1931년 이후에 쓴 마르크 블로크의 논문, 기고문, 서평에 보이는 진전된 부분을 독자에게 제시할 것이며, 그리하여 그의 원저서에 대한 관심과 활기를 고조시키게 될 것이다[1931년의 원문 그대로 재출간되면서 뤼시앵 페브르의 이 머리말이 첨부된 마르크 블로크의 『프랑스 농촌사의 기본성격』 제1권은 파리의 아르망 콜랭 출판사에서 1952년에 출판되었으며, 이 책의 제2권으로 설정되어 도베르뉴

(Robert Dauvergne)가 편찬한 블로크의 수정·보완 부분은 4년 뒤인 1956년에 출판되었다/역자].

한 가지 덧붙여 둘 것이 있다. 다름 아니라 우리가 재출간하는 책에 중요하고 항구적인 어떤 것이 남게 된다면, 그것은 바로 블로크가 제시한 역사의 갈래이다. 나는 1932년에 『프랑스 농촌사의 기본성격』에 대해 이렇게 썼다.

> "이 책은 농촌사의 도래를 알리는 것이다. 농촌사는 농업기술사와 장원제의 역사 및 유럽 민족들의 비교발전사가 서로 연관되어 있기 때문에 오래도록 발전할 가능성이 가장 큰 역사연구 분야 가운데 하나가 될 것이며, 사실에 관심을 두는 역사가와 기원에 관심을 가진 지리학자 간의 협력이 가장 용이하게 이루어질 수 있는 만남의 장 가운데 하나가 될 것이다."

『프랑스 농촌사의 기본성격』이 재출간되어 오직 그것이 성공하기만을 기다리고 있는 이 시점에서도, 나는 나의 이런 예언이 여전히 유효함을 의심하지 않는다.

뤼시앵 페브르

이 재판본이 어떻게 사심 없는 협조를 받았는지에 대해 언급하지 않고는 펜을 놓을 수 없을 것 같다. 오슬로의 비교문명연구소는 그들이 판권을 가진 원저서의 무료 복제를 기꺼이 허락해 주었다. 그리고 마르크 블로크의 자녀들은 다시 한번 한없는 이해와 아량을 보여주었다. 이 책의 재출간으로 혜택을 입을 모든 사람을 대표하여 그들에게 정중하게 감사드린다.

옮긴이 머리말

이 책은 1931년에 노르웨이 오슬로 소재 비교문명연구소에 의해 처음 출간된 마르크 블로크의 저서 *Les caractères originaux de l'histoire rurale française*를 『프랑스 농촌사의 기본성격』이라는 제목으로 한국학술진흥재단의 지원을 받아 우리말로 번역한 것이다.

뒤의 "옮긴이 해제"에서 비교적 자세히 설명하겠지만, 저자 블로크는 이 책에서 프랑스의 농촌사를 종합적으로 개관한다. 그러나 단순히 개관하는 데 그치지 않고, 유럽적 시야에서 프랑스 농촌사의 주요 특징을 추출하고 이를 물질적·정신적 사회구조 면에서 역사적으로 해명하고자 한다. 말하자면 그의 농촌사는 문제 중심의 전체사이고 사회구조사라고 할 수 있다. 이와 같은 농촌사는 농업기술과 경제적 측면을 도외시한 채 법적·제도적 측면에서 한 나라에 국한하여 평면적으로 서술한 종래의 전통적 농촌사와는 판이한 것이다. 이 책에서 주로 사용한 사료도 특허장과 같은 증서류보다는 지적도, 진정서 등 종전에 볼 수 없는 전혀 새로운 것들이며, 연구방법도 소급적 연구방법이나 비교사적 연구방법을 사용하는 등 혁신적이다. 이와 같은 연유로 이 책은 제2차 세계대전 후 서양 역사학계를 주도한 아날학파의 창시자인 블로크의 획기적인 역사인식과 독창적 연구방법론이 그의 많은 저서 가운데서도 가장 잘 표현된 것으로 평가되고 있다. 그가 이 책에서 오래전에 제시한 연구방법론과 학설들은 오늘날까지도 서양 학계에서 기본적으로 타당하고 생산적인 것으로 인정되고 있으며, 농촌사를 비롯한 사회경제사 연구의 길잡이 역할을 하고 있다. 이 책은 이처럼 중요한 의미를 지니고 있어, 서양 사회경제사 연구자들뿐만 아니라 역사 연구자 일반의 필독서가 되고 있다. 그런 까닭에 이 유명한 책은 일찍이 여러 외국어로 번역되었다.

우리나라에서도 1994년 도서출판 신서원에서 김주식 교수의 번역본이 출간되었다. 김 교수의 번역은 우리나라에서 서양 농업과 농촌의 역사에 대한 이해를 깊게 하고 저명한 블로크의 대표적 역사학 성과를 쉽게 접할 수 있는 기회를 제공했다는 점에서 공로가 크다. 서양사 연구의 역사가 일천하여 프랑스의 과거 농촌사에 대한 지식이 매우 부족했던 당시의 한국 상황에서 우리말로 번역한 김주식 교수의 노고와 업적은 높이 평가할 만하다.

그러나 이 우리말 번역서는 번역상의 많은 문제점을 안고 있다. 중요한 전문용어의 오역이 허다할 뿐만 아니라 문장 속에서 보통의 일상적 말들이 부정확하게 번역된 경우가 많으며, 문장구조나 역사적 사실을 잘못 파악하여 원래의 뜻과는 다르게 문장을 옮긴 경우도 상당수 있다. 그리고 빠뜨려서는 안 될 원서의 일부 단어를 누락한 채 번역한 문장도 제법 발견된다. 그리하여 전체적으로 문장을 읽고 이해하기 어려운 책이라는 느낌을 지울 수가 없다. 물론 번역이란 것은 결코 쉬운 일이 아니다. 더욱이 프랑스 농촌사에 관한 연구와 이해가 극히 빈약하고 변변한 연구수단도 확보하기 어려웠던 10여 년 전의 한국 상황에서 제대로 번역해 내기란 참으로 어려웠을 것이다. 그렇다고 하더라도 신서원의 이 번역서는 오역이 너무나 많다고 볼 수밖에 없다.

이미 우리말로 번역되어 있음에도 불구하고 한국학술진흥재단의 동서양학술명저번역 과제선정 특별위원회가 이 책을 2003년도 번역지정 도서로 선택한 이유도 그 때문일 것이다. 이 책이 학술적 가치가 높은 명저인데도 기존의 번역에 간과하기 어려울 정도로 많은 문제가 있다고 보았을 것이다. 본 번역자도 번역작업이란 것이 절대 쉬운 일이 아닐 뿐만 아니라 교육과 연구로 바쁜 교수로부터 많은 시간을 빼앗는 것임을 잘 알고 있었다. 그럼에도 불구하고 이 책을 번역하기로 한 것은 바로 앞서 설명한 이유 때문이다.

그렇지만 번역은 애초에 생각했던 것보다 훨씬 더 어렵고 많은 시간이 소요되었다. 그것은 무엇보다도 프랑스의 과거 농촌사가 우리나라와 워낙 다르고 복잡한 데다, 마르크 블로크의 글이 때로 명료하지 않고 포괄적인 등 그 문체가 독특하고 저자가 문장의 기본적인 뜻 전달에 치중하여 자질구레한 것들을 정확하고 일관성 있게 표현하는 데 그리 신경을 쓰지 않는 경향이 있기 때문이다. 번역자는 문장과 단어의 뜻을 정확하게 파악하기 위해서 많은 노력을 기울였으며, 적절하면서도 자연스러운 우리말로 옮기기 위해 고심에 고심을 거듭했다. 지금까지 서유럽 중세 전기의 농촌사를 주로 연구해 온 번역자로서는 이를 위해 특히 중세 후기와 근대의 역사적 내용과 관련하여 적지 않은 자료를 조사하고 참조했다. 그리고 여러 종류의 프랑스어 사전뿐만 아니라 문장에 자주 나오는 고어와 갖가지 방언 및 라틴어 사전들과 그 밖의 다른 여러 나라말에 관한 사전들을 수없이 들추었으며, 여러 백과사전과 인터넷을 오랜 시간 뒤졌다. 다행히 인터넷의 발달 덕분으로 그래도 시간과 노력을 크게 줄일 수 있었다. 인터넷이 발달하기 전이었다면, 이 책의 번역에 훨씬 많은 시간이 소요되었을 것이고 번역의 완성도도 훨씬 떨어졌을 것이다.

감히 말한다면, 이 책을 번역하는 데 연구에 가까운 노력을 기울였던 셈이다. 그리고도 아직 부정확하고 어색한 부분들이 있는 것 같아 마음이 편치 않다. 프랑스어 실력이 충분치 않은 번역자로서 과연 문장을 하나하나 정확하게 파악했는지, 역사용어와 농업용어, 그리고 고어 및 방언의 뜻이 적절한 우리말로 번역되었는지, 그리고 역자가 단 주석이 맞는지, 의구심을 떨칠 수 없다. 다만 정확한 번역을 위해 번역자로서 최선을 다했다는 것으로 위안을 삼지만, 후학의 질정이 있을 것이다. 그런데 내용과 용어의 정확한 이해와 번역을 위해서는 번역자의 노력뿐만 아니라 프랑스 농촌사에 대한 우리나라 학계의 연구가 많이 이뤄져서 그 방면의 지식이 많이 축적될 필요가 있다고 생각한다. 본 번역과 주석의 한계가 한국에서 프랑스 농촌사를 비롯한 서양사 연구가 크게 진척될 필요성이 있음을 절감하는 한 계기가 된다면, 그것만으로도 본인의 노력은 헛되지 않을 것이다. 그리하여 훗날 이 번역서에 남아 있는 문제를 말끔히 극복한 완벽한 우리말 번역서가 탄생하길 바란다.

번역과정에서는 영어 번역본인 *French Rural History. An Essay on its Basic Characteristics*(Janet Sondheimer 번역, London, Routledge & Kegan Paul, 1966)를 참조하였다. 이 영역본은 때로 완곡하고 모호하게 쓰여 있는 원서의 뜻을 명확하게 드러내기 위해서인지, 대체로 의역(意譯)이 심하고 과감하게 생략하는 단어나 문구도 제법 많다는 점이 특징이다. 그래서 원저자의 뜻과 문투를 정확하게 반영 못하는 문제가 있기는 했지만, 불어본 원서의 까다로운 문장을 정확하게 파악하고 오역을 방지하는 데 상당한 도움이 되었다.

이 책을 번역하는 데는 여러 분의 도움을 받았다. 번역 보고서에 대한 심사자들의 논평과 친절한 지적은 이 번역자가 미처 인식하지 못했거나 소홀히 함으로써 생겨난 문제들을 고치는 데 큰 도움이 되었다. 서울대학교의 박홍식 교수는 이 책의 영역본을 복사해 주는 등 서울대학교 도서관에 있는 몇몇 자료를 제공해 주었으며, 동아대학교 불문과의 양인봉 교수와 박종탁 교수는 발음을 비롯한 프랑스어 관련 문제들에 대한 자문에 흔쾌히 응해 주었다. 또 법무법인 '바른'의 정인진 변호사는 다망하기 짝이 없는 생활 속에서도 이 책에 많이 나오는 법률용어 중 본 번역자로서 용어번역이나 주석이 법률학적 관점에서 정확한지 확신이 서지 않는 부분을 꼼꼼히 검토하여 훌륭한 조언을 해 주었다. 이 역서가 이전보다 어느 정도 정확하고 충실하게 되었다고 한다면, 그것은 무엇보다 이분들의 덕택이다. 이 지면을 빌려 깊은 감사의 뜻을 전한다. 끝으로 이 책의 재번역을 물적으로 지원한 한국학술진흥재단에도 감사드린다.

2007년 9월
이기영

번역 개정판 머리말

마르크 블로크가 저술한 『프랑스 농촌사의 기본성격』의 번역 개정판에는 이 저서의 의미와 성격에 대한 이해를 돕기 위해 블로크와 더불어 아날학파의 공동 창시자인 뤼시앵 페브르가 1952년판에 쓴 머리말을 새로이 덧붙였다.

개정판에서는 몇몇 역자주를 없애거나 추가하고 수정했으며, 소수이기는 하지만 약간의 용어를 수정했다. 그리고 더러 말들을 다듬고, 주로 저자의 주석에 나타나는 서지 사항과 관련하여 발견되는 부정확한 부분과 유럽어의 오탈자를 바로잡았다. 또 "옮긴이 해제"의 내용 중 일부를 수정하거나 보완했다.

개정판의 출판을 흔쾌히 승낙해 준 (주)사회평론아카데미 출판사와 편집진에게 감사드린다.

2023년 1월
이기영

차례

일러두기

* 이 책의 외래어 표기법은 국립국어원 원칙을 따랐다.
* 이 책의 본문 각주는 한국 독자의 이해를 돕기 위한 옮긴이의 주이며, 원저자의 주는 본문 마지막에 '원주'로 실었다.

연구방법에 대한 몇 가지 고찰

저자가 져야 할 책임을 후의를 베풀어 준 후원자에게 전가시키는 것은 매우 비열한 짓이 될 것이다. 그렇지만 오슬로 비교문명 연구소가 지난 가을에 나에게 영광스러운 강연을 부탁하지 않았더라면, 이 책은 아마도 저술되지 못했으리라고 분명히 말할 수 있다. 자신의 직업이 쉽지 않다는 사실을 잘 아는 역사가로서—퓌스텔 드 쿨랑주(Numa Denis Fustel de Coulanges, 1830~1889)[1]의 견해에 따르면 역사가의 직업은 모든 직업 가운데 가장 어려운 것이다—

....

1   원사료에 대한 철저한 비판적 연구를 바탕으로 하여 현대 프랑스 역사학의 기초를 확립한 역사가. 처음에는 고대사를 연구하였으나 후에는 중세사를 연구했다.『고대도시』(*La cité antique*, 1864),『고대 프랑스 정치제도사』(*Histoire des institutions politiques de l'ancienne France*, 전 6권, 1888~1892) 등의 저서와 논문집이 있다. 앞의 저서[우리말로도 번역되어 있다. 김응종 역,『고대도시』(아카넷, 2000)]에서는 그리스와 로마의 제도 발전에 원시종교의 영향이 컸음을 강조했으며, 뒤의 저서에서는 봉건제와 장원제의 로마사회 기원을 주장했다.

본래 이해하기 어려운 데다 잘 알려져 있지도 않은 대단히 긴 기간의 어떤 발전과정을 수백 쪽의 분량으로 서술하기로 결심하는 데는 망설임이 있을 수밖에 없다. 그러나 지금까지는 필요한 증거자료를 모두 갖춰서 자세히 논할 여유가 없었지만, 이제부터는 연구자들에게 유용한 연구지침을 제공할 수 있을 것으로 보이는 몇 가지 가설을 오슬로 강연의 호의적인 청중보다 더 폭넓은 독자들에게 제시하고 싶은 마음을 떨쳐 버릴 수 없었다. 이 책의 주제를 본격적으로 논하기 전에, 내가 주제를 어떤 의도에서 다루고자 하는지를 간단히 밝히는 것이 좋을 것이다. 그렇지만 연구방법상의 이런 문제들 가운데 몇 가지는 내가 쓰려고 하는 이 작은 책자의 범위를 넘어서며, 그것도 크게 넘어서는 것이다.

§

학문의 발전에서 종합화는, 설사 종합이 시기상조처럼 보이더라도, 분석적인 많은 연구실적보다도 기여하는 바가 더 클 때가 있다. 바꿔 말하면, 문제들의 해답을 찾으려고 애쓰기보다 오히려 당분간은 문제들을 명확히 하는 것이 무엇보다 중요한 때가 있다. 프랑스의 농촌사 연구가 바로 이와 같은 시점에 도달한 것으로 생각된다. 탐험가가 넓은 시야로 조망할 수 없는 덤불숲 속을 헤치고 들어가기 전에 간단하게나마 전체적으로 숲을 조망하는 것이 내가 이 책에서 실현하고자 했던 바다.

우리는 모르는 것이 많다. 나는 이런 무지에 관해 아무것도 감추지 않으려고 애썼다. 부분적으로 직접 조사하기는 했지만 무엇보다도 표본조사에 토대를 둔 나 자신의 철저하지 못한 자료수집뿐만 아니라 연구 일반의 공백도 숨기지 않으려고 노력했다.[1] 그럼에도 불구하고 설명을 이해하기 어렵게 하지 않을까 하는 염려에서 마땅히 필요한 곳이라고 하더라도 나는 의문 부호를 많이 쓸 수가 없었다. 결국 학문 연구에서는 모든 주장이 단지 가설에 지나지 않을 뿐임을 언제나 인정해야 되지 않을까? 보다 깊은 연구가 이루어져서 나의 이런 시도가 전혀 근거 없는 것으로 밝혀지는 날에, 내가 부정확한 추측을 제시함으로써 역사적 진실 자체를 인식하는 데 기여했다고 생각할 수만 있다면, 나는 나의 노력에 대해 충분한 보상을 받았다고 간주할 것이다.

좁은 지리적 범위에 신중하게 한정된 연구만이 결정적 설명에 필요한 사실에 관한 자료를 제시할 수 있다. 그러나 이런 협소한 범위의 연구로는 중요한 문제들이 제기되기 어렵다. 그런 까닭에 잡다한 작은 문제들로 중요한 문제들을 놓칠 우려가 없는 보다 넓은 시야가 필요하다. 심지어 한 나라 전체를 포괄하는 넓은 시야로도 가끔은 불충분할 때가 있다. 먼저 프랑스 전체를 한 번 죽 훑어보지 않고서, 어떻게 지역별로 서로 다른 발전의 특이성을 파악할 수 있겠는가? 이와 마찬가지로 프랑스에서 일어나는 변화는 유럽적인 차원에서 고찰할 때에만 그것의 진정한 의미를 이해할 수 있다. 이런 경우에 중요한 것은 무리하게 동류시하는 것이 아니라 그와 정반대로 구별하는 것이며, 이중노출 사진촬영처럼 사실과 다르게 일반화되고 흐릿하며 틀에 박힌 영상을 만들어 내는 것이 아니라 대비를 통해서 공통된 특징과 동시에 고유의 특성들을 추출해 내는 것이다.

이와 같이 지금의 이 연구는 프랑스 역사의 흐름들 가운데 한 측면을 다루는 것이기는 하지만, 내가 다른 곳에서 정의하려고 애썼고 나에게 환대를 베풀어 준 비교문명연구소가 이미 그토록 많이 실행해 온 비교연구와도 긴밀하게 연관되어 있다.

그러나 바로 이런 설명방식에서 기인하는 불가피한 단순화는 일부 왜곡을 초래할 수밖에 없다. 이 왜곡을 지적해 두는 것은 말할 것도 없이 당연한 일이다. '프랑스 농촌사'라는 말은 매우 단순해 보인다. 그렇지만 자세히 들여다보면, 그 말은 다수의 난해한 문제를 제기한다. 프랑스 농업의 심층구조라는 측면에서 볼 때, 오늘날의 프랑스를 구성하는 여러 지역은 서로 다르다. 특히 과거에는 프랑스 내 지역들 사이의 농업구조의 차이가 정치적 국경선 바로 너머에 있는 이웃나라와의 차이보다 훨씬 컸다. 지역들 사이의 이런 기본적 차이를 뛰어넘어서 '하나의 프랑스 농촌사회'라는 이름을 붙일 수 있는 것이 차츰 형성되었음은 사실이다. 그러나 단일한 프랑스 농촌사회는 완만하게, 그리고 원래 이질적인 세계들에 속하던 여러 사회나 사회적 단편(斷片)들의 흡수를 통해서 형성되었다. 예컨대 9세기에 관한 자료―프로방스 지방의 경우에는 심지어 13세기의 자료―를 '프랑스적인 것'으로 보고 다루는 것은, 이런 식의 취급이 상이한 환경에서 유래한 옛 현상들에 대한 지식이 초기의 다양성으로부터 대대로 형성된 근대와 현대의 프랑스를 이해하는 데 필수조건임을 그저 확인할 뿐이라고 말하는 것과 결국 같음을 전제하지 않는다면, 참으로 터무니없는 짓이 될 것이다.

요컨대 프랑스가 무엇인가에 대한 정의는 그 시발점이나 발전과정 속에서보다는 오히려 그 귀결점에서 내려진다. 이런 정의는,

우리가 그것이 어디까지나 정의의 문제임을 인식하기만 한다면, 아마도 용인될 수 있을 것이다.

농촌을 중심으로 해서 볼 때, 프랑스는 그 국경 안에 그리고 동일한 사회적 색조 아래 대조적인 농업문명들의 잘 지워지지 않는 흔적들을 동시에 갖고 있는 커다란 복합국가이다. 우리가 눈을 감고 마음의 눈 속에 그려 볼 수 있는, 로렌 지방의 큰 집촌(village) 주변에 펼쳐져 있는 울타리 없는 기다란 경지, 브르타뉴(Bretagne)[2] 지방의 울타리로 둘러싸인 경지와 작은 산촌(散村, hameau),[3] 고

....

2   면적이 2만여 제곱킬로미터에 이르는 프랑스 북서부의 큰 반도 지방. 그 중심도시는 렌
     (Rennes)이다. 융기 준평원인 아르모리캥 산지가 반도 중앙부에 자리 잡고 있으며, 그
     남쪽에는 낮고 평평한 평야가 펼쳐진다. 해안선은 굴곡이 심하여 브레스트항을 비롯
     한 여러 양항이 발달했다. 브르타뉴라는 지명은 브리튼섬에 살던 켈트인이 5세기에 색
     슨족의 압박을 피하여 이곳으로 이동·정착한 데서 유래한다. 따라서 주민은 민족적으
     로 프랑스인과 다르고, 독자적 언어 및 민속을 지녔으며, 역사적으로 특이한 발전과정
     을 거쳤다. 5세기 말 프랑크왕국의 클로비스에게 정복되었으나, 계속된 항거로 845년
     서프랑크의 샤를 2세로부터 독립했다. 다시 노르만인의 침입을 물리친 다음 938년 브
     르타뉴공국을 형성했다. 몇 개의 백령으로 구성된 공국은 차츰 봉건화되었다. 백년전
     쟁에 휘말려 브르타뉴 계승전쟁을 치렀지만, 15세기 전반에 평화가 회복되었다. 이 기
     간에 한자동맹의 여러 도시와 네덜란드, 영국, 스페인 등과 활발한 교역을 하였다. 1532
     년에는 프랑스 왕국에 편입되었고, 1688년부터는 프랑스 왕권의 대행자인 지사의 통치
     를 받게 되었다. 프랑스 왕국에 합병된 후 약간의 자치를 인정받았지만 브르타뉴인들
     의 폭동은 끊이지 않았으며, 프랑스혁명으로 프랑스에 완전히 통합된 뒤에도 독립운동
     이 이어졌다.
3   'hameau'란 적은 수의 가구로 구성되어 있어 촌락공동체로서의 독자적 기능이나 행정
     단위로서의 기능을 수행할 수 없는 작은 자연부락을 말한다. 이런 소규모 촌락은 개별
     농토의 한가운데에 그것을 경작하는 농가가 있고 농토 주변에 생울타리가 쳐져 취락이
     산촌(散村) 형태로 된 브르타뉴를 비롯한 프랑스 서부지방에 널리 분포했다. 또 이와는
     좀 달리 토지가 척박하고 인구가 희박한 리무쟁과 같은 중부지방과 기타 산간(山間) 신
     개간지와 같이 중심촌락에서 떨어진 벽지 등지에서는 몇몇 가옥이 하나의 집합적 단위
     를 형성하여 산재하는 작은 마을들이 존재했다. 따라서 소규모 촌락은 행정 등 촌락으
     로서의 기능 면에서 중심촌락에 의존했다.

대의 아크로폴리스와 유사한 프로방스 지방의 촌락,[4] 랑그도크
(Languedoc)[5] 지방과 베리(Berry)[6] 지방의 불규칙한 분할지와 같은
아주 상이한 모습은 커다란 인문지리적 대조를 표현하는 것에 다름
아니다. 나는 이런 상이점과 여타의 많은 상이점을 제대로 밝히고
자 노력했다. 그렇지만 책을 상당히 짧게 쓸 수밖에 없는 불가피한
사정으로 말미암아, 또한 무엇보다도 몇몇 주요한 공통현상들—공

....

이에 비해 'village'는 독자적 촌락공동체를 이루며 행정단위로서의 기능이나 기타
여러 가지 사회적 기능을 수행하는 집촌(集村) 형태의 대규모 촌락을 뜻한다. 큰 규모
의 이런 촌락은 과거 유럽에서는 본당사목구(本堂司牧區) 교회를 중심으로 형성되었으
며, 프랑스에서는 주로 북부와 동부의 개방경지제 실시 지역에서 널리 발달했다.

'village'의 어원은 중세 전기(前期)에 장원을 뜻했던 'villa'라는 라틴어다. 따라서
장원은 보통 20~30호의 농가로 구성되었다는 사실에 비춰 볼 때, 'village'는 20호 이
상의 가구로 구성되는 큰 규모의 촌락을, 'hameau'는 5호에서 20호 미만까지의 가구
로 구성된 소규모 촌락을 지칭하는 것으로 추정된다. 이 번역서에서는 이런 차이를 반
영하여 이 두 종류의 촌락 구분이 필요할 경우에는 'hameau'는 '작은 산촌(散村)'으로
번역하고 'village'는 '큰 집촌'으로 옮긴다. 그러나 그런 구분이 구태여 필요하지 않고
'village'가 일반적인 의미의 마을이란 뜻으로 쓰인 경우에는 'village'를 그냥 '촌락' 또
는 '마을'로 번역하며, 'hameau'도 단순히 촌락의 크기가 작음을 표현하는 경우에는
그냥 '작은 촌락'으로 번역한다.

4 아크로폴리스는 고대 그리스 도시국가의 도시 중심에 있던 언덕 위의 성채를 가리키는
   것으로, 아크로폴리스와 유사한 촌락이라는 것은 성채를 중심으로 형성된 촌락을 뜻한
   다. 이 책의 제1장 제2절에서 일부 보게 되는 바와 같이, 프로방스 지방을 비롯한 프랑
   스 남부지방은 백년전쟁 등으로 '성채마을'(bastide)이라고 불린 요새화된 마을들이 중
   세에 많이 건설되었다.

5 피레네산맥 동북쪽 기슭, 리옹만(灣) 연안, 론강 하류 지역, 중앙산악지대의 일부 등을
   포함한 지역. '랑그도크'라는 지명은 오크(oc)어(語)를 사용한 데서 유래하며, 그 뜻도
   '오크어를 사용하는 지역'이다. 툴루즈가 중심도시다. 대서양 사면(斜面)의 오트랑그도
   크(Haute-Languedoc)와 지중해 연안의 바랑그도크(Bas-Languedoc)로 구분되며, 지리
   적으로 오늘날에는 몽펠리에를 중심으로 한 후자만을 지칭한다.

6 프랑스 중부에 있는 루아르강과 크뢰즈강 사이를 차지하는 지방, 중심도시는 부르주
   다. 카롤링왕조 시대에 백작령이 되었고, 14세기 중엽에는 공작령이 되었으며, 1601년
   에 프랑스왕령이 되었다.

통현상들은 대체로 모호한 채로 내버려져 있으며 이들 현상의 지방별 세부 차이점에 대한 규명 작업은 마땅히 다른 연구자들에게 맡겨져야 할 것이다―을 강조하고 싶기도 하기 때문에, 나는 특수한 것보다는 일반적인 것을 거듭 되풀이해서 강조하지 않을 수 없었다. 이런 편향된 태도를 취하는 데 따르는 문제점은 지리적 요인의 중요성을 얼마간 덮어 감추었다는 것이다. 인간의 활동에 끼치는 물리적 자연의 영향은, 비록 그것이 프랑스 농촌사의 기본적인 특성을 그다지 설명할 수 없는 듯이 보일지라도, 지역 간의 차이가 무엇인지 파악하려고 할 때는 당연히 고려되어야 하기 때문이다. 그런 점에서 편향된 태도가 크게 교정되어야 하겠지만, 언젠가 연구가 더 깊어지면 틀림없이 그렇게 될 것이다.

역사는 무엇보다 변화에 관한 학문이다. 나는 여러 가지 문제를 검토하는 가운데 이런 진리를 절대로 잊지 않으려고 최선을 다했다. 그렇지만 현재와 가까운 시기의 희미한 불빛으로 그보다 훨씬 먼 과거를 밝히지 않으면 안 되는 경우가 있었다. 특히 경지제도와 관련해서 그랬다. 전에 뒤르켐(Émile Durkheim, 1858~1917)[7]

....

7　프랑스의 근대 사회학에 커다란 영향을 끼친 뒤르켐 학파의 창시자를 말한다. 콩트의 실증주의의 정통 계승자임을 자처한 그는 사회적 사실은 가설의 설정에 의해 연역될 것이 아니라 경험적으로 관찰되어야 한다고 보았다. 그는 이를 통해 사회학이 과학적 객관성을 확보할 수 있다고 주장하면서, 사회의 일반적 법칙을 추구하고자 했다. 저서에는 『사회 분업론』(De la division du travail social, 1893), 『사회학적 방법의 규준』(Les règles de la méthode sociologique, 1895), 『자살론』(Le suicide, 1897), 『종교생활의 원시적 형태』(Les formes élémentaires de la vie religieuse, 1912) 등이 있다. 인간을 고립된 개체로서가 아니라 사회적·집단적 연관성 속에서 파악코자 하고 역사도 여러 복합적 현상들 사이의 설명적 관계를 확립하는 학문이 되어야 한다고 본 이 책의 저자 마르크 블로크는 뒤르켐의 사회학에 큰 영향을 받았다.

은 가족에 관한 강의의 서두에서 "현재를 알기 위해서는 먼저 현재로부터 멀리 벗어나야만 한다"라고 말했다. 맞는 말이다. 그러나 과거를 설명하기 위해서 먼저 살펴봐야 하는 것은 현재이거나 적어도 현재에 아주 가까운 과거인 경우도 있다. 특히 곧 보게 될 이유들 때문에, 이와 같은 탐구방법은 문헌사료가 빈약한 현 상황에서 농업사 연구에 채용되지 않으면 안 된다.

§

프랑스의 농경생활은 18세기부터 역사의 본격적인 조명을 받기 시작했다. 그 이전에는 그렇지 못했다. 그저 농업의 실제 이익을 찾아내는 데 전념했던 일부 전문가를 제외하고는 농업생활에 관심을 가진 문필가가 거의 없었다. 행정관리들도 관심이 없기는 마찬가지였다. 정말 얼마 안 되는 법률서적들과 성문화된 관습집만이 휴작지 공동방목(la vaine pâture)[8]과 같은 농업경영과 관련된 주요 관습에 관한 정보를 제공해 준다. 뒤에서 보게 되는 바와 같이, 고

....

8   수확이 끝난 경작지나 초벌 풀을 벤 후의 초지에서 그루터기나 잡초를 이용하여 마을 공동으로 가축을 방목한 농촌사회의 관습을 말한다. 3년 주기로 윤작되는 삼포제 아래서는 3년 가운데 1년간 휴경되는 해는 물론이고 곡식의 수확이 끝난 후 다음번의 파종이 이루어질 때까지의 기간에도 경작지에서 공동방목이 실시되었다. 이와 같이 공동방목은 경작지뿐만 아니라 초지에서도 행해지고 휴경기뿐만 아니라 농작물의 수확과 그 다음 파종 사이에 밭이 비어 있는 기간에도 이루어진 상황에서, 'la vaine pâture'를 '휴경지 공동방목'이라 하면 곡물경작지의 휴한기에만 행해진 것으로 오해될 염려가 있다. 그래서 이를 '휴작지 공동방목'으로 번역한다. 때로 이 말은 공동체 구성원의 입장에서 '휴작지 공동방목권'이라는 뜻으로 사용되기도 한다. 휴작지 공동방목권은 1889년의 한 법령에 의해 폐지되었다.

문서로부터 과거에 관한 다수의 소중한 정보를 끌어내는 것이 전혀 불가능하지 않음은 분명하다. 그러나 그러기 위해서는 정보를 발견하는 방법을 알아야 한다. 그런데 그와 관련하여 연구의 전체적인 방향을 제시할 수 있는 유일한 방법인 종합적 개관이 반드시 필요하다. 18세기 이전에는 이런 개관이 불가능했다. 인간은 변화하는 것, 그것도 갑자기 변화하는 것밖에는 거의 지각하지 못하기 때문이다. 오랜 세월 동안 농업관습은 거의 변함없는 듯이 보였다. 실상 농업관습은 거의 바뀌지 않았고 변화하는 때에도 일반적으로 급변하지는 않았기 때문이다. 18세기에는 농경 기술과 관습이 훨씬 빠른 주기의 변화를 겪기 시작했다. 더욱이 사람들은 농경 기술과 관습을 변화시키고자 했다. 농학자들은 오래된 인습과 싸우기 위해 이런 인습을 필설로 묘사했다. 행정관리들은 어느 범위까지 농업개혁이 가능한지 헤아려 보기 위해 지방의 상황을 알아보기도 했다. 1766년부터 1787년에 이르는 기간에 휴작지 공동방목과 울타리 문제가 계기가 되어 실시된 세 번의 대대적인 토지조사 사업을 통해, 그때까지 그에 견줄 만한 선례를 찾을 수 없을 만큼 방대한 지적부(地籍簿)가 작성되었다. 이런 조사사업은 그 다음 19세기에도 이어지는 장기적인 연속사업의 첫 번째 단계에 불과하다.

이런 문서 외에 거의 이런 문서만큼 유용한 자료인 지적도(地籍圖)가 있다. 지적도는 경지의 배열구조를 우리에게 보여준다. 가장 오래된 지적도는 좀 더 멀리 거슬러 올라가 루이 14세의 치세[9]에 이른다. 그러나 대부분 영주들에 의해 작성된 이 소중한 지적도들

....

9   재위 1643~1715년.

은 18세기에 이르러서야 크게 증가한다. 그렇지만 당시의 지적도들은 지방과 지역에 따라 많은 공백이 있다. 프랑스의 경지배열 구조를 전국적인 범위에서 알려면, 농업혁명[10]이 한창 진행 중이기는 했지만 농업혁명이 아직 완료되지는 않았던 제1제정[11]과 납세액에 의거한 제한군주정(monarchie censitaire)[12] 시기에 작성된 지적부까지 기다려야 했다.[2]

농업사―내가 말하는 농업사라는 것은 농업기술과 다소 엄격하게 토지경작자의 활동을 규제하는 농촌 관습에 대한 연구이다―의 출발점은 비교적 후대에 속하는 이들 문헌자료 가운데서 찾아질 수밖에 없다. 이와 같은 접근방식이 필요함은 장황한 논의보다는 다음과 같은 한 가지 실례를 통해 잘 이해할 수 있을 것이다.

영국의 농촌사 연구에 아주 크게 기여한 학자들 가운데 한 사람인 프레더릭 시봄(Frederick Seebohm, 1833~1912)[13]은 우리가 이 책의 뒤에서 기다란 개방경지들이라는 이름 아래 다시 보게 될 경지제도에 대한 연구에 몰두했다. 그러던 중 그는 1885년경에 유럽문명의 기원에 대해 공통된 견해를 많이 가지고 있어서 가깝게 지

....

10 그 자세한 내용에 관해서는 이 책의 제6장에서 보게 되겠지만, 마르크 블로크는 농업혁명을 유럽에서 농업기술과 농업관행상의 대변혁이라고 정의하고, 휴경지제의 폐지와 집단이용권의 소멸이라는 두 가지 측면으로 구성된다고 한다.

11 나폴레옹 1세가 황제로서 재임한 기간인 1804~1814년간 지속된 제정.

12 직접세의 납부액에 따라 선거자격이 제한됨으로써 전체 인구 약 3,000만 명 가운데 자본가를 중심으로 한 대략 16만 명의 국민들에게만 선거권이 부여되었던 루이 필립 왕의 7월왕정을 말한다. 1830년 7월혁명으로 수립되었다가 1848년 2월혁명으로 붕괴되었다.

13 영국 중세의 경제와 사회를 연구한 역사가. 특히 중세 잉글랜드의 농촌에서 개방경지제가 널리 시행되고 있음을 발견하고는 이를 중심으로 중세 영국의 농촌사회 구조에 대한 고전적 설명 모델을 수립했으며, 영국 장원제도의 로마 기원설을 주장했다. 이에 대한 대표적 저서로는 『영국의 촌락공동체』(The English Village Community, 1883)가 있다.

내던 퓌스텔 드 쿨랑주에게 영국에서 명백하게 입증된 이런 유형의 경지제가 프랑스에서도 얼마간 존재했는지 문의하기 위해 편지를 썼다. 퓌스텔은 그런 경지제의 흔적을 조금도 확인하지 못했다고 대답했다.[3] 퓌스텔은 눈에 보이는 세계가 역사 연구에서 중요하다고 보는 학자가 아니었음을 상기할 필요가 있다. 그렇게 지적한다고 해서 그의 위대한 명성을 훼손하는 것은 아니지만, 그는 프랑스의 북부와 동부 두 곳 모두에서 영국의 '개방경지'(open field)를 연상하지 않을 수 없게 하는 그토록 특이한 배열구조를 가진 경지들을 주의 깊게 살펴보지 않았음에 틀림없다. 그는 농학에 특별한 취미가 없었기 때문에, 그가 시봄의 편지를 받았던 그 시점에도 의회에서 계속되고 있던 휴작지 공동방목권에 관한 토론에 관심을 갖지 않았다. 퓌스텔은 시봄에게 알려 주기 위해 문헌기록, 그것도 아주 오래전의 문헌기록만을 참고했다. 그런데 그는 그 문헌기록을 놀랄 만큼 잘 알고 있는 사람이었다. 그럼에도 불구하고 문헌기록이 상당히 명백한 몇몇 증거를 제시할 수도 있는 현상들에 관해 그가 아무것도 보지 못했다는 것은 어찌된 까닭인가? 부당하게도 메이틀랜드(Frederic William Maitland, 1850~1906)[14]는 어느 날 퓌스텔이 민족적 편견을 갖고 그런 증거들에 대해 고의로 못 본 체했다고 비난했다. 그러나 그렇다고 해서 기다란 경지들은 반드시 게르만적인 것인가?

....

14   중세 영국의 법제연구를 통해 영국의 사회경제사 연구에 크게 이바지한 저명한 법제사가. 저서에 『에드워드 1세 이전의 영국법제사』(*History of English Law before the Time of Edward I*, 1895, F. Pollock와 공저), 『둠즈데이 북과 피안』(*Domesday Book and Beyond*, 1897) 등의 저서가 있다. 그는 장원제도의 로마 기원설을 주장한 시봄과는 달리, 이들 저서를 통해 장원제를 비롯한 영국 중세의 많은 사회경제적 제도들이 게르만적 기원을 갖는다고 보았다.

퓌스텔이 기다란 개방경지들이 프랑스에는 존재하지 않는다고 응답한 진정한 까닭은 다른 데 있다. 그는 문헌기록 자체만 검토했을 뿐, 현재와 보다 가까운 과거에 대한 연구를 통해 그 기록들을 규명하려고 하지 않았던 것이다. 당시의 많은 대가들처럼 기원이라는 문제 연구에 열중한 퓌스텔은 그를 아주 먼 과거로부터 아주 최근의 시대로 조금씩 이르게 한 순전히 연대학적인 접근법에 줄곧 충실했다. 그렇지 않다면, 그가 어쨌든 그런 연대순적인 접근법과는 달리 연대를 소급하는 방법을 사용했다고 하더라도 단지 무의식적으로, 그리고 좋든 싫든 간에 그런 소급방법이 언제나 그렇듯이 결국 어떻게 보면 역사가에게 필요불가결하기 때문에 사용했을 뿐이다. 일반적으로 가장 오래된 현상은 동시에 가장 모호한 것임은 필연적이지 않은가? 따라서 보다 잘 알려진 사실로부터 잘 알려지지 않은 사실로 나아갈 필요성을 어떻게 거부하겠는가? 퓌스텔이 '봉건적'이라고 불리는 제도의 먼 과거 뿌리를 연구했을 때, 봉건제가 전성기에 이르렀던 시기의 영상―적어도 잠정적인 영상으로나마―을 마음속에 가지고 있었음에 틀림없다. 그러니 그로서도 잘 알 수 없는 봉건제의 맹아 문제에 몰두하기에 앞서 봉건제가 완성되었을 무렵의 특성들을 명확하게 하는 것이 더 낫지 않을는지 마땅히 자문해 보았어야 했다. 역사가는 언제나 문헌기록의 노예다. 특히 농업사 연구에 헌신하는 역사가는 다른 어떤 역사가보다 그렇다. 마법사의 주문(呪文)과 같은 과거의 뜻 모를 문헌기록을 해독하고 싶다면, 대체로 농업사가는 거꾸로 역사를 읽어야 한다.

그러나 본래의 자연스런 연대순을 거스르는 이런 해독 방법은 그 나름의 위험성을 지니고 있다. 이 점을 분명하게 이해함은 중요하다. 함정이 있음을 아는 자는 거기에 빠질 위험성이 작기 때문이다.

현재에 가까운 문헌기록은 탐구심을 자극한다. 고문서도 이런 탐구심을 물론 충족시키지 않는 것은 아니다. 적절한 질문을 하기만 하면, 고문서는 처음 언뜻 보고 기대한 것보다 훨씬 많은 것을 알려 준다. 특히 재판절차나 판결과 관련된 증거 및 소송 관련 문서─학문연구의 수단이 미비된 현재의 상황에서 불행하게도 자료를 검토할 준비가 비록 제대로 되어 있지 않기는 하지만─가 그런 예다. 그렇다고 해서 고문서가 모든 물음에 대해 응답하는 것은 아니다. 이 때문에 기대하는 응답을 잘 제시하지 않는 이들 증언으로부터 도저히 용인될 수 없는 간명한 결론을 도출하고 싶은 유혹이 생기게 된다. 그리하여 재미있는 글모음이 쉽사리 출판될 만큼 상식을 벗어난 해석을 하게 되는 것이다.

그러나 이보다 더 잘못된 일이 벌어지기도 한다. 빌헬름 마우러(Wilhelm Maurer)[15]는 1856년에 다음과 같이 썼다.

"현재의 영국의 주(州)들을 최대한 빠른 속도로 힐끗 둘러봐도 독

....

15 19세기 중엽에 독일의 다름슈타트에서 박사학위를 받고 장원법정이나 도시제도의 토대로서 앵글로색슨 시대의 마르크제도에 관한 저서 『앵글로색슨족의 마르크 법정과 장원제, 도시제도, 배심재판과의 관계연구』(*An Inquiry into Anglo-Saxon Mark-courts and their Relation to Manorial and Municipal Institutions and Trial by Jury*, Whittaker & Co., London, 1855)와 논문 「앵글로색슨족의 마르크제도─도시제도와 장원법정 및 배심재판의 기초로서의 의의를 중심으로」[Über angelsächsische Markverfassung, insbesondere als Grundlage des Städtewesens, der grundherrlichen Gerichte und des Verfahrens durch Geschworne, *Zeitschrift für deutsches Recht und deutsche Rechtswissenschaft*, 16 (1856), pp. 201~253]를 쓴 빌헬름 마우러를 가리킨다. 이 논문에는 저자 블로크가 여기서 인용하는 마우러의 문장이 203쪽에 나타난다.

립농가 단위의 농업경영이 압도적으로 널리 실시되고 있음을 볼 수 있다. … 이런 상황이 오늘날에 확인되고 있는 것으로 봐서 틀림없이 옛날(그가 말하는 옛날이란 앵글로색슨 시대를 가리킨다)에도 독립가옥 단위의 정주가 이루어졌다고 결론지을 수 있다."

그러나 그는 영국 농촌의 과거와 그의 시대 사이에 깊게 파인 간극을 만든 바로 저 '인클로저' 혁명을 잊어버리고 있다. '독립농가들'은 대부분 헨지스트와 호르사(Hengist et Horsa)[16]가 영국에 도착한 지 오랜 후에 진행된 분할지 통합과 농민추방으로부터 생겨났던 것이다. 이런 마우러의 과오는, 그것이 쉽게 알아낼 수 있고 헤아려 볼 수 있는 비교적 최근의 변화와 관련된 것이기 때문에, 용납될 수 없다. 그러나 그 과오의 진정한 위험성은 바로 기본적인 추론방식에 있다. 왜냐하면 추론방식에 주의하지 않는다면 발견하기 훨씬 더 어려운 다수의 다른 오류가 그로 인해 생겨날 수가 있기 때문이다.

그런 추론방법이 그 자체로는 합리적인 방법이라고 하더라도, 전혀 터무니없는 전제를 그것과 연결시키는 사례가 너무도 빈번하게 발생하곤 한다. 이를테면 예전의 농업관습은 불변적이었다고 전제하는 것이다. 그러나 그것은 전혀 진실이 아니다. 사실 급격한 변화를 가로막는 물질적 곤궁, 비교적 둔감하게 반응하는 경제, 전통 고수주의적 태도의 만연 등으로 인해 예전의 농경관습은 오늘날에 비해 변화가 드물기는 했다. 게다가 예전의 농경관습의 변화에 관

....

16 헨지스트와 호르사는 영국의 남동부에 정착한 앵글로색슨족의 지도자이자 앵글로색슨 왕국의 건설자들로 알려져 있다. 그러나 그들이 실제로 역사적 인물인지에 대해서는 논쟁의 여지가 있다.

해 알려 주는 문헌자료는 일반적으로 아주 부족하고 매우 모호하다. 그렇지만 농경관습은, 뒤의 설명에서 보듯이 착각일지도 모를 영속성이라는 것과는 아주 거리가 멀다. 이를테면 어떤 때는 전쟁에 의한 황폐화나 전쟁이 끝난 후 사람들의 재정착과 같은 촌락생활의 급격한 변화로 말미암아 새로운 지적도 위에 밭의 경계선이 다시 그어질 수밖에 없기도 했고, 어떤 때는 프로방스 지방에서처럼 근대에 공동체가 단번에 조상 전래의 농경관습을 바꾸기로 결정하기도 했으며, 또 어떤 때는 이보다 더 잦은 경우로, 어쩌면 원하지 않았는데도 거의 감지할 수 없을 정도로 조금씩 원래의 농경체제로부터 멀어지기도 했다.

물론 오랜 역사를 가진 농업의 연구에 생애의 일부를 바친 모든 연구자들에게 잘 알려진, 마이첸(F. E. August Meitzen, 1822~1910)[17]의 폐부를 찌르는 듯한 다음과 같은 훌륭한 낭만적 문장은 조금도 틀린 말이 아니다. "우리는 어느 마을에서고 읍내의 로마네스크식 건물의 잔해나 도시의 쓰러져 가는 성벽보다도 더 오래된 선사시대의 폐허 속을 거닌다." 확실히 많은 지방에서 경지의 배열

....

17 독일의 통계학자 겸 지리학자이자, 19세기 낭만주의적 역사학의 영향을 받은 농업사
   가. 지적도에 입각한 취락 및 농지의 연구방법과 이에 관한 학설은 취락지리학에서 문
   화경관 연구의 출발점이 되었으며, 지표의 여러 형태가 생활양식 및 사회경제와 함
   께 가변적이라는 형태발생학적 사회경제사 발전에 큰 영향을 끼쳤다. 『프로이센 국
   가의 토지와 농업사정』(Der Boden und die landwirthschaftlichen Verhältnisse des
   Preussischen Staates, 1868~1872), 『독일의 가옥』(Das deutsche Haus in seinen volk-
   stümlichen Formen: Behufs Ermittlungen über die geographische und geschichtliche
   Verbreitung, 1882), 『동·서 게르만족과 켈트족, 로마인, 핀족, 슬라브족의 취락과 농업』
   (Siedlung und Agrarwesen der West- und Ostgermannen, der Kelten, Römer, Finnen
   und Slaven, 1895) 등의 저서가 있다. 그는 이 마지막 저서에서 유럽의 집촌, 산촌(散
   村), 환촌(環村)을 각각 게르만족, 켈트족, 슬라브족 고유의 취락형태로 보았다.

구조는 고색이 짙은 돌들보다도 훨씬 오래되었다. 그러나 엄밀히 말해서, 마이첸이 말하는 바의 이런 유적이 "폐허"는 결코 아니다. 오히려 그것은 거처(居處)로서의 사용이 결코 중단되지 않고 오랜 세월 동안 잇달아 개축(改築)된, 낡은 구조를 가진 혼합양식의 건물과 훨씬 닮았다. 이것이, 경지배열과 관련된 이런 유적이 원래의 순수한 형태로 우리들에게 전해지지 않는 이유다. 마을의 옷은 몹시 오래되었으나, 꽤 자주 기워 입은 것이었다. 편견을 갖고서 이와 같은 변화과정에 대한 조사를 게을리하거나 거부하는 것은, 변화의 과정에 지나지 않을 뿐인 삶 자체를 부정하는 것이 될 것이다.

따라서 다른 선택의 여지가 없는 이상, 경지형태의 변화과정을 시간의 역방향으로 추적해 보자. 그러나 그러면서도 사람들이 너무나 자주 우를 범하듯이 18세기에서 신석기시대로 일거에 건너뛰려고 하지 말고, 불규칙하고 변화가 많은 경지제도의 변천과정을 언제나 단계적으로 면밀하게 살펴보도록 하자. 그렇지만 올바로 적용되는 역진적인 연구방법이란 가까운 과거에서 한 장의 사진을 찾아낸 뒤에 곧이어 그보다 더 먼 시대에 대한 고정된 영상(映像)을 만들어 내기 위하여 언제나 같은 사진을 비춰 보기만 하면 되는 것이 아니다. 역진적 방법이 포착하려는 것은 필름의 마지막 감광판이다. 그리고 나서 어쩔 수 없이 여러 공백을 발견한다고 하더라도 변화가 컸음을 인정할 생각을 가지고 마지막 필름에서 다시 거꾸로 풀려고 노력해야 할 것이다.

1930년 7월 10일
스트라스부르에서

제1장

개척의 주요 단계

1

초기 개간시대

우리가 중세라고 부르는 시대가 개막되었을 때, 곧 프랑스적인 것이라고 불릴 수 있는 나라와 민족집단이 서서히 형성되기 시작했을 때, 농업은 이미 프랑스 땅에 존재했고 아주 오래된 것이었다. 고고학 발굴보고서들은 이런 사실을 단적으로 입증한다. 발굴보고서들에 의하면 오늘날 프랑스에 존재하는 수많은 촌락의 직접적인 원조는, 금속제 낫으로 곡식의 이삭을 자르기 훨씬 전에 돌로만든 연장으로 밭의 곡식을 수확했던 신석기시대 경작자들의 정주지들이었다.[1] 이런 선사시대의 농촌사는 그 자체로는 내가 이 책에서 다루는 범위를 넘어서지만, 이 책의 취급주제에 크나큰 영향을 미친다. 우리가 프랑스 땅에서 실시된 주요한 경지제도들을 그들의 다양한 특성으로 설명하려고 할 때, 그토록 빈번하게 어려움을 겪게 되는 것은 경지제도들의 근원이 선사시대라는 아주 먼 과거로 거슬러 올라가기 때문이다. 우리는 주요한 경지제도들을 탄생시킨

사회들의 심층구조에 관해서 아는 것이 거의 없다.

로마의 지배 아래서 갈리아(Gallia)[1]는 로마제국 내의 주요한 농경지역들 가운데 하나였다. 그러나 그렇기는 했지만 거주지와 농경지 주변에는 광대한 규모의 황무지가 펼쳐져 있었다. 제정 시대 말기에 혼란이 심하고 인구가 감소한 '로마제국 지역'(Romania)에서 '황폐화된 땅'(agri deserti)이 도처에서 증가하자, 갈리아의 이런 미경작지들은 확대되었다. 중세에 가시덤불과 나무를 다시 캐낼 수밖에 없었던 일부 언저리 땅과 오늘날까지 사람들이 경작하지도 않고 거주하지도 않는 외진 땅에서 여러 번 이루어진 고고학 발굴작업은 이런 고대의 폐허를 보여준다.

4~5세기에는 게르만 민족의 대이동이 시작되었다. 게르만족의 수는 그리 많지 않았다. 그러나 로마의 지배를 받는 갈리아의 인구 자체도 ―특히 게르만족의 대이동 시점에는― 오늘날보다 훨씬 적었다. 게다가 기존의 갈리아 인구의 분포는 고르지 않았으며, 게르만 침입자들 역시 갈리아 전체에 똑같은 밀도로 정착하지도 않았다. 그 결과 갈리아 사회에 대한 게르만 이주민의 영향은 전체적으로는 미약했지만 곳에 따라서는 비교적 클 수밖에 없었다. 일부 지

....

1 　고대 로마인들이 켈트(Celt)족이 거주하는 지역을 가리키던 지명으로, 북부 이탈리아 지역과 라인강과 피레네산맥 사이의 오늘날 프랑스와 벨기에에 해당하는 지역을 말한다. 당시 북부 이탈리아는 알프스 이남의 갈리아라는 뜻을 지닌 'Gallia Cisalpina' 또는 'Gallia citerior'라고 불렸고, 후자의 지역은 알프스 너머의 갈리아라는 뜻의 'Gallia Transalpina' 또는 'Gallia ulterior'라고 불렸다. 로마 시대부터 엄밀한 의미의 갈리아는 알프스 이북의 갈리아를 지칭했으며, 오늘날에도 보통 갈리아라고 하면 프랑스를 중심으로 한 알프스 이북의 갈리아를 의미한다. 프랑스어로 갈리아는 골(Gaule)이라고 불린다. 알프스 이북의 갈리아는 기원전 1세기 중엽 카이사르가 이끄는 로마군대에 정복되었다.

역에서는 그 영향이 상당히 커서 새로운 도래자들의 언어가 피정복민의 언어를 결국 대체할 정도였다. 이를테면 플랑드르 지방이 그랬다. 이 지방은 중세 이래 오늘날까지도 인구밀도가 매우 높지만 로마 시대에는 상당히 낮았던 것으로 보이는 데다, 다른 곳에서는 라틴문화의 우세에 기여했던 도시가 여기서는 수도 적고 도시다운 면모를 제대로 갖추지도 못한 상태였다. 정도가 훨씬 덜하기는 하지만, 북부 프랑스의 전역에서는 방언이 기본적으로 로망어적으로 남아 있기는 했으나 발음이나 어휘 면에서 게르만어의 영향을 받았음이 명백하게 입증되고 있다. 일부 제도도 마찬가지로 게르만적인 영향을 보여준다.

우리는 이런 게르만족의 정착 상황에 관해서 아는 것이 별로 없다. 그렇지만 한 가지 사실만은 확실하다. 즉, 게르만 정복자들이 아주 위험한 지경에 이르지 않으려면 흩어져 살아서는 안 되었다는 점이다. 고고학적인 증거에 대한 검토는, 특히 "게르만족의 묘지"에 대한 연구는 그들이 이런 실수를 저지르지 않았음을 명백히 증명한다. 게르만 정복자들은 북부 프랑스에서 십중팔구 각기 한 사람의 수장을 중심으로 조직되었을 것으로 보이는 작은 집단들을 이루고 살았다. 이들 소규모 집단은 게르만족에게 복속된 갈로로마사회 출신의 콜로누스(colonus)나 노예들과 다소간에 뒤섞여 가끔 몇몇 새로운 주거 중심을 탄생시켰을 가능성이 크다. 새로운 주거 중심은 로마사회의 귀족들이 게르만 정복자들과 분할하지 않을 수 없었던 갈로로마인들의 옛 영지 안에 만들어졌다.[2] 아마도 그 이전까지 경작되지 않던 토지가 그때 경작되거나 게르만족의 대이동으로 황폐화된 토지가 다시 경작되었던 것으로 보인다.

프랑스 촌락의 이름들 가운데 상당수가 이 시대부터 나타난다. 촌락 이름의 일부는 게르만족의 이런 정주집단이 종종 사실상 하나의 씨족, 즉 '파라'(fara)[2]였음을 보여준다. 이것은 '페르'(Fère)나 '라 페르'(La Fère)라는 지명으로 나타났으며,[3] 이와 대단히 유사한 형태의 말이 이탈리아의 롬바르디아(Lombardie) 지방에서도 보인다. 이런 이름보다 훨씬 자주 나타나는 여타의 촌락 이름은 '빌라'(villa)나 '빌라레'(villare)와 같은 보통명사가 뒤에 따르고 소유격 형태의 사람 이름—수장의 이름—이 앞에 오는 합성어로 되어 있다. 이를테면 오늘날 '부종빌'(Bouzonville)이라는 지명이 된 '보조니스 빌라'(Bosonis villa)라는 촌락명이 그런 예다. 이런 촌락명은 어순(語順)이 뒤바뀌어 있다는 것—이들 합성어에서 소유격이 로마 시대에는 두 번째 부분에 왔던 데 비해 첫 부분에 위치한다는 사실—이 특징이며, 무엇보다도 이름이 뚜렷하게 게르만적인 양상을 띠고 있다는 점이 특징이다. 그렇다고 해서 이런 촌락 이름의 시조가 된 사람들 모두가 게르만인이었다는 것은 아니다. 게르만족 출신 왕들의 지배를 받으면서 오래된 토착인 가문들 사이에서 게르만 정복자들의 고유명사를 모방하는 것이 유행이었기 때문이다. 오늘날 미국의 퍼시(Percy)나 윌리엄(William)이라는 이름을 가진 사람들이 모두 앵글로색슨족이 아니듯이, 앞에서 말한 '보종'(Boson)은 어쩌면 프랑크족 출신 사람도 고트족 출신 사람도 아니었을지 모른다. 그러나 이들 취락을 지칭하는 이름은 게르만족의 대이동보다 더 늦게 생겨났음에 틀림없다.

....

2   가족, 씨족, 또는 거류민을 의미하는 게르만어.

그렇다고 해서 이런 취락 자체가 반드시 대이동 뒤에 생겨났을까? 반드시 그랬던 것은 아니다. 왜냐하면 사람들이 예전부터 살던 곳의 이름이 간혹 변경되는 경우가 틀림없이 있었기 때문이다. 이와 같이 몇 가지 단서가 붙기는 하지만, 지도상에 비슷한 형태의 지명이 빽빽하게 몰려 나타나는 경우에는 외부로부터 대량의 인구 유입이 정주에 무시할 수 없는 영향을 미쳤다고 상정하지 않으면 안된다. 대개 로마문명의 중심지였던 주요 도시로부터 멀리 떨어져 있는 고장들의 경우가 그랬다. 특히 건조한 기후 때문에 선사시대에는 경작자들이 별로 찾지 않았으나 오늘날에는 프랑스 최대의 곡창지대가 된 보스(Beauce)[3] 지방이 그랬다.

개간에 관한 언급은 프랑크 시대 내내 문헌기록에 나타난다. 투르의 그레구아르(Grégoire de Tour, 538~594)[4]는 부호인 크로디누스 주백(州伯)에 관해 "그는 '빌라들'(villae, 농촌의 장원들)을 설치했고, 포도나무를 심었으며, 주택을 건축했고, 농경지를 만들었다"라고 우리에게 전하고 있다. 샤를마뉴(Charlemagne)[5]는 그의 왕령지 관리인들에게 왕령지에 속한 숲 가운데 개간하기에 적합한 땅은 개간하고 그와 같이 개간된 농토는 다시는 숲으로 뒤덮이는 일이 없

....

3 센강과 루아르강 사이에 있는 오늘날의 외르에루아르도 전체와 그 밖에 다른 인근 도들의 일부를 포함하는 지방. 그 중심도시는 파리 남서쪽 인근에 있는 유명한 역사도시 샤르트르다. 이 지방은 예로부터 프랑스의 곡창지대로 일컬어질 정도로 대단히 비옥하고 그 면적이 약 100만 헥타르에 이를 만큼 광활한 대평야 지대다.

4 원래 라틴어로는 Gregorius de Turonensis이다. 573년부터 투르의 주교로 오랫동안 재직하면서 메로빙조 시대에 관한 귀중한 사료인 『프랑크족의 역사』(총 10권) 등 많은 역사서와 전기를 남겼다.

5 재위 742~814년.

도록 하라고 명령했다. 우리는 이 시대의 역사 연구에서 무엇보다 귀중한 사료인 부유한 지주들의 유언장을 펼쳐 보기만 하면, 거의 어디서나 지은 지 얼마 안 되는 농업경영용 건물과 수확 가능한 농경지로 바뀐 땅에 관한 언급이 나타남을 발견할 수 있다.

그러나 이에 대해 결코 착각하지는 말자. 그것은 대개의 경우에 진정한 의미의 개척이라기보다는 끊임없이 혼란스런 사회상황 속에서 그렇게도 빈발했던 지방의 인구감소라는 위기가 지나간 후에 나타난 재개간에 지나지 않았던 것이다. 예컨대 샤를마뉴와 루이 경건왕(Louis le Pieux)[6]은 스페인의 피난민들을 세티마니―오늘날의 바랑그도크 지방―에 불러들여 가시덤불 숲과 삼림 속에 새로운 농업 중심지들을 창출하도록 했다. 그렇게 초치된 사람들 가운데 한 사람이, "드넓은 황무지 한가운데에" 자리 잡은 코르비에르 산악지대(les Corbières)[7] 속에 자신의 콜로누스들과 노예들을 먼저 "종(Joncs)이라는 곳에 있는 샘물" 인근에 정착시키고 그 후에는 "샘들"과 "숯막들" 근처에 정착시킨 장(Jean)이라는 인물이었다.[4] 그런 정착사업이 이뤄진 것은 사라센으로부터 탈환된 변경지역인 이 지방이 장기간의 전쟁으로 완전히 황폐화되었기 때문이다. 비록 참으로 새로이 개척되었다고 할지라도, 자연에 대한 인간의 이런 승리는 황폐화로 인한 그동안의 손실을 아주 조금밖에 보상하지 못했다. 왜냐하면 손실이 막대했기 때문이다. 9세기 초부터 장원의 재산목록들 속에는 '경작자가 없는 농민보유지들'(mansi absi)에 관한

....

6   재위 814~840년.
7   지중해 연변의 페르피냥과 나르본 및 카르카손 사이에 있는 산괴(山塊).

언급이 우려를 금치 못할 정도로 증가한다. 이를테면 816년 이전에 작성된 교황의 한 교서에 의하면 리옹 교회의 '콜롱주'(colonge)[8]들 가운데 6분의 1 이상이 이런 경우에 속했다.[5] 끊임없이 되풀이되는 토지의 황폐화에 맞서 이를 극복하려는 투쟁 역시 쉼 없이 계속되었다. 이런 노력 자체는 강인한 생명력에 대한 훌륭한 증거이기는 하나, 전체적으로 성과를 거두었다고 보기는 어렵다.

어쨌든 토지를 상대로 한 싸움은 결국 실패로 끝났다. 카롤링 제국이 붕괴된 후에 프랑스 농촌은 확실히 인구가 줄고 어디에서나 빈 땅이 점점이 널려 있었던 것으로 보인다. 이전에 경작되던 많은 땅도 이제는 경작되지 않게 되었다. 우리가 지금 서술하고 있는 개척의 축소기에 뒤이어 1050년 무렵부터 시작되는 개간시대의 문헌기록은 한결같이 토지 개간이 재개되었을 때에 우선 잃어버린 토지를 되찾을 필요가 있었음을 보여준다. "우리는 (1102년에 보스 지방의) 황무지나 다름없는 메종 촌락을 취득했다. … 우리가 황폐한 그 땅을 인수한 것은 개간을 위해서다." 내가 모리니 수도사들의 연대기[9] 속에서 무작위로 인용한 이 구절은 다수의 비슷한 증거들의 전형적인 예로 볼 수 있다. 이보다 뒤늦은 시기(1195년)에 이와는 매우 다른 지역인 알비(Albi)[10] 지방에서 오피탈 수도원의 원장

....

8 원래 중세의 라틴어로는 'colonica'라고 한 것으로, 콜로누스의 보유지란 뜻이다.

9 여기서 모리니(Morigny)라고 하는 것은 보스 지방의 에탕프시 인근에 위치한 베네딕트 수도회 계통의 수도원을 말한다. 11세기 말에 건립된 이 수도원의 테울푸스(Teul-fus)를 비롯한 여러 수도사들이 라틴어로 쓴 1108~1147년간의 연대기는 십자군 원정이 진행되던 루이 6세와 루이 7세 시대의 프랑스 역사와 교회사 연구를 위한 매우 귀중한 사료들 가운데 하나다. 이 연대기는 총 3권으로 구성되어 있다.

10 프랑스 남부의 툴루즈시 동북방 인근에 위치한 지방. 그 중심도시인 알비시는 오늘날

이 라카펠세갈라 촌락을 임대하면서 "이 장원의 기증이 이뤄질 무렵에 라카펠 촌락은 버려져 있었다. 남자고 여자고 아무도 없었다. 그곳은 오래전부터 버려져 있었다"라고 한 말도[6] 마찬가지다. 이렇게 묘사된 정경을 머릿속에 선명하게 그려 보자. 그러면 약간의 집들이 있는 주거지 주변에 작은 면적의 농경지가 존재하고, 이런 오아시스들 사이에 한 번도 쟁기질된 적이 없는 광대한 면적의 황무지가 펼쳐져 있는 모습이 떠오를 것이다. 게다가 곧 설명을 통해 잘 알게 되겠지만, 당시의 경작방식으로 인해 농경지 자체가 적어도 2년 내지 3년 중에 1년간, 경우에 따라서는 종종 수년간 황무지 상태로 남아 있지 않을 수 없었다. 10세기와 11세기의 사회는 극히 낮은 토지이용도에 토대를 두고 있었기 때문이다. 그리고 또 그것은 소규모로 된 인간집단들이 서로 간에 멀리 떨어져 사는, 성긴 그물코와 같은 사회였다. 낮은 토지이용도는 이 사회의 기본적인 특성이며, 이 특성은 당대의 문명에 고유한 다른 많은 특징들을 규정짓는 요인이었다. 그럼에도 불구하고 연속성이 단절되지는 않았다.

곳곳에서 촌락들이 사라졌음은 사실이다. 예컨대 토네루아(Tonnerrois)[11]에 있는 폐송 '빌라'가 바로 그런 예다. 이곳에서는 촌락이 사라진 뒤에 취락은 재건되지 않은 채, 촌락권역(村落圈域)의 토지(finage)[12]는 인근 지역의 주민들에 의해 개간된다.[7] 그러나 비

....

타른도의 도청 소재지다. 알비 지방은 중세 가톨릭이 이단으로 규정한 카타리파의 한 분파인 알비파가 알비를 중심으로 남부 프랑스에서 세력을 떨치자, 이를 토벌하기 위하여 로마 가톨릭 당국이 1181~1229년간 3차에 걸쳐 이른바 알비 십자군 원정을 일으켜 무자비하게 진압한 것으로 유명하다.

11 부르고뉴 지방 욘도(道)에 위치.

12 'finage'란 코뮌이나 본당사목구 형태로 나타나는 촌락공동체의 관할구역, 또는 농경

록 농경지는 다소 축소되기는 했지만, 대다수의 촌락들은 잔존했
다. 곳에 따라서는 전통적 농업기술이 일부 사라지기도 했다. 이를
테면 로마인들은 토지에 대한 이회토 시비를 픽트인(les Pictons)[13]
고유의 특별한 기술로 보았으나, 푸아투에서 이회토 시비가 다시
나타나는 것은 16세기에 이르러서였다. 그렇지만 옛 농업기술의 대
부분은 대대로 전해졌다.

....
    지를 비롯한 촌락의 토지를 가리킨다. 그래서 이 번역서에서는 경우에 따라 'finage'를
    일단의 가호들로 구성되는 지연단체나 그 단체의 관할구역을 뜻하는 '촌락권역' 또는
    '촌락권역의 토지'로 옮긴다.
13 오늘날 프랑스 중서부의 푸아투 지방에 살던 켈트족 주민들을 지칭하는 말. 푸아투 지
    방을 가리키는 'Poitou'와 그 중심도시인 'Poitiers'란 말은 여기서 유래한다.

2

대개간시대

어쩌면 노르망디나 플랑드르와 같이 특별히 유리한 조건을 갖춘 일부 지역에서는 좀 더 빠르고 그렇지 않은 다른 곳에서는 다소 더 늦기는 했겠지만, 1050년 무렵에는 13세기 말경에 종말을 맞게 될 새로운 시대가 개막되었다. 선사시대 이래로 프랑스 땅에서 최대의 경지면적 확대가 이루어졌음에 틀림없을 대개간시대가 시작되었던 것이다.

엄청난 노력이 경주되었던 이런 개간 작업에서 최대의 난제는 나무와의 싸움이었다.

나무 때문에 오랫동안 경작지의 확대는 별 진전이 없었다. 십 중팔구 오늘날보다 더 건조한 기후의 덕을 보았을 신석기시대의 경작자들이 즐겨 그들의 촌락을 건설했던 곳은 가시덤불로 뒤덮인 땅이거나 풀이 무성한 땅, 또는 스텝이나 황야였다.[8] 나무를 캐내는 일은 보잘것없는 연장을 사용하는 그들에게 너무나 힘든 작업이었을 것이기 때문이다. 그 다음 시대, 즉 로마 시대부터는 다수의 울창한 숲의 개간이 시작되었으며, 프랑크 시대에도 이런 개간작업은 계속되었다. 예컨대 9세기 초에 루아르강과 알렌천(川) 사이에서 영주 탕크레드가 라노클이라는 완전히 새로운 촌락의 토지를 취득하게 된 것은 "울창한 숲의 제거에 의한" 것이었다.[9] 특히 중세 초기의 숲, 곧 먼 옛날 프랑스의 숲은 일반적으로—심지어 숲속의 빈터에 경작지가 존재하지 않는 경우에도— 다른 방식의 이용이 없거나 인적이 끊겼던 것은 아니었다.[10]

정착민들에게 흔히 수상쩍은 사람으로 보였던 온갖 "숲 사람들"(boisilleurs),[14] 즉 사냥꾼, 숯 굽는 사람, 대장장이, 야생의 벌꿀과 밀랍 채취인[고문서에 "비그레스"(bigres)라고 기록된 사람들], 유리나 비누 제조에 사용되는 재 제조인, 가죽을 무두질하거나 심지어 끈을 엮는 데 소용되는 나무껍질 채취인 등이 숲속을 돌아다니거나 오두막집을 짓고 살았던 것이다. 12세기 말에도 발루아 여(女)영주는 비트리(Vitry)[15]에 있는 자기 소유의 숲에 4명의 관리인을 두었다. 한 사람은 개간 담당자였고(이미 개간의 시대에 접어들었다), 다른 세 사람은 각각 덫 설치자, 활 쏘는 사람, "재 만드는 사람"이었다. 녹음 우거진 숲속에서 이루어지는 사냥은 단순한 스포츠가 아니었다. 그것은 도시나 장원의 무두질 작업장과 수도원에 소속된 도서관의 책 제본소에 가죽을 제공했고, 모든 사람의 식탁에 먹거

....
14 숲속의 유용한 생물을 채취 또는 사냥하거나 가공하는 것을 생업으로 하는 사람들이라는 뜻.
15 파리 도심으로부터 동남쪽으로 7킬로미터쯤 떨어져 있는 오늘날의 비트리쉬르센 코뮌을 가리킴.

리를 공급했으며 군대에도 식료품을 조달했다. 이를테면 십자군 전쟁을 준비하고 있던 푸아티에의 백작 알퐁스(Alphonse de Poitiers, 1220~1271)[16]는 1269년에 소금에 절인 고기를 "바다 저편으로" 가져가기 위해 오베르뉴에 있는 자신 소유의 광활한 숲에서 많은 수의 멧돼지를 잡도록 명령한 바 있다.

태곳적의 채취 습관이 오늘날보다 더 많이 남아 있었던 이 시절에 숲은 인근 주민에게 오늘날의 우리가 상상할 수 없을 정도로 많은 수입을 가져다주는 원천이었다. 사람들은 석탄과 석유 및 금속을 사용하는 오늘날보다 생활필수품으로서의 수요가 훨씬 컸던 목재를 구하기 위해서도 당연히 숲에 갔다. 숲에서 난방, 횃불, 건축 자재, 지붕을 이는 데 필요한 작은 널빤지, 성채의 방책, 나막신, 쟁기의 자루, 여러 가지 연장, 길을 튼튼히 하는 데 필요한 나뭇단 등의 용도로 쓰이는 나무가 났던 것이다. 그리고 또 사람들은 숲에서 온갖 종류의 여타 식물성 산물을 채취했다. 외양간에 깔 마른 이끼나 나뭇잎, 그리고 야생의 시큼한 나무열매―사과, 배, 마가목 열매, 자두―와, 과수원의 접붙이기용으로 캐내 사용하곤 하던 배나무나 사과나무와 같은 나무를 채취했다.

그러나 경제적인 면에서 숲의 주요 기능은 오늘날에는 우리가 그 이용 관습을 잃어버린 다른 데 있었다. 숲은 무엇보다 거기서 나는 싱싱한 나뭇잎, 어린 싹, 떨기나무의 잎, 도토리와 너도밤나무의 열매 등을 이용한 가축의 방목장으로 사용되었다. 표준화된 그

....

16　부친 루이 8세의 유언으로 1241~1271년간 푸아티에 지방과 그 인근 지역의 백작을 지내고 후에 툴루즈 백작도 겸임했던 성 루이의 동생. 그는 국왕 성 루이와 함께 1248년의 제7차 십자군 원정과 1270년의 제8차 십자군 원정에 참전했다.

어떤 도량형제도도 오랜 세월 동안 없었던 상태에서, 숲의 넓이를 측정하는 가장 일반적인 단위는 거기에 방목하여 기를 수 있는 돼지의 두수였다. 숲 기슭에 사는 마을사람들은 그들의 가축을 숲으로 보냈으며, 대영주들은 숲에 큰 가축떼를 고정적으로 두고 길렀고 자신의 말들을 위한 종마사육장을 설치·운영하곤 했다. 이들 가축떼는 거의 자연상태에서 살았다. 이런 관습은 오랫동안 지속되었기 때문에, 16세기에도 노르망디에 사는 구베르빌 나리는 숲속으로 자신의 가축을 찾으러 간 적이 더러 있었다. 그렇지만 매번 가축을 찾지 못했다. 그는 한 번은 "절뚝거리고 지난 두 달 동안 아무도 보지 못했던" 황소와 마주쳤을 뿐이며, 다른 어떤 날은 그의 하인들이 "지난 2년간 붙잡지 못했던 미친 암말"을 가까스로 포획했을 뿐이다.[11]

상당히 집약적이면서도 대단히 무절제한 이와 같은 숲의 이용으로 말미암아 숲의 밀도는 점차 낮아졌다. 멋진 떡갈나무가 껍질 벗기기로 인해 얼마나 많이 죽게 되었을는지 생각해 보라. 11~12세기에 숲은 죽은 나뭇가지와 종종 덤불로 꽉 막혀서 헤치고 들어가기가 어려웠지만, 군데군데 그래도 꽤 듬성듬성한 곳이 있었다. 수도원장 쉬제(Suger, 1081~1151)[17]가 이블린(Iveline) 숲[18] 속에서 그

....

17 파리 근교에 있는 생드니 수도원의 수도원장으로 거의 30년에 걸쳐 재직한 성직자이자, 루이 6세에 대한 찬사로 가득 찬 『루이 6세의 생애』(*Vita Ludovici regis*), 비교적 공정한 입장에서 쓴 『영광스런 루이 7세의 역사』(*Historia gloriosi regis Ludovici*), 그리고 『수도원 경영록』(*Liber de rebus in administratione sua gestis*)과 그 부록 『성드니 교회 봉헌록』(*Libellus de consecratione ecclesiae S. Dionysii*) 등 12세기의 초반기에 관한 귀중한 문헌사료를 많이 남긴 유명한 역사가. 그는 루이 6세 뚱보왕의 스승으로 세속정치에 깊이 관여했으며, 특히 루이 7세가 십자군 원정에 참가한 기간에는 섭정을 지내는

의 대성당 건축에 사용하기 위해 12개의 훌륭한 들보감을 구하고자
했을 때, 그의 삼림 관리인들은 그것을 과연 구할 수 있을지 의문을
가졌으며, 쉬제 스스로도 자신의 그런 노력의 결과 얻게 된 들보감
발견의 행운을 거의 기적에 가까운 것으로 생각했다.[12] 이와 같이
가축들의 이빨과 "숲 사람들"의 손에 의해 나무가 듬성듬성해지거
나 발육이 부진해짐으로써, 오래전부터 개간사업이 준비되어 왔다
고 할 수 있다. 그렇지만 중세 초기에는 큰 숲들이 아직도 사람들의
공동생활이 이루어지는 주거지역으로부터 멀리 떨어진 곳에 위치
해 있었으므로, 그 조직망이 모든 주거지역에까지 뻗어 있었던 본
당사목구 조직에 일반적으로 편입되지는 않았다.

12~13세기에는 이런 큰 숲을 본당사목구 조직에 편입시키려
는 적극적인 노력이 기울여졌다. 도처의 숲에서 십일조를 부담하지
않으면 안 되는 농경지가 군데군데 생겨났고 경작자들의 영구 정착
이 증가했다. 고원, 야산의 기슭, 충적토 지대의 평야 등지에서 사람
들은 도끼나 낫도끼(serpe)[19] 또는 불을 사용해서 숲을 잠식했다. 그
러나 설사 그렇다고 하더라도 사실은 온통 숲이 사라진 경우는 매
우 드물었다. 그렇지만 많은 숲이 갈가리 찢어진 쪼가리 모양이 되
었으며, 숲으로서의 특성을 잃고 점차 숲의 이름도 잃는 경우가 자

....

등 막강한 권력을 행사했다. 그는 파괴된 수도원 부속교회를 유명한 초기 고딕양식으
로 재건축하기도 했다.

18   파리 서쪽을 둘러싸고 남쪽으로 뻗은 숲. 랑부예(Rambouillet) 숲이라고도 한다. 그 가
운데 베르사유가 있다. 오늘날 남아 있는 숲의 면적은 220제곱킬로미터 정도지만, 예전
에는 이보다 훨씬 더 커서 북쪽으로는 센강으로부터 남쪽으로는 오를레앙 숲에 이르는
광대한 규모였다.

19   나무 베기나 가지치기에 사용된 특수한 종류의 낫.

주 있었다. 농촌의 풍경 속에 나타나는 이들 검푸른 얼룩의 각각은 하천과 기복을 이룬 주요 지형지물처럼, 역사 속에 그 기억이 간직되어 있는 언어들보다 많은 경우에 더 오래된 시절로 거슬러 올라가는 지리적 명칭에 그 이름을 남기고 있다. 이를테면 예전에는 숲이 비에르, 이블린, 레이, 크뤼이, 로주라는 이름으로 불렸으나, 중세 말부터는 이런 숲의 이름이 사용되지 않고 이들 오래된 숲의 조각난 부분을 지칭하기 위해 퐁텐블로, 랑부예, 생제르맹, 마를리, 오를레앙의 숲들이라는 명칭 외에는 거의 사용되지 않게 되었다. 이들 조각난 숲의 명칭은 인근 도시나 사냥용 별장(그 후 숲은 특히 왕과 영주의 사냥터로서의 의미를 지니게 되었다)으로부터 따온 것으로, 잊혀진 표현법의 흔적인 옛 이름을 대체했던 것이다. 이처럼 평야지대의 나무가 사라지는 거의 같은 시기에, 도피네(Dauphiné)[20] 계곡의 농민들도 은둔 수도사 집단들이 숲 안쪽으로부터 잠식했던 알프스산맥의 삼림을 개간해 들어갔다.

그렇지만 개간자들이 오직 그루터기를 캐내는 일만 했다고 생각하지는 않도록 하자. 특히 플랑드르 해안이나 바푸아투(Bas-Poitou)[21]와 같은 늪지대에서도 개간 작업이 진행되었으며, 또한 그때까지 관목덤불과 잡초로 뒤덮여 있던 수많은 황무지도 개간되었다. 이미 언급한 모리니 수도원의 연대기는, 농민들이 쟁기와 괭이

....

20 프랑스 남동부의 론강 중류에서 이탈리아 국경에 이르는 옛 지방. 현재의 이제르, 드롬, 오트잘프 등 3개의 도를 포함하며, 그 중심도시는 그르노블이다. 론강 주변의 낮은 평지를 제외한 이 지방의 대부분이 알프스산맥의 서쪽 기슭으로서 산악지대와 계곡으로 되어 있다.
21 푸아투 지방의 서쪽 지역, 곧 방데 지방을 가리킨다.

를 들고 억척스럽게 투쟁한 대상은 가시덤불, 남가새(tribule),[22] 고사리 및 "땅속 깊이 달라붙어 장해물이 되는 온갖 식물"이었음을 보여준다. 대체로 개간이[13] 먼저 이뤄진 곳은 이런 광활한 땅들이었으며 숲에 대한 싸움은 그 다음으로 진행되었던 것으로 보인다.

이런 땅의 정복자들은 흔히 개간지의 바로 한복판에 새로운 촌락을 건설하곤 했다. 그런 촌락들 가운데 일부는 오르주 천변(川邊)[23]의 작은 산촌(散村)인 프루아드빌처럼 자연발생적 취락 형태를 취했다. 이 마을에 대한 1224년의 이례적 조사는 그 직전 50년 동안에 한 집씩 정착했음을 보여준다.[14] 그러나 많은 마을은 마을의 건설에 적극적인 어떤 영주가 철저히 창출한 형태를 취하고 있다. 종종 다른 문헌기록이 없는 경우에는 지도를 살펴보기만 해도, 이런저런 주거 중심지들이 대개간시대에 생겨났음을 얼마든지 알 수 있을 것이다. 예컨대 1203년에 고쉐 드 샤티용이 건설한 브리(Brie)[24] 지방의 빌뇌브르콩트나 랑그도크 지방의 '성채마을들'(bastides)에서 보는 것처럼 가옥들은 바둑판 모양의 배열과 다소 비슷한 일정한 설계도에 따라 모여 있다. 또는 —특히 숲에서— 이런 중심축의 양쪽에 물고기의 뼈대 모양으로 채마밭이 딸린 가옥들이 아주 특별히 만들어진 길을 따라 늘어서 있고 집 뒤로 농경지들이 펼쳐져 있다. 티에라슈(Thiérache)[25]에 있는 부아생드니라는 작은 마을이나

....

22　쥐손이풀목 남가새과의 쌍떡잎 한해살이풀.
23　오르주(Orge)천은 파리 인근 남쪽에서 센강으로 흘러든다.
24　파리 동쪽 인근 지방.
25　아르덴고원의 서쪽 기슭을 이루는 지방. 오늘날 프랑스 엔(Aisne)도의 북쪽 지방과 그 인근 벨기에에 걸쳐 있다. 중세 초기에는 숲으로 뒤덮여 있었다. 그 후 개간이 크게 진척되었으나, 오늘날에도 몇몇 숲이 남아 있다.

(그림 1-1), 루앙의 대주교가 노르망디의 광대한 알리에르몽 숲 속에 난 아주 긴 도로의 두 샛길 위에 세운 특이한 모양의 마을들이 그러했다.[15] 그러나 뚜렷하게 구분되지 않는 경우도 있다. 즉, 가옥이 아무렇게나 모여 있고 농경지가 분할지의 배열 면에서 인근 촌락권역의 농경지들과 아무런 구별이 되지 않는 수가 있었다.

센강 남쪽의 작은 골짜기에 위치한 보크레송 마을이 쉬제에 의해 건설되었다는 사실을 모르는 사람은 지적도를 보아도 아무것도 알지 못할 것이다. 물론 언제나 그랬던 것은 아니지만, 흔히 개간지의 마을임을 알려 주는 것은 그 이름이다. 전혀 새로이 정착한 하나 이상의 집단이 마을이 건설되던 때의 미개척지의 지명을 단순히 이어받아 사용했기 때문이다. 예컨대 루이 6세[26]가 개척자들을 정착시켰던 너도밤나무 숲의 이름을 촌락명의 유일한 시조로 삼았던 토르푸(Torfou) 마을이 그랬다. 그러나 보통은 보다 의미 깊은 말이 마을 이름으로 채택되어 사용되었다. 어떤 때는 마을 이름이 명확하게 개간이라는 사실 자체나—에사르르루아(Essarts-le-Roi)— 새로운 정주라는 특징적 사실—빌뇌브(Villeneuve), 뇌빌(Neuville)[16] [27]—을 상기시킨다. 후자는 그 영주의 사회적 지위—빌뇌브라르슈베크(Villeneuve-l'Archevêque)[28]—라든지 풍경의 어떤 인상적인 특징, 가끔 목가적인 특징—뇌빌샹두아즐(Neuville-Chant-d'Oisel)[17] [29]—을 연상시키는 한정사(限定詞)가 따르는 경우가 자주 있었다. 또 어떤

....

26　재위 1108~1137년.

27　이런 촌락 이름들은 우리말로는 '새마을' 또는 '신촌'(新村)이라고 할 수 있다.

28　'Archevêque'는 '대주교'라는 뜻임.

29　'Chant d'Oisel'은 '새의 지저귐'이라는 뜻이다.

그림 1-1 경지가 물고기의 뼈대 모양으로 생긴 숲속의 개간지(르프티부아생드니)

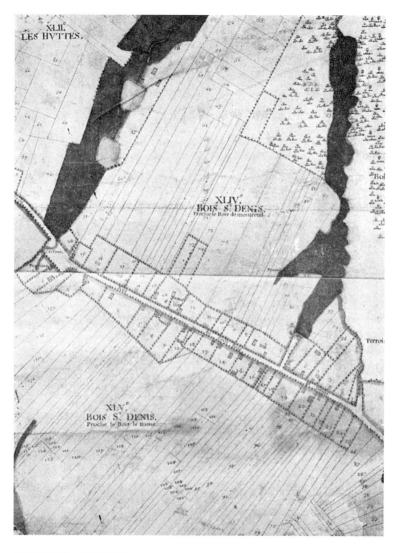

르프티부아생드니 마을의 지적도.
1715년 라플라망리 장원[엔도(道), 라카펠면(面)] 지적도의 일부.

때는 마을 이름이 때마침 그 주민에게 부여된 특혜를 부각시킨다. 또 어떤 때는 마을의 건립자가 자신의 이름을 마을에 붙였다. 보마르셰(Beaumarchès), 리부른(Libourne)이 그런 예이다.

또는 훗날 해외 이주민들이 그랬듯이, 새로운 마을의 이름을 오래된 지방의 유명한 지명으로부터 물려받은 경우도 있었다. 다미아트(Damiatte)는 도시의 이름이자 전투의 이름인 다미에트(Damiette)[30]에서, 파비(Pavie)는 파비아(Pavia)[31]에서, 플뢰랑스(Fleurance)는 플로랑스(Florence)[32]에서 물려받은 이름이다. 미국에 적어도 10개의 파리라는 지명이 있고 미시시피강 유역에 오늘날 멤피스(Memphis)[33]라는 지명이 코린트라는 지명과 인접해 나타나듯이, 13세기 초에 베아른(Béarn)[34] 지방에서는 강(Gand)이라는 마을 옆에 브뤼주(Bruges)[35]라는 마을이 생겨났으며, 같은 시기에 루아르강과 욘강 사이에 있는 습기 많은 퓌세이 숲에서는 아마도 십자군 원정에 참가했던 것으로 보이는 어떤 영주가 예루살렘, 예리코, 나자렛 및 벳파제(Bethphagé)[36]를 나란히 건설했다.[18]

....

30   시리아 소재.

31   이탈리아 북부의 도시.

32   이탈리아 중부의 유명한 역사도시인 피렌체를 지칭한다.

33   카이로 남쪽에 위치했던 고대 이집트 고왕국 시대의 수도 이름.

34   스페인과 접한 프랑스 남서부의 옛 지방 이름. 남쪽으로는 피레네산맥과 접하고 서쪽으로는 대서양에 닿아 있는 현재의 피레네자틀랑티크도의 대부분에 해당한다. 그 중심도시는 포(Pau)다. 산과 경사지가 많은 것이 지형상의 특징이다. 일찍이 지방 삼부회의 힘이 강력했기 때문에 자주독립의 경향이 강했으며, 베아른 백작이 1589년 앙리 4세로 프랑스 왕이 되었을 때에는 자치가 허용되었다. 1620년에 루이 13세가 이 지방을 왕실에 병합하였으나, 삼부회는 프랑스혁명 때까지 존속했다.

35   강과 더불어 중세 후기에 상공업이 발달한 벨기에 북부의 도시 이름.

36   원래는 예루살렘 동쪽에 위치한 올리브산 중턱의 마을 이름임. 성경 속의 이 마을은 우

새로이 건설된 이들 마을 가운데 일부는 중요한 읍이 되었고, 심지어 도시가 되었다. 그와 반대로 많은 마을은 상당히 작은 규모로 남았으며, 특히 오래된 숲속에 있는 마을들이 그랬다. 그 까닭은 확대발전의 가능성이 없었기 때문이 아니라, 정주 방식상 마을이 소규모일 수밖에 없었기 때문이다. 숲에서는 통행이 어렵고, 위험할 수도 있었다. 대체로 개간자들은, 각기 나무들 사이에서 작은 면적의 땅을 개간하는 소규모의 집단으로 분산되는 것이 유리함을 알게 되었다. 인구밀도가 높고 수목이 없는 샹파뉴와 로렌의 평원지대 사이에 있는 아르곤 구릉지대[37]는 오늘날까지도 자그마한 삼림촌들로 이루어져 있다. 파리의 남쪽에 있는 숲들 속에서는 몇몇 소규모 취락들로 구성된 하나의 본당사목구가 마니레제사르(Magny-les-Essarts)와 마니레자모(Magny-les-Hameaux)라는 두 가지 이름—이들 두 이름은 서로 구별 없이 번갈아 사용되었다는 점이 특징이다—으로 불렸다.[38] 로마 시대 말경과 중세 초기에는 프랑스의 대부분 땅에서 사람들이 그 전에 비해 더욱 서로 붙어사는 경향이 있었던 것으로 보인다. 당시 사라진 주거지 가운데 일부는 '비쿨루스'(viculus)[39]라고 불린 작은 마을들이었다. 우리는 종종 이런 작은 마을들이 버려졌던 것은 안전문제 때문이었음을 알고 있다.[19] 그 후 대규모의 개간이 전개됨으로써 다시 경작자들이 분산되었다.

....

리말로 보통 벳파게라고 불린다.

37 해발고도 200미터, 길이 70킬로미터 정도로, 샹파뉴 지방과 로렌 지방의 분수계(分水界)를 이룬다. 예로부터 무성한 삼림으로 뒤덮여 있다.

38 앞에서 보았듯이, 'hameau'는 작은 마을이라는 뜻이다.

39 라틴어인 'viculus'는 보통의 마을을 지칭하는 'vicus'보다 작은 마을이라는 뜻이다.

그렇지만 이와 관련해서는 다음과 같은 차이점이 있음에 유의하자. 작은 마을이라는 것은 그 집단이 아무리 작다고 하더라도 어쨌든 집단적인 주거 형태를 의미한다. 이에 비해 독립가옥이라는 것은 전혀 다른 차원의 주거 형태이다. 그것은 작은 촌락과는 다른 사회제도와 관습을 전제로 하고, 옹기종기 모여 사는 집단생활을 벗어날 수 있는 역량과 벗어나고자 하는 욕구에 토대를 둔 것이다. 어쩌면 로마 시대의 갈리아 지방에는 이런 독립가옥들이 존재했다고 할 수 있을지 모른다. 그렇지만 들판을 가로질러 여기저기 흩어져 있던 로마의 '빌라들'(villae)[40]—고고학 발굴을 통해 그 유적이 발견되었다—에는 상당히 많은 수의 일꾼들이 모여 살았음이 틀림없고 일꾼들은 지주의 저택 주위에 배치된 초라한 오두막집—그 유적은 아주 쉽게 사라질 수 있었다—에서 기거했으리라는 점을 간과해서는 안 된다.[20] 어쨌든 게르만족의 대이동이 있은 이후 이들 '빌라'는 파괴되었거나 버려졌다. 뒤에서 살펴보게 되는 바와 같이 심지어 큰 규모의 촌락이 존재한 적이 없었던 것으로 보이는 지역들에서조차, 중세 초기의 농민들은 그들의 오두막집을 서로 인접해

....
40   'villa'는 로마 시대에 지주의 농촌 저택을 중심으로 편성된 대소유지, 즉 대규모 농장이라고 할 수 있다. 갈리아 북부지역에 대한 고고학 발굴성과와 항공사진 분석에 의하면, 대규모 농장은 폭과 길이가 수백 미터에 달하고, 그 면적이 100헥타르에 이르며 장방형 내지 사다리꼴 모양을 취하고 있었다. 이런 대농장은 로마제정 전기(前期)에 주로 건설된 것으로, 제정 후기에는 많은 수가 파괴되거나 버려지기는 했으나 그 가운데 상당수는 중세 장원의 기초가 된 것으로 밝혀지고 있다. 중세 초기의 장원도 라틴어 문헌에서 'villa'라고 불렸다. 따라서 'villa'는 우리말로 '장원'(莊園) 또는 '농장'(農莊)으로 번역될 수 있을 것이다. 그러나 이 번역원서에서 저자 블로크는 프랑스어에서 장원을 뜻하는 'seigneurie'와는 별도로 'villa'란 말을 특별히 사용하고 있고 'villa'의 우리말 표기인 '빌라'가 우리나라 사회에서도 그 뜻은 다소 다르긴 하지만 그리 낯선 말이 아니므로, 이 번역에서는 그냥 '빌라'라고 옮긴다.

서 건립하고는 작은 공동체 생활을 영위했다.

개간시대에 이르러서야 비로소 새로운 촌락과 작은 마을들 이외에 여기저기에 외따로 떨어진 '대농장'(grange) ― '그랑주'(grange)라는 말은 오늘날보다 더 넓은 의미를 지닌 것으로, 당시에는 농장 건물 전체를 지칭했다[41] ― 이 생겨나는 것을 볼 수 있었다. 이들 대농장 가운데 다수는 수도회에 의해 설립되었다. 그러나 그것들은 일찍이 촌락의 건설자인 유서 깊은 베네딕트 수도원들[42]이 만든 것이 아니고, 11세기 말엽에 시작된 대대적인 신비주의 운동으로부터 생겨난 새로운 수도 단체들이 만든 것이었다. 이런 새로운 유형의 수도사들은 속세를 멀리했기 때문에 개척자로서 중요한 역할을 했다. 그 어떤 수도회에도 소속되지 않았던 은둔 수도사들은 대체로 그들이 은거하는 숲속에서 약간의 농토를 일구기 시작했으며, 일반적으로 이들 독립적인 수도사는 결국 공식적으로 인정된 수도회의 구성원이 되었다. 그러나 이들이 가입한 수도회마저도 은

....

41 'grange'는 원래 중세의 라틴어로는 'grangia'라고 한 것으로, 원래는 곡물창고나 곳간을 뜻한다. 주로 시토 수도회가 만든 대규모 영농조직을 가리킨다.

42 베네딕트 수도회는 이탈리아의 수도사 베네딕트(Benedict, 480?~543?)가 529년에 창설한 가톨릭교회의 수도회 가운데 하나이다. 그는 이탈리아 중부의 몬테카시노에 서양 최초의 수도원을 설립하고, 〈성스러운 계율〉이라는 이름의 회칙을 제정했다. 이 수도회의 수도규칙은 자학적 고행을 요구하지 않고 중용과 안정을 이상으로 삼았다. 청빈과 순결 및 복종을 맹세하고 의무를 중히 여기며, 오로지 수행과 노동에 종사하되 적절한 식사와 휴식, 그리고 기도, 독서, 명상, 노동이 조화된 생활을 실천코자 했다. 이와 같은 온건하고 합리적인 수행방식과 평등과 공동참여를 바탕으로 한 공동체 생활의 추구는 유럽 수도원제도의 전형으로 받아들여져서, 베네딕트 수도회는 800년까지 유럽에 급속히 확산되었다. 1300년까지 수천 명의 대주교와 주교, 24명의 교황, 1500명의 성자(聖者)를 배출했으며, 1300년 무렵에는 유럽에 수천 개의 베네딕트 수도회 계통의 수도원이 존재했다.

둔자의 정신이 침투했다. 이들 수도회 가운데 가장 유명한 시토 수도회(l'ordre cistercien)[43]의 계율은 이런 계율들의 전형으로 간주될 수 있다. 시토 수도회의 계율에 의하면 결코 영주적 형태의 지대를 받아서는 안 된다. 즉, "흰 옷 입은 수도사들"은 스스로 노동해서 살아야 했다. 적어도 처음에는 고립을 강조하는 계율이 철저히 지켜졌다.

언제나 사람들의 주거지로부터 멀리 떨어진 곳—대체로 시냇물을 적절히 막아서 금욕적인 생활규칙의 준수에 필요한 식량을 생산할 수 있는 숲이 우거진 작은 골짜기—에 건축되던 시토 수도원 자체와 마찬가지로, 수도회 근처에 부설된 '대농장'도 농민들의 주거지와 인접함을 피했다. 대농장은 "인적이 드문 곳"에 건설되었다. 이런 땅에서 수도사들은 보조수사의 조력을 받고 또한 머지않아서는 임금노동자의 도움을 받아 다소의 밭을 경작했다. 시토 수도회

....

43 1098년 베네딕트 수도회 계통의 수도원장 로베르투스가 〈베네딕트 회칙〉의 엄격한 준수에 뜻을 같이하는 수도사들과 함께 프랑스 동부 디종시 근처의 시토에서 설립한 혁신적 수도회. 이런 설립취지에 따라 청빈과 검소한 생활 속에서 기도와 노동으로 신에게 봉사하는 것을 주요 목적으로 삼았다. 그중에서도 가장 특징적인 혁신은 농업노동을 비롯한 육체노동을 중시한 것과 지대, 십일조, 세금, 성직록 등에서 나오는 수입을 거부하고 수입을 스스로 경작하는 토지에 전적으로 의존한 것이다. 수도사들은 직접 토지를 개간·경작하고 대규모의 목축을 행했으며, 생산된 농산물과 축산물을 시장에 내다팔았다. 그러나 농업경영이 대규모로 이루어진 데다 수도사들은 성무(聖務)에도 종사해야 했으므로, 일반 농민층 출신의 대규모 보조수사 집단을 두어 농사일과 거래활동을 보조케 했다. 여러 가지 선진적 농업기술을 개발하거나 채용하고 전파시켰으며, 판매조직을 발달시키기도 했다. 그리하여 중세 후기 북부 유럽의 농업과 상업발전에 크게 기여했다. 시토 수도회는 12세기에 전 유럽에 걸쳐 수많은 수도원을 거느리고 지도적인 지위를 확보했으며, 발트해 연안 여러 나라의 기독교화와 독일 동부의 식민화에도 크게 이바지했다. 베네딕트 수도회 소속 수도사의 옷은 검은색이었던 데 비해 시토 수도회의 수도사들의 옷은 흰색이어서, 서로 구별되었다.

는 많은 수의 가축떼, 특히 많은 양떼를 가지고 있었기 때문에, 그 주변에는 방목장이 펼쳐져 있었다. 농경보다는 목축이 규약상 농민 보유지로의 분할이 금지된 광대한 농장에 더 적합했으며 노동력이 한정적일 수밖에 없는 상황에 더 부응했기 때문이다. 그러나 대농장은 시토 수도회와 마찬가지로 결코 또는 거의 '새로운 취락'의 중심이 되지 못했다. 그렇게 되었더라면, 수도사들이 속인들과 뒤섞임으로써 시토 수도회 체제의 근간 자체가 훼손되었을 것이다.

이처럼 종교적 견해가 주거 양식을 결정했다. 다른 곳에서도 어쩌면 시토 수도회의 대농장 설립을 본떠서 또 다른 독립적 농장들이 만들어졌을 것이다. 이들 농장은 평범한 시골사람들이 만든 것이 아니었던 것으로 보인다. 이들 농장의 대부분은 비천한 사람들에 비해 공동체 관습의 규제를 덜 받는 부유한 개간사업자들이 건립했다. 이를테면 생마르탱 교회의 수석 사제가 그랬다. 그는 1234년에 브리 지방에 있는 베르누 숲 속에 튼튼한 담장으로 둘러싸이고 포도압착기가 갖춰져 있으며 망루에 의해 보호되는 훌륭한 대농장(grange)을 정성껏 건설했다. 파리 노트르담 대성당의 증서 대장은 이런 대농장에 관해 생생하게 묘사하고 있다.[21] 오늘날까지도 프랑스의 시골 마을로부터 다소 떨어진 곳에는 보통과는 다른 두꺼운 벽, 망루, 창문 모양 등 건축방식상의 특성을 약간만 자세히 들여다봐도 중세에 기원함을 알 수 있는 이런 대농장을 드물지 않게 볼 수 있다.

그러나 개간이 새로운 주거 중심의 주위에 국한되어 이루어졌다고 생각하는 것은 개간의 성과를 대단히 낮게 평가하는 것이 될 것이다. 매우 오래된 취락 주변에 오래전부터 조성된 농경지 역시 일종의 꾸준한 출아번식(出芽繁殖)을 통해 확장되었다. 조상들이 경작하던 농토에 황야나 작은 숲에서 일구어 낸 다른 농토가 추가되었다. 1220년에 『여우 이야기』(*Roman de Renart*)[44]의 제9편을 쓴 라크루아상브리의 점잖은 주임사제는 이 시대에 살림살이가 넉넉한 모든 빌렝(vilain)[45]은 '새로운 개간지'를 가지고 있음을 잘 알고 있었다. 이런 느리고 끈기를 요하는 개간작업은 '새로운 취락'에 비해 그 흔적을 전하는 기록이 분명하지 않다. 그렇지만 이런 개간은 특히 이들 '신개간지'(novales)에 십일조를 부과하는 문제 때문에 발생하는 갈등에 관한 기록 속에 나타난다. 확실한 것은 농경지로 바뀐 땅의 많은 부분—어쩌면 대부분—은 오래된 마을의 활동 반경 내에 있었고 이 마을에 사는 주민들이 개간했다는 점이다.[22]

§

지금까지 자세한 연구가 이뤄지지 못했던 개간에 관한 연구가 진척되면, 우리는 쟁기의 사용에 의한 개간이 틀림없이 지역에

....

44 12세기 후반에서 13세기까지 100여 년에 걸쳐 이름을 거의 알 수 없는 작가들이 고대 프랑스어로 쓴 우화집. 당시의 시대상을 솔직하게 묘사한 중세 풍자문학의 대표작. 모두 27편이 수록되어 있다. 여기서 여우는 강자를 꾀로 응징하는 일종의 책략가 역할을 하며, 풍자의 대상은 주로 귀족 및 성직자와 같은 지배계급이다. 따라서 여우는 민중을 상징한다고 할 수 있다.

45 'villain'이란 장원의 주민이라는 뜻이지만, 뒤에서 보듯이 'villain'이라고 할 때 아무런 수식어 없이도 자유로운 장원주민을 뜻한다. 그런데 장원주민은 자유로운 주민만이 아니라 농노를 비롯한 여타의 부자유민도 포함하므로, 이들과 구별하기 위해 '장원주민' 또는 줄여서 '장민'(莊民)이라고 번역하지 않고 그냥 빌렝이라고 쓰도록 한다. 자유로운 장원주민의 뜻을 지닌 빌렝에 관해서는 이 책 제3장 제2절 참조.

따라 그 강도와 무엇보다도 시기에 있어서 큰 차이가 있었음을 확인할 수 있을 것이다. 개간에는 여기저기서 이주가 수반되었다. 빈한한 고장으로부터 풍요로운 고장으로, 경작해도 더 이상 수익성이 없는 지방으로부터 비옥한 토지가 여전히 풍부한 지방으로 인구이동이 있었다. 12~13세기에 리무쟁(Limousin)[46] 사람들과 그 후에 브르타뉴 사람들은 바스크뢰즈의 왼쪽 연안에 있는 울창한 삼림 지역에 정착했으며, 생통주 사람들은 앙트르되메르(Entre-Deux-Mers)[47]의 개척에 이바지했다.[23] 현재의 연구 수준에서는 일부 중요한 대조적 현상만을 어렴풋이 엿볼 수 있을 뿐이다.

그중에서 가장 주목할 만한 것은 남서부지역이 프랑스 전체와 대조를 이룬다는 사실이다. 분명히 남서부에서는 개간활동이 예컨대 센강과 루아르강 사이 지역에서보다 더 늦게 시작되고 더 오랫동안 지속되었다. 그 이유는 무엇일까? 십중팔구 이 문제해결의 열쇠는 피레네산맥 너머에서 찾아야 할 것이다. 스페인의 군주들은 이베리아반도의 광대한 빈 땅, 특히 고대 이슬람 토후국의 국경지대에 사람이 살도록 하기 위해 외국인들을 불러들일 필요가 있었다. 그래서 많은 프랑스인들이 "포블라시옹"(poblacion)[48]에 관한 특허장이 제공하는 유리한 조건에 매력을 느껴 피레네산맥의 "고개"(port)를 넘었다. 그들 가운데 대다수가 스페인과의 국경에 바로

....

46 중앙산악지대 북서단에 위치한 코레즈, 오트비엔, 크뢰즈 등 3개의 도로 구성된 지방. 중심도시는 리모주(Limoges)다. 계단 모양의 화강암으로 구성된 구릉지대에는 깊은 계곡이 있으며, 기후는 춥고 토지가 메말라 경제적으로 빈곤하다.
47 가론강과 도르도뉴강 사이에 위치한 지역.
48 스페인어에서 'población'은 식민, 인구, 도시, 마을 등의 뜻을 지니지만, 여기서는 식민이나 이주민 또는 이주민 마을이라는 뜻으로 이해될 수 있을 것이다.

맞닿은 인접지역, 특히 가스코뉴(Gascogne)[49] 지방 출신이었음은 의문의 여지가 없다. 이와 같은 노동력 유출이 이민을 떠난 고장들에서 내부의 본격적 식민활동을 지연시켰다는 것은 너무나 당연한 일이다.

앞서 살펴본 바로도 충분히 알 수 있겠지만, 결국 우리는 여기서 프랑스의 개간활동을 유럽적인 차원의 현상으로 보고 다룰 수밖에 없다. 독일이나 네덜란드 출신 식민지 개척자들의 슬라브 평원으로의 쇄도, 스페인 북부의 황야 개척, 전 유럽에 걸친 도시의 발전, 프랑스와 대부분의 주변국에서 그때까지 농사를 지을 수 없었던 거대한 면적의 황무지 개간 등의 현상은 모두 인간사회의 비약적 발전 모습을 표현하는 것에 다름 아니다. 개간활동과 관련된 프랑스 고유의 특징은, 예컨대 독일에서 확인할 수 있는 특징과 비교해 볼 때, 가스코뉴 지방을 제외하면 거의 전적으로 국내에서 진행되었다는 점일 것이다. 프랑스에서는 십자군의 소수 국외이주나 노

....

49 프랑스혁명 이전 프랑스 남서부의 지방 이름. 남쪽으로는 피레네산맥, 북쪽과 동쪽으로는 가론강, 서쪽으로는 대서양과 접한다. 이 지역은 피레네산맥의 북부 기슭을 포함하며, 바스크로부터 프랑스-스페인 국경을 따라 가론강 상류에 위치한 툴루즈 근처까지 동쪽으로 240킬로미터에 걸쳐 뻗어 있는 비교적 광대한 지역이다. 가스코뉴라는 명칭은 6세기 말에 스페인으로부터 피레네산맥을 넘어 이주하여 온 바스크인이라고도 불린 바스콘족의 이름에서 유래한다. 바스크족은 점토와 짚을 섞은 벽토에다 지붕을 나무판자로 덮은 집을 짓고, 문패에는 건축연도나 집주인 이름을 써 넣으며, 재산을 한 자녀에게만 물려줌으로써 상속받지 못한 후손들은 다른 곳으로 이사를 가야만 하는 등 독특한 문화를 가진 것으로 잘 알려져 있다. 가스코뉴어는 프로방스어가 바스크어의 강한 영향을 받아 변한 것이지만, 16세기부터 프랑스어를 문어로 쓰기 시작했다. 프랑스에 사는 바스크인은 전체 바스크인의 5분의 1 정도다. 가스코뉴 지역은 7세기 후반부터 공국을 이루어 실질적 독립을 유지했다. 그러나 12~15세기에는 영국의 지배 아래 있다가, 1453년 프랑스령으로 회복되었다.

르만족의 정복지 및 동유럽―특히 헝가리― 도시들로의 몇 안 되는 이례적 인구유출 외에는 국외이주가 없었다. 프랑스의 개간활동은 국내에서 특별히 활발하게 전개되었다. 요컨대 이 문제에 관한 진상은 명확하다. 그러나 그 원인은 무엇일까?

물론 당시 프랑스 사회의 주요 권력 당국이 이주를 장려하게 된 동기를 간파하는 것은 그리 어려울 것이 없다. 일반적으로 영주는 새로이 창출된 농민보유지나 면적이 확대된 농민보유지에 대해서도 새로운 부과조(redevances)[50]를 징수했기 때문에 이주를 장려하는 것이 이로운 일이었다. 그래서 개척자들에 대한 유인책으로 온갖 종류의 물적·신분적 특혜를 부여했으며, 이따금 사실상 선전활동이라고 할 수 있는 것을 펼쳤다. 예컨대 랑그도크 지방에서는 사자(使者)들이 나팔 소리로 '성채마을'의 건설을 알리면서 그 지방을 돌아다니는 것이 목격되었다.[24] 이로부터 또한 몇몇 건설자에게는 과대망상적 도취 현상이 나타나기도 했다. 이를테면 어느 날 천 채의 집을, 또 어떤 때는 삼천 채의 집을 건설할 예정이라고 한 그랑셀브(Grandselve)[51]의 수도원장이 그랬다.[25]

....

50 장원농민이 영주에게 바치지 않으면 안 되는 현물이나 현금 형태의 여러 부담을 말한다. 이것은 영주에게 매년 성탄절에 바치는 닭, 계란 따위의 공납물과 현물이나 현금 형태로 된 인두세, 방목세, 군역세(軍役稅) 등의 각종 세(稅)를 중심으로 하는 개념이면서도, 때로 생산물이나 화폐 형태의 지대도 포함한다. 같은 봉건지대라도 부역노동 형태의 지대는 일반적으로 여기서 제외된다. 'redevance'는 봉건사회에서 토지의 독점적 소유자이자 재판권을 비롯한 공권력을 사점한 지배자인 영주가 그의 소작농이자 피지배 예속민인 농민에 대해 부과하는 이와 같은 내용의 여러 부담이므로, 'redevance'를 '부과조'(賦課租)로 번역하도록 한다.
51 그랑셀브 수도원은 프랑스 남서쪽의 타른에가론도에 위치하며, 툴루즈시의 북서쪽에 있다.

영주 계급 전체에 공통된 이런 동기 외에, 교회기관의 영주들은 그들 특유의 또 다른 동기를 가지고 있었다. 그레고리우스 교회개혁[52] 이후 다수의 교회기관 영주들에게 있어 그들 부(富)의 대부분은 십일조로부터 나왔다. 그런데 십일조는 수확물에 비례했기 때문에, 경작지가 넓으면 넓을수록 그만큼 더 많은 수입을 가져왔다. 이들 교회기관의 소유토지는 기부행위를 통해 형성되었다. 그러나 기부자들은 곡식이 생산되고 있는 땅을 기꺼이 양도할 만큼 후하지는 않았다. 그래서 흔히 경작되지 않는 황무지가 기증되었으며, 수도원이나 교회참사회[53]는 기증받은 이런 땅을 개간케 했던 것이다.

....

52 일반적으로 교황 레오 9세의 1049년 즉위로부터 서임권 투쟁의 결말로서 보름스협약이 체결된 1123년 제1회 라테라노 공의회까지 그레고리우스 7세를 위시한 몇몇 교황이 주도한 중세 유럽 최대의 종교개혁을 일컬음. 처음에는 교황의 권위를 회복하고 성직자의 결혼, 성직매매 등 성직자의 부패를 교정하려는 교회 내의 개혁운동으로 시작되었다. 그 결과, 교회 내부적으로는 교회제도와 교의 및 교회법의 정리·발전과 더불어 성직자의 결혼 및 영리행위 금지, 성직매매 금지 등 성직자의 부패를 막기 위한 제도적 조치가 취해졌다. 그러나 후에는 교회개혁 운동이 "교회의 자유"를 슬로건으로 삼아 교황 수장권(首長權)의 확립, 교황청 중심의 중앙집권, 속인 지배로부터의 교회 해방, 속권에 대한 교권의 우월성 등을 실현하려는 사회적 일대 쇄신운동으로 발전하여, 황제권의 세속화, 황제와 교회와의 여러 관계의 전환, 고위 성직자의 임명방법 변경과 교속 양권의 분리 등 중세의 정치와 사회에도 지대한 영향을 미쳤다.

53 프랑스어로 'chapitre'라고 하고 중세의 라틴어로는 'capitulum'이라고 한 교회참사회는 교구나 수도회에서 주교나 수도원장의 자문에 응하여 종교의식, 재산관리, 행정업무에 관한 모든 안건을 심의하고 의견을 제시한 기구였다. 자문기구이기는 했으나 사실상 업무를 관장·처리했다. 중세사회에서 교회의 영향력은 막강했던 데다 교회기관 가운데는 창설 이후 축적한 막대한 재산과 수입으로 매우 부유한 기관도 많았으므로, 앞으로 이 책의 곳곳에서도 보게 되는 바와 같이 참사회는 사회적으로도 막강한 영향력을 행사했다. 그래서 참사회의 회원이 된다는 것은 부와 권력이 따르는 명예와 출세의 길이기도 했다. 참사회는 보통 6~12명의 사제들로 구성되며, 대교구에는 대참사회, 교구에는 고(高)참사회, 수도원에는 수도참사회가 설치되어 있었다. 참사회는 정기회의를 통해 교회의 규칙을 한 '장'(章)씩 읽고, 교회의 운영에 관한 사항을 심의하면서 주교나 수도원장을 보좌했다. 참사회를 가리키는 프랑스어의 'chapitre'나 영어의

일반적으로 개간에는 자본의 투자, 대개는 경작자들에 대한 유리한 조건 제시, 토지측량의 필수적 실시, 그리고 영주직영지가 창출되는 경우에는 직영지에 필요한 시설의 설치가 요구되었다. 큰 교회 기관은 일반적으로 그런 용도로 사용하기에 아주 적합한 상당히 넉넉한 재부를 소유하고 있었다. 해당 교회기관이 그런 부를 가질 능력이 없거나 가질 의향이 없는 경우에는, 별 어려움 없이 소속 구성원들 가운데 한 사람에게서나 아니면 상당한 성직록을 받는 조건으로 재부 운용의 업무를 맡고 있는 한 사람의 동료성직자에게서 필요한 재원을 마련할 수 있었다. 독일에 비해서 잘 알려지지 않았지만 프랑스에서도 개간 청부업자라는 하나의 사회적 유형이 존재하지 않았던 것이 아니다. 그런데 개간 청부업자들 가운데 다수는 교회기관의 사람들이었다. 예컨대 13세기 초반에 장차 프랑스 최고의 성직에 오르게 되는 오브리 코르뉘와 고티에 코르뉘라는 두 형제는 뒤에 하청업자들에게 작은 땅을 분양해 줘도 된다고 생각하고 브리의 숲속에 있는 수많은 땅의 개간을 이와 같이 낙찰받았다.

현재 남아 있는 문헌기록으로 봐서는 황무지의 개간이라는 위대한 업적 가운데서 한편으로는 고위성직자나 수도사들의 기여 부분이 어느 정도이고 다른 한편으로 세속 제후들의 기여 부분이 얼마였는지는 도저히 정확하게 측정할 수 없다. 그러나 전자의 역할이 가장 컸다는 것은 의문의 여지가 없다. 성직자들은 비교적 일을 꾸준히 추진하고 보다 넓은 안목을 가진 사람들이었기 때문이다.

....

'chapter'는 여기에서 유래된 말이다. 구체제하의 프랑스에는 약 600개의 참사회가 있었으며, 이 중 대략 120개 정도가 주교좌 대성당의 참사회였다.

마지막으로 지금까지 살펴본 동기 외에 다른 동기들도 국왕과 봉건제후국의 수장들 및 대수도원장들에게 영향을 미쳤다. 그중 하나는 군사적 방어에 대한 고려였다. 이를테면 남부 프랑스 지방의 요새화된 새로운 취락인 '성채마을들'은 분쟁 지역인 이곳에서 프랑스와 영국 사이의 전선을 따라 배치된 군사거점을 보호했다. 다른 하나의 이유는 공공의 안전에 대한 고려였다. 인구가 밀집해 있다는 것은 강도행위를 할 만한 여지가 더 작다는 것을 의미했기 때문이다. 여러 특허장에는 이런 취락의 건설 동기에 대해 이제까지 "도둑들의 소굴"이었던 숲에 도끼를 들고 들어가 개간하기를 바라는 염원이나, 오랫동안 도둑들로 들끓던 고장에서 "순례자들과 여행자들에게" 안전한 통행로를 확보해 주려는 소망이 분명하게 피력되어 있다.[26] 18세기에 스페인의 국왕들이 마드리드와 세비야를 잇는 악명 높은 도로에 대해 그랬던 것과 같은 이유로, 12세기에 카페 왕조[54]의 국왕들은 프랑스 왕국의 간선도로인 파리에서 오를레앙에 이르는 도로를 따라 새로운 거주 중심지들을 증설했다(그림 1-2).[27]

그렇지만 이와 같은 고찰이 우리에게 알려 주는 것은 무엇인가? 이런 고찰은 개간의 전개과정을 밝혀 준다. 그러나 그것은 개간이 어떤 계기로 생겨나게 되었는지를 설명해 주지는 못한다. 사실은 결국 빈 땅을 채우기 위해서는 무엇보다 사람이 필요했고, 커다란 기술적 발전—확실히 11~12세기에는 성취될 수 없는 것이었다—이 없는 속에서 개간을 추진하기 위해서는 새로운 인력이 요

....

54 카롤링왕조가 망한 후 위그 카페에 의해 987년에 개막되어 백년전쟁이 일어나기 조금 전인 1328년까지 존속한 프랑스의 왕조.

그림 1-2 파리와 오를레앙 사이의 도로변에 형성된 새마을들

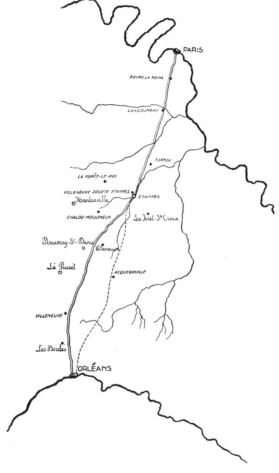

범례

〰 : 대체로 12세기의 노선을 따른 에탕프와 오를레앙 간의 현재 도로.

⋯⋯ : 로마 시대의 옛 도로.

● : 완전히 새로 건립된 마을.

○ : 구 취락 옆에 건설된 성(城).

Torfou: 왕령지 소속의 새마을[여기에는 영주권 공유계약(pariage: 중세 라틴어로는 'paragium'이라고 한 것으로, 'paréage'라고도 한다. 세속 영주와 교회기관 영주 사이에 또는 국왕이나 강력한 영주와 세력이 약한 영주 사이에 폭력으로부터 보호하기 위한 제휴관계를 맺고 재판권 행사를 공유하거나 지대, 타이유세, 독점시설물 사용료 등의 수입을 나눠 갖는 것을 말한다/역자)이 포함되어 있음].

Rouvray St. Denis: 교회기관 소속의 '새마을'.

구되었다. 개간 과정에서 나타난 이 경이로운 약진의 초기에는 인구의 큰 자연증가 외에 다른 요인이 그 원인이라고 볼 수는 없다. 그렇지만 사실은 인구 요인으로는 문제 해결이 더욱 멀어질 뿐이고, 현재의 인간과학 수준에서는 문제가 거의 해결될 수 없게 될 뿐이다.

지금까지 그 누가 인구변동을 진정으로 설명할 수 있었던가? 따라서 우리는 인구증가가 있었다는 사실을 지적하는 것으로 만족하자. 일반적으로 유럽문명, 특히 프랑스문명의 역사에서 인구변동보다 더 중대한 결과를 초래한 것은 없다. 이제 서로 더 가까워진 인간들 사이에 물질적인 면에서뿐만 아니라 지적인 면 등 온갖 분야에서의 교류가 프랑스의 역사에서 과거 어느 때보다도 더 용이해지고 빈번하게 되었다. 이런 교류는 갖가지 활동 분야에서 얼마나 큰 재도약의 원천이 되었던가! 베디에(Joseph Bédier)[55]는 어디에선가 프랑스에서 이 세기는 "최초의 채색유리, 최초의 첨두(尖頭) 아치, 최초의 무훈시"가 나타난 시기라고 말했다. 우리는 여기에다 이 세기는 전 유럽에서 상업의 부활과 최초의 도시자치가 이뤄진 시기임을 덧붙여 두자. 그리고 또 프랑스에서 이 시기는 정치적 차원에

....

55 프랑스의 중세 문헌학자이자 문필가. 파리 고등사범학교 출신으로, 스위스의 프리부르 가톨릭대학과 프랑스의 캉대학, 그리고 고등사범학교에서 중세 프랑스문학 담당 교수를 역임했다. 1920년에 아카데미 프랑세즈 회원으로 선출되고, 1929년에 콜레주 드 프랑스의 학장에 피선되었다. 그는 『트리스탄과 이졸데』(Le Roman de Tristan et Iseut, 1900), 『롤랑의 노래』(La Chanson de Roland, 1921), 『우화시』(Les Fabliaux: études de littérature populaire et d'histoire littéraire du moyen âge, 1893) 등과 같은 다수의 위대한 중세 문학작품들을 훌륭한 현대 프랑스어로 발간하고, 폴 아자르(Paul Hazard)와 함께 뛰어난 『프랑스 문학사』(Histoire de la littérature française, 1923~1924)를 저술하는 등 총 30여 편에 이르는 저서를 남겼다.

서 봉건적 대제후국의 내적 공고화―이것은 영주적 무정부 상태가 종식되었다는 또 하나의 징조다―가 수반된 군주 권력의 복원기이 기도 했다. 이런 개화기를 가능하게 했던 것은 인구의 증가였으며, 그것을 준비한 것은 개척자들의 곡괭이나 낫도끼였다.

3

중세의 대개간으로부터 농업혁명까지

13세기 말 무렵에는 곳에 따라 좀 더 빠르거나 늦거나 하는 차이는 있었지만, 새로운 땅의 개간활동이 저조해지다가 마침내 완전히 중단되었다. 그럼에도 불구하고 아직도 숲이 우거지거나 황무지 상태에 있는 땅이 많이 남아 있었다. 그렇지만 실제로는 그런 땅들 가운데 일부는 분명히 경작에 부적합하거나 아니면 적어도 토지생산성이 너무나 낮아서 토지개간에 드는 수고와 비용을 보상할 정도는 아니었다. 그러나 어떤 땅들은 당시의 다소 초보적 기술을 사용해도 십중팔구 수익성이 있는 경작을 할 수도 있었음에도 불구하고 개간되지 않았다. 그 이유는 무엇이었을까? 인력이 부족했기 때문일까? 어쩌면 그랬을지도 모른다. 개척에 필요한 인간 자원이 무궁무진했던 것이 아니며, 우리는 여러 곳에서 촌락건설 시도가 사람의 부족으로 실패했음을 알고 있다. 그러나 무엇보다 중요한 이유는, 농업이 가능한 한계에 거의 다다를 정도로 개간이 진척되었던 데 있었던 것으로 보인다. 숲도 황야도 무한정 경작지로 바뀔 수는 없었기 때문이다. 모든 땅이 경작지로 바뀌었다면, 사람들은 가축을 어디로 방목하러 보냈을 것이며 숲만이 제공할 수 있는 임산물을 어디서 채취했겠는가? 숲의 보전은 특히 권력자들의 관심사였다. 숲에서 사냥을 즐길 수 있었기 때문이다. 또한 그들은 이제 숲으로부터 그 전보다 훨씬 큰 수익을 마땅히 기대할 수 있었기 때문이기도 했다. 대들보와 장작을 많이 소비하는 도시들이 성장했고, 농촌에서는 다수의 새 집이 생겨나서 많은 새 아궁이들이 나무로 불을 땠으며, 종종 나무 그늘 아래서는 대장간이 증가했다. 한편 나무가 자라던 땅의 면적은 개간으로 잠식됨으로써 도처에서 축소되었다. 가격상승의 고전적 요인들인 물자부족과 수요증가라는 상황 아래서 나무가 이제 값비싼 상품으로 여겨지고 숲의 지배자들이 그 때부터는 큰 나무 숲과 잡목림을 경작지로 바꾸려고 하기보다 그 자체로 관리하는 데 신경을 더 쓴다고 해서 놀라울 것이 뭐가 있겠는가?

사실은 처음부터 개척자가 맞서 싸워야 했던 것은 단지 자연만이 아니었다. 방목장을 이용하거나 숲속의 자연자원을 채취하는 데 익숙해 있던 시골사람들은 개척자에 맞서 그들의 권리를 지키려고 했기 때문이다. 흔히 개간자들은 이들 시골사람에 대해 소송을 제기하거나 숲에 대한 그들의 권리를 보상해야 했다. 특히 시골사람들과 이해관계를 함께하거나 어떤 자격으로든지 숲에 대한 특권을 향유하는 어떤 영주가 그들의 저항 노력을 지원할 때는 그렇게 해야 했다. 고문서보관소들은 이런 화해 문서들로 가득 차 있다. 그렇지만 우리는 그런 투쟁이 언제나 법정의 평화적인 심리과정에 국한되어 전개되었다고 생각하지 않도록 유의하자. 또한 그 투쟁이 폭력행위가 개재되어 있든 그렇지 않든 간에 한결같이 숲을 경작지로 개발하는 데 유리하게 종결되었다고 생각하지도 않도록 하자. 예컨대 1200년경에 프로이에르라는 사람이 센강의 오른쪽 기슭에 있는 잡목림 속에 건설한 새마을(villeneuve)의 운명은 이례적인 현상이 아니다. 새마을은 이 숲에 대한 이용권을 가진 모레와 몽테로 마을 사람들의 공격을 받고 그 다음에는 파리의 성당 참사회의 명령으로 파괴되어 다시는 재건되지 못했다. 거의 같은 시기에 프랑스의 다른 끝에 있는 프로방스 지방의 해안에서는 시스푸르 마을의 사람들이 경작지가 자연방목장의 축소 속에 확대되는 사태를 막으려고 애를 썼다.[28]

그렇지만 처음에는 개간되지 않은 땅이 매우 많았고 경작지 확대에 따른 실익이 매우 컸으므로, 일반적으로 경작지 개발 쪽으로 결판이 났다. 그 후에 균형이 대충 이뤄지자, 프랑스의 농업 지형을 바꿀 만큼 오랫동안 지속되었던 대대적 개간활동도 중단되었다.

오랜 세월 동안 사람들은 그들이 이룩한 성과를 보존하기 위해 많은 노력을 해야 했다. 14세기 후반과 15세기 전체—이 시기에 관해서는 다시 살펴보게 될 것이다—는 프랑스에서 대부분의 유럽과 마찬가지이기는 했지만 다른 곳에서보다 인구감소가 훨씬 심한 시기였다. 백년전쟁이 끝나고 대흑사병이 한풀 꺾였을 때, 영주와 농민에게 제기된 과제는 새로운 마을의 건립이나 농경지의 확장이 아니라 이전의 마을을 재건하고 그들의 농경지를 뒤덮은 가시덤불을 거둬 내는 일이었다. 그러나 그런 작업은 천천히 그리고 가끔 불철저하게 수행되었을 뿐이다.[29] 동부 프랑스—부르고뉴, 로렌 그리고 물론 아직도 연구되지 못한 여타의 지역들까지 포함해서—의 전 지역에서는 17세기의 전쟁들로 인해서도 엄청난 피해가 발생했다. 일부 마을은 오랫동안 방치되어 있었으며, 종종 일부 분할지의 경계선이 사라졌다. 이런 혼란스런 상태에서 다소나마 질서정연한 원상을 회복하기 위해서는 일단 재앙의 원인이 소멸하자마자, 제1차 세계대전 후 황폐화된 지역에서 오늘날 그랬던 것처럼, 많은 경우에 철저한 구획정리 사업이 실시되지 않으면 안 되었다.

그러나 이런 혼란에도 불구하고 개간은 16세기 이후 재개되었다. 이는 땅을 정복하고자 하는 인간의 열의가 그토록 끈질김을 보여주는 것이다. 그렇지만 재개된 개간활동은 중세의 개간활동에 비견될 만한 전(全) 사회적 운동은 아니었다. 여기저기서 늪지나 예전의 공동방목장이 개간되었다. 중세에 개간이 이뤄지고도 아직 많은 미개간지가 남아 있었던 쥐라 북부지역처럼 일부 지역에서는 몇몇 새로운 취락이 건설되었다.[30] 농민층이 개간을 주도하는 경우는 드물었다. 농민들은 오히려 개간으로 인해 공동체의 권리를 침해당하는 결과가 생길까 봐 두려워했기 때문이다. 이들 개간사업은 무엇보다 일부 영주와, 당시 사회 전반의 변화에 영향을 받아 토지를 보다 철저하게 이용하고자 한 반(半) 부르주아적인 몇몇 대토지소유자의 공로였다. 앙리 4세[56]와 루이 13세[57] 시절에 프랑스 왕국 전체에서 기술자와 사업가 단체가 기획하고 몇몇 거상들—대부분 네덜란드의 거상들—이 자본을 투자한 늪지대의 간척사업은 농업에 자

....

56   재위 1553~1610년.
57   재위 1610~1643년.

본주의적 방법을 최초로 적용한 사업들 가운데 하나였다.[31]

18세기에는 개간활동이 여전히 앞 세기와 같은 양상을 보이면서도 한층 활발하게 전개되었다. 개간사업을 지원하기 위해—심지어 그런 사업에 투기를 하기 위해서— 금융회사들이 설립되었으며, 왕정 당국이 개간사업을 장려했다. 그렇지만 이 시기의 개간활동조차 중세의 개간 성과에는 단연 미치지 못했다. 몇몇 황야나 모래밭의 귀퉁이가—특히 브르타뉴와 기엔(Guyenne)[58]에서—개간되고 대규모 농장이 증가하며 몇몇 새 농장이 설립되기는 했지만, 새로운 촌락의 건설은 없었으며 전체적으로 볼 때 그 성과는 보잘것없었다.

18~19세기에 진행된 '농업혁명'의 성과는 다른 데서 기인했다. 농업혁명은 황무지를 개간하여 경작지를 확대한 것이 아니었다. 그와는 반대로, 농업기술의 발달로 비옥한 땅이 노동집약적으로 경작되는 한편 곳곳에서 그 전에 경작되던 비교적 척박한 땅이 포기되었다. 뒤에서 살펴보는 바와 같이, 농업혁명은 휴경지제의 폐지를 통해서 그때까지 주기적으로 다시 생겨나던 묵정밭을 경작지 그 자체로부터 없애 버린 것이다.

....

58 프랑스 남서부에 있는 가론강과 도르도뉴강 유역의 주요부를 차지하는 지방. 오늘날 지롱드, 로트, 로트에가론, 도르도뉴, 아베롱 등의 도로 구성된 광대한 지역이다. 로마 시대의 아키타니아에 해당한다. 그 중심도시는 보르도다. 중세 말엽의 백년전쟁과 16세기의 종교전쟁, 그리고 17세기의 프롱드 난 때의 치열한 전투장이었다.

제2장

농경생활[1]

1

구(舊) 농업의 일반적 특징

19세기가 시작될 때까지 구 프랑스의 농촌생활을 지배한 단어가 하나 있다. 그 단어는 프랑스에서 오래된 말로서 라틴어와 무관함이 틀림없으며, 프랑스의 농경지들이 유구한 역사를 가지고 있음을 웅변적으로 증명해 주는 그렇게도 많은 여타의 농업 관련 용어들—샤뤼(charrue),[1] 슈맹(chemin),[2] 휴경지라는 의미의 소마르(somart)나 송브르(sombre), 랑드(lande),[3] 아르팡(arpent)[4]—과 마찬가지로 십중팔구 켈트어였을 것이다. 그것은 곧 '블레'(*blé*)[5]라는 말이다.[2] 우리는 과거에 이 명사가 오늘날 문어적 관용어법이 의미

....

1   바퀴달린 쟁기를 뜻한다.
2   길이라는 뜻임.
3   황야.
4   토지면적의 측량단위.
5   오늘날 프랑스어에서 'blé'는 밀이라는 뜻과 곡물이라는 두 가지 뜻을 지니고 있다.

하듯이 결코 밀만을 지칭했다고 이해하지는 말자. 중세뿐만 아니라 그 후 오랫동안에도 줄곧 시골의 사투리에서는 이 말이, 부자가 즐겨 먹던 양질의 흰빵 원료가 되었든 시골 사람들이 많이 먹던 혼합가루로 된 흑빵의 원료가 되었든 간에 빵의 원료가 될 수 있는 모든 곡물을 포함하는 뜻으로 사용되었다. 즉, 밀, 많이 먹으면 '성 안토니 열'(feu Saint Antoine)[6]이 퍼지게 되는 호밀, 밀과 호밀의 혼합곡(méteil), 스펠트밀, 귀리 및 심지어 보리를 포함하는 것이었다.[3] 이런 의미의 '블레'는 경작되는 토지의 압도적인 부분을 차지했을 것이다.

비옥한 농토치고 이런 곡식을 재배하지 않는 마을이나 농장은 없었다. 자연조건상 곡식이 재배될 수 없다고 생각되는 곳까지 그 재배가 추진되었다. 예컨대 알프스산맥의 험준한 경사면에서도 곡식이 재배되었고, 물이 땅속으로 잘 스며들지 않고 언제나 빗물이 흥건히 고여 있어 오늘날 우리들에게는 가축의 방목장으로나 사용될 수 있을 것같이 보이는 서부와 중부지방의 땅에서까지 곡식이 재배되었다. 1787년에도 오를레앙의 지방의회 의원들은 "프랑스의 대부분 지방의 농업은 거대한 곡물 생산공장으로 간주될 수 있을 것이다"라고 말하고 있다. 오랫동안 이런 생활조건은 토지를 합리적으로 특화시키려는 어떤 노력도 저지했다. 빵은 모든 사람에게 필수식품이었으며, 서민에게는 매일 먹는 주식이었다. 아주 유용한 이런 곡식가루를 어떻게 구할 수 있었을까? 샀을까? 그러나 구입은

....
6   높은 열이 주요 증상인 맥각중독(麥角中毒)이나 단독(丹毒)의 별칭. 성 안토니에게 빌면 치료효과가 있다는 믿음에서 붙여진 이름이다.

교환에 토대를 둔 경제체제를 전제로 한다. 그런데 필시 교환이 전혀 없었던 것은 아니지만, 오랜 세월 동안 교환은 드물었고 행해지기 어려웠다.

가장 확실한 입수 방법은 여전히 영주로서는 자신의 직영지에 있는 밭에 곡식을 파종하는 것이고 농민으로서는 그 스스로가 자신의 보유지에 있는 밭—밭은 둥그스름한 큰 빵의 원천이었다—에다 씨앗을 뿌리는 것이었다. 그렇지만 영주나 부유한 쟁기농(laboureur)[7]이 먹고 남은 곡식이 있는 경우에는 곡식의 수확이 부족한 지

....

7 'laboureur'는 '일하다'는 뜻의 라틴어 'laboro'에서 파생된 말이다. 그런 뜻의 'laboro'가 12세기에는 '경작하다'는 전문적인 뜻으로도 사용되었고, 'laboureur'도 그 무렵부터 '경작자'라는 특별한 뜻을 지니게 되었다. 경작이란 것은 원래 황소나 말과 같은 역축이 끄는 쟁기로 밭을 가는 일을 뜻한다. 전근대의 농경사회에서 곡식을 재배하기 위해서는 반드시 땅을 갈아야 했기 때문에 힘든 이 작업을 수행하는 데에 역축과 쟁기의 중요성은 절대적이었다. 'laboureur'에 '경작자'라는 뜻이 생겨나기 전에 이미 9~11세기에 발달한 고전장원제 아래에서도 쟁기로 상징되는 밭갈이는 매우 중요한 것으로 받아들여졌다. 일찍이 9세기 초반부터 고전장원제하의 농민은 누구나 영주직영지에서 부역노동을 수행하고 있었음에도 불구하고 흔히 쟁기를 가지고 있는 농민과 그렇지 않고 팔의 힘으로 일하는 농민으로 구분되었다. 쟁기가 없이 팔로 일하는 농민의 부역노동 일수(日數)는 영주직영지에 쟁기를 가지고 가서 부역노동을 수행하는 농민의 노동일수보다 더 길었다. 이런 현실이 반영된 'laboureur'의 정확한 뜻은 쟁기와 이를 끌 황소나 말과 같은 역축을 갖추고 농사짓는 농민이라고 할 수 있다. 오늘날 영어의 'ploughman'이나 'plowman'도 영국의 농촌사에서 프랑스어의 이 말과 같은 뜻이라고 하겠다. 이에 비해 이 책의 보다 뒤에 나타나는 'manouvrier'와 'brassier'는 쟁기 및 역축을 갖추지 못하여 손(라틴어로 'manus', 프랑스어로는 'main')이나 팔(프랑스어로 'bras'이며, 이 말의 어원도 역시 팔을 뜻하는 라틴어 'bracchium'이다)로 농사짓는 농민을 뜻한다. 'manouvrier'는 주로 프랑스 북부지방에서 사용된 데 비해 'brassier'는 남부지방에서 쓰였다는 차이가 있으나, 서로 동의어였다.

이와 같은 본래의 뜻을 살려 이 번역서에서는 'laboureur'를 '쟁기농(農)'으로 옮기고, 'manouvrier' 또는 'brassier'는 '무(無)쟁기농'으로 번역한다. 비록 이들 말의 본래 뜻을 살려 이렇게 번역해서 사용하지만, 이들 용어에는 단순히 쟁기와 역축을 가지고 있느냐의 여부를 넘어서 일종의 부농과 빈농의 격차와 같은 사회계층적 차이가 내재한

역들에 잉여곡물을 팔 수 있다는 기대가 언제나 존재했다.

그 뒤, 특히 16세기 이후 사회의 전반적 구조는 확실히 재화의 유통에 다시 유리하게 되었다. 한 나라에 교환경제 체제가 성립되기 위해서는 사회적 환경에서 그럴 만한 여건이 마련되는 것으로는

....

다. 쟁기가 없는 농민은 자신의 보유지를 경작하기 위해서 비능률적이고 일이 힘든 괭이나 삽으로 땅을 갈지 않는 한, 쟁기를 가진 농민에게 노동을 제공하거나 그 밖의 형태로 대가를 지불하고 그에게서 쟁기와 역축을 빌릴 수밖에 없었다. 특히 역축 및 쟁기와 같은 중요한 생산수단을 가지고 있어 자립의 가능성을 지닌 농민은 중세 후기 이후 흔히 독립자영농민이나 부농으로 성장한 데 반해, 그런 생산수단을 갖지 못한 농민은 보유하던 작은 토지까지도 잃고 부농이나 자본가적 차지농의 날품팔이꾼으로 전락했다. 그래서 'laboureur'는 중세 후기 이후 '자영농'이나 '부농'이라는 뜻으로, 'manouvrier'는 '날품팔이꾼'이라는 의미로 사용되는 경향이 나타난다.

프랑스 대혁명 이전의 구체제 아래서 'laboureur'는 곳에 따라 다소 차이가 있지만 20헥타르나 그 이상에 이르는 상당히 큰 토지와 남에게 빌려줄 여유가 있는 한두 쌍의 역축 및 쟁기를 소유한 비교적 부유한 농민이었다. 이들은 흔히 영주 계급으로부터 상당히 큰 토지를 임차한 차지농이거나 주임사제로부터 십일조 징수를 청부받기도 하여 큰 수입을 취하는 청부업자이기도 했다. 이런 'laboureur'가 이른바 '마을의 유력자'(coq du village)로 불린 사람으로, 마을에 한두 가구씩 존재했다. 'manouvrier'는 작은 집과 아주 작은 크기의 토지 및 자신의 노동력 외에는 사실상 역축이나 쟁기 및 먹고살 만한 토지와 같은 생산수단을 갖지 못한 농업노동자로서, 농촌주민의 다수를 차지했다. 그리하여 이 두 계층 사이는 서로 필요에 의해서 상부상조하는 관계이면서도, 쟁기가 없는 농민은 쟁기를 가진 농민에게 종속될 수밖에 없었던 데다 착취-피착취의 관계가 격화되면서 계급적 갈등과 대립이 끊이지 않기도 했다. 이 책의 제5장 제3절에서 보듯이, 구체제하의 농촌사회에는 이 두 농민층 사이에 '메나제'(ménager)라는 중간층이 존재하기도 했다.

이와 같이 중세 말 이후 프랑스의 농촌사회에서 'laboureur'와 'manouvrier'의 경제적·사회적 격차가 점점 커지고 중간층이 생성되는 동시에 이런 말들의 의미내용에 큰 변화가 생기는 것이 부인할 수 없는 사실이다. 그럼에도 불구하고 이 책에서는 구체제하의 'laboureur'와 'manouvrier'도, 전자가 '경작자'나 '농사꾼'이라는 일반적 의미로 사용되거나 후자가 특별히 '날품팔이꾼'이라는 분명한 의미로 쓰이는 경우를 제외하고는, 각각 '부농'과 '날품팔이꾼' 등으로 번역하지 않고 용어의 일관성 유지를 위해 원래의 뜻을 살려 각각 '쟁기농'과 '무쟁기농'으로 번역한다. 그렇지만 독자들은 이들 말 안에 포함된 역사적 내용과 의미가 복잡하고 시대가 흐를수록 점차 크게 달라진다는 사실을 반드시 염두에 둘 필요가 있다.

충분치 않다. 그러기 위해서는 대중 속에 사고파는 사고방식이 생겨나지 않으면 안 된다. 이런 경제체제에 가장 일찍 적응한 사람은 비교적 넓은 시야를 가지고 있고 사업수완도 있으며 또한 얼마간의 자본을 갖거나 상당한 신용을 확보한 영주와 토지를 취득한 대상인이었다. 소생산자는 폐쇄경제와 곡식을 이상적인 것으로 생각하는 신화를 오랫동안 믿었으며, 간혹 심지어 프랑스혁명기에도 아직 먹을 빵의 원천을 분익소작농(分益小作農)들(métayers)[8]이 바치는 밀가루에 두고 있었던 소도시의 부르주아조차도 그런 사고에서 벗어

....

8 'métayer'라고 하는 것은 반(半)을 뜻하는 현대 프랑스어 'moitié'의 중세적 형태인 'meitié'에서 유래한 말로, 12세기에 처음 나타난다. 따라서 이 용어는 원래 지주와 수확물을 반반씩 나눠 갖는 반타작(半打作) 소작농을 가리킨다. 그러나 이 말은 점차 반드시 반타작 소작농만을 가리키지 않고, 지주와 소작인 간에 나눠 갖는 비율이 1:1이든 1:2이든 수확물을 일정 비율로 나눠 갖는 소작농을 가리키게 되었다. 이런 소작농은 9~11세기에 발달한 고전장원제에서 영주에게 부역노동 형태의 지대를 지불하던 세습적 농민보유지 보유농과는 큰 차이가 있는 것으로, 고전장원제 시대에는 예외적으로 존재했을 뿐이고 고전장원제가 해체되는 중세 후기부터 많아진다. 지주는 소작농에게 가축, 농구, 종자 등 생산에 필요한 수단의 절반이나 3분의 2를 제공했다. 이에 비해 프랑스의 역사에서 'fermier'라고 하는 용어는 정액제(定額制) 소작농을 지칭한다. 'fermier'의 'ferm'은 '일정하게 고정되다'는 뜻을 가진 라틴어 'firmus'에서 유래한 말이다. 이로부터 'fermier'는 토지의 매년 수확량에 관계없이 미리 정해진 일정액의 화폐 형태로 지대를 바치는 소작농민을 가리키게 되었다. 이 용어는 13세기부터 나타나며, 이런 소작제 역시 중세 후기 이후에 유행한다. 그래서 이 번역에서는 'métayer'는 '분익소작농'(또는 '정률소작농'이라고도 할 수 있을 것이다)으로, 'métayage'는 '분익소작제' 또는 '분익소작지'로 옮기지만, 그야말로 수확물의 절반을 지주에게 바치는 것을 의미하는 경우에는 각각 '반타작소작농'과 '반타작소작제' 또는 '반타작소작지'로 번역한다. 반면에 'fermier'는 '정액소작농'으로, 'fermage'는 '정액소작제' 또는 '정액소작지'로 번역한다. 'fermier'들 가운데는 중세 후기 이후 지주로부터 많은 토지를 임차하고 노동자를 고용하여 농업을 대규모로 경영하는 자들도 있었기 때문에, 그럴 때의 'fermier'는 단순한 정액소작농이라기보다 '차지농업가'나 '차지농'이라고 하는 것이 바람직할 것이다. 그러나 한편으로 'fermier'는 단순히 '소작인'이나 '임차농'으로, 'fermage'는 '소작제'나 '임대차제도' 또는 '소작지'나 '임차지'라는 뜻으로 쓰이기도 했다. 일반적으로 정액소작제는 분익소작제보다도 소작농에게 유리한 조건의 소작제다.

나지 못하고 있었다.

　이런 곡물 위주의 농업으로 말미암아 농촌풍경은 오늘날보다 훨씬 단조로웠다. 오늘날 우리가 보는 바랑그도크 지방의 드넓은 포도재배지나 오주 계곡(la vallée d'Auge)[9]의 목장들과 같은 단작농업 지대는 없었다. 고작 포도만 전적으로 재배하는 몇몇 예외적인 촌락권역이 일찍이―틀림없이 13세기부터― 존재했던 것으로 보인다. 포도주는 그 어떤 상품보다도 특별히 값비싸면서도 운송하기 쉽고, 자연조건상 포도주가 전혀 생산되지 않거나 아주 저질의 포도주만이 생산되는 지방들에서 확실한 판로를 확보할 수 있는 물품이었다. 교통이 활발한 대로변―특히 수로(水路) 주변―에 있는 일부의 땅만이 이와 같이 주곡농업의 전통에 역행하면서 다른 농작물을 재배할 수 있었다. 1290년경에 루시용(Roussillon)[10] 지방에서 콜리우르항(港)이 곡식이 포도나무에 밀려난 유일한 곳이 되었던 것은 우연한 일이 아니다. 그리고 그보다 조금 앞서 살림베네

....

9　노르망디 지방의 칼바도스도와 오른도의 일부에 걸쳐 있는 큰 계곡. 캉평야의 동쪽에 있다. 그 중심도시는 리지외(Lisieux)다. 구릉지대 위에 예로부터 목축업이 발달하여 치즈를 비롯한 낙농제품 생산으로 유명하다.

10　지중해와 스페인에 접한 프랑스 남부의 옛 지방 이름. 현재의 피레네조리앙탈도의 대부분에 해당한다. 중심도시는 페르피냥이다. 북쪽은 랑그도크 지방, 남쪽은 스페인의 카탈로니아 지방과 닿아 있으며, 동쪽으로는 지중해에 면해 있다. 이런 지리적 위치 때문에 프랑스적 색채가 강하면서도 역사적으로 주민과 문화구성이 혼합적이고 지배세력의 변동이 심했다. 원래 이베리아인의 거주지였으나 기원전 2세기에는 로마에, 기원후 462년에는 서고트족에 정복되었다. 720년 무렵에는 이슬람교도에게 한동안 지배되었으나, 750년 카롤링왕조의 영토가 되었다. 중세에는 바르셀로나 백작령이 되고 이어서 마요르카 왕국의 일부가 되었다. 그러나 그 귀속을 둘러싸고 프랑스와 스페인 사이의 잦은 분쟁을 거친 후 1659년의 피레네 조약으로 프랑스령이 되었다. 지중해성 기후 지역으로, 예로부터 유명한 포도주 산지다. 올리브와 그 밖의 과일생산도 많다.

(Salimbene de Adam 또는 Salimbene da Parma, 1221~1287)[11]가, 오세르(Auxerre)[12]시가 들어서 있고 많은 포도주가 생산되는 골짜기의 주민들이 "곡식을 파종할 수도 수확할 수도" 없었던 이유는 그들의 발아래 있는 하천이 포도주가 "값비싸게" 팔리는 "파리로 흘러가기" 때문이라고 아주 분명히 기록해 둔 것도 마찬가지로 우연한 일이 아니다.

그런데 포도재배의 특화는 느리게 진행되었을 뿐이다. 부르고뉴 지방에서는 17세기에도 그 주민 전체가 포도재배자인 공동체는 아직 11개밖에 없었다. 그러나 비록 수확된 포도가 전연 부족하지 않을 만큼 풍작을 거둔 해라고 하더라도 토양과 특히 기후 조건상 형편없는 막포도주의 생산밖에 기대할 수 없는 지역에서조차, 사람들은 곡식처럼 오랫동안 포도주 생산을 고집했다. 이를테면 포도재배가 노르망디와 플랑드르에서는 16세기에야 포기되었으며, 솜(Somme)강[13] 유역에서는 그보다 더 늦은 시기에 중단되었다. 그토록 교통이 열악했는데도 어디에서나 사람들이 포도주를 많이 찾았던 것이다.

포도주에 대한 수요가 컸던 것은 물론 그 알코올 성분과 맛 때

....

11 북부 이탈리아 출신의 프란체스코 수도회 수도사로서 프랑스를 여행하다 정착했으며, 13세기에 관한 귀중한 사료를 남겼다. 그런 저서로 『연대기』(Chronica)가 있다.
12 부르고뉴 지방에 있는 오늘날 욘도의 도청 소재지. 센강의 지류인 욘강 연안에 위치해 있고 파리 남쪽 170킬로미터 거리에 있어, 하천을 통해 파리에 쉽게 접근할 수 있다. 오세루아(Auxerrois)라고 불리는 그 주변지역은 오늘날까지도 포도주 산지다.
13 낮은 평야지대인 피카르디 지방을 흐르는 강. 길이 245킬로미터, 유역면적 6,000제곱킬로미터로, 수량이 풍부하다. 엔도(道)의 생캉탱 북동쪽 10킬로미터 지점에서 발원하여 영불해협으로 흘러든다. 제1차 세계대전의 격전지로 유명하다.

문이었지만, 또한 포도주가 종교의식에도 사용되었기 때문이다. 포도주가 없었더라면 미사를 드릴 수 없었을 것이며, 심지어 13세기경에 사제(司祭)에게만 성배(聖杯) 사용이 허용될 때까지 신도들을 위한 성찬식도 집행할 수 없었을 것이다. 지중해 지역의 종교인 기독교는 그 종교의식에 필수적인 요소를 구성하는 포도송이와 포도나무 가지를 그 종교와 함께 북부 유럽으로 전해 주었다.

곡물은 거의 어디에서나 압도적으로 많이 재배된 농작물이기는 했으나, 모든 토지에 그것만 재배되었던 것은 아니다. 곡식 옆에는 약간의 보조작물이 자라고 있었다. 보조작물 가운데 어떤 작물은 몇몇 사료작물—특히 살갈퀴—처럼, 가끔은 완두와 잠두처럼, 같은 농경지에서 곡식과 번갈아 재배되었다. 그 밖의 농작물은 토지 가운데 별도의 공간을 차지하고 있었다. 채마밭의 채소나 과수원의 유실수, 보통 울타리가 쳐져 있는 삼밭의 대마 및 포도밭의 포도나무—포도나무가 종종 곡식이 파종된 밭에서 재배된 프로방스 지방은 예외다—가 별도의 땅뙈기에서 재배되었다. 자연조건에 따라 상이한 분포를 보이는 이들 보조작물의 재배로 말미암아 지역의 경관이 다소 다양성을 띠게 되었다.

시간이 흐름에 따라 변화가 가장 분명하게 일어난 것도 이런 보조작물이었다. 13세기에 많은 고장—예컨대 파리 부근—에서 나사산업이 발전함에 따라 당시의 인디고인 대청을 재배하는 밭들이 확대되었다. 그 후에 아메리카 대륙으로부터 전래된 옥수수는 습기 차고 따뜻한 땅[14]의 일부를 차지하여 재배되었고, 역시 아메리

....

14   뒤에서 보게 되겠지만, 프랑스 농촌에서 '따뜻한 땅'이란 비옥한 땅을 뜻한다.

카 대륙으로부터 전래된 강낭콩은 잠두콩의 대체작물이 되었다. 마지막으로 소아시아로부터 유래했으나 아마 스페인을 거쳐 전래된 것으로 보이고 처음에는 몇몇 "약종상들"(droguistes)에게만 잘 알려졌던 메밀은 16세기 이후 브레스(Bresse),[15] 중앙산악지대(le Massif central)[16] 및 특히 브르타뉴의 가장 척박한 농토에서 호밀이나, 밀과 호밀의 혼식재배(混植栽培)를 서서히 대체해 갔다. 그러나 재배작물의 대혁명―인공적으로 재배되는 사료작물과 덩이줄기 작물의 등장―은 시간이 더 지나서 18세기 말경에야 일어나게 된다. 이런 대혁명이 발생하기 위해서는 모든 전근대적 농업경제와의 단절이 필요했다.

전근대적 농업경제는 오로지 농경지에만 토대를 둔 것이 아니었다. 유럽 전체와 마찬가지로 프랑스에서도 전근대적 농업경제는 농경지와 방목장의 결합에 기초를 두고 있었다. 이와 같은 농경과 목축의 결합은 유럽의 기술문명을 극동의 문명과 극명한 대조를 이루게 하는 특성들 가운데서도 가장 중요한 것이다. 가축은 여러 가지 면에서 인간에게 필요불가결한 것이었다. 가축은 인간에게 육류식품의 일부―나머지 육류식품은 사냥과 가금(家禽) 사육으로 충당되었다―와 유제품(乳製品), 가죽, 양모, 마지막으로 동력을 제공했다. 그러나 곡식 역시 생장을 위해서는 가축이 필요했다. 곡식 재

....

15 프랑스 동부 손강 유역의 저평한 분지. 오늘날 엔도와 손에루아르도의 일부를 이룬다. 관목숲과 웅덩이 및 늪지가 넓게 분포하며, 토양은 자갈이 많은 진흙땅이다.
16 프랑스 중남부를 차지하는 산지. '중앙산괴'라고도 한다. 면적은 약 8만 제곱킬로미터로 전 국토의 7분의 1을 차지하며, 평균 해발고도는 700미터다. 인구가 적은 산촌(散村) 지대를 형성한다.

배를 위한 쟁기질에는 견인가축이 필요했으며, 무엇보다 곡식밭에는 가축에서 나오는 거름이 필요했던 것이다.

가축의 사료는 어떻게 장만되었을까? 이것은 촌락생활의 최대 걱정거리 가운데 하나로서 중대한 문제였다. 강가나 개울가 그리고 습기 찬 저지에는 자연초지가 펼쳐져 있었다. 사람들은 거기에서 겨울철의 가축사료로 필요한 건초를 수확했고 풀을 베고 난 후 가축을 방목했다. 그러나 모든 고장마다 풀밭이 있었던 것은 아니며, 가장 유리한 조건을 갖춘 곳에서조차 만족할 만한 것이 되지 못했다. 목초가 부족했음은 농지가격보다 거의 언제나 더 비쌌던 목초지의 가격과, 영주나 부르주아적 지주와 같은 부자들이 목초지를 장악하고자 했던 열의를 볼 때 분명하게 입증된다. 곳곳의 농경지에서 곡식과 교대로 재배된 희귀한 사료작물 역시 충분하지 못했다. 사실 가축떼를 사육하는 데는 보통 차례차례로 사용하지 않으면 안 되는 두 가지 방식만이 존재했다. 하나는 황야나 대초원의 수많은 식물이 제멋대로 자라는 숲이든 황무지든 간에, 쟁기질이 금지된 일부의 땅을 가축의 방목장으로 사용하는 것이었다. 다른 한 방법은 수확기와 파종기 사이의 다소 긴 기간 동안 경작지 자체에서 나는 그루터기와 특히 무성한 잡초를 이용해서 가축을 방목하는 것이었다. 그러나 이 두 가지 방법 다 어느 것이나 그 나름대로 확실히 기술적이라기보다 오히려 법적인 성격의 심각한 문제를 낳았다. 즉, 공유지 이용에 관한 규칙 문제와 농경지에 대한 집단용익권(集團用益權, servitude collective)[17]의 구성 문제를

....

17   오늘날 법률용어로서 'servitude'의 뜻은 자기 땅의 편익을 위해 남의 땅을 이용할 수

제기했다. 사회적 성격의 이런 난제들이 일단 해결되었다고 가정하더라도, 구 농업에서 목축과 곡물경작 사이에 이루어진 균형은 상당히 불안정하고 위태로운 상태를 벗어나지 못했다. 거름이 별로 풍족하지 못했기 때문이다. 거름의 생산량은 적었고 따라서 귀중한 것이어서,[18] 일부 영주가 "가축의 똥오줌이 담긴 항아리"를 부과조로 징수하는 것이 유리하다고 생각할 정도였다.[4] 영주들의 이런 두엄 징수는 단지 농업경영자로서 깊이 생각한 끝에 나온 신중한 조치일 뿐임에도 불구하고, 그 징수행위를 영주가 농민들에게 모욕을 주려는 의도를 가진 것으로 보고자 한 근대 학자들로부터 격분을 사기도 했다. 그리고 이와 같은 거름 부족은 사람들이 품질은 떨어지지만 튼튼하기는 한 농작물의 재배에 매달릴 수밖에 없었던 — 예컨대 밀보다 호밀의 재배가 더 선호되었다 — 주요 이유들 가운데 하나였을 뿐만 아니라, 곡물의 수확고가 일반적으로 낮았던 중요한 이유이기도 했다.

　　수확고가 낮았던 것은 거름의 부족 외에 다음과 같은 여타 요

....

　　있는 권리이다. 이는 토지용익물권(土地用益物權)의 일종으로서, 우리나라를 비롯하여 일본, 중국 등 동아시아권에서는 지역권(地役權)이라는 말로 번역하여 사용하고 있다. 그러나 지역권이란 말은 일반인에게는 너무 생소하고 어려운 법률적 전문용어이므로, 여기서는 용익권 정도로 이해하면 될 것 같다. 그래서 'servitude collective'는 집단용익권이라고 할 수 있을 것이다. 이 책에서 블로크가 집단용익권이란 말로 의미하는 것을 단순화하면, 수확이 끝난 곡물경작지와 풀을 벤 후의 초지에서 그루터기나 두 번째 나는 그루풀을 이용하여 마을 공동의 가축떼를 방목한다든지 수확 후의 짚을 마을주민이면 누구나 이용한다든지 하는 권리라고 할 수 있다.

18　식량을 확보하는 일이 다른 무엇보다도 긴요했던 당시의 상황에서 초지의 면적은 작았고, 따라서 사육가축의 수도 적을 수밖에 없었다. 이런 사정은 특히 생계유지에 급급했던 농민들의 경우에 심했다. 그래서 가축의 똥오줌과 깔짚이 섞여 산출되는 두엄의 생산량이 시비가 필요한 경지면적의 기껏해야 10~30퍼센트밖에 되지 않을 정도로 적었다.

인들도 작용했기 때문이다. 오랫동안 토지는 충분히 경작되지 못했다. 곡물경작지에서 행해지는 갈이질 횟수의 증가, 곧 2회에서 3회로, 가끔은 4회로의 증가는 중세—특히 12세기부터—에 이룩된 중요한 기술적 진보들 가운데 하나였다. 밭갈이 횟수의 이런 증가는 십상팔구 대규모 개간을 가능하게 했던 노동력의 증가라는 동일한 요인의 덕분이었을 것이다. 그러나 만성적인 가축의 사료난 때문에 견인용으로 사용되는 가축의 수가 너무나 적을 수밖에 없었고, 무엇보다도 견인가축의 질적 구성이 빈약할 수밖에 없었다. 중세에는—일부 지방에서는 18세기까지, 심지어 19세기까지— 매우 자주 당나귀들이 쟁기를 끄는 경우가 있었다. 당나귀는 오늘날 알제리의 작은 당나귀에서 보듯이 조금만 먹고도 살았으나, 필요한 견인력을 제공할 만한 힘은 별로 지니고 있지 못했다. 한편 농기구 자체도 조잡한 경우가 많았다. 18세기 말까지는 모든 시대에, 모든 토지에, 그리고 모든 유형의 농업경영에 적용된다고 추정되는 평균적 수확고를 제시하려고 시도하는 것은 어리석은 짓이다. 그러나 한결같이 역사적 증거들은 과거 프랑스에서 사람들이 파종량의 3배에서 6배까지 수확하는 데 성공하는 경우에는 흉작이라고 생각하지 않았음을 보여준다. 엄밀한 의미의 어떤 과학적 지식도 없는 속에서 자연에 대한 인간활동의 복잡한 적응과정—프랑스 농촌문명의 동이 트던 그때부터 이미 일단의 경작자들이 토지를 상대로 행한 경작이 그 전형이다—이라고 할 수 있는 끈기 있는 관찰, 기술상의 창의력, 작업을 능률적으로 수행하기 위한 협력정신 등이 농사를 짓는 데 긴요했음을 두루 고려할 때, 우리는 신석기시대 이후 농업에 종사했던 조상들에 대해서 오래전에 비달 드 라 블라슈(Vidal de la Blache)[19]가 민속박물관을 방문한 후 그리도 멋진 문장을 쓰게끔 감동을 불러일으켰던 것과 마찬가지의 깊은 감탄을 금할 수 없다. 그러나 우리가 곡식의 재배법을 고안하고 밭갈이 기술을 창안해 냈으며 경작지와 숲 및 방목장 사이에 생산적인 결합관계를 정립한 강인한 조상들에 대해 비록 감사하는 마음을 가지고 있다 하더라도, 그렇다고 해서 우리는 그들이 이룩한 업적의 결함이나 농토의 불모화 그리고 인간이 벗어날 가망이 별로 없이 줄곧 빈곤과 더불어 살 수밖에 없었던 비참한 삶에 대해서 눈을 감을 수는 없다.

....

19 지리학을 독립된 학문으로 발달시키고 인문지리학 연구의 기틀을 마련한 프랑스의 탁월한 지리학자. 그의 견해와 방법론을 토대로 하여 현대 프랑스의 지리학이 발전했다('비달리안 전통파')는 평가를 받고 있다. 파리 고등사범학교에서 역사학과 지리학을 전공한 후, 1867년 고전연구와 고고학으로 유명한 아테네 소재 프랑스 학교에서 3년간 교육을 받으면서 지중해 연안을 답사했다. 1877년부터 파리 고등사범학교에서, 1898년부터는 소르본대학에서 지리학을 연구하면서 많은 제자를 양성했다. 그는 도보로 야외조사가 가능하고 통계나 문헌기록을 수집할 수 있는 작은 지역을 연구단위로 하여 지역 내에서 사람과 자연을 서로 연관시키는 접근방식을 사용함으로써 역사학과 지질학 사이에서 지리학을 발전시켰다. 사회와 자연은 이원적 상태이며 인간은 유기체의 한 부분으로서 자연 속에서 활동하는 가장 능동적인 협력자라고 본 그의 논지는 생활양식 개념으로 표현되었다. 생활양식이란 특정한 장소의 주위환경과 인간의 관계를 둘러싸고 있는 자연적, 역사적, 그리고 사회적 영향력이 통합되어 나타난 결과이며 문명화의 산물이라고 주장했다. 그의 이런 이론을 반영한 대표적 논문으로는 "사회적 현상의 지리적 조건"(1902), "인문지리학에서의 생활양식"(1911), 그리고 "지리학의 특성"(1913)이 있다. 비달의 논문들은 그의 사후에 그의 제자 마르톤(E. de Martonne)에 의해 『인문지리학 원리』(Principes de géographie Humaine, 1922)로 출간되었으며, 또 다른 저서로는 고전적 지지서인 『프랑스 지리 개론』(Tableau de la géographie de la France, 1903)과 그의 마지막 저서인 『동부 프랑스』(La France de l'Est)가 있다. 이 책의 저자 마르크 블로크는 그의 저서 곳곳에서 비달로부터 큰 영향을 받았음을 고백하고 있다.

2

윤작의 유형

어디에서나 토지의 경작은 곡물에 기초를 두고 있었지만, 경작의 기본방식은 지역에 따라 기술적으로 매우 상이했다. 이런 차이를 이해하기 위해서 고찰할 필요가 있는 것은 곡물경작지다. 보조작물은 고찰에서 모두 제외될 것이다.

옛날 농민들은 관찰의 결과 밭은 시비(施肥)를 많이 하지 않으면 때때로 '휴식'이 필요하다는 것을 알고 있었다. 다시 말해서, 지력(地力)을 고갈시키지 않고 싶다면 재배하는 농작물을 여러 가지로 바꿀 뿐만 아니라 얼마 동안은 전면적인 경작 중단이 필요하다는 것을 이해하고 있었다. 이런 휴경(休耕) 원칙은 오늘날에는 시대에 뒤떨어진 것으로 보이지만 당시에는 전적으로 합리적인 것이었다. 불가피한 곡물 위주의 농업경영 탓으로 농경지에서 교대로 재배할 수 있는 농작물의 선택 폭이 좁았고 거름이 크게 부족했으므로, 재배작물을 단순히 바꾸는 것만으로는 부식토를 재생시키고 잡초에 의한 지력 소모를 피할 수가 없었기 때문이다. 이처럼 경험을 통해 터득된 휴경 규칙은 아주 다양한 방식으로 실시되었다. 경작기(耕作期)—경작기 자체도 대체로 다양했다—와 휴경기가 교대로 이어지는 상태에서 다소간 불변적이고 체계적인 어떤 질서가 필요했다. 사람들은 여러 가지 유형의 교대방식을 생각할 수 있었고 실제로 그런 것을 고안해 냈다. 바꿔 말하면, 여러 가지 윤작(輪作) 방식을 생각해 냈다.

§

18세기에도 아직 아르덴고원 지방, 보주산맥 지역, 서부의 화강암과 편암질(片岩質) 지대와 같은 척박한 토양을 가진 지역의 일부 고장에서는 고장 전체적으로 한시적(限時的) 경작이 실시되고 있었다. 사람들은 어느 날 미개간지에서 한 조각의 땅을 잘라내서, 흔히 불을 놓아 태우는 방식으로 초목을 제거했다.[5] 그 땅을 갈고 씨를 뿌렸으며, 흔히 가축이 밭에 들어와 곡식을 뜯어먹지 못하도록 울타리를 둘러쳤다. 그 땅뙈기에서는 3년이나 4년, 가끔은 8년까지 여러 해 동안 연이어 곡식이 생산되었다. 그 후에 빈약한 수확고로 지력이 고갈되었음이 드러나면, 그 땅뙈기는 다시 잡초와 가시덤불로 된 야생 식물이 자라도록 내버려졌다. 이렇게 그 땅은 상당히 오랫동안 자연상태로 남게 된다. 그렇다고 해서 내버려둔 땅이 비생산적이라고는 생각하지 말자. 이런 땅은 이제 경작지로 사용되지는 않았지만 다시 가축의 방목장으로 사용되었기 때문이다. 심지어 관목숲까지도 외양간의 잠자리 짚이나 나뭇단 채취에 이용되었고 가끔은 예컨대 고사리류와 가시양골담초 같은 식물이 거름으로 사용되었기 때문에, 전혀 무익한 것이 아니었다. 대체로 적어도 경작기간과 같거나 종종 그 이상으로 길었던 휴한기간이 끝나는 시점쯤에는 묵혀진 그 땅이 다시 수확물을 생산할 수 있을 만큼 지력이 회복되었다는 판단이 내려진다. 사람들은 그 땅으로 쟁기를 가지고 다시 돌아오게 되며, 그리하여 새로운 경작 주기(週期)가 다시 시작된다.

이런 경작방식 자체도 어떤 규칙성을 띨 수 없는 것은 아니었다. 즉, 영구히 미경작지로 남겨 두기로 한 여타의 땅과 이런 한시적 경작용으로 남겨진 토지 부분을 구분하고 후자의 토지이용에 일정한 주기성(週期性)을 부여하는 방식으로 운용될 수가 있었다. 실제로 개별 경작자의 임의성은 지방의 관습에 의해 제한될 가능성이 매우 높았다. 그러나 일반적으로 아주 엄격하게 제한되었던 것은 아니다. 한시적 경작을 하는 마을은 18세기의 농학자들에게 미개하다는 느낌뿐만 아니라 무질서하다는 인상을 주었다. 그들이 남긴 문헌기록은 이런 마을에는 "분명히 정해진 농사철"이 없다고 전하고 있다. 다른 곳들에서는 개별적 농사활동을 엄격하게 규제하도록 만들었음에 틀림없는 주요 요인들이 이런 마을에는 결여되어 있었기 때문이다. 한시적으로 개간된 밭은 아주 넓게 흩어져 있었으므로, 경작자들은 서로 행동을 제약할 가능성이 거의 없었다. 게다가 방목장은 경작되는 땅의 면적보다 언제나 훨씬 넓었으므로, 방목장과 경작지 사이의 균형—보다 발전된 방식으로 경작이 이루어진 지방에서는 이런 균형에 대한 관심이 농사활동에 대한 규제의 주요 이유가 되었다—을 유지하는 데 신경을 쓸 필요가 없었다.

18세기에는 몹시 조방적인 이런 유형의 토지이용 방식을 여전히 전면적으로 실시하는 농민집단이 드물었다. 그러나 이런 유형의 토지이용 방식이 예전에는 훨씬 널리 시행되었다는 것은 의심의 여지가 없을 것이다. 이런 이용방식은 인간이 지력을 고갈시키지 않고 토양이 생산적 작용을 하도록 하기 위해서, 그리고 곡물농업에 목축을 결합시키기 위해서 재능을 발휘해 고안된 토지이용 방식들 가운데서도 가장 오래된 것 중의 하나—아니 어쩌면 가장 오래된 것—일 가능성이 있다는 점을 인식할 필요가 있다. 우리는 18세기에 이런 유형의 토지이용 방식을 여전히 사용하던 여러 공동체가 토지의 새로운 재배치를 강제하는 '규제형' 윤작제로 이를 스스로 바꾸기로 결의하거나 외부의 압력으로 바꾸지 않을 수 없었음을 알고 있다.[6] 그렇게 하여 필시 이런 촌락은 여타의 많은 촌락이 이미 오래전에 보다 더 느리게 성취했던 발전을 단숨에 이룩했던 것으로 보인다.

그렇지만 실상은 보다 발전된 윤작체제로의 이런 이행은 흔히 부분적으로만 이뤄졌다. 근대에 한시적 경작이 고장 전체적으로 실시된 경우는 이제 예외적으로만 존재했을 뿐이지만, 아직도 한시적 경작지가 보다 체계적 윤작방식으로 경작되는 토지들과 나란히 큰 집촌이나 작은 산촌(散村)의 토지 가운데 중요한 부분을 차지하고 있는 경우는 매우 자주 있었다. 예컨대 베아른 지방에서 이런 것은 보통 있는 일이었다. 여기서는 공동체마다 빠짐없이 또는 거의 모든 공동체마다 완전히 곡물경작지로 된 '평원지대'(plaines)와 더불어 고사리류, 키 작은 가시양골담초, 화본과식물로 뒤덮인 '경사지'(coteaux)가 있었다. 농민들은 일시적으로 경작되는 약간의 땅을 일구기 위해서 이 경사지를 매년 찾아가곤 했다. 내지(內地) 브르타뉴, 멘(Maine),[20] 잠깐 동안 이용되는 개간지가 대부분 숲을 잠식해서 만들어진 아르덴과 오트보주, 쥐라, 알프스산맥과 피레네산맥, 프로방스, 중앙산악지대의 고지대 전역 등지에서도 농업관행이 베아른 지방과 동일했다. 이들 지방의 많은 촌락권역에는 정기적으로 파종되는 '따뜻한 땅'(terre chaude) 외에, 그 대부분이 경작되지는 않지만 주민들이 여기저기에 일시적으로 경작하기 위해 밭을 일구는 '차가운 땅'(terre froid)[21]—북동부지역에서는 특히 '트리외'(trieu)라는 게르만어 단어가 사용되었다—으로 된 광대한 면적의 땅들이 포함되어 있었다. 그와 반대로 루아르강 이북에 있는 평원들에서는 이런 농업관행이 거의 사라졌다. 루아르강 이북의 평원에서는 개간으로 말미암아 빈 땅으로 남아 있는 부분이 비교적 적었으며, 처녀지로 남아 있는 땅도 분명히 경작에 부적합하거나 방목과 나무 생산 및 토탄 채취에 없어서는 안 되는 것으로 간주된 땅들이었다.

그러나 언제나 이와 같았던 것은 아니다. 심지어 대개간시대에도 본격적 경작이 이뤄지기에 앞서 간헐적으로 경작이 행해졌음이 사실인 듯하다. 예컨대 루이 6세는 파리의 노트르담 대성당 참

....

20   프랑스 북서부에 위치한 지방. 북쪽은 노르망디, 동쪽은 오를레아네, 남쪽은 앙주·투렌 등과 마주하고, 서쪽은 브르타뉴에 접한다. 현재의 사르트도와 마옌도의 대부분을 차지하고, 그 밖의 인접 여러 도들의 일부를 포함한다. 중심도시는 르망이다. 바위 결정체로 이루어진 아르모리캥 대산지 고지대의 일부로 마옌강과 그 지류들이 남쪽으로 흐른다.
21   프랑스 농촌에서 '차가운 땅'이란 계속 경작하기 어려운 척박한 땅을 의미하며, 그에 반해 '따뜻한 땅'이란 비옥한 땅을 뜻한다.

사회의 소유였으나 그가 이 참사회에 대해 여러 가지 수입과 특권이 따르는 보호권—"신하 소유의 삼림에 대한 봉주의 특권"(gruerie)이라고 불렸다—을 소멸시켰던 코르브뢰즈 숲(la forêt de Corbreuse)[22]에 대해서 시골 사람들에게 다음과 같은 형태의 벌목만 허가했다.

> "그들은 단지 두 번만 수확할지어다. 그러고 나서는 그 숲의 다른 곳으로 이동해서 마찬가지로 개간지에 뿌려진 씨앗의 소산인 수확물을 연이어 두 번 거둬들여야 할지어다."[7)]

이와 마찬가지로 인도차이나반도와 말레이군도의 산악지역 주민들도 이곳저곳의 삼림과 관목숲 속으로 그들의 '라이'(ray)나 '라당'(ladang)[23]을 옮겨 가며 농사를 지었으며, 이들 일시적 경작지로부터 가끔 항구적인 논이 생겨나기도 했다.

연속적인 윤작은 이런 한시적 경작과는 극명한 대조를 이룬다. 그러나 그렇다고 해서 연속적 윤작이 오늘날 거의 도처에서 예전의 휴경지제도를 대체한 윤작제들[24]과 유사하게, 여러 종류의 농작물을 번갈아 재배하는 발달된 윤작이었다고는 생각하지 말자. 예전에 마을들에서 시행된 연속적 윤작은 경작의 중단을 전제하지 않고 항

....

22　파리 남서쪽 인근에 위치.

23　'라이'나 '라당'은 주로 정글지대에서 개간되어 건조농법에 의해 일시적으로 경작되는 땅뙈기를 의미하는 인도차이나반도와 말레이군도의 토착어다.

24　18세기 영국에서 개발되어 근대적 윤작제의 선구가 된 이른바 노퍽 농법만 하더라도 종래의 삼포식 농법과는 달리 토지의 휴경제가 사라지고 농작물이 밀 → 순무 → 보리 → 클로버 순서로 연속적으로 재배되었다.

구적으로 동일한 땅뙈기에서 행해지는 것이기는 했지만, 곡물의 경작에 뒤이어 재배되는 것은 역시 똑같은 곡물이었다. 기껏해야 가을파종 곡식과 봄파종 곡식이 번갈아 재배되었을 뿐이다. 그러나 이런 교대재배도 아주 규칙적으로 행해졌던 것은 아니다. 이런 사실은 당시로서는 토지의 휴경이 불가피했음을 반증하는 훌륭한 증거가 아닌가! 지력이 고갈되고 잡초의 피해를 입지 않을 수 없었을 것으로 보이는 이런 토지에서 얼마간의 곡식이나마 어떻게 수확할 수 있었을까? 그것은 이와 같이 오로지 작은 부분의 토지만이 경작되고 이 특별히 정해진 토지 부분에 모든 시비를 집중했기 때문이다. 그 주변의 땅은 가축의 방목장으로 사용되었을 뿐이다. 필요한 경우에는 이 방목장의 일부가 일시적으로 개간되었다. 그렇지만 거름을 이처럼 집중시켰음에도 불구하고 수확고가 높지 않았음을 우리는 분명히 알고 있다. 이런 경작방식은 영국, 특히 스코틀랜드에서는 아주 널리 알려져 있었지만, 프랑스에서는 예외적으로 실시되었던 것으로 보인다. 프랑스에서는 쇼니(Chauny)[25] 부근, 피카르디(Picardie),[26] 에노(Hainaut)[27] 지방의 몇몇 마을, 브르타뉴, 앙구무아

....

25 오늘날 프랑스 북부 엔도의 랑시(市) 서쪽 인근에 위치. 피카르디 지방의 중심부를 이룬다.

26 오늘날의 우아즈, 솜, 엔 등 3개의 도에 걸쳐 있는 프랑스 북부의 한 지방. 그 중심도시는 아미앵이다. 파리분지에 속하며 해발고도 300미터 이하의 평평한 지형을 이룬다. 동쪽은 샹파뉴아르덴, 북쪽은 아르투아 산지, 서쪽은 오트노르망디에 접해 있어 하나의 자연단위를 형성하고 있다. 로마 시대부터 개간이 이루어졌으며, 특히 11~12세기에는 수도원의 개척 활동이 활발했다. 19세기 이후에는 집약농업이 발전하여 곡류와 사탕무의 주요한 재배지대이며, 농장은 30~40헥타르로 된 비교적 대규모다.

27 오늘날 벨기에 남서부에 있는 지방. 중심도시는 몽스다. 그러나 이 책에서 언급하는 에노 지방이란 과거에 이보다 훨씬 더 넓었던 에노 백작령에 속하던 지역을 가리킨다. 이 백작령은 북쪽으로는 플랑드르, 동쪽으로는 브라반트와 리에주 주교관구의 일부 지역,

(Angoumois),[28] 로렌 등지에서 이런 경작방식의 흔적이 발견된다.[8] 아마도 예전에는 이런 경작방식이 실시된 지역이 그보다 더 많았을 것이다. 그래서 우리는 프랑스에서는 농민집단들이 한편으로는 한시적 경작방식을 탈피했으면서도 다른 한편으로는 가끔 한시적 경작 단계를 거치기도 했다고 볼 수 있을 것이다.

§

프랑스의 거의 모든 땅에서 강력한 규제를 수반한 연속적 토지이용이 불규칙한 간헐적 토지이용을 대체할 수 있게끔 만든 두 가지 주요 윤작제도는 경작지의 휴식기간, 즉 휴경에 기초를 두고 있다. 두 윤작제는 윤작의 주기가 서로 달랐다.

그중 가장 짧은 윤작주기는 2년이었다. 2년 가운데 1년은 보통 가을철에 씨를 뿌리지만 때로는 봄철에도 씨를 뿌려 경작했으며, 그 뒤 밭은 1년간 휴경되었다. 물론 그 윤작체계는 각 농가의 경지 중―따라서 전체 농경지 가운데서― 대략 절반이 어느 한 해에 경

....

남동쪽으로는 프랑스의 레델루아·티에라슈, 남서쪽으로는 캉브레 주교관구와 아르투아 백작령, 서쪽으로는 투르네 주교관구와 경계를 이루고 있었다. 프랑스령 에노의 중심도시는 발랑시엔이었다. 이 지방의 서부에 있는 스헬데강 상류의 계곡지대는 플랑드르 점토질 평야에 속한다. 동남부의 아르덴고원 지역은 히스가 무성한 황야, 광야, 침엽수림 지대다. 그러나 이 주의 대부분은 지대가 낮은 에노고원에 속한다. 이 고원은 비옥한 모래와 점토질의 옥토로 된 충적토 지대이며, 북쪽은 구릉지대이고 남쪽은 평평한 대지에 이르기까지 경사져 있다.

28 프랑스 남서부의 앙굴렘시를 중심으로 남북에 펼쳐져 있는 지방. 샤랑트도의 대부분과 도르도뉴도의 일부를 포함하며 아키텐분지의 북쪽 부분에 해당된다. 이 지방의 북부는 주로 목장지대다. 남부는 토지가 몹시 메말라 숲으로 덮여 있으며, 주로 양을 방목한다.

작될 때 같은 해에 다른 절반은 경작되지 않았으며, 이렇게 단순히 번갈아 가며 연이어지는 식이었다.

이런 2년 윤작제보다 더 복잡한 체계를 가진 3년 윤작제는 재배작물이, 영양분을 공급하는 토양에 보다 섬세하게 적응함을 전제로 했다. 그것은 실제로 곡식의 수확물이 두 종류[29]로 구분된 데 기초를 두었다. 원칙적으로 각 농가의 토지와 각 고장의 농경지는 대체로 같은 크기의 세 부분으로 나뉜다.[30] 세 부분의 토지는 크기가 대충 같다는 것이지, 똑같다는 것은 아니다.[9] 그렇게 나뉜 토지 부분은 곳에 따라 '솔'(sole), '세종'(saison), '쿠르'(cour), '코테종'(cotaison), '루아'(roye), '쿠튀르'(couture)라고 불렸으며, 부르고뉴 지방에서는 '펭'(fins), '에피'(épi), '펭 드 피'(fins de pie)라고 불렸다.[31] 이런 농촌의 용어보다 더 다양한 말은 없을 것이다. 그러나 광범한 지역에서 그 말들이 표현하는 실체는 기본적으로 같았다. 그렇지만 생각과 말을 서로 주고받는 집단은 매우 작았기 때문에 붙여 부르는 이름은 지역에 따라, 심지어 마을에 따라 달랐다.

3년 윤작제의 경우에 수확이 끝난 후에 어떻게 진행되는지 살펴보자. 세 윤작포 중 한 부분에는 가을철에 밀이나 스펠트밀 또는 호밀로 된 '겨울곡식'―또한 '이베르누아'(hivernoi)나 '봉 블

....

29 가을에 파종해서 다음해 7월쯤 수확하는 밀, 호밀 등의 겨울곡식(동곡)과 봄철에 파종해서 8월경에 수확하는 보리, 귀리, 콩 등의 봄곡식(하곡)을 일컫는다.

30 장원 내의 각 농민보유지나 영주직영지 모두 각기 농경지가 추경동곡지, 춘경하곡지, 휴경지로 삼분될 뿐만 아니라, 공동체적 규제 때문에 장원 또는 마을 전체의 농경지도 삼분되어 경작되었음을 말한다.

31 이들 말은 모두 윤작이 이루어지는 각기의 경작포(耕作圃)를 의미한다. 이 번역에서는 '윤작포'(輪作圃)로 옮긴다.

레'(bons blé)로도 불렸다―이 파종될 것이다.[32] 두 번째 윤작포는 '그로 블레'(gros blé), '마르사주'(marsage), '트레무아'(trémois), '그 렝 드 카렘'(grain de carême)이라고도 불린 '봄곡식'이 파종되었다. 이 땅에는 보리, 귀리, 가끔 살갈퀴와 같은 사료작물, 또는 완두콩이 나 잠두콩과 같은 콩과작물이 날씨가 좋은 초봄에 파종되었다. 세 번째 토지 부분은 일년 내내 휴경 상태가 유지되었다. 다음해 가을 에 이 부분의 토지에는 겨울곡식이 파종될 것이다. 다른 두 윤작포 중 첫 번째 것은 겨울곡식에서 봄곡식으로, 두 번째 것은 봄곡식 재 배지에서 휴경지로 옮겨가게 된다. 이와 같이 해마다 삼포식(三圃 式) 윤작은 되풀이된다.

2년 윤작제와 3년 윤작제의 지리적 분포는 정확하게 알려져 있 지 않다. 점차 휴경지제를 종식시키고 보다 탄력적인 윤작제를 도 입한 농업혁명 이전인 18세기 말과 19세기 초에 두 윤작제가 실시 된 지리적 분포도를 재구성하는 것은 불가능하지는 않을 것이다. 그러나 분포에 관한 정확한 연구는 없다. 그럼에도 불구하고 이 두 윤작제는 중세부터 이미 두 권역으로 나뉘어 분포해 있었다는 점에 서 대조를 이룬다. 2년 윤작제는 가론강 유역, 랑그도크, 남부 론강 유역, 중앙산악지대의 남쪽 경사면 등 간단히 말해서 남프랑스(le Midi)라고 불릴 수 있는 곳에서 지배적이었으며, 푸아투 지방까지 퍼져 있었다. 그 이북에서는 3년 윤작제가 압도적이었다.

어쨌든 윤작제를 분류하여 개략적으로 말하면 이상과 같다. 그 러나 윤작제를 자세히 들여다보고 시간에 따른 변동과정을 살펴보

....

32   겨울곡식은 일반적으로 10월 말에서 11월 초 사이에 파종되었다.

면, 윤작제가 그리 단순하지 않음을 알 수 있다. 우선 역사의 흐름을 거슬러 올라가면 갈수록 불규칙성이 심하다는 사실에 유의할 필요가 있다. 적어도 여러 가지 종류의 농지[33]와 관련된 물질적인 관심과 필요성 때문에, 개인적 변덕으로 인한 일탈행위가 강력히 저지되거나 제한되는 경우가 있을 것이다. 예컨대 14세기 초에 추경 동곡지에 하나의 분할지를 보유하고 있던 아르투아(Artois)[34] 지방의 어떤 정액소작농은 가을철 파종에 필요한 밭갈이 시기를 놓쳐서 3월에 귀리를 파종하는 것으로 그쳐야 했다. 다음해 그는 봄철 파종을 되풀이할 수밖에 없었으나, 결국 인접 토지들의 "윤작포"에 맞춰 자신의 토지를 경작하지 않으면 안 되었다.[10] 그러나 1년간 종자나 농사지을 일꾼이 모자랐다면 어떻게 했겠는가? 그런 경우에는 휴경지를 확대하는 수밖에 도리가 없었다. 그와 반대로 부양해야 할 식구가 지나치게 많이 늘어난 경우에는 어떻게 했겠는가? 그런 경우에 사람들은 방목장을 다소 줄이는 한이 있더라도 곡물의 수확을 증대시킬 필요성 때문에 경작지 확대에 쉽게 합의할 수 있었을 것이다.

실상 한시적 경작이라는 원시적 농업관행은 윤작을 행하는 사람들에게 아직도 매우 가까이 있었던 것이다. 가끔 그런 관행은 정규적 윤작방식에까지 영향을 미칠 정도였다. 이를테면 곧 보게 되

....

33 곡물경작지, 초지, 포도밭 등과 같이 분류된 토지를 말한다.
34 프랑스 북부의 한 지방. 지금의 파드칼레주에 해당한다. 해안의 칼레에서 아라스 남부까지 띠 모양으로 뻗은 아르투아 대지의 범위와 일치한다. 중심도시는 아라스다. 북쪽 플랑드르평야와 남쪽 피카르디평야 사이에 있으며, 지형은 물결 모양의 기복을 이룬다. 특히 아라스 주변지역은 이토질의 비옥한 땅으로 되어 있어, 일찍부터 농업이 발달했다.

는 바와 같이 멘 지방에서는 이런 관습 때문에 1년간만 휴경이 지속되는 여러 가지 윤작제의 실시 다음에 여러 해 동안 지속되는 휴경기가 이어졌다. 이것은 여전히 혼합적 윤작제이기는 했지만, 대체로 안정적 윤작제였다. 다른 곳에서는 이런 오래된 장기 지속적 휴경제가 간헐적으로 실시되었을 뿐이다. 1225년에 예르의 수도사들[35]에 의한 보스 지방 소재 봉리외 마을의 건설에 관한 특허장은 농경지는 "통상적 윤작포들에 따라" 경작될 것이라고 규정하고 있으면서도, 어떤 농민이 "빈곤 때문에 또는 자신의 토지를 개량하기 위해서라면" 이 토지를 몇 년 동안 경작하지 않고 방치해 둘 경우를 예상하고 있다.[11]

마지막으로 사회가 오랫동안 너무나 혼란스러웠으므로 농업관행 역시 다른 관행들과 마찬가지로 전적으로 불변적이고 질서정연한 것은 아니었다. 17세기에 전쟁들이 끝난 후 로렌 지방의 공작들이 내린 여러 포고령에는 그들의 토지로 되돌아온 농민들이 "관습적 윤작포"를 준수하기를 중단했다는 불평이 보인다.[12] 우리는 옛 농업관습의 온전한 연속성을 과장하지도 말고 그것의 엄격한 준수도 지나치게 강조하지도 말자. 이런 것들은 우리와 비교적 가까운 시절의 보다 평화롭고 안정된 사회들의 특성이었다. 그러나 이런 변동이 로렌 지방의 관리들이 불평한 "혼란"만을 초래했던 것은 아니다. 그 변동은 하나의 윤작제도로부터 다른 또 하나의 윤작제로의 이행을 촉진시켰기 때문이다.

....

35 예르(Yerres)는 오늘날 파리 남동쪽 근교에 위치한 한 코뮌이다. "예르의 수도사들"이란 정확하게 말하면, 예르에 있는 베네딕트 수도회 계열의 수도원 수도사들이다.

이제 두 가지 주요 윤작제인 2년 윤작제와 3년 윤작제의 분포를 보다 자세히 살펴보자. 우리가 그 분포도를 작성할 수 있다면, 그 지도는 단지 큰 폭의 단조로운 색으로만 칠해지지 않을 것이다. 우리는 거기에서 점들로 그려진 몇몇 지역을 보게 될 것이다.

남프랑스에서는 3년 윤작제가 일찍이 시행된 적이 있었는지는 몰라도, 언제나 몹시 드물었음은 확실한 것 같다. 그와 반대로 2년 윤작제는 북부 프랑스의 상당히 먼 지역에까지 3년 윤작제와 병존하면서 오랫동안 넓은 지역에 걸쳐 시행되었다. 예컨대 남쪽으로 스트라스부르의 여러 관문(關門)으로부터 북쪽으로는 위상부르에 이르는 알자스평야 전체가 농업혁명 때까지 2년 윤작제가 꾸준히 실시되었다. 프랑슈콩테의 산악지대에 있는 여러 마을과 브르타뉴 지방의 북쪽 경사면에 있는 상당히 많은 고장에서도 마찬가지였다.[13] 더 먼 옛날에는 이런 작은 섬을 훨씬 흔하게 볼 수 있었다. 중세에 노르망디에서는 매우 광대한 면적에서 2년 윤작제가 실시되었음이 밝혀졌다. 같은 시기에 앙주(Anjou)[36]와 멘 지방의 상당히 넓은 땅에서도 2년 윤작제가 실시되었다.[14] 멘 지방에서는 2년 주기의 윤작제가 19세기 초까지 곳곳에 잔존했으나, 매우 특이한 방식으로 한시적 농업관행 및 삼포윤작제와 결합되었다. 이 특이한

....

36 프랑스 중서부 멘에루아르도를 에워싼 지방. 파리분지와 아르모리캥 산지 사이에 있으며, 루아르강을 비롯하여 그 지류인 여러 강들이 합류하는 비옥한 하천 유역이다. 기후도 온화하여 일찍이 농업이 발달했다. 서부는 습윤기후를 이용한 목초재배로 목축이 성하고, 동부는 포도를 비롯해 야채와 화초를 많이 재배한다. 중심도시는 앙제다. 870년에 백령(伯領)이 되었고, 1360년에 공작령이 되었다. 10세기 이후 앙주 지방을 영유한 백작가문은 이른바 앙주가로서, 주변 일대로 세력을 확장하고 영국의 플랜태저넷왕조를 탄생시킨 것으로 이름이 높다.

윤작제는 3개의 윤작포로 구성되어 있었다. 그 각각의 윤작포는 밀이나 호밀이 재배된 후 휴경지가 되고 하면서 번갈아 6년간 경작되고 난 후 3년간 완전히 묵정밭이 되었다.[15] 이런 윤작제가 멘 지방에서 잔존했음은 거의 의심의 여지가 없다. 그리고 우리는 여기서 과도기적 윤작 형태를 엿볼 수 있다.

카롤링 시대의 영지명세장들에 의하면, 루아르강 이북의 영주유보지들(réserves seigneuriales)[37]에는 3개의 윤작포가 존재하고 곡물이 재배되는 경지는 겨울곡식 재배지와 봄곡식 재배지로 구분된다. 그러나 영주의 밭을 경작하는 농민보유지 보유자들에게 부과된 부역노동에 대한 연구가 분명히 보여주듯이, 겨울곡식 재배지가 3월에 파종되는 봄곡식 재배지보다 한결같이 훨씬 큰 면적을 차지하고 있다. 이렇게 겨울곡식 재배지와 봄곡식 재배지가 크기에서 차이가 나는 것은, 영주직영지의 일부에서 아직도 2년 윤작제가 실시되고 있기 때문이든지, 아니면 오히려 인근의 토지에서는 봄철의 파종이 보통은 1년간의 휴경에 앞서 이뤄지는 데 비해 일부 분할지가 2년간 휴경되지 않으면 안 되었던 때문일 것이다.

어떻든 간에 정기적인 3년 윤작제는 아직 맹아 상태에 있었다. 북부 프랑스에서는 3년 윤작제가 매우 오래되었음이 확실하다. 그것은 프랑크 시대부터 증명되는 사실이며,[38] 아마도 훨씬 멀리 거슬러 올라갈 것이다. 그러나 오랜 세월 동안 3년 윤작제는 2년 윤작제와 뒤섞임으로써 몇몇 혼합형 윤작제도가 생겨나게 되었다. 이런

....

37 우리가 일반적으로 영주직영지라고 부르는 것을 말한다. 뒤에서 보듯이, 마르크 블로크는 영주유보지라는 말을 즐겨 쓴다.
38 문헌기록상으로는 8세기 후반에 처음으로 삼포윤작제에 관한 언급이 나타난다.

변화는 프랑스에 아주 가까운 영국에서도 마찬가지로 확인되었다.

그렇지만 우리는 윤작제의 분포와 관련하여 잘못 생각하지는 말자. 다시 말하면, 이런 혼합형 윤작제의 대두에도 불구하고 양대 윤작제의 실시권역 사이의 기본적인 대조는 조금도 엷어지지 않았다. 북부 프랑스에서 생겨난 3년 윤작제는 점점 확산되었다. 남부 프랑스에서는 마치 이물질처럼 3년 윤작제에 대한 거부반응이 줄곧 끈질기게 나타났다. 북부 프랑스에서는 분명히 인구가 증가함에 따라 매년 농경지의 절반을 휴경하는 대신에 3분의 1만을 휴경해도 되는 윤작방식이 점점 많이 채용되었다. 남부 프랑스에서도 인구증가로 그와 같은 필요성이 분명히 존재했다는 데 대해서는 의문의 여지가 없다. 그럼에도 불구하고 농업혁명 이전에는 남부 프랑스의 주민들이 삼포제의 도입을 통해서 생산을 증대시키려는 생각을 전혀 하지 않았던 것으로 보인다. 그 정도로까지 2년 윤작의 관습이라고 불릴 수 있는 것이 남부 프랑스에서는 깊이 뿌리내리고 있었던 것이다. 이런 대조적 현상은 농업사에 참으로 풀기 힘든 문제를 제기한다. 지리적으로 좁은 범위 안에서 그 원인을 찾는 것은 이런 수수께끼를 푸는 데 효과적이지 않음은 물론이다. 상이한 양대 윤작제의 분포 범위가 너무나 넓고 각각의 분포 범위 내에서 자연환경은 너무나 다양하기 때문이다. 게다가 양대 윤작제도가 실시된 권역은 둘 다 프랑스의 국경선을 훨씬 넘어서까지 펼쳐져 있다.

2년 윤작제는 고대 그리스인과 중부 이탈리아인에 의해 실시되고 핀다로스(Pindaros, 기원전 518~438)[39]와 베르길리우스(Vergi-

....

39　「경기승리가」(競技勝利歌) 등의 합창시를 지은 그리스의 서정시인.

lius Maro Publius, 기원전 70~19)[40]의 찬양을 받은 지중해의 오래된 윤작방식이다. 3년 윤작제의 실시 지역은 영국의 대부분 지역과 북부 유럽 대평원의 전역을 포함한다. 프랑스에서 이 두 윤작제가 대조를 이루면서 병존한다는 것은, 북유럽문명과 남유럽문명—달리 표현할 길이 없어서 이렇게 부른다—이라는 중요한 두 가지 형태의 농업문명의 대립을 표현한다. 이 두 문명은 둘 다 우리가 여전히 이해하기 몹시 어려운 영향들, 즉 틀림없이 인종적이고 역사적이며 또한 지리적이기도 한 요인들의 영향을 받아 형성되었다. 사실 물리적 성격의 환경만으로는 윤작제도의 기본적인 분포가 왜 그렇게 되었는지를 설명해 줄 수 없음이 사실로 밝혀졌다고 할지라도, 그런 환경이 지중해로부터 멀리 떨어진 곳이 3년 윤작제의 발상지임을 알려 주는 데 충분한 것일 수는 있다.

로마의 농학에서 아주 비옥한 토지에 대해서는 일체의 휴경이 금지되기는 했지만, 윤작의 효용성이 알려지지 않았던 것은 아니다. 그러나 로마에서 곡물과 교대로 재배된 것은 콩이나 아마였으며, 종류가 다른 곡물들 사이의 규칙적인 교대 경작은 실시되지 않았다. 로마의 농학자들도 봄곡식을 잘 알고 있었으나, 그것을 겨울철이 다가오기 전에 행해지는 겨울곡식 파종이 실패하는 경우에 적합한 임시방편으로만 이해했다.[16] 틀림없이 봄철 파종과 가을철 파종을 교대로 시행함이 모든 경작체제의 기초가 되기 위해서는 로마인들의 여름철 날씨보다 덜 건조한 여름철이 필요했을 것이다.[41]

....

40   『목가』(牧歌), 『농경시편』(農耕詩篇) 등의 시집을 남긴 고대 로마 최고의 서정시인.
41   겨울철에 강수량이 많고 여름철에 고온건조한 지중해기후 지역에서는 봄철 파종이 어려웠기 때문에 로마문명의 본고장인 지중해 지역에서는 추경동곡 재배를 중심으로 한

그러나 이와 같이 말하는 것은 불확실한 추론에 지나지 않는다. 그럼에도 불구하고 뒤에서 검토할 기회를 갖겠지만, 한 가지 사실만은 확실하다. 즉, 남방적 유형과 북방적 유형이라는 양대 농경체제의 공존은 프랑스 농촌생활의 가장 주목할 만한 특성들 가운데 하나인 동시에, 일반적으로 농촌경제사 연구가 프랑스문명의 깊은 뿌리에 대해 기여한 가장 소중한 발견들 가운데 하나라는 점이다.

....

이포식 2년 윤작제는 가능했지만, 삼포식 3년 윤작제는 불가능했다.

3

경지제도: 기다란 개방경지제

경지제도는 단지 윤작체제에 의해서만 특징지어지는 것은 아니다. 각각의 경지제도는 농업기술들과 사회조직의 편성원칙들로 구성된 복합체이기도 하다. 프랑스에서 시행된 경지제도들을 알아보도록 하자.

뒤에 가서 경지제도의 기원에 관한 몇 가지 사실을 규명하기 위해 재론하게 될지도 모르지만, 이런 탐구에서는 완전히 한시적 경작만 행해지던 토지는 제외해야 한다. 이를테면 프랑슈콩테의 한 농학자가 말한 "제멋대로 하는" 경작 형태는 논의에서 제외해야 한다. 농사꾼이 개인적으로 그 스스로가 "농사일에 대해 정한" 방침에 따라 "쟁기질을 하는" 땅에서는 일정하게 농사짓는 방식이 대충은 형성될 수 있었겠지만, 그런 방식이 확고부동한 것으로 확립될 수는 없었기 때문이다.[17] 우리는 또한 아주 독특한 자연조건에서 기인하는 일부 촌락권역의 특이점에 대해서도 자세히 논하지 않을 것이다. 특히 고산지대의 농경생활이 평야지대나 그 중간지대의 농촌생활과 뚜렷하게 다른 것은 물론 목축적 요소가 강할 수밖에 없었기 때문이다. 그렇지만 구 프랑스에서 고산지대의 이런 특이성은 오늘날에 비하면 훨씬 심하지 않았던 편이다. 프랑스의 농촌문명은 평야나 구릉지대의 소산이다. 그래서 고산지대의 문명은 완전히 독자적으로 창조된 것이라기보다는 이런 평야나 구릉지대에서 생겨난 제도들을 그 자체에 적응시킨 데 지나지 않는다. 여기서 내가 할 수 있는 것은 얼마간의 단순화를 무릅쓰고라도 여러 경지제도—그 세세한 차이를 모두 설명하려면 책 한 권이 필요할지도 모른다—의 기본적인 특징을 도출하는 것밖에 없을 것이다.

먼저, 경지제도들 가운데 가장 명확하고 결집력이 가장 강한 것으로는 기다랗고 강제성이 강한 개방경지제가 있다.

일반적으로 상당히 큰 규모의 농촌취락을 생각해 보자. 기다란 개방경지제가 소규모의 취락과 결합될 수 없는 것은 아니다. 특히 비교적 늦게 개간된 고장에서 그렇다. 그러나 개방경지제도는 원래 작은 산촌(散村)보다는 오히려 큰 집촌과 결합되어 있었던 것으로 보인다. 집 주위에는 언제나 울타리로 둘러쳐진 '자르댕'(jardin)[42]과 과수원이 있었다. '자르댕'이라고 하는 것은 '클로'(clos)[43]를 의미한다. 이 두 말은 줄곧 동의어로 사용되었으며, 게르만어인 '자르댕'이란 용어 자체도 틀림없이 원래부터 다른 뜻을 갖지는 않았을 것으로 생각된다. 이들 울타리는, 울타리에 의해 보호되는 땅에서는 어

....
42   채마밭이라는 뜻임.
43   울타리 처진 밭.

떤 경우에도 집단방목이 허용되지 않는다는 표시다. 개방경지 안에도 여기저기에 울타리가 쳐진 여타의 땅, 즉 포도밭이나 삼밭이 가끔 있었다. 적어도 북부 프랑스에서는 울타리 쳐진 포도밭이 있었다(그와 반대로 남부지방에서는 포도밭이 흔히 울타리가 없이 개방적이었으며, 그곳에서 특별히 튼튼하게 잘 자라는 포도나무는 포도 수확 후 가축의 사료로 제공되었다). 하천이 있는 경우에는 하천 가에 약간의 풀밭이 펼쳐져 있었다. 그 다음에 농경지가 있었으며, 그리고 농경지를 둘러싸거나 농경지 속 깊숙이 자리 잡은 목장이 있었다. 농경지를 살펴보자.

주목되는 첫 번째 특징은 경지들이 넓게 열려 있다는 점이다.

그러나 그렇다고 해서 개방경지에서 반드시 아무런 울타리도 없었을 것이라고 생각하지는 말자. 무엇보다 먼저 항구적인 울타리와 임시 울타리가 구별될 필요가 있다. 햇볕이 좋은 철이 시작될 무렵에 경지 하나하나에 대해서가 아니라 각 경지군(群)의 주위에 임시 나무울타리를 설치하는 것이 중세의 거의 전 기간을 통한 농촌의 관습이었다.[44] 때로 울타리 대신 도랑을 움푹하게 파기도 했다. 농촌의 농사 일정표에는 봄철의 농사일 가운데 이런 울타리 치기 작업이 포함되어 있었다. 12세기에도 아직 아라스의 생바스트 수도원 영지 내에 있는 어느 큰 집촌에서는 한 세습 관리인이 아마도 영주직영지로 보이는 토지에서 "수확기가 오기 전에 도랑을 복구하고 있었다."[18] 수확이 이뤄지자마자 사람들은 이 임시로 설치된 보호시

....

44 봄철에 휴경지나 목초지에 방목되는 가축이 곡식이 파종된 밭을 침해하지 않도록 곡식밭 주위에 울타리를 치고 수확이 끝나면 철거하곤 했다.

설을 무너뜨리거나 메워 버렸다. 그 후 12~13세기부터 이런 울타리 치기 관습은 사라졌으며, 곳에 따라서는 다소 서서히 사라지기도 했다. 이런 관습은 개간활동이 아직도 활발하지 못했던 시절에 생겨난 것으로, 그때에는 가축들이 자주 드나들며 풀을 뜯던 황무지가 사방에서 경작지 안에까지 뻗어 있곤 했다.

대개간 이후 농경지들이 보다 밀집되고 가축의 방목장으로부터 보다 뚜렷이 분리되는 양상을 보이게 되었을 때, 끝없이 계속될 것 같던 이 울타리 치기 작업도 쓸 데 없는 것으로 보였다. 그 대신 전체적으로 개방적인 경지제가 실시되었던 다수의 지역에서는 경작지대와 접경을 이루는 몇몇 경계선에 항구적인 울타리가 유지되었다. 클레르몽투아 지방에서는 도로변에 위치한 밭들의 경계선에 반드시 설치할 수밖에 없었던 울타리들이 원래는 임시용이었으나, 시간이 지나면서 흔히 가시나무로 된 튼튼한 생울타리들로 바뀌었다.[19] 에노와 로렌 지방에서는 여전히 도로나 공유지를 따라서 이런 경계선의 울타리를 설치하는 것이 관례였다. 베아른 지방에서 정기적으로 파종되어 경작되는 '평원지대'는, 자체의 울타리로 둘러싸여 한시적으로 경작되는 밭들이 있는 산비탈의 가축떼로부터 울타리로 보호되었다. 스코틀랜드에서 가축의 방목과 간헐적인 경작에 사용된 '바깥들'(out-field)을 '안들'(in-field)[45]로부터 갈라놓은 담장도 이와 같은 기능을 담당했다. 알자스에 있는 아그노 근처에서처럼 어떤 곳에서는 울타리로 인해 농경지가 몇 개의 큰 구역으로 구획되었다.

....

45 'in-field'란 농가 주변에 위치하고 주로 농경지로 된 땅을 지칭한다.

그러나 많은 곳에서는 이런 방어선이 없었다. 방어선이 있는 경우에도 방어선을 넘어서면, 농경지에는 우리의 눈길이나 걸음을 가로막는 어떤 장애물도 없었다. 땅속 깊이 박힌 경계석이 기껏해야 몇몇 설치되어 있거나 미경작 상태로 남겨진 하나의 밭고랑—대부분의 경우 그것도 순전히 관념상의 경계선일 뿐이다—이 가끔 있는 것 외에는 다른 경계표시가 분할지들 사이에는 언제나 없었고, 분할지들의 단지(團地) 사이에도 흔히 존재하지 않았다. 이런 사정이, 농민들이 쓰는 말로 "밭이랑을 갉아먹는 사람들"이라는 사실감 짙은 이름으로 불린 사람들에게는 참으로 위험한 유혹이 되곤 했다. 본래 인정된 경계선을 약간 넘어서 여러 해 동안 쟁기질을 하게 되면, 밭이 여러 밭고랑(또는 '이랑')으로 확장된다. 다시 말하면, 일반적으로 그렇듯이 가로채는 밭고랑이 길기라도 하면 땅이 많이 늘어나서 매우 큰 이득이 생길 것이다. 이렇게 하여 늘어난 땅뙈기가 약 60년간 원래 면적의 3분의 1 이상이 된 사례도 있다. 이런 '도둑질'은 중세의 설교사들과 구체제의 사법관들로부터 비난을 받았던 "가장 교활하고 입증하기가 가장 어려운 도둑질"이다. 이런 절도 행위는 사람이 들판을 지나가도 어느 지점을 지나는지를 알려 주는 아무런 표지물이 없을 정도로 밭과 밭이 끝없이 이어지는 이들 "탁 트인 들판"의 특징적인 사회적 징표들 가운데 하나였으며, 오늘날까지도 그렇다고 볼 수 있다. 이런 탁 트인 들판은, 18세기의 어떤 사료가 전하듯이 기복을 이룬 땅이 앞을 가로막지 않는다면 "어떤 농부가 한눈에 한 들판이나 한 면(面, canton) 안에 그가 갖고 있는 모든 땅뙈기들에서 벌어지는 일들을 다 바라볼 수 있다"라고 할 정도였다.[20] 이 점과 관련해서는 농촌의 풍경이 별로 달라진 것이 없기 때문에, 우리는 모리스 바레스(Maurice Barrès, 1862~1923)[46]에게 소중하게 생각되었던 "장애물이 없는" 풍경이 어떤 것이었는지를 능히 짐작할 수 있다.

그러나 어떤 울타리로도 경계를 표시하지 않았다고 하더라도, 누구의 것인지를 표시하는 경계는 그래도 존재했다. 이런 경계선으로 인해 경지의 배열구조는 평행하는 복수의 구획지들로 된 기이한 모습을 띠게 된다.[21] 약 10개에서 수십 개에 이르는 큰 규모의 구획지는 어떤 이름으로 불렸을까? 여느 때처럼 여러 가지 이름으로 불렸다. 농촌사회의 언어에서 이를 표현하는 말은 지역에 따라, 심지어 마을에 따라 달라지는 아주 다양한 양상을 보인다. '카르티에'(quartier),[47] '클리마'(climat),[48] '캉통'(canton),[49] '콩트레'(contrée),[50] '베느'(bène),[51] '트리아주'(triage)[52]라고 불렸고, 캉

....

46   독일과의 분쟁지역이었던 프랑스 로렌 지방에서 태어나 낭시 고등학교의 철학교사를 역임하고 다수의 소설을 써서 1900년 전후에 젊은이들에게 큰 영향을 끼친 작가이자, 불랑제파의 대의원을 두 번이나 지내고 우익단체인 애국자동맹의 총재를 지낸 정치가. 특수한 출신환경과 독일에 대한 패전 경험으로 말미암아 국수주의자가 되었다. 그리하여 왕당파와 결탁하여 독재체제 수립을 위한 정치운동을 전개하고 쿠데타를 일으켜 제3공화정을 위기에 빠뜨린 불랑제(G. E. J. M. Boulanger) 장군의 지지자이자 반 드레퓌스 운동의 정신적 지도자 노릇을 했다. 그의 정치적 입장은 『뿌리째 뽑힌 사람들』(*Les Déracinés*, 1897), 『병사에 대한 호소』(*L'Appel au soldat*, 1900), 『그들의 모습』(*Leurs figures*, 1902)으로 이루어진 3부작 속에 잘 나타나 있다. 그는 "나의 사상은 내 것이 아니다. … 그것은 로렌 지방의 것이다"라고 자신의 사상적 배경을 밝혔다.

47   토지의 구획 또는 구역을 뜻한다. 다시 말하면, 경구(耕區)라고 할 수 있다. 이하 '경구'로 번역한다.

48   기후라는 뜻 외에 고장, 지방, 지대라는 뜻도 있다. 'quartier'와 동의어다.

49   지역, 특히 프랑스에서는 면(面) 수준의 행정구역을 의미한다.

50   고장, 지방이라는 뜻이다.

51   수레를 뜻하는 켈트어 'benna'에서 온 말로 보이지만, 분명하지 않다.

52   구분이나 분리를 뜻한다.

평야[53]에서는 분명히 스칸디나비아 말임에 틀림없는 '델'(delle)이라고 불렸다. 이 '델'이라는 말은 오랫동안 덴마크인들에게 점령당했던 잉글랜드의 동부지방에서도 발견된다.[54] 이름에 대해서는 이 정도로 열거해 둔다. 여기서는 간단히 하기 위해서 여러 이름들 가운데 '경구'(quartier)라는 말을 채택하여 사용하자. 이런 구획지의 각각은 고유의 이름을 가지고 있으며, 토지대장에서는 "이른바 … 라고 하는 곳"으로 나타난다. 예컨대 "그로스 보른 경구"(Quartier de la Grosse Borne),[55] "크뢰 데 푸르슈 경구"(Climat du Creux des Fourches),[56] "트라이종 골"(Delle des Trahisons)[57]이라고 불렸다. 가끔 이런 토지구획 단위는 두둑, 개울, 인공으로 만들어진 둑, 울타리 등과 같이 눈에 띄는 표지물로 경계가 지어졌다. 그러나 많은 경우에 다른 방향의 밭고랑들을 제외하고는 이웃 경구들과 구분되지 않을 정도로 아무런 경계가 없었다. 실제로 경구라는 것의 특징은 바로 나란히 배열된 분할지들이 집단으로 존재한다는 점이다. 이들 분할지의 '이랑들'은 모두 동일한 방향으로 뻗어 있었으며, 이런 배열방향은 토지보유자들에게 강제되었다. 전쟁이 끝난 후 자신들의 토지로 돌아와서 이런 관습을 따르기를 게을리한 농민들에 대해 로렌 지방의 관리들이 가졌던 불평들 가운데는 "(여타의 이랑들과) 다른 방향으로 밭갈이하는 것"에 대한 불만이 들어 있었다.

....

53 노르망디 지방에 있는 오늘날의 캉(Caen)시 주변 일대의 비옥한 석회질 평야.

54 'delle'은 오늘날 영어에서는 'dell'로 쓰이며, 어원 면에서 영어의 'dale'과 거의 같은 말이다. 따라서 작은 골짜기를 뜻한다. 본래의 뜻은 깊은 곳이나 낮은 곳을 가리킨다.

55 큰 경계석이 있는 구역이라는 뜻.

56 갈림길의 우묵배미라는 뜻.

57 배반(背反)골이라는 뜻.

그림 2-1 산재지제도로 된 캉평야의 기다란 개방경지

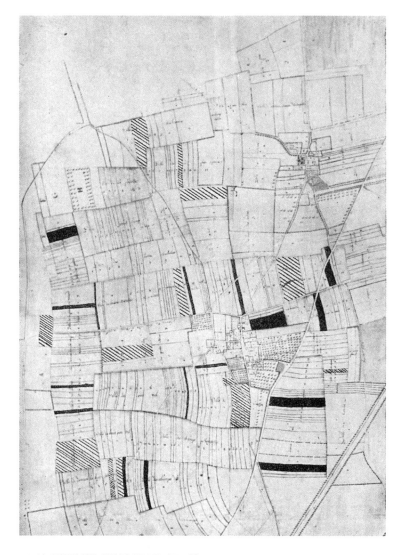

1738년 지적도의 왼쪽: 브라(칼바도스도 이프 코뮌).
　　　지적도의 오른쪽: 위베르폴리(칼바도스도 부르게뷔스면).

빗금 친 필지들(▨)은 상당히 부유한 토지보유자인 클로드 바니에의 것이다. 토지통합의 분명한 경향을 볼 수 있을 것이다. 검은색으로 표시된 필지들(■)은 그보다 덜 부유한 장 르 페브르의 것이다(이 토지대장, H 2489에 의거함). 클로드 바니에는 단지 16개의 필지만 가지고 있는 데 비해(그중의 하나는 확인할 수가 없었다. 그래서 이 지적도에는 15개만 나타나고 있다), 그는 17개의 필지를 가지고 있다. 그러나 토지의 세분·분산이 더 심했던 까닭에 그의 전체 농경지 면적은 현저히 더 작다. 촌락들 주변의 여기저기에 몇몇 울타리 처진 토지들이 나타나며, 대개의 경우에 사과나무가 식재되어 있다. 이 점에 관해서는 제6장에서 16세기 이후 캉평야의 경지제도의 변화에 관해 언급하고 있는 부분 참조.

바둑판 모양의 이런 경구는 세분되어 모든 지면에 걸쳐 많은 수의 분할지들로 구성된 매우 가느다란 그물 조직이 형성되며, 분할지는 거의 모두가 폭과 길이가 대단히 불균형한 동일한 형태를 취하고 있기 때문에 매우 특이한 외관을 빚어낸다. 각각의 분할지는 밭이랑과 같은 방향으로 길게 늘어져 있다. 그와 반대로 쟁기의 회전축에 직각을 이루는 분할지의 폭은 많은 경우에 분할지 길이의 겨우 20분의 1에 불과할 만큼 아주 좁다. 분할지는 몇 개의 이랑으로 구성되며, 이랑의 길이는 100미터에 이른다. 이와 같은 경지의 배열 모양은 근대에 상속인들 사이의 분할로 말미암아 때로 더욱 심해지기도 했다. 그렇지만 땅뙈기가 세분되어 그 폭이 지나치게 좁아졌을 때, 이제는 폭보다 훨씬 큰 길이에 수직선으로 토지를 분할하는 수밖에 없다는 일반적 합의가 이루어졌다. 그리하여 각 지조(地條, bande)[58]는 양 끝에서 경구의 경계선에 접해야 한다는 기본원칙은 깨어지게 되었다. 대체로 보다 넓은 땅뙈기로 구성되어 있었던 이전의 영주직영지 역시 9세기부터 12세기까지 농민들에게 분양되어 세분됨으로써 필시 길쭉한 모양의 분할지가 증가하였던 것으로 추측된다. 그러나 경지배열의 구조는 그 기본적 특성으로 봐서 매우 오래전의 것이었음이 확실하다. 근대에는 뒤에서 보게 되는 바와 같이 상당히 빈번한 토지통합이 진행됨으로써 경지배열 구조상의 그런 특성이 강화되기보다 오히려 약화되었다. 경지가 이와 같이 조직된 고장에서는 이미 중세의 문헌에서 밭뙈기의 위치가 일반적으로 경구의 이름과 당해 땅뙈기의 기다란 두 변에 위치

....
58   가늘고 긴 띠 모양의 땅뙈기를 말한다.

한 토지조각 보유자들의 이름을 적어 두는 것으로 표시되었다. 다시 말하면, 일단(一團)의 평행한 지조들 속에서 각 지조의 위치를 적어 두었던 것이다.

확실히 이들 분할된 좁은 땅뙈기들이 아무리 길었다 하더라도 그 땅뙈기들을 합친 크기는 상당히 작았을 뿐이다. 그러므로 모든 개별 농가의 토지는, 심지어 보잘것없는 크기를 가진 농가의 토지조차도 여러 경구에 흩어져 있는 많은 수의 분할지로 구성되지 않을 수 없었고, 실제로 그렇게 구성되어 있었다. 토지의 세분과 산재(散在)는 이와 같은 경지제도 아래서는 아주 오래된 규칙이었다.[59]

농경생활과 가장 깊이 연관되고 위에서 서술한 개방경지제도의 완전한 기능 발휘를 위해 불가결했던 두 가지 관습이 있었다. 그것은 곧 윤작강제(l'assolement forcé)와[22] 의무적 휴작지 공동방목이었다.

경작자는 자신의 밭에서 '윤작포들'(saisons)의 관례적인 순서

....
59　기다란 모양의 개방경지제도에서는 모든 농민의 전체 보유지가 3개의 윤작포로 나뉘어 동곡재배 → 춘곡재배 → 휴한의 순서로 윤작되는 가운데, 윤작포는 토지의 비옥도나 촌락과의 거리 등에 따라 여러 개의 경구로 나뉘고, 각 경구는 다시 많은 수의 좁고 긴 지조들로 구성되어 있다. 따라서 개별 농민보유지는 다른 농민보유지들의 땅뙈기와 뒤섞여 여러 경구에 흩어져 있었던 것이다. 영주직영지도 마찬가지로 농민보유지들과 함께 혼재, 산재한 경우가 많았다. 이와 같이 경지의 산재와 혼재를 주요 특징으로 하는 개방경지제도는 삼포제 농법, 가축을 이용하여 곡물을 생산하는 유축농업, 여러 필의 역축이 끄는 바퀴달린 무거운 쟁기의 사용 등과 같은 중세 특유의 농촌공동체적 생산조건에서 비롯된 것으로, 당시의 생산력 수준에서는 농업생산을 극대화하기 위한 것이었다고 할 수 있다. 그러나 뒤에서 보게 되는 바와 같이, 이런 개방경지제는 능률적 농업경영을 통한 개인의 이익 극대화라는 근대적 관점에서는 시간낭비와 불편이 크고 개인의 창의성이 발휘될 여지가 없는 것이었으므로, 분할지들이 통합되고 울타리가 쳐지는 등 철폐과정을 밟게 된다.

에 따라 농사를 지어야 했다. 다시 말하면, 그의 각 분할지가 속해 있는 경구에서 전통적 윤작주기를 따라 그 분할지가 경작되도록 해야 했다. 정해진 해의 가을에 파종을 하고, 3년 윤작제가 시행되고 있는 경우에는 다음해의 봄에 파종하며, 휴경할 때가 돌아오면 모든 경작을 중지해야 했던 것이다.

대체로 경구는 윤작포별로 모여 있었다. 당연히 이들 윤작포는 경구 자체와 마찬가지로 법률로 인정되는 하나의 지적(地籍)을 가지며, 지적부에 다음과 같이 이름이 기재되어 있다. 클레르몽투아 지방에 있는 낭틸루아에서는 아뤼프레, 아므, 코트니에르라는 3개의 '윤작포'(roye)로 구분되었으며, 부르고뉴 지방에 있는 마니쉬르틸에서는 샤펠드라베요트, 루이외, 샤펠데샹이라는 '윤작포'(fin)로 구별되었다. 몇몇 촌락권역에서는 이들 윤작포가 거의 완전히 인접했던(d'un seul tenant)[60] 결과, 날씨가 좋은 계절에는 두 개나 세 개의 큰 경작구역이 식생에서 뚜렷한 대조를 이루는 모습을 볼 수 있었다. 즉, 한 쪽에는 키와 색깔에 있어 서로 다른 겨울곡식이나 봄곡식이 자라고 있었고, 다른 쪽에는 1년간 곡식이 재배되지 않는 거무스름한 땅이 야생 화본과식물들의 녹색으로 점점이 수놓아진 '휴경지'(sombre, versaine)가 펼쳐져 있었다. 특히 로렌 지방의 많은 마을에서 그랬다. 그곳의 농지는 어쩌면 17세기에 일어났던 대규모의 전쟁들로 황폐화된 후에 복구되거나 정리되었기 때문에, 근대에

....

60 이 말이나 'tout d'un tenant' 또는 'd'un tenant'이란 말들은 모두 '땅이 떨어져 있지 않고 붙어 있다'라는 뜻이다. 'tenant'이나 'tènement'도 '인접한 토지'라는 뜻이다. 흔히 이런 말은, 개방경지제 실시 지역에서 개별 농가의 농토가 경구별로 작은 분할지 형태로 분산되어 있음을 뜻하는 'morcellement'이란 말과는 대조인 의미로 쓰인다.

그토록 규칙적으로 배열되어 있었을지 모른다.

다른 곳에서는 윤작포가 고유의 이름으로 지칭되기에 충분한 단위로서 유지되면서도, 각 윤작포는 서로 다른 여러 그룹의 경구들로 구성되었다. 개간을 통한 토지획득이 일정하지 않았다는 바로 그 사실이 이런 세분화를 초래하는 경우가 자주 있었기 때문이다. 그렇지 않은 경우에는 보스 지방에서와 같이, 윤작포의 분산이 아주 심해서 윤작포라는 말 자체가 이제는 뚜렷하게 사용되지 않고, 경구가 윤작이 행해지는 독자적 기본단위가 되었다. 그렇지만 이들 윤작포와 경구 안에서는 일률성 원칙이 엄격하게 준수되었다. 당연히 각 윤작포나 경구에서는 파종, 수확 등 중요한 모든 농사일이 공동체나 그 공동체의 관습이 정한 시기에 동시에 행해져야 했다.

이런 윤작체제는 관습에 토대를 두고 있었음에도 불구하고 융통성이 전혀 없었던 것은 아니다. 공동체의 결정으로 어느 한 경구가 어떤 윤작포로부터 다른 윤작포로 바뀌는 수가 있었다. 이를테면 데리예르레글리즈 '경구'(climat)가 1667년 직후 펭뒤포르 '윤작포'(épy)에서 샹루 '윤작포'로 바뀐 부르고뉴 소재 장시니에서 그랬다. 윤작강제의 원칙이 아무리 거역할 수 없는 것이라고 할지라도, 그것까지도 지켜지지 않는 경우가 종종 있었다. 뫼즈강과 에르강의 골짜기들에 있는 뎅, 바렌, 클레르몽 등 3개의 촌락권역에서는 18세기에, 대부분 집 근처에 위치해 있어 시비가 비교적 용이했던 일부 토지는 "마음대로 파종될" 수 있었으며 "윤작제가 적용되지 않는" 토지로 간주되었다. 그러나 바로 그곳에서도 그런 토지는 농경지 가운데 아주 작은 부분을 차지했을 뿐이며, 그 나머지 모든 농경지는 "규칙적 윤작포 형태의 경작규제를 따르고" 있었다. 더욱이 우리가 농업관습을 보기 드물게 정확히 알고 있는 클레르몽투아 지방에서는 이와 같이 자유롭게 밭을 경작하는 농업관습이 보이지 않는다. 자유로운 경작은 우리가 방금 그 이름을 말한 3개의 취락 근처에서만 발견되며, 3개의 취락 모두 다른 어떤 곳보다도 더 부르주아적인 주민들이 개인주의적인 성향을 띠는 작은 도시들이다. 어떤 촌락에 관한 1769년의 한 문서에 "거기서는 촌락의 토지 전체가 경작자들이 변경할 수 없는 3개의 윤작포로 … 나뉘어 있었다"라고 한 말은 보통의 촌락들에 대해서도 예외 없이 적용되는 것이었다.[23]

그런데 수확이 끝난 밭이 있다고 하자. 그 후 그 밭은 곡식이 없다. 말하자면, '비드'(vide) 또는 '뱅'(vain)[61]—이 두 말은 고어에서 똑같은 말이다— 땅이 된다. 2년 윤작제가 실시되는 경우에 밭은 1년 이상 비어 있게 된다. 반면에 3년 윤작제가 실시되고 있는 경우에는 겨울곡식 수확이 끝난 밭은 다음의 파종이 이뤄지는 봄까지 비게 되고, 3월에 곡식이 파종되어 재배된 밭은 그 다음 1년 동안 휴한한다.

이 모든 '빈 땅'(vide)은 비생산적 상태로 남았을까? 천만에 그렇지 않다. 곡식의 그루터기와, 무엇보다도 그 그루터기 사이에서 그리고 곡식의 그루터기가 사라진 후에 자연적으로 자라는 식물—이 식물은 밭에서 언제나 무성하게 자라기 때문에 아무도 씨앗을 뿌릴 필요가 없었다—은 가축의 먹이로 제공되었다. "농촌주민들은 1년의 3분의 2 동안 그들의 가축을 휴작지에서 공동방목하는 외에는 가축에게 다른 사료를 거의 주지 못한다"라고 18세기 프랑슈콩

....

61 두 말 다 '비다', '빈' 또는 '휴한'이나 '휴경'이라는 뜻임.

테 농민들의 한 진정서는 전해 주고 있다.[24] 여기서 말하는 휴작지 공동방목은 빈 땅에서의 방목으로 이해하라. 그러나 각 경작자가 자신의 마음대로 자기 토지에서 자기 가축만을 방목할 수 있었다고 이해해야 하는가? 그와는 정반대로 휴작지 공동방목은 본래 집단적 방목이었다. 그곳의 권력 당국자가 정했든 전체 구성원의 요구가 표현된 관습이 정했든 간에 정해진 순서에 따라 곡식의 수확이 끝난 밭을 돌아다니며 풀을 뜯는 가축은 공동의 무리를 이룬 마을 전체의 가축이었으며, 밭의 임자는 뒤섞여 있는 이런 가축떼를 자기 자신의 가축으로서 그의 밭에 받아들이지 않으면 안 되었다.

그뿐만 아니라 이리저리 돌아다니는 이들 가축떼는 아주 넓은 면적의 공간을 필요로 했으므로, 가축떼 앞에서 농지 사이의 경계선만이 무너져 내린 것이 아니었다. 들판 사이의 경계선까지도 대개는 가축떼를 가로막지 못했다. 휴작지 공동방목이 행해지는 대부분의 고장에서 공동방목권은 '파르쿠르'(parcours)[62] 또는 '앙트르쿠르'(entrecours)[63]라는 이름 아래 인접 촌락권역에까지 미쳤다. 다시 말하면, 각 공동체는 이웃 마을의, 가끔 심지어 지역에 따라 제3의 마을의 휴경지 전부 또는 일부에 그들 가축을 방목을 위해 보낼 권리를 가지고 있었다. 그 정도로까지 사실 빈 땅은 '파종된' 땅과 분명히 구분되는 점유제도가 적용되었다.

마지막으로 이런 공동방목이 단지 곡물경작지에서만 행해졌던 것은 아니다. 역시 완전히 개방되어 있었던 초지에서도 마찬가지로

....

62   공유지나 휴작지에 마을의 가축을 공동으로 방목하는 권리라는 의미.
63   마을과 마을 사이에 가축을 집단적으로 상호 방목하는 권리라는 뜻.

그림 2-2 거의 인접해 있는 윤작포들(몽블렝빌)

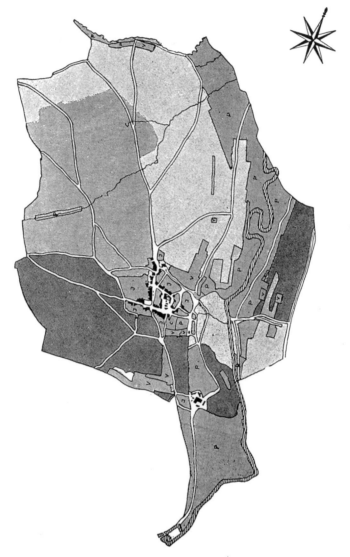

1769년의 지적도에 보이는 몽블렝빌(뫼즈도 바렌면)의 윤작.

▬▬ 농가들.
▨▨ 채마밭(J), 포도밭(V), 삼밭(C), 초지(P).
▨▨ 규제 속에 밀(늦가을 또는 초겨울에 파종되는 동곡을 뜻함/역자)이 파종되는 쿠르 및 누아에 윤작포.
▨▨ 규제 속에 봄 파종이 이뤄지는 쉬농 및 오즈루아 윤작포.
▨▨ 규제 속에 휴경이 이루어지는 페르슈 윤작포['휴경지'(versaine)].
▨▨ 초지 또는 공동방목장.
이 고장의 동쪽에 있는 윤작포의 땅뙈기들은 아마도 비교적 뒤늦게 개간된 땅을 표시하는 것으로 보인다.

그림 2-3 비교적 분산적인 윤작포들과 윤작제가 적용되지 않는 토지들(뒹쉬르뫼즈)

1783년 뒹쉬르뫼즈의 윤작.

■■■■■ 농가들.
▨▨▨▨ 채마밭 및 과수원(J), 포도밭(V), 삼밭(C), 초지(P).
▨▨▨▨ 밀이 파종되는 윤작포.
▨▨▨▨ 봄 파종이 이루어지는 윤작포.
▨▨▨▨ 휴경이 이루어지는 윤작포['휴경지'(versaine)].
▨▨▨▨ 윤작제가 적용되지 않고 자유롭게 파종되는 토지.
▨▨▨▨ 공동방목장.

공동방목이 행해졌으며, 일반적으로 첫 번째 풀을 벤 후에 공동방목이 시행되었다. 고문서가 말해 주는 바와 같이, 오직 "첫 번째 풀"만이 초지의 임자에게 귀속되었다. 두 번째 나는 풀은, 공동체가 그 풀을 거두기 전에 가축떼에 넘겨주든—이것은 아주 오래전부터의 관습이었을 것이다— 차라리 모든 마을 사람들에게 그 풀을 나눠 주거나 심지어 판매하기 위해 풀을 베기로 결정하든 간에, 공동체에 귀속되었다. 18세기의 어떤 법률가가 말했듯이, 말하자면 초지나 곡물경작지의 점유자, 곧 "토지의 보유자"는 제한적이고 공동체의 권리에 종속적인 소유권만을 가지고 있었을 뿐이다.[25]

§

경작자의 자유를 극도로 제한하는 이와 같은 제도는 분명히 강제를 전제로 하는 것이었다. 분할지에 울타리를 치는 것은 관습에 반하는 것이었을 뿐만 아니라 엄격하게 금지되었다.[26] 윤작강제의 실시는 그것이 단지 관습이거나 편리하다는 데 그치지 않고 절대적으로 필요한 하나의 규칙이었다. 마을 공동의 가축떼 구성과 가축떼가 풀을 뜯어먹을 권리는 마을주민에게 엄격하게 강제되었다.

구 프랑스에서 법원(法源)은 아주 다양했고 상호 연관성이 상당히 결여되어 있었기 때문에, 이들 의무의 법적 연원도 곳에 따라 달랐다. 보다 정확히 말하자면, 이 의무들은 어디서나 관습에 기초를 두었으나, 관습은 여러 가지 형태로 표현되었다. 15세기 말경과 16세기 중에 왕정 당국이 지방의 관습들을 성문화하도록 조치했을 때, 성문화된 몇몇 관습법에는 휴작지에서의 집단적 공동방목과 경작지의 울타리 치기 금지 규칙이 포함되었다. 여타의 관습법은 망각 때문이든, 곳에 따라 상이한 경지제도가 실시되는 일부 지역에서 차이가 나는 관습들을 세밀하게 표현하기 어려웠던 때문이든, 또는 마지막으로 베리 지방에서 보듯이 로마법을 교육받은 법률가들이 로마시민법상의 소유권과는 아주 다른 관습에 대해 보인 경멸적 태도 때문이든지 간에 이런 성문화가 없었다. 그러나 사법부는 주의를 게을리하지 않았다. 성 루이(saint Louis)[64]의 통치시절부터 이미 고등법원(le Parlement)[65]은 브리 지방에 대해 경작지의 울타

....

64 루이 9세를 말한다. 재위 1226~1270년.

65 여기서 말하는 고등법원은 오늘날 우리나라에서와 같이 지방법원과 대법원 사이의 중간급 법원이 아니라, 프랑스혁명 이전의 최고 사법기관이다. 'Parlement'은 '말하다'는 뜻의 'parler'에서 유래하지만, 카페왕조 초기에는 궁정회의를 의미했다. 13세기 말부터 14세기 초에 걸쳐 왕회(王會)의 기능분화에 따라 소송 전문의 독립분과가 생겨난 것이 고등법원의 기원이다. 루이 9세 때에 항소제도가 생기면서 왕권의 최고재판소로 개편되어 행정권의 일부까지도 행사하는 독립기관으로서의 위용을 갖추게 되었다. 고등법원의 소재지는 파리로 정해져 파리 고등법원이 가장 먼저 설치되었다. 15세기로 접어들어 파리 고등법원 외에 12개의 고등법원이 지방에 설치되었다. 그 구성과 권한이 파리 고등법원과 유사하고 독립적이어서 지방적 독자주의가 완강히 존속하는 근거가 되었다. 그러나 파리 고등법원이 왕정재판의 거의 절반을 맡아서 처리했다. 고등법원은 보통 사법체계에서는 최종심이었지만 그의 재결이 '국무회의'에 의해 파기되는 경우가 있었으므로, 이것이 특히 루이 14세 이후 왕권과 고등법원의 대립 원인이 되기도 했다. 사법권 외에도 국왕 칙령과 공개칙서의 등록권 및 건언권(建言權)을 가져 국왕의 칙령이라도 고등법원의 승인 없이는 발효될 수 없었다. 국왕의 조치를 접수하기 전에 그 조치가 법과 정의의 원칙, 왕권의 이해 등과 부합되는지 검토했다. 적합하지 않을 경우 고등법원은 왕의 조치를 보류시키고 왕에게 진정서를 보냈다. 국왕이 고등법원의 접수를 강제하고자 할 때는 명령서를 보내거나 친히 고등법원에 출두했다. 고등법원은 이와 같은 견제 역할을 수행한 데다 때로는 언론의 지지 아래 법의 독립성을 주장하여 국왕에게 대항했으므로, 절대왕정 아래서 정치적 불안의 요인이 되었다. 고등법원의 재판관은 선거 또는 호선에 의해 선출되도록 규정되어 있었으나, 국왕이 지명권을 갖는 원장을 제외하고는 자신의 아들에게 자리를 세습적으로 물려주거나 돈을 받고 팔기도 했다. 이 같은 매관매직은 1552년 국왕의 공식 승인을 받았다. 매관제도를 통해 시

리 치기를 금지했다. 고등법원은 18세기 내내 전력을 다해 샹파뉴 지방의 여러 촌락에 윤작강제를 유지하려 했음에 틀림없다.[27] 1787년에 투르의 지사(知事)는 다음과 같이 말했다.

"앙주와 투렌의 관습법집에는 휴작지 공동방목에 관한 언급이 없다. … 그러나 이에 관한 아득한 옛날부터의 관습은 이 두 지방에서 아주 강력한 법적 효력을 지니고 통용되었기 때문에, 모든 토지소유자들이 법정에서 그의 소유지를 휴작지 공동방목으로부터 보호하려는 주장을 폈으나 아무런 효과가 없었다."

마지막으로 성문법이 존재하지 않는 곳에서, 그리고 농학자들이 비난하고 대지주들이 장해물로 생각하는 관습법을 사법관들이 이제는 점점 더 내키지 않는 마음으로 적용하던 시기에도, 최후의 수단으로서 공동체의 집단적인 압력은 설득이나 폭력행위를 통해 오래된 농경관습을 존중하게 만들 만큼 강력한 경우가 자주 있었다. 1772년에 보르도의 지사가 썼듯이, 이러한 농경관습은 "주민들의 서약에 의해서만 법적인 효력을 가졌다." 농경관습은 그래도 역시 그 점과 관련해서는 구속력이 있었다. 이런 관습은 특히 자신의 경작지 주위에 울타리를 설치한 토지소유자에게는 불행한 것이었다. 공동방목과는 양립할 수 없는 농업혁신을 권고받은 알자스의

....
민 출신의 세습적 신흥귀족이 형성되었고 고등법원은 폐쇄적 귀족의 특권과 구체제를 고수하기 위한 기관이 되었다. 바로 이런 이유 때문에 고등법원은 혁명의 와중인 1790년 3월 24일 입헌의회의 투표로 그 폐지가 결정되었으며, 그해 10월 15일 모든 활동이 정지되었다.

어떤 토지소유자는 1787년경에 "울타리로 둘러쳐 봤자 아무 소용이 없다. 사람들이 반드시 울타리를 걷어내고 말 테니까"라고 말했다. 18세기에 오베르뉴 지방에서 어떤 사람이 밭을 울타리가 쳐진 과수원으로 바꿀 생각을 했다면—이런 행위는 성문화된 관습법에 의해 권리로 인정되고 있었다—, 어떤 일이 벌어졌을까? 이웃 사람들은 그 울타리를 무너뜨리고 "형사소송이 잇따른 결과, 전체 공동체가 승복함이 없이 뿔뿔이 흩어지고 뒤죽박죽으로 되었을 것이다."[28] 18세기의 문헌기록에는 "농민들이 그들의 상속토지를 울타리로 둘러싸는 것을 금지하는 엄격한 규칙"이나 "촌락권역의 농경지를 3개의 윤작포로 나누는 규칙" 등에 대한 언급이 수없이 나타난다.[29]

사실 울타리 치기의 금지, 휴작지 공동방목, 윤작강제는 '법'—성문법이든 아니든, 그리고 공권 당국의 승인을 받은 법이든 아니면 법으로서의 유일한 효력을 집단의 절대적인 의지로부터 도출한 법이든—과 같은 것으로 사람들의 마음속에 아주 깊이 새겨져 있었으므로, 18세기 말엽에 이들을 철폐하기 위해서는 완전히 새로운 입법이 요구되었다.

그러나 이런 규칙들을 준수하는 데 어쩌면 다른 어떤 요인보다 더 기여했을지 모르는 것은—가끔 이미 그 어떤 법적 구속력도 상실했던 때조차도— 이 규칙들이 실제로는 놀라울 정도로 톱니바퀴처럼 서로 맞물려 있었다는 점이다. 확실히 이와 같은 제도보다 더 긴밀히 상호 연관되어 있는 것은 아무 것도 없었다. 이런 제도적 "조화"는 19세기까지도 이 제도에 대한 아주 영리한 반대자들로부터 감탄을 자아낼 정도였다.[30] 경지 형태와 휴작지 공동방목은 똑같이 강력한 힘을 갖고 공동윤작의 시행에 함께 기여했다. 상상할 수 없을 만큼 좁으며 경구 안에 끼어 있어서 인접 지조들을 뛰어넘지 않고서는 다다를 수 없는 이들 좁고 긴 토지에서 모든 경작자들이 동일한 규칙적 순환 경작을 따르지 않았더라면, 토지의 경작은 거의 불가능했을 것이다. 그리고 정기적 휴경의 의무가 없었더라면, 어떻게 마을의 가축들에게 필요한 먹이를 제공할 수 있는 상당히 큰 면적의 휴경지가 확보될 수 있었겠는가? 분할지의 둘레마다 항구적인 울타리가 설치되었더라면, 마찬가지로 방목은 불가능했을 것이다. 이런 장애물은 가축떼의 이동을 방해했을 것이기 때문이다. 그렇지만 울타리는 좁고 기다란 형태의 경지와는 양립되기 어려웠다. 이들 기다란 평행사변형의 지조를 각각 울타리로 둘러싼다면, 울타리가 얼마나 터무니없이 길겠는가! 그리고 밭의 부식토 위에도 얼마나 울타리의 그늘이 드리워졌겠는가! 또 모든 땅뙈기가 이와 같은 식으로 해서 보호받는다면, 땅뙈기를 경작하기 위해 어떤 방법으로 땅뙈기 사이를 지나다닐 수 있었겠는가? 끝으로 이 가느다란 가죽끈 같은 땅뙈기에서는 경작자의 가축이 이웃 밭의 풀을 뜯어먹지 않고서는 방목하기가 분명히 어려웠을 것이다. 그래서 집단방목제도는 농경지의 배열구조에 비추어 볼 때 다른 어떤 것보다 가장 적절한 제도같이 보였을 수 있다.

개방경지제의 두드러진 특징들은 이러하지만, 이와 관련해서 인적 요인을 살펴보도록 하자. 이와 같은 경지제도는 강력한 사회적 단합과 근본적으로 공동체적 정신을 바탕으로 해서만 생겨날 수 있었다. 우선 그런 경지 자체가 집단의 산물이었다. 그 전에는 미경작지였던 땅에서 개간이 진전됨에 따라 여러 가지 경구가 조금씩 조성되었음은 의문의 여지가 없을 것이다. 사실 우리는 이에 대해 부인할 수 없는 증거들을 가지고 있다. 그 증거들은 동시에, 어쩌면 선사시대에 생겨났을지 모르는 경지구조에 아득한 옛날부터 적용되었던 기본원칙들이 새로이 창출된 경지에도 오랜 세월을 통하여 계속 중요한 영향을 미쳤음을 증명한다.

이름으로 봐서 적어도 갈로로마 시대의 것임이 밝혀지고 있는 여러 마을의 주위에 있는 기다란 지조 모양의 이러저러한 농경지 단지는 마을을 지칭하는 말 자체―예컨대 로튀르(Rotures)라는 마을의 이름은 개간을 의미하는 '룹투라'(ruptura)에서 유래한다―로 봐서나, 그 마을이 '신개간지의' 십일조 납부 의무를 지는 것을 볼 때나, 중세에 개간된 땅임을 보여준다. 12~13세기에 대부분 개방적이고 기다란 모양의 밭들로 된 지방에 건설된 '새로운 취락들'의 땅에서는 가끔 보다 더 질서정연하고 그보다 오래된 토지들과 비슷하게 구획되고 분할지적인 배열구조를 가진 경지체제가 다시 생겨났다. 부르고뉴 지방 소재 베세라는 파괴된 취락의 토지―15~16세기에 인근 마을의 주민들에 의해 가시덤불로 뒤덮인 땅으로부터 복구된 바 있다―는 앞에서 서술한 모든 특성을 보여준다. 19세기에만 해도 오수아(Auxois)[66] 지방의 촌락들에서 공유지가 분배될 때는, 분배지가 서로 평행을 이루면서 매우 좁다랗고 매우 긴 소규모 땅뙈기 형태를 취했다.[31] 그런데 경구가 비교적 최근의 개간으로부터 생겨났든 먼 시대로 거슬러 올라가든, 그 각각의 경구 안에서 서로

....

66 부르고뉴에 위치한 오늘날의 코트도르도(道)의 중서부지방. 오세르시와 디종시 사이, 그리고 모르방 구릉지대와 랑그르고원 사이에 위치한 경사지대다. 여기서 센강 유역과 론강 유역이 갈라진다.

바짝 붙어 있는 좁다란 분할지들의 배열은 종합적 계획에 의하지 않고는 거의 실현될 수 없다. 다시 말하면, 공동으로밖에는 실현될 수 없는 것이다. 이런 분할지 배열은 지도자 한 사람의 명령과 지도 아래 이뤄졌을까? 그것은 지금으로서는 문제가 되지 않는다. 한 사람의 지도자를 갖기 위해서도 결국 집단은 역시 집단으로서 존재해야 하기 때문이다. 이런 경지배열은 윤작에 대한 합의가 없으면 안 되었다. 윤작 합의는 여론의 동향에 부응한 것이었기 때문에, 이런 결과가 너무나 자연스러운 것으로 예견되지 않았거나 받아들여지지 않았다고 어떻게 생각할 수 있겠는가?[32)]

휴작지 공동방목과 관련해서는 그것이 절대적으로 좁고 긴 경지 형태의 필연적 산물이라고는 말하지 말자. 우리가 뒤에서 보게 되겠지만 여타의 경지제도에서 과거에도 그랬고 지금도 그렇듯이, 경작자마다 자신의 밭을 자신의 가축 사육만을 위해 사용하면서 가축을 자신의 밭에 매어 두기만 한다면, 결국 이런 경지배열에서 오는 불편은 극복될 수 있었을 것이기 때문이다. 참으로 휴작지 방목이 공동방목일 수밖에 없었던 이유는 무엇보다 수확이 끝난 토지는 개인의 전유가 중단된다고 믿는 하나의 관념 또는 사고습성에 있었다. 과거 프랑스 법률가들의 말을 들어 보자. 여러 법률가들이 이런 관념을 감탄할 만큼 잘 설명했지만, 다음의 말에서 보듯이 루이 14세 시절의 외제브 로리에르(Eusèbe Laurière, 1659~1728)[67] 만큼 잘 밝혀낸 법률가도 없다. "프랑스의 일반법에 의하면 토지는

....

67 다음의 각주에 제시된 저서 외에 『국왕의 칙령과 명령집』(*Recueil d'édits et d'ordon-nances royaux*, 1723)을 남긴 법률가.

그림 2-4 중세의 개간지에 형성된 기다란 개방경지(스푸아)

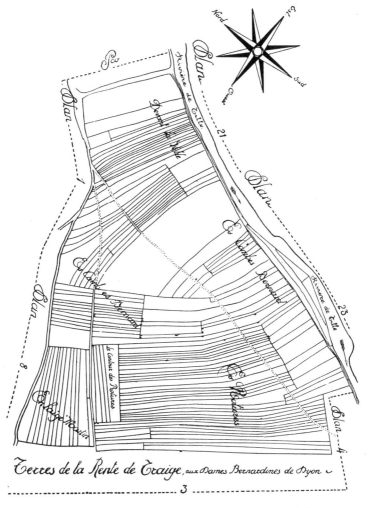

1782년과 1786년 사이에 작성된 스푸아(코트도르도 이쉬르틸면)의 도해집(圖解集)의 일부.

경구(耕區)들 가운데 하나에 붙여진 'Rotures'라는 이름은 개간지를 표시한다. 하천(그림의 중앙 위에서 오른쪽 아래로, 즉 북쪽에서 남쪽으로 흐르는 'rivière'라고 표시된 것/역자) 기슭에 있는 삼각형 모양의 바드라로슈트(le Bas de la Rochette)(도면에는 이름이 누락되어 있음)라는 작은 경구에 대해서는 "신개간지의 10분의 1"(novales) 명목으로 그곳의 주임사제에게 십일조가 지불된다. 이것은 이 땅 역시 본당사목구의 설립과 본당사목구의 수장에 의한 십일조 징수권 취득보다 늦은 시기에 개간을 통해 생겨났다는 증거다. 여기서 우리는 오래된 마을 부근에서 농경지 면적이 분명히 확장되는 한 사례를 보게 된다. 스푸아는 630년부터 문헌기록에 나타난다.

농작물이 그 위에 있을 때만 보호받으며, 열매가 거두어지자마자 일종의 만민법에 의해 부자든 가난한 사람이든 구별 없이 모든 사람의 공유물이 된다." 이 문장 중의 '프랑스의 일반법'이란 로리에르가 가장 잘 아는 개방경지제 실시 지방들의 법으로 이해되어야 한다.[33)

　　그뿐만 아니라 공동체의 이런 강력한 공유 의식은 다른 많은 관습을 통해서도 표현되었다. 이삭줍기의 권리가 좋은 예다. 이삭줍기 권리는 지금 우리가 관심을 가지고 있는 개방경지제 지역들에서 특히 뿌리 깊은 관습이었다. 그 권리는 이들 지역에서 실상 법적으로 보장된 것은 아니었지만, 대체로 노약자들이나 부녀자들에게뿐만 아니라 무슨 밭이든 상관없이 모든 밭에 대해 주민 전체에게도 널리 허용된 권리였다. 그렇지만 그것은 어떤 특정 경지제도의 특징이라고 간주될 수는 없을 것이다. 성서에 근거를 둔 이삭줍기 권리는 프랑스에서 그 강도에 있어 다소 차이가 있기는 했지만 거의 일반적인 권리였기 때문이다. 그와 대조적으로 '그루터기'에 대한 권리만큼 의미심장한 권리는 없다. 토지는 수확이 끝나자마자 바로 가축의 방목장으로 쓰이는 것은 아니다. 그러기 전에 사람들은 수확이 끝난 밭에 곡식의 짚—이것이 그루터기란 말의 뜻이다—을 찾아 모여든다. 이 짚은 집의 지붕을 이는 데 사용되었고, 외양간에 까는 짚으로 쓰였으며, 가끔 아궁이의 땔감으로도 사용되었다. 사람들은 분할지의 경계선에 구애받지 않고 어느 경작지에서나 짚을 채취했다. 이런 그루터기 채취권은 매우 존중할 만한 것으로 생각되었기 때문에, 경작자가 곡식의 줄기를 너무 땅 가까이 잘라서 주민들의 그루터기 이용 혜택을 줄이는 것은 용납되지 않았다. 큰 낫

(faux)[68]은 초지에서만 사용되었던 데 비해, 곡물경작지에서는 오로지 곡식 줄기를 높이 자르는 작은 낫(faucille)[69]의 사용만 허용되었다. 고등법원은 18세기에도 곡물경작지에서 사용하는 낫에 대한 이런 단속권을 가지고 있었다. 이처럼 이런 용익권이 행사되고 경지가 전적으로 기다란 모양으로 되어 있는 많은 지방에서 곡식의 수확물은 모조리 그 땅의 주인에게 귀속된 것이 아니었다. 곡식의 이삭은 주인에게, 그 짚은 공동체의 모든 구성원에게 돌아갔던 것이다.[34]

로리에르의 말을 통해 상상할 수 있는 것처럼, 확실히 이런 제도가 평등주의적이었던 것은 절대로 아니다. 가난한 사람들과 부자들이 집단용익권에 참여했으나 참여의 몫은 똑같지 않았다. 일반적으로 공동체의 각 주민은 그가 가진 땅뙈기가 아무리 작다 하더라도, 공동으로 방목되는 가축떼에 몇 두의 가축을 보낼 권리를 가지고 있었다. 그러나 방목가축의 수는 각 주민에게 할당된 최소한의 가축 수로 된 이런 몫에다가, 경작인 각자가 경작하는 토지의 면적에 비례하여 추가된다. 농촌사회에는 계층이, 그것도 뚜렷하게 구분되는 계층이 존재했다. 그렇지만 가난한 자도 부자도 일종의 사회적 균형의 수호자이자 여러 가지 토지이용 형태 사이의 균형을 유지하는 수호자인 관습법을 준수해야 했다. 기다랗고 개방의무가 따르는 경지제도로 표현되는 유형의 농업문명에서 볼 수 있는 이런 "초보적 공산주의"—역사적 통찰력으로 빛나는 『프랑스혁명사』의

....

68   낫공치와 자루가 길어서 초지의 풀을 서서 베는 데 편리하게 만들어진 낫을 말한다.
69   낫공치가 반달 모양으로 생기고 짧으며 자루 역시 아주 짧은 곡식 수확용의 작은 낫.

첫 부분에서 조레스(Jean Léon Jaurès, 1859~1914)[70]가 한 말—는 그런 경지제도의 고유한 특징이자 존재이유였다.

이 같은 기다란 개방경지제도는 프랑스에 아주 넓게 분포했지만, 결코 프랑스 특유의 것은 아니었다. 보다 자세한 조사가 이루어질 때까지는 그 경지제도가 실시된 지역의 정확한 경계를 그릴 수는 없다. 그래서 여기서는 그 분포지역의 대략적인 윤곽만 제시하겠다. 그 경지제도는 코(Caux)[71] 지방과 경지에 울타리가 설치된 서부 프랑스의 몇몇 지역을 제외한 루아르강 이북의 프랑스 전역에서 지배적이었으며, 두 부르고뉴 지방(les deux Bourgognes)[72]에서도 마찬가지로 지배적이었다. 그러나 개방경지제가 실시된 프랑스의 지역들은 영국의 대부분과 독일의 거의 전역 그리고 폴란드와 러시아의 대평원 지대까지를 포함하는 훨씬 광대한 권역의 일부였을 뿐

....

70 프랑스의 유명한 사회주의 운동 지도자. 제2인터내셔널에 참가하고 사회주의 계열 분파들의 통합운동에 힘썼다. 1904년에는 『뤼마니테』(L'Humanité) 지(紙)를 창간하고 제1차 세계대전 직전 반전운동을 전개하다가 우익 광신자의 총에 암살되었다. 『사회주의와 교육』(Le socialisme et l'enseignement, 1899) 등 많은 저작을 남겼다. 그중에서도 대작은 여기서 말하는 『프랑스혁명사』(Histoire de la Révolution)로서, 원래의 제목은 『프랑스혁명의 사회주의사』(Histoire Socialiste de la Révolution française, 1901~1908)이다. 이 저서는 프랑스혁명에 대한 사회경제사적 연구의 선구가 되었다.

71 오트노르망디에 있는 센마리팀도의 대부분을 차지하는 지방. 센강 하구 이북의 석회질 고원지대를 이룬다.

72 부르고뉴는 프랑스의 중동부에 있는 지방이다. 부르고뉴라는 말은 게르만족의 일파로 5세기 후반에 이 지방에 정착하여 왕국을 건설한 부르군드(Burgund)족에서 유래한다. 부르군드왕국은 카롤링 시대에 서부의 부르군드공국과 동부의 부르군드 백령(伯領)으로 나뉘었다. 그 후 동부의 부르군드 백령은 '자유백령'이라는 뜻을 가진 현재의 '프랑슈콩테'(Franche-Comté) 지방이 되었고, 부르군드공국은 오늘날까지 부르고뉴 지방이라는 이름으로 널리 알려졌다. 따라서 '두 부르고뉴 지방'이란 오늘날의 부르고뉴 지방과 프랑슈콩테 지방을 지칭한다.

이다. 그러므로 우리가 재론해야 될 기원에 관한 문제는 유럽적인 차원에서만 다뤄질 수 있다. 훨씬 더 프랑스적인 고유 특징을 형성한 것은 프랑스 땅에서는 이런 경지제도가 이제 곧 살펴볼 필요가 있는 두 가지 다른 경지제도와 공존했다는 점이다.

4

경지제도: 불규칙한 개방경지제

다음과 같은 경지를 상상해 보라. 경지가 울타리가 없다는 점
에서 방금 서술한 경지와 비슷하지만, 분할지들이 같은 방향의 경
구 안에 질서정연하게 모여 있는 길고 좁은 지조 모양으로 되어 있
지는 않다. 그와는 달리, 경지는 길이와 폭의 차이가 크지 않으면서
그 형태가 다양하고 우연히 아무렇게나 생겨난 듯이 제법 변화무쌍
한 일종의 퍼즐 모양으로 땅이 분할되어 있다. 우리는 남부 론강 유
역의 대부분과 랑그도크, 가론강 유역, 푸아투, 베리 그리고 보다 북
쪽으론 코 지방의 농촌(그림 2-5에서 2-7까지)이 프랑스인들의 조상
에게 보여주었을 것이고 아직도 볼 줄 아는 안목을 가진 사람들에
게는 보여주고 있는 이런 형태의 경지들을 살펴볼 것이다. 프로방
스 지방에서 그 크기가 다행히도 11세기 이후 우리들에게 알려져
있는 밭들의 경우에 그 폭은 길이의 48퍼센트에서 77퍼센트에 달
한다.[35] 이런 경지제 역시 앞의 기다란 개방경지제도와 마찬가지로

프랑스적이라기보다 오히려 유럽적인 것이다. 이런 경지제도는 프랑스의 국경 밖에서는 그 경지구조가 독일이나 영국보다 유감스럽게도 연구가 덜 이루어진 나라들, 예컨대 이탈리아와 같은 나라에서 특히 널리 분포해 있었던 것으로 보인다. 우리는 이런 경지제도에 대한 이름이 더 적절한 것이 없기 때문에 불규칙한 개방경지제라고 부르기로 한다.

불규칙한 개방경지제도는 원칙적으로 결코 개인주의적 제도가 아니었다. 이 경지제도의 초기 형태에서는 집단적이고 의무적인 휴작지 공동방목—남부 프랑스의 법률용어로는 '콩파스퀴테'(compascuité)[73]라고 했다—이 요구되었으며, 이의 당연한 결과로 울타리 치기의 금지와 필시 어느 정도의 일률적인 윤작의 실시가 따랐다.[36] 그러나 상세한 설명의 기회를 갖게 될 것이지만, 이런 용익권은 기다란 개방경지제가 실시된 고장들에서보다 불규칙한 개방경지제가 실시된 지역들에서 훨씬 빨리 사라졌다. 십중팔구 이들 용익권은 언제나 엄격하게 실시되지도 않았던 것으로 보인다. 가장 널리 시행되고 오랫동안 지속되었던 휴작지 공동방목만 하더라도 흔히 남부 프랑스에서는 가축의 공동방목 의무가 수반되지 않았다. 이것은, 다른 곳에서는 사회적 강제체제가 경지의 배열구조로 인해 견고한 기반을 가지고 있었던 데 비해 여기서는 그런 기반을 결여하고 있었기 때문이다. 비슷한 분할지들로 구성된 경구 안에 끼어 있는 기다란 분할지의 보유자는 가축의 공동방목에 대한 집단의 압력을 피할 엄두를 감히 내지 못했다. 실제로 이런 기도는 대부분 극

....

73 '공동방목', '공동방목권' 또는 '공동방목지'라는 뜻.

그림 2-5 베리 지방의 불규칙한 개방경지(샤로)

1765년 샤로(쉐르도)의 지적도 중 제9도면. 1829년의 복사본임.

빗금 친 필지들은 다음(제4장)에서 언급될 분명히 부르주아적 토지집적자들 가운데 한 사람인 시외르 보드리의 것이다.

그림 2-6 랑그도크 남부지방의 불규칙한 개방경지(몽가야르)

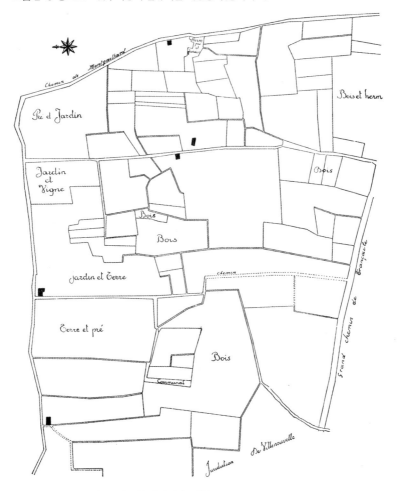

18세기 몽가야르(오트가론도 빌프랑슈면)의 지적도 초본.

농지의 종류는 지적도의 범례에 의거해서 그림에 기재되어 있다('Jardin'이라고 표시된 것은 채마밭을, 'Vigne'는 포도밭을, 'Bois'는 숲을, 'pré'는 초지를 뜻한다/역자). 아무런 종류 표시가 없는 농지는 곡물경작지다.

그림 2-7 코 지방의 불규칙한 개방경지(브레오테)

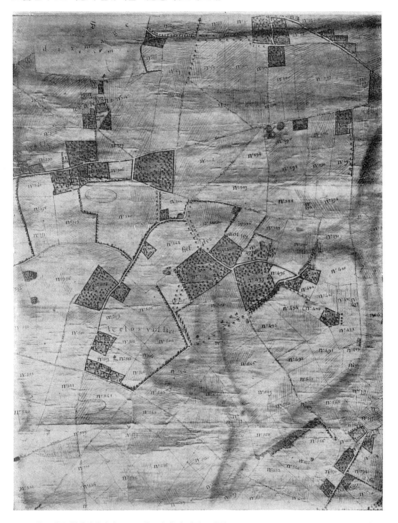

1769년 브레오테(센엥페리외르도 고데르빌면)의 지적도 초본.

이 지적도에는 울타리 쳐진 몇몇 경지들이 나타나 있는 것을 볼 수 있을 것이다. 이들 경지는 근대에 노르망디 지방의 경지제도가 변화한 결과이다. 다음 제6장 참조.

복할 수 없는 난관에 봉착했기 때문이다. 그와는 달리, 넓게 떨어져 있는 밭에서는 공동방목의 회피 기도가 더욱 심했다. 또한 불규칙한 개방경지제 실시 지역들에서는 경지의 배열구조 자체가 처음부터 농사일에 대한 집단 전체의 규제를 받지 않고 정주가 이루어졌음을 보여주는 것 같다. 기다란 개방경지제가 실시된 고장들 가운데서 전체적으로 통상적인 토지배열도와 완전히 일치하는 촌락권역에서도, 분할지의 경계선이 불규칙한 경지제가 실시된 지역들에서 나타나는 분할지의 경계선과 닮은 모양을 한 작은 땅뙈기가 이따금 발견되곤 한다. 또는 경작지대의 맨 끝에서든 미개간지대의 한가운데에 있는 빈터에서든 간에 인접하고 네모진 큰 땅뙈기가 발견되기도 한다. 문제의 땅들은 뒤늦게 개간되고 집단 전체의 계획 밖에서 이뤄진 모서리 땅들이다. 이런 개인주의적 토지점취는 기다란 개방경지제 실시 지역에서는 예외적 현상이었지만, 퍼즐 모양의 경지제가 실시된 지방에서는 분명히 예사로운 현상이었다. 그러나 무엇보다, 두 가지 유형의 개방경지제가 대조를 보이는 직접적인 원인은 십중팔구 양쪽의 농업기술이 서로 정반대였던 데 있다.[37]

　구 프랑스에서는 두 종류의 쟁기가 있었다.[38] 두 종류의 쟁기는, 둘 다 초기에는 쟁깃술의 끝 부분이 하나의 보습으로만 되어 있던 것이 보습칼과 보습날의 이중 장치로 대체되고 이렇게 땅을 절단하는 부분에 쟁기의 볏(versoir)이 추가됨에 따라 줄곧 복잡해졌다는 점에서 대부분의 특징이 유사하다. 그렇지만 한 가지 기본적인 특징 면에서 매우 상이하다. 즉, 첫 번째 것은 바퀴달린 차대(車臺)가 없이 가축에 의해 그냥 밭에서 견인되었던 데 비해, 두 번째 쟁기는 두 개의 바퀴 위에 부착되어 있었다.[39] 바퀴없는 쟁기의 이름만큼 시사적인 것은 없다. 바퀴없는 쟁기의 모델은 프랑스어의 모태가 된 언어들에서 언급되었던 오래된 농기구였다. 이 모델의 이름은 프랑스 전역에서, 그리고 유럽의 거의 전역에서 인도유럽어적 이름을 간직해 왔으며, 프랑스에는 이 인도유럽어계의 말이 라틴어를 거쳐 전래되었다. 이런 쟁기가 프로방스 지방의 '아라트룸'(aratrum)이라는 쟁기이고, 베리와 푸아투 지방의 '에로'(éreau), 왈룬 지방[74]의 '에레르'(érère)이며, 프랑스 밖에서는 고지(高地) 독일어 방언의 '에를링'(erling), 러시아어의 '오랄로'(oralo) 및 슬라브어의 그 비슷한 것들이다.[40] 그와 반대로 바퀴달린 쟁기의 모델은 인도유럽어족에서는 공통된 단어가 없으며, 아주 늦게 나타나고 그 보급지역도 매우 제한되어 있다. 이 쟁기에 대한 프랑스어 명칭역시 라틴어로부터 온 것이 아니다. 왜냐하면 북부 이탈리아를 제외하면 고대 이탈리아 중부의 농업에서는 이런 쟁기가 한 번도 알려진 적이 없거나 사람들의 관심을 끌지 못했기 때문이다. 프랑스에서는 이 쟁기가 '샤뤼'(charrue)라고 불렸다. 이 말은 이론의 여지없이 켈트어다. 의문의 여지없이 이 말 또한 초기의 의미에서는 '샤르'(char)나 '샤레트'(charrette)[75]에 아주 가까웠으며, 원래는 특별한 형태의 수레에 사용되었다. 바퀴가 보습에 부착된 새로운 농기구 장치의 이름을 본래부터 바퀴를 구성하던 물건으로부터 빌려오는 것보다 자연스러운 것이 뭐가 있겠는가?[41] 마찬가지로 베르길리우스는 그가 묘사하고 있는 갈이질 도구를 '아라트룸'이라고 하지

....
74　벨기에 남부의 프랑스어권.
75　두 말 다 수레라는 뜻이며, 단지 '샤레트'는 작은 수레라는 뜻이다.

않고 그저 수레 즉 "카루스"(carrus)라고 불렀다. 주민의 절반 이상이 켈트족으로 구성된 지방에서 자랐던 그는 바퀴달린 차대가 없는 쟁기를 생각할 수 없었기 때문이다.[42] 서(西)게르만족 계통의 언어들에서는 이와 동일한 유형의 농기구를 지칭하기 위해서 전혀 다른 말이 사용되었다. 이 용어는 서게르만어로부터 슬라브어로 전해졌으며, 근대의 독일어에서 '플루크'(pflug)로 되었다.

플리니우스(Plinius, 23~79)[76]의 말을 믿는다면, 원래 도나우강 상류의 남쪽에 사는 레트족(les Rètes)[77]이 사용했을지 모르는 이 불가사의한 단어는 오래전에 완전히 사라져 오늘날에는 존재하지 않는―어쩌면 인도유럽어군과는 무관해 보이는― 고어에서 기원했을지 모른다.[43] 플리니우스―그의 원문은 불행하게도 선명하지 않아서 교정을 통해 복원되지 않으면 안 되었다―는 이 쟁기가 발명된 곳을 '갈리아'로 보았다. 그러나 그의 견해를 얼마나 신뢰할 수 있겠는가? 그 쟁기가 갈리아인들 사이에서 사용되고 있는 것을 그가 보기는 했겠지만, 무엇을 더 알았겠는가? 그렇지만 다음과 같은 한 가지 점만은 확실하다. 어쩌면 켈트족이나 게르만족이 그들

....

76 대(大)플리니우스인 플리니우스 가이우스(Plinius Gaius)를 말한다. 로마의 장군이자 총독이었던 그는 자연과학 등 여러 분야의 학문을 연구하여 박식했으며, 일종의 백과사전 형식으로 쓴 그의 저서 『박물지』(博物誌, 전 37권)는 당시의 자연에 대한 지식을 집대성한 귀중한 사료이다.

77 오늘날 동부 알프스산맥을 중심으로 스위스 동부, 독일 남부, 오스트리아 서부, 이탈리아 북동부에 걸쳐 살았던 로마 시대 주민을 말한다. 이 지역은 로마 시대에 라에티아 ('Raetia' 또는 'Rhaetia')라고 불린 로마의 한 속주였다. 레트족이 사용하던 언어는 여러 로망스어 가운데 하나로 '레토로망스어'라고 불리며, 오늘날까지도 스위스와 이탈리아에 걸쳐 있는 알프스 산중(山中) 및 프리울리평야에서 사용되고 있다. 스위스에서는 독일어, 프랑스어, 이탈리아어에 이어 1938년에 스위스연방의 헌법상 네 번째 국어로 공인되었다.

의 역사적 원주지에 정착하기 이전이었던 것으로 보이기는 하지만, 본래 의미의 바퀴달린 쟁기가 먼저 나타나서 퍼져 나간 곳이 어디이든 간에, 어쨌든 그 쟁기는 바퀴를 그렇게도 널리, 그리고 그리도 창의적으로 사용하게끔 한―로마인들은 이 점에 강한 인상을 받았다― 북부 유럽 평원의 기술문명의 발명품으로 간주되지 않으면 안 된다는 사실이다. 어쨌든 바퀴달린 쟁기가 북부 유럽 평원의 소산이라는 것을 어떻게 의심할 수 있겠는가? 이 쟁기가 처음 제작되었던 것은, 원시시대에 대초원이었던 북부 유럽 대평원에서 개간된 광대한 진흙땅에 똑바로 뻗은 많은 이랑을 만들기 위해서였다. 오늘날까지도 이런 쟁기는 기복이 심한 고장에는 적합하지 않다. 따라서 이 쟁기가 생겨날 수 있었던 곳은 기복이 심한 지방이 아니었다.

우리가 더 이상 지체하지 않고 쟁기에 관한 자료를 열심히 수집한다면―이런 작업을 하는 것은 오늘날에도 전혀 불가능한 것은 아니지만 서둘 필요가 있다―, 프랑스 땅에서 바퀴달린 쟁기와 바퀴없는 쟁기의 분포상태를 근대의 기술적 대변혁으로 바퀴달린 쟁기가 사라지기 이전의 모습대로 상당히 정확하게 파악할 수 있을 것이다.[44] 오늘날의 연구수준으로는, 오늘날과 아주 가까운 시기에 대해서조차 쟁기의 분포도를 정확히 재구성할 수 없다. 최근 시기의 분포상황에 관해서도 이럴진대, 하물며 먼 과거로 거슬러 올라갈수록 두 쟁기의 분포에 관한 세부내용과 변천과정이 점점 불분명해질 것임은 말할 것도 없다. 게다가 그 분포는 단순하지 않다. 바퀴없는 쟁기는 가장 오래된 쟁기이기는 했지만, 그 후 원칙적으로 바퀴달린 쟁기를 채용한―그것도 오래전부터 채용한― 지방에서조차 경질토로 된 일부 경작지용으로 이따금 계속 사용되었기 때문이다. 그렇지만 이런 온갖 어려움에도 불구하고 우리가 알고 있는 것만으로도, 바퀴달린 쟁기의 근대적 사용 지역—바로 이 말을 통해서도 이런 쟁기가 사용된 지역의 범위가 매우 오래전에 정해졌음이 드러난다—은 기다란 경지제 실시 지역과 거의 일치하는 데 비해, 그와 반대로 바퀴없는 쟁기는 불규칙한 경지제가 실시된 지역과 일치한다는 사실을 보여주기에는 충분하다. 베리와 푸아티에의 석회질 평원은 우리들에게 참으로 시금석과 같은 사례를 제시한다. 이들 두 지역의 지리구조로 봐서는 둘 다 보스나 피카르디 지방의 경지배열 구조와 유사한 경지구조를 가졌으리라고 생각될 것이다. 나도 이 두 지방을 잘 알기 전에는 그러리라고 예상했음을 고백해 둔다. 그러나 베리와 푸아티에 지방에서는 '에로'(éreau)[78]가 사용되었다.[45] 그래서 이들 두 지방에서는 경구별로 모여 있는 기다란 지조는 전혀 없었다. 그와 반대로 네모진 밭들이 아무렇게나 인접해 있는 상당히 무질서한 경지체제가 존재했다.

코 지방의 경지제도는 설명하기가 더 어렵다. 퍼즐 모양으로 생긴 이 지방의 경지 배열상의 특징들은 이 지방에 대한 이주의 결과일 가능성이 높다. 스칸디나비아반도[79]에서는 오랫동안 바퀴달린 쟁기가 알려지지 않았으며, 아직도 많은 고장에서 알려져 있지 않다. 거기에서는 전통적으로 바퀴없는 쟁기가 사용되었다. 우리가 알다시피, 틀림없이 롤로(Rollo, ?~931)[80]의 동행자들은 집단으로 코 지방을 점령하고서는 그들에게 익숙했던 농기구들을 사용하여 그들의 출

....

78   앞에서 보았듯이, 바퀴없는 쟁기를 뜻함.
79   스칸디나비아반도는 코 지방을 비롯한 노르망디로 이주한 노르만족의 원주지였다.
80   노르만족이 노르망디 지방을 점령할 때의 지도자이자 초대 노르망디 공작.

신지 방식으로 농경지를 재정리했을 것이다. 이와 같은 설명은 단순한 추측에 불과할까? 그렇다. 그리고 그런 설명은 면밀한 지방연구를 통해서만 정당한 근거를 가질 수 있을 것이다. 지금까지 스칸디나비아 사람들의 정주의 역사에 대한 연구는 거의 지명 연구를 통해서만 이루어졌으나, 여기에다 분할지의 배치도에 대한 연구가 추가될 필요가 있다. 그런데 이런 연구는 여러 전공분야의 학자들과 어쩌면 여러 민족 출신의 학자들 사이의 협동연구를 통해서만 만족할 만한 성과를 거둘 수 있을 것이다. 이런 연구가 여러 가지 성과들 가운데서도 한 가지 오래된 수수께끼에 대한 해답을 제시할지 누가 알겠는가? 스칸디나비아의 침략자들을 민족별로 구분하는 것만큼 어려운 문제는 없다. 스웨덴인, 노르웨이인, 덴마크인 등으로 된 여러 민족집단 가운데서 해당 정착지를 어떻게 분간해 낼 수 있겠는가? 그렇지만 적어도 덴마크인의 정착지는 다름 아닌 경지배열 구조 그 자체를 통해 여타 민족의 정착지와는 구별될 수 있다고 생각된다. 왜냐하면 스웨덴인과 노르웨이인과는 달리 덴마크인은 일찍이 바퀴달린 쟁기와 질서정연하게 단지를 이루어 늘어서 있는 분할지들을 알고 있었기 때문이다. 당장에는 코 지방의 이들 경지 형태가 스칸디나비아인의 영향, 아니 더 정확하게 말해서 스웨덴인과 노르웨이인의 영향을 받은 데서 기인한다는 사실은 대개간 시절에 같은 이 지역에서 새로운 취락들 주변에 만들어진 새로운 농경지에 대한 조사를 통해 확인할 수 있다. 거기에서는 그 전과는 판이하게 다시 기다란 경지들이 지배적으로 되었으며, 그런 기다란 밭들과 더불어 경구별로 구획화가 이뤄졌다.[46] 이것은 정복 초기의 농경관습이 그 무렵에는 확실히 잊혀지고 오늘날 오트노르망디 지방의 도처에서 보는 것처럼 바퀴달린 쟁기가 사용되었기 때문이다.

상이한 두 가지 유형의 경지제가 두 가지 유형의 주요 쟁기와 결부되어 있다고 해서 이상할 것이라곤 아무 것도 없다. 바퀴달린 쟁기는 똑같은 견인가축으로도 바퀴없는 쟁기보다 훨씬 깊이 땅을 팔 수 있는 놀라운 도구이다. 그러나 바로 그 바퀴로 말미암아 그 쟁기가 밭의 끝에서 방향을 틀기 위해서는 얼마간의 지면이 필요했다. 따라서 이 쟁기의 사용지역에서는 일단 밭이랑이 만들어지고 나면 쟁기를 돌리는 것이 기술적으로나 법적으로 큰 문제를 야기한다. 그래서 가끔 사람들은 경구의 양 변에 밭고랑의 전체 축과 수직을 이루는 하나의 지조를 배치하기도 했다. 이런 지조는 최소한 경구 전체의 밭갈이가 끝날 때까지 미경작 상태로 남아 있었으며, 피카르디 지방에서는 '푸리에르'(fourrière)로, 캉평야에서는 '뷔티에'(butier)로 불렸다. 그렇지 않으면 경작자들은 인접한 경구에서 경구로 옮겨다니면서 쟁기를 돌릴 수 있는 '투르나이'(tournaille)라는 용익권을 행사하곤 했다. 이런 것이 얼마나 큰 분쟁의 원인이 되었을지는 충분히 상상된다. 어쨌든 쟁기의 반전 지점의 수를 줄이는 것이 바람직하다. 그래서 분할지의 길이를 한껏 늘릴 필요가 있었다. 그와 반대로 반전하기가 쉬운 바퀴없는 쟁기는 밭을 정사각형과 비슷한 모양으로 만든다. 이로 말미암아 경우에 따라서는 밭고랑의 방향이 여러 가지로 바뀔 수 있었으며, 심지어 밭고랑들이 교차될 수도 있었다.[47] 유럽에서 바퀴가 없는 이런 쟁기가 발견되는 곳에서는 어디서나─예컨대 스칸디나비아에서도, 아주 오래된 '오랄로'(oralo)[81] 시절에 건설된

....

81   앞에서 보았듯이, 러시아를 비롯한 슬라브어권에서 바퀴가 없는 쟁기를 지칭한다.

독일 동부의 슬라브족 고대 마을들에서도— 역시 길이와 폭이 거의 똑같은 분할지의 배열구조가 발견된다.

그러나 물적인 면에서의 이런 고찰이 모든 것을 설명하는 데 충분한가? 물론 기술적 발명으로부터 일련의 원인들을 규명하고 싶은 유혹은 크다. 바퀴달린 쟁기로부터 기다란 모양의 경지가 필연적으로 생겨났고, 기다란 경지로 말미암아 집단의 영향력이 강력하게 유지되었으며, 보습에 덧댄 차대로부터 전체 사회구조가 생성되었다. 그렇지만 이렇게 추론하는 것은 인간 능력의 무한한 가능성을 망각하는 것이라는 점에 유의하자. 바퀴달린 쟁기로 인해 불가피하게 밭들이 길어질 수밖에 없다는 것은 틀림없다. 그러나 그런 쟁기가 밭의 폭까지 좁게 만들었던 것은 아니다. 이론적으로 봤을 때 토지보유자들이 경지를 그 각각의 길이와 폭 모두 상당히 크고 그 수는 상당히 적은 큰 땅뙈기들로 나누지 못하도록 하는 것은 아무것도 없었으며, 각 농가의 토지는 여러 개의 매우 좁은 지조들로 구성되는 대신에 매우 길면서도 그 폭 또한 매우 넓은 몇 개의 밭들로 구성될 수도 있었다.

그런데 일반적으로 이와 같은 토지 집중은 추구되었다기보다는 회피되었던 것으로 보인다. 사람들은 경작토지를 분산시켰을 때, 기회가 균등하게 주어질 수 있고 모든 주민이 여러 가지 토질의 이용에 참여할 수 있다고 생각했다. 또 촌락권역을 엄습하더라도 언제나 그 전역에 피해를 주는 것은 아닌 우박, 농작물의 병충해, 파괴적 약탈 등과 같은 여러 가지 자연재해나 인재(人災)를 완전히 당하지는 않으리라는 기대를 가지고 있었다. 오늘날까지도 합리적인 경지정리 기도에 저항할 만큼 농민들의 의식 속에 깊이 뿌리박고 있는 이런 사고방식은 거의 기다란 경지제 실시 지방만큼이나 불규칙한 경지제 실시 지방의 토지 배치에 영향을 미쳤다. 그런데 바퀴없는 쟁기를 사용하는 불규칙한 경지제 실시 지방에서 땅뙈기가 너무 넓지 않도록 하기 위해서는 적당한 폭을 유지하면서 길이를 줄이기만 하면 된다. 바퀴달린 쟁기를 사용하는 경우에는 이와 같이 하는 것이 어려웠다. 따라서 바퀴달린 쟁기를 사용하는 곳에서 분할지의 면적을 축소하지도 않고 동시에 지나치게 크지도 않게 하려면 분할지를 좁고 길게 할 수밖에 없었다. 이것은 분할지를 일정한 크기의 단지들로 모아 둠이 불가피함을 뜻한다. 터무니없는 가정이기는 하지만, 그렇게 하지 않을 경우에는 분할지들이 서로 엇갈리게 될 것이다. 이렇게 토지를 한데 단지들로 모아 둔다는 것은 토지보유자들 사이의 사전 합의와 어느 정도의 집단적 강제에 대한 동의를 전제로 하는 것이었다. 그래서 조금 전의 추론을 번복하여, 이런 공동체적 관습이 없었더라면 바퀴달린 쟁기의 채용이 불가능했을 것이라고 말해도 대체로 좋을 것이다.

그러나 우리가 추측에만 의거해서 재구성하는 역사 속에서는 이에 관한 인과관계를 정확하게 따지는 것이 틀림없이 매우 어려울 것이다. 따라서 우리는 덜 야심적이기는 하지만, 우리가 거슬러 올라갈 수 있는 한의 먼 과거에는 기다란 경지제의 모태인 바퀴달린 쟁기와 강력한 공동체적 생활 관습은 아주 뚜렷한 유형의 농업문명을 특징짓는 양대 요소였으며, 이들 두 특징적 요소가 없었더라면 전혀 다른 유형의 농업문명이 되었을 것이라는 사실만을 확인하는 정도로 여기서는 그치자.

5

경지제도: 울 쳐진 경지제

　　울 쳐진 경지제도(그림 2-8에서 2-10까지)는, 강력하든 강력하지 않든 집단용익권으로 특징지어지는 앞의 두 종류의 개방경지제도 와는 현저한 대조를 이룬다.

　　18세기에 영국의 농학자들은 일반적으로 울타리 치기를 농업 부문의 진보적 사고의 결과로 보곤 했으며, 영국의 가장 풍요로운 들판에서 시대에 뒤떨어진 윤작과 휴작지 공동방목이 철폐될 때는 경지에 대한 울타리 치기가 수반되었다고 보았다. 그런데 그들 농 학자 가운데 한 사람인 아서 영(Arthur Young, 1741~1820)[82]은 1789

82　농업경제학의 기초를 놓은 영국의 농학자. 그는 18세기 말 농업혁명기에 개방경지 및 공유지의 인클로저화, 새로운 농작물의 재배, 토지의 대규모 경영 등을 주장했으며, 농 업기술의 개량과 합리적 경영방법의 보급에 힘썼다. 한편 그는 영국의 각 지방뿐만 아 니라 아일랜드, 프랑스, 이탈리아 등 각지의 농업현황을 면밀하게 관찰하여 『아일랜드 기행』(*A Tour in Ireland*, 1780), 『프랑스 기행』(*Travels in France*, 1792) 등의 여러 저 서를 출판함으로써 유명한 사람이 되었다.

년에 영불해협을 건너왔을 때 대단히 놀라운 광경을 목격했다. 그는 프랑스에서 온통 울타리로 둘러싸인 땅들로 분할되어 있으면서도 인근의 그렇지 않은 지방 못지않게 아주 낡은 경작방식을 엄격하게 시행하고 있는 지방들을 보았던 것이다.

> "프랑스의 울타리 쳐진 땅들의 대부분에서는 주민들의 특이한 열정으로 개방경지제 시행지역과 동일한 제도가 널리 실시되고 있다. 다시 말하면, 개방경지제 시행지역과 마찬가지로 휴경지제도가 실시되고 있다."

영국의 농학자들로부터 비난을 샀던 프랑스의 이 같은 지방들에서는 곳곳마다 경지가 울타리에 의해 일반적으로 분할지 단위로 구획되었다. 울타리는 물론 항구적 울타리였으며, 구조 자체로 봐서 보통은 오랜 기간 만들어졌음이 분명하다. 울타리는 대개의 경우에 생울타리였고, 프랑스의 서부지방에서 보듯이 가끔은 높은 밭두둑 위에 설치되었다. 이 밭두둑은 서부지방에서 '포세'(fossé)[83]라고 불렸다. 일반 프랑스어에서 '포세'라고 불린 것은 서부지방에서는 '두브'(douve)라고 불렸다. 우거진 이들 전체 생울타리—이 생울타리는 관목덤불이나 나무들로 되어 있었다—로 인해서 오늘날까지도 이들 경작지대는 좀 멀리 떨어져서 볼 때, 18세기의 한 보고서에 나타나는 표현으로는 농토들이 기껏해야 좀 듬성듬성 산재하는 "살아 움직이는 듯한 숲의 모습"을 보인다.[48] 이로부터, 아무런 장애물이

....

83　원래는 도랑이라는 뜻임.

그림 2-8 노르망디 지방 보카주 지역의 울 쳐진 경지(생토베르쉬르오른)

1700년경 생토베르쉬르오른(오른도 퓌탕주면)의 지적도 초본.

울타리 쳐진 경지가 여러 개의 필지들, 예컨대 1336번지에서 1339번지까지, 1340번지에서
1342번지까지, 1332번지에서 1334번지까지를 포함하고 있음에 유의할 것. 1340번지에서
1342번지까지의 땅뙈기들은 원래 동일인의 소유였으나 그 권리가 여러 사람에게 승계된 것이다.
1758년의 토지대장(H 3458)에 뒷날 추가된 지적도에는 1332번지와 1333번지의 땅뙈기들이 생울타리로
나뉘어 있다. 이 지적도의 위쪽 부분에 있는 1097번지와 1098번지의 땅뙈기들도 마찬가지로 생울타리로
나뉘어 있다.

그림 2-9 브르타뉴 지방의 울 쳐진 경지와 작은 산촌(散村)(케루아른)

1777년 케루아른(모르비앙도 마르장 코뮌)의 지적도.

그림 2-10 중부지방(콩브라이)의 울 쳐진 경지(레 조베르)

1785년 레 조베르라는 작은 산촌(散村)과 라부아르라는 임대지(알리에도 생소비에 코뮌)의 지적도.

1603년에는 토지들이 여러 사람들에 의해 보유되었던 데 비해(토지대장 E 693 및 690 참조), 1785년에는 그 대부분이 부르주아인 프랑수아 벨라와 그의 부인의 수중에 들어가 있음을 볼 수 있을 것이다.

없는 고장을 연상시키는 '샹파뉴'(champagne)나 '플렌'(plaine)[84]이라는 이름들과 대조를 이루면서 일반적으로 울 쳐진 경지제 실시지역에 붙여진 '보카주'(bocage)[85]라는 오래된 이름의 통속어가 생겨났다. 1170년경에 노르만족의 시인 와스(Robert Wace, 1100~1175)[86]는 울타리 쳐진 경지제 실시 고장들과 개방경지제 실시 고장들로 나뉘어 있던 노르망디 지방의 농민 집회를 묘사하면서 "어떤 사람은 보카주에서 왔고, 어떤 사람은 플렌에서 왔다"라고 썼다.

그러나 항구적인 울타리라고 해서 반드시 식물로만 만들어졌던 것은 아니다. 가끔 기후나 토양 때문에 또는 그저 관습 때문에 다른 형태의 울타리가 설치되기도 했다. 예를 들면 바닷바람이 거세게 부는 브르타뉴 지방의 일부 바닷가나 케르시(Quercy)[87] 지방

....

84 앞의 것은 석회질 평야라는 뜻이고, 뒤의 것은 그냥 평야 또는 벌판이라는 뜻이다.
85 원래 나무로 둘러싸인 프랑스 서부지방 특유의 전원풍경을 가리키는 말.
86 노르만족의 시인. 노르망디반도 인근의 영불해협에 있는 저지(Jersey)섬에서 태어나 노르망디의 캉에서 자라고 파리에서 연구했으며, 영국 헨리 2세의 후원으로 노르망디의 바이외(Bayeux) 성당의 참사회원을 역임했다. 그의 대표적 작품으로는 『브루트 이야기』(Roman de Brut 또는 Brut d'Angleterre, 1155년경)와 『롤로 이야기』(Le Roman de Rou, 1160~1174)가 꼽힌다. 『브루트 이야기』는 만마우스의 조프리(Geoffrey of Monmouth)가 쓴 브리튼의 전설적 역사서인 『브리튼 왕국의 역사』(Historia regum Britanniae)를 대본으로 하고 원탁의 기사에 관한 아서 왕의 전설을 추가한 것으로, 브루트에 의한 브리튼의 건설과 역사를 서술하고 있다. 그러나 이것은 근대적 의미의 역사는 아니다. 『롤로 이야기』는 영국의 헨리 2세의 의뢰를 받아 노르만공국의 건설자 롤로(911)로부터 1106년의 로베르 2세에 이르는 공작들의 역사에 관한 서사시다. 그러나 그 대부분의 내용은 윌리엄 정복왕과 그의 영국 정복에 관한 것이다. 그는 이것을 문헌 기록과 직접 목격한 바를 토대로 썼다. 이 밖에 성 마가렛과 성 니콜라스의 생애를 운문으로 쓴 『성인들의 생애』(La Vie des Saints) 등의 작품이 있다. 그는 이들 작품을 옛 프랑스어의 방언인 앵글로노르만어로 썼다.
87 프랑스 남서부에 위치한 지방. 오늘날 로트도 전체와 타른에가론도의 북쪽 절반을 포함하며, 옛날부터 중심도시는 카오르(Cahors)다.

에서처럼 순전히 돌로 된 작은 담이 당시에 세워지기도 했다. 시야를 가로막지 않을 정도로 낮았던 이 돌담들 때문에 들판은 거칠게 선이 그어진 거대한 바둑판 모양이 되었다.

개방경지제 실시 지역에서와 마찬가지로, 울 쳐진 경지제 실시 지역에서 나타나는 물적인 면에서의 이런 특징들은 사회 깊숙이 내재한 실체들이 가시화되어 표현된 것에 지나지 않는다.

울 쳐진 경지제도가 전적으로 개인주의적이라고 말하지는 말자. 그렇게 보는 것은, 울타리 쳐진 경지제가 지배적이었던 촌락들이 보통 매우 넓은 공동방목장을 가지고 있었고 흔히―예컨대 브르타뉴 지방에서 보듯이― 공동방목장에 대한 강력한 집단적 권리들을 유지했다는 사실을 잊어버리는 것이 될 것이다. 또한 그렇게 봄은 가끔―그러나 언제나 그랬던 것은 아니며 북부 브르타뉴에서도 그렇지 않았고 코탕탱(Cotentin)[88] 지방에서도 그렇지 않았다― 초지가 곡물경작지와는 달리 초벌 풀베기가 끝나자마자 모든 마을 주민의 가축 방목장으로 쓰였다는 사실을 망각하는 것이 될 것이다. 차라리 촌락집단의 절대적 영향력이 곡물경작지에 대해서는 행사되지 못했다고 말하자. 이런 현상은, 개방경지제 고장에서는―특히 기다란 형태의 개방경지제 실시고장에서는― 그와 반대로 이런 강제가 전형적으로 행사되는 대상이 곡물경작지였던 만큼 더욱 더 인상적이다.[49] 생울타리나 담장으로 보호받았던 경지에서는 휴작지 공동방목이 실시되지 않았으며―물론 다른 곳에서와 마찬가지

....

88 코탕탱 지방이란 사실상 바스노르망디에 있는 코탕탱반도와 다름없다. 따라서 그것은 오늘날 망슈도와 대체로 일치한다. 코탕탱반도는 일명 셰르부르반도라고도 하며, 좁은 의미의 노르망디반도라고 할 수 있다.

로 휴경지는 가축의 방목장으로 사용되었으나 휴경지에 방목되는 가축은 그 토지경작자의 소유였다— 각 경작자는 자신의 주관하에 윤작을 실시했다.

이런 독립적 농경관습은 실로 울 쳐진 경지제의 본질 그 자체를 이루는 것이었으므로, 그런 관습의 가시적 상징물인 울타리가 상황의 변화로 제거되었던 곳에서조차 그 관습은 이따금 잔존했다. 말하자면 그 다음에는 정신적인 무형의 울타리가 존재했다고 할 수 있다. 남서부 브르타뉴 지방의 바다에 인접한 고장들에서는 본래 생울타리가 존재하지 않았으며, 그래서 보통은 생울타리를 담장으로 바꾸는 수고를 할 필요도 없었다. 이들 고장에서는 집단용익권역시 전혀 알려지지 않았다. 1768년에 퐁크루아(Pont-Croix)[89]의 지사 보좌관이 확인해 주듯이—그의 증언은 좀 더 뒷날의 다른 의견들과 일치한다—, "각 토지의 임자는 그의 가축이 이리저리 돌아다니지 않고 다른 사람들의 밭에서 풀을 뜯지 않도록 하기 위해서 그의 몫의 토지 안에 있는 말뚝에 가축들을 매어 놓는다."[50] 여러 분할지가 같은 울타리 안에 들어 있을 때에도 각자의 땅을 각자가 이용한다는 원칙을 마찬가지로 높이 존중하는 경향이 있었다. 단 한 사람의 보유자에게 속하는 각 땅뙈기는, 그 각각이 고유의 지명을 가지고 있듯이—실제로 이 지방에서는 과거나 지금이나 특별한 명칭이 붙어 있는 것은 원칙적으로 각기의 밭이다—, 원래는 십중팔구 푸른 나무나 돌로 된 자체의 방벽을 가지고 있었던 것으로 보인다. 이런 땅뙈기는 일반적으로 상당히 넓고 불규칙한 형태로 되어

....
89　브르타뉴반도 서쪽 끝에 있는 오늘날 피니스테르도에 위치한 지명.

있으나, 길이와 폭 사이에는 크기 면에서 큰 차이가 없었다. 울 쳐진 경지제가 실시된 많은 고장에서 밭을 가는 데 바퀴없는 쟁기가 사용되었다. 그런 고장의 대부분은 십중팔구 땅의 기복이 매우 심했기 때문이다. 멘 지방에서와 같이 바퀴달린 쟁기가 사용되었을 때에도, 사람들은 밭이 상당히 커지는 것을 걱정하지 않았다. 왜냐하면 곧 그 이유를 알게 되겠지만, 토지의 산재 규칙이 거의 지켜지지 않아도 되었던 까닭에 토지를 한데 모아 상당히 큰 규모로 만들 수가 있었기 때문이다. 그렇지만 시간이 지나면서 지나치게 큰 면적을 가진 밭은 양도나 상속을 통해 여러 경작자들 사이에 나눠지게 되었다. 가끔 이런 분할은 새로운 울타리가 설치되는 결과를 낳기도 했다. 동일한 경지가 상이한 두 시점 사이에 변동하는 상황을 알려 주는 노르망디의 몇몇 지적도의 곳곳에서 우리는 이와 같이 두 개의 분할지가 원래는 같은 울타리 안에 들어 있었음을 볼 수 있다. 이 두 분할지는 더 오래된 문헌자료에서는 순전히 관념상의 경계선에 의해서 구분되었고, 두 번째 문헌자료에서는 생울타리에 의해 구분되었다.[51] 그 경우에 농민들은 울타리로 보호되는 땅의 경작을 선호했지만, 많은 경우에 울타리 설치비용과 힘든 설치작업 때문에 주저하곤 했다. 특히 그에게 배당된 토지 부분이 작을 때 그랬다. 그런 때에는 울타리 뒤에 대체로 좁고 긴 분할지들로 된 소규모의 단지가 형성되었다. 식별기호에 의한 울타리 표시가 제대로 되어 있지 않은 지적도들에서 그런 작은 단지들의 모습은 좀 성급한 관찰자에게는 쉽게 기다란 개방경지들로 된 경구인 듯한 착각을 불러일으킨다.

이것이 브르타뉴에서 '샹파뉴'(champagne)[90]라는 독특한 이름의 프랑스어로 불린 것이다. 이런 '샹파뉴'에 땅을 가진 여러 경작자 사이에 상당히 획일적인 윤작과 가끔은 공동방목을 채택하는 합의가 이뤄지기가 쉬웠다. 실제로 개방경지제가 실시되던 촌락권역의 농업관습을 작은 언저리 땅에서 재현하는 듯이 보이는 이런 합의에 대한 역사적 사례들이 있다.[52] 그러나 그 주변에 있는 울타리 쳐진 경지들의 개인주의적 정신으로 말미암아 이런 합의의 실행에는 제동이 걸렸다. 내가 어느 날 망슈(Manche)[91] 지방의 농촌 관습의 동향에 정통한 그 지방 등기소의 한 직원에게 이들 '샹파뉴'의 한 곳을 스케치한 것을 보여주고 그에게 "거기서는 적어도 일종의 휴작지 공동방목의 실시가 불가피했음이 분명하다"라고 말했을 때, 그 직원은 "어 아닙니다, 선생님. 아주 간단합니다. 각자는 자신의 가축을 매어 둡니다"라며 딱하다는 듯한 표정으로 나에게 응답했다. 그 정도로까지 사실 농촌의 관습이란 것은 무엇보다 어떤 정신상태의 표현이다. 브르타뉴 지방 삼부회[92] 대표들은 피카르디, 샹파뉴, 로렌 지방의 농민들에게 자연의 질서에 속하는 것처럼 보였던 가축떼의 공동방목 관습을 브르타뉴에서 최소한 공유지에 도입하려는 계획을 1750년에 검토한 바 있다. 이를 검토한 후 대표들은 "한 마을의 양떼를 한 사람의 목자가 지키는 한 무리의 양떼로 만들

....

90　앞에서 봤듯이, 원래는 좁고 긴 개방경지제도가 발달한 석회질의 평야라는 뜻임.

91　프랑스 북서부 바스노르망디에 있는 지방. 오늘날 망슈도에 해당한다. 영불해협에 면해 있어 생긴 지명이다.

92　지방 삼부회는 14세기 중반에서 15세기 중반까지 1세기 동안 많이 창설되었으며, 지방의 재정적·행정적 통일에 의한 봉건적 질서의 유지 기능을 담당하였다.

정도로까지 이성과 공동체 정신이 전체 마을주민 사이에 충만하기를 바랄 수는 없을 것 같다"라고 쓴 바 있다.[53]

이와 같은 울 쳐진 경지제도는 어떻게 생겨났을까? 더욱이 어떻게 실시될 수 있었을까? 이를 알기 위해서는 먼저 이 경지제도의 지리적 분포를 살펴보는 동시에 그런 경지제도와 결합되어 있었던 생활양식을 검토해 볼 필요가 있다. 이 경지제도는 조금 전에 서술한 다른 경지제도들과 마찬가지로 프랑스 고유의 것이 아니다. 훌륭한 농학자였던 아서 영이 잘 관찰했더라면, 심지어 영국에서도 프랑스와 같은 낡은 방식의 농업기술과 함께 실시된 울 쳐진 경지제도를 발견했었을 것이다. 영국에서도 역시 프랑스와 놀라울 만큼 유사하게 중세의 영어에서는 울타리로 가로막힌 '우드랜드'(woodland)[93]는 탁 트인 '샴페인'(champaign)[94]이나 '챔피언'(champion)[95]과 대조를 이루었다. 그러나 이 책에서 우리가 고찰해야 하는 것은 프랑스의 울타리 쳐진 경지다.

개방경지제로 되어 있고 집단용익권이 행사되는 루아르강 근처의 퐁샤토(Pontchâteau)[96] 지방을 제외한 브르타뉴 전체, 동쪽과 남쪽에서 캉평야를 에워싸는 구릉지대로 된 코탕텡 지방, 멘 지방, 페르슈(Perche)[97] 지방, '보카주'로 된 푸아투와 방데(Vendée)[98] 지

....
93 숲속의 토지, 즉 삼림지라는 뜻임.
94 평야 또는 평원이라는 뜻.
95 평탄하고 넓게 열려 있는 들이라는 뜻임.
96 루아르강 하구에 위치한 작은 지방.
97 파리로부터 서쪽으로 100킬로미터쯤 떨어져 있고 노르망디 지방의 남동쪽에 위치한 지방. 오늘날의 오른, 외르, 외르에루아르, 사르트도에 걸쳐 있다. 그 대부분의 지역은 해발고도 200~300미터 정도의 구릉지대로, 목축업이 성하다. 17세기에는 퀘벡으로 많

방, 진흙으로 된 평원들―평원들이 장애물이 없는 오아시스를 이루고 있다―을 제외한 중앙산악지대의 대부분, 뷔제(Bugey)[99] 지방과 젝스(Gex)[100] 지방, 그리고 남서단의 바스크 지방 등이, 오늘날 우리가 그릴 수 있는 울 쳐진 경지제 실시 지방들의 분포도―확실히 이런 분포도는 너무 간단해서 보다 깊은 연구를 통해 정확성을 기하고 수정할 필요가 있다―다. 그러니까 대체로 이들 지방은 땅의 기복이 심하고 아무튼 토양이 척박한 곳이다.

울 쳐진 경지제 실시 지역은 또한 인구밀도가 아주 낮았다. 울타리 쳐진 땅들의 거주 중심은 거의 언제나 일반적 의미의 촌락이 아니라 적은 수의 주택으로 구성된 작은 산촌(散村)이었다. 울 쳐진 땅이 가끔 오늘날에는 심지어 완전히 하나의 독립가옥에 속하는 경우도 있다. 그러나 이런 것은 필시, 개별적인 개간의 결과이든 한 사람의 지주가 작은 촌락의 땅을 독점한 결과이든 간에―이런 사례들에 대해서는 보다 뒤에서 보게 될 것이다― 비교적 최근의 현상일 뿐이다. 예전의 이런 취락은 작았지만 어쨌든 취락의 형태로 존재했다.

이 작은 인간집단이 언제나 그들의 모든 토지를 경작했던 것은

....

은 이민이 떠난 지방으로 잘 알려져 있다.

98 프랑스 중서부의 해안에 위치한 지방. 대부분 지역이 아르모리캥 대산지 안에 있어 약 3분의 2가 수많은 나무와 생울타리로 된 보카주 지역을 이루며, 북쪽과 남쪽의 해안으로부터 내륙 방면으로는 넓은 습지대가 전개된다. 역사적으로 18세기 말과 19세기 초에 일어난 반혁명 농민반란인 방데 반란으로 유명하다.

99 프랑스 남동부 리옹과 주네브 사이에 있는 지방. 오늘날의 앵(Ain)도의 일부를 구성한다.

100 뷔제와 마찬가지로, 역시 앵도의 일부를 구성하는 옛날의 작은 지방.

아니다. 생울타리나 담으로 차단된 경작지 주위에는 반드시 광대한 황무지가 펼쳐져 있었다. 예컨대 브르타뉴 지방의 황야지대가 그랬다. 이들 황무지는 방목장으로 사용되었으며, 보통 상당히 넓은 면적에 걸쳐 한시적 경작이 실시되었다. 바로 이런 넓은 황무지의 존재가 이들 작은 공동체가 휴작지 공동방목을 쉽게 포기할 수 있었던 이유다. 미경작 황무지에서의 방목은 비교적 철저하게 개간된 비슷한 크기의 지역에서는 구할 수 없는 생활수단을 그들 공동체에 제공했다. 이와 같은 이유에서 토지이용 또한 넓은 땅뙈기 단위로 이루어졌으며, 각 경작자는 그 가운데 약간만 점유했다. 어쨌든 이런 항구적 토지이용은 촌락권역의 작은 부분에서만 행해졌으며, 나머지 땅에서의 한시적 경작은 자연히 산발적으로 이뤄졌다.

여하튼 울타리 쳐진 이들 경지가 어떻게 형성되었는가를 설명하기 위해서 출발점으로 삼을 필요가 있는 것은 바로 한시적 경작이다. 그렇지만 그 발전과정을 추적하는 것은 어려운 일이다. 그러나 우리는 브르타뉴 지방에 대한 고찰을 통해서 그에 대해 대충은 알 수 있다. 우리는 18세기에 브르타뉴에서 황무지 상태의 미경작과 간헐적인 경작이 번갈아 이뤄지는 '차가운 땅' 제도에 대해 제법 잘 알고 있다. 토지의 일부는 공유지로 사용되었고, 더 큰 나머지 부분은 아마도 개별적 전유의 대상이었던 것으로 보인다. 그러나 이 땅은 '따뜻한 땅'에는 전혀 알려지지 않은 집단용익권이 적용된다는 조건이 붙어 있었다. 각 경작자는 울타리로 둘러싸인 자신의 항구적인 밭들 옆에 여러 필지의 황무지를 가지고 있었다. 때때로 긴 시간적 간격을 두고 각 경작자는 황무지에 호밀을 파종하러 다녔으며, 수확은 한 번만 했다. 그러고 나서 좀 더 오랫동안 이용할 권리를 가진, 외양간의 깔 짚이나 퇴비 장만을 위한 금작화를 재배하러 다녔다. 그때 경작자는 그 황무지에 울타리를 쳤으나 아주 일시적으로만 유지했다. 1769년에 렌(Rennes)[101]의 지사는 매우 주목할 만한 보고서 속에서 다음과 같이 썼다.

> "거의 법처럼 통용되는 뿌리 깊은 관습에 따르면, 이들 금작화는 단지 3년만 그 땅에서 재배될 수 있었으며 … 이 불가피한 기간이 끝난 후에는 이들 차가운 땅의 재배작물을 보호하기 위해 설치되었던 울타리는 철거되어야 한다."

울타리의 보호 기능이 끝났을 때는, 그 땅이 공동의 방목장으로 복구되어야만 했기 때문이다. 원래 소수의 경작자들이 조성한 이들 토지의 월등히 큰 부분—어쩌면 전부일지도 모른다—은 파종 기간 이외에는 공동방목의 의무를 엄격히 준수해야 하는 '차가운 땅'(채마밭은 제외되었다)이었다. 14세기 초에 작성된 브르타뉴 지방의 가장 오래된 관습법집인 『상고시대의 관습』(*Très Ancienne Coutume*)은 그 규정내용이 상당히 모호한 경우가 자주 발견되기는 하지만 과도기의 불확실성을 또렷이 반영하고 있다. 울타리 설치는 허용되었으나, 휴작지 공동방목—이것은 토지점유자들에게 그들의 농경지를 포기하지, 즉 '게르피르'(guerpir)하지 않을 수 없게 했기 때문에 '게르'(guerb)라고 불렸다—은 여전히 널리 실시되는 양

---

101 중세에 브르타뉴 공작령의 수도이자 대주교 관구였으며, 오늘날에도 브르타뉴 지방 일 에빌렌도의 도청 소재지다.

상을 보이는 것이다. 휴작지 공동방목은 공동체의 이익에 필요불가결한 것으로 간주되었으므로, 이런 이유로 얼마간 법적 배려의 대상이 되었다. 결국 황무지에서의 경작은 흔히 중단되기 일쑤였던 것으로 보인다.[54] 마찬가지로 마르슈(Marche)[102] 지방에서도, 오늘날에는 그렇지 않지만 13세기에는 휴작지 공동방목이 관행이었던 것 같다.[55] 점점 몇몇 지점에서는 뒷날 황야의 일시적 개간지들처럼 개인적 주도에 의해 실시된—따라서 경지가 불규칙하게 배치된 형태를 띠게 된다— 개간이 결정적인 것이 되었으며, 가축이 방목되는 황무지가 언제나 집들 가까이 위치한 경지제도 아래서 곡식의 보호를 위해 불가결한 것으로 생각되었던 울타리도 황야의 개간지에서처럼 항구적인 것으로 되었다.[56] 이와 같이 해서 울 쳐진 경지제도는 형성되었다. 이 경지제도에서 공동체가 농경지에 대한 자신의 권리를 포기할 수 있었던 것은 사실 공동체가 전체 토지—그 가운데 정기적으로 곡식이 파종되는 땅은 작은 부분을 차지했을 뿐이다—의 대부분에 대해 공동체적 권리를 유지했기 때문이다.

§

이와 같은 여러 가지 경지제도들의 대조적 차이는 꽤 분명하게

....

102 중앙산악지대의 북서쪽 가장자리에 있는 지방. 리무쟁 지방의 북동쪽에 인접해 있으며, 때로는 '마르슈 리무쟁'이라고도 불렸다. 원래는 리무쟁 지방과 푸아투 지방의 일부가 분리되어 구성된 작은 지방이었다. 그 뜻은 '변경지대'라는 것으로, 10세기에 프랑스 중부에 있는 프랑크왕국의 왕령지와 아키텐공국 사이에 있는 변경지대라는 데에서 그 명칭이 유래한다. 리무쟁 지방과 마찬가지로 땅이 척박하다. 그래서 오랫동안 목양 위주의 농업이 행해졌다.

인식되어 오래전부터 역사가들에게 깊은 인상을 주었다. 인종이라는 것이 과거의 어려운 문제를 푸는 열쇠를 제공함에 틀림없을 것으로 보이던 시절에는 아주 자연스럽게도 다른 많은 역사적 문제들과 마찬가지로 이 수수께끼의 해답을 '민족정신'(Volksgeist)에서 찾으려는 경향이 있었다. 프랑스 밖에서는 특히 이런 것이, 소중하고 선구자적인 역할을 했지만 결국 오늘날에는 실패한 것으로 평가될 수밖에 없는 마이첸의 중요한 연구주제였다. 그의 과오 가운데서도 특히 잘못된 것은 역사적으로 확인된 민족들, 즉 켈트족, 로마인, 게르만족, 슬라브족만을 고려의 대상으로 삼고 있다는 점이다. 그러나 그보다 훨씬 먼 옛날로, 곧 프랑스의 농경지를 만들어 낸 선사시대의 이름 없는 인간집단에까지 거슬러 올라가지 않으면 안 된다. 인종이나 민족의 개념을 가지고 논하지 말자. 인종학적 단위 개념만큼 이해하기 어려운 것은 없기 때문이다. 오히려 문명의 유형으로 생각하는 편이 더 낫다. 그런데 언어적 현상이 쉽사리 방언이라는 범주로만 분류되지 않는 것 ─ 다양한 언어학적 특징들은 그 경계선이 서로 정확하게 일치하는 것이 아니다 ─ 과 마찬가지로, 농업 관련 현상들 역시 서로 밀접한 관계가 있다고 하더라도 지리적 경계가 일치하지는 않는다는 사실을 인식하도록 하자. 이를테면 바퀴달린 쟁기와 3년 윤작의 관행은 둘 다 북부 유럽의 평원지대에서 생겨났을 가능성이 높지만, 그들의 보급 범위는 일치하지 않는다. 한편 바퀴달린 쟁기는 보통 기다란 경지와 깊이 관련되어 있다. 그렇지만 그 쟁기는 때때로 울타리 쳐진 경지와 결합되기도 했다.

언제나 혼합적 유형의 문명 탄생에 적합한 경계지대들이 존재한다는 것과 여러 가지로 겹치는 지역들이 존재한다는 점을 고려해야 하지만, 프랑스에서는 자연환경과 인간의 역사 둘 다와 긴밀하게 연관되어 있는 크게 세 가지 유형의 농업문명이 구분될 수 있다. 우선 토양이 척박하고 농가가 흩어져 있는 땅에서 토지를 오랫동안 아주 간헐적으로 이용하고 19세기까지도 줄곧 그러했던 유형의 농업문명을 들 수 있다. 이것이 곧 울 쳐진 경지제도의 문명이다. 다음에는 농가가 보다 밀집되어 있는 두 가지 유형의 토지이용을 들 수 있다. 원칙적으로 두 가지 유형 다, 농경지가 확장되기 쉬웠으므로 전체 구성원의 삶에 필수적인 농작물 재배와 목축 사이에 정확한 균형을 확보하기 위한 유일한 수단이 되는 농경지에 대한 공동체의 영향력 행사를 필요로 한다. 따라서 두 가지 다 울타리가 없다. 두 가지 유형의 문명 가운데 '북방적'이라고 일컬을 수 있는 유형의 문명에서는 바퀴달린 쟁기가 발명되었으며 공동체의 단결력이 특별히 강했다는 점이 특징이다. 이 유형의 외형적 특징은 경지가 전반적으로 길쭉한 형상을 띠고 병렬로 무리 지어 있다는 것이다. 아마도 3년 윤작제도도 바로 이 같은 환경에서 생겨났을 가능성이 있다. 3년 윤작제는 남쪽으로 널리 전파되었지만, 다른 곳들—알자스평야를 보라—에서는 바퀴달린 쟁기와 규칙적이고 길쭉한 분할지 형태의 경지만큼 멀리 보급되지는 않았다. 마지막으로 두 가지 유형의 개방적 농업문명 가운데 두 번째 것은 몇 가지 단서가 붙기는 하지만 간단히 말해서 '남방형'이라고 부를 수 있다. 이 유형의 문명에서는 오랜 세월에 걸친 바퀴없는 쟁기의 일관된 사용과 2년 윤작제의 철저한 실시—적어도 고유한 의미의 남프랑스에서는—가 결합되어 있으며, 토지이용과 농경생활 그 자체로 봐서는 공동체 정신의 강도가 현저히 낮다. 긴 역사를 지닌 농촌사회의

조직과 정신구조 면에서 보이는 그토록 선명한 대조적 현상들은 일
반적으로 지방의 발전과정에 틀림없이 깊은 영향을 끼쳤다고 할 수
있다.[57]

제3장

14~15세기 위기까지의 장원제

1

중세 초기의 장원제와 그 기원

장원제에 대한 모든 연구는 중세 초기를 출발점으로 삼아야 한다. 그렇다고 해서 그 제도 자체가 그보다 훨씬 먼 과거로부터 비롯되었음을 부인하는 것은 아니다. 적절한 때에 장원제의 먼 연원을 탐색하는 노력을 할 것이다. 중세 초기를 출발점으로 삼아야 하는 것은 8~9세기에 이르러서야 비로소 문헌기록—특허장, 법률문서 및 특히 소중한 자료로서 관례적으로 '폴리프티크'(polyptyque) 라고 불린 영지명세장(領地明細帳)[1]—이 비교적 풍부해져서 장원제에 대한 전체적인 서술이 가능하기 때문이다. 그보다 더 이른 시기

....

1 원래 라틴어로는 'polyptychum'이라고 한 것으로, 장원별 영주직영지의 재산현황과 농민보유지들의 의무가 상세히 기록되어 있는 일종의 재산명세장 내지 토지대장. 가끔 농민보유지 보유자들의 이름과 신분이 명기되어 있거나 그 면적이 명시된 것들도 있다. 영지명세장은 카롤링조 르네상스의 영향으로 대부분 9세기에 작성되었으며, 중세 초기의 경제와 사회 연구에서 대단히 중요한 사료다.

를 대상으로 해서 전체적인 서술을 시도하는 것은 헛된 짓이 될 것이다.

프랑크 시대의 갈리아 땅은 수많은 장원들로 분할되어 있었던 것으로 보인다. 비록 '빌라'라는 말이 벌써 인간의 주거지라는 의미로 서서히 바뀌기 시작하기는 했지만, 장원은 당시에 일반적으로 '빌라'라고 불렸다. 이 시대에 장원 또는 빌라라는 것은 어떤 것이었던가? 그것은 공간적으로는 그 땅의 대부분의 수익이 직접적으로든 간접적으로든 단 한 사람의 소유주에게 귀속되도록 조직된 하나의 영역이었으며, 인간 간의 관계에서는 단 한 사람의 지배자에게 복종하는 하나의 집단이었다.

§

장원의 토지는 명확히 서로 구분되면서도 극도로 긴밀한 상호 의존관계를 통해 결합된 두 부분으로 나뉜다. 한 부분은 영주나 그의 대리인들이 직접 경영하는 대규모의 농장이다.[2] 이 토지 부분은 당시의 라틴어로는 일반적으로 '만수스 인도미니카투스'(mansus indominicatus)[3]라고 불렸고, 그 뒤 프랑스어로는 '도멘'(domaine)[4]

....

2   하나의 고전적 장원은 농경지만으로도 영주직영지의 크기가 장원에 따라 수십 헥타르에서 수백 헥타르에 이르고 보통 100헥타르 전후였으며, 농민보유지들의 합계면적은 이 영주직영지의 1.5배에서 3.22배쯤 되었다. 숲, 황무지 등 비농경지까지 포함하면, 1개의 장원은 약 1,000헥타르쯤 되었다.
3   '영주의 망스'라는 뜻임.
4   어원적으로 지배 또는 소유권을 뜻하는 라틴어 'dominium'이나 주인 또는 소유주를 뜻하는 'dominus'에서 유래한 말로, 주인 소유의 재산 또는 영주에게 속하는 토지를

으로 불렸다. 우리는 앞으로 영주직영지(domaine) 또는 영주유보지 (réserve seigneuriale)[5]라는 말을 사용하겠다. 다른 한 부분은 그 보유자들이 영주에게 여러 가지 공납의 의무를 이행하고 무엇보다 영주유보지에 필요한 노동을 제공해야 하는 꽤 많은 중소 규모의 농장들이다.[6] 역사가들은 중세 후기의 법률용어를 사용해서 이런 농장을 '농민보유지'(tenure)라고 부른다. 경제적 관점에서 볼 때, 하나의 동일한 조직체 안에서 이런 대규모의 농장과 보잘것없는 보통 크기의 농장[7]들이 공존한다는 사실이야말로 장원제도의 근본 특징이라고 할 수 있다.

먼저 영주유보지부터 살펴보자. 그것은 주거용 및 농업경영용 건물들, 정원, 황무지, 숲 따위를 포함하지만, 무엇보다도 곡물경작지, 초지, 포도밭 등으로 구성된다. 따라서 영주유보지는 주로 농경지로 구성된다고 할 수 있다. 영주유보지의 이 모든 농토는 단 하나의 땅뙈기로 되어 있었을까? 잘 알다시피, 우리에게는 당시의 지적도가 남아 있지 않다. 그러나 문헌기록을 통해 어렴풋하게나마 얼마간 알 수 있는 바에 의하면, 영주유보지의 농경지는 통상적으로 여러

....

뜻한다. 장원제와 관련해서는 영주직영지 또는 영주지를 가리킨다.

5 장원은 숲이나 황무지와 같은 비농지로 된 공유지를 제외하고는 영주 소유의 대토지다. 따라서 영주직영지나 영주유보지라고 하는 것은 영주가 소유한 장원의 농토 가운데 농민들에게 분양하지 않고 영주나 그 대리인이 장원농민의 부역노동을 사용하여 직접 경영하기 위해 남겨진 토지라는 뜻이다. 이 책에서 저자는 영주직영지라는 말보다는 영주유보지라는 말을 더 자주 사용한다.

6 1개의 장원은 1개의 영주직영지와 보통 10~30개 정도의 농민보유지들로 구성된다.

7 농민보유지의 크기는 지역에 따라 다를 뿐만 아니라 심지어 같은 장원 안에서도 보유지별로 차이가 있었으나, 대략 5헥타르에서 20헥타르에 이르렀으며 보통 10헥타르쯤 되었다.

'밭뙈기'나 '신개간지'(couture)[8]로 나뉘어 다소간 농민보유지 보유자들의 토지들과 혼재(混在)했음을 확인할 수 있다. 그렇지만 그 면적이 틀림없이 경우에 따라 큰 차이가 있었던 이런 분할지들―그 땅뙈기들의 면적은 파리지(Parisis)[9] 지방의 베리에르에서는 평균적으로 89헥타르에 달했고, 베리 지방의 뇌이예에서는 5½헥타르, 랭스 지역의 앙트네에서는 1헥타르 미만이었다[1)]―은 일반적으로, 심지어 기다란 모양의 개방경지 지대에서조차, 농민보유지를 구성하는 분할지들보다 훨씬 넓었다. 영주는 농민에 비해 많은 토지를 가지고 있었으므로, 밭고랑을 앞으로 조금씩 밀어내어 밭의 확장을 꾀했던 중소 규모의 농민보유지 보유자들에게 적용되었던 토지의 분산 규칙―이 규칙의 목적은 기회균등을 기하기 위한 것이었다―을 어느 정도 회피할 수 있었다. 실제로 영주유보지는 일반적으로 매우 광대했다. 주택과 숲 및 황무지를 제외하고 장원의 농경지 가운데 영주직영지에 속하는 토지 부분은 얼마나 되고 농민보유지들에 속하는 부분은 얼마나 되었던가? 이것은 중요한 문제다. 장원의 농경지 가운데 영주직영지와 농민보유지가 차지하는 비중이 어떠하냐에 따라 장원조직의 성격 자체가 완전히 달라질 것이기 때문이다. 또한 이 문제는, 통계자료가 부족하고 모호하다는 점에 비춰 볼 때, 매우 어려운 문제이기도 하다. 게다가 필시 곳에 따라서만이 아니라, 다양한 범주의 장원들 간에도 아주 큰 차이가 있었을 것이다.[10] 많은 토지

....

8   원래 중세의 라틴어로는 'cultura'라고 한 것으로, 미경작지로부터 개간되어 영주직영지의 일부를 구성하는 비교적 큰 면적의 경지를 뜻한다.

9   파리 북서쪽에 있는, 일드프랑스 내의 작은 지방. 우아즈강 계곡의 일부를 이룬다.

10   장원의 농경지 가운데 영주직영지와 농민보유지의 구성 비율이 지방에 따라 달랐을 뿐

를 소유한 영주들의 경우에만 문헌기록을 통해 다소 정확하게 그 비중을 알 수 있다. 우리가 대토지를 소유한 영주들의 직영지를 살펴본다고 하더라도, 크기 이외의 것을 알려고 하는 생각은 포기해야 한다. 왕실과 고위 귀족 및 주요 교회기관의 영지에서 그 면적이 흔히 수백 헥타르에 달했던 장원의 전체 농경지 가운데 영주직영지는 대략 4분의 1에서 2분의 1까지를 차지했다. 이런 것이 우리가 크게 틀리지 않고 영주의 농경지에 대해 그려 볼 수 있는 모습이다.

그러므로 영주직영지는 대규모의 농장, 실로 매우 큰 농장이었다. 이런 대농장으로부터 수익을 얻기 위해서는 상당히 많은 노동력의 사용이 필수적이었다. 영주는 어디서 필요한 노동자들을 구했을까?

영주는 이론적으로 세 가지 방식의 노동, 즉 임금노동, 노예노동, 그리고 농민보유지 보유자들의 부역노동을 이용할 수 있었고 실제로 이용했다. 그러나 사용노동력의 구성비율은 극히 일정하지 않았다.

임금노동의 경우에는 두 가지 사용방법이 있었다고 할 수 있다. 사용자가 노동자에게 현금이나 현물로 보수를 지급하거나, 아니면 노동자를 사용자의 집에 숙박시키면서 노동자의 생계유지나 심지어 의복구입에 필요한 경비를 부담하는 것이다. 후자의 사용방법에서는 이런 식사와 의복의 제공에다 일정액의 금전이 추가로 지불된다고 하더라도, 금전은 거의 부수입의 형태로 나타날 뿐이다. 오

....

만 아니라, 왕령지나 교회기관의 영지 또는 세속귀족의 영지에 따라, 그리고 그 영지가 큰 교회기관이나 대귀족의 영지인지 아니면 작은 교회기관이나 하급귀족의 영지인지에 따라 매우 큰 차이가 있었다는 의미로 이해된다.

늘날의 대기업에서도 계속 채용되고 있는 임금노동의 첫 번째 사용방법은 노동자의 고용에 어느 정도 편리성을 제공하며, 임시직의 고용에 적합하고 고용인을 자유롭게 교체할 수 있는 이점이 있다. 그런데 화폐급여 지불이 가능하자면, 당연히 화폐와 교환에 널리 토대를 둔 경제가 요구된다. 오늘날에도 여전히 농업 분야에서 채용되고 있는 임금노동의 두 번째 사용방법은 비교적 덜 유동적인 경제와 재화의 완만한 유통을 전제로 한다.

이미 말한 바 있는 중세 초기에는 두 가지 형태의 노동계약이 알려져 있었으며, 두 가지 형태 다 영주유보지에서 실행되었다. 코르비(Corbie) 수도원[11]의 정원에서 수도사들로부터 약간의 빵과, 몇몇 뮈이(muid)[12]의 맥주 및 약간의 콩 그리고 소액의 금전을 지급받는 조건으로 가을철에는 화단의 삽질 작업에, 봄에는 나무심기에, 여름철에는 잡초제거 작업에 고용된 이들 노동자야말로 사실상 임금노동자들이었다. 샤를 대머리왕(Charles le Chauve)[13]의 한 칙령에서 포도수확에 고용된 것으로 언급되고 있는 황폐화된 지역 출신의 농민들도 마찬가지로 임금노동자들이었다.[2] 이들 작업은 양자 다 계절노동의 성격을 띠며, 상당히 짧은 기간에 일손의 급작스런 증가를 요한다. 이런 임시노동자들의 존재는 농촌주민 중에 종종 상

....

11　코르비 수도원은 오늘날 파리 북쪽의 아미앵시 인근에 있다. 이 수도원의 원장 아달하르드(Adalhard)가 822년에 공포한 이른바 "아달하르드의 규칙"(*Statuta Adalhardi*)은 수도원 생활을 꾸려 가는 데 필요한 인적·물적 조건과 각종 노동조직 및 관리조직에 관해 상세하게 규정한 규칙으로 유명하다.

12　원래 중세 라틴어로는 'modius'라고 한 것으로, 당시 1 modius의 용량은 50~70리터쯤 되었다.

13　재위 843~877년.

상 이상의 이동이 있었고 어느 정도의 노동력 과잉이 있었음을 입증한다. 이런 이동성과 노동력 과잉은 당시 농경지의 생산이 빈약했음을 말해 주는 것이다. 그러나 규모가 컸던 영주직영지에서 순수한 임금노동자란 단지 예외적이고 일시적인 보조 역할을 했을 뿐이다.

주인의 부담으로 생계를 유지하는, 다시 말하면 주인으로부터 중세 프랑스어로 '프로방드'(provende)[14]라고 일컫는 것을 받는 노동자들—고문서 속에서 쓰인 말로 하면 한마디로 '프로방디에'(provendiers)[15]라고 하는 사람들—역시 중세의 모든 시대에, 특히 프랑크 시대의 갈리아 지방에 널리 존재했다. 그러나 그런 사람들 가운데 오직 자유인만이 임금노동자라고 불릴 만하다. 노예 또한 그의 주인의 부양을 받기는 했지만, 그와는 전혀 다른 신분에 속했기 때문이다. 그런데 프랑크 시대에는 아직도 노예가 존재했다. 그래서 상당히 많은 문헌기록—이들 문서는 사회신분을 분석하기보다 무엇보다도 배급량을 정하는 데 훨씬 큰 관심을 둔 음식의 배급에 관한 규정들이다—에서 언급되는 '프로방디에'들 가운데서 각종 법적 지위를 구별해 내는 것은 어려운 경우가 많다. 그럼에도 불구하고 영주의 식료품 담당자들이 나눠주는 식량을 받는 잡다하고 흔히 꽤 파란만장한 삶을 산 사람들 속에 노예, 자유인 신분의

....

14   원래 중세의 라틴어로 'praebendam'이라고 한 이 말은 식량이라는 뜻이다.
15   원래 중세의 라틴어 사료 속에서는 'provendarius', 'praebendarius', 'bervendarius' 등으로 기록되어 있다. 이들은 영주의 저택 안이나 그 주변에서 생활하면서 영주로부터 식사와 의복을 제공받고 영주직영지 내의 잡다한 일상적 작업을 담당하는 예속민들이었다.

장인(匠人), 병사, 봉신 등의 사람들 외에 자발적으로 지원한 약간의 남녀 청소년들이 끼어 있을 수 있다. 그러나 매우 광대한 영주직영지를 경작하기에는 그 수가 충분하지 못했음은 물론이다.

다음으로 노예의 경우에는 어떠했을까?

노예의 경우에도 역시 구분이 필요하다. 토지의 경작에 노예를 사용하는 데는 두 가지 서로 다른 방식이 있었다. 하나는 노예가 종으로서 주인의 농토에서 주인이나 그의 대리인이 매일 정해 주는 작업을 수행하는 방식이다. 다른 하나는 노예에게 작은 땅뙈기를 떼어 주어 그 경작을 전적으로 노예에게 맡기고 그 수익은 다양한 형태로 주인과 노예 사이에 나눠 갖는 것이다. 두 번째의 경우에는 노예가 사실상 농민보유지 보유자다. 게다가 만약 노예가 주인의 유보지에 노동을 제공한다면, 그 노동은 부역노동이 될 것이다. 그러나 '프로방디에'로 남아 있는 노예도 있었다.

로마사회에는 오랜 후에 아메리카 열대지방의 플랜테이션에서 실시되는 것과 아주 유사한 방식으로, 오직 노예집단에 의해서만 경작되는 거대한 농장들이 있었다. 그러나 아마 결코 일반화된 적이 없었던 것으로 보이는 이런 노예 사용방식은 로마제국 말 이후 점차 폐기되었다. 실질적인 동시에 심리학적인 요인들이 이런 방식이 폐기된 원인이었다. 이와 같은 노예사용 방식은 풍부한 노예노동력과 당연히 이런 풍부성과 병행되는 현상인 싼 노예 값을 전제로 한다. 이미 로마의 농학자들은 노예의 집단노동은 비능률적이며 그래서 얼마 안 되는 일을 하는 데도 많은 노예가 필요함을 간파하고 있었다. 게다가 노예가 죽거나 병이라도 들면, 자본이 완전히 사라지는 것이기 때문에 그 대체가 요구되었다. 그렇다고 해서 그 대

체를 위해서 대농장 자체 안에서 출생하는 노예에게 크게 의존할
수도 없었다. 경험으로 봐서 '인간가축'의 사육은 무엇보다도 성공
하기 어렵다는 것이 증명되었기 때문이다. 따라서 보통은 대체노예
를 구입하는 것이 필요했다. 그래서 노예의 값이 비싼 경우에는 그
손실이 대단히 커지게 된다. 그런데 노예시장에 노예를 공급하는
것은 전쟁이었으며, 그것도 미개지역에 대한 노략질과 다름없는 전
쟁이 성공적으로 수행될 때였다. 수세적인 처지로 몰리고 점점 꼼
짝없이 패배할 수밖에 없게 된 로마제국의 말기에는 노예상품이
희소해지고 비싸졌다. 이와 반대로 토지보유 노예는 노동능률이
높았으며, 적어도 자신의 보유지에서는 그랬다. 왜냐하면 그런 노
예는 부분적으로나마 자기의 보유지에서 그 자신을 위해 일을 했
기 때문이며, 그리고 안정된 가족생활을 영위하고 가족이 헤어질
우려가 거의 없었던 까닭에 노동력이 자연적으로 계속 재생산되
어 유지되었기 때문이다. 그뿐이 아니었다. 하나의 대농장은 사실
상 자본주의적 기업이었다. 따라서 이런 대농장의 경영에는 자본
및 노동력의 수익성에 대한 치밀한 분석, 쉬운 일이 아닌 수지계산
서 작성, 노동에 대한 지속적이고 효과적인 통제 등이 요구되었다.
그러나 서유럽 세계의 경제상황과 로마사회 및 그에 뒤이은 로마
게르만 사회의 생활조건 등으로 말미암아 이 모든 것은 점점 더 어
려워지게 되었다. 카롤링조 시대에 이르면 대부분의 노예들이 농
민보유지 보유자, 곧 이른바 '외거화(外居化)된'(casati) 노예가 되어
있었다. 다시 말하면, 노예에게 '집'(casa)과 그에 딸린 농경지가 제
공되었다. 어쨌든 노예 상태로 살아가는 경우에는 그랬다. 한편 많
은 노예들은 계속해서 농민보유지에 의존해 살아간다는 조건으로

해방되었다.

그렇지만 카롤링 시대에 노예공급의 원천—무엇보다도 이교도에 대한 전쟁—은 고갈되지 않았으며 인간상품의 거래가 상당히 큰 규모로 유지되었기 때문에, 아직도 영주유보지에는 외거화되지 않고 주인이 사역할 수 있는 노예들이 얼마간 남아 있었다. 그들이 수행하는 노역은 틀림없이 하찮은 것이 아니었을 것이다. 그러나 그들의 수는 분명히 너무나 적어서 그들만으로는 영주직영지의 밭 경작을 감당할 수 없거나 경작에 기여하는 바가 클 수도 없었다. 모든 점을 고려할 때, 우리는 결국 똑같은 결론에 이른다. 즉, 영주직영지의 경작을 위해서는 부역노동, 다시 말하면 농민보유지 보유자들의 부역노동에 의존해야 했다는 것이다. 이제 농민보유지라고 하는 것을 살펴보자.

§

장원에 따라 그 수가 매우 다른 소규모의 농장들이 있다고 상상해 보자. 이들 작은 농장은 밭과 밭이 맞붙은 상태로 영주유보지에 인접해 있었고, 이들 농장을 보유한 사람들의 집은 영주와 그의 가솔이 사는 거대한 '저택'—이따금 벌써 성채가 되어 있기도 했다—과 이웃하고 있었다. 때로 이 작은 농장들과 영주직영지와의 거리가 먼 경우도 있었다. 기증, 분할, 매입, 예속관계를 낳는 계약 등과 같은 우연한 계기로 가끔은 족히 하루 걸음이 될 정도로 제법 멀리 떨어진 곳들에 위치한 분할지들로 된 농민보유지들이 '만수스 인도미니카투스'와 종속관계를 맺는 경우가 있었기 때문이다. 마찬가지로 같은 하나의 촌락과 그 촌락권역 내에 서로 다른 영주에 속하는 몇 개의 장원들이 병존함으로써 영주직영지들과 농민보유지들의 토지들이 혼재하는 경우도 드물지 않았다. 이들 옛 장원사회가 대단히 질서정연한 모습을 갖추고 있었다고는 생각하지 말자. 장원사회의 경계선도 토지에 대해 행사되는 권리들의 지형상의 분포도 다분히 혼란스럽고 중첩되어 있었기 때문이다.[16]

영주의 수취체제(收取體制)라는 면에서 볼 때, 모든 농민보유지가 다 그랬던 것은 아니지만 그 대부분은 분할될 수 없는 일정한 단위들을 구성하고 있었다. 분할될 수 없는 이런 농민보유지는 일반적으로 '망스'(mansus)라고 불렸다.[3] 망스를 보유해서 경작하는 사람들은 원래 서로 매우 다른 신분에 속해 있었다. 그 요점만 말하면 다음과 같다. 망스보유자들 가운데는 노예(servus)가 있었고, 이보다 그 수가 훨씬 많은 콜로누스가 있었다. 이들 콜로누스는 이론적으로는 자유농민이었으나, 로마제국 후기의 입법 조치로 말미암아 세습적으로 토지에 매이게 되었다. 카롤링 시대에는 콜로누스를 토지에 묶어 두는 규정이 더 이상 존재하지 않았다. 그러나 콜로누스가 영주의 가혹한 압제를 받는 상태는 지속되었다. 사람들은 이런 콜로누스와, 상당히 가혹한 의무를 수행한다는 조건

....

16 서양 중세 봉건사회에서는 원칙적으로 하나의 마을과 그 마을에 속하는 토지를 기초로 하여 하나의 장원이 형성되었다. 그러나 실제로는 위에서 말한 바와 같이 하나의 촌락과 그에 딸린 토지가 여러 장원 사이에 나뉘어 촌락의 경계선과 장원의 경계선이 일치하지 않고 혼란스러운 경우가 많았다. 또 장원의 토지와 관련해서도 어떤 부분의 토지에 대한 지대 수취권은 A 영주가 가지고 있으면서도, 영주권은 B 영주가 행사하고, 심지어 십일조 수취권은 C가 행사하는 경우들이 있었다. 이런 혼란스러움과 중첩은 시간이 갈수록 심해졌다.

으로 예전의 노예 신분으로부터 풀려난 해방노예[17]를 혼동하는 경향이 있었다. 망스보유자들의 신분이 이처럼 법적으로 다양함에도 불구하고 이들 신분 외에 다른 부류의 신분들이 더 있었다. 게다가 농민보유지에도 지위(地位)가 부여되어 있었다. 그러나 농민보유지의 지위와 그 보유자의 신분이 언제나 일치했던 것은 아니다. 망스는 '자유인망스'(mansus ingenuilis), '노예망스'(mansus servilis), 그리고 그 밖의 망스[18]로 구분되었으며, 원칙적으로 농민보유지들은 각각의 이런 지위에 따라 서로 다른 의무가 부과되었다. 그러나 원래는 콜로누스가 보유했었던 자유인망스를 이제는 노예가 보유하거나, 거꾸로 노예망스를 콜로누스가 보유하는 경우도 매우 자주 있었다.[19] 농민보유지의 종류와 보유자 신분의 이런 불일치는 완전히 일신되던 사회적 계급제도의 특징이다.[20] 그렇게도 복잡해

....

17 로마 시대부터 중세 초기에 걸쳐 노예가 완전한 자유인으로 해방되는 경우도 있었으나, 노예신분으로부터 해방되기는 하되 주인에게 반쯤 예속된 상태로 해방된 '해방노예'라는 신분이 존재했다. 해방노예는 일찍이 민족 대이동 전의 게르만족 사회에도 존재했다. 이들의 신분은 자유인과 노예 사이의 중간에 위치했지만 법적으로는 부자유인 신분으로 분류되었다. 해방노예는 라틴어 사료에서 'litus', 'libertus' 등으로 불렸다.

18 그 밖의 망스란 '해방노예망스'(mansus ledilis)를 가리킨다. 망스 가운데 자유인망스가 전체 망스의 3분의 2 이상을 차지할 정도로 압도적으로 많았고, 그 나머지 대부분은 노예망스였으며, 해방노예망스는 아주 적었다.

19 망스를 원래의 신분이 아닌 타 신분이 보유한 비율은 9세기 초엽 생제르맹데프레 수도원영지의 경우에 자유인망스가 8퍼센트, 노예망스가 49퍼센트, 해방노예망스가 68퍼센트였으며, 해방노예망스가 보이지 않는 9세기 중엽 생르미 수도원영지의 경우에는 자유인망스 14퍼센트, 노예망스 54퍼센트였다.

20 고대의 계급제도는 기본적으로 자유인과 부자유인으로 구분되는 신분제도에 기초를 두고 있었다. 그러나 장원제를 비롯한 봉건사회가 형성·발전하던 카롤링 시대에는 최초 보유자의 고대적 신분에 따라 구분되었던 농민보유지의 종류와 보유자의 신분이 불일치하는 현상이 심해지는 한편, 농민보유지의 종류별로 상이하게 부과되었던 보유자의 부담도 비슷해지고 상이한 전통적 신분 사이에 통혼도 이뤄지는 추세가 나타난다.

진 이런 분류는 점점 더 그 실질적 의미를 상실해 가는 추세를 보인다. 중요한 것은 모든 농민보유지 보유자들이 영주에게 예속되는 처지에 놓이게 되었다는 점이다. 그때부터 중세의 전 기간을 통해 매우 깊은 뜻을 지니게 된 표현을 쓴다면, 그 보유자들은 이른바 '영주의 속민'이었다.

농민보유지의 대부분이 미리 보유기간을 명시하여 분양되었던 것은 아니다. 분명히 곳곳에 한 사람의 일생이나 여러 대(代)(보통 3대)로 제한된 일정 기간 동안 임대된 농민보유지들이 존재하기는 했다. 이런 농민보유지는 '소작료 납부 망스'(mansus censilis)[21]라는 것으로, '맹페름'(mainferme)[22]이라고 불리기도 했다. 그러나 이탈리

....

그 결과, 고대와는 달리 다양한 신분 출신의 농민들이 농노라는 예속적 농민층으로 수렴·통합된다. 동시에 다른 한편으로는 이들 농노 계급을 지배하는 영주 계급도 형성된다. 여기서 저자가 말하는 것은 이와 같이 카롤링 시대에 진행된 고대적 계급제도로부터 중세적 계급제도로의 이행과정을 가리킨다고 하겠다.

21 'censilis'란 '상스'(cens)의 형용사 격으로 '상스를 납부할 의무가 있는'이라는 뜻이다. '상스'라는 말은 여러 가지 뜻으로 사용되었지만, 가장 흔하게 사용된 것은 장원에서 토지보유자가 영주에게 부역노동 형태로 지대를 지불하지 않고 일정액의 화폐나 생산물 형태로 지불하는 지대 내지 지세의 의미였다. 그래서 이런 경우의 '상스'를 '비부역지대'나 '면역지대'(免役地代) 또는 '소작료'로 번역할 수 있을 것이다. 그러나 '비부역지대'라고 하면, 화폐지대나 생산물지대뿐만 아니라 지대가 아닌 다른 무엇으로 오해될 소지가 있다. 또 '면역지대'라고 옮길 경우에는 여기서 보듯이 카롤링 시대부터 이미 상스를 지불하는 농민보유지가 더러 존재했음에도 불구하고, 이전에 지불하던 부역지대를 면하고 다른 형태의 지대를 부담한 것처럼 오해될 수도 있다. 따라서 상스가 지대나 지세의 뜻으로 사용된 경우에는, 이를 일반적으로 생산물이나 화폐 형태로 지불되는 지대를 뜻하는 소작료로 번역하는 것이 바람직하다고 하겠다. 영지명세장들을 비롯한 9세기의 문헌기록에 의하면, 'mansus censilis'는 일반적으로 고전장원에서 자유인 신분의 농민이 영주의 토지를 보유하는 데 대해 일정액의 화폐나 생산물 형태로 지대를 지불하는 농민보유지다. 따라서 이런 농민보유지는 고전장원 내의 일반 농민보유지(mansus)와는 달리 무제한의 부역노동과 공납의 의무가 부과되지 않고 그 보유자가 영주에게 세습적으로 예속되지도 않는 한시적 소작지라고 할 수 있다.

22 중세의 라틴어로는 'manusfirma'로, 문자 그대로의 뜻은 '확정적인 손'이다. 손은 양

아와는 달리 갈리아에서는 이와 같은 한시적 정액소작지가 드물었다. 갈리아에서는 대다수 농민보유지의 보유기간이 확정되지 않았다. 보유기간뿐만 아니라 농민보유지의 부담도 명문화된 계약이나 그 어떤 명시적인 방식으로도 고정되지 않았다. 오직 장원의 관습만이 영주와 그의 속민과의 관계를 규정할 뿐이었다.

여기서 우리는 중세의 법사상 어느 부문에서나 중요성이 매우 컸으나 그중에서도 농촌사회의 구조에 대해서 가장 큰 영향을 끼쳤던 한 개념과 마주치게 된다. 전통의 고수에 철저했던 중세 사람들은 오래전부터 존재한 것은 그 자체로, 그리고 오직 그것만이 존속할 권리가 있다는 견해를 갖고 살았다고 말해도 별로 과장이 아닐 것이다. 집단의 전승, 즉 '관습'은 집단의 생활을 지배했다. 언뜻 보아서는 이와 같은 체계가 모든 변화에 장애가 되었을 것처럼 보일지 모른다. 그러나 그렇지 않았다. 관습은 필요한 경우에 글로 쓰인 증서나 판결문 또는 조사를 거쳐 작성한 장원의 재산명세서 속에 구체적으로 표현되었으나, 대부분의 경우에는 오직 구전으로만 전해졌다. 요컨대 사람들은 인간의 기억을 신뢰했던 것이다. 당대 사람들은 어떤 제도가 '인간의 기억' 속에서 여전히 시행되고 있다고 인정되는 경우에는, 그것을 유효한 것이라고 생각했다. 그렇지만 '인간의 기억'은 매우 불완전하고 가변적인 매개물이다. 인간 기억의 망각과 특히 왜곡 능력이야말로 참으로 놀랄 만한 것이다. 관

....

도를 상징한다. 따라서 'manusfirma'는 일정기간의 토지 양도를 뜻한다. 중세사회에서 사용된 뜻 그대로 정확하게 다시 말하면, 저자가 여기서 말하는 바와 같이 '상스를 부담한다는 조건으로 일생 동안 또는 여러 대 동안 임대된 한시적 양도토지'라고 할 수 있다.

습 위주의 사고 결과는 생활을 고정시키기보다 오히려 선례를 권리로 조금씩 변형시킴으로써 많은 권력남용이나 과오를 정당화하는 측면이 훨씬 컸다. 말하자면 그것은 번갈아 가며 영주들과 그들의 농민들에게 쓸모가 있는 양날의 무기와 같은 것이었다. 그러나 상대적 순응성이라는 장점과 단점을 가진 관습법의 원리는 확실히 영주의 일방적 전횡보다는 더 나은 것이었다. 공공재판소가 아직도 얼마간의 기능을 수행하고 있던 카롤링조 시절에 어떤 때는 영주가 그의 속민에 대항하여, 어떤 때는 속민들이 그들의 영주에 대항하여 장원의 관습을 원용하는 것을 볼 수 있다. 이때부터 관습의 영향력은 농민보유지 보유자들 가운데 콜로누스에게만이 아니라 노예들에게까지 미쳤다.[4]

관습의 영향이 초래한 주요 결과들 가운데 하나는, 농민보유지들이나 그 보유자들이 지니는 법적 지위가 어떠하든 간에, 농민보유지들을 실제에 있어서는 거의 한결같이 세습적으로 만들었다는 것이다. 영주들은 이런 변화에 반대할 아무런 이유가 없었다. 영주들은 수많은 선례가 새로 만들어지도록 내버려둠으로써 이런 변화를 조장했다. 일반적으로 영주들이 사망한 콜로누스나 노예의 자식들로부터 그 아버지가 보유했었던 농민보유지를 회수한다고 해서 무슨 이득이 있었겠는가? 또 회수한 농민보유지를 자신의 유보지에 추가한다고 해서 무슨 이득이 있었겠는가? 영주유보지는 농민보유지 보유자들의 부역노동 덕분에 경작되었기 때문에, 유보지 그 자체가 제대로 경작되기를 바란다면 무한정으로 확대할 수가 없었던 것이다. 그뿐만 아니라, 토지에 사람이 없다면 지배자는 권위를 갖지 못할 것이다. 다른 보유자를 불러들일 것인가? 인구가 너무

희박한 데 비해 황무지 상태의 토지는 너무나 풍부해서 경작자 없는 토지가 오랫동안 방치될 위험이 있었기 때문에 그렇게 할 수도 없었다. 프랑크 시대의 새로운 현상은 자유인망스의 세습화가 아니라―왜냐하면 그런 세습화는 필시 농촌의 작은 집단들의 관습에 의해 오래전부터 인정되었을 것이기 때문이다―, 노예 신분의 보유자까지도 포함된 전체 농민보유지 보유자들에게 이런 세습에 관한 전통적 규칙이 확대·적용되었다는 점이다.

영주와 그의 속민과의 관계에서 경제적 측면이 아무리 중요하다고 할지라도 오직 그런 측면만을 보는 것만큼 부정확한 것은 없을 것이다. 영주는 기업체의 사장이었을 뿐만 아니라 지배자이기도 했기 때문이다. 그는 그의 농민보유지 보유자들에 대해 명령권을 행사했고, 필요한 경우 그들로부터 군사력을 징발했으며, 그에 대한 보상으로 그의 보호, 즉 '몽드부르'(mondebour)[23]를 농민보유지 보유자 집단에게 확대해서 제공했다. 재판권에 대한 고찰은 몹시 복잡하기 때문에 여기서 다룰 수 없다. 여기서는 프랑크 시대부터 적어도 이론상으로는 이들 종속민과 관련된 대다수의 소송사건을 담당한 곳이 영주재판소였다는 사실을 상기하는 것만으로도 충분할 것이다. 그래서 아마도 프랑크 시대와 그 후의 프랑스 제후들 가운데 다수는 그의 영지가 얼마만한 수입을 가져다주느냐는 질문을 받았다면, 그와 비슷한 질문을 받은 스코틀랜드의 고지대 사람이 "500명분"이라고 대답했던 것처럼 대답했을 것이다.[5]

....

23　이것은 중세 라틴어 문헌에서는 'mundiburdis', 'mondeburdo' 등으로 기록되어 있는 것으로, 원래는 중세의 약육강식적 혼란 상황 속에서 맺은 봉신제적 주종관계에서 영주가 그의 봉신들에게 신체 및 재산상의 보호를 제공하던 것이었다.

경제적 관점에서 볼 때, 농민보유지 보유자는 영주에 대해 두 가지 유형의 의무를 수행해야 했다. 즉, 농민보유지 보유자는 영주에게 부과조 납부와 부역 의무를 이행해야 했다.

복합적 구성물인 전체 부과조 가운데서 각 부과조의 본래적 의미를 파악하는 것은 언제나 쉽지 않다. 어떤 것들은 농민보유지 보유자에게 인정된 용익권에 대한 일종의 보상적 성격을 띠는 것으로, 토지에 대해 영주가 갖는 상급 물권(物權)에 대한 일종의 확인을 뜻한다.[24] 다른 것들은 사람의 머리 수별로 지불되었으며, 몇몇 부류의 종속민들의 인신적 예속상태를 표시했다.[25] 또 다른 부과조들은 농민보유지 보유자들에게 허용된 몇몇 부수입—예컨대 방목권[26]—에 대해 지불되었다. 마지막으로 부과조 중에는 영주가 자신의 이익을 위해 가로챈 과거 국가에 대한 조세를 단순히 표시하는 것도 있다.[27] 부과조 가운데 몇 가지는 수확량의 일정 비율로 징수되었지만, 그런 경우가 많았던 것은 아니다. 대부분의 부과조는 고정되어 있었으며, 가끔 화폐로 지불되기도 했으나 대개의 경우 현물로 지불되었다. 그러나 전체적으로 부과조의 부담이 크기는 했지만, 부역의 부담만큼 컸던 것은 아니다. 카롤링 시대에 농민보유지 보유자는 부과조 납부자라기보다는 부역노동 수행자였다. 농민보유지 보유자의 주요 역할로 볼 때, 그 보유자는 근래 노르웨이의 대

....

24 농민보유지에서 생산된 곡식과 포도주의 10분의 1을 징수했던 토지세 및 포도주세와 같은 것이 그 예다.
25 예컨대 인두세.
26 방목권이란 장원의 농민들이 숲이나 황무지와 같은 공유지와 그루터기가 자라는 추수 후의 밭에서 가축을 방목할 권리를 말한다.
27 예컨대 군역세(軍役稅)가 그렇다.

지주가 직영농장에 일손을 제공받는다는 조건으로 약간의 땅뙈기를 양도해 주는 '후스멘'(husmend)[28]과 유사하다.

부과조와 마찬가지로 상당히 잡다하게 구성된 대다수의 부역은 상대적으로 큰 관심거리가 되지 못하는 몇 가지를 제외하면—예컨대 수송부역— 참으로 독특한 두 가지 부류의 부역, 즉 경작부역과 제조부역으로 구분될 수 있다.

첫 번째 부류의 경작부역은 다시 정적부역(定積賦役, travail aux pièces)[29]과 정기부역(定期賦役, travail à la journée)[30]으로 구분되어야 한다. 각 소규모 농장의 보유자는 한편으로는 영주직영지 내에 있는 일정 면적의 토지를 할당받는다. 이때 대개의 경우에 이에 필요한 씨앗을 영주로부터 제공받는다. 농민보유지 보유자는 이렇게 할당받은 농토의 경작을 책임지는 것이다. 이렇게 경작되어 산출되는 수익은 모조리 영주에게 귀속된다. 이것이 정적부역이다. 다른 한편으로, 농민보유지 보유자는 영주를 위해 상당한 일수(日數)의 노동을 수행해야 한다. 가끔 밭갈이 작업에 며칠간, 나무를 베는 작업에 며칠간 등의 방식으로 더욱 구체적으로 작업기간이 명시되기도 한다. 영주나 그의 대리인들이 할 일은 영주유보지의 수익을 올리기 위해 농민보유지 보유자가 제공하는 부역노동 시간을 최대한 적절하게 사용하는 것이다.

....

28 근대에 노르웨이나 덴마크의 농촌사회에서 작은 집과 보잘것없는 크기의 토지를 가지고 날품팔이꾼 노릇을 한 영세농. 영국의 역사에 보이는 'cottager'에 해당하는 오막살이농이라고 할 수 있다.

29 영주직영지 가운데 일정 면적의 농경지를 할당받아 경작하는 부역방식을 말한다.

30 영주직영지를 경작하는 부역노동의 기간을 정하여 부과·수행되는 부역방식을 가리킨다.

그런데 이와 같은 부역노동 일수는 얼마나 되었을까? 이것은 영주에게나 농민에게나 대단히 중요한 문제였다. 부역노동의 부담량은 장원에 따라 달랐으며, 같은 장원 안에서도 농민의 법적 신분과 농민이 보유한 망스의 법적 지위에 따라 차이가 있었다. 이 점과 관련해서 종종 관습법은 영주가 마음대로 결정하는 데 대해 아무런 제한―적어도 공인된 제한―을 가하지 않았다. 즉, 농민보유지 보유자는 "작업이 필요한 날"에나 "명령을 받을 때"에는 "부역노동을 했다." 이런 무제한적 부역은 때때로 자유인망스의 경우에도 부과되었다. 노예망스의 경우에는 무제한적 부역 수행이 잦았다. 이런 무제한적 부역은 노예제의 흔적임에 틀림없다. 노예의 노동은 본래 어느 때든 주인이 마음대로 사용할 수 있는 것이 아니었던가? 어떤 경우에는 부역노동의 일수가 관습으로 명확하게 고정되어 있었다. 일반적으로 부역노동 일수는 매우 많았다. 매주 3일씩이나 되었다. 이것이 가장 널리 행해진 부역노동의 비율이다. 그렇지만 부역노동 일수가 수확기와 같은 몇몇 농사철에는 이보다 더 많은 경우가 상당히 자주 있었으며, 심지어 일 년 내내 매주 3일 이상 되는 경우도 있었다. 이런 상태에서 농민들은 그들 자신의 보유지를 경작할 시간을 어떻게 확보할 수 있었을까? 부역노동에 관해 기록된 수치는 개개인별로 제시되어 있지 않고 일반적으로 '망스'라고 불리는 농민보유지 단위로 제시되어 있음을 잊지 말자. 그런데 각각의 이런 토지보유 단위에는 최소한 한 가구의 가족이 살고 있었고, 가끔 그보다 더 많은 농민가족이 살고 있었다. 농민보유지를 공동으로 보유한 농민들 가운데 한 사람은 1주일의 대부분을 영주에 대한 부역 수행을 위해 파견되었으며, 때때로 농번기에는 1명 내지 2명의 추가 '일꾼'(ouvrier)[31]을 동반할 의무가 있었다. 그동안에 나머지 공동보유자들은 작은 농장의 밭뙈기들을 경작했다. 이와 같은 부역노동제도를 통해서 영주직영지의 관리인은 사실 막대한 노동력을 사용할 수 있었다.[6]

영주를 위해 농민이 수행해야 했던 부역은 이것이 전부가 아니었다. 장원농민들이나 적어도 그들 중 일부는 매년 목제품, 직물, 의복과 같은 제조품을 영주에게 바쳐야 했으며, 심지어 아버지로부터 아들로 숙련된 제조기술이 전수되던 일부 망스보유자의 경우에는 금속제 연장들을 공납해야 했다. 때때로 이런 제조에 필요한 자재는 제조노동과 마찬가지로 농민보유지 보유자가 부담하기도 했다. 아마도 목제품의 경우에 보통 그랬을 것이다. 그러나 직물의 경우에는 흔히 영주가 그 자재를 제공하고 농민이나 그의 부인은 시간과 노동 및 솜씨만을 제공하곤 했다. 직물제조 작업—참으로 노예적 성격을 지니는 이 의무는 콜로누스에게는 부과되지 않고 외거화된 노예들에게만 부과되었다—은 어떤 때는 농민의 집에서, 어떤 때는 낭비와 절도를 방지하기 위해 영주의 작업장에서 행해졌다. 영주의 이런 피륙제조 작업장은 비록 거기에서 남성들이 일하고 있다 하더라도 이미 로마제국 후기에 잘 알려진 이름인 '지네세'(gynécée)[32]라고 불렸다. 이와 같이 농민보유지는 실로 노동력의 원천으로 생각되었으므로, 농민보유지 보유자의 노동은 농업 부문뿐만

....

31   중세의 원사료에서는 'operarius'라고 한 것으로, 생르미 수도원의 영지명세장 제VIII
      장 제2항, 제XIII장 제18항, 제XVII장 제126항 등에 나타난다.
32   원래 라틴어로는 'gynaeceum'이라고 한 것으로, 고대 그리스와 로마 사회에서 부녀자
      들이 거처하는 규방(閨房)이나 부녀자들의 작업장을 뜻했다.

아니라 수공업제품의 생산 부문에도 사용되었다. 이런 의미에서 장원은 임금이 일반적으로 토지 형태의 급여로 대체된 농장인 동시에 공장인 하나의 거대한 기업—그렇지만 무엇보다 농장의 성격이 강하다—으로 정의될 수 있다.

§

이와 같은 프랑크 시대의 장원은 그 바로 직전의 새로운 사회적·정치적 상황으로부터 생겨난 제도였을까? 그렇지 않으면 농촌의 관습에 깊이 뿌리박은 고대적 방식의 집단조직이었을까? 그 대답은 상상 이상으로 어렵다. 우리는 로마 시대의 갈리아의 사회생활에 대해 너무나 모른다는 사실을 언제나 잘 이해하는가? 특히 기원후 처음 3세기 동안의 갈리아의 사회생활에 대해서는 얼마나 모르고 있는가? 그렇기는 하지만 여러 가지를 고려해 볼 때, 중세의 장원은 매우 오래된 시대, 최소한 켈트 시대까지 거슬러 올라가는 관습의 직접적인 산물인 것으로 보인다.

카이사르는 갈리아의 주민들이 거의 어디에서나 수장들의 지배를 받고 있는 것으로 묘사했다.[33] 이들 세력가는 동시에 부자이기도 했다. 그들이 그들 재부의 대부분을 토지로부터 취득했음은 의문의 여지가 없다. 그러나 토지로부터 부를 어떤 방법으로 취득했

....

33 카이사르는 기원전 58~51년간에 갈리아와 그 주변지역에 대한 정복전쟁을 벌이고 이에 관한 기록인 『갈리아 전기(戰記)』를 남겼다. 여기서 그는 갈리아 지방의 켈트족 사회와 그 인근의 게르만족 사회의 구조와 생활을 묘사함으로써, 그들 사회에 대한 귀중한 사료를 남겼다.

을까? 그들이 노예 집단에 의해 경작되는 대농장을 경영했다고 볼수는 없을 것이다. 그들의 힘은 무엇보다 자유인 출신이면서도 신민인 '피호민'(client)[34]들에 토대를 두고 있었던 것으로 보인다. 이들 종속민은 너무나 많아서 주인의 집에서 모두 생활할 수가 없었음이 분명하다. 그리고 또 도시 자체가 드물고 도시 거주민이 아주 적었던 시절에 그들이 도시에 집중되어 살았다고 생각할 수도 없으므로, 종속민의 대부분은 시골사람들이었음에 틀림없다. 모든 점을 고려할 때, 갈리아의 귀족은 수입의 대부분을 자기들의 지배 아래 있는 농민들의 공납물로부터 취하는 촌장(村長) 계급이었을 것으로 생각된다. 사실 카이사르는 우연하게도 카뒤르크족[35]의 족장 루크테르가 요새화된 읍락이자 거의 도시에 가까웠던 욱셀로두눔을 자신의 "보호" 하에 두고 있었음을 우리에게 알려 주고 있지 않은가? 그렇다고 할 때, 전적으로 농촌적인 여타의 취락들 역시 피보호 집단이 아니라고 어떻게 생각할 수 있겠는가? 추측에 지나지 않지만, 어쩌면 이런 체제는 먼 옛날의 부족제도에서 기원했을지도 모른다. 우리가 관찰할 수 있는 바와 같이, 중세의 전 기간을 통해 웨일즈 지방의 로마화되지 않았던 켈트족 사회의 사례는 부족장이나 씨족장으로부터 영주로의 변신이 상당히 자연스럽게 진행될 수 있었음을 보여주는 것으로 생각된다.

서로 비슷한 방식의 토지경영 조직들이 곳곳에 존재했던 로마제국 안에서, 이런 제도들은 로마적인 외양을 쓰고 아마도 그 대부

....

34   고대의 라틴어로는 'cliens'임.
35   오늘날 프랑스 남서부 카오르 인근에 살았던 켈트계 부족.

분이 존속했던 것으로 보인다. 물론 이들 제도는 새로운 법적·경제적 환경에 적응했을 것임에 틀림없다. 로마사회에 노예가 풍부하게 존재했다는 사실은 아마도 처음에는 거대한 영주유보지의 창출을 초래했을 것이다. 켈트 시대에 광대한 영주유보지가 존재했는지는 전혀 확실하지 않다. 여기서 다시 한번 웨일스의 사례는 직영지— 어쨌든 넓은 면적의 직영지—의 존재가 시골지역의 '보호'제도가 작동하는 데 결코 필요불가결한 요소가 아니었음을 증명해 준다. 수장의 수입원은 전적으로 또는 주로 농민들이 바치는 공납물일 수도 있는 것이다. 그와 반대로, 노예제는 대토지경영을 초래한다. 그러나 그 후에 노예노동력이 감소하는 가운데서도 지주가 유보지 경영을 포기할 마음이 전연 없을 때, 과거보다 부담이 더 큰 부역노동이 —일부 부과조를 대신하던 전의 부담들에 추가되는 방식을 통해서든 간에— 농민보유지 보유자들에게 요구되었다.[7] 토지를 소유한 귀족층은 로마제국 내에서 강력한 권력을 장악하고 있었으므로 그들의 예속민에게 많은 것을 강요할 수 있었다. 그렇지만 이미 로마사회에서—다른 곳에서와 마찬가지로 필시 갈리아에서도— 농촌의 장원은 저마다 원칙적으로 그 자체의 관습, 즉 '콘수에투도 프래디'(consuetudo praedii)[36]라고 불린 자체의 법을 가지고 있었다.[8]

장원제도가 프랑스 땅에서 이처럼 오래되었다는 주목할 만한 증거는 언어가 제시해 준다. 우선 지명이 그 증거다. 프랑스의 매우 많은 촌락 이름이 소유지를 표시하는 접미사가 첨가된 사람의 이

....
36   소유지 또는 장원의 관습이라는 뜻임.

름으로부터 생겨났다. 이런 합성어의 일부를 이루는 사람의 이름들 가운데는 게르만인들로부터 온 것도 있음을 우리는 앞에서 본 바 있다. 그러나 다른 접미사들이 첨가된 보다 많은 여타의 촌락 이름들은 그보다 더 오래되었다. 즉, 켈트족 시대나 로마 시대의 것들이다. 로마적인 이름들은 물론 인종적 의미를 모두 상실했지만, 로마의 갈리아 정복 후 정복자들의 고유명사 사용이 일반화되었음을 증명해 준다. 예컨대 갈리아의 켈트족 말인 '브렌노스'(Brennos)로부터, 훗날 프랑스어의 '베르니'(Berny)나 '브레나크'(Brenac)가 되는 라틴어 '브렌나쿰'(Brennacum)이 유래했다. 또 라틴어 '플로리아쿰'(Floriacum)은 켈트족 말인 '플로루스'(Florus)로부터 온 것이며, 이는 특히 프랑스에서 '플뢰리'(Fleury)와 '플로라크'(Florac)라는 마을 이름을 낳았다. 이런 현상이 결코 프랑스에만 특유한 것은 아니다. 이를테면 이탈리아의 마을들을 예로 든다면, 다수의 이탈리아 마을도 마찬가지로 시대를 가로질러 마을 이름의 시조에 대한 기억을 간직하고 있다. 그러나 촌락 이름에 관한 오늘날의 비교사적 연구성과를 통해 알 수 있는 한에서는, 이런 이름의 사용이 갈리아에서만큼 널리 퍼지고 끈질기게 지속된 곳은 어디에도 없다는 것이다. 그런데 그렇게 많은 마을 이름이 수장이나 영주의 이름들이 아니고 누구의 이름으로부터 유래한단 말인가? 그뿐만 아니다. 게르만어에서는 농촌 취락의 중심부를 표시하는 데 사용된 보통명사들이 취락을 둘러싼 울타리('town' 또는 'township')를 암시하거나, 아니면 덜 분명하기는 하지만 단순히 사람들의 집합('dorf')이라는 관념을 연상시킨다. 이에 비해, 갈로로마적 이름은 취락의 중심부를 표현한다는 동일한 목적을 위해 고전 라틴어에서 (대체로 하나

의 직영지와 여러 개의 농민보유지를 동시에 포함하는) 대소유지, 요컨
대 장원, 즉 '빌라'에 적용된 용어를 사용했다. 이 '빌라'라는 단어로
부터 프랑스어의 '빌'(ville)이라는 단어가 만들어졌으며, '빌'이라는
단어는 그 훨씬 뒤에는 도시적인 큰 취락(그 후로는 '빌'이란 말이 전
적으로 도시를 가리키는 말로 사용되었다)과 농촌의 작은 취락 즉 '빌
라주'(village)의 차이를 표시하게 되는 지소사적(指小辭的) 접미사
로 쓰이게 되었다.[37] 대부분의 촌락들에 원래 한 사람의 수장이 있
었음을 이보다 더 잘 알 수 있게 해 주는 것이 있는가? 수많은 우여
곡절을 겪고 당연히 소유권상실 과정을 거쳤겠지만, 중세의 영주들
은 로마의 '빌라' 소유주를 중간매개로 한 옛 갈리아 촌장들의 틀림
없는 후예였음을 인정해야 한다고 나는 생각한다.

그러나 프랑크 시대에 갈리아 지방 전체가 장원으로 조직되어
있었을까? 그렇지 않았을 가능성이 매우 높다. 십중팔구 어떤 부과
조와 부역 부담―물론 국왕과 그의 대리인들에 대한 부담은 제외
하고―으로부터도 자유로우며, 많은 지방에서 농촌생활의 토대가
된 집단용익권의 지배만을 받는 소농들이 여전히 존재했을 것이다.
그런 소농들은 그들만의 별개 촌락에서 살든지 '빌라'의 농민보유
지 보유자들과 섞여서 같은 취락과 같은 촌락권역의 농경지에서 생
활하든지 했다. 이런 부류의 소토지소유자들은, 오래전부터 농촌의
'보호'제도의 영향을 크게 받았던 갈리아에서는 어쩌면 이탈리아와
같은 곳에서보다 그 수가 적었을지 모르지만, 로마사회에서는 어

....

37   Abbeville, Thionville 등의 도시 이름에서와 같이, 'ville'이란 말이 프랑스의 도시 이
     름 끝에 접미사로 쓰이게 되었음을 뜻한다.

느 때나 존재했다. 아마 게르만족의 대이동 후 그들의 수는 갈리아 땅에 새로이 정착한 일부 게르만인들로 인해 증가했을 것이다. 그렇지만 이들 모든 게르만 미개인들이 ─ 아니 필시 심지어 그들 대다수조차도 ─ 장원조직을 벗어나서 살았다는 것은 아니다. 그들은 대이동 전의 원주지에서 이미 영주로 변모하기 직전의 상태에 있었던 촌장들에게 복종하고 공납물로 보이는 '선물'을 바치는 관습을 가지고 있었다. 이에 관해서는 타키투스가 증언하고 있다. 우리가 전체 인구 가운데 농민적 '자유지'(alleu)[38] ─ 이미 중세 초기에 자유지라는 이름이 사용되었으며 상급 물권이 존재하지 않는 토지는 계속해서 자유지라고 불리게 된다 ─ 의 소유자 비율을 산출하는 것은 전혀 불가능하며 대충이라도 산출하기는 어렵다. 그 대신에 우리는 자유지 소유자들의 독립성을 끊임없이 위협하는 것들만을 분명히 보게 된다. 이런 위협요소들은 최소한 로마제국의 말기까지 거슬러 올라가는 상황에서 기인한다. 끊임없는 소요, 폭력의 만성화, 누구나 자신보다 강한 사람에게서 보호를 구하지 않으면 안 되는 불가피한 사정, 정부의 취약성으로 인해 생겨나고 관습에 의해 그리도 쉽게 정당화된 권력의 남용 등과 같은 상황이, 끊임없이 증가하고 있던 다수의 농민을 자발적이든 비자발적이든 간에 영주에 대한 예속관계로 몰아가는 결과를 초래했다. 장원은 프랑크 시대가 시작되기 훨씬 이전부터 존재했으며, 프랑크 시대에 확산되었다.

....

38 중세의 라틴어 사료에서는 'alodis', 'alode', 'allodium'으로 기록되어 있는 것으로, 종속관계에 들어 있지 않은 소유지를 말한다.

2

대토지소유자에서 소작료 수취 생활자로의 영주의 변모

이제는 필립 오귀스트 왕[39]이 통치하던 1200년경의 프랑스로 넘어가 보자. 장원제는 어떻게 되었을까?

바로 첫눈에 우리는 장원이 프랑스의 농촌사회를 계속해서 지배했음을 보게 된다. 몇 가지 점에서 장원은 전보다 더욱 견고해지고 확산된 것처럼 보인다. 곳곳에서 — 예컨대 에노에서 — 아직도 농민적 자유지들이 발견된다. 그러나 자유지는 매우 드물었으며, 농민적 자유지 소유자가 토지에 관한 부과조 부담으로부터는 면제받았지만 영주의 지배권으로부터 완전히 벗어나 있었던 것은 결코 아니다. 그들이 비록 자유지 소유자들이라고 하더라도, 우리가 뒤에서 보는 바와 같이 때로 토지와 관계없이 인격적으로 심하게 옥죄는 예속관계를 통해 역시 영주에게 속박되어 있었다. 거의 도처에

....
39 필립 2세라고도 한다. 재위 1180~1223년.

서 그들을 관할하는 재판소는 인근의 영주재판소였다.

영주들이 사법권을 독점했기 때문이다. 전 시대에 기능을 발휘하던 공법상의 재판소들이 아직도 단순한 흔적 이상의 것으로 남아 있었던 것은 사실이다. 카롤링 국가에서 당시 국왕의 관리였던 주백(州伯)이 관장했던 '상급 소송사건'과 하급 관리나 일부 영주에게 위임되었던 '하급 소송사건' 간의 기본적인 구분은 '상급 재판권'(haute justice: 사형을 선고하고 증거의 방법으로 결투를 허용하는 등 중대한 소송사건을 재판하는 권한)과 '하급 재판권'을 둘러싼 다툼 속에서 다소 변화하기는 했으나 여전히 쉽게 식별할 수 있을 만큼 계속 유지되었다. 많은 지역에서 여전히 샤를마뉴의 입법 조치에 의해 만들어진 3개의 '사법총회'(plaids généraux)[40] ― 연 1회 개최되는 3개의 대규모 사법회의 ― 가 열렸다. 적어도 북부 프랑스에서는 옛 카롤링조의 재판관들인 '배심원'(陪審員, échevin)[41]들이 중죄재판소 개정(開廷)을 중단하지 않았다. 그러나 국왕이 대거 부여한 공권의 양도, 즉 '공권면제'(immunité)[42] 특권의 부여 결과로, 또 과거 관리들의 후손을 파면이 없는 종신직 지배자로 변모시킨 공직의 세습화로 인해서, 그리고 마지막으로 많은 권력남용과 공권침탈 행위의 결과로, 이들 재판기관은 국가의 통제를 받지 않게 되었다. 상속, 양수(讓受), 매수 등을 통해 획득한 권리에 근거해서 배심원을 임명

....

40 원래의 라틴어로는 'placitum generale'이라고 한 것으로, 프랑크왕국에서 자유민들로 구성된 총회를 뜻한다. 이때 재판이 열렸다.

41 지방유지들 가운데 선임되어 주백이나 국왕의 순찰사 등이 주재하는 중죄재판의 심리나 기소에 참여하여 보조판사 역할을 담당한 사람들. 중세의 라틴어로는 'scabinus', 'escavineus' 등으로 불렀다.

42 중세의 라틴어 기록에서는 'immunitas'.

하거나 법정을 개정하는 사람은 영주들이었다.[9] 상급 재판권 역시 국왕의 통제권 밖에서 자신의 영지를 상대로—가끔 자신의 지위보다 낮은 인접 영주의 영지에 대해서도— 행사하는 많은 영주의 세습적이고 양도 가능한 특권이 되었다. 끝으로 하급 재판권과 토지에 관한 재판권, 다시 말하면 경범죄에 대한 재판과 농민보유지에 관한 소송사건의 재판은 각 장원에서 영주 자신의 관할사항으로 되든지, 아니면 적어도 그 자신이나 그의 대리인이 구성하고 소집하며 주재하고 판결 집행권을 갖는 재판소에 속했다. 주(州) 재판소의 형태로, 그리고 가끔 면(面, centaine)[43] 재판소의 형태로 게르만법상의 오래된 민중법정이 존속한 영국과는 달리, 그리고 심지어 13세기까지 군주가 적어도 이론상으로는 상급 재판권을 가진 사람을 직접적으로 임명할 권리를 유지하고 자유인들의 법정이 전혀 사라지지 않았던 독일과는 달리, 프랑스에서는 영주가 재판권을 갖고 있었다. 그런데 프랑스에서는 우리가 지금 다루는 시기에 여기서 자세하게 설명할 필요가 없는 수단들을 통해서 재판권을 회수하려는 국왕들의 노력이 영국보다 과감성이 훨씬 떨어지기는 했지만 이제 막 나타나기 시작한다.

그렇기는 하지만 영주는 재판권의 거의 무제한적인 행사로 말미암아 매우 가공할 만한 경제적 착취의 무기를 손아귀에 쥐게 되

....

43   'centaine'이란 '100자릿수'란 뜻으로, 영국에서 주(shire) 또는 군(county)의 하위 행정구역인 'hundred'를 프랑스어로 번역한 말이다. 그래서 여기서는 면(面)으로 번역한다. hundred의 기원은 매우 모호하며, 따라서 그에 관해서는 여러 가지 견해가 있으나, 대체로 100명의 전사를 동원할 수 있는 100세대의 농민보유지(hide)로 구성된 행정구역과 관련이 있는 것으로 본다.

었다. 영주의 재판권 행사는 명령권을 강화시켰다. 당시의 언어에서 이 명령권은, 정확하게 '명령'이라는 의미를 지녔던 오래된 게르만어계 단어가 사용되어 '방'(ban)[44]이라고 불렸다. 1246년에 루시용 지방에 있는 어떤 촌락의 주민들은 그곳의 영주인 성전기사단원들(Templiers)[45]에게 "영주는 그의 영지주민들을 강제할 수 있고 강제

....

44 'ban'은 원래 중세 라틴어로는 'bannum' 또는 'bannus'라고 쓰인 것으로, 어떤 행위를 강제하거나 금지하고 위반 시 처벌할 수 있는 권력을 가리킨다. 따라서 재판권 또는 벌령권(罰令權)이라고 할 수 있을 것이다. 그렇지만 여기에는 재판권을 비롯한 일반적 공권뿐만 아니라 군사지휘권이나 추방권까지 포함되었으므로, 재판권보다 훨씬 높고 포괄적인 절대적인 최고 권력이라고 할 수 있다. 중세 라틴어에서는 이런 최고 권력을 나타내는 용어로 이 말 외에 지배권, 통치권, 주권 등의 뜻을 가진 'dominatio'나 'potestas'라는 말도 사용되었다. 이런 권력은 프랑크왕국에서 카롤링왕조의 몰락 후에 크고 작은 영주들이 행사하게 되었지만, 본래는 당연히 군주만이 행사하는 배타적 권리였다. 따라서 이하에서는 'ban'을 최고의 절대권력이라는 의미에서 우리말로 고권(高權)으로 번역하도록 한다.

45 성전기사단(聖殿騎士團, Ordre des Templiers, 영어로는 Knights Templar)은 제1차 십자군 원정 후 성지 예루살렘의 신전과 순례자 보호를 목적으로 결성된 군사적 수도원 단체로 신전기사단, 템플기사단이라고도 한다. 단체명은 예루살렘의 솔로몬 신전에서 유래한다. 1118년 소수의 프랑스 기사들에 의해 창설되었으나 곧 클레르보의 수도원장 성 베르나르의 후원을 받아 1128년 수도회로서 교황의 공식승인을 받았다. 기사단원은 청빈, 순결, 봉사의 정신이 투철하고 엄격한 금욕적 생활을 할 뿐만 아니라 용감하게 싸워 무용을 떨쳤으므로, 종교적 열정과 군사적 무훈에 대한 열망이 강했던 중세 사람들에게 큰 인기를 끌었다. 그래서 그 수가 급증하여 12세기 말경의 전성기에는 수만 명에 달했다. 성전기사단은 이런 군사력을 바탕으로 십자군의 주요 전력을 구성하고 중동지역에서 기독교에 대한 방위군 역할을 담당했다. 한편 1139년 교황 인노켄티우스 2세는 성전기사단을 교황 직속으로 편성하여 기사단이 그 어떤 주교구에서 재산을 소유하더라도 현지 주교의 지배를 받지 않는 특권을 부여했다. 이와 같은 명성과 특권에 힘입어 성전기사단은 유럽의 왕실들과 고위 귀족층으로부터 수많은 성채와 영주권 및 영지를 기증받았다. 그들의 영지는 12세기 중엽에 프랑스를 비롯한 유럽 각국과 중근동에 걸쳐 근 1만 개에 이를 정도였다. 이 기사단의 활동은 군사적 역할과 영지 경영에 머무르지 않고, 금·은을 안전하게 보관하고 운반할 수 있는 군사력과 경제활동의 특권을 이용하여 금융업에도 종사함으로써 거대한 부를 축적했다. 그러나 성전기사단은 특권과 세력 신장으로 주교 등 일반 성직자와 다른 기사단의 견제를 받았고, 1291년에는 성지

해야 하듯이"라고 말하면서, "나리들은 우리들에게 (빵가마에 관한)
규칙을 준수하도록 강제할 수 있다"라고 인정하고 있다. 또 1319년
무렵에 피카르디의 어떤 영주의 대리인은 한 농민에게 나무를 베러
갈 것을 요구했다. 이것은 전혀 부역노동이 아니었다. 나무하는 작
업은 "일꾼"의 임금 액수로 보수가 지급될 것이었기 때문이다. 그렇
지만 그 농민은 그 작업을 거절했다. 그러자 영주재판소는 그가 영
주의 말을 "거역했다"는 이유로 그에게 벌금을 부과했다.[10] 영주의
이런 막강한 권력행사의 여러 가지 결과들 가운데 가장 의미심장하
고 실제로도 가장 중요했던 것들 중의 하나는 영주 독점권의 형성
이었다.

카롤링 시대에 영주직영지에는 흔히 물레방아가 있었다(풍차는
아직 서유럽에 전파되지 않았다).[46] 망스보유자들이 빻을 곡식을 영주
의 물레방아로 가져갔음은 틀림없다. 이런 물레방아 사용으로부터
영주에게는 상당한 소득이 생겼다. 그러나 망스보유자들이 자신들
의 곡식을 영주의 물레방아로 빻는 것이 강제적이었음을 보여주는
자료는 없다. 그들 중의 다수는 여전히 자신의 집에서 아주 오래된
수동식 맷돌을 이용했을 가능성이 있다. 그러나 10세기부터는 아

....

의 마지막 십자군 요새인 아크레가 이슬람교도들에게 함락됨으로써 그 존재이유를 잃
었으며, 비밀스런 입단식으로 인해 비종교적이며 신을 모독하는 행위를 한다는 의심을
받았다. 이런 상황에서, 재정난에 시달리고 이들 세력을 두려워한 프랑스의 국왕 필립
4세와 그의 압력을 받은 프랑스인 출신 교황 클레멘스 5세는 이단 혐의로 성전기사단
원을 일제히 체포토록 했으며, 1312년에는 이 기사단을 해산하고 기사단의 재산은 구
호기사단으로 이전시키거나 국가로 몰수했다.

46   풍차의 기원과 전파경로는 확실치 않으나, 동방에서 발명되어 유럽으로 전해진 것으로
알려져 있다. 유럽에서는 10세기 말에서 11세기 초 사이에 프랑스, 영국, 네덜란드 등
지에 풍차가 나타난다.

주 많은 영주가 그들의 강제권을 행사하여 영지 내의 모든 사람에게 —말할 나위도 없이 사용료를 지불하고— 그들 소유의 물레방아 사용을 강요했다. 종종 영주들은 자기들이 사실상 장악하고 있던 재판권이나 권력이 자기들보다 약한 여타 영주의 장원들에까지 미치는 경우에는, 심지어 이런 인접한 장원의 사람들에게까지 물레방아 사용을 강제하기도 했다. 이런 제분 독점에는 기술적 진보가 수반되기 마련이다. 인력이나 축력이 수력으로 대체되는 결정적 변화가 따랐던 것이다. 아마도 이런 독점에는 이와 같은 기술적 진보가 일조를 했을 것이다. 물레방아는 당연히 어떤 집단 전체의 사용을 위한 공동의 시설물임을 전제로 하기 때문이다. 더욱이 하천 자체나 개울은 흔히 영주직영지에 속하는 재산의 일부였다. 무엇보다 이런 독점은 기술의 진보에 이바지했다. 영주의 명령이 없었더라면, 농민들은 아주 오랫동안 가정용 맷돌을 계속해서 사용했을 것이기 때문이다. 그러나 물레방아라는 시설물의 발전도 흐르는 물에 대한 영주의 권리도 영주의 이런 착취 강화에 있어 결정적인 요소는 아니었다. 왜냐하면 물레방아에 대한 '방', 즉 고권—이 표현 자체는 그 특징을 잘 나타낸다—은 분명히 영주의 독점권들 가운데 가장 널리 보급된 것이기는 하지만 결코 유일한 독점권은 아니었기 때문이다. 다른 형태의 독점권들은 흐르는 물에 대한 소유권과 마찬가지로 기술적인 변화에서 기인한 것은 아니었다.

빵가마에 대한 '사용강제'(banalité)[47]는 거의 물레방아에 대한

....

47　중세의 라틴어 사료에서는 'bannalia'라고 하는 것으로, 정확하게는 '독점시설물 사용강제'라고 번역될 수 있다. 그러나 경우에 따라서는 '독점시설물 강제사용료'라는 뜻으로 사용되기도 했다.

사용강제만큼이나 중세사회에 보편화되어 있었다. 포도주나 능금주 산지에서는 과일압착기에 대한 사용강제가, 그리고 맥주와 세르부아즈(cervoise)[48] 산지에서는 양조장에 대한 사용강제 역시 가해졌다. 우리는 가축의 수를 늘리기 바라는 농민들에게 영주 소유의 거세하지 않은 황소와 수퇘지의 사용을 사용료의 지불 아래 강요하는 것을 자주 볼 수 있다. 보통 도리깨로 두드리지 않고 말발굽으로 짓밟게 해서 탈곡하는 프랑스 남부에서는, 다수의 영주가 탈곡 작업에 비싼 사용료를 받고 대여하는 말을 농민보유지 보유자들이 사용하지 않고 다른 가축을 사용하는 것을 금지하곤 했다. 마지막으로, 꽤 자주 영주의 독점권은 더욱 터무니없는 양상을 보이곤 했다. 예컨대 영주는 일 년 중 몇 주 동안은 오로지 자신만이 이런저런 물품을 판매할 권리를 갖고 있었다. 보통 포도주가 그 대상이었으며, 이것이 '포도주 우선판매독점권'(banvin)이라고 하는 것이다.

물론 프랑스가 이들 강제권의 발전을 볼 수 있는 유일한 나라는 아니었다. 영국에서도 물레방아에 대한 사용강제와 맥주에 대한 판매독점 및 심지어 맥주의 구입강제까지 알려져 있었다. 독일에서도 프랑스에서 창출된 거의 모든 독점권들이 알려져 있었다. 그러나 이런 강제독점체제가 절정에 도달했던 나라는 프랑스였다. 어떤 나라에서도 그런 독점체제가 프랑스에서만큼 많은 장원에 보급되지 않았으며, 각기의 장원에서 프랑스만큼 다양한 경제활동 형태로 전개되지도 않았다. 이런 독점체제는 프랑스에서 영주가 재판소를 거의 절대적으로 장악할 수 있게끔 해 준 권력 증대의 결과였음이

....

48   호프를 넣지 않고 보리나 밀로 빚은 켈트족의 맥주.

틀림없다. 13세기에 법률가들이 이런 사회적 상황에 대한 이론화를 도모하기 시작했을 때 그들은 매우 정확한 본능적 감각을 가지고 시설물 사용강제권이 재판권 조직과 연관되어 있음을 지적했으며, 이와 같은 관련성에 대해서는 비록 저자와 저술의 종류에 따라 다양한 양태를 띠기는 했지만 견해가 일치했다. 재판권은 명령권의 가장 확실한 기초였던 것이다.[11]

이런 독점시설물 사용강제와는 상관없는 오래된 부과조들 역시 그 대부분이 잔존했다. 부과조는 세부내용에 있어서 무척 다양했으며, 그런 다양성은 지방의 관습, 선례, 망각, 난폭한 권력행사 등의 영향을 받은 데 기인한다. 그러나 이들 외에 새로운 두 가지 부담이 도입되었으니, 십일조와 타이유세(taille)[49]가 그것이다.[12]

십일조는 참으로 매우 오래된 제도였다. 새로운 사실이라고 한다면, 영주가 십일조를 독점했다는 점이다. 피핀과 샤를마뉴는, 기독교 교리를 통해 오래전부터 그 신봉자들에게 도덕적 의무가 된 모세의 가르침에 법적 효력을 부여하면서 모든 기독교 신도는 교회에 그들 수입의 10분의 1을, 특히 수확물의 10분의 1을 납부해야 한다는 법령을 공포했다. 교회에 납부해야 했을까? 그렇다고 하자. 그런데 실제로는 교회의 대표자들 가운데 누구에게 납부하는 것이었을까? 내가 여기서 카롤링조가 입법 조치를 통해 해결하려 했던 것에 대해 해명할 필요는 없다. 우리에게는 오로지 결과만이 중요하기 때문이다. 사실 영주는 일찍이 자신의 영지에 세워진 교회당

....

49 중세 라틴어로는 'talliata', 'taliata', 'tailleta' 등으로 불렸으나, 12세기 무렵부터는 'taille'라고도 불리게 된다.

의 소유주였고 그 교회당의 겸임사제(desservant)[50]를 임명했으므로, 본당사목구 수입의 대부분을 가로챘다. 특히 십일조 수입의 전부 또는 적어도 그 대부분이 영주에게 귀속되었다.[51] 그런데 11세기 말에 흔히 '그레고리우스 개혁'이라는 이름으로 불리는 교권독립을 위한 운동이 대대적으로 일어났다. 이 운동의 지도자들은 그들의 개혁추진 과제 가운데 성직자에게 십일조를 반환하는 것도 포함시켰다. 실제로 많은 십일조가 경건한 마음에서 우러나는 기부나 매입을 통해서 점차 성직자에게 반환되었다. 그러나 일반적으로 십일조는 본당사목구의 주임사제에게도, 심지어 대개의 경우 주교에게도 반환되지 않았다. 십일조의 수혜자는 무엇보다도, 성인들의 유골을 보관하고 있고 기부자들을 위해 수도사들이 기도하는 주교좌 대성당의 참사회나 수도원들이었다. 십일조를 매입하는 경우는 어떠했을까? 매입의 경우에도 필요한 자금을 가장 쉽게 구했던 것은 역시 이들 부유한 교회공동체였다. 따라서 이런 개혁운동의 최종적인 결과는 십일조의 영주적 특성을 탈색시켰다기보다 오히려 십일조를 무엇보다도 일정 범주의 영주들이 취하는 수입의 유형으로 만든 측면이 훨씬 컸다—그러나 절대적으로 그랬다는 것은 결코 아니다—는 점이다. 십일조로 징수된 곡식 부대들은 다수의 시골 소귀족들이나 본당사목구의 주임사제들의 수중에 분산되어 들어가지

....

50   이들 작은 교회당의 사제는 보통 장원 내의 농민 가운데 선임됨으로써 농사짓는 일을 겸임했다.
51   독일의 아이펠고원에 위치한 프림 수도원의 영지에 관해 893년에 작성된 재산대장의 제XLVIII장과 제LI장에 의하면, 십일조 등 장원 안에 세워진 교회당 수입의 3분의 2는 영주가 취하고 3분의 1만 담당 성직자에게 돌아갔다.

않고 이제는 몇 안 되는 유력한 십일조 징수자의 곳간에 쌓여서 시장에서 처분되었다. 종교적 동기로 그 변화과정이 결정된 이런 발전이 없었더라면, 12~13세기에 한창 발전하던 도시들이 식량을 구할 수 있었겠는가?

타이유세는 농민보유지 보유자 집단이 영주에게 엄격하게 예속되어 있음을 웅변조로 표현하는 것이다. 이런 부담을 지칭하기 위해 타이유라는 이름만큼이나 자주 쓰인 이름들 중 하나인 '부조'(aide)[52]라는 이름은 매우 의미심장하다. 일반적으로 영주는 심각한 상황이 발생했을 경우에는 언제든지 자신의 속민들로부터 도움을 받을 권리가 있다고 사람들은 생각했다. 이런 지원은 필요에 따라 여러 가지 형태를 띠었다. 즉, 군사적 지원, 현금이나 현물 형태의 대부, 영주와 그의 수행원 및 손님에 대한 숙소제공(gîte), 끝으로 긴급한 경우에 약간의 금전 상납 등의 형태를 띠었다. 유동자산을 풍부히 가지고 있지 못했던 —우리는 화폐가 희귀하고 별로 유통되지 않았던 시대를 다루고 있다— 영주가 갑자기 특별히 지출하지 않으면 안 되는 다음과 같은 불가피한 상황에 처하는 경우가 있었다. 몸값의 지불, 아들의 기사작위 취득 축하연이나 딸의 결혼 축하연, 국왕이나 교황과 같은 고위층의 후원금 요구, 성채의 화재, 건물 건축, 영지로서의 규모를 제대로 갖추기 위해 취득이 필요한 토지매입 대금 지불 등이 그것이다. 그런 어려운 상황에서 영주는 그의 종속민에게 손을 내밀어 '요구한다'(demander). 타이유세

....

52 원래 중세 라틴어로는 'adjutorium'이라고 불렸으나, 13세기 중엽부터는 'aide'라고 쓰이기도 했다.

는 이처럼 가끔 '드망드'(demande)[53]나 '케스트'(queste)[54]라는 공손한 이름을 지니고 있기도 했다. 그러나 다시 말하면, 실제로는 그들의 돈주머니로부터 도움을 강요했다[이로부터 앞의 말들과 동의어로서 번갈아 사용되는 '엑작티오'(exactio)[55]라는 말이 생겨났다]. 그에게 속해 있는 사람들이 어떤 계층에 속하든 간에 그들 모두에게 도움을 강요했다. 이를테면 영주가 그의 '봉신들'인 다른 영주들을 거느리고 있다면 그들 봉신에게도 필요한 경우 지원을 요청하는 데 등한하지 않았다. 그러나 물론 이런 기부금을 부담하는 사람은 무엇보다 농민보유지 보유자들이었다. 따라서 원래 타이유세는 어디에서나 부정기적으로 징수되었으며 그 부담액수는 끊임없이 변했다. 즉, 타이유세는 역사가들이 '자의적'(恣意的)이라는 말로 흔히 표현하는 그런 것이었다. 바로 이런 특성들 때문에, 더욱이 타이유세의 징수 시기와 액수를 예측할 수 없어 더욱 성가시게 되었기 때문에, 또 징수의 불규칙성으로 말미암아 일상적으로 되풀이되는 관습적인 부과조에 흡수되지 못했기 때문에, 오랫동안 타이유세는 정당성이 결여되었고—타이유세의 정당성 결여가 농민반란들의 한 원인이다—몇몇 교회단체 안에서조차 좋은 법, 즉 관습을 존중하는 사람들로부터 비난을 받았다. 그 후 경제의 전반적 발전으로 말미암아 화폐에 대한 영주의 수요가 더욱 커짐에 따라 영주의 타이유세 징수 역시 더욱 빈번해졌다. 봉신들은 영주의 요구가 지나치게 많아서 자신들의 재산을 무한정 침해하도록 내버려둘 수 없었으

....

53 중세 라틴어로는 'demanda'라고 한 것으로, 원래는 요구라는 뜻이다.
54 중세의 라틴어로는 'quaestus'라고 한 것으로, 간구(懇求)나 간청을 뜻한다.
55 문자 그대로 부당한 요구나 징수를 뜻하며, 노골적인 수탈행위를 표현한다.

므로, 보통 몇몇 '경우'에만 국한해서—타이유세를 부담하는 '경우'는 각 봉신 집단이나 각 지역에 고유한 관습에 따라 달랐다— 타이유세를 부담하는 것을 영주가 인정하도록 만들었다. 봉신들에 비해 농민들은 저항 능력이 떨어졌다. 그래서 장원 내부에서는 타이유세가 결국 거의 도처에서 매년 징수되는 경향이 생겨났다. 타이유세의 액수는 여전히 고정되어 있지 않았다. 그렇지만 13세기 중에 사방에서 당시 타이유세 부담을 규칙화하고 고정시키려는 공동체들의 노력이 나타났다. 그 노력은 가끔 몇몇 특별한 '경우'를 제외하고 매년 지불되는 타이유세의 액수를 고정시키는 것, 이른바 '정액제로 예약하는 것'(abonner), 다시 말하면 타이유세의 액수에 한도를 설정하는 데 집중되었음에 틀림없다. 1200년 무렵에는 이런 운동이 이제 막 시작되었을 뿐이다. 정액제로 예약하든 하지 않든 간에 타이유세로 인해서 카페왕조 시대의 프랑스에서는—대부분의 유럽에서도 마찬가지였다— 영주가 자신의 조상들이 프랑크 시대에는 갖지 못했던 막대한 추가수입을 가지게 되었다.

§

중세 초기에 농민보유지 보유자들로 구성된 장원주민을 특징짓는 법적 지위가 혼란스러울 정도로 복잡했던 것은 무엇보다도 다소간 구시대적인 전통적 계급의 잔존에 기인한다. 이런 전통적인 낡은 계급들은 로마적·게르만적인 다양한 법적 제도의 유산이다. 서로 조화되지 않는 이런 계급적 잔재가 카롤링 시대의 사회에 뒤섞여 있었던 것이다. 그렇지만 다음 수세기간의 혼란으로 말미암아 프랑스와 독일에서는 —이탈리아와 달리, 그리고 심지어 영국과도 달리— 모든 법률교육과 로마법과 게르만법에 대한 모든 연구 및 재판관들에 의한 이들 법의 의식적인 모든 적용이 사라짐으로써, 장원주민의 법적 지위가 대폭 단순화되었다.[13] 이와 같이 우리는 장원주민의 지위에 관한 용어들—예컨대 노르만족의 정복기와 14세기 사이의 영어에서 그랬다—이 문어로서의 그들의 품격을 잃고 문법학자와 문장가의 관리를 받지 않게 될 때는, 법적 지위의 분류방식이 단순화되고 흔히 분명하게 정리되는 것을 가끔 보게 된다. 몇몇 잔존 신분은 변화과정에서는 어디서나 볼 수 있는 현상인만큼 이들 잔존 신분을 제외하면, 11~12세기에 모든 농민보유지 보유자들, 즉 당시에 사용된 말로 하면 모든 '빌렝'(vilain: 장원의 옛 이름인 '빌라'의 주민)은 '자유인'(libre)[56] 신분이든 '농노'(serf)[57] 신분이든 간에 어느 한 신분에 속했다.[14]

자유로운 빌렝은 영주로부터 하나의 농민보유지를 분양받아 보유하고 그 땅으로 먹고살고 있다는 이유만으로 영주에게 얽매어 있었다. 그는 말하자면 순수한 상태에서 농민보유지를 보유한 농민의 전형을 이룬다. 그래서 자유로운 빌렝은 보통 수식어 없이 그냥 '빌렝'이라고 불리거나, 아니면 '오트'(hôte)나 '마낭'(manant)이라고 불렸다. 이들 이름은 모두 그들의 의무가 거주 형태라는 단순

....

56　중세의 라틴어 기록에서는 'liber'.
57　중세 라틴어로는 'servus'다. servus는 원래 노예를 가리키는 말이었으나, 노예가 주인으로부터 작은 토지를 분양받아 외거화하면서 주인의 직영지를 경작하는 장원농민으로 지위가 실질적으로 상승함에 따라 농노라는 의미를 띠게 되었다. 중세에 솔거노예를 가리키는 말로 주로 쓰인 것은 'mancipium'이었고, 중세 후기에는 'slave' 또는 'esclave'였다.

한 사실에서 기인함을 의미한다.[58] '자유'라고 하는 이 멋진 말 때문에 착각하지 말자. 여기서 자유라고 하는 말은 곧 분명하게 밝혀질 농노 상태라고 하는 매우 특징적인 개념에 반대되는 개념이기는 하나, 당연히 절대적인 의미를 지니고 있지는 않다. 빌렝은 영주권의 지배를 받았기 때문이다. 따라서 영주에 대해 그는 말하자면 토지이용에 대한 반대급부를 이루는 여러 가지 의무를 수행해야 했을 뿐만 아니라, 모든 부조의 의무—이에는 타이유세도 포함된다—와 평상시 예속상태의 표현방식인 복종의 의무—여기에는 영주의 재판권과 그 결과에 대한 복종도 포함된다—도 이행하지 않으면 안되었다. 그 대신 그는 보호받을 권리가 있었다. 그래서 구호기사단원들(les chevaliers de l'Hôpital)[59]이 1160년에 어떤 예속적 관계에

....

58 'hôte'는 원래 손님 또는 외래인이란 뜻이고 'manant'은 거주자라는 뜻이지만, 둘 다
    주거와 관련된 말들이다. 이들 프랑스어식 동의어의 어원은 라틴어다. 따라서 원래 중
    세의 문헌에는 'hospes'나 'manens'와 같은 라틴어로 기록되어 있으나, 12세기 무렵
    부터는 이런 프랑스어식 표현이 나타나는 것으로 보인다. 저자 블로크는 여기서 보는
    바와 같이 'manant'을 농노와 구분되는 자유로운 빌렝이라는 뜻으로 사용하고 있지만,
    한편으로는 이 책의 뒤에서 그냥 농민이라는 뜻으로도 사용한다. 그래서 전자의 경우
    에는 '마낭'으로, 후자의 경우에는 '농민'으로 번역한다.

59 구호기사단(救護騎士團, L'Ordre des Chevaliers de l'Hôpital)은 성전기사단 및 독일기
    사단과 함께 중세 서유럽의 3대 종교기사단 가운데 하나로, 정식 명칭은 '예루살렘의
    성 요한 병원기사단'(L'Ordre des Chevaliers de l'Hôpital de Saint Jean de Jérusalem)이
    다. '요한 기사단', '병원 기사단'이라고도 하며, 그들의 이동 근거지에 따라 '로도스 기
    사단' 또는 1530년 이후에는 '몰타 기사단'이라는 이름으로도 불린다. 성지 예루살렘에
    서 순례자들을 돌보고 병자들을 치료하기 위해 11세기 말에 프랑스 남부 출신의 수도
    사 제라르(Pierre Gérard de Martigues)가 창설했다. 성지 순례자를 위한 병원은 일찍이
    600년에 그레고르 교황에 의해 설립되었다고 전해지나, 그 후 거듭 파괴되었다가 11세
    기 중엽에 이탈리아 아말피 상인들의 재정 후원으로 재건되었다. 이 병원은 원래 베네
    딕트 수도원 계통의 수도사들이 관리하고 있었지만, 관리책임자인 제라르가 베네딕트
    수도원과의 관계를 끊고 병원에 봉사하는 수도사들로 별도의 단체를 만들었다. 1113년
    공식 수도회로서 교황의 승인을 받았으며, 1120년에는 교황으로부터 재속 성직자들의

도 들어 있지 않음이 틀림없는 오트들을 쿨미에르(Coulmiers)[60] 인
근의 본빌이라는 새로운 취락에 유치했을 때, "평시에나 전시에나
자신의 동료들처럼 오트들을 보호하고 지켜 내겠다"라고 약속했다.
이처럼 양면성을 지닌 연대의식이 마낭 집단과 영주를 단합시켰
다. 생드니 수도원 영지 내의 어떤 (자유로운) "부르주아"가 칼에 맞
아 죽었을 때, 살인자는 그 수도원장에게 화해금을 지불했다. 또 아
르장퇴이유(Argenteuil)[61]에 있는 노트르담 성당의 수도사들이나 파
리 주교좌 성당의 참사회 회원들이 계약에 따라 지불할 의무가 있

....

관할을 받지 않는 특권을 부여받았다. 구호수도회는 구호조직으로서의 본래 역할을 수
행하는 한편, 예루살렘 왕국이 주변의 이슬람 교도들로부터 끊임없는 위협을 받는 상
황에서 성전기사단을 본떠서 곧 군사조직으로 전환했다. 성지에 남아 있던 십자군 기
사들을 영입하고 예루살렘과 시리아에 성들을 축조하여 이슬람교도와의 전쟁에서 성
전기사단과 함께 기독교 군대의 중추적 역할을 담당했다. 이와 같은 구호기사단의 활
동에는 이에 공감한 재산 기부가 뒤따랐다. 치료를 받은 십자군 기사들뿐만 아니라 유
럽 곳곳의 귀족들도 많은 재산을 기부했다. 특히 남부 프랑스와 이베리아반도에서 영
지의 기부가 아주 많았다. 아라곤 왕국의 알폰스 1세 같은 이는 1134년에 사망하면서
그의 왕국의 3분의 1을 이 기사단에 남겼다. 구호기사단은 이와 같이 축적된 방대한 토
지를 기사령(騎士領)들로 조직하고, 이를 다시 소수도원 단위로 편입시키며, 소수도원
들을 다시 대수도원들로 재편성하여 나이 많은 수도사들로 하여금 관리케 했다. 이들
영지의 수입은 성지로 보내졌다. 1312년에는 교황의 교서에 의해 해산된 성전기사단의
재산까지 상속함으로써 구호기사단의 재산은 전 유럽에 걸쳐 엄청난 규모에 달했다.
단원은 전속사제, 노동수사, 전사 등 세 부류로 구분되었으며, 기사령 영주, 수도원장,
단장 등의 보직에는 기사들이 임명되었다. 그러나 구호기사단은 1291년 예루살렘 왕국
의 마지막 요새인 아크레가 이슬람 군대에 함락된 후 키프로스로, 1307년에는 다시 로
도스섬으로, 1530년에는 또다시 몰타섬으로 본거지를 옮겼다. 그 후 몰타기사단은 막
대한 재산의 대부분을 종교개혁과 프랑스혁명으로 잃었고, 1798년 나폴레옹 군대의 몰
타 점령으로 섬에서 추방되었다. 1834년에 로마에 정착하여 오늘날까지 교황청의 한
수도회로서 전래의 의료사업에 주력하고 있으며, 비록 영토는 없지만 정치적으로 주권
국가의 지위를 인정받고 있다.
60   쿨미에르는 루아르강변에 위치한 오를레앙 근처에 있다.
61   현재의 파리 도심으로부터 북서쪽으로 12킬로미터쯤 떨어진 지점에 위치.

는 이자를 납부하지 않았다면, 채권자는 그들의 농민보유지 보유자들의 인신이나 재산을 압류해 버렸을 것이다.[15] 그러나 영주와 빌렝과의 관계가 아무리 강력하다고 할지라도, 만약 빌렝이 농민보유지 보유를 포기한다면 그 유대관계는 결국 끊어지고 만다.

농노 역시 보통은 하나의 농민보유지에 의존해 살았다. 이런 이유로 농노는 마낭[62] 전체 ― 마낭의 처지가 어떠하든 간에 ― 와 똑같은 관습의 영향을 받았다. 그러나 농노는 그 외에도 그 신분 고유의 특징으로부터 유래하는 특별한 규정의 지배를 받았다. 농노는 본질적으로 빌렝이기는 했지만, 그러나 빌렝 '이상의' 어떤 것이었다. 농노는 고대 로마의 '세르부스'(servus)라는 오래된 이름을 계승했음에도 불구하고 노예가 아니었다. 사실 노예는 카페왕조 시대의 프랑스에는 더 이상 존재하지 않았거나 거의 존재하지 않았다. 그렇지만 일반적으로 농노는 자유롭지 않다고들 말한다. 이것은 자유에 대한 관념이, 또는 다른 말로 하면 부자유에 대한 관념이 그 내용에서 점차 변했기 때문이다. 자유에 대한 이런 관념의 변천은 노예제도와 동일한 과정을 보인다. 그런데 사회적 계급제도는 결국 본질적으로 끊임없이 변화하는 집단적 표상(表象) 체제 이외의 것이 아니지 않은가? 11~12세기의 사람들 눈에는 어떤 종류의 세습적인 종속이든지 이런 종속상태를 탈피하는 사람은 누구나 다 자유인으로 보였다. 농민보유지를 바꾸는 것이 영주를 바꾸는 것과 같았던, 좁은 의미의 빌렝[63]은 그런 면에서 볼 때 자유인이었다. 또 군

....
62   앞에서 보았듯이, 자유로운 빌렝을 가리킴.
63   자유로운 빌렝을 가리킨다.

사적 봉사를 수행하는 봉신도 자유인이었다. 봉신이 자유인임은, 실제에서 봉신이 거의 언제나 그렇듯이 그에 앞서 그의 아버지가 추종하며 싸웠던 군기(軍旗)의 주인을 계속해서 봉주로 모시든, 그의 처음 봉주가 사망했을 때 이 사망자의 후계자에게 충성을 바치든—하기야 그렇게 하지 않는다면 그때까지 그가 가지고 있던 봉토를 잃을 것이다— 간에 상관이 없다. 법적으로는 봉신과 그의 봉주 상호 간의 의무는 의식(儀式)을 갖춘 계약, 곧 신종선서(臣從宣誓)로부터 생겨난다. 봉주의 손 안에 봉신의 손을 놓고[64] 그들 각자의 의지를 표명한 후 체결하는 양 당사자만의 상호 관계는 그런 신종선서를 통해 맺어진다.[65] 이와는 반대로 농노는 그의 어머니의 배 속에서부터 농노였으며 미리 결정된 영주의 농노였다. 농노는 그의 영주를 선택하지 못했던 것이다. 따라서 그에게는 '자유'가 없었다.

여타의 독특한 이름들도 농노를 지칭하는 데 사용되었다. 일반적으로 농노는 영주 '고유의 속민'(homme propre)이라고 말해지거나, 이와 거의 동의어인 '충복'(homme lige)이라고 불리거나, 또는 '인신예속인'(homme de corps)이라고 일컬어졌다. 농노에 대한 이런 표현들은 철저히 인신적 예속관계를 연상시킨다. 대체로 여타의 지방들과는 제도들이 매우 달랐으며 아직도 모르는 것이 많은 프랑스 남서부지방에서는, 일찍부터 어떤 땅에 거주한다는 한 가

....

64 봉신이 될 자가 무릎을 꿇고 내미는 손을 봉주가 두 손을 내밀어 받아들이는 행위를 말한다.

65 귀족 계급의 주종관계는 원칙적으로 1:1의 계약관계로서 당사자의 일생 동안만 유효하다. 따라서 당사자가 바뀌었는데도 선대의 관계를 계속 유지하고자 한다면 새로운 주종관계를 맺는 의식절차를 거쳐야 했다.

지 사실만으로도 농노가 될 수 있었던 듯하다. 이런 사람이 '오두막 집의'(de caselage)[66] 농노라고 불렸던 사람이다. 이런 이례적 관행은 여타의 여러 가지 방증을 통해서 우리가 도달하게 되는 한 가지 사실, 즉 인신적 관계에 관한 제도—농노제는 봉신제(封臣制)와 함께 이런 제도의 한 가지 측면일 뿐이다—는 오크어(langue d'oc)[67]를 사용하는 지방의 대부분에서 프랑스의 중부지방과 북부지방에 비해 덜 발달했다는 사실을 확인해 준다. 그 밖의 지방에서는 어디서나 영주 측에서 어떤 토지를 보유하기 위한 필요조건으로서 농노 신분임을 인정하는 서약을 강요하려는 상당히 당연한 기도가 여기저기서 얼마간 발견됨에도 불구하고, 농노적 예속은 실제로는 여전히 '인신적' 양상을 띠었다. 뒤에서 보겠지만 법률가인 기 코키이(Gui Coquille)[68]가 말하는 바와 같이, 그런 농노적 예속성은 태어나면서부터 그리고 태어난다는 바로 그 사실 때문에 "살과 뼈에" 달라붙어 있었다.

마찬가지로 농노가 대대로 속박되어 있는 것은 바로 어떤 사람에 대해서였지, 농민보유지라는 토지에 속박되어 있었던 것은 아니다. 우리는 농노를 로마제국 후기의 콜로누스와 혼동해서는 안 된다. 농노는 핏줄을 통해 콜로누스의 후손인 경우가 상당히 자주 있기는 했으나 사회적 신분에 있어서는 전혀 닮지 않았기 때문이다.

....

66 'caselage'는 오두막집을 뜻하는 랑그도크 지방의 방언이다.
67 중세에 프랑스 남부에서 쓰였던 로망스어를 말한다. 이에 비해 프랑스 북부에서 중세에 사용된 말은 오일어(langue d'oil)라고 한다.
68 프랑스 중부 니베르네 지방의 법률가. 『프랑스 교회의 자유론』(Traité des libertés de l'église de France, 1594) 및 탁월한 해설을 곁들여서 편찬한 유명한 관습집인 『니베르네 공작령의 관습』(Coutumes du pays et duché de Nivernais, 1590) 등의 저서가 있다.

이론적으로는 자유인이었던, 다시 말하면 당시의 신분 분류에 의하면 노예 신분보다 더 높은 지위에 있었던 콜로누스는 로마법에 의해 대대로 그가 보유한 토지에 긴박되어 있었다. 그래서 콜로누스는 어떤 사람의 노예가 아니라—만약 그가 어떤 사람의 노예였더라면 단순히 '노예'(servus)가 되었을 것이다— 어떤 사물, 즉 토지의 노예라고 일컬어지곤 했다. 콜로누스에 대한 이런 교묘한 의제(擬制)는 중세 법의 건전한 실체주의에는 전혀 생소한 것이지만, 아무튼 강력한 국가에서만 실행될 수 있었다. 어떠한 최고 권력도 수많은 영주재판권들에 대해 지배권을 행사하지 못했던 사회에서는 토지에 대한 인간의 '영속적' 긴박은 공허한 관념에 지나지 않았을 것이며, 앞에서 본 바와 같이 법적 잔존물이 거의 사라진 상태에서[69] 토지에의 긴박상태가 법의식(法意識)만으로 유지될 수 없었음은 당연한 것이다.

장원의 사람이 달아나기라도 했다면 누가 그를 체포했을 것인가? 특히 도망간 사람을 어쩌면 이미 자신의 장원에 받아들였을지도 모르는 제2의 영주로 하여금 도망자를 송환하도록 누가 강제할 수 있었겠는가?[16] 사실 우리에게는 재판소들이나 법률가들이 규정한 농노 신분에 대한 정의가 상당히 많이 있다. 그렇지만 14세기 이전에는 이런 정의들 가운데 어떤 것도 이 신분의 특징들 가운데 하나인 '토지에의 긴박'을 어떤 식으로든 언급하지 않는다. 영지 밖으로의 인구유출 방지에 사활적 이해관계를 가졌던 영주들은 필요한

....

69　여기서 잔존물이 거의 사라졌다는 것은 카롤링 시대까지 작동하던 공공 재판소들이 거의 제 기능을 잃고 영주들이 재판권을 장악한 상태를 말하는 것으로 보인다.

경우에 틀림없이 그들의 농민보유지 보유자들을 강제로 붙들어 두는 것을 서슴지 않았을 것이다. 2명의 인근 영주끼리 도망농민에게 피신처를 제공하지 않기로 상호 약정을 맺는 경우가 흔히 있었다. 그러나 '방', 즉 고권이라고 하는 포괄적 권력 속에서만 실행이 보장될 수 있는 이런 조치는 그 신분이 농노적이라고 규정되는 사람들과 마찬가지로 이른바 '자유롭다'고 하는 빌렝에게도 적용되었다.

이에 관한 많은 사례들 가운데 두 가지만 들면, 하나는 생브누아쉬르루아르(Saint-Benoît-sur-Loire)[70]의 "농노들 또는 어떤 부류의 사람이건 간에 여타의 사람들"이다. 또 하나의 사례는 생장앙발레(Saint Jean-en-Vallée)[71]의 수도사들과 몽마르트르(Montmartre)[72]의 수녀들이 망타르빌이나 부르라렌에 받아들이지 않으려고 약정했던 "파리의 노트르담 대성당 영지 소속 농노들이나 오트들"이다. 그리고 영주 피에르 드 동종이 생마르탱앙비에르(Saint-Martin-en-Bière)[73]에서 토지를 보유할 사람에 대해서 누구에게나 그곳에서의 거주를 엄격한 의무로 부과하는 조치를 취했을 때, 그는 이러한 명령을 받는 종속민의 법적 신분을 구분할 생각을 잠시도 해 본 적이 없다.[17] 농노가 영주와 떨어져 산다는 것은 별로 그의 신분에 반하는 범죄행위가 아니었으므로, 그의 영주와의 별거는 가끔 분명하게 예견되어 있었다. 이를테면 1077년에 영주 갈르랑은 다음과 같이 말했다.

....

70   여기서 'Saint-Benoît-sur-Loire'란 파리에서 남쪽으로 130킬로미터 정도 떨어진 루아르강변에 위치한 베네딕트 수도회 계통의 수도원을 말한다. 루아레도에 속하며, 루아레도의 도청 소재지인 오를레앙으로부터는 40킬로미터 거리에 있다.
71   파리 남서쪽에 있는 샤르트르 소재 생장앙발레 수도원을 가리킨다.
72   파리의 몽마르트르를 가리킨다.
73   파리 남동쪽 인근에 위치.

"나는 노통빌에 있는 나의 모든 남녀 농노를 생마르탱 교회에 기증한다. … 따라서 남자든 여자든 간에 그들 기증농노의 후손이 되는 자는 누구나 그들이 가까운 곳이든 먼 곳이든, 마을이든 읍락이든, 요새화된 도시든 그렇지 않은 도시든 다른 어떤 곳으로 이동해 가더라도 그곳에서 여전히 똑같은 예속의 연줄로 그 수도사들에게 매어 있게 될 것이다."[18]

농노는 자유로운 빌렝과는 달리 이주한다고 하더라도 예속의 굴레를 결코 벗어날 수 없다는 것을 방금 본 사료나 여타의 많은 사료가 명확하게 보여준다. 만약 농노가 다른 사람의 땅에 정착하게 된다면, 그때부터는 그 새로운 땅의 영주에게 빌렝 신분의 일반적인 의무를 이행해야 할 것이다. 그러나 그 농노는 그의 '인신'이 계속해서 속해 있는 그 전의 영주에 대해서도 농노 신분 고유의 의무들을 이행할 책임이 남아 있었다. 그 농노는 두 사람의 영주 모두에게 부조의 의무를 지고 있었기 때문에, 필요한 경우에는 두 번에 걸쳐 타이유세를 납부했다. 아무튼 법은 그렇게 되어 있었다. 실제로는 다수의 이런 '장외영민'(莊外領民, forain)[74]이 부랑자들의 무리 속에 종적을 감추고 말았을 것이라고 추측된다. 그러나 그런 경우에도 농노 신분과 관련된 원칙은 의문의 여지가 전혀 없을 만큼 확고했다. 그처럼 강력한 예속의 굴레로부터 벗어나기 위한 단 하나의 합법적 방법은 정식으로 농노해방 절차를 밟는 것이었다.

농노의 삶을 옥죄던 예속의 굴레는 어떤 부담과 어떤 행위능력

....

74　중세 라틴어로는 'forensis'로, 장원 밖에 거주하는 예속민을 가리킴.

상실로 나타났을까? 일반적으로 가장 널리 알려진 것은 다음과 같았다.

영주는 그의 장원 내 농노 이외의 농민보유지 보유자들에 대해서 상급 재판권을 행사하지 못했다 할지라도 '유혈'사건 소송과 관련된 농노들에 대해서는 유일한 재판관 노릇을 했으며, 이는 그의 '인신예속인'이 어디서 살든 간에 그랬다. 이와 같은 점 때문에 영주의 명령권은 강화되었고 영주에게는 상당한 소득이 생겼다. 재판권은 돈벌이가 되었기 때문이다

농노는 동일한 영주의 지배를 받는 남녀 농노들로 된 집단의 바깥에서는 배우자를 구할 수 없었다. 이런 제한은 결혼한 농노 부부에게서 태어난 자녀에 대한 영주의 지배를 보장하기 위해서 필요한 대책이었다. 그렇지만 가끔 청춘남녀들 가운데는 바깥 사람과 결혼, 즉 '외혼'(外婚, formarier)에 대한 허가를 청원해서 얻어내는 사람들도 있었다. 물론 이런 결혼 허가를 받는 데는 금전이 지불되었다.[75] 이것은 영주의 또 하나의 소득이 되었다.

또 농노는 남자든 여자든 영주에게 인두세(chevage)라고 하는 부과조를 매년 지불해야 했다. 인두세는 그 주요 목적이 농노의 예속상태를 끊임없이 확인하는 증거가 되는 것이었기 때문에, 부담액이 그리 크지 않기는 했지만 영주의 또 하나의 수입원이었다.

몇몇 경우에는 어느 정도 영주가 농노에게서 유산을 상속받기도 했다. 이와 관련해서는 상이한 두 가지 상속방식이 발전했다. 하

....

75　이른바 결혼세라고 하는 것이다. 농노가 다른 신분이나 타 영지 소속 농노와 결혼하는 데 대해 영주가 부과하는 세를 의미하므로, 엄격히 말하면 외혼세(外婚稅, formariage)라고 해야 할 것이다.

나는 특히 프랑스의 북쪽 끝에 있는 지방에서 발견되는 것으로, 영국과 독일 두 나라에서 일반적으로 널리 퍼져 있는 관습과 거의 똑같다. 이 방식에서는 어떤 농노가 사망할 경우에 영주에게 농노의 상속재산 가운데 작은 부분이 주어진다. 다시 말하면 가장 좋은 가재도구나 한 마리의 가축, 아니면 매우 적은 액수의 금전을 영주가 취한다.

다른 한 가지 방식은 일반적으로 '재산상속 불능'(mainmorte)[76] 세(稅)라고 알려진 것이다. 이 방식은 프랑스 특유의 것이며, 프랑스에서 가장 흔히 볼 수 있는 것이다. 점차 농노가 낳은 자식이 그 농노와 한 공동체 안에서 함께 살아야 한다는 조건이 추가되기는 했지만, 농노가 자식을 남기고 죽은 경우에는 영주는 아무 것도 수취하지 못한다. 그렇지만 사망한 농노에게 방계혈족만이 남아 있는 경우에는 영주가 모든 상속재산을 가졌다.

이 두 가지 상속방식의 기본원칙은 빌렝과 마찬가지로 농노에 대해서도 특별한 경우를 제외하고는 관습에 의해 확실하게 규정되는 농민보유지의 상속을 전제로 하고 있다고 말할 수 있다. 사실 특허장들에서는 일반적으로 농노가 농민보유지라는 유산의 상속자('heredes')로 취급되고 있다. 결국 채용된 징수방식이 어떠하건 간에 영주의 이득은 그다지 보잘것없거나 대단히 불규칙했다. 아직도 토지는 대단히 풍부했던 데 비해 노동력은 너무도 희소했으므로,

....

76　'죽은 손'이란 뜻의 라틴어 'manus mortus'에서 온 말로, 원래는 농민보유지의 상속 및
　　처분 권한이 농노에게 있지 않고 영주에게 있음을 의미한다. 그러나 관습상 농민은 영
　　주에게 자신의 상속재산 가운데 황소와 같은 가장 좋은 물건을 영주에게 바치는 대신
　　농민보유지를 자식에게 상속시키는 것이 일반적이었다. 'mainmorte' 자체는 이런 농
　　노의 재산상속 불능이나 재산상속세를 뜻한다.

뒤에 보게 되는 바와 같이 한편으로 자신들의 직영지를 해체시키고 있던 영주들에게는 농민들의 얼마 안 되는 땅뙈기가 그다지 매력적인 탈취대상이 되지 못했던 것이다.

농노를 자신보다 권력이 강한 자에게 유달리 강력한 관계를 통해 세습적으로 속박되어 있는 사람으로만 본다면, 농노제를 제대로 이해하지 못하는 것이 될 것이다. 농노제의 가장 분명한 특징들 가운데 하나로 간주되지 않으면 안 되는 것은 이중적 성격이기 때문이다. 즉, 농노는 영주라는 어떤 지배자의 예속민이었을 뿐만 아니라 사회의 계급질서 속에서 천대받는 하층 계급의 일원이기도 했다. 농노는 법정에서 자유인에게 불리한 증언을 할 수 없었다(그렇지만 주인의 사회적 지위가 참작되어 국왕이나 일부 교회기관과 같은 유력한 영주의 농노들인 경우에는 예외가 인정되었다). 교회법은 농노가 너무나 예속성이 강한 신분이라는 이유로, 일찍이 노예들에게 강제로 실시되었던 규칙을 농노에게도 단순히 적용하여 농노 신분으로부터 해방되지 않는 한 농노의 성직 취임을 금지했다. 농노의 신분은 확실히 하나의 '오명'(macule)이었다. 그러나 그것은 또한 인간에 대한 인간의 관계이기도 했으며, 적어도 이 시대에는 무엇보다도 그런 인간관계였다.

농노는, '세르프'(serf)라는 이름으로 불리든지 브르타뉴나 루시용과 같은 멀리 떨어진 일부 지역에서 보는 바와 같이 다소 상이한 방식의 다른 이름으로 불리든지 간에,[19] 거의 프랑스 전역에 존재했다. 중세사회의 신분을 연구할 때, 유의하지 않으면 안 되는 일반적 원칙은 신분을 표현하는 낱말들에 너무 집착하지 않는 것이다. 그 말들은 지역에 따라서 또는 심지어 촌락에 따라서 극도로 달라지기 때문이다. 용어를 통일할 수 있는 유력한 수단들인 법전도, 법률교육도, 중앙정부도 없는 갈가리 찢어진 사회에서 용어가 다르지 않을 수 있었겠는가? 또한 끝없이 변화를 겪을 가능성을 지닌 세세한 것들에 정신을 빼앗겨서도 절대 안 된다. 일상생활 속의 모든 것은, 처음에는 아무리 사소한 차이라 할지라도 필연적으로 이들 차이를 고정시키고 확대시킨 전적으로 지방적인 관습들의 지배를 받았기 때문이다. 이와는 반대로 기본적 사항을 집중적으로 연구해 보면, 세론(世論)의 매우 일반적인 동향을 반영하는 이런 기본 개념들이 매우 단순한 동시에 거의 어디에서나 같다는 것을 금방 알아챌 수 있다. 농노를 지칭하는 데 쓰인 말들과 실제로 적용된 농노 신분에 대한 규정은 지방에 따라서, 그리고 장원에 따라서 달랐다. 그러나 이러한 온갖 차이에도 불구하고 11~12세기에는 이런 다양성을 넘어서, 어쨌든 프랑스적 개념이기는 하지만 어쩌면 유럽적 개념일지도 모르는 하나의 농노 신분 개념이 존재했다. 지금까지 내가 규명하려고 했던 것은 프랑스의 농노 신분 개념이다.

그렇지만 한 지방만은 예외적이었다. 그것은 노르망디였다. 농노제는 노르망디 지방에서는 본격적으로 발전하지 못했던 듯하다. 농노 계급에 속했음에 틀림없는 사람들이 마지막으로 언급되는 문헌기록이 나타나는 것은 1020년이 조금 지난 뒤였던 것으로 보인다. 노르망디에 있는 코 지방의 불규칙한 경지들과 마찬가지로, 농노제의 발달과 관련한 이런 예외적 상황은 아마도 노르만인들의 이주에서 기인할지도 모른다. 영국의 데인로(Danelaw)[77] 지역에서는,

....
77   원래 '덴마크인의 법'이라는 뜻이지만, 중세 초기에 덴마크인들을 중심으로 한 스칸디

다시 말하면 스칸디나비아의 영향을 강하게 받은 영국의 지역에서도 역시 농촌주민의 신분은 영국의 여타 지방에서보다 훨씬 두드러지게 자유인적 성격을 간직했다. 양 지역의 이런 유사성은 적어도 깊이 검토할 만한 사례를 제공한다.

농노는 노르망디를 제외하고 프랑스 도처에 널리 분포해 있었을 뿐만 아니라, 거의 어디에서나 단순한 의미의 빌렝보다 훨씬 많았다. 농노는 장원제 아래서 사는 농촌주민의 대부분을 차지했다.

이런 독특한 농노 계급 속으로 점차 "완만하면서도 은밀한 혁명"을[20] 통해 법적으로 다른 신분에 속했던 사람들의 후손들이 섞여 들어갔다. 즉, 외거노예(外居奴隷), 콜로누스, 로마법이나 게르만법상의 해방노예가 섞여 들었고, 아마도 소규모의 자유지 소유자들도 편입되었던 것으로 보인다. 이들 가운데 다수의 신분은 명시적 계약 없이 지각할 수 없을 정도의 점진적 변화를 통해 점차 바뀌었다. 이런 변동은 모든 것이 선례와 가변적 관습에 좌우되었던 사회에서는 당연한 현상이다. 또 다른 어떤 사람들은 자발적으로 그들의 자유를 포기했다. 우리는 증서대장을 통해 자기 스스로를 투탁하는 사례를 많이 볼 수 있다. 그렇지만 표면상으로는 농민 자신의 자발적 의사에 의한 것 같으면서도 실제로는 대개의 경우에 고립되지 않을까 하는 두려움 때문에, 또는 굶주림에 지쳐서, 아니면 협박을 받아서, 전에는 자유인이었던 농민들이 이런 식으로 예속관계에 빠져들었다. 새로운 예속관계가 형성된 것이다. 왜냐하면 오래된 예

....

나비아 출신 정복자들의 정착으로 그들의 영향이 컸던 서퍽, 노퍽, 요크, 링컨, 레스터, 케임브리지 등 북부 및 북동부 잉글랜드 지역을 가리킨다.

전의 신분 명칭들을 끊임없이 말하던 사람들 스스로는 그런 변화를 분명하게 의식하지 못했지만, 오래된 이 이름들의 의미는 그들 본래의 의미와는 아주 다른 뜻으로 서서히 변해 갔기 때문이다.

게르만족의 대이동 후에 이런 예속관계가 도처에서 증가했을 때, 새로운 예속관계를 나타낼 수 있는 완전히 새로운 용어들이 만들어지지 못했다. 새로운 예속관계를 표현하기 위해 차차 만들어진 난삽한 단어들은 특히 노예제도와 관련된 용어들로부터 많이 차용되었다. 관계가 세습되지 않는 상층부의 주종관계에 관한 용어의 경우에도 마찬가지였다. 예컨대 '봉신'(vassal)[78]이란 말은 노예를 가리키는 켈트어에서 생겨나서 로망스어가 된 말에서 유래한다. 또 봉신의 의무는, 고전라틴어에서 노예의 의무에 대해서만 쓰일 수 있었던 말인 '세르비스'(service)[79]로 표현되었다[고전라틴어에서 자유인의 직무에 대해서는 '오피시움'(officium)이라는 말이 사용되었다]. 말할 것도 없이 이 같은 의미 전이(轉移) 현상은 보다 비천하고 완전히 세습적인 예속관계 부문에서 자주 일어났다. 카롤링 시대의 법률용어에서는 '세르부스'(servus)라는 말이 엄격히 노예에 한정해서만 쓰였으나, 일상어에서는 벌써 그 말의 사용이 장원 내의 모든 예속민에게 쉽사리 확대되었다. 농노제는 이런 변화를 거친 끝에 생겨났다. 다시 말하면, 인신적 예속관계—이런 예속관계의 세부내용은 집단들의 관습에 의해 규정된다—가 지배하는 새로운 사회체

....

78 중세의 라틴어로는 'vassallus' 또는 'vassus'이며, 그 어원은 시동(侍童) 또는 종[隷僕]의 의미를 가진 켈트어의 'vassus', 'vasso' 또는 'gwas'이다.

79 이 말은 원래 고전라틴어에서 노예(servus)가 수행하는 무상(無償)의 강제노동 또는 천역(賤役)을 뜻하는 라틴어 'servitium' 또는 'servicium'에서 온 말이다.

제의 주요한 구성부분 가운데 하나가 고대적인 낡은 이름표를 달고 변화의 종점에서 성립된 것이다.

이런 농노제로부터 영주는 결국 무엇을 얻었던가? 막강한 권력을 가지게 되었음은 의심의 여지가 없다. 그리고 또 결코 적지 않은 수입도 취득했다. 그러나 농노는 노동력이라는 측면에서는 대수로운 것이 되지 못했다. 농노는 농민보유지 보유자로서, 그의 노동은 당연히 무엇보다 자신의 보유지에서 행해질 수밖에 없었던 데다가, 영주에 대한 그의 부담은 일반적으로 여타의 마낭들의 부담과 마찬가지로 관습에 의해 고정되었기 때문이다. 노예제도에서는 주인이 무엇보다도 노동력을 마음대로 사용할 수 있었으나, 농노제 아래서는 영주가 직접 사용할 수 있는 노동력이 매우 제한되어 있었다.

§

12세기 말에 프랑스의 장원은 특히 구조와 관련되는 두 가지 특성, 즉 분할할 수 없는 수취 단위였던 망스의 세분화와 부역노동의 축소라는 점에서 그 전 중세 초기의 갈로프랑크적(gallo-franque)[80] 장원과는 달랐으며, 동시에 12세기 말 당시 영국과 독일의

....

80 '갈리아 지방의 프랑크왕국과 프랑크제국 시대에 발달한'이라는 뜻임. 그러나 고전장원제의 전형적인 발달 시기와 지역으로 볼 때는, '카롤링 시대에 갈리아 지방에서 발달한'이라고 하는 것이 보다 정확한 말이 된다. 프랑크왕국은 8세기 중엽에 메로빙조 시대가 끝나고 카롤링조 시대가 시작되며, 800년 샤를마뉴 때 프랑크제국 또는 카롤링제국이라고 불린 제국이 성립한다. 전형적인 고전장원제는 9세기 초에 갈리아 지방, 특히 라인강과 루아르강 사이의 갈리아 북부지방에서 생겨나서 11세기까지 발달했다. 그러

대다수 장원들과도 달랐다. 당분간 첫 번째 문제는 제쳐두고 두 번째 부역노동의 축소 문제부터 살펴보자.

12세기 말부터는 제조 부역이 더 이상 존재하지 않았다. 영주들은 자신들의 주거지 주변에 소수의 장인들을 두고 이들에게 농민보유지―주로 부역의 의무가 따르는 모든 농민보유지들과 마찬가지로 이 보유지는 보통 '봉토'(fief)[81]라고 불렸다―를 분급하여 보수를 주는 관습을 유지했다. 그리하여 이제는 농민보유지 보유자들이 일제히 목제 연장이나 지붕에 까는 널빤지, 또는 피륙이나 의류를 영주에게 바치는 것을 볼 수 없게 되었다. 그리고 이제는 낫이나 창(槍)의 조달 부담은 소수의 대장장이들의 '봉토' 외에는 부과되지 않았다. 또 '지네세'(gynécée)[82]의 문은 폐쇄되었다. 12세기 초경에 샤르트르의 노트르담 대성당의 장원 관리인들, 다시 말하면 갖가지 토지를 관리하는 장원의 직원들은 아직도 마낭들에게 양모를 잣고 짜도록 강요했다. 그러나 이것은 그들 자신의 사사로운 이익을 위해 불법적으로 행해진 것이다. 그런데 장원 관리인들에게 이런 부당한 징수를 금지시킨 샤르트르 주교좌 성당의 참사회원들이 이와 같은 의무로부터 생기는 수입을 자기들 스스로 착복했다는 사실은

....

나 11세기는 고전장원제가 해체되고 이른바 순수장원제 또는 지대장원제라는 것이 형성되는 과도기이기도 하다.

81 여기서 봉토라고 하는 것은 상층 기사계급의 주종관계에서 봉주가 봉신의 충성과 군사봉사에 대해 지불하는 좁은 의미의 봉토가 아니라, 보수라는 의미에서의 봉토, 다시 말하면 보수로 지불되는 토지라는 의미이다. 'fief'의 중세 라틴어적 표기인 'feodum', 'fevum', 'feum'은 원래 가축 형태의 보수(독일어의 'Vieh')를 뜻했고, 따라서 봉토라는 뜻만으로 쓰이지 않고 영어의 'fee'와 같이 보수라는 의미로도 자주 사용되었다.

82 앞에서 봤듯이, 영주직영지에 설치된 피륙제조 작업장을 가리킴.

알려져 있지 않다.[21] 영주들은 그 후로, 운 좋게도 어떤 도시를 지배하게 된 경우에는 도시의 장인들에게 공물 납부를 요구하여 자신들이 필요로 하는 것을 충당했다. 그러나 토지나 다른 형태로 급여를 지불받는 그들의 가내 장인들에게 요구하여 충당하는 경우가 훨씬 더 많았으며, 특히 시장에서 구매를 통해 조달했다.

영주들은 종전에 필시 매우 조잡하기는 했겠지만 그래도 쓸 만한 많은 물품을 그가 거주하는 성채와 수도원에 제공받고도 아무런 인건비를 부담하지 않았던 농민보유지 보유자들의 제조부역 부과를 왜 그만두었을까? '폐쇄경제'가 '교환경제'로 바뀌었던 것일까? 이 같은 판에 박힌 말은 장원 내적으로 볼 때는 제조부역 중단 현상을 상당히 정확하게 표현하고 있음에 틀림없다. 그러나 장원경제가 프랑스 전역에 널리 확산된 교환경제라는 큰 조류 속으로 빨려 들어갔다고 봐야 하는가? 다시 말하면, 시장에 내다팔기 위한 제품의 수를 늘리고 재화의 유통을 촉진하고 가속화함으로써 결국 폐쇄된 틀 내에서 생산하는 것보다 상품을 구매하는 것을 더 유리하게 만들었을 전(全) 사회적 격변의 영향을 장원경제가 받았다고 봐야 하는가?

어떤 사회적 변화의 결과는 일반적으로 그것의 원인이 먼저 존재한 후에 발생하듯이, 이런 가설은 제조부역의 소멸이 약간의 시간적 간격을 두고 상업의 부활 뒤에 나타날 경우에만 타당할 것이다. 게다가 보다 활발한 상업의 부활이 프랑스의 모든 지역에서 동시에 나타났던 것이 아니므로, 그 전 형태의 제조부역 부담이 잔존한다는 것이 오랫동안 곳곳에서 확인되어야 할 것이다. 유감스럽게도 관련 문헌기록이 매우 드물기는 하지만, 이런 사료를 통해 우리가 고찰할 수 있는 것이 있다. 제조부역의 소멸이라는 변화는 도처에서 이미 12세기 초부터 너무나 일찍이, 그리고 너무도 똑같이 종료되었다는 사실이다. 이러한 까닭에 이 시기에 아직도 맹아 상태에 있던 상업의 발달이 그 원인이었다고 볼 수는 없을 것 같다. 오히려 이런 제조부역의 소멸을, 당시 장원조직 전체에서 나타나고 틀림없이 프랑스 경제 전체의 변화속도에 영향을 미쳤을 심대하고 광범한 변화의 양상들 가운데 하나로 보는 편이 더 타당할 것이다. 영주가 시장에서 일찍이 볼 수 없었던 풍부한 제품들을 보고서는 그들의 상품 구입을 늘릴 수밖에 없는 때가 도래했을 가능성이 있다. 그러나 어쩌면 당시의 시장 자체는 전례 없는 규모로 발전했다고 하더라도 영주들의 신규 수요에 부응하는 수준으로만 발전했을지 모른다. 이제 겨우 시작된 상업의 심층구조에 관한 연구에서 장원제의 변화는 가장 중요한 위치를 차지하는 것처럼 보인다. 11세기와 12세기 사이에 이 오래된 조직이 겪은 대변화의 성격은 다음과 같은 경작부역에 대한 검토를 통해서 훨씬 분명하게 나타날 것이다.

간단히 비교할 수 있는 하나의 예를 들어 보자. 파리의 남쪽에 있는 티에 촌락은 최소한 샤를마뉴의 통치시대부터 프랑스혁명 때까지 생제르맹데프레 수도원의 소유였다. 샤를마뉴 치하에서 이 촌락의 대부분의 자유인망스 보유자들은 1주일에 3일 — 필요에 따라 3일 중의 2일은 밭갈이에, 1일은 손으로 하는 작업에 쓰였다[83] — 의 부역노동을 수행할 의무가 있었다. 그리고 또 그 보유자는 자신의

....

83 밭갈이는 쟁기와 역축을 갖고 수행하는 것이기 때문에, 손으로 하는 일이란 쟁기와 역축 없이 하는 작업을 뜻한다.

전적인 책임 아래 영주직영지의 동곡지에서 4평방 페르슈—13 내지 14아르— 그리고 춘경하곡지에서 2평방 페르슈를 경작해야 했다. 마지막으로 자유인망스 보유자는 영주가 시키는 대로 수송부역을 수행할 의무가 있었다. 자유인망스 보유자 가운데 일부에 대해서는 손일을 수행하는 기간을 영주가 임의로 정했다. 노예망스와 관련해서는, 각각의 노예망스 보유자는 이 수도원의 포도밭을 4아르팡—35아르에서 36아르까지— 재배했으며, "명령을 받을 때마다" 밭갈이 부역과 손일 부역을 수행해야 했다. 그런데 1250년에 이 티에 촌락에서는 농노 신분이 해방되었다. 이때 특허장이 이 촌락에 수여되었으며, 여기에는 농민보유지 보유자들의 의무에 대한 전반적 규정이 포함되어 있다. 그런데 이에 의하면 단지 농노적 성격의 의무들만이 철폐되었다. 여타의 의무들은 오래되고 늦어도 13세기 초까지 거슬러 올라감에 틀림없는 것으로 간주되어 관습에 따라 성문화되었을 뿐이다. 정적부역 방식의 경작부역에 대한 흔적은 이제 남아 있지 않았다. 모든 농민보유지 보유자는 생제르맹데프레 수도원에 1년에 하루 동안의 풀베기 부역과 견인가축을 가지고 있는 경우에는 9일의 밭갈이 부역을 수행해야 했다.[22] 그러니까 기껏해야 연간 도합 10일의 부역노동을 수행할 의무가 있었던 셈이다. 그 전에는 관습에 의해 영주의 독단으로부터 최대한의 보호를 받는 보유자들도 연간 156일의 부역노동을 수행해야 했다. 사실은 부역에 관한 이와 같은 비교 수치가 전적으로 정확한 것은 아니다. 하나의 망스에 여러 세대의 농민가족이 포함될 수도 있었기 때문이다. 1250년에는 이와 반대로 부역노동이 분명히 각 세대의 가장에게 부과되었다. 그러나 1개의 망스에 —실제로는 그렇지 않았겠지만— 평균 두 세대의 가족이 있다고 상정한다고 하더라도, 그 차이는 여전히 엄청나게 클 것이다.

가끔 부역노동이 훨씬 더 축소되는 변화가 나타나기도 했다. 12세기에 여기저기서 필사되어 마침내 많은 지방에서 채용되고 관습의 규정이 기재되어 있는 두 개의 특허장, 즉 샹파뉴 지방에 위치한 보몽과 가티네(Gâtinais)[84] 지방에 위치한 로리의 특허장에서는 어떤 강제적 경작노동에 관한 언급도 더 이상 찾아볼 수 없다. 이와는 정반대로 일부 지방의 관습은 카롤링 시대의 '노예'처럼 여전히 농노를 "마음대로 부역을 부과할 수 있다"고 단언하는 것이 사실이다. 그러나 이런 관습은 극히 드물며, 그 관습들이 실제로는 상당히 공허해진 하나의 원칙에 대한 확인 이상의 의미를 지니는 것 같지는 않다. 영주는 농민보유지 보유자들이 제공하는 그 많은 일수(日數)의 노동으로 무엇을 했을까? 대개의 경우 영주는 그 노동을 사용할 데가 없다는 것을 우리는 보게 될 것이다. 의문의 여지없이 티에 촌락의 예는 일반적이고 통상적인 사례를 보여준다. 정적부역 방식의 경작은 완전히 사라졌다. 정기부역은 잔존했으나, 매우 미미한 수준으로 축소되었다. 그리고 1200년 무렵에 도달한 이와 같은 부역노동 축소 수준은 거의 최종적인 것으로 고착되게 된다. 필립 오귀스트 왕 치하의 통상적인 부역노동제도가 이런 수준이었으며, 루이 16세[85] 치하의 부역노동제도도 대체로 이러한 수준에 머무르게 될 것이기 때문이다.

경작부역의 이런 놀랄 만한 축소에 대해서는 깊이 따질 것도

....

84　파리 남쪽에 있는 오늘날의 센에마른도(道)의 남부와 오를레앙시가 속한 루아레도의 북동부를 포함하는 지방. 센강의 지류인 루앙강(Loing) 유역 일대에 해당한다.

85　1774년에 즉위하여 프랑스 대혁명 중인 1793년에 처형된 국왕.

없이 두 가지 설명이 있을 수 있다. 영주가 그의 유보지 경작을 위한 새로운 노동력을 찾아냈거나, 아니면 영주유보지 그 자체를 최소한으로 축소한 것이다.[23]

사실에 비춰 볼 때, 첫 번째 가설은 성립되지 않는다. 실제로 농민보유지 보유자들이 제공하는 부역노동을 제쳐두면 영주는 어떤 노동력을 사용할 수 있었겠는가? 노예노동을 사용했을까? 노예제는 충원이 되지 않아서 결국 소멸했다. 물론 전쟁이 더 이상 없었던 것이 아니다. 그러나 기독교인이 기독교인 출신의 노예를 공급하는 것은 이제 용납되지 않았다. 기독교적인 견해에 따르면 '기독교세계'(societas christiana)의 신도들은 서로 간에 노예가 될 수 없는 하나의 거대 신국의 구성원이었다. 다시 말하면, 이교도나 이따금 다소 주저가 없었던 것은 아니지만 교회분리주의자들을 제외하고, 포로들을 노예화하는 것은 허용되지 않았다. 이런 이유로 중세에는 이제 기독교세계 곧 가톨릭세계 바깥에서 전개된 노략질 활동으로 획득된 비극적인 산물이 쉽게 도달하는 곳에서만 상당한 수의 노예가 존재했을 뿐이다. 즉, 독일의 동쪽 경계지대와 '재정복'(re-conquista) 활동이 전개된 스페인 그리고 잡다한 '인간가축'이 배에 실려 와 시장에 투입되는 지중해 연안지방에서만 발견된다. 지중해 연안지방에서는 아프리카의 흑인과 올리브색을 띤 회교도, 그리스인과 러시아인 등이 타타르인 해적과 라틴인 해적들에 의해 약취(略取)되어 노예로서 시장에 나왔다.

'에스클라브'(esclave)[86]라는 명사는 우리가 알고 있듯이 그 뜻

....

86 노예.

이 바뀐 그 전의 '세르부스'(servus)라는 단어의 본래 의미를 대체한 것으로, 원래 인종적 용어에 지나지 않는다. '에스클라브'나 '슬라브'(slave)[87]는 모두 같은 말이다.[88] '에스클라브'라는 용어는 그 자체로, 독일 변경지역의 성들이나 이탈리아 부르주아들의 저택에서 시중을 들면서 그들의 생애를 마친 그렇게 많은 불행한 사람들의 출신을 연상시킨다. 따라서 프랑스에서는 몇몇 예외적 사례를 별도로 하면, 오직 지중해 지방에서만 12세기에 아직도 노예제가 존재했다. 그러나 바로 거기에서도, 예컨대 이베리아반도의 일부 지역과 발레아레스제도와는 달리, 노예상품은 너무나 희소하고 값비싸서 농사일에 대규모로 사용되지 못했다. 노예는 하인, 하녀, 첩으로나 공급되었던 것이다. 농장에서 일하는 남녀 노예는 전무하거나 거의 없었다.

확실히 농촌에서 임금노동자는 계속해서 보조적 역할만을 담당했다. 인구증가에 힘입어 임금노동은 그 중요성이 한층 증대한 것으로 보인다. 일부 수도회, 특히 시토 수도회는 노동력 문제를 해결하기 위해서 처음에는 하급 수사들 곧 보조수사 집단을 창설하여 사용했으나, 결국 상당히 큰 규모의 고용노동을 사용하기로 방침을 정했다. 그러나 이런 고용노동의 사용을 통해 이전의 '만수스 인도미니카투스'(mansus indominicatus)[89]와 견줄 만한 크기를 가진 영주유보지

....

87 슬라브족을 가리킴.
88 노예를 뜻하는 'esclave'라는 단어는 슬라브인이 사냥되어 노예로 팔려나온 데서 유래한다는 것.
89 영지명세장을 비롯한 카롤링 시대의 문헌기록에서 영주직영지를 가리킴. 따라서 12세기 이후보다 규모가 컸던 고전장원의 영주직영지를 특별히 지칭해서 하는 말이라고 할 수 있다.

를 경작하기 위해서는 많은 수의 농업프롤레타리아가 필요했을 것이다. 틀림없이 그런 농업프롤레타리아는 존재하지 않았으며 존재할 수도 없었다. 프랑스는 그 전보다는 더 많은 사람이 살고 있었지만, 인구과잉 상태는 아니었기 때문이다. 또 어떤 착실한 기술 발전도 없었던 까닭에, 이전의 농민보유지들과 대개간 시절에 창출된 농민보유지들에서의 노동이 계속해서 많은 일손을 붙잡아 두었다. 마지막으로 전반적 경제상황은 대규모 농업경영자들에 의한 다수 고용인의 부양이나 급료지불을 매우 어렵게 만들었을 것이다.

틀림없이 영주들이 그렇게 많은 경작부역이 상실되게끔 내버려두었던 것은 유보지 축소를 마지못해 받아들이지 않을 수 없었거나 주도했기 때문일 것이다. 페렝(Ch. -Edmont Perrin, 1887~1974)[90]이 로렌 지방에 관해 훌륭하게 밝혀 보여주었듯이,[24] 그 전에 정적부역제 방식의 경작을 위해 농민보유지 보유자들에게 맡겨졌던 영주직영지의 밭뙈기들은 원래 이들 밭뙈기의 경작작업을 책임졌던 사람들의 농민보유지에 점차 병합되었다. 원래의 영주직영지 가운데 정기부역제 방식으로 경작되었던 이보다 더 큰 밭뙈기는 10~11세기의 대제후들이 부양해야 했던 많은 수의 무장봉신(武裝封臣)들을 위한 소규모 봉토를 창출하는 데 쓰였다.[25] 이들 전사는 대개의

....

90 서양 중세 봉건사회에 관한 많은 논문과 중요한 저서를 남긴 프랑스의 역사가. 프랑스의 유명한 중세사가 조르주 뒤비(Georges Duby)의 소르본대학 박사학위 지도교수이자 자크 르 고프(Jacques Le Goff)의 스승. 그의 저서에는 『9세기 초~12세기 말 프랑스와 독일의 농촌장원』(*La seigneurie rurale en France et en Allemagne du début du IXe à la fin du XIIe siècle*, Paris, 1953), 『9~12세기 로렌 지방의 농촌장원 연구』(*Recherches sur la seigneurie rurale en Lorraine d'après les plus anciens censiers(IXe~XIIe siècles)*, Strasbourg, 1935) 등 특히 장원제에 관한 저서가 많다.

경우 봉토로 받은 작은 토지를 곧바로, 그들에게 부과조를 지불하는 농민들에게 분양해 주었을 가능성이 있다. 정기부역제 방식으로 경작되던 영주직영지의 더 큰 부분은 기존의 마낭들 가운데서 택하든 새로 도래한 사람들 가운데서 택하든 간에 농민보유지 보유자들에게 영주가 직접 분양해 주었다. 흔히 이에 대해 영주는 '샹파르'(champart)나 '테라주'(terrage) 또는 '아그리에'(agrier)라고 불린 수확량의 일정 비례 부분—일반적으로 3분의 1에서 12분의 1 사이—을 지불받았다.[91] 이런 유형의 부담이 부과되는 토지는 카롤링 시대에는 매우 드물었으나, 카페왕조 시대의 프랑스에서는 상당히 많았다. 이런 대조적 현상은 우리가 이와 같은 부담이 부과되는 분할지들이 대부분 새로운 분양의 결과였음을 인정할 경우에만 기본적으로 설명될 수 있다. 또한 이런 분양을 인정할 때에만 많은 곳에서 정률생산물지대 방식의 농민보유지에 부여된 독특한 법적 특성이 제대로 설명된다. 영주들은 처음에는 일반적으로 직영지의 분할을 철회할 수 없는 것으로 생각하지 않았을 것이다.

1163년경에 수입과 정신생활 양면에서 재조직된 오를레앙의 생퇴베르트 수도원은 처음에는 불레라는 곳에 있는 그들 소유의 토지를 "그들 자신의 쟁기로" 경작할 수 있음을 알지 못했다. 그래서 그 수도원은 그 토지의 경작을 농민들에게 맡겼다. 그 후 그 수도원의 참사회원들은 자기들 스스로가 직접 경작하는 것이 유리하다는 판단을 내렸다. 그리하여 그들은 루이 7세 왕과 알렉산드르 3세 교황으로부터 그들이 양도해 주었던 토지를 되찾을 수 있는 허가

....

91   'champart'의 이런 의미에 비춰, 이 번역서에서 이를 '정률생산물지대'로 번역한다.

를 받아냈다.[26] 그런 까닭으로 해서 정률생산물지대가 부과되는 새로운 분양토지는 흔히 원칙적으로 상속이 허용되지 않는 것으로 생각되었다. 투렌(Touraine),[92] 앙주, 오를레아네(Orléanais)[93] 지방에서 13세기의 법률가들도 영주에게 테라주 납부만의 의무가 부과되는 토지를 영주유보지에 병합할 권리를 인정해 주고 있다.[27] 1171년까지 파리의 노트르담 대성당의 영지 안에 있던 미트리모리(Mitry-Mory)[94]의 정률생산물지대 부과 토지들은 그 성당 참사회원들이 마음대로 경작자를 바꿀 수 있었다. 보두엥당디이 장원에 있는 가르슈의 토지들은 1193년까지 상속되지 않았다. 또 발루아(Valois)[95] 지방에 있는 보레스트 촌락에 관해 13세기 중에 작성된 관습집은 이런 종류의 토지는 매각될 때, "예전에 아무도 상속권을 갖지 않았기 때문에" 영주에게 아무것도 지불하지 않아도 된다고 기록하고 있다.[28]

　　그러나 이에 대해 오해하지는 말자. 이들 사례만 하더라도 실

....

92　프랑스 중서부에 있던 옛 주(州). 지금의 앵드르에루아르 전체와 루아르에셰르 및 앵드르도의 일부를 포함한다. 주도는 투르였다. 루아르강이 동서로 관통하고 구릉과 많은 하곡이 만들어 내는 완만한 기복지대로, 비옥하고 기후도 좋다. '프랑스의 뜰'이라고 불릴 정도로 풍광이 아름다워, 샤를 7세(재위 1422~1461년)부터 앙리 4세에 이르는 국왕들은 흔히 이 지방에 화려한 성들을 건축하고 살았다.

93　파리 남쪽 오를레앙을 중심으로 한 옛 지방 이름. 지금의 루아레, 루아르에셰르, 외르에루아르도에 걸쳐 있다. 그 동부가 가티네 지방이고, 중서부는 보스 대평야 지대다. 그리고 서쪽은 페르슈 지방의 동부이고, 남쪽은 소택지가 많은 솔로뉴 지방이다. 기후가 좋고 풍요로운 지역으로 파리의 곡창지대를 이룬다.

94　파리 동쪽 인근에 위치.

95　일드프랑스의 일부로, 파리 북동부에 위치한 우아즈도의 동부와 엔도의 남부에 해당하는 지방. 중심도시는 크레피앙 발루아다. 옛날부터 백작령이었던 것을 국왕 필리프 4세의 동생 샤를이 점령하여 발루아 백작이 되었으며, 샤를의 아들 필리프 6세가 1328~1589년간 존속한 발루아왕조를 세웠다.

제로는 미트리모리나 가르슈에서와 같이 명시적 협정에 의하든 아니면 보레스트에서처럼 오랜 관습에 따른 권리 취득에 의해서든 점차 상속권이 도입되고 있음을 상기시키는 것만으로도 충분할 것이다. 영주들은 이런 상황을 받아들이거나 방관하였다. 그 전의 농민보유지와 대체로 비슷한 이런 영대(永代, perpétuel) 농민보유지 형태로 결국 대규모의 영주직영지가 농민집단의 손으로 넘어갔던 것이다. 오늘날 프랑스의 많은 촌락권역 안에서는 그 인접 토지들과 마찬가지로 오래전부터 수많은 소규모 분할지들로 나뉜 경구들이 지금까지도 특별한 지명으로서 '레 코르베'(Les Corvées)[96]와 같은 이름을 가지고 있다. 이런 이름들은 그 분할지들이 영주유보지의 일부를 구성하여 농민보유지 보유자들의 강제노동으로 경작되었던 지나간 시절을 연상시키는 것이다.

때때로 영주유보지는 완전히 사라지기도 했다. 어떤 곳에서는 영주유보지의 일부가 이보다 더 자주 잔존하기는 했으나, 대폭 축소되어 그 성격이 참으로 변할 정도였다. 생드니 수도원의 수도원장 쉬제가 자기도취적인 면이 없는 것은 아니지만 자신의 경영 경험을 서술한 소책자를 통해서, 우리는 12세기에 사려 깊은 한 대영주의 영주직영지 경영전략이라고 생각되는 것에 대해 정확하게 그려 볼 수 있다. 쉬제는 각기의 장원에는 영주유보지가 필요하지만 그 유보지는 적당한 크기를 가져야 한다고 생각했다. 귀예르발(Guillerval)[97]에서처럼 만약 영주유보지가 사라져 버렸다면 복구되

....

96   부역이 행해지는 토지라는 뜻임.

97   파리에서 남쪽 오를레앙 방면으로 60여 킬로미터 떨어진 거리에 위치.

어야 하며, 투리(Toury)[98]에서처럼 영주유보지가 너무 크다면 일부 임대되어야 한다는 것이다. 그런데 그는 영주유보지의 기본적인 구성요소는 무엇이라고 생각했을까? 영주유보지에는 우선 장원의 관리운영을 위해 파견된 수도사들이 머물며 수도원장 자신이 순시 중에 "그의 머리를 쉴" 수 있는 주택—기왕이면 "방어용으로 튼튼하게 만들어진" 주택이면 더 좋다—이 있었다. 다음에는 이 저택에서 오래도록 또는 일시적으로 머무를 손님들에게 식사를 제공하기 위해서 식품 조달용의 토지가 약간 딸린 정원이 있었다. 그리고 십일조나 정률생산물지대로 거둬들인 생산물을 쌓아 두는 창고가 있었다. 또 아마도 휴작지 공동방목에 참여했음에 틀림없으며 그 두엄은 정원과 영주직영지의 경작지에 유용하게 쓰이는 영주의 가축떼를 위한 외양간이나 양우리가 있었다. 마지막으로, 가능하다면 수도원과 그 부속기관에 특별하면서도 필수적인 종류의 식료품을 제공하는 양어지(養魚池)와 포도밭이 있으면 좋았다. 아직 이 시절에는 언제 입하(入荷)될지 모르는 시장에서 식료품을 사 먹기보다 스스로 생산하는 것이 더 유리했던 것이다. 요컨대 이 시기의 영주유보지는 장원경영의 중심지인 동시에 농업이 다소 전문화된 하나의 농장이었다. 이런 농장은 물론 아직도 규모가 크기는 했지만, 소규모 하인 집단이 농민보유지 보유자들이 제공하는 약간의 부역노동의 보조를 받아 경작하기에 충분한 것이었다. 따라서 이 시절의 영주유보지는 그 크기와 기능 면에서 그 전의 거대한 농장들과는 전혀 다른 것이었다.[29]

....

98   역시 파리에서 오를레앙 방면으로 귀예르발보다 좀 더 떨어져 있는 도로변에 위치.

영주가 대규모의 직접적인 농업경영 활동을 점차 그만두지 않을 수 없었던 이유들 가운데 몇 가지를 찾아내는 것은 그리 어려운 일이 아니다. 카롤링 시대의 '만수스 인도미니카투스' 체제 아래서는 영주의 수중에 막대한 분량의 물품이 집적되었다. 그러나 그 많은 물품을 곳간에 넣어 두는 것으로 모든 일이 끝나지는 않았다. 특히 상하기 쉬운 식품이 그랬다. 이런 재화의 축적은 제때에 적절하게 이용할 수 있을 경우에만 가치가 있다. 영주에게는 이 문제가 골칫거리였다.

왕령지에 대한 샤를마뉴의 유명한 칙령[99]은 바로 이런 문제에 대한 고민의 산물이었다. 물품의 일부는 영주유보지에 있는 '프로방디에'(provendier)[100]들에 의해 현장에서 소비되었다. 다른 일부는, 가끔 멀리 떨어져 살고 대체로 거의 유랑생활을 하는 영주의 부양을 위해 보내졌다. 잉여물품이 있는 경우—큰 재산을 가진 영주에게는 필연적으로 잉여물자가 있기 마련이었다—에는 그것을 팔려고 노력했다. 그러나 당시의 물질적·정신적 상황에서 비롯된 판매의 어려움은 참으로 컸다. 낭비와 손실 및 허위 입출고(入出庫)를 막기 위해서는 정확한 회계가 필수적이었다. 사람들은 회계장부를 기재할 줄 알았을까? 샤를마뉴 같은 군주들이나 코르비 수도원의 알라르와 같은 대수도원장들이 자신들의 영지 관리인에게 아주 간

....

99　샤를마뉴가 800년경에 반포한 '장원관리 칙령'(Capitulare de villis)을 가리킨다. 이 칙령에서 왕령지와 왕령지 내의 장원들에 대한 관리 지침과 방법이 법령의 형태로 상세하게 규정되어 있다. 특히 왕령지의 재산과 식료품을 비롯한 물품의 관리에 관해 자세하게 규정하고 있다.

100　앞에서 보았듯이, 영주의 저택 주변에 거주하면서 영주로부터 식사와 의복을 제공받고 영주직영지 내의 잡다한 일상적 작업을 담당한 예속민을 말한다.

단한 회계방법이나마 필요하다는 점을 이해시키려고 노력하는 것을 그들의 장원관리 규정들 속에서 보노라면 어떤 비장감마저 든다. 이런 권고가 가끔은 유치해 보인다는 것은, 그들이 회계를 이해할 자세가 너무도 안 되어 있는 사람들을 상대로 호소하고 있음을 나타내는 것이다. 또한 생산물을 적절하게 분배하기 위해서도 고분고분한 관리인 집단이 필요했을 것이다. 그런데 카롤링제국으로부터 생겨난 여러 왕정체제가 통치에 성공하지 못하고 좌초한 요인이었던 관료제 문제는 장원체제에서도 잘 해결되지 못했다. 자유인으로 구성되거나 심지어 농노 신분으로도 구성되기도 했으며 농민보유지를 보수로 지급받았던 장원 관리인들인 '세르장들'(sergents)[101]은 작은 백작이나 공작 같은 세습적인 봉신으로 재빨리 변모해 갔기 때문이다. 이들 장원 관리인은 그들에게 위임된 명령권을 자신들의 사적 이익을 추구하는 데 행사했고, 영주직영지와 거기서 나오는 소득의 전부 또는 일부를 가로챘으며, 가끔 그들의 영주에 대한 공공연한 투쟁에 돌입하기도 했다. 쉬제가 보기에 영주직영지를 장원 관리인들에게 맡긴다는 것은 분명히 경영을 망쳐 버리는 짓이었다.

　이런 장원경영 체제는 생산물의 수송을 전제로 한다. 그러나 어떤 도로를 이용할 것이며, 거기에 따른 위험성의 대가는 얼마나

....

101 　'봉사자'나 '하인'을 뜻하는 라틴어 'serviens'에서 온 말로, 보통은 장원에서 영주의 대리인인 'maire'를 도와서 일상적 허드렛일을 하는 장원의 하급 관리인들을 가리킨다. 해방 전의 우리나라 사회에서 지주로부터 소작지의 관리와 감독을 위임받아 수행하던 사람들인 마름들이 이와 비슷한 사람이라고 할 수 있으며, 'maire'는 우두머리 마름인 도(都)마름과 유사한 인물이라고 할 수 있다. 그러나 여기서는 'sergents'이 영주의 대리인을 포함한 장원 관리인 전체를 지칭하는 말로 쓰이고 있다.

컸던가! 마지막으로 잉여물품을 판다는 것은 말하기는 쉽다. 그러나 어느 시장에 갖다 팔 것인가? 10~11세기에는 도시에 사람이 별로 살지 않았으며, 더욱이 도시라는 것은 거의 농촌이나 다름없었다. 빌렝은 많은 경우에 배가 고파 죽을 지경이었지만, 돈이 없어서 먹을 것을 사지 못하는 형편이었다. 이런 상황에서는 스스로 책임지고 농업경영을 통해 독자적으로 생계를 유지하는, 그리고 그 수익은 예견하기도 쉽고 그 일부는 현금 형태를 띰으로써 운반하고 쌓아 두기도 용이한 부과조 수입을 낳는 작은 농장들[102]의 수를 늘리는 것이 더 유리하고, 특히 더 편리하지 않았을까? 그뿐만 아니라 이들 소규모의 농민토지들은 단지 부과조 수입만 가져오는 것이 아니었다. 영주는 그의 직영지로부터 떼어 낸 토지로 작은 '봉토'를 만들어 농민보유지 보유자든 봉신이든 간에 많이 거느리면 거느릴 수록 그 만큼 더 자신의 군사력과 위세를 높여 줄 많은 '부하'를 거느릴 수 있었다. 이런 변화는 벌써 로마 시대부터 대규모의 노예농장들의 폐기와 외거노예 수 및 콜로누스 보유지 수의 증가와 함께 시작되었다. 부담이 컸던 프랑크 시대의 부역노동이 아직 남아 있다 하더라도, 그것은 영주유보지를 어느 정도 유지하기 위한 고식적 수단에 지나지 않았다. 그 다음 시기의 대영주들—사실 우리는 작은 영주들에 관해서는 아는 바가 전혀 없으며 그들의 영지는 그리 크지 않았을 가능성이 있기 때문에 뭐라고 말할 수 없다—은 단지 그 이전부터의 그런 발전 추세를 이어받아 연장한 데 지나지 않는다.

....

102 생산물지대나 화폐지대를 납부하는 농민보유지를 의미함.

이와 같은 해석은 타당하리라고 생각되지만, 다만 그 중요성을 과소평가한다면 정직하지 못하게 될 하나의 난제에 봉착하게 된다. 방금 설명한 삶의 조건은 유럽적인 현상이었다. 그러나 우리가 프랑스에서 살펴본 시기에 일어난 부역노동의 감소와 영주직영지의 축소는 유럽적인 현상이 아니었다. 영국에서는 이와 비슷한 변화가 일어나지 않았다. 영국에서 예컨대 13세기에 런던에 있는 생폴 대성당의 토지대장에 기록되어 있는 상황은 카롤링 시대의 영지명세장들에서 묘사된 상황과 똑같다는 생각이 든다. 이런 비교연구가 부딪히게 되는 장애물은 인문과학의 발전이 보잘것없다는 가장 유감스러운 표시들 가운데 하나이지만, 내가 고찰할 수 있는 한 독일의 대부분 지역에서도 역시 유사한 변화가 발생하지 않았다. 틀림없이 영국과 독일 두 나라 모두에서 프랑스와 동일한 변화가 일어나게 되지만, 1세기나 2세기 정도 늦게 일어난다. 이런 대조적 현상이 나타나게 된 까닭은 무엇일까? 이에 대해 나는 독자들에게 참으로 용서를 구한다. 그러나 연구자의 첫 번째 의무가 "나는 지금까지 알아내지 못했다"라고 말하는 것이 될 때가 있다. 지금 나는 모른다고 이렇게 고백해야 할 순간에 도달했다. 그렇지만 나는 그런 고백과 동시에, 독자들이 프랑스 농촌사의 서너 가지 중요한 현상들 중 하나에 대한 이해를 위해 꼭 필요한 한 가지 조사를 해 주기를 요청한다.

확실히 장원의 생활에서 앞에서 말한 것보다 더 결정적인 변화는 없었다. 프랑크 시대부터 농민보유지 보유자는 부과조 납부와 부역노동 수행 의무를 동시에 졌다. 그러나 프랑크 시대에는 두 가지 범주의 의무 가운데 부역노동의 부담이 더 컸다. 그렇지만 이제는 역전되어 부과조의 부담이 더 커졌다. 그 전의 부과조들에다 새로운 부과조 부담들이 추가되었던 것이다. 타이유세, 십일조, 독점 시설물 사용료, 농노적 부담들이 추가되었다. 그리고 12~13세기부터는, 그때까지 잔존했으나 영주가 쓸 데 없는 것으로 여기면서도 보상금을 받지 않고서는 철폐하는 데 동의하지 않았던 이전의 부역노동 대신에 부과된 면역세가 때로 추가되기도 했다. 부역노동의 부담은 훨씬 가벼워졌다. 전에는 농민보유지가 무엇보다 노동력의 원천이었다. 이즈음부터는 대체로 농민보유지의 임대료─이 말에 정확한 법적 의미를 부여할 것 없이─라고 불릴 수 있는 것이 농민보유지의 진정한 존재이유가 되었다. 영주는 대규모 농장이자 심지어 부분적으로는 수공업 작업장이기도 했던 사업체의 장(長)이기를 그만두었다. 이제는 온 마을의 건장한 사람들이 부역노동을 수행하기 위해 하고많은 날에 영주의 대리인들 주변에 모여드는 것을 볼 수가 없게 되었다. 영주는 그 전의 직영지가 해체되고 남은 토지를 많은 경우에 유지하곤 했지만 그 잔존 직영지조차 점차 직접 경영하지 않게 되었다. 특히 13세기부터는 잔존 직영지 역시 영구적으로 임대하지 않고 한시적으로 임대하는 관행이 퍼져 나갔다. 물론 토지의 영구임대와 한시적 임대의 차이는, 우리가 뒤에서 그 결과들을 보게 되는 바와 같이 크다. 그러나 그렇다고 해서 그 차이가 그런 것으로 해서 영주가 직영지 경영을 계속해서 포기하는 것을 막지는 못했다. 대공장주가 공장 기계를 여러 작은 공장들에 분산 배치해서 사용하기 위해 자신의 종업원들에게 양도하고 주주가 되거나, 더 정확히 말해서 ─대부분의 부과조가 고정되어 있었고 고정되어 가고 있었으므로─ 장인 가족들에 대한 채권소유자가 되는 것으로 만족한다고 상상해 보자. 우리는 이런 모습을 통해서 9세기부터 13세기에 이르는 시기에 장원생활에서 일어난 변화를 마음속에 그려 볼 수 있을 것이다. 물론 정치적으로 볼 때 영주는 군사지휘관으로, 재판관으로, 그리고 그의 속민들에 대한 타고난 보호자로 남아 있는 이상, 여전히 지배자였다. 그러나 경제적으로 말하면 영주는 회사의 사장이기를 그만두었으니, 이런 포기는 영주에게 그저 한 사람의 지배자이기를 그만둘 생각이 쉽사리 들게 했을 것이다. 그리하여 영주는 단순한 소작료 수취생활자가 되었다.

제4장

중세 말부터 프랑스혁명까지 장원제와
토지소유의 변천

1

장원제의 법적 측면에서의 변화와 농노제의 운명

중세의 종언과 근대의 시작은 영주 수입의 위기로 나타났다.

영주 수입의 위기 발생은 낡은 장원제의 골조가 당시 전면적으로 와해되었기 때문이 아니다. 농민보유지들과 이의 보유자들―이들 보유자는 영주와의 인신적 관계에 대한 오래전의 관념이 모호해진 데서 비롯되는 그 특유의 혼동으로 말미암아 예전에는 전혀 다른 종속관계[1]에 대해서만 쓰였던 말인 '봉신들'(vassaux)이라고 불리기 시작하기는 하지만―에 대해 행사되던 영주의 권리는 대부분 프랑수아 1세[2] 시절에도, 심지어 루이 16세 시절에도, 성 루이 시절과 본질적인 차이가 없었다. 그렇지만 두 가지 점에서는 달랐으며, 그 차이점은 중요하다. 하나는 영주의 재판권이 쇠퇴했다는 점

....

1   귀족층인 기사 계급 안에서 군사봉사와 봉토를 매개로 하여 맺어지는 자유롭고 대등한 관계에서의 봉신제적 주종관계를 말한다.
2   재위 1515~1547년.

이다. 다른 하나는 농노제가 사라지거나, 잔존한 곳이라고 하더라도 심대한 변화가 일어났다는 사실이다.

영주재판소의 기능은 정지되지 않았다. 오직 프랑스혁명에 의해서만 그 기능이 소멸될 것이었다. 아직도 많은 소송사건이 영주재판소에 회부되고 있었다. 그러나 영주재판소의 수입은 과거보다 훨씬 줄었고 그 권한도 크게 약화되었다. 그러다가 16세기부터 일반적으로 통용되고 거의 끊임없이 시행된 한 법률 규정에 의해서 영주 본인이 직접 재판을 주재하는 것이 금지되었다. 게다가 법률 체계가 점차 복잡해짐에 따라 영주는 재판 업무를 수행하기가 어렵게 되었을 것이다. 그 후부터 영주는 전문적인 재판관을 임명하고 그 재판관에게 그 전에 그랬듯이 '봉토'(fief)의 수여를 통해서가 아니라(경제적 상황이 이런 봉토수여 방식의 보수 지급에 적합하지 않게 되었다) 현금을 지불하는 방식으로 보수를 지급해야만 했다. 이런 재판관은 법률 전문가로서의 일정한 자격을 갖춰야 한다는 국왕의 칙령이 엄격하게 지켜지지 않았듯이, 틀림없이 그 전문재판관에게 적절한 보수를 지급해야 한다는 칙령도 마찬가지로 엄수되지 않았을 것이다. 오히려 다수의 영지에서 재판관할권 내의 주민들이 재판관에게 지불하는 '사례금'이 그들 수입의 대부분을 차지했다. 이런 수입이 있었다고 하더라도 영주에게는 전문재판관에 대한 보수지급이 많은 경우에 상당한 부담이 되었음은 사실이다. 재판관에 대한 이런 보수 부담에다 여타의 비용을 더하면 재판과 관련된 전체 비용은 가끔 재판을 지나치게 많이 하는 것을 꺼려할 정도로 수입을 초과하는 경우가 자주 있었다. 17세기에 부르고뉴 지방의 어떤 귀족은 "벌금과 유실물 및 몰수재산에서 나오는 수입은 재판관의 보수를 지불하는 데 충분하지 않다"라고 썼다. 그리고 1781년에 마옌 공작령의 경리관은 공작에게 다음과 같이 보고했다.

"우리 재판소에는 가난으로 인한 형사소송이 많이 제기되고 있습니다. 그래서 소인은 폭력에 거의 무방비 상태로 노출되어 있는 여행자들의 앞길을 가로막곤 하던 두어 명의 불량 신민을 체포하지 않음으로써 소인이 할 수 있는 모든 힘을 다해 형사소송 건수를 줄여 왔습니다."[1]

특히 대제후국의 재판소든 국왕재판소든 간에 국가재판소들은—그렇지만 16세기부터는 거의 오로지 국왕재판소만이 — 영주재판소에게는 감당하기 어려운 경쟁상대가 되었다. 국가재판소는 영주재판소로부터 수많은 소송사건을 가로채 갔다. 국가재판소는 지방에 파견된 정부의 관리들을 신속히 움직여 '선수'(prévention)를 침으로써 여타의 많은 소송사건도 독차지했다. 마지막으로 그 후에는 국가재판소가 영주재판소의 판결에 대한 항소사건도 심리하게 되었다. 그래서 지위의 고하를 막론하고 영주의 재판관들에게는 아주 성가시고 많은 비용이 드는 사태가 발생하게 되었다. 왜냐하면 17세기까지도 온전히 효력을 유지한 오래된 법령에 의하면, 항소인이 항소의 직접 상대로 삼은 사람은 승소한 소송인이 아니라 1심 재판소의 재판관이었기 때문이다. 그리고 항소제도로 인해서 설상가상으로 영주재판소의 권능과 위신은 큰 손상을 입었다. 10~11세기에 영주들이 그들의 명령권과 수입을 확대할 수 있었던 것은 재판권을 이용해서 그들의 예속민을 압박할 수 있었기 때문이다. 그렇지만 영주는 많은 이권이 걸려 있는 농촌의 치안유지에 일반적으로 결정적인 권한을 가지고 있었던 만큼 이런 압박수단을 완전히 상실하지는 않았다. 그러나 영주의 압박수단은 엄청나게 약화되었다. 이런 약화로 장원제 자체가 위태로운 지경에 이르지 않았겠는가? 우리는 장원제에 대한 공공재판소들의 태도 덕택에 장원제가 어떻게 위험한 상황을 벗어나게 되었는지를 보게 될 것이다. 그러나 자신의 판결이 매번 무효화될 우려가 있었던 영주의 재판관이 설사 자신에게 유리한 권리들을 유지하고 가끔 강화하는 경우가 있었다고 하더라도, 그 전과 비교할 때 재판에 관한 그의 주도권은 약화된 것으로 보인다.

§

국가와 국가재판소의 기능 확대로 나타난 사회구조의 변화는 농노제가 겪게 된 변천과정의 근저에서도 똑같이 발견된다. 11세기의 사회를 본질적으로 수직적 구조로 된 사회로 보면 상당히 정확할 것이다. 그때의 사회는 영주—영주 자신은 또 다른 영주와 주종관계를 맺고 있다— 주변에 밀집해 있는 무수한 집단들, 즉 농노나 농민보유지 보유자들로 구성된 집단들과 봉신 '집단'(mesnie)[3]들로 나뉘어 있었다. 그러나 12세기 중엽이나 그 어름의 어느 시기부터는 이와 반대로 인간사회 전체가 수평적인 계층관계로 재편되는 경

....

3 'mesnie'는 'maisniee' 또는 'maisnie'와 같은 말이다. 이들 말은 집을 가리키는 'maison'의 고어에서 유래하는 것으로, 영주의 집 주변에서 영주를 수행하는 봉신 무리를 가리킨다.

향이 나타난다. 소규모의 영지들은 제후국이나 왕국과 같은 큰 행정 단위에 병합되어 소멸하고 만다. 위계질서를 가진 계급들 가운데서는 특히 귀족 계급이 견고하게 조직되었다. 가끔은 순전히 농촌적 성격을 띤 공동체들에까지 확대 적용되기도 했지만 무엇보다도 도시적인 성격을 띠었던 코뮌은, 그 앞 시대에 있었던 상급자에 대한 하급자의 복종서약 대신에 동등한 사람들 사이의 상호부조 서약이라는 대단히 혁명적인 제도를 그 기초로 삼았다. 그리고 도처에서 인간에 대한 인간의 종속관계는 이제 그 존재이유를 잃게 되었다. 노예제, 콜로누스제도, 조건부 노예해방[4] 등의 잔해 위에서 원래 자유인이었던 많은 농민의 자발적 예속화나 이와 같은 자발성으로 위장한 과정을 통해서 형성된 바 있는 농노제는 이제는 그 본질상 높은 사회계층으로부터 낮은 사회계층에 이르기까지 상호 간에 주고받는 복종과 보호제도의 기본적인 구성요소들 가운데 하나가 되었다. 사실은 이것만이 아니었다. 농노는 언제나 하층 카스트의 구성원으로 생각되었던 것이다. 그러나 이런 점은 예전에는 농노의 사회적 지위의 여러 가지 측면들 가운데 한 가지였을 뿐이다. 13세기부터는 그와 반대로 사회 일반의 발전추세에 따라, 그리고 동시에 '농노라는 것'(servaille)이 점점 더 엄격하게 외부적인 것과 관련해서 그 성격이 규정됨에 따라—특히 그 후 판례의 견해에서는 이론상 농노와 기사라는 두 신분은 양립 불가능이라는 주장이 제기되었다—, 당시 사회의 세론에서 농노 신분에 대해 갖는 관념 가운

....

4   조건부 해방이란 노예가 해방되기는 하되 주인에게 어느 정도 예속성을 유지하면서 주인의 토지를 소작한다는 조건으로 해방되는 노예, 곧 '해방노예'가 되는 것을 의미한다.

데 결국 지배적으로 된 것은 하층 카스트에 속한다는 계급적 특성이었다.

　게다가 바로 "살과 뼈에서 생겨난" 관계[5]에 대한 관념은 흐려지고 사라져 버렸기 때문에, 이제부터는 농노 신분이 사람보다는 토지에 매이는 경향이 나타났다. 출생뿐만 아니라, 어떤 농민보유지의 보유, 곧 어떤 토지에 살고 있다는 것만으로도 마낭은 농노가 되게 되었다. 더욱이 사람들은 토지를 보유한 농노를 흔히 토지에 '매어 있는' 것으로 간주하고자 하는 경향이 생겨났다. 농노는 절대로 토지를 떠날 수 없다고 말하는 것은 정확하지 않을 것이다. 그러나 그렇다고 해서 농노가 주인의 허락을 받지 않고 떠나는 경우에는 자신의 보유지를 잃게 된다. 이 문제에 대한 견해는 학자들의 학설에 영향을 받았다. 12~13세기 이후 법률가들이 로마법의 전통 위에서 법률을 연구하게 되었을 때, 그들은 그들이 신봉하던 로마법 원전 속에서 모든 지식의 전거(典據)와 그들 당대의 사회제도들, 특히 농노제에 대한 선례를 찾아내는 데 몰두했다. 얼마나 무모한 기도인가! 농노제만큼 중세에 특유한 제도가 있었던가? '세르프'(serf)와 '세르부스'(servus),[6] 이 두 말의 유사성 때문에 농노제는 고대의 노예제와 비교되곤 했던 것이다. 그러나 이 두 신분 간의 차이는 너무나 컸다. 프랑스의 법률가들은 비록 개별적으로 약간의 차이가 있기는 했지만 결코 이런 유사성에 지나치게 집착하지 않는 양식을

....

5　어머니의 배 속에서 태어날 때부터 인신적으로 영주에게 예속되어 있었던 농노의 신분적 조건을 말한다.

6　프랑스어의 'serf'라는 말은 라틴어 'servus'에서 온 말이지만, 'serf'는 농노를 가리킨데 비해 'servus'는 원래 노예를 뜻했다.

지니고 있었다. 그에 비해 동부 독일의 법률가들은 그 다음 몇 세기 동안 그들 나라의 '농노'(Leibeigene)라는 천형(天刑)을 받은 사람들과 관련하여 이런 유사성을 그렇게도 많이 인용하게 된다. 그 대신에 프랑스의 법률가들은 노예제와는 다르면서도 지주에 대한 종속을 전제로 하는 콜로누스제도가 농노제와의 유사성이 더 크다고 생각했던 듯하다. 그들이 농노제와 콜로누스제도의 유사성을 강조할 생각을 했던 것은 그들 당대의 농노 신분이 대인적(對人的) 성격보다는 대물적(對物的) 성격이 강하다는 점에서 사람과 토지와의 결합이 기본특징이었던 콜로누스 신분과 이미 어느 정도 비슷하다고 봤기 때문일 것이다. 그러나 이들 법률가가 생성 초기의 이런 유사성을 표현한 법률용어는 단지 유사성만을 강조한 데 지나지 않는다. 그 후에 공증인이나 법률이론가들이 농노를 지칭하기 위하여 즐겨 사용한 용어는 다름 아닌 새로운 유형의 것이었다. 그것은 '아스크립투스 글레배'(ascriptus glebae)[7] 또는 이보다 훨씬 강한 뜻을 지닌 '세르프 드 라 글레브'(serf de la glèbe)[8]라는 말들이다. 이전의 '인신 예속인'(homme de corps)이라는 표현과 대조가 된다는 점에서 참으로 인상적 합성어인 이들 용어는 중세의 로마법 학자들이 본래 콜로누스제도를 묘사하기 위해 사용했던 말들로부터 차용된 것들이다. 그렇기는 하지만 우리는 이런 학설이 미친 영향을 과장하지는 말자. 경작 가능한 토지가 그 전처럼 노동력보다 훨씬 더 풍부했더라면, 농노에게서 그가 보유한 '땅뙈기'를 몰수하겠다고 위협

....

7 땅뙈기(gleba)에 귀속된 사람(ascriptus)이라는 뜻의 라틴어.
8 땅뙈기의 농노 또는 땅뙈기에 딸려 있는 농노라는 뜻의 프랑스어.

하며 그를 붙들어 두려는 영주의 노력은 참으로 허사가 되었을 것이기 때문이다. 대개간이 없었더라면 농노의 토지 '긴박'(attache)은 상투적인 빈말이 되었을 것이다.

농노 신분을 특징짓는 오래된 부과조와 권리능력 상실은 대부분 존속했다. 무엇보다도 재산상속 불능과 외혼세(外婚稅, for-mariage)[9]가 잔존했다. 그러나 이런 것 외에, 계급적 열등과 그 관계의 물적 성격을 부각시킴과 동시에 새로운 농노 신분의 기준들 가운데 하나를 이루게 될 새로운 관념이 나타났다. 이른바 '자의적'(恣意的) 부담금, 곧 성문화된 계약을 통해 규정되지도 않고 확고부동한 관습에 의해서 규정되지도 않은, 그래서 영주가 자기 마음대로 징수한 부담금이 이제부터는 농노 신분의 한 징표로 아주 널리 받아들여졌다. 예컨대 '임의적인'(à volonté) 타이유세가 그런 것이었다. 이것은 처음에는 자의적 부담금의 거의 일반적 형태였으나 정기적으로 징수되면서부터는 예외적인 것이 되었다. 물론 모든 농노에게 '영주 마음대로의'(à merci) 타이유세가 부과된 것은 아니었으며, 더욱이 '영주 마음대로의' 부역이 모든 농노에게 부과된 것도 아니었다. 그러나 그 둘 중의 어느 하나만 부과되는 경우에는 이제 바로 그 때문에 농노로 간주될 위험성이 따랐다. 이미 카롤링 시대에 "영주의 명령을 받을 때마다" 노역을 하는 것은 일반적으로 '농노'(servus)―당시에는 사실상 노예였다―의 운명이었다. 어떤 지배자의 의사에 이처럼 복종하는 것은 자유에 반대된다는 관념이 다

....

9   농노가 다른 신분이나 타 영지 소속 농노와 결혼하는 데 대해 영주가 부과하는 세(稅)를 말한다. 그러나 'formariage'는 때로 그런 결혼, 즉 외혼을 의미하기도 한다.

소 어렴풋하게나마 사람들의 의식 속에 남아 있었을 수 있다. 이와 같은 의무의 특이성이 이런 관념의 소생을 조장했으며, 또한 틀림없이 어떤 식으로든지 사람들의 마음속에 얼마간의 영향을 미쳤을 농노(serf)와 로마사회의 '노예'(servus) 사이의 유사성도 이런 관념의 소생에 이바지했을 것이다.

　여기서 내가 자세히 논할 수 없는 지역별 많은 세부적 차이점들을 무시하면, 중세 말에 농노 신분의 주요 특징은 이상과 같았다. 그리고 이와 같은 특징은 농노가 전적으로 사라지는 시점까지, 다시 말하면 프랑스 대혁명 때까지 유지된다. 그러나 이런 특징을 가진 농노 신분에 속하는 사람의 수는 점차 줄어든다.

　농노제의 소멸이라는 대변화는 13세기에 시작되었으며 16세기 중엽까지 지속되었다. 곳곳에서 예속상태를 특징짓는 의무들이 단순한 폐용(廢用)으로 인해서 사라졌을 가능성이 있다. 그렇지만 대개의 경우에 농노들은 정식으로 날인된 명시적 '농노해방'(manumission) 문서를 통해서 때로는 개인별로나 가족별로, 때로는 마을 전체로 자신들의 자유를 획득했다. 이런 자유는 무상으로 주어지기보다는 매수되는 경우가 더 많았다. 물론 농노해방은 경건한 행위, 즉 보마누아르(Beaumanoir, 1250~1296)[10]가 말했듯이 최후의 심판날에 대천사의 저울을 천국 쪽으로 기울게 할 자선행위들 가운데 하나인 '큰 보시(布施)'로 간주되었다. 해방 증서들의 서문 속에서 사람들은 다소 웅변조로 또는 장황하게 이런 해방행위의 위대한 의

....

10　지방의 관리를 역임한 바 있는 소설가이자 시인. 한편 그는 법학자로서 『보베 지방의 관습집』(*Coutumes de Beauvaisis*)을 편찬하기도 했다.

미를 상기시키기를 좋아했다. 복음서의 교훈을 환기하거나, 해방장을 작성한 공증인이 성서보다 법전 속에서 교시를 구하고 싶어 하는 경우에는 '천부적 자유'의 고귀함을 상기시키곤 했다. 관습상 도덕적 가르침을 존중하지 않을 수 없었으며, 틀림없이 이런 과장된 말 속에는 천진스럽게 계산된 본심이 숨겨져 있는 경우가 자주 있었다. 요컨대 현세의 선행으로부터 얻을 수 있는 이득 가운데는 천국행이라는 보상에 대한 기대도 포함되어 있었던 것이다. 영주 계급이 순수한 자비심에서 모든 것을 완전히 버렸을 리는 없기 때문이다. 사실 농노해방은, 감사하는 마음이나 호의의 결과로 드물게 행해진 예외적인 경우를 제외하고는, 해방과 관련된 조항이 때때로 오랫동안 격렬한 논쟁을 빚은 진정한 의미의 계약을 통해서 이뤄졌다. 농노해방이 왜 그토록 많이 이루어졌는지를 알고 싶은가? 그렇다면 우리는 양 당사자가 그것으로부터 어떤 이득을 기대했는지를 알아볼 필요가 있다.

영주는 수익이 생기기는 했지만 그 징수가 불규칙하고 불편했던 부과조들을 포기했다. 그 대신에 대개의 경우에 그는 부과조들을 일시불로 지불받음으로써 거액의 목돈을 손에 쥐었다. 이 목돈은 영주에게 토지소유에 기초한 귀족 재산의 고질병이었던 금전 부족난을 일부 덜어 주거나, 오랫동안 바라마지 않던 사치생활의 비용을 드디어 충당할 수 있게 하거나, 아니면 수익성 있는 투자를 할 수 있는 길을 열어 주었다. 영주가 받은 '해방금'은 화폐유통의 놀라운 연금술을 통해 얼마나 다양한 용도로 쓰이게 되었던가! 때로 해방금은 곧바로 국왕의 금고로 빠져나갔다. 왜냐하면 재정난에 시달리던 영주로서는 국왕 징세관의 요구에 부응하기 위해서는 농노를 해방하는 것 외에는 다른 도리가 없었기 때문이다. 또 해방금은 빚에 허덕이던 영주가 이를 갚기 위해 피렌체의 은행가에게 흘러 나가거나, 싸움에서 이긴 적의 재부를 늘리는 데 지출되기도 했다. 이를테면 푸아티에 전투[11]가 있은 후에 상당수의 기사 및 에퀴이에(écuyer)[12]가 농노 해방금을 통해 마련된 몸값을 지불하고서야 영국군의 포로 상태에서 벗어났다. 어떤 경우에는 해방금이 교회의 석조건물 건축에 사용되기도 했다. 예컨대 성 루이 시대의 파리 소재 보물들 가운데 하나인 생제르맹데프레 수도원 부속의 성모 마리아 예배당은 수도원장이 행한 농노해방의 대금으로 완공되었다. 이런 것들보다 더 자주 해방금은 곡물경작지나 초지 또는 포도밭과 같은 상당한 면적의 토지, 토지보유세(chef cens)[13]와 십일

·········

11 백년전쟁 중 1356년 9월 19일에 중무장한 프랑스 기병이 경무장한 독립자영농민을 주력으로 한 영국군에 패배한 전투. 이 전투에서 국왕을 비롯한 많은 프랑스군의 포로가 발생했으며, 프랑스의 영토도 크게 축소되었다.

12 방패(écu)를 든 사람이라는 뜻으로, 어원은 같은 뜻의 라틴어 'scutarius'이다. 이것은 원래 중세에는 기사 작위를 받기 전에 문장(紋章)이 그려진 방패를 들고 기사를 따라다니면서 기사로서의 기량과 도를 익히던 귀족의 자제를 가리켰다. 그러나 중세 말 이후에는 기사되기를 포기하고 농촌에서 비교적 큰 토지를 소유한 하급 귀족을 지칭하는 뜻으로도 사용된다. 또 이것은 이 책의 뒤에서 보듯이 귀족의 하급 작위에 대한 이름으로 쓰이기도 했다. 따라서 'écuyer'를 굳이 우리말로 번역하면, 중세 봉건사회 본래의 뜻으로는 '종사'(從士)로, 중세 말 이후의 뜻으로 봐서는 '향사'(鄕士)나 '향신'(鄕紳) 또는 '지주'로 옮길 수 있을 것이다. 그러나 하나의 단어를 여러 가지 우리말 단어로 번역해 사용하는 것은 혼란스러우므로, 그냥 '에퀴이에'라고 음역해 쓰기로 한다. 에퀴이에는 그 본래의 뜻으로 보거나 시대에 따라 변화하는 의미로 보거나 영어의 'esquire'나 'squire'와 같다고 할 수 있다. 영어의 이 단어들은 위와 같은 프랑스어에서 유래한다.

13 봉건적 토지소유관계에서 영주의 상급소유권을 인정하고 감사하는 기본적 표시로서 부과·지불된 세. 영주의 상급소유권은 장원농민의 보유토지뿐만 아니라 봉신의 봉토 보유에 대해서도 인정되고 행사되었기 때문에, 농노와 같은 장원농민 외에 귀족 계급에 속하는 봉신들도 자신의 봉주에 대해 토지보유세를 부담해야 했다. 토지보유세는 영주가 농민보유지나 봉토를 처음 양도할 때 금전이나 곡식 또는 가금(家禽) 따위의 형

조(dîme),[14] 포도압착기, 주택, 물레방아로 바뀌었다. 이것들은 털실로 만든 긴 양말 속에 농민들이 한 푼 두 푼 모아 뒀다가 농노신분이 너무나도 견디기 힘들다고 생각되는 날에 마침내 꺼내 놓는 돈 덕분에 매입 또는 건립되거나 수리된 것들이다.[2] 또 어떤 때에는 '농노 해방자'가 일시불 대신에 정기적이고 고정된 납부금을 받아들이기도 했다. 이런 정기적 고정 납부금은 농민보유지들에 부과된 그 전의 부과조에 추가되었지만, 그 크기가 일정하지 않고 들쑥날쑥했던 기존 부담을 농노에게 유리한 방향으로 바꾸는 작용을 했다.

시간이 좀 더 지난 뒤에는 농노해방이 종종 토지로 보상되기도 했다. 이를테면 집단적으로 해방된 마을이 마을 공유지의 일부를 영주에게 양도하기도 했다. 오늘날까지도 여러 농촌공동체의 생활에 부담으로 작용하고 있는 이런 할양은 16세기의 부르고뉴 지방과 그 다음 세기까지의 그 인근 프랑슈콩테 지방에서는 유달리 흔하게 볼 수 있는 현상이었다.[3] 부르고뉴나 프랑슈콩테의 농민은 전쟁으로 파산하여 당시에 매우 가난했던 데다가, 영주들은 분할지들이 통합되기를 바라기 시작했기 때문이다. 그러나 농민이 자유를 획득

....

태로 징수했으나, 그 액수는 얼마 되지 않았다. 영주의 상급소유권을 인정하는 이런 기본적 토지보유세는, 직접생산자인 장원농민의 잉여노동의 유일하게 지배적이며 정상적인 수취형태인 지대와는 구분된다. 또 이 토지보유세는, 'surcens'라고 불린 부가세(附加稅)와도 구분되었다. 부가세는 이런 기본적 토지보유세에 추가된 두 번째 세라는 의미로, 토지를 사용하는 데서 생기는 수익에 대해 부과되었다. 그 부담액은 일반적으로 토지보유세보다 훨씬 컸다.

14 프랑스에서 585년부터 의무적으로 교회기관에 납부해야 했던 세금. 타이유세와는 달리 원칙적으로 비귀족의 토지뿐만 아니라 귀족의 토지에도 부과되었다. 십일조의 세율은 그 이름과는 달리 농업생산물의 10분의 1인 경우는 드물었고 대체로 13분의 1쯤 되었다.

하기 위해 그가 가진 보유지의 전부 또는 일부를 포기하는 일은 거의 없었다. 이와는 정반대로 영주는 농노재산에 대한 상속권을 포기함으로써, 농노의 보유토지를 양도받아 장래에 그의 직영지를 확대하겠다는 포부도 단념했다. 프랑스에서는 농노해방이 곧바로 — 예컨대 보다 뒤에 러시아의 유사한 사회변화처럼 — 영주가 농노의 보유토지를 일부라도 몰수하여 자신의 직영지를 늘리는 결과를 초래하지 않았다.

농노해방에는 이런 직접적인 이득 외에도 가끔 다른 한 가지 동기가 작용했다. 이에 관해서는 적지 않은 해방증서가 솔직한 고백을 전해 준다. 자유가 지배한 공간들, 즉 종종 그 건립자가 개간지의 성공을 위해 이주자에게 상당한 자유를 부여한 '새마을들' — 농노제가 발달한 시기에는 새로이 개간된 곳에서도 농노가 존재했으므로 언제나 그랬던 것은 아니었다 — 의 인근에나 아니면 일찍이 농노가 해방된 곳들의 가까이에 여전히 농노의 예속상태가 유지되는 영지가 있었다고 생각해 보자. 그런 영지는 보다 자유로운 인근의 땅에 점차 인구를 빼앗길 우려가 컸다. 이에 대처하는 가장 현명한 방법은 적절한 시점에 농노해방을 승낙해 주는 양보를 통해서 인구유출을 막는 것이었다. 농노해방이라는 양보 자체는 물론 해방을 통해 자유를 누리게 되는 수혜자들이 보상을 해 주기 때문에 전혀 이득이 없는 것도 아니었다. 이것은 위기의 시절에 특별히 권장할 만한 지혜로운 대책이었다. 이를테면 백년전쟁과 그 뒤 17세기의 전쟁들로 인해서 많은 변경지대에서는 빈 땅들이 다시 생겨남으로써 지주들이 경쟁적으로 주민에게 관대한 조치를 취했다. 부르고뉴 지방에 위치한 뷔르 기사령의 구호기사단 단원들은 1439년에

투아지의 예속민을 해방하면서 다음과 같이 쓰고 있다.

"그리고 또 어떤 때는 앞에서 말한 투아지의 집과 곳간의 전부 또는 그 대부분이 불에 타고 파괴되었고, 마찬가지로 또한 전술한 재산상속 불능 때문에 아무도 앞에 말한 마을에 거주하고 싶어 하지 않았으며, … 그리하여 모든 사람은 그 마을을 떠나 자유가 있는 다른 곳에서 살기 위해 떠나가 버렸다."

마찬가지로 1628년에 프랑슈콩테에 있는 몽튀로레그레의 영주는 해방된 촌락은 "살기가 더 좋고 사람이 더 많이 거주하게 될 것"이며, "따라서" 영주의 권리는 "더 큰 수입"을 가져올 것이라는 기대를 감추지 않고 있다. 이처럼 재난은 가끔 자유를 낳기도 했다.[4]

그뿐만 아니라, 일반적으로 대규모 영지의 경영자들은 잘 준비되고 지혜롭게 계획된 농노해방을 중요한 사업과제로 생각했다. 이에 대한 가장 좋은 증거는 일부 유력 영주─필립 미남 왕과 그의 아들들이나 그 뒤의 프랑수아 1세 및 앙리 2세[15]와 같은 국왕들과 그리고 베아른의 백작 가스통 퓌뷔스와 같은 고위 제후들─가 그들의 신하들에게 농노해방을 설득하기 위하여, 또는 심지어 반쯤밖에 성공하지 못했지만 강권하기 위하여, 조직한 선전활동 속에서 볼 수 있다.[5]

그런데 농노는 해방에서 무슨 이득을 보았을까?

....

15   재위 1547~1559년.

"영주 나리 … 소인이 자유 속에 늙고 소인의 아내와 자식들이 해방되기만 한다면, 소인이 못할 일이란 아무것도 없습니다."

이것은 12세기의 위대한 시인인 크레티앙 드 트루아(Chrétien de Troyes, 1135~1183)[16]가 농노 출신의 비범한 영웅들 가운데 한 사람의 입을 빌려 한 말이다.[6] 다수의 '인신예속인'이 이 말을 중얼거렸음에 틀림없을 것이다. 농노 신분은 예로부터 언제나 '오명'이 아니었던가? 그러나 예전에 농노 신분에 내재해 있었던 보호와 부역노동의 교환이라는 인격적 관계에 대한 관념이 퇴색하게 되고 그 대신 계급적 열등성에 대한 의식이 첨예해짐에 따라 자유인이 되고 싶은 욕구는 점점 더 강렬해졌을 것이다. 더욱이 농노 신분에 속한 인구가 나날이 감소함으로써 농노 신분에 얽매여 있는 사람이 한층 더 고립감을 느끼고 그로 인해 전보다 더 배척받는 천민이라는 느낌이 듦에 따라 해방에 대한 희구는 강렬해졌을 것이다. 이

....

16 중세 프랑스의 유명한 시인이자 소설가. 그의 성장과정을 비롯한 생애에 관해서는 별로 알려져 있지 않다. 다만 그리스어 등 고전을 공부한 것으로 추측되고 있다. 가난한 집안에서 태어났으나 일찍이 문학적 재능을 인정받아 플랑드르 백작, 샹파뉴 백작의 부인 등 제후가의 후원을 받았다. 이런 배경 속에서 궁정풍 연애문학과 기사도 소설의 선구자적 노릇을 했다. 그는 민간전설과 역사를 소재로 하여 12세기 제후들의 궁정에서 흔히 볼 수 있는 기사도의 이상으로 충만한 많은 소설을 썼다. 모두 8음절의 시구로 쓰인 그의 기사도 문학의 주요 작품으로는 『에렉과 에니드』(Erec et Enide, 1170), 『클리제스』(Cligès, 1176), 『랑슬로, 죄수 마차를 탄 기사』(Lancelot ou le Chevalier de la charrette, 1178~1181), 『이뱅, 사자와 함께한 기사』(Yvain ou le Chevalier au lion, 1178~1181), 『페르스발, 그라알 이야기』(Perceval ou le Conte du Graal, 1181~1190) 등이 있다[이들 작품 중 세 번째와 마지막 작품은 각각 『죄수 마차를 탄 기사』(유희수 역, 문학과지성사, 2016)와 『그라알 이야기』(최애리 역, 을유문화사, 2009)라는 제목으로 우리말로도 번역되어 있다]. 한편 그는 『원탁의 기사』이야기를 최초로 쓴 작가이기도 하다.

런 미천한 사람들의 탄식은 우리에게 거의 전해지지 않는다. 그럼에도 불구하고 탄식의 목소리 가운데 하나는 문헌기록이 거의 없는 가운데서도 우리에게 전해질 만큼 격렬하다. 남자농노나 여자농노는 결혼하기가 어려웠으며, 그래서 많은 딸들이 남편 없이 "썩고 있었다"라고 어떤 연대기 작가가 전하고 있는 것이다.[7] 사실 농노가 다수인 한, 그리고 14세기 이후 〈흉내내기꾼 르나르〉(*Renart le Contrefait*)[17]의 염세주의적 저자가 농노에 대한 외혼 금지가 "대를 끊는 것"(tollir generacion)이라고 비난했음에도 불구하고,[8] 결혼상의 그런 장애가 극복될 수 없었던 것은 아니다. 영지 안에서 같은 영주에게 예속되어 있는 농노들의 아들과 딸들이 서로 간에 결혼했던 것이다. 그러나 이 경우에는 근친혼이 증가할 우려가 있었다. 이것이 기독교 신학자들의 눈에는, 원죄설을 통해 정당화되다시피 한 농노제 그 자체를 비난한 것은 아니라고 하더라도, 적어도 농노 신분에 관한 규칙들 가운데 하나인 집단 바깥 사람과의 결혼 금지 규칙을 부당하다고 비난한 주요 논거가 되었다. 자주성이 강한 농노가 굳이 작은 농노 집단 바깥에서 꼭 배우자를 구하고 싶어 했다면 어떻게 했을까? 그런 경우에는 농노가 영주에게 일정한 금액을 지불하거나—부부가 각각 서로 다른 영주에 속하는 경우에는 두 사람의 영주에게 금전을 지불했다—, 때로는 두 농노의 소유자 사이에 농노들을 교환함으로써 해결을 보았다. 12~13세기에 농노 출신이었지만 권세가 강하고 부유했던 장원 관리인 집단의 대부분이 평

....

17 성직자들과 귀족층을 신랄하게 풍자한 1320년경의 우화. 작가에 관해서는 트루아 지방의 어떤 성직자가 썼다고만 알려져 있다. 영국인 초서의 작품은 이에 영향을 받았다고 추정되고 있다.

범한 농민들과의 결혼을 받아들이지 않고 그들끼리 명예로운 혼인 관계를 맺을 수 있었던 것은 이와 같은 방식의 채용을 통해서였다.

그러나 영주가 전보다 적은 농노를 거느리게 된 데다가 고장 전체적으로도 농노의 숫자가 더욱 얼마 되지 않게 되었을 때, 외혼 금지로 인한 고통은 견디기 힘들게 되었다. 왜냐하면 농노가 자유인과 결혼하는 것은 점점 꿈에도 생각할 수 없게 되었기 때문이다. 자유인으로 태어난 남자나 여자나 ('오명'은 전염되기 쉽기 때문에) 그들 자신을 위해서, 그리고 자녀들을 위해서 그러한 결혼으로 자유를 포기하고 싶은 사람은 별로 없었던 것이다. 설사 본인이 농노와의 결혼에 동의하는 경우가 있었다고 하더라도, 그들의 근친들은 가문의 명예를 생각하는 마음에서나 어느 날 그들의 가족재산이 상속불능 상태에 놓이지 않을까 하는 불안감 때문에 결혼에 반대하곤 했다. 1467년에 유아살해범임이 확인된 상파뉴 지방의 한 가련한 하녀는 자신이 사랑하는 사람과 결혼할 수 없었던 까닭에 범행을 저질렀다고 변명했다. 그녀가 "결혼하고 싶었던" 사람이 농노라는 이유로 그녀의 아버지가 결혼을 거절했다는 것이다.[9] 틀림없이 이 엄격한 아버지는 별난 사람이 아니었을 것이다. 어떤 지역에서 농노해방이 시작되기만 하면 언제나 아주 급속히 곳곳으로 퍼져나가는 경향이 있었던 것은 다음과 같은 두 가지 이유 때문이었다. 하나는 영주로 봐서 토지보유자를 잃지 않을까 하는 두려움 때문이었다. 다른 하나는 농노가 이미 자유를 획득한 다수의 인간들에 둘러싸여 홀로 오래된 부담들을 지게 됨으로써 일반 사람들의 멸시의 대상이 되지 않을까 하는 불안감 때문이었다.

그러나 농노해방이라는 그토록 소중한 행운은 대가를 치르고

얻지 않으면 안 되었다. 자유를 획득하고자 하는 소망은 13세기부터 십중팔구 어느 곳에서나 거의 똑같았을 것이지만, 성취 가능성은 그와 달리 지방에 따라 너무나도 달랐다. 생산물의 판매로 약간의 적립금을 마련할 수 있는 농민이나, 아니면 당시의 경제제도 속에서 특히 오늘날의 담보대출과 같은 기능을 하는 금리 설정의 형태로 농촌에 자본을 투자할 의향을 가진 대금업자를 자신의 주변에서 찾을 수 있는 농민만이 자유를 얻는 데 필요한 돈을 준비할 수 있었던 것이다. 간단히 말해서, 상거래가 이미 활발하게 이뤄지고, 도시의 시장이 상당히 많은 농산물을 소화할 수 있으며, 크고 작은 자본가들이 창출될 만큼 통화와 기업정신이 널리 유통되고 확산되어 있는 지방에 사는 농민만이 해방금을 마련할 수 있었다. 이미 13세기 후반부터 파리 지역에서 이런 특징적 현상들이 겸비되어 나타나는 것을 볼 수 있다. 그 결과, 파리 지역에서는 예전에 사실상 지역 주민 대다수의 신분이었던 농노가 발루아왕조가 시작되기 전부터 완전히 사라졌다. 경제적 여건이 불리한 곳에서는 농노제가 훨씬 오랫동안 존속했다. 이를테면 14세기에 파리시 주변에서는 단한 명의 농노도 갖고 있지 않았던 파리 소재 교회기관들이 샹파뉴에 위치한 그들의 영지에서는 아직도 다수의 농노를 소유하고 있었다. 그리고 오를레앙의 수도원들은 똑같은 수도회에 속함에도 불구하고 성 루이 시대 이후 보스에 있는 그들의 '인신 예속인들'을 모두 해방시켰으면서도, 프랑수아 1세 시대에 솔로뉴(Sologne)[18]의 마을들에 대해서는 재산상속세와 외혼세를 징수했다. 이처럼 집단적

....
18 오를레앙의 남쪽 인근에 있는 지방.

현상인 농노해방의 동기는 이런저런 영주의 개인적인 태도보다는 대규모 사회집단이 처한 특유의 환경에 의해서 훨씬 잘 설명된다. 샹파뉴, 중부의 여러 지방, 부르고뉴공국 및 그 인근의 프랑슈콩테 지방에서는 농노해방이 급속히 진행되지 않고 완급이 교차하는 가운데—이에 대한 면밀한 연구를 통해 머지않아 그 변화의 곡선이 그려지기를 바란다— 16세기 중엽까지 계속되었다. 그렇지만 두 부르고뉴 지방에서도 중부지방에서도 그때에 농노해방이 완료되지는 않았다. 16세기 후반부터 영주들은, 우리가 뒤에서 보게 되는 바와 같이 그들의 권리들, 특히 토지의 확대를 가능하게 해 주는 농노재산에 대한 상속권과 같은 권리들의 보존에 집착하여 농노해방을 더 이상 호의적으로 보지 않게 되었다. 그때까지 자유를 획득할 수 없었던 촌락은 자유를 획득하기가 점점 더 어려워졌다. 주지하다시피 원래의 농노제와는 매우 다른 농노제의 작은 섬들이 프랑스 대혁명 때까지 곳곳에 잔존했다.

그러나 15세기부터 영주재산의 위기와 그 뒤의 재산변동을 초래한 것은 영주재판권의 약화나 오래전에 농노를 영주에게 묶어 두던 인신적 관계의 이완이라기보다는 오히려 훨씬 경제적 성격의 요인들이었다.

2

영주재산의 위기

서부 유럽과 중부 유럽 전역에서 중세의 마지막 두 세기는 농촌사회의 불안정과 인구감소의 시기였다. 그것은 13세기 번영의 대가라고 말할 수 있을 것이다. 그 앞 시대의 대규모 정치적 창출물들―카페왕조의 프랑스 왕국과 플랜태저넷왕조[19]의 영국 왕국, 그리고 이들보다 낮은 수준에서 뒤늦게 생겨난 독일의 '영방'(領邦, territoire)[20]들―은 바로 그들의 권력으로 말미암아 온갖 종류의 전

....

19 노르만왕조에 이어 1154부터 1399년까지 245년간 존속한 영국의 왕조. 앙주왕조 또는 앙주뱅왕조라고도 한다. 프랑스의 앙주가 출신의 헨리 2세를 시조로 한다. 플랜태저넷이라는 이름은 앙주가의 가문(家紋)인 '금작화의 가지'(plantagenista)에서 유래한다. 이 왕조는 앙주 백작 조프루아(1151년 사망)가 영국 왕 헨리 1세의 딸이며 신성로마제국 황제의 미망인인 마틸다와 결혼하고 그의 아들 헨리 2세가 1154년에 21세로 영국왕위에 오름으로써 시작되었다.

20 라틴어로 'territorium', 독일어로는 'Territorialstaat'라고 하는 것으로, 13세기에 독일의 황제권이 약화되면서 봉건제후들이 세운 중세의 지방 국가 곧 영방국가를 말한다. 원래 중세 독일국가는 몇몇 부족의 연합체로 출발하여 영방국가로 분립하는 경향

란에 휩쓸리게 됨으로써, 그들의 존재이유였던 치안과 질서에 대한 임무를 당분간은 수행할 수 없는 듯이 보였다. 특히 개간활동과 인구증가의 결과인 인구조밀은 전염병이 끔찍하게 창궐할 수 있는 토양을 제공했다. 영국은 장미전쟁과 대규모 농민반란을 겪었고, 독일에서는 버려지고 다시는 복구되지 않은 촌락인 '폐촌'(廢村, Wüstungen)이 증가했다. 프랑스는 이들 나라보다 훨씬 큰 고난을 당하여 참으로 피폐할 정도였다. 백년전쟁 당시 프랑스는 용병들의 희생물이 되었고, 자크리의 난과 이 반란 자체보다도 더 가공스런 진압으로 인해 황폐화되었으며, 마지막으로 '높은 사망률'(grants mortalités)로 말미암아 소생의 힘까지도 치명적인 타격을 입었다.

발루아왕조의 승리로―비록 샤를 7세와 루이 11세[21]의 치하에서도 아직 많은 분쟁이 일어나기는 했지만― 불완전하나마 평화가 회복되었을 때, 왕국의 대부분은 피로 붉게 물든 하나의 거대한 전쟁터에 다름 아니었다. 당대의 문헌기록들―많은 미천한 사람들의

....

이 있었으나, 10~11세기의 작센왕조(919~1024년)와 초기 잘리에르왕조(1024~1125
년)의 강력한 왕권에 의해 이러한 경향이 일시적으로 억제되었다. 그러나 그 후 독일
황제는 교황과의 서임권투쟁과 이탈리아 경영에 힘을 소진하여 약체화되었던 반면에,
성속(聖俗)의 유력 영주는 일원적 지배영역의 형성에 힘썼다. 그리하여 프리드리히 2
세(1215~1250년) 때는 "종교 제후와의 협약"(1220년)과 "세속 제후 이익을 위한 결
정"(1231~1232)이라는 두 가지 제후 관련 법령을 통해 제후에게 관세징수권, 화폐주
조권, 축성권, 최고재판권 등 각종의 주권사항을 위양함으로써 영방군주권의 기초가
마련되었다. 이어 호엔슈타우펜왕조의 멸망과 더불어 도래한 대공위시대(大空位時代,
1256~1273년)와 7명의 선제후에 의한 황제 선출권을 규정한 카를 4세의 금인칙서 공
포(1348년)를 거치면서 영방군주권은 한층 강화되었다. 독일의 영방국가 체제는 30년
전쟁을 종결시킨 1648년의 베스트팔렌 조약에 의해 외교권을 포함한 주권국가로서 완
성되어, 신성로마제국이 해체되는 1806년까지 존속했다.

21   재위 1461~1483년.

진실어린 증언, 심문조서, 교구순방 기록, 재산명세서, 해방증서나 임대차 계약문서가 연대기 작가들보다 전하는 바가 오히려 더 많다—은 "수탉의 울음소리도 암탉의 울음소리도 이제 들리지 않는다"라고 공포에 찬 농촌사회의 분위기를 앞다퉈 묘사했다. 카오르의 성직자가 "내 생전에 나의 교구에서 본 것이라고는 전쟁밖에 없다"라고 한 말을 당시 얼마나 많은 프랑스 사람들이 할 수 있었겠는가! 보초가 울리는 작은 경보 신호에도 강 가운데 있는 섬에서 피난처를 찾고 숲속에 나뭇가지로 오두막집을 짓는 데 이력이 난 상황에서, 그리고 흑사병이 이 가련하고 궁지에 몰린 군중들을 거듭하여 엄습했을 때 활기찬 도시의 성벽 뒤꼍에서 오랫동안 빼곡히 모여 살지 않을 수 없었던 상황에서, 많은 농민은 점차 고향을 떠났다. 카오르 지방의 쟁기농들은 가론강 계곡으로 피난을 떠났고 콩타 지방(le Comtat)[22]까지 피난을 가기도 했다. 도처에서 마을들이 온통 버려졌으며, 때때로 여러 세대 동안 방치되었다. 주민이 얼마간 남아 있는 곳에서도 일반적으로 그 수는 극히 적었을 뿐이다. 알프스산맥의 중산간(中山間) 지대, 페리고르(Périgord)[23] 지방, 세노네(Sénonais)[24] 지방에서는 경작지와 포도밭이 숲으로 뒤덮였다. 무수한 촌락권역들에서 보이는 것이라고는 이제 "가시나무와 덤불,

....

22 프로방스의 서부에 있는 지방으로, 콩타브네생(le Comtat Venaissin)의 약칭이다. 론강과 뒤랑스강 사이에 있으며, 그 권역에 아비뇽과 오랑주시가 있다.
23 오늘날의 도르도뉴도(道)에 해당하는 옛 지방 이름. 중심도시는 페리괴다. 지형적으로 중앙산악지대의 남서쪽 측면에 해당하는 고원지대이며, 서쪽으로 도르도뉴강과 가론강의 지류들이 흐른다. 이 지방은 '인류의 발상지' 가운데 하나로 알려져 있고, 유명한 라스코 동굴벽화 등 선사시대의 유적이 많다.
24 부르고뉴 지방의 욘도에 있는 상스시의 주변지역.

그리고 여타의 장애물"밖에 없었다. 그 전의 경계선은 쉽게 알아볼 수 없게 되었다. 이를테면 15세기 말경에 보드세르네(Vaux-de-Cernay)[25]의 영지에 사람들이 다시 모여들어 살기 시작했을 때, "자기 조상의 토지가 어디 있는지 말할 수 있는 사람은 남녀를 막론하고 아무도 없었다."

　　이런 황폐화된 곳들 가운데 일부는 수세기가 지나면서 복구되었으나, 다른 곳들은 완전히 사라지고 말았다. 퓌세이에서는 이 시절에 생겨난 황무지가 19세기에 가서야 다시 경작되었다. 밭이 마침내 다시 경작되게 되었을 때조차, 흔히 파괴된 촌락들이 재건되지 않았으며 주거지가 집중하는 경향이 있었다. 부르고뉴 지방의 베세 촌락은 지도에서 영원히 사라진 채, 그 토지는 인근의 두 공동체의 농민들에게 분배되지 않으면 안 되었다. 몽벨리아르 백작령에서는 그때 파괴된 12개의 촌락 가운데 10개가 사라지고 말았다. 그렇지만 거의 어디에서나 재건작업이 수행되었다. 그러나 재건작업은 매우 느리게 진행되었다. 1483년에 파리 남쪽에 있는 렌물랭에서는 2명의 쟁기농이 자신들이 그 땅을 최초로 "개간한" 사람들—한 사람은 12~13년 되었고 다른 한 사람은 8~9년 되었다—이라고 자랑했다. 이따금 이전의 주민이 한 사람씩 돌아왔다. 그들 옆에는 몇 안 되는 예전의 이웃사람도 돌아왔으나, 아주 가까이에 있는 그들의 옛 주거지는 아직도 무성한 잡초로 뒤덮여 있었다. 다른 곳들에서는 재개간에 관심을 가진 영주가 외지의 노동력을 유치하여 사용했다. 프로방스에는 이탈리아 사람과 사부아 사람 및 북부 프

....

25　파리 남서쪽 베르사유 근처에 있는 시토 수도회 계통의 수도원을 가리킴.

랑스나 부르고뉴 출신의 프랑스인들이, 발랑티누아(Valentinois)[26]와 콩타브네생 지방에는 심지어 독일인이, 상스 지방에는 브르타뉴 사람과 리무쟁 사람 및 투르 사람이 유치되었다. 또는 떠돌아다니는 사람들이 어느 날 정착하기도 했다. 이를테면 1457년에 파리 인근에 있는 마니레자모에 정착한 노르망디 출신의 가난한 세 사람이 그런 사람들이었는데, 마을의 주민이라곤 이들이 전부였다. 가티네 지방에 있는 라샤펠라렌에서는 1480년에 새로 정착한 마낭들 가운데 두 명은 보졸레(Beaujolais)[27] 출신이고, 다른 한 사람은 앙주 출신이며, 네 번째 사람은 투렌 출신이었다. 거기로부터 멀지 않은 보두에서는 최초의 개척자들 가운데 한 명은 노르망디 사람이었다. 규모가 작은 이 같은 면(面) 단위에서는 언제나 그랬듯이, 프로몽(Fromont)[28]에서도 마찬가지였다. 인간의 거주가 너무나 오랫동안 중단된 데다가 외지에서 들어온 이주민의 구성 비중이 압도적으로 높았으므로, 농촌사회에는 기억상실과 같은 단절 현상이 생겨나기도 했다. 예컨대 가티네에 있는 르클로즈에서는 14세기에서 15세기 사이에 지명들이 거의 완전히 바뀌었음을 볼 수 있다. 이와 같이 사람들이 한데 섞여 거주한 사실에 비춰 볼 때, 잡다한 사람들로 구성된 도시와는 대조적으로 농촌주민이 인종적으로 순수하게 구성되었으리라고 어떻게 무조건 믿을 수 있겠는가? 재개척 활동은 16세기의 20년대나 30년대까지 계속되었다. 이런 활동은 오늘날의 사람들에게까지 대단히 신선한 느낌을 주는 강인성과 생명력의 장관을

....

26   프랑스 동남부 도피네 지방의 론강변에 위치한 발랑스를 중심으로 한 지방.
27   리옹 북쪽에 위치한 지방. 포도주 산지로 유명하다.
28   파리 남동쪽 인근에 있는 센에마른도에 위치.

연출한 과정이었다.[10]

농민들의 참상은 끔찍했다. 그러나 그 재건과정이 전체적으로 농민에게 불리했던 것은 아니다. 부과조의 수입원이 되는 사람들의 재정주(再定住)를 확보하기 위해 영주는 흔히 농민에게 상당한 특혜를 부여했다. 부담의 일시적 면제나 농기구 및 종자의 대여와 같은 아주 즉각적으로 시행할 수 있는 혜택이나 여러 가지 자치권과 매우 적은 액수의 소작료와 같은 보다 영구적인 혜택을 베풀었다. 1395년에 생제르맹데프레 수도원의 수도사들은 발랑통(Valenton)[29]에 있는 포도밭의 복구를 시도했으나 재배할 농민을 찾는 데 실패했다. 당시 그들은 포도밭에 대해 아르팡당 8수(sous)의 높은 소작료를 제시했기 때문이다. 1456년부터는 새로운 시도를 했다. 이번에는 그동안에 화폐의 금속가치가 현저히 감소했음에도 불구하고 성공을 보장하기 위하여 소작료를 거의 줄곧 4수 이하로 유지하지 않으면 안 되었다. 이런 낮은 지대가 성공 요인이었음은 말할 것도 없다.[11] 영주는 아주 오랫동안 경작되지 않는 토지를 박탈할 법적 권한을 가지고 있었다. 대체로 영주는 이런 권리를 확실하게 인정받기 위한 대비를 했다. 그러나 영주는 이 권리를 그런 토지들을 자신의 직영지에 편입시키는 데 사용하지 않았다. 그는 귀환의 기약이 없는 그 전의 경작농민을 기다리지 않고 새로운 경작자들에게 묵정밭을 나눠주는 데 이 권리를 사용했다. 이 시기에는 영대 농민 보유지를 대규모의 직영지 경영체제나 한시적 정액소작지로 대체하기 위한 영주 측의 어떤 노력도 보이지 않는다. 장원은 오랜 관습

....

29   파리 남서쪽 인근에 위치.

의 규범에 따라 재건되었으며, 대개의 경우에 중간 규모의 영주직 영지 주변에 소농들의 취락이 위치하는 형태를 취했다.

물론 위기가 지난 뒤에도 농민의 생활은 여전히 매우 힘들었다. 루이 11세 시대에 영국인 포테스큐(Sir John Fortescue, 1394~1476)[30] 는 영국과 프랑스의 농민대중을 비교하면서 프랑스의 농민에 대해 매우 암울한 색조로 묘사했다. 당연하게도 그는 국왕의 과세가 프랑스 농촌사회를 점점 무겁게 짓누르는 부담으로 작용하고 있음을 강조했다. 그러나 그가 아무리 예리한 법률가였다고 할지라도, 한 가지 본질적인 점을 간과하고 있었다. 곧 프랑스의 농촌주민이 조세에 짓눌리고 제대로 먹지 못하며 헐벗었을 뿐만 아니라 안락한 생활에 매우 무신경했다고 할지라도, 적어도 자신의 토지를 '상속 재산'으로 계속해서 보유했다는 사실을 간과하지 못했던 것이다.

어떻게 해서 농민층은 그들에게 파멸적일 수 있었던 시련으로부터 운 좋게도 벗어날 수 있었던가? 그들이 그 흔적이 황폐화된 경작지로 나타난 재난들과 농민 자신의 수를 격감시킨 재난의 희생 자들로부터 최종적으로 이득을 봤음은 틀림없다. 노동력이 희소해 지자 값비싸졌기 때문이다. 임금상승을 막으려는 국왕의 칙령과 지방권력 당국의 포고령에도 불구하고 농촌과 도시에서 임금은 끊임 없이 올랐다. 이들 권력자의 노력은 허사가 된 채, 임금상승의 명백

<hr/>

30   1442~1461년간 고등법원(King's Bench)의 재판장을 역임한 영국의 법률가. 그는 랭 카스터 왕가 출신인 헨리 6세에 대한 지지자로, 헨리 6세가 요크 왕가의 에드워드 4세 에 의해 폐위되자 그도 권력을 박탈당하고 왕족과 함께 프랑스로 망명했다. 얼마 후 랭카스터가의 왕위복고 기도에 가담했으나 실패했다. 1470년경에『영국 법 찬양』(De laudibus legum Angliae)을, 1471년 무렵에는『절대군주정과 입헌군주정의 차이』(Difference between an Absolute and Limited Monarchy)를 저술했다.

한 증거를 남겼다. 우리는 샤를 5세[31] 시대에 일당(日當)의 상승 덕분에 다수의 무쟁기농들이 토지를 사들이고 있음을 보게 된다.[12] 영주가 "고용인들을 사용하여" 토지를 대규모로 경영하고 싶은 생각을 가졌다고 하더라도, 그 비용은 몹시 많이 들었을 것이다. 그래서 오히려 현명한 경영방법은 토지를 경작자들에게 나눠주어 경영하는 것이었을 것이다. 그러나 토지가 다시 풍부해진 데 비해 인력은 부족했으므로, 경작자를 유치하기 위해서는 그들에게 너무 많은 부담이 부과되지 않도록 하는 수밖에 없었으며, 무엇보다 그들에게 보유지의 상속권을 보장해 주는 수밖에 없었다. 농민보유지의 상속은 농민들이 익히 아는 관습이어서 상속권을 포기하게 할 때는 반드시 저항이 따를 것이었기 때문이다.

　그렇지만 이런 논리적 고찰로는 충분한 설명이 되지 못한다. 17세기에 부르고뉴와 로렌과 같은 일부 지방에서 재발된 전쟁들은 그 앞 시기와 같은 황폐화를 초래했다. 가시덤불로 뒤덮인 농토에서는 이제 밭의 어떤 경계선도 보이지 않았고, 버려진 촌락의 폐허 속에서는 태곳적 생활방식으로 돌아간 가엾은 사람들이 사냥이나 어로로 연명하고 있었으며, 복구작업은 천천히 진행되는 가운데 그 일부는 외지인들에 의해 이루어졌다. 그렇지만 이번에는 영주들이 재건과정을 자기들에게 유리한 방향으로 이용할 줄 알았다. 이때에는 쇄신되고 보강(補強)된 영주 계급이 자신들의 힘을 자각하고 그 전보다 훨씬 발전된 농업경영 방법을 고안해 냈기 때문이다. 그와 반대로 중세 말에는 소농들을 지배하던 영주 계급이 약화되었

....

31　재위 1364~1380년.

고, 영주 계급의 재산과 정신은 심대한 타격을 받았으며, 전대미문의 상황에 대한 그들의 적응력은 형편없었다.

§

영주 계급의 커다란 재산손실은 우선 농촌의 황폐화 자체로 인한 것이다. 적어도 세속귀족에게는 전쟁이 수익성 있는 사업이었다. 기사는 포로의 몸값도 약탈도 마다하지 않았기 때문이다. 1382년에 샤를 6세가 파리의 반란[32]을 진압할 목적으로 플랑드르에 군대를 집결시켰을 때, 국왕의 깃발 아래 집결한 귀족들이 이 대도시의 노획물을 실어갈 요량으로 짐수레를 가져왔다는 사실은 주목할 만한 것이다.[13] 그러나 당시의 재난으로 말미암아 별 큰 수입이 되지 못하긴 했지만 그렇게도 많은 소작료와 타이유세 및 십일조로 된 정기적인 막대한 수입에 비하면, 이런 수입은 일정하지 않았고 끔찍한 보복을 받기 쉬웠다. 크고 작은 귀족들이 점점 더 자신들의 재정수지를 맞추기 위해 기대했던 국왕의 은급(恩給)도 일정한 수입이되지 못했음은 마찬가지다. 오래된 가문의 다수 영주는 직영지의 대부분이 사라졌고 절약생활을 할 수도 없었기 때문에, 백년전쟁이 끝나 갈 무렵에는 생존을 위해 무슨 행위든 서슴지 않는 처지가 되었다. 수도원들도 적은 수의 수도사만을 근근히 부양할 수 있었을

....

32 백년전쟁이 진행중이던 1380년에 11세의 어린 나이로 왕위에 오른 샤를 6세 시대(재위 1380~1422년)에, 그의 삼촌의 섭정에서 비롯된 정치적 혼란과 영국군과 유난히 많았던 전투 및 군대의 격심한 노략질로 파리를 비롯한 도시의 시민폭동과 농민소요가 빈발했다.

뿐이다.

　이뿐만 아니었다. 과거의 부과조가 요행히 계속해서 납부되거나 아니면 원래대로 회복되었다고 하더라도, 부과조가 화폐로 지불된 경우—13세기 이후 십일조의 경우를 제외하고는 화폐 형태의 지불이 아주 잦았다—에는 화폐의 실질가치가 예전과는 무척 달랐다. 15세기 말부터는 이미 화폐가치가 큰 폭으로 떨어졌으며, 그 다음 세기에는 현기증이 날 정도로 하락이 심해졌다. 화폐가치의 폭락은 영주 계급의 단기적 빈곤화의 주요 원인이었다. 화폐가치 하락은 그 성격과 시기에 있어 매우 상이하면서도 그 효과는 누적적인 두 측면으로 구별하여 살펴볼 필요가 있다. 우선 하나는 계산화폐(la monnaie de compte)[33]의 가치하락이고, 그 다음에는 주조화폐의 금속함유량 저하다.[14)]

　카롤링조 아래서 체계화된 복잡한 화폐 전통을 이어받은 구 프랑스에서는 화폐가 리브르(livre), 수(sou) 및 드니에(denier)라는 단위로 계산되었다. 세 화폐단위 사이의 비는 변함이 없었다. 즉, 1리브르는 20수, 1수는 12드니에였다. 그러나 오래전부터 세 화폐단위 가운데 소재가치(素材價値) 면에서 안정성을 유지한 것은 아무 것도 없었다. 여러 세기 동안 프랑스의 화폐주조소에서는 은으로 만든 드니에만 주조되었다.[15)] 이들 화폐의 액면가치는 언제나 동일했으나, 귀금속의 함유량은 곳에 따라 그리고 때에 따라 대단히 달랐다. 전체적으로 볼 때, 귀금속의 함유량 감소는 심한 편이었다. 성

　　　.........

33　가격의 척도가 되고 상품가격의 계산단위가 되는 화폐. 예컨대 곧 뒤에서 말하는 리브르, 수, 드니에 등.

루이 시대에 드니에 주화는 별 가치가 없는 것이 된 데다가 무엇보다도 화폐유통이 전보다 훨씬 많아진 사회상황에서, 드니에 주화는 이제는 거의 보조화폐로만 기능하게 되었으며 실제로 그 후에는 그런 기능에만 한정되어 사용되었다. 그 뒤로 화폐주조를 거의 독점하다시피 한 왕정 당국은 무게와 귀금속의 함유량이 더 크고 명목상의 가치도 더 큰 은화와 금화를 주조하기 시작했다. 그러나 불가피했던 이런 화폐개혁은 결국에는 지불수단의 불안정성을 증대시키는 결과를 초래했을 뿐이다. 이들 주화는 오래된 관습에 따라 한결같이 액면가치를 명시하는 어떤 명각(銘刻)도 없었다. 그리고 그로(gros), 에큐(écu), 아넬(agnel), 프랑(franc), 루이(louis) 등과 같은 주화의 이름이 화폐가치의 단위를 표시하지 않고 의장(意匠)과, 다른 한편으로는 리브르나 하위 계산화폐들의 추상적인 도량단위만을 표시할 뿐이었다. 이런 상황에서 주조권을 가진 정부만이 어떤 일정 유형의 주화가 얼마만한 리브르와 수 및 드니에의 값을 지닌다고 추정될 것인지 그 관계를 결정했기 때문에, 화폐개혁으로 통화의 불안정성이 커졌던 것이다. 전적으로 자의적(恣意的)인 이런 관계는 변할 수 있었고 실제로 달라졌다. 어떤 때는 화폐가치가 '저하'되었다. 다시 말해, 금속의 분량은 동일한 상태에서 계산화폐의 수량이 많아졌다(따라서 계산화폐의 가치는 '저하'되었다). 또 어떤 때는 이와 반대로 적은 수량의 계산화폐를 기입함으로써 화폐가치가 '상승'했다.

똑같은 무게의 금화가 1337년 1월 1일에는 정확히 1리브르의 가치가 있었던 것이 그해 10월 31일부터는 1리브르 3수 $1\frac{7}{9}$ 드니에로 계산되었다. 이것은 화폐가치의 저하다. 같은 무게의 금화가, 그

동안에 훨씬 많은 리브르로 계산된 값어치를 가진 후에, 1346년 4월 27일에는 다시 16수 8드니에로 되었다. 이것은 화폐가치의 상승이다. 공권 당국이 이런 조작을 한 데는 여러 가지 동기가 작용했다. 그중에는 우리가 가끔 파악하기 어려운 것도 있다. 화폐가치 조작행위로 군주에게 상당한 이익의 원천이 되었던 새로운 화폐가 주조되기도 했다. 그리고 화폐가치 조작행위는 정부의 수지균형을 적절히 조정하는 수단이 되었다. 또 조작행위 덕분에 금은 양본위제의 영원한 난제인 두 귀금속의 실질적 가치와 법정(法定) 비가(比價) 사이의 일치가 회복될 수 있었다. 유통되는 주화가 마모나 대단히 약삭빠른 투기꾼들의 박탈(剝脫)행위로 주조소에서 주조되어 나올 때의 금속함유량보다 훨씬 적은 함유량을 지니게 되는 경우에, 화폐가치의 '저하'행위는 정부의 공식적 금속 시세를 실질적 시세 수준으로 회복시키는 이점이 있었다. 마지막으로 금융에 관한 전문적 지식과 기술이 아직 매우 초보적이어서 지폐와 변동이율에 의한 할인 기법을 몰랐던 시절에, '화폐개주'(貨幣改鑄, mutation)는 정부가 화폐유통에 영향을 미칠 수 있는 거의 유일한 수단이었다. 그렇지만 결국 화폐가치의 변동은 상쇄되지 못했다.

결과적으로 화폐가치의 저하 경향이 압도적으로 우세했다. 그런 경향이 어느 정도인지는 다음과 같은 통계수치들이 분명하게 보여줄 것이다. 기본적 계산화폐였던 '투르 주조의' 리브르는 1258년에 오늘날 프랑스 화폐로 약 112프랑 22상팀에 상당하는 가치를 가진 금화였다. 그러나 이 리브르가 1360년에는 64프랑 10상팀, 1465년에는 40프랑 68상팀, 1561년에는 21프랑 64상팀, 1666년에는 9프랑 39상팀, 1774년에는 5프랑 16상팀의 가치를 갖다가, 구(舊) 화폐제도가 폐지되기 직전인 1793년에는 4프랑 82상팀으로 떨어졌다. 그렇지만 이들 수치는 가장 중요한 점들을 고려하지 않은 것이다. 즉, 1359년부터 이미 투르에서 주조된 리브르는 금속—언제나 금으로 되어 있었다—의 함유량 면에서 볼 때, 그 가치가 오늘날의 29프랑 71상팀에 상당하는 수준으로까지 떨어져 있었으며 1720년에는 2프랑 6상팀으로 떨어졌다는 사실이다. 은화 가치의 변동도 모든 점에서 금화의 변동과 비슷했다.[16]

일부 상거래 계약서에 특별히 규정된 조항이 있는 경우를 제외하고, 원칙적으로 모든 지불은 계산화폐로 이루어졌다. 특히 영주에 대한 부과조 지불이 그랬다. 농민보유지 보유자는 영주에게 일정 무게의 금이나 은으로 지불할 의무가 없었으나, 많은 리브르나 수 및 드니에로 지불하지 않으면 안 되었다. 그런데 그 액수는 고정된 것이 전혀 아니었음에도 불구하고, 불변적인 것으로 받아들여지는 것이 거의 일반적이었다. 사실 액수는 관습에 의해 규정되었다. 관습은 구전적인 것으로 남아 있는 경우도 있었으나 자주—그리고 점점 더 빈번하게— 성문화되었다. 그렇지만 구전되든 성문화되든 관습은 거역할 수 없는 것으로 간주되었고, 경우에 따라서는 재판소들도 준수하지 않으면 안 되는 것이 되었다. 부과조 자체가 중세의 일상어에서 "관습적인 것"(coutumes)이라고, 그리고 부과조를 부담하는 빌렝이 "관습의 사람"(coutumier)[34]이라고 불리지 않았던가? 그 결과 1258년에 1리브르의 부과조를 받던 어떤 영주의 상속인은 1465년에도 계속해서 똑같은 액수를 수취했다. 그러나 1258

....

34   경멸·조롱하는 뜻을 내포한 말로, 귀족과 대립되는 평민을 가리킴.

년에 그 선조는 금으로 환산하여 오늘날의 돈으로 112프랑에 상당하는 액수를 받았던 데 비해, 1465년에 그 상속인은 오늘날의 돈으로 40프랑어치를 받는 것으로 그쳐야 했다. 이것은 오늘날에도 마찬가지다. 1913년에 계약이 체결되어 같은 '프랑화'로 지불되는 부채가 있다면, 채권자는 5분의 4가량의 손실을 입게 된다. 그리하여 관습이라는 법적 현상과 화폐단위의 가치하락이라는 경제적 현상의 복합작용으로 농민은 점점 그들의 부담이 줄어드는 것을 보게 되었다. 더욱이 농민이 품을 팔거나 그들의 생산물을 내다팔 경우에는, 어떤 관습상의 강제도 받지 아니했던 까닭에 새로운 본위화폐 수준에서 그들의 소득이 유지될 수가 있었다. 반면에 영주는 서서히 가난해졌다.

　　이런 사태는 천천히 그리고 처음에는 의식하지 못하는 가운데 전개되었다. 이에 대한 가장 설득력 있는 증거는, 화폐사용의 보급 이후 장원 관리인들이 기꺼이 그렇게 했던 바와 같이 13세기 말경과 14세기에도 여전히 많은 관리인이 금납에 의한 물납(物納) 대체—그리하여, 불변의 가치실체 담지자(擔持者)로서 어느 시대에나 탐탁스럽게 여겨진 현물을 교환수단 가운데서도 불안정성이 가장 큰 것으로 바꾸었다—를 계속해서 장려했다는 점이다. 오늘날 우리는 가치척도가 되는 화폐가 액면에 변함이 없을 경우에는 오랫동안 사람들이 화폐가치의 실제 하락을 눈치 채지 못한다는 것을 잘 알고 있다. 다시 말하면, 화폐가치의 실질적 저하라는 사실은 화폐에 표시된 액수에 가려 보이지 않게 된다는 점을 잘 안다. 그러나 조만간에 필연적으로 깨달을 때가 오기 마련이다. 우리는 지대의 일반적 가치하락에 대한 지각(知覺)이 세론 속에 나타나는 시점을

15세기 초로 봐도 크게 틀리지 않을 것이다. 국왕의 칙령 및 브르타뉴 공작이나 부르고뉴 공작 등의 제후들이 낸 포고령은 당시의 이런 현상을 아주 명확하게 드러내 보여준다.[17] 문필가들은 이에 대한 지식을 일반인들 속에 널리 퍼뜨렸다. 그 가운데서도 1422년에 알랭 샤르티에(Alain Chartier, 1385~1433?)[35]만큼 그것을 역설한 사람은 없었다. 그의 저서에 등장하는 "기사"의 말을 들어 보자.

> "서민대중은 이런 이득을 너무도 많이 누려서, 전에도 지금도 물을 받아 두는 처마 밑의 저수조처럼 프랑스 왕국의 모든 부가 그들의 돈주머니로 들어간다. … 왜냐하면 화폐의 가치저하로 그들이 우리에게 지불해야 하는 부담금과 소작료는 감소했던 데 반해, 그들이 생산한 식량과 수공품에 그들이 매기는 지독히 비싼 가격은 점점 더 올라서 그들이 매일 부를 거둬들여 쌓아 놓을 정도였기 때문이다."[18]

경제적 변화가 감지되기 시작한 시점은 매우 중요하다. 왜냐하면 이때부터 그에 대한 대책을 마련할 수 있기 때문이다. 그렇지만 이런 부의 은밀한 유출을 방지할 수 있는 방법을 발견하고 실행한 사람은 알랭 샤르티에의 작품에 나타나는 기사도 그의 동시대인들도 아니었다. 부의 유출에 대한 투쟁이 실제로 시작되기 전에, 화폐

....

35 프랑스의 외교관이자 작가. 백년전쟁의 참상에 자극받아 애국적인 시를 많이 썼다. 정치적 웅변조의 대표작으로는 다음에서 인용되는 『욕설의 4부작』(*Le Quadriloge invectif*, 1422)이 있고, 궁정풍 연애시로는 『감사할 줄 모르는 아름다운 귀부인』(*La Belle Dame sans merci*, 1424)이 있다.

가치 저하의 첫 번째 원인에 이어 더 큰 폭발력을 가진 두 번째 원인이 나타났기 때문이다.

화폐의 금속함유량을 아는 것은 유용하다. 그러나 그보다 더 중요한 우리의 관심사는 화폐의 구매력을 평가하는 것일 것이다. 불행히도 현재의 연구 상황에서 중세의 화폐 구매력에 대해서는 추측에 그칠 수밖에 없다. 게다가 경제적 분열이 심한 프랑스에서 금속화폐의 교환가치는 당연히 지역에 따라 극도로 달랐다. 그뿐만 아니라 교환가치는 오늘날 우리에게 약간의 통계수치를 남기고 있는 백년전쟁 기간 동안의 모든 시장에서 '전황'(戰況)에 따라 매우 급작스럽고 격심한 변동을 겪는 경향이 있었다. 반면에 1500년 무렵에는 물가가 도처에서 상당히 낮은 수준으로 떨어졌음에 틀림없다. 영주는 금화나 은화 형태로(금화는 거액을 지불하는 데에만 쓰였기 때문에 주로 은화로) 된 수입이 그 전보다 더 적었으나, 그는 이 얼마 안 되는 액수의 귀금속으로도 바로 직전의 시기에 같은 분량의 화폐를 가지고 살 수 있었던 것보다도 더 많은 재화를 구입할 수가 있었다. 비록 수지균형을 회복할 수 없는 수준이기는 했지만, 손실은 상당히 만회되었다. 16세기 중에 상황은 다시 한 번 변했다. 먼저 중부 유럽에 있는 광산들의 집중적인 개발을 통해, 그 다음에는 아메리카 대륙의 보물창고와 광산—특히 1545년에 포토시의 놀라울 정도로 거대한 은 광맥의 개발 이후—에서 나온 이보다 훨씬 많은 귀금속의 유입으로 말미암아 귀금속의 총량은 엄청나게 증가했다. 그와 동시에 화폐의 유통속도 자체가 그 나름대로 점점 증가함으로써, 사용할 수 있는 화폐가 많아졌다. 그로 인해 물가가 폭등했다. 일반적으로 전체 유럽에 공통된 이런 변화는 프랑스에서는 1530년 무렵부터 감지되기 시작했다. 라보(M. Raveau)[36]는 푸아투 지방에서 루이 11세 시절에 오늘날의 프랑스 돈으로 약 285프랑에 상당하던 리브르의 구매력은 앙리 2세 시절에는 평균 135프랑으로 떨어졌고, 앙리 4세 시절에는 63프랑으로 하락했다고 추산했다. 따라서 한 세기 반 안에 명목상의 화폐단위인 리브르의 금속함유량 저하와 물가상승이라는 두 가지 요인의 복합작용으로 구매력은 4분의 3 이상 하락했다.

이런 급격한 변동은 직접적으로든 간접적으로든 토지에 의존해 살아가는 여러 계급의 사람들에게 서로 매우 다른 영향을 끼쳤다. 토지의 생산자들은 거의 손해를 입지 않았다. 그러나 두 계급은 심대한 타격을 받았다. 하나는 날품팔이꾼이었다. 이들은 인구 재증가로 인해 노동력의 희소가치가 훨씬 떨어진 데다, 이제는 그들의 임금 오름세가 식료품 값의 상승에 훨씬 못 미치는 상황을 맞게 되었다. 다른 한 계급은 무엇보다 소작료 수취생활자였던 영주였다. 프랑슈콩테에 있는 샤티용수메슈 장원에서 그 영주가 취하는 수입은 1550년에는 1,673프랑이던 것이 1600년에는 2,333프랑이었다. 이것은 분명히 150퍼센트 가까이 수입이 증가한 것이다. 이런 증가는 십중팔구 매우 큰 정성을 기울인 경영 덕택일 뿐만 아니라, 무엇보다 오랫동안 경제적으로 후진적이었던 이 지방에서 영주가 부과조의 징수에 의한 것이든 직영지의 생산물에 의한 것이든 간에 아직도 그가 판매할 수 있는 상당히 풍족한 농산물을 취득하고 있었다는 사실에 기인하는 것이기도 하다. 따라서 이런 사실로 봐서는

....

36   그의 연구서는 이 책의 뒤에 있는 저자의 참고문헌에 제시되어 있다.

이 영주의 형편은 비교적 호전되었다고 할 수 있다. 그러나 앞의 두 시점 사이에 이 지방에서 밀 가격만 해도 200퍼센트나 올랐다. 따라서 통계수치를 언뜻 보고는 이례적으로 소득이 증가한 것처럼 보이는 그곳에서조차 경제적 실제 사정을 따져 보면 손해가 발생했음이 드러나는 것이다.[19]

　　모든 영주의 재산이 똑같이 타격받았던 것은 아니다. 대부분의 교회기관은 십일조에서 나오는 재산을 쌓아 두고 있었으며, 십일조 가운데 상당한 수입이 실질가치상 변함이 없었다. 경제발전의 주요 흐름에서 멀리 떨어져 있던 일부 지방에서는 현물 형태로 납부되던 부과조의 금납화가 단지 조금만 진행되었을 뿐이다. 그런 곳에서는 영주들―무엇보다도 아마 작은 봉토 소유자들―이 다른 한편으로 직영지의 비교적 큰 부분을 유지했다. 기묘한 운명의 역전으로 그런 곳의 귀족은 전적으로 화폐에 토대를 둔 예전의 부유한 지역의 귀족보다 피해를 덜 입었다. 어떤 경우에는 일부 귀족가문이 화폐 가치의 하락이 미치는 치명상을 완화시킬 수 있는 화폐지대 총액의 증가, 십일조와 정률생산물지대의 취득, 그리고 정부와 재판소의 관직 취임으로 얻어지는 부수입 등의 덕에 과도한 고통 없이 당면한 난국을 극복하고 형편이 나아졌다. 화폐의 가치하락으로 오래된 귀족 계급이 종말을 고한 것은 아니었다. 그러나 오래된 다수의 귀족가문이 당시 조락의 길에 들어섰다는 것 역시 사실이다. 일부 귀족은 일시적으로 그들의 사회적 지위를 버리고 상업에 뛰어듦으로써 파국을 모면했다. 훨씬 많은 다른 귀족은 끊임없이 위기를 겪다가 결국 그들의 재산 일부를 포기하고서야 위기에서 빠져나올 수 있었다.

그런데 금전적인 문제로 어려움을 겪는 오래된 가문 출신의 귀족(gentilhomme)[37]이 있다고 하자. 많은 경우에 그는 우선 자신의 토지를 저당 잡혀 돈을 빌리는 것으로 그칠 것이다. 그러나 빌린 돈을 어떻게 갚을 것인가? 결국 그 귀족은 약간의 밭뙈기뿐만 아니라 몇몇 장원을 때로는 그의 채권자에게, 또 어떤 때에는 너무도 귀찮게 독촉받는 빚을 갚을 수 있는 돈을 제공해 주는 다른 매입자들에게 팔 수밖에 없을 것이다. 새로운 지주는 사회의 어느 계층에서 충원되었을까? 이것은 토지의 구입자금이 어디에 있었는가를 묻는 것과 같다. 성(城), 본당사목구 교회의 귀빈석, 상급 재판권의 상징인 교수대(絞首臺), 소작료, 타이유세, 재산상속세 등 옛 계서제의 온갖 명예와 수익은 상업과 관직의 종사로 재산이 형성되고 귀족의 작위를 받았든 막 받으려고 하든 간에 영주로 변신하던 부르주아의 재산과 위신을 거의 언제나 늘려 줄 것이다. 예를 들면 포레(Forez),[38] 보졸레 및 도피네에 이르는 리옹 주변의 전 지역에서 남작령, 성주령 등 온갖 종류의 봉토가 향신료 판매나 모직물 산업, 광산업, 또는 은행업으로 부자가 된 리옹의 도시 문벌들의 수중에 들어갔다. 이런 가문이 카뮈가, 로랑생가, 비뇰가, 바레가와 같은 프랑스 태생의 가문들이고, 가다뉴가와 공디가와 같은 이탈리아 가문들이며, 클레베르히가와 같은 독일인 가문들이다. 부르봉 원수(le connétable de Bourbon, 1490~1527)[39]가 매각하거

....

37 'gentilhomme'은 원래 혈통에 의한 출생귀족을 뜻한다.
38 리옹 서쪽 인근에 위치한 지방. 오베르뉴 지방과 리옹 사이에 있다.
39 부르봉 왕가의 조상이 되는 부르봉 공작 가문의 8세로, 이름은 샤를이다. 이탈리아 전쟁에서 공을 세워 프랑수아 1세에 의해 원수로 임명되었으나, 그 후 이 국왕의 불신을

나 그의 재산의 몰수 후에 처분된 40개의 장원들 가운데 불과 3개만을 오래된 가문 출신의 귀족들이 매입했을 뿐이다. 그런데 전설이 전하는 바처럼 술집 주인의 손자이자 모직물 상인의 아들인 환전상 클로드 로랑생이 루이 11세의 딸로부터 매입한 남작령에서자기의 새로운 봉신들로부터 신종선서(臣從宣誓)를 받아 내기 위하여 온갖 애를 썼다는 것이 사실인지 여부는 여기서 문제될 것이 없다. 그래도 로랑생의 부인은 왕비의 시녀였고, 그의 아들은 국왕의 보시분배 담당 수석사제였다.[20] 장원제는 타격받지 않았다. 더욱이 머지않아 새로운 활력을 되찾을 것이다. 그러나 장원의 소유주는 대폭 바뀌었다.

그렇지만 흔히 말하듯이, 당시에 "토지소유를 열망하는 새로운 사람, 즉 부르주아"가 등장했다고 말하지는 말자. 부르주아 계급이 존재한 이후로 우리는 부르주아 계급의 다수가 도시 주변에서 농촌의 토지를 사들였을 뿐만 아니라 그들 가운데 비범한 자들이 점차 영주집단으로 편입되어 갔음을 보았다. 샹파뉴 백작 가문의 시종이었던 르니에 아코르는 부르주아였고, 라니의 견본시(見本市, foire)[40] 운영을 통해 부자가 된 도르주몽 가문도 부르주아였으며, 루앙의 포도주 상인이자 징세 청부업자이며 고리대금업자였

....

20) 샀다. 이에 그는 반역을 꾀했지만 결국 살해되었으며, 그의 봉토는 회수되고 프랑스 중부에 있던 그의 광대한 영지는 몰수되었다.

40 견본시란 중세 후기에 원격지상업이 발달하면서 국제적 교역 중심지에서 1년에 1~2주 정도 개최되었던 대규모의 도매시장을 말한다. 12세기 초부터 영국, 프랑스, 독일, 플랑드르 등지에서 발달하였으나, 국제적으로 가장 유명한 견본시는 12~13세기에 번창했던 프랑스의 샹파뉴 견본시였다. 파리 인근에 위치한 라니는 샹파뉴 견본시에서 차례대로 열리는 6개의 견본시장 가운데 하나로, 매년 1월에 견본시가 열렸다.

던 로베르 알로르주 또한 부르주아였다. 맨 앞의 아코르는 13세기에, 뒤의 두 사람은 14세기와 15세기 초에 프랑수아 1세 시절의 카뮈가나 로랑생가보다 적다고 볼 수 없는 장원의 토지를 취득했다.[21] 그러나 이와 같은 부르주아의 영주 계급으로의 대거 편입은 결코 그 전에는 볼 수 없었으며, 그 후로도 더 이상 되풀이되지 않게 된다. 벌써 17세기에는 영주 계급이 반쯤 폐쇄적인 카스트 집단이 되었던 것이다. 확실히 영주 계급의 카스트가 아직도 새로운 구성원을 받아들이기는 했으나, 그 전체 숫자는 줄었고 가입속도도 떨어졌다. 프랑스의 사회사에서, 그리고 특히 프랑스의 농촌사에서 자신의 지위를 그토록 신속하게 구축한 이 같은 부르주아의 성취만큼 결정적인 것은 없다. 14세기는 귀족에 대한 격렬한 반란이 일어났다는 점이 특징적이다. 당대에 쓰인 말인 "귀족에 대한 비귀족의 전쟁"에서 부르주아와 농민은 자주 연합전선을 구축했다. 에티엔 마르셀(Etienne Marcel, 1315~1358)[41]은 자크들(Jacques)[42]의 동맹자였으며, 님(Nîmes)[43]의 사려 깊은 상인들은 랑그도크 지방의 농촌 '뒤

....

41 백년전쟁에 기인한 프랑스의 정치적·사회적 위기국면을 타개하기 위해 열린 1355~1357년의 전국삼부회에서 제3신분의 지도자로서 중요한 역할을 수행한 파리 모직물 상인 출신의 개혁적 부르주아. 당시 국정을 통제하고 있던 황태자 샤를에게 근대적·의회주의적 국제(國制) 개혁의 단행을 요구하여 이를 「대칙령」(大勅令)으로 발포케 하는 데 성공했으나, 1358년 샤를이 그 존중을 거부하자 파리에서 폭동을 일으켰다. 그가 이끄는 무장시위대가 파리를 점령했지만 끝내 실패했으며, 그 후 왕위를 노리는 나바라 왕 샤를을 동맹자로 삼아 파리로 입성하려다 왕당파인 장 마야르에게 피살되었다. 그는 파리 폭동 중에, 자크리의 난을 일으킨 농민들과 연합하기도 했다. 자크리의 난 자체는 마르셀의 난에 큰 영향을 받아 일어난 것이기도 하다.

42 프랑스에 흔한 남자 이름으로, 흔히 순박한 농민들을 가리킴.

43 프랑스 남부 론강 하류 서쪽 기슭에 가까운 도시. 랑그도크 지방에 속하는 오늘날의 가르도의 도청 소재지. 포도주 산지이자 가죽 및 면직물 공업이 성한 곳이다. 고대 로마의

생들'(les Tuchins))[44]에 대해서보다 그들 지방의 기사들에게 더 호의적이었던 것이 아니다. 그러나 한 세기나 한 세기 반을 건너뛰어 보자. 에티엔 마르셀 같은 부류의 사람들은 이제는 국왕의 귀족 작위 수여를 통해 귀족이 되었고, 경제변화의 결과로 영주가 되었다. 부르주아의—적어도 상층 부르주아 계급과 이 계급으로 상승하기를 열망했던 사람들의— 모든 역량이 장원체제를 구출하는 데 투입되었다. 그렇지만 새로운 사람들에게는 새로운 정신이 깃들어 있는 법이다. 치밀성과 수완, 그리고 대담성을 갖고 동산을 관리하는 데 익숙해 있던 상인이자 징세 청부업자였으며 국왕과 귀족에 대한 대금업자였던 이 사람들은 오래된 소작료 수취생활자들의 계승자가 되었으면서도 그들의 이지적 습성도 그들의 야심도 바꾸지 아니했다. 부르주아들이 최근에 취득한 재산을 관리할 때 가져온 것, 요행히 상속재산을 보존한 순수 귀족들에게 그들이 본보기로 가르쳐 준 것, 그리고 빈털터리가 된 귀족들이 자신들에게 이익이 되리라고 생각하여 혼인관계를 맺고자 했던 부르주아의 딸들이 오래된 귀족 가문 속에 도입하여 여주인으로서 그토록 자주 귀족의 세습재산을 구해 준 것, 이런 것들은 다름 아닌 사업가적인 사고방식이다. 이런 정신은 손익을 계산하는 데 익숙하고, 필요하다면 우선에는 수익성이 없더라도 장래의 이익이 걸려 있는 경우에는 위험을 무릅

....

유적이 많은 유서 깊은 도시이기도 하다.

44 백년전쟁 중인 1381년에서 1384년 사이에 프랑스 남부의 랑그도크 지방에서 군인들의 노략질, 일부 영주의 영국군과의 타협, 염세(鹽稅)를 비롯한 많은 세금의 부당한 징수 등에 항의하여 일어난 반란의 참가자들. 반란의 주축은 농민들이었으나, 도시의 장인들과 부르주아 층도 가담했다.

쓰고 지출도 마다하지 않는다. 이것은 한마디로 해서 자본가적 정신이다. 이와 같은 것이 장원경영의 방법을 변화시키게 될 발효소였다.

3

'영주적 반동' 및 대토지소유와 소토지소유

지대 수입의 감소는 유럽적 현상이었다. 다소 활력을 회복한 영주 계급이 재산손실을 만회하기 위해 기울인 노력 역시 유럽적 현상이었다. 프랑스에서처럼 독일, 영국, 폴란드에서도 동일한 경제적 참극이 전개되어 비슷한 문제들을 낳았다. 그러나 나라에 따라 사회적·정치적 조건이 달랐던 만큼 피해를 회복하기 위한 대응방법도 상이했다.

엘베강 너머의 동부 독일과 그것의 동쪽으로의 연장인 슬라브 지방에서는 구 장원제도가 변하여 새로운 장원제도로 대체되었다.[45] 부과조는 이제 수익성이 없었다. 그런 것은 아무래도 좋았다.

....

45 12~13세기에 독일인의 식민운동을 통해 개척된 엘베강 동쪽의 독일과 동유럽 지역에서는 처음에는 농민들이 지주에게 주로 생산물이나 화폐 형태의 지대를 바치고, 부역 노동의 부담은 연간 단 며칠에 지나지 않을 정도로 적었으며, 기타 몇 가지 공납물을 바치는 수준이었다. 그러나 14~15세기에 전쟁과 전염병 등으로 농민의 토지이탈과 지대

토지귀족(hobereau)[46]은 그 자신이 곡물 생산자 겸 판매업자가 된다. 그들은 농민들로부터 농토를 탈취하여 수중에 집중시켰다. 대규모 직접경영지가 설치되었고, 그 주위에는 대부분 부역노동이 부과되는 노동력을 토지귀족이 충분히 확보할 수 있을 만큼의 소농들이 배치되었다. 영주와 농민 사이에는 점점 더 엄격한 지배·예속관계가 형성되었고, 영주에게는 예속농민들이 제공하는 무상의 강제노동이 보장되었다. 영주의 직영지는 농민보유지들로부터 고혈을 짜내는 중심이 되었다. 영국에서는 발전과정이 현저히 달랐다. 영국에서도 역시 직영지 경영은 농민들의 토지와 공유지의 희생 위에 크게 확대되었던 것이 사실이기는 하지만, '대지주'(squire)[47]는 상당

....

수입의 감소라는 경제적 위기가 닥치고, 16세기 이후 서유럽의 인구증가와 도시를 중심으로 한 경제발달로 곡물가격이 상승하자, 아래에서 말하는 바와 같이 지주들은 농민의 토지와 공유지를 빼앗아 직영지를 확대하는 동시에 농민을 토지에 긴박시키고 인신적 지배를 강화하면서 예속농민의 부역노동을 사용해서 수출용 곡물을 생산·판매하는 대규모 직영지 경영체제를 확립했다. 그뿐만 아니라, 지주는 한편으로 영지 내의 농민에 대해 경찰권과 사법권을 행사하고, 영지 안에 있는 교회의 성직자들에 대한 임명권까지 행사했다. 이것이 이른바 농장영주제(Gutsherrschaft)와 재판(再版)농노제의 성립이다. 블로크가 여기서 말하는 장원제의 변천이란 이런 변화를 가리킨다고 하겠다.

46 이 프랑스어 단어는 시골에서 토지를 소유하고 사는 소귀족이라는 뜻으로, 다소 경멸조의 말이다. 엘베강 동쪽의 동부 독일과 관련하여 저자 블로크가 이 말로써 지칭하고자 하는 바는 바로 앞의 역주에서 말한 농장영주, 즉 이른바 융커(Junker)라고 하는 것이다. 독일에서 융커라는 말도 '시골귀족'이라는 멸칭으로 사용되기도 했다. 그러나 이 책에서 프로이센을 포함한 독일 전체의 귀족에 대해서도 사용되는 'hobereau'를 융커라고 부르는 것은 무리인 데다 이 책의 뒤에서 '융커 계급'(Junkertum)이라는 말이 별도로 사용되고 있으므로, 여기서는 'hobereau'를 '토지귀족'이라고 번역한다.

47 '스콰이어'란 원래 봉건적 군사조직에서 귀족집안 출신의 젊은이가 기사 작위를 받기 전에 유능한 기사의 수행원 역할을 담당하여 기사로서의 마지막 훈련과정을 끝낸 예비기사를 가리키는 말이었다. 그러나 봉건제가 해체되는 과정에서 봉주에 대한 기사로서의 군사봉사 의무가 매년 납부하는 현금으로 대체되었고, 포병과 보병 및 용병으로 구성된 근대적 군대의 등장으로 기사의 군사적 유용성이 약화되었다. 이에 따라 자신의

한 정도로 여전히 소작료 수취자 생활을 유지했다. 그러나 그들이 거둬들이는 소작료는 대부분 더 이상 고정되지 않았다. 이제부터는 소작지의 대여가 기껏해야 일정 기간으로 제한되어 이루어졌으며, 더욱이 영주 자신이 마음대로 소작기간을 정하는 경우가 자주 있었다. 임대계약이 갱신될 때마다 당시의 경제적 상황을 반영하여 소작료를 인상할 수 있는 아주 좋은 기회가 생겨난 것이다. 그러므로 유럽의 양 끝에서 영주 계급 위기의 주요 원인이었던 영대 농민보유지제도가 폐기되었다는 점에서는 기본적인 특징이 동일하다.

그렇지만 프랑스에서는 영주의 재산손실을 만회하기 위한 노력이 난폭한 형태를 띨 수가 없었다. 간단히 설명하기 위해, 동부 독일 및 폴란드와의 비교는 생략하자. 이들 지역의 장원제도는 영주 계급에게 많은 권력을 부여한 것으로서, 프랑스 왕국의 장원제도와는 판이했다. 그래서 비교의 대상을 영국으로 국한하자. 13세기 무렵에 영불해협의 양쪽에서 출발상황은 대체로 같았다. 각 장원 고유의 관습법에 의해 농민은 보호되었으며, 실제로 농민보유지의 상속권은 보장되었다. 그러나 관습법을 준수시킬 임무는 어떤 권력기관에 귀속되었는가? 이 점에서 양국은 현격한 대조를 이룬다.

영국의 왕권은 12세기부터 엄청난 권력을 갖고 자체의 재판

....

수입에 비해 군역 대체금액이 과중하다고 판단하고 기사 작위에 대한 매력을 별로 느끼지 못한 귀족층이 기사가 되지 않고 스콰이어의 지위에 만족하게 되어 스콰이어층이 형성되었다. 그리하여 스콰이어는 대토지를 소유한 지주 신분이라는 특별한 의미를 띠게 되었다. 그것은 흔히 장원의 영주라는 의미로 사용되었다. 여기에는 대토지를 소유한 젠트리까지 포함된다. 'squir(e)archy'라는 용어도 원래 기사의 종자 지위에 있던 계층을 뜻했으나, 지주 계급이라는 의미로 쓰이게 되었다.

권을 확립했다. 국왕재판소들은 오래된 자유인들의 재판소들과 영주재판소들의 상위기관으로 자리 잡았다. 나라 전체가 국왕재판소의 영향력 아래 놓였다. 그러나 이런 이례적인 국왕재판권의 조숙한 발달은 대가를 치러야 했다. 12세기에는 봉건적 주종관계가 아직도 너무나 강력해서 봉주와 그의 직접 봉신 사이에 제3자를 받아들이는 것은 용인될 수도, 심지어 상상할 수도 없을 정도였다. 설사 국왕이라 하더라도 끼어들 수 없었다. 그렇지만 플랜태저넷왕조 아래서는 영주가 그의 '매너'(manoir)[48] ─ 영국에서는 영주의 소유지를 이렇게 불렀다 ─ 안에서 살인죄를 처벌할 수 없었다. 그 처벌권은 공권에 속했기 때문이다. 부과조 납부와 부역노동 수행 조건으로 영주로부터 토지를 분양받아 보유하는 영주의 '빌런'(vilain)[49]들은 많은 경우에 국왕재판소에 소환될 수 있었다. 그러나 그들의 농민보유지와 관련된 모든 문제에 관해서는 영주 자신이나 그의 재판소만이 유일하게 재판할 수 있었다. 물론 영주재판소는 관습법에 따라서 판결을 내려야 하는 것으로 생각되었으며, 대체로 그렇게 했고 그렇게 한다고 믿었다. 그러나 관습법이 성문화되지 않았다면 그것은 사실인즉 판례에 의한 법 해석일 수밖에 없지 않겠는가? 그

....

48 프랑스어로는 'manoir'이지만, 원래 영어로는 'manor'이며 장원이라는 뜻이다.

49 'vilain'이라는 말의 중세 라틴어 표기는 'villanus'이고, 14세기 이후 영어식 표기는 'villein'이었다. 블로크는 이 저서에서 프랑스로부터 전래되고 처음에는 프랑스의 빌렝과 그 뜻이 거의 같았던 영국사회의 'villein'을 계속해서 프랑스식 'vilain'으로 쓰고 있으나, 영국사회에서 villein의 의미는 차차 변하여 프랑스의 빌렝과 다른 독자적인 의미를 갖게 되므로 앞으로 영국사회와 관련해서는 'vilain'이라고 표기된 것을 '빌런'이라고 번역한다. 빌런은 농민보유지를 보유하면서 과중한 경작부역과 기타 인두세, 결혼세, 차지상속세 등 불명예스런 부담을 진다는 점에서 농노라고 할 수 있다.

렇기 때문에 장원의 재판관들이 판례들을 영주에게 유리한 방향으로 적용했다고 해서 놀랄 것은 없을 것이다. 이들 재판관은 14~15세기에 빌런 신분의 보유지—이런 보유지는 장원의 토지대장에 등재됨으로써만 상속권이 증명되었기 때문에 등본에 의한 농민보유지, 즉 '등본보유지'(copyhold)[50]라고 흔히 불리곤 했다—에 대해서는 상속권을 점점 인정하지 않고자 했다. 15세기 말에 국왕의 사법관들이 마침내 오래된 장애물을 뛰어넘어 장원 내부의 소송사건에 간여하기로 작정한 때가 있었던 것은 사실이다. 그러나 그때에도 국왕의 재판관들로서는 이미 거의 어디에서나 변화된 모습으로 그들 앞에 제시되는 여러 장원의 관습들에 근거해서 판결을 내릴 수밖에 없었다. 이들 재판관은 농민의 토지보유가 임시적 성격을 띤

....

50 원래 등본보유지란 이 토지를 보유하려는 농민이 영주에게 등기료를 지불하고 영주재판소의 토지대장에 등기함으로써 등기부의 등본발급으로 보유하는 농민보유지를 의미한다. 등본보유지 보유자는 그 토지를 자기 마음대로 자유롭게 처분할 수 없었으며, 상속·매매·전대(轉貸)·저당 등의 경우에는 영주재판소의 허락을 받아야만 했고, 모든 거래는 장원재판소의 토지대장에 기록되었다. 따라서 등본보유지는 그 보유권이 국왕재판소와 보통법의 보호를 받지 못하고 오직 장원의 관습과 영주재판소의 지배를 받음으로써, 비록 장원의 관습에 의해 연납(年納) 지대가 고정되는 등 그 보유권이 어떤 측면에서는 보장되는 수가 있었지만 기본적으로 영주의 자의에 좌우되기 쉬운 토지였다. 그렇지만 15세기 후엽부터 국왕재판소와 보통법 및 형평법에 의해 등본보유지 보유자에 대한 일부 보호조치가 취해졌다. 등본보유지의 기원은 빌런(villein) 보유지다. 앞에서 말했듯이, 빌런 보유지의 특징은 과도한 경작부역과 기타 인두세, 결혼세, 차지상속세 등 불명예스런 부담이 부과된다는 점이다. 14세기 중엽부터 15세기 말 사이에 영주에 대한 빌런의 부역노동 수행의무가 금납화됨에 따라, 이런 부자유하고 관습적인 보유지인 빌런보유지는 대부분 등본보유지로 되었다. 그래서 등본보유지는 자유보유지에 비해 영주에 대한 예속적 성격을 강하게 띠었다. 등본보유지의 보유기간은 보통 도합 세 사람의 일생 동안이다. 대체로 장원농민의 3분의 2 정도가 등본보유지 보유자라고 추정되고 있다. 심지어 도시트와 같은 잉글랜드의 서부지방에서는 16~17세기에 등본보유지 보유자의 비율이 근 90퍼센트에 이르기도 했다.

것이 관례로 되어 있던 절대다수의 장원에서는 그러한 성격을 인정하였다.

프랑스에서는 영국에 족히 1세기는 뒤늦었던 국왕재판권의 발전이 영국과는 전혀 다른 길을 따랐다. 13세기 이후 프랑스의 국왕재판소는 어떤 경우에는 '소송사건'을 병합하고 또 어떤 경우에는 이런저런 토지에 대한 항소사건을 파기자판(破棄自判)하는 식으로 점차 영주재판권을 잠식했다. 영국 플랜태저넷왕조 시대의 '순회재판'(assise)과 비교될 만한 중요한 법적 처분권도 없었고 전체적인 계획을 가지고 한 것도 별로 아니었으나, 재판권 관할에 어떤 뚜렷한 경계선이 있었던 것도 아니었다. 영주와 그의 농민보유지 보유자들 사이에 일어나는 소송사건에 국왕이 간여하는 것이 미리 정해진 원칙에 따라 배제되어 있었던 것은 아니다. 처음부터 국왕의 재판관들은 기회가 생기기만 하면 그런 소송사건을 접수하는 데 주저하지 않았다. 그들은 물론 지방 고유의 관습에 따라 재판했으며, 재판을 통해 현지의 관습을 고정시키는 데 기여했다. 그리하여 가끔 농민의 부담을 영구화하고 폐습이 판례로 바뀔 때면 이따금 그 부담을 가중시켜 농민에게 피해를 입히기도 했으나, 적어도 상속권에 관해서는 농민에게 크게 유리한 영향을 미쳤다. 농민보유지의 세습권은 판례의 해석을 통해 강화됨으로써 16세기에는 관습 속에 아주 튼튼하게 뿌리를 내려 그 후에는 이론의 여지가 없게 되었다. 유스티니아누스 법전이 프랑스의 학교들에서 가르쳐지기 시작한 때부터는 법률가들이 용어상의 심각한 문제에 직면하여 골머리를 앓았다. 장원조직과 그것의 봉건적 상부구조로 인해서 토지에 온갖 수준의 물권이 중첩되어 있었기 때문이다. 이들 물권은 관습이나 계약에 토대를 두고 각기의 영역에서는 모두 똑같이 존중되었으며, 어느 것도 완전한 소유권(propriété quiritaire)[51]에서 볼 수 있는 절대적·지배적 성격을 갖지 못했다. 실제로 오랜 세월 동안 토

....

51 'quiritaire'는 'quirite'의 형용사이고, 'quirite'는 '로마시민'이라는 뜻을 가진 라틴어 'Quiris'에서 온 말이다. 따라서 'propriété quiritaire'의 문자 그대로의 뜻은 '로마시민의 소유권'이다. 고대 로마인들의 설명으로는, '모든 사람의 권리에서 유래하는 소유권'(dominium ex jure gentium)이 아니라 '로마시민의 권리에서 유래하는 소유권'(dominium ex jure Quiritium)이다. 그러면 '로마시민의 소유권' 또는 '로마시민의 권리에서 유래하는 소유권'이란 구체적으로 어떤 성질의 소유권을 의미하는가? 그것은 한마디로, 일체의 외적 제한과 조건으로부터 해방된 절대 또는 완전한 사적 소유권을 의미한다. 이런 특성을 지닌 소유권이 로마시민의 권리에서 유래했던 것은 이런 소유권이 로마시민권의 중요한 속성이었기 때문이다. 공화정 후기에 지중해 지역 일대를 제패한 로마에서는 대규모 노예제에 기초한 제국체제의 건설에 수반되어 상품교환경제가 성장하고, 한편으로는 원로원 특권귀족 등 세력가들에 의한 공유지의 독점과 사유화가 진행되었다. 이런 경제적 환경변화 속에서 이해 당사자들 사이에 재산을 둘러싼 다툼과 소송사건이 빈발했다. 이에 이런 상황변화를 수용하고 다루는 상법을 비롯한 로마 민법이 전문적 귀족법학자들에 의해 발달하고 통일성을 갖추게 되었다. 로마 민법의 발달 가운데서도 역사적으로 위대한 성과는 물건에 대한 사실상의 지배상태인 단순한 '점유'와 물건에 대한 전면적 권리인 '소유'를 구분하고 절대적 소유권 개념을 발달시킨 것이다. 그 이전의 이집트나 페르시아 및 그리스에서는 소유권이 절대적이지 않고 상대적이어서 다른 권리에 의해 제한받거나 의무가 수반되었다. 이와는 달리 로마 공화정 후기에 성립한 '로마시민의 소유권'은 개인재산을 바탕으로 하고 동일 토지에 대해서는 오직 한 사람만의 토지소유를 인정하며 시효에 의해 소멸되지 않는 영구성을 띨 뿐만 아니라, 엄격한 법적 절차를 밟기는 했지만 소유권이 상속 등을 통해 자유로이 양도될 수 있었다. 따라서 로마법에서 'propriété quiritaire'란 토지를 비롯한 유체물을 전면적이고 완전하게 지배할 수 있는 소유권이라고 할 수 있다. 그래서 'propriété quiritaire'를 '완전한 소유권' 또는 '절대적 소유권'으로 번역할 수 있을 것이다. 이런 소유권은 소유권의 절대성을 인정하는 근대국가의 완전물권과 같다고 할 수 있다. 서양 중세 봉건사회에서 이와 유사한 소유권은 장원제 바깥에 일부 존재한 'alleu'라는 자유지에서 찾아볼 수 있다. 그러나 로마법상의 소유권이 절대성을 띠었다고 하더라도, 근대사회에서 보는 바와 같은 보편성을 띠었던 것은 아니다. 로마사회에는 이런 절대적 소유권제도 외에도 광대한 공유지(公有地, ager publicus)제도와, 국가가 토지의 유일한 소유자이고 개인은 단지 용익권만을 갖는 속주에 적용된 토지제도가 존재했기 때문이다.

지와 그 토지로부터 나오는 수입에 대한 지배권에 관한 모든 소송은 법정 점유권 차원에서 진행되었다. 다시 말하면, 결코 소유권 차원에서가 아니라 관습에 의해 보호되고 정당화되는 점유권 차원에서 소송이 이뤄졌다. 그러나 로마법에서는 소유권이 누구에게 있는지를 법학자들이 절대적으로 명확하게 밝혀야 했다. 그렇다면 봉토에 대한 소유주는 봉주일까 봉신일까? 그리고 농민보유지에 대해서는 소유주가 영주일까 아니면 빌렝일까? 그것을 아는 것이 반드시 필요했다. 우리는 여기서 봉토는 제외하고 농민보유지만을 다루도록 하되, 시간이 흐르면서 정교해진 모든 혼합적 소유제도—예컨대 '소유권'(domaine)을 '직접적'(direct) 소유권과 '용익적'(utile) 소유권으로 구분하는 것[52]—도 제외시키도록 하자. 법 이론은 오랫동안 농민보유지의 진정한 소유자가 누구인지를 찾지 못했다. 그러나 13세기부터는 법률실무자들이, 그리고 16세기부터는 저명한 뒤물랭(Charles Dumoulin, 1500~1566)[53]과 같은 저술가들이 농민보유

....

52   원래 중세 라틴어로는 각각 'dominium directum', 'dominium utile'이라고 했다. 직접적 소유권은 영주가 토지에 대해 지대 따위를 징수하고 관리·처분할 수 있는 권리를 말하는 것으로, 상급소유권이라고도 한다. 용익적 소유권은 농민이 지대 등을 부담하면서 토지를 경작·이용할 수 있는 권리를 말하는 것으로, 하급소유권이라고도 불린다. 그러나 영주는 농민들로부터 마음대로 경작지를 빼앗을 수는 없었으며, 농민은 경작하는 토지에 대하여 관습적 권리를 보유하고 있었다. 이러한 점에서 영주의 상급소유권을 명목적 소유권, 농민의 하급소유권을 실질적 소유권이라고도 부른다.

53   법학에 대한 탁월한 학식과 견해로 프랑스 법의 발전에 큰 영향을 끼친 유명한 법학자. 귀족 출신임에도 불구하고 봉건제도에 정면으로 반대하고 국왕의 권력을 강조했으며, 교황에 대해서도 적대감을 가져 한때 캘빈교도가 되었다가 다시 루터교로 개종했다. 봉건법과 함께 프랑스 각지의 관습법에 대한 그의 연구는 뒷날의 프랑스 법학 발전에 크게 이바지했으며, 특히 나폴레옹 법전의 기초가 되었다. 그가 주장한 부부재산제에 관한 당사자 자치 원칙은 나중에 계약의 일반원칙으로 정립되었다. 또 로마법 및 국제사법의 연구로도 유명하며, 특히 국제사법사에서 의사자치 원칙의 창시자로 일컬어진

지의 진정한 소유자는 그 토지를 보유한 농민임을 인정하기에 이르렀다. 18세기에는 이런 견해가 일반화되었다.[22] 부과조 징수를 용이하게 하기 위해 장원의 관리인들이 작성한 토지등기부의 일종인 토지대장을 보면, 여러 부담이 부과되는 토지의 보유자들의 이름이 기입되어 있는 난의 머리 부분에 보통 '소유자들'(propriétaires)이라는 시사적인 말이 기재되어 있다. 참으로 의미심장한 이 말은 토지 보유자가 전통적으로 자신의 집과 경작지에 대해 행사하던 물권에 내재하는 영대 보유권(永代 保有權)의 개념을 확인하고 확고히 하는 것이다. 프랑스에서 국왕재판권이 완만하게 발전했다는 바로 그 사실이 영국의 노르만왕조와 앙주왕조의 대담한 사법개혁보다 농민에게 더 유리하게 작용했다는 것은 기묘한 역사적 역설이 아닐 수 없다.

그렇다면 법적으로 토지를 독점할 수 없었던 프랑스의 영주들은 경제적 변화로 초래된 파국적 위기 앞에서 무릎을 꿇었을까? 그렇게 믿는 것은 부르주아의 부가 늘어나던 시절에 양성된 새로운 봉토 매입자들이 자기들이 가입한 영주 계급 안에 널리 확산시킨 정신상태를 대단히 잘못 이해하는 것이 될 것이다. 위기에 대처하는 방법이 보다 교활하고 유연해졌을 뿐이다. 본래 영주가 징수하던 부과조는 모든 가치를 잃은 것은 아니었으나, 그 수입은 대폭 줄었다. 그러나 보다 주도면밀한 경영으로 수익성을 높이는 것이 가능하지 않았을까? 영주가 경영자로서보다는 소작료 수취생활자로

....

다. 『파리 관습법 주석』(*Commentariorum in consuetudines parisienses*, 1539), 『봉건법』(*De feudis*, 1539) 등 법학의 여러 분야에 걸쳐 많은 저서가 있다.

서 살도록 만든 제도는 결국 처참한 결과를 초래하는 것임이 드러났다. 왜 영주들이 그런 처참한 결과를 가져왔던 길을 되돌아오려고 애쓰지 않았겠으며, 폭력을 쓰지 않으면서—폭력이 허용되지 않았으므로— 끈질기게 그리고 능숙한 솜씨로 직영지를 복원하려고 노력하지 않았겠는가?

§

오래전부터 존재한 부과조 가운데 상당수는 거기서 생기는 소득이 적었기 때문에, 그리고 또한 그렇게 많은 귀족 가문의 만성적 혼란 때문에 중세 말 무렵에는 정기적으로 징수되지 않게 되었다. 그리하여 영주는 일반적으로 보잘것없는 가치를 지니게 된 정기적인 연(年) 수입을 상실했다. 그뿐만 아니라, 더욱 심각한 것은 사망이나 양도로 토지 소유자가 바뀔 때 양도세—대개의 경우에 관습에 의해 비교적 높은 세율로 고정되어 있었다—를 징수할 수 있는 권리를 입증해 보일 기회를 잃었다는 점이다. 이따금 이제는 이런저런 분할지가 어느 장원에 속하는지 확실히 알지 못하기도 했다. 특히 16세기에는 이런 경우가 드물지 않았다. 그 다음 세기들에도 이런 사례가 여전히 발견되기는 하지만—그토록 '농민보유지들'(mouvances)이 뒤얽혀 있었고 그래서 농민보유지의 경계선을 명확하게 구별하기가 어려웠다—, 점점 드물어졌다. 드물어진 것은 부기 및 재산목록 작성과 같은 효과적 경영기법이 장원경영에 도입되었기 때문이다.

장원이 존재한 이후 정기적으로 재산을 조사기록하고 영주의 권리를 문서화하는 것이 바람직하다고 인식되었음은 틀림없다. 로마의 전통을 계승했을 가능성이 있는 카롤링 시대의 '영지명세장'은 일찍이 이런 관심을 증명하는 것이었다. 마찬가지로 10~11세기의 끔찍한 혼란이 가시자, '상시에'(censier) 및 '테리에'(terrier)[54]라고 불린 많은 토지대장이 작성된 것도 이를 입증한다. 그러나 백년전쟁 후 대대적 재건사업이 전개된 때부터는 이런 문서가 증가했고, 같은 토지에 대해 점점 더 짧은 간격으로 거듭 작성되었으며, 점차 체계적이고 치밀해졌다. 그렇지만 사실 거기에는 한 가지 문제점이 있었다. 그것은 그런 문서의 작성에 상당히 비싼 비용이 들었다는 점이다. 그런데 누가 그 비용을 지불했던가? 법 원리로 볼 때, 농민보유지 보유자는 자기보다 사회적으로 상위 계층에 있는 봉토보유 봉신처럼 몇몇 결정적 시기에 자신의 영주로부터 정당한 사유를 가진 요청을 받았을 경우에 영주에게 자신의 재산과 의무를 '신고할' 책임이 있었다. 토지대장은 단지 일련의 이런 신고들을 한데 모아 놓은 것으로 인식되었을지도 모른다. 마찬가지로 그 비용도 영주에 대한 의무이행 책임이 있는 자가 부담하는 것이 마땅하다고 생각되지 않았겠는가? 그렇지만 농민보유지와 관련해서는 신고가 언제나 특별한 법적 절차를 수반했다. 그래서 자주 개정되는 토지대장은 농민보유지 보유자의 부담을 크게 증가시킬 우려가 있었다. 오래된 법적 준칙으로부터 사실상 새로운 부담이 도출

....

54   'censier'나 'terrier' 모두 중세와 구체제 아래서 농민보유지와 그 보유자들이 기록되어 있고 각종 의무와 부담이 기재되어 있는 토지대장이다. 다만 어원으로 볼 때, 'censier' 는 토지보유 농민이 부담하는 현물이나 화폐 형태의 지대를 중심으로 한 데 비해, 'terrier'는 보유토지에 중점이 놓여 있다는 차이가 있을 뿐이다.

될 수 있었기 때문이다. 법 해석론은 명확하지 않았던 것으로 보인다. "판례의 견해는 일치하지 않았으며, 실상 구체제 아래에서 고등법원들 사이에서도 일치하는 경우가 드물었다. 그렇지만 결국 17세기부터는 프랑스 왕국의 대부분에서 농민들의 예속상태를 확정짓는 가공스런 토지대장의 개정에 따른 비용을—지방에 따라 전부 또는 일부를—어떤 곳에서는 30년마다, 또 어떤 곳에서는 20년마다 영주가 자신의 속민들에게 요구할 수 있는 권리를 인정하는 판결이 나왔다.[23] 이런 판결이 났으니 이제 비용이 전혀 또는 거의 들지 않으면서도 이득이 확실히 보장되는 토지대장 작성 작업을 주저할 영주가 어디 있었겠는가? 이를 위해 온갖 방법이 고안되고 동원되었다. 18세기에 그와 관련된 서적들을 통해 "실행방법"이 체계화되는 동시에, 덤불숲 속에서 영주의 권리를 찾아낼 수 있는 재주를 가진 전문가 집단인 "위원들"이 구성되었다. 머지않아 서가에 무두질한 양가죽이나 양피지로 장정된 이들 토지대장—'테리에', '리에브'(lève), '아르팡트망'(arpentement), '마르슈망'(marchement) 등과 같이 토지대장의 이름은 한없이 다양했으며 책 모양도 매우 다양했다—이 기다랗게 꽂혀 있지 않은 성이나 수도원의 도서관이 거의 없게 될 것이었다. 토지대장 가운데 가장 오래된 것들은 보통 볼품없게 휘갈겨 썼고, 아주 늦게 만들어진 것들은 우아하고 또렷한 필체로 정성들여 잘 썼다. 17세기 말 이후에는 점점 자주 '기하학적 도면'이나 지도가 토지대장에 첨부되었다. 수학 자체가 토지의 표시에 응용되고 경제에 활용되었던 것이다. 세대에서 세대로 이어져 만들어지고 점점 더 짧은 주기로 작성된 이들 토지대장 덕분에 장원체제는 공고화되었다. 이제는 아무리 대수롭지 않은 영주의 권리라고 하더라도 기록이 없어 소멸할 우려는 없게 되었다.

그뿐만 아니다. 묵은 권리증서를 대조하고 장원 문서고를 살살이 뒤져 옛 문서를 찾아냄으로써, 어떤 곳에서는 효력을 잃은 옛 권리를 부활시키거나 그 지방에서 일반적으로 이행되는 의무를 그때까지 면했던 토지에 다시 부과하고 싶은 유혹이, 다른 곳에서는 잊혀졌던 그 전의 법적 결론을 어떤 확실한 관습으로부터 끌어내거나 심지어 복잡하게 뒤얽힌 일련의 권리들 속에 전혀 새로운 어떤 부담을 슬그머니 끼워 넣고 싶은 유혹이 영주들 사이에 강하게 일어났다. 자신의 고용주에게 이와 같은 선물을 가져다준다는 것은 봉건법 전문가나 장원의 관리인에게 얼마나 큰 영광이 되었겠으며, 직업상의 높은 명성을 얻는 데 얼마나 유용한 토대가 되었겠는가! 여기에다 이들은 직접적인 이익까지 추가로 취득했다. 왜냐하면 그 위원들은 대개 이런 "'발견물'의 미납금까지 지급받았기 때문이다. "그들은 많은 것을 발견했다."[24] 콩데 공(Prince de Condé, 1530~1569)[55]의 영지에 대한 '명세목록'(description) 작성을 끝마친 그의 대리인은 1769년에 "브리월르에서는 모든 것이 완전히 바뀌었다"라고 썼다. 어떤 사람이 이 대리인에게 "그의 전하"에게 별로 유리하지 않은 먼 옛날의 한 문서를 보여준 적이 있었다. 그러나 그 문서는 "하자 있는 무효 서류"였고, 그래서 그 후로는 "그 누구한테도" 알리지 않도록 조심하지 않으면 안 되었다.[25]

이런 요술 같은 많은 속임수는 관습의 불확실성에서 기인한다.

....

55 부르봉 왕가의 모태가 된 부르봉 공가(公家)의 개조(開祖). 신교로 개종하여 위그노 전쟁을 지도하다가 잡혀 죽었다.

실로 이런 불확실하고 미궁 같은 관습의 수풀 속에서 극히 성실한 사람조차도 폐습이 어디서 시작되었는지 이제는 대개의 경우 그리 잘 알 수가 없었다. 기존 체제의 입장에서는 오래된 부담의 소멸 자체가 위반행위로 볼 수 있는 데다, 한편으로는 영주가 농민들은 기회가 있을 때마다 누구나 다 아는 명백한 의무조차도 회피한다고 비난하는 것—오베르뉴 지방의 어떤 귀족여성은 이들을 "극히 간악한 놈들"이라고 말했다[26]—도 언제나 틀린 것은 아니라고 볼 수 있기 때문이다. 이런 법적 알력은 대립하는 사회세력 사이에는 불가피한 것이다. 그리고 백금이나 인바르(invar)[56]가 없는 상황에서 이 시대의 도량형 원기(原器)보다 일정하지 않고 더 가변적인 것이 있었겠는가? 18세기에 브르타뉴의 어떤 수도원이 그렇게 했듯이, 정률생산물지대나 십일조를 재는 부아소(boisseau)[57]를 변경하기만 해도 몇 부대의 곡물을 추가로 더 받아낼 수가 있었다. 그뿐만 아니라 영주 계급은 농민의 의무를 교묘하게 해석함으로써 자신의 부를 늘리고 새로운 경제적 요구에 부응하기도 했다. 영주의 그런 수작에 이용된 것은 지대보다는 농민의 부차적 부담들이었다. 로앙(Rohan)[58] 공작령에서는 농민들이 예로부터 언제나 영주의 곳간으로 부과조 납부 곡물을 가져왔다. 그런데 17세기에 브르타뉴에 있는 영지는 무역 발달의 영향을 받게—또는 다시 받게— 되었다. 발트해 연안지역의 토지귀족과 마찬가지로, 위엄 있는 공작은 곡물상인이 되었다. 그때부터 농민들은 렌 고등법원의 일련의 판결에 따

....

56   열 팽창계수가 극히 낮은 강철과 니켈의 합금. 불변강.
57   곡물을 재는 옛 용량 단위. 약 13리터들이의 말.
58   브르타뉴공국의 공작을 지낸 귀족 가문의 이름.

라 항구까지, 많은 경우에 그보다 훨씬 멀리까지 짐수레로 곡물을 운반하지 않으면 안 되었다.

로렌 지방에서는 중세부터 이미 일부 영주가 '개별방목 특권' (troupeau à part)을 부여받았다. 이 특권은 휴경지와 공유지가 촌락 공동의 방목장으로 개방될 때 공동의 가축떼에 영주의 가축을 보낼 의무를 면제받고 그럼으로써 실제에 있어서는 영주가 귀찮게 생각 한 가축 수와 방목장소에 대한 제한을 회피했음을 뜻한다. 이런 특 권은 당시에는 매우 드물었다. 17~18세기에는 양모 및 육류의 거래 확대와 방금 본 것처럼 한마디로 장원경제의 전반적인 상품유통 체 제에의 편입으로 말미암아 영주의 '개별방목 특권'이 탐스러운 것 이 됨과 동시에, 그런 특권을 향유하는 사람들의 숫자도 크게 늘어 났다. 상급 재판권을 가진 모든 영주와 대부분의 여타 영주들이 그 특권을 갖게 되었던 것이다. 법적으로는 그 영주들이 직접 '개별방 목 특권'을 행사한다는 조건 아래서만 특권을 향유할 수 있었다. 그 렇지만 대단히 명시적인 규정에도 불구하고, 이미 이 특권을 요구 자들에게 매우 열심히 부여해 준 바 있는 메스(Metz)[59]와 낭시(Nan-cy)[60]의 고등법원은 대목축업자들에 대한 이 특권의 임대를 허용했 다. 마찬가지로 프랑스 왕국의 다른 끝에 있는 베아른 지방에서 포 의 고등법원은 많은 봉토 소유자들이 관습을 위반하면서 '개별방목

....

59   프랑스 북동부 로렌 지방 북부의 중심도시이자 모젤도의 도청 소재지. 독일 국경에 가
      까우며, 독일어명은 메츠이다. 모젤강 연안에 위치하여 일찍부터 교통상의 요충지로서
      정치, 종교, 경제의 중심지였다.
60   메스 남쪽 59킬로미터 거리에 위치해 있으며, 로렌 지방의 행정, 경제, 사법, 종교, 문화
      의 중심지다. 12~18세기에는 로렌공국의 중심도시로 번영했다.

특권'과 유사한 특권―그 지방에서는 '방목독점권'(herbe morte)이라고 불렸다―을 주장하는 데 대해 눈썹 하나 까딱 않고 승인해 주었다.[27]

거의 모든 이런 실례에서, 그리고 인용될 수 있는 수많은 다른 사례에서, 고등법원이라는 말이 나타나는 것은 우연한 일이 아니다. 관직을 가진 부르주아 계급이 대거 귀족 계급으로 편입되고 관직의 세습과 매관제도를 통해 법관 집단이 사실상 하나의 카스트를 구성한 결과, 국왕재판소들은 모든 단계에 걸쳐 영주로 가득 차게 되었다. 그 다음부터는 아주 올곧은 법관들조차도 계급의 색안경을 통해서만 사물을 볼 수밖에 없었다. 독일에서는 토지귀족이 지배하던 선거제의회 곧 '신분제의회'가, 영국에서는 무엇보다 '젠트리'(gentry)[61]―이들은 농촌 치안권의 소유자들로서 치안판사는 이 집단에서 충원되었다―의 대표기구였던 의회가 장원제의 가장 튼튼한 지주(支柱)였다. 프랑스에서는 이런 역할을 담당한 기관이 바야주(bailliage) 및 세네쇼세(sénéchaussée)[62]의 재판소들과 이들의

....

61 영국에서 중세 후기에 형성되어 튜더스튜어트 시대에 급성장하고 1640년대의 내전과 1688년의 명예혁명 이후 정치·경제·사회적으로 절대적 위치를 차지한 부유한 근대적 지주층. 젠트리는 원래 귀족이 아니면서 가문(家紋)을 다는 특권을 가진 자들로서, 세습적 작위귀족과 함께 넓은 의미에서 귀족 반열에 들기는 했으나 보통은 신분적으로 귀족의 아래이고 자영농민층인 요먼리의 상위계층을 구성했다. 젠트리는 중세 후기에 기사계급이 전사로서의 기능을 상실함에 따라 영지의 지대수입을 원천으로 해서 부유한 생활을 영위하는 지주층으로 변신한 데서 생겨났지만, 그 출신은 기사계급 외에도 상인 등 비교적 다양했다. 중세 말기부터 20세기 초에 이르는 기간에 귀족이나 요먼리의 세력이 쇠퇴해 간 데 비해, 젠트리 계층은 인클로저와 자본주의적 농업경영 및 상업 활동을 통해 대규모의 토지와 부를 축적하고 치안판사직과 의회의 의원직을 비롯한 관직을 독점하는 등 중앙과 지방사회에서 패권을 행사하는 지배층 역할을 했다.

62 바야주와 세네쇼세는 프랑스 대혁명 이전의 행정구역이자 재정 및 사법 구역으로, 동

상급 재판소들 및 특히 고등법원들이었다. 이들 재판소는 토지보유자들을 토지로부터 추방하는 것—참으로 상상할 수 없는 법적 혁명으로 그 어떤 사람도 감히 요구하지 못했다—까지는 허용하지 않았지만, 결국 농민에게 큰 피해가 될 다수의 경미한 권리 침해만은 허용했다.

프랑스의 영주 계급이 각급 사법기관에 대해서 압도적 영향력을 행사했던 것과는 달리 여타의 지배수단들, 즉 정치권력과 주요 행정부서에 대한 막강한 통제권—영국의 젠트리는 영국혁명 때부터, 독일의 '융커 계급'(Junkertum)은 군주제의 재편 때까지 이런 지배수단을 강력하게 장악했다—을 충분히 장악하지 못했던 것은 농민으로 봐서는 참으로 다행한 일이었다. 17세기부터 각 주(州)에서는 국왕의 직접대리인인 지사가 비록 그 자신이 출신 면에서는 영주 계급의 일원이었음에도 불구하고 직무상으로는 불가피하게 사법관들과 끊임없는 대립 관계에 놓이게 되었다. 게다가 지사는 무엇보다도 국왕의 재정 대리인이었던 까닭에 최대의 과세(課稅) 자원이었던 농촌공동체를 영주의 과도한 착취로부터 보호할 의무가 있었다. 대체로 지사는 군주를 위해 그의 신민을 보호할 임무를 띠고 있었다. 영국에서는 절대주의 체제의 붕괴로 젠트리를 위한 유명한 '인클로저' 운동이 본격적으로 전개되었다. 이것은 농업

....

일한 제도다. 그 이름들은 중세 후기에 국왕이 귀족 중에서 임명하여 지방에 파견한 관리들인 바이(bailli)와 세네샬(sénéchal)에서 유래한다. 이들 관리의 관할구역은 절대주의 시대에 점차로 많이 설치되었으며, 바야주는 북부에 많았던 데 비해 세네쇼세는 남부에 많았다. 주된 업무는 재판이었다. 이들이 주재하는 재판소가 바야주 재판소와 세네쇼세 재판소다. 이들 재판소는 바이와 세네샬의 재판 담당 보좌관이 재판장이 되었으며, 제1심의 형사사건이나 하급심의 항소사건을 재판했다.

경영 방식의 변화이기는 했지만, 또한 실제로는 그 자체의 진행과정에서 또는 그 진행결과로 수많은 토지보유자의 몰락이나 토지상실을 초래하기도 했다. 이에 비해 유사하면서도 정반대되는 현상이 나타난 프랑스에서는 절대주의적 군주정이 승리하여 '봉건적 반동'의 폭을 제한했다. 그러나 제한했을 뿐이지, 봉건적 반동을 일소했던 것은 아니다. 프랑스 왕정의 관리들은 언제나 장원제를 국가와 사회질서의 근간들 가운데 하나로 생각했기 때문이다. 그런데 이들 관리는 근대 초에 포테스큐가 일찍이 간파한 바 있는 역설의 위험, 즉 '이제 군주제적인 국가체제 아래서는 결국 일개 사인(私人)에 지나지 않게 된 영주에 대한 농민의 의무들로 인한 오래된 부담들이 철폐되지도 심지어 대폭 경감되지도 않은 채, 농민의 공적인 조세부담이 가중되는 것'을 깨닫지 못했다.

§

우리는 영주가 '개별방목 특권'이나 '방목독점권'을 이용해서 목축의 형태로 토지에서 나오는 수익을 직접 한몫 챙기려고 애쓰는 것을 이미 본 바 있다. 그렇지만 영주는 동일한 목표를 직영지의 재건을 통해 한층 더 효과적으로 성취했다.

직영지의 재건은 우선 공유지를 손상시켜 가면서 이루어졌다. 우리는 미경작 토지를 획득하기 위한 영주들의 대대적 투쟁이 전개된 과정을 뒤에서 자세하게 서술해야 할 것이다. 다만 지금은 근대에 매우 맹렬하게 전개되었던 그런 투쟁의 결과, 마침내 많은 영주가 예전에는 마을 공동의 가축 방목장으로 사용되던 땅에서 이제는 외부인의 그 어떤 출입도 금지된 광대한 목장이나 곡물수확이 가능한 양질의 농경지를 취득할 수 있게 되었다는 사실을 기억해 두는 것으로 그치자.

직영지의 재건에는 또한 농민보유지의 희생도 따랐으며, 어쩌면 이 희생이 다른 무엇보다도 더 컸을지 모른다. 때때로 영주에게 대망의 기회를 제공한 것은 오래된 관습을 자신에게 유리하게 활용하는 것이었다. 예전에는 재산을 상속할 수 없는 농노의 토지인 '에슈와트'(échoite)[63]는 거의 언제나 대개의 경우에 사망자의 친척에게 매각되었다. 그 결과, 사망농노의 보유지를 그 친척에게 매각하는 관습이 13세기에 일부 장원에서는 법적 효력을 띠게 되었다. 그렇지만 이제는 농노제가 아직 존속하는 곳에서는 영주가 귀속 농노보유지를 매각하지 않고 자신이 가지는 경우가 훨씬 빈번해졌다. 영주가 임자 없는 모든 토지를 자신의 유보지에 병합할 권리가 있다는 것은 일반적으로 인정되었다. 어느 날 영주가 토지대장의 작성이나 전쟁이 끝난 후 행해진 경지정리 사업을 계기로 하여 토지보유농들의 분할지를 측량케 했다고 하자. 여기저기서 그들 분할지 가운데 일부는 오래된 권리증서들에 규정된 것보다 면적이 더 큼이 드러날 것이다. 면적이 더 커진 것은 사실 불법적으로 분할지가 확장된 때문이기도 하겠지만, 애초의 토지측량 방법이 아주 부정확하거나 그 사이에 도량형의 척도가 변경된 때문일 가능성이 오히려 더 크다. 밭 끝자락의 이런 여분의 토지조각은 임자 없는 땅이다.

....

63   상속자가 없다든가 하는 경우에 농노의 보유지가 상속되지 못하고 영주에게 귀속되는 것을 말한다. 구태여 우리말로 번역한다면, '귀속 농노보유지'라고 할 수 있을 것이다.

이런 이유로 그 토지는 영주의 좋은 탈취대상이 되었다. 다른 또 하나의 탈취방법은 17세기의 도덕가들이 규탄했던 "교활하게 조작된" 미납금 농간이었다. 자신의 직영지를 몹시 "확장하고" 싶었던 영주는 정기적으로 지대를 징수하지 않고 29년(그 계약기간은 보통 30년이었다)의 세월이 지나가도록 내버려두었다. 기한이 만료될 시점에 가서 영주는 "말한다". 착각 속에 안주한 "가난한 사람들"은 갑자기 필요해진 거금을 당연히 저축하지 못했다. 거액을 지불할 능력이 없는 그들의 토지는 몰수되었다. 그리하여 영주는 그가 사망할 무렵에는 "그가 살고 있는 본당사목구 안에 있는 거의 모든 토지의 소유자"가 되었다.[28]

그러나 영주의 대규모 직영지가 재건되었던 것은 무엇보다 매입이나 교환과 같은 보다 정상적인 방법에 의한 완만한 집적을 통해서였다. 이 점에서 영주 계급이 이룩한 성과는 같은 시기에 여전히 평민층―그렇다고 해서 평민층과 귀족층을 구분하는 경계선이 고정되어 있었던 것은 아니다―에 속해 있던 부유한 계급의 많은 구성원들, 즉 부르주아들이나 심지어 부농들―이들은 부르주아 계급의 생활양식을 채택할 만반의 채비를 갖추고 있었다―이 이룩한 성과와 비견될 만한 것으로 볼 수 있다.

17세기 이후 그렇게도 많이 작성되어 조가비 모양 같은 농촌사회의 모습을 아주 생생하게 전해 주고 있는 지적도들 가운데 하나를 살펴보자. 이 지적도가 토지 분할이 심한 고장에 관한 것이라고 가정해 보자. 나아가 기다란 경지들로 된 지방이라고 가정해 보면, 그 실례는 보다 의미심장한 것이 될 것이다. 도처에서 땅이 길고 가는 가죽끈 모양으로 분할되어 있는 것을 보게 될 것이다. 그러나 가느다란 선 모양의 땅들이 뒤얽힌 가운데서도 여기저기에 폭이 훨씬 넓은 비교적 큰 장방형의 땅들이 널따란 흰 반점을 이루고 있음을 볼 수 있다. 이들 넓은 장방형의 토지는 정상적인 형태로 된 몇몇—가끔은 아주 많은 수의— 분할지가 점진적으로 병합됨으로써 형성되었다. 1666년에 작성된 지적도에는 캉평야에 있는 브레트빌로르게외즈 촌락 주위에 있는 몇몇 큰 규모의 밭이 촌락권역의 여타 밭들과 아주 뚜렷한 대조를 이루면서 선명하게 드러나 보인다(그림 4-4). 운 좋게도 이보다 거의 2세기나 더 빠른 1482년의 '마르슈망'(marchement)[64]은 몇 개의 분할지가 병합되어 하나의 큰 밭을 이루게 되었는지를 알 수 있는 이례적으로 정확한 평가지표를 제시해 준다. 다행히 이를 통해—아니 그보다는 오히려 그 고장의 역사에 정통한 18세기의 한 학자가 바로 앞의 두 문서를 비교해야겠다는 생각을 하고 노력한 비교연구 덕분에—우리는 1666년에 밭이 4개의 거대한 땅뙈기로 되어 있던 곳에 1482년에는 각각 25개, 34개, 42개, 48개의 분할지가 존재했었음을 알고 있다. 여기서는 이런 현상이 유달리 선명하게 나타나서 고찰하기가 쉽다. 그러나 다른 곳에서도, 고찰하기가 그처럼 쉽지는 않지만 그와 같은 현상이 무수히 반복되었다. 지적도에서 토지대장으로 옮겨가 살펴보자. 토지대장에서 이들 특별히 넓은 토지를 소유한 부유한 사람들의 사회적 지위와 신분이 무엇인지 알아보자. 놀라울 정도로 한결같이 큰 토지의 소유자들은 다음과 같이 네 가지 부류였다. 한 부류는 영주다(영주인 경우가 가장 흔하다). 다른 한 부류는 다분히 관직귀족이면서

·········

64 앞에서 보았듯이, 토지대장이라는 뜻임.

도 반쯤 부르주아화한 인근 고장의 귀족이다. 또 한 부류는 인근 도시나 인근 마을 출신의 부르주아다. 이런 사람은 상인이거나 아니면 하급관리 또는 법률가—한마디로 '나리'(Monsieur, 토지대장들은 일반적으로 이런 명예로운 호칭을 농촌지역의 직업들보다 상층의 지위에 있는 사람들에게만 사용하려고 무척 신경을 쓰고 있다)라고 할 수 있는 자—다. 마지막으로 한 부류는 비교적 드물기는 하지만 가끔 나타나는 평범한 쟁기농이다. 이런 사람은 이미 자신의 고장에서 상당히 큰 토지소유자가 되어 있었고, 자신의 본래 직업인 농업 외에 투기나 상업 또는 술집운영에 종사함이 밝혀졌으며, 더 큰 돈벌이가 되기는 했으나 드러내 놓고 말하고 싶지는 않은 직업이었던 단기 고리대금업을 보통 겸하기도 했다(그림 2-5, 4-1, 4-2 참조).

결국 이들 모든 사회적 범주는 대체로 똑같이 신분상승 과정에 있는 여러 단계를 표시하는 데 지나지 않는다. 부유한 농민은 나리들(Messieurs)[65]의 조상이었고, 나리들은 어쩌면 귀족의 조상이었던 것이다. 15세기 말부터 최초의 토지집적자들은 상인, 공증인, 고리대금업자와 같은 크고 작은 촌락 출신의 소자본가들 가운데서 나왔다. 이들 소자본가는 당시 경제가 되살아나고 돈이 점점 더 왕처럼 지배하는 사회에서 틀림없이 은행업이나 무역업 분야의 대투자자들에 비해 보잘것없는 역할을 담당했지만, 미친 영향 면에서는 그들에 못지않았다. 요컨대 효모의 역할을 담당했다. 이들은 보통 털 끝만큼의 양심도 없었지만 상황을 꿰뚫어보고 멀리 내다볼 줄 아

....

65 앞에서 본 바와 같이, '나리'란 상인이나 하급관리 또는 법률가 등으로 된 부르주아를 가리킨다. 일반 프랑스어에서도 'Messieurs'의 뜻들 가운데는 부르주아란 뜻이 있다.

는 사람들이었다. 이런 변화는 일반적이어서 모든 지방에서 비슷하게 되풀이되었다. 이를테면 프로방스 지방에 위치한 올리울르의 법률가인 좀 데디에나 몽모리요네(Montmorillonnais)[66] 지방에 위치한 플레장스의 상인인 피에르 보비송 또는 돌(Dole)[67] 고등법원에서 필립 2세의 고문 역할을 했던 피에르 세실 등의 토지매입은 끈질기게 지속되는 동일한 변화과정에 자극받은 것이다. 영주들은 그런 변화의 추세를 좀 뒤처져서 좇아갔을 뿐이며, 평민 출신 선구자들의 행동을 시간 여유를 갖고 답습하기만 하면 되었다. 부르고뉴 지방에 위치한 미노의 영주이자 그 고장의 대지주이며 루이 14세 시절에 디종(Dijon)[68] 고등법원의 고문이었던 알렉상드르 메르테는 16세기에 같은 고장에서 부동산을 축적하기 시작했던 마을 소상인의 자손이다. 캉이나 아니면 그 부근 출신의 가문인 페로트 드 케롱 가(家)는 1666년에 브레트빌로르게외즈 주위에 있는 단 하나의 땅뙈기로 된 대규모 농지의 거의 전부를 소유하고 있었다. 이들 가문의 사람들은 에퀴이에라는 작위를 자랑했으며, 끊임없이 그들의 성(姓)에 장원의 이름을 붙여 썼다. 즉, 드 생 로랑 경, 드 라 게르 경, 드 카르당빌 경, 드 생 비고르 경, 드 라 피가시에르 경 등으로 성을

....

66 프랑스 중서부에 있는 비엔도의 남동부를 차지하는 작은 지방. 푸아투 지방의 중심도시인 푸아티에로부터 남동쪽으로 30여 킬로미터 떨어진 거리에 있으며, 두 강 사이의 고원지대를 이룬다. 그 중심도시가 몽모리옹(Montmorillon)이다.

67 프랑스 중동부의 프랑슈콩테 지방에 속하는 오늘날 쥐라도의 한 코뮌. 루이 14세가 프랑슈콩테 지방을 정복하기 전까지는 이 지방을 관할하는 고등법원의 소재지였다. 그 후 고등법원은 브장송으로 이전되었다.

68 프랑스 중동부 코트도르도의 도청 소재지. 일찍부터 수륙교통의 요지로서, 중세 부르고뉴공국(1179~1477)의 수도였고 오늘날까지도 부르고뉴 지방의 행정, 사법, 종교, 경제의 중심지다.

삼았다. 그러나 그들이 귀족이 된 것은 기껏해야 2세기밖에 되지 않았다. 그들의 재산은 확실히 원래 상업이나 관직으로 형성된 것이었지만, 얼마 지나지 않아 토지소유를 확고한 기초로 하여 견실하게 다져지게 되었다. 1482년부터 이미 니콜라 드 케롱은 마을의 입구에 당시 "대규모 울타리 쳐진 농지"라는 별칭이 붙은 밭을 소유하고 있었으며, '마르슈망'에 기록된 바에 의하면 "이 땅은 매입이나 교환 또는 여타의 방법으로 여러 사람들로부터 취득되었다."[29] 흔히 미노의 메르테처럼 토지와 관련된 영주 지위의 획득은 토지취득 뒤에 이루어졌다. 1527년부터 1529년까지 3년 사이에 부르고뉴 지방 고등법원의 검사장은 각기 다른 10명의 토지소유자로부터 22개의 매도증서를 취득한 덕택에 60헥타르가량의 라보 소재 직영지를 조성할 수 있었다. 그런 후에 그는 영주권과 재판권의 일부를 갖게 되었다.[30]

이런 토지취득의 전통은 상층 부르주아 계급에서 17~18세기까지 지속되었다. 그런 관행은 귀족가문들 사이에도 확산되었다. 곡물경작지에 초지를 추가하고 숲에 포도밭을 추가하는 것은 부자가 된 상인으로서는 후손의 재산을 불안정한 상업에 비해 더욱 굳건한 토대 위에 올려놓는 안전한 방법이었다. 콜베르(J. -B. Colbert)[69]는 "명문가들은 토지에 견고한 토대를 둘 때만 잘 유지될 수 있다"라고 썼다. 토지취득은 또한 가문의 위신을 높이는 것이었다. 다시 말하면, 토지취득과 조만간 거의 틀림없이 이에 추가되게 될 영주의 권리들은 존경심을 낳고 귀족서임을 예비하는 것이었다. 본래부

....

69   루이 14세 아래서 재무총감을 지낸 유명한 중상주의자를 말함.

그림 4-1 영주직영지의 확대(토미레)

1754년과 1764년 사이에 작성된 토미레(코트도르도 블리니쉬르우슈면) 고장에 위치한 샹포토 경구의 지적도.

1635년에 이곳의 영주는 샹포토에 $7\frac{1}{4}$ 주르날과 $5\frac{1}{24}$ 페르슈를 소유했다(토지대장, G 2414). 1652년 5월 25일에 이 경구가 포함된 장원을 취득한 오텡의 노트르담 주교좌 성당의 참사회는 1754~64년에(토지대장 G 2426) 이 경구에서 $22\frac{7}{12}$ 주르날(그림에서 검은색 부분)을 소유했다. 따라서 대략 1세기 반만에 영주직영지는 거의 3배로 확대된 셈이다.

그림 4-2 보스 지방의 대토지소유 형성(모네르빌)

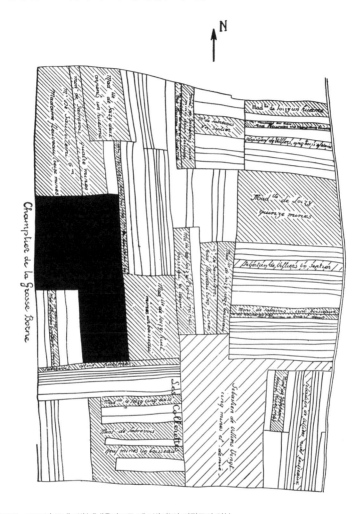

1699~1702년 모네르빌(세네우아즈도 메르빌면)의 지적도의 일부.

■■ 영주 직영농장(그 전에는 생드니 수도원의 수입원이 되는 토지였으나, 이 토지가 포함된 장원과 함께 생시르 수녀원에 이전됨).

▨▨ 플뢰로 귀부인의 상속인들, 미유르댕 귀부인, 슈아지 또는 수아지 공주, 사브르부아 나리, 블뢰리 나리 등의 귀족 소유지.

▨▨ 모네르빌에 거주하는 "상인이자 쟁기농"인 세바스티앙 드 빌리에의 소유지.

터 귀족 출신이었던 자에게는 토지취득이 부과조의 불확실성에 대비하는 것이다. 마지막으로 오래된 가문 출신이나 새로운 가문 출신의 귀족이든 일반 평민이든 간에 얼마간 돈을 가진 모든 사람이 17세기에 토지매입에 관심을 가지게 된 또 하나의 새로운 이유가 있었다. 그것은 수익성이 있으면서도 동시에 안전성이 보장된 동산의 투자처가 드물었다는 점이다. 사람들은 훗날에 국채나 철도채권 또는 석유 관련 유가증권을 사듯이 토지를 매입했던 것이다. 토지취득은 긴 시간을 두고 해야 하는 투자였다. 이를테면 엑스(Aix)[70]의 변호사인 앙투안 드 크로즈가 자신을 위해 렝설(Lincel)[71]의 장원을 복구하는 데는 일평생이 소요되었다. 그런데 이 장원에 대한 권리는 너무도 많은 권리소유자들 사이에 분산되어 있었던 까닭에, 그가 변제 능력이 없는 채무자로부터 매입한 첫 번째 토지 부분은 전체의 48분의 1에 지나지 않았다. 부르고뉴 지방에 있는 랑트네의 영주가문은 여러 땅뙈기를 그 후 "큰 땅뙈기"라는 특징적 이름이 붙게 된 필지로 통합하는 데 75년이 걸렸다. 또 이 영주가문이 마침내 자신들의 성채를 건설할 땅을 통합하기까지는 161년이 걸렸다. 그러나 토지에서 나오는 소득에 비춰 볼 때, 이런 힘든 노력은 할 만한 가치가 있었다.

일부 지방에서는 이런 토지집중이 크게 진전되어 토지에 대한 인간의 분포까지도 변모시킬 정도였다. 대규모 촌락이 지배적인 곳

....

70 엑상프로방스시를 가리킨다. 마르세유 북쪽 30킬로미터 지점에 있다. 중세 프로방스 지방의 중심도시였으며, 1487년에 프랑스 왕국에 편입되면서는 프로방스 지사(知事)의 주재지이자 프로방스 고등법원의 소재지가 되었다.
71 프로방스 지방의 알프스드오트프로방스도에 위치.

에서는 농지가 너무나 광대하고 주민의 수도 너무 많아서 단 한 사람의 지주가 많은 농민을 대체할 수 없었다. 이와 반대로 취락의 규모가 훨씬 작고 토지 분할이 비교적 심하지 않은 중부지방과 어쩌면 브르타뉴 지방의 울 쳐진 경지제가 발달한 고장들에서는, 그리고 개간자들이 작은 산촌(散村) 형태로 집단을 이루고 있던 최근의 개간지대에서는, 운이 좋은 어떤 지주가 점차 하나의 촌락권역 전체의 땅을 독차지하는 것이 불가능하지 않았다. 몽모리옹 지방과 리무쟁 지방 그리고 몽벨리아르의 구릉지대에서는 적은 수의 집들로 된 예전의 여러 마을은 사라지고 이제는 하나의 대농장이 그 주위의 농토를 집적하여 외로이 서 있었다.[31] 구체제 아래서 부르주아 계급과 귀족 계급이 추진한 토지의 재건사업은 산촌(散村)식 주거 형태의 새로운 발전이라는 결과를 가져왔다.

이전의 영주유보지가 부분적으로 남아 있는 곳에서 이런 잔존 유보지의 거의 유일한 기능은 이보다 훨씬 커진 직영지 재건의 근거지 구실을 했다는 점이다. 여기저기서 교환을 통한 토지의 확장이 손쉬워졌다. 그러나 분할지 통합이 무엇보다도 매입을 통해서 이루어졌음은 말할 나위도 없다. 그런데 그렇게 많은 소농이 어떻게 해서 조상으로부터 물려받은 농토를 내놓게 되었을까? 바꿔 말하면 왜 그들은 그토록 돈에 쪼들리게 되었던가?

가끔 뜻밖의 사태가 그 원인이 되었다. 예컨대 전쟁이 그랬다. 17세기 말에 부르고뉴 지방에서 세습적 농민보유지 보유자의 수가 가장 적었던 촌락들이 바로 그 세기 중에 침략과 전투로 피해가 가장 컸던 곳들이기도 했다는 사실은 의미심장하다. 이전의 주민 중에 일부는 마을을 떠나서 다시는 돌아오지 않았다. 이렇게 해서 상속자가 없게 된 그들의 토지는, 백년전쟁이 끝났을 때의 선배 영주들보다 더 주도면밀해지고 보다 유리한 경제상황을 맞이하여 그 토지를 영대 농민보유지로 다시 분양해 주지 않으려고 무척 애를 쓰던 영주에게 귀속되었다. 영주는 그런 토지를 농민들에게 분양하지 않고 직접 가지고 있었으며, 아니면 그 토지를 임대해 주어야겠다고 생각하는 경우에는 일정 기간으로 제한해서만 계약을 맺었다. 그럼에도 불구하고 다수의 소작료 납부자들은 이동하지 않고 그들의 보유토지에 그대로 머물러 있었으며, 떠났다가도 돌아왔다. 그러나 이런 그들도 쓸 돈이 없거나 굶주림에 지치거나 또는 흔히 빚에 쪼들려 그들의 토지를 싼값으로 팔지 않을 수 없었다.

　그렇지만 농민대중이 헤어날 수 없는 재정난에 빠져드는 데는 이런 뜻하지 않은 외부로부터의 충격까지는 필요하지 않았다. 새로운 경제환경에 대한 부적응만으로도 그런 곤란에 처하고도 남았다. 소생산자가 자신이 생산한 것으로 그럭저럭 먹고살던—잘 먹고 살기보다 오히려 못 사는 경우가 더 많던— 시대는 지나갔다. 이제부터 소생산자는 끊임없이 돈을 지불해야만 했다. 그는 경제혁명으로 재정수요가 폭증한 정부의 대리인인 세금 징수원에게 돈을 지불해야 했으며, 정부와 마찬가지로 피할 수 없는 시대상황으로 인해 자금핍박이 가중된 영주의 대리인에게도 돈을 지불해야 했다. 또 상인에게도 지불해야 했다. 왜냐하면 최하층 사람들에게까지 침투한 생활양식상의 변화로 말미암아 이제는 소비물자나 제품의 일부를 구입하지 않고는 생활이 거의 불가능했기 때문이다. 물론 토지에서 나오는 농산물이 있었으며, 적어도 풍년이 드는 해에는 그 일부를 내다팔 수가 있었다. 그러나 판매한다고 해서 모든 것이 끝나는 것은 아니었다. 얼마간의 이익을 얻기 위해서는 적절한 시기에 파는 것이 필요했다. 따라서 이것은 때를 기다리고 예측하는 능력이 필요했다. 말하자면 예비자금과 사고구조의 문제였던 것이다. 소농은 여유자금도 없었고, '경제동향'을 예측하는 능력도 갖지 못했다. 16세기부터 18세기에 이르는 기간에 곡물거래에서 상당한 재부가 조성되었다. 그러나 이런 거래에서 부를 축적한 사람은 상인과 '곡물상'(blatier)이었으며, 가끔 또한 부유한 쟁기농, 여인숙 주인, 운송업자 등이었다. '보통의' 시골사람은 곡물거래로부터 생기는 이득이 훨씬 적었다. 그토록 많은 농민이 현금을 반드시 손에 넣지 않으면 안 되었던 불가피한 사정은 구체제 시절에 많은 지역에서 농민들이 수공업 분야의 가내노동 형태로 부수입을 얻기 위해 열심히 노력하는 방식으로 표출되었다. 그러나 농민들은 돈을 빌리는 경우가 훨씬 많았다.

빌리는 돈의 이자율이 매우 비쌌을 것임은 말할 필요도 없다. 농업과 관련된 신용대출 기관은 조직되지 않았고 조직될 가망조차도 없었다. 반면에 대금업자의 사업수법은 교묘하기 짝이 없었다. 토지와 장래 수확될 농산물을 담보로 해서 금전이나 곡식 또는 가축의 대부가 이뤄졌으나, 그 경우에 흔히 ―취리(取利)행위를 금지한 예전의 조치가 이론적으로는 아직도 효력을 발휘하고 있던 특히 16세기에― 무해해 보이는 계약의 가면을 쓰고 대부되었다. 교묘하고 다양한 이 모든 술책은 한결같이 채무자의 부담을 과중하게 만드는 결과를 초래했다. 농민은 일단 빚의 악순환에 빠져들게 되면 국세 당국과 영주 대리인 및 촌락의 고리대금업자에 대한 지불부담을 한꺼번에 감당할 수 없게 됨으로써, 비록 운 좋게 '법령에 의해' 재산의 압수나 매각 처분을 면한다 하더라도 결국 합의를 보고 곡물경작지나 포도밭 또는 초지의 일부를 대개의 경우 매각하지 않을 수 없었다. 부동산업자―16세기 푸아티에 지방에서는 '중개업자'(moyenneur)라고 불렸다―인 동시에 돈놀이꾼이었던 대금업자 자신이 흔히 토지의 매입자로 나서곤 했다. 어쩌면 처음부터 대금업자는 이런 기대를 갖고서 돈의 차용을 승낙했을지 모른다. 대금업자가 토지를 구매한 것은 어떤 때는 그 스스로 토지를 가지고 있다가 사회적 위신과 귀족 신분을 취득하는 첫걸음인 지주가 되기 위해서였으며, 어떤 때는 자신보다 높은 사회적 위치에 있는 어떤 부르주아나 귀족에게 이익을 남기고 되팔기 위해서였다. 어떤 경우에는 돈에 쪼들린 토지 매도자가 대상인이나 자신의 영주에게 토지를 사 줄 것을 직접 부탁하기도 했다. 이 모든 매입자는 물론 무턱대고 아무 토지나 사지 않았다. 그들은 가능한 한 "집 근처의 울타리 쳐진 밭에" 붙어 있는 "분명하게 경계가 지어지고"[32] 그러면서도 어쨌든 계속 인접한 소수의 큰 땅뙈기들로 구성된 토지의 가치를 알고 있었다. 대규모 농장의 부활 원인과 당시 농촌에서 생겨나서 확대되고 있던 그렇게도 많은 대규모의 통합 직영지의 근원에 대해서는 언젠가 지방별로 상세한 연구가 이루어져야 할 것이다. 그런 연구가 이루어지면, 아마도 그 원인과 근원은 무엇보다 농민의 생활에 필요한 자금조달 면에서 일어난 장기간의 대규모 신용대출 위기였음이 밝혀질 것이다.[33]

물론 영주층의 대규모 직영지 재건활동은 지역에 따라 그 강도가 매우 달랐다. 우리는 당분간 이런 상이한 양상들 가운데 일부만을 대충 훑어볼 수 있을 뿐이며, 그것도 오직 끝나는 시점 즉 18세

기 말 무렵의 상황에 대해서만 어렴풋이 살펴볼 수 있을 뿐이다.[34]
직접 경영되든 한시적 소작제에 의해 경영되든 간에 영대 농민보유
지나 자유지 또는 봉토와 같은 형태의 '토지소유'가 여러 사회계급
들 사이에 분포한 양상은 당시 지방에 따라 극도로 달랐다. 캉브레
지(Cambrésis)[72]와 라누아(Laonnois)[73] 지방에서는 교회기관들이 광
대한 직영지를 유지하는 데 성공했다. 그러나 그보다는 재건하는
데 성공했을 가능성이 더 크다. 이들 지방에 비해 툴루쟁(Toulou-
sain)[74] 지방에서는 교회기관들이 큰 직영지를 유지·재건하는 데 성
공하는 비율이 훨씬 낮거나 그러기 위한 노력이 훨씬 작았다. 보카
주로 된 서부의 여러 지역에서는 교회기관의 대규모 직영지 재건이
완전히 실패했거나 재건 노력이 없었다. 한편 부르주아 계급은 캉
브레지 지방에서 토지를 별로 소유하지 못했으나, 플랑드르 해안지
역에서는 토지의 절반을 차지했다. 상업과 행정의 대도시이면서 귀
족 계급―다수의 귀족가문 자체가 부르주아 출신일 가능성이 있
다―과도 연계되었던 툴루즈시의 근교지역에서는 부르주아가 대
부분의 토지를 소유했다. 지방에 따른 이런 차이점은 지속되어 오
늘날까지도 감지된다. 프랑스 대혁명 때 국유재산 매각으로 많은
토지의 소유주가 바뀌었으나, 토지 분할은 아주 미미한 수준에서
만 이뤄졌다(그림 4-3 참조). 과거와 마찬가지로 오늘날에도 피카르

....

72 프랑스 북부 노르도에 위치한 캉브레(Cambrai)시를 중심으로 한 그 주변 지역에 대한
    옛 지명. 캉브레시에는 대주교좌가 있었다.
73 프랑스 북부 피카르디 지방에 위치한 엔도의 도청 소재지이자 주교좌 도시인 랑(Laon)
    시와 그 주변지역.
74 프랑스 남서부에 있는 툴루즈시 주변지역.

그림 4-3 보스 지방의 대토지소유 형성(모네르빌)

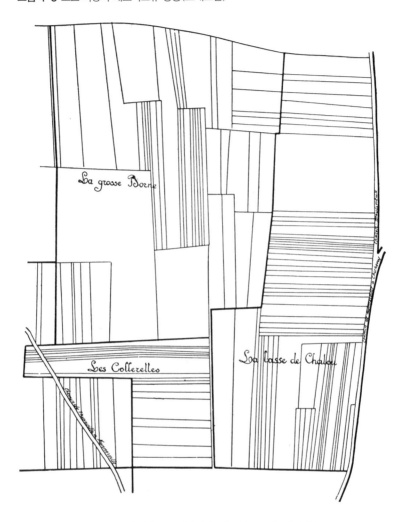

그림 4-2와 동일한 모네르빌 고장 부분. 1831년의 지적도 중 섹션 A, 도면 3에 의거함.

앞의 지적도 중 163~170번지의 필지(남쪽 토지)—세바스티앙 드 빌리에의 소유지로 시간이 지나면서
분할 현상이 나타났다—를 제외하면, 1699~1702년의 모든 대규모 필지들은 1831년에도 그대로 다시
나타난다.

그림 4-4 캉평야의 분할지 통합과 울타리 치기(브레트빌로르게외즈)

브레트빌로르게외즈(칼바도스도 티이쉬르쇨르면)의 촌락과 그 바로 남쪽 인근의 농경지를 보여주는 1666년 로츠 남작령의 지적도 일부.

18, 29, 31, 33, 35, 36번지의 울타리 쳐진 땅들은 케롱가(家)의 소유지다. 이들 토지는 모두 곡물경작지이며, 31번지에는 곡물경작지 외에 채마밭이 포함되어 있다. 30번지에는 1482년에 5개의 경구('delle')에 42개의 분할지가 있음을 볼 수 있고, 31번지에는 7개의 경구에 48개의 분할지가, 35번지에는 25개의 분할지가, 36번지에는 34개의 분할지가 있음을 볼 수 있다. 33번지는 1482년 이전부터 이미 매입이나 교환을 통해 케롱가에 의해 통합되어 있었다. 이 땅은 당시 이미 "울타리 쳐진 큰 땅"(Grand Clos)이라는 이름으로 불리고 있었고, 그때에는 아마도 유일하게 제법 넓은 울타리 쳐진 경지였을 것이기 때문에 그렇게 불릴 만했다.

디 지방의 평야지대에서는 대토지소유가 우세한 데 비해 노르망디와 우아장(l'Oisans)[75] 지방에서는 농민적 소토지소유가 지배적이었다. 이렇게 된 데 대한 해답은 백년전쟁 이후 영주층의 직영지 재건의 변천과정 속에서 찾아야 함은 의문의 여지가 없다. 현재를 과거와 긴밀하게 연관시켜 줄 수 있는 면밀한 연구성과가 없는 것은 유감이다.

§

귀족이든 부르주아든 항구적 소작료 수취생활자가 되기만을 바라지는 않았던 새로운 토지소유주는 자신의 농장을 어떻게 조직하려고 했을까? 어떤 지주는 서슴없이 '고용인'(雇傭人, valet)을 사용해서 그 자신이 직접 토지를 경영했다. 농업의 풍속도에서 이 얼마나 큰 변화인가! 중세의 영주는 남부 프랑스 지방을 제외하고는 일반적으로 도시 바깥에서 살았다는 의미에서 언제나 시골사람이었다. 그러나 그는 그러면서도 자신의 농경지는 거의 돌보지 않았다. 13세기에 어떤 시인의 증언에 의하면 영주 파옐이 이른 아침에 "그의 곡식과 농토를 둘러보러" 간 것은 사실이다. 어린 새싹의 연한 녹색이든 익은 곡식 이삭의 황금빛이든 많은 돈이 생기는 아름다운 것들을 바라보는 것은 언제나 즐거운 일이었다. 그러나 농업을 경영하는 일은 영주의 업무가 아니었다. 부과조 징수를 감독하

....

75 프랑스 남동부 그르노블과 브리앙송 사이에 위치한 오트도피네 지방. 오늘날 이제르도의 동남부에 해당하는 평균 고도 2,100미터의 산악지방.

고 재판을 하며 건물을 짓게 하는 것, 이런 것이 전쟁, 정치적인 것, 사냥, 고상하고 즐거운 이야기 청취 등과 더불어 성에 거주하는 영주가 할 일이자 낙이었다. 중세사회에서 이야기꾼들의 이야기 속에 기사 겸 농부인 사람이 등장하던가? 그런 사람이 있다면, 이야기꾼은 그가 몰락한 사람이었음을 주지시키려고 애를 쓴다.

12세기 초에 돌(Dol)[76]의 대주교이자 『농경시편』(les Géorgiques)[77]을 읽었음에 틀림없는 훌륭한 고전학자 보드리 드 부르게이(Baudri de Bourgueil, 1060~1130)[78]는 자신의 감독 아래 늪지대가 개간되는 것을 좋아했다고 전해진다. 그렇지만 그는 곧이어 개간지를 영대농민보유지들로 분양했기 때문에 그가 농업에 직접 관계한 것은 일시적인 모습이었을 뿐이다.[35] 그와 반대로 16세기에는 새로운 유형의 인간, 즉 시골귀족이 문학작품에도 현실세계에도 나타났다. 예컨대 그 세기의 후반에 노르망디에서 부르주아 출신이자 법관 출신이면서도 신분과 생활양식 면에서는 귀족이었던 구베르빌 나리의 경우를 보자. 그는 자신의 농장관리인들과 활발하게 서신을 주고받는 데 만족하지 않고 자신의 소들을 직접 팔았고, 제방 축조와 울타리

....

76 여기의 'Dol'은 브르타뉴 지방에 위치한 일에빌렌도에 있는 '돌 드 브르타뉴'(Dol-de-Bretagne)를 가리킨다.

77 라틴어로는 'Georgica'라고 한 것으로, 전원생활을 그린 고대 로마의 시인 베르길리우스(기원전 70~19)의 교훈시를 말한다. 그의 농경시는 전4권으로 구성되어 있다. 그리스의 시인 헤시오도스의 『노동과 나날』을 모범으로 삼고 카토 등의 농업에 관한 저작을 참고하여 농경·과수재배·목축·양봉 등을 차례로 읊었으며, 농경의 기원·원인·본질·실천에 대해 깊이 고찰하여 보편적 의의를 표현했다. 그의 여러 작품 중에서 가장 완벽한 걸작으로 평가된다. 작성연대는 기원전 39~29년이다.

78 부르게이 수도원의 수도원장과 돌 드 브르타뉴의 주교를 역임하고 『예루살렘의 역사』(Historia Hierosolymitana)라는 제목 아래 제1차 십자군원정의 역사를 쓴 연대기 작가.

설치 및 농수로 파기를 감독했으며, 돌투성이 밭에서 자갈을 치우기 위해 몸소 "집 안에 있는 모든 젊은이를 데리고 나갔다." 부르주아 계급이든 귀족 계급이든 여성까지도 스스로 일을 했다. 16세기에 일드프랑스(Ile-de-France)[79] 지방에서 국왕 고문관의 부인인 푸아낭은 풀 베는 사람들과 포도 수확하는 사람들을 지휘했으며, 토지에 거름 주는 일도 직접 그녀가 감독했다. 17세기에 프로방스 지방에서 로슈포르 백작의 부인은 남편이 멀리 출타 중일 때는 직접 나서서 포도나무를 심고 곡식을 타작해서 곳간에 넣는 일을 감독했다. 1611년에 아르투아 지방에서는 지주의 직접경영이 확대되었음이 공식적으로 확인된다.[36]

지혜롭게 경영되기만 한다면 토지소유주 자신의 직접경영보다 더 유리한 것은 없을 것이다. 그러나 직접경영은 토지소유주가 현지에 거주하는 것이 필요했다. 그뿐만 아니라 토지가 전부 또는 부분적으로 임대된다 하더라도 효과적인 최선의 경영방법 역시 현지에 거주하는 것이었다. 정액소작농들이나 분익소작농들을 관리감독하고, 그 스스로가 생산물의 일부를 소비하며, 여타 생산물의 판매를 지도감독하기 위해서는 현지 거주가 필수적이었다. 뷔시-라뷔탱은 세비네 부인에게 다음과 같이 썼다.

....

79　센강과 마른강 및 우아즈강이 합류하는 파리분지 중앙부에 해당하는 지방 이름. 그 중심도시는 파리다. '일드프랑스'란 '프랑스의 섬'이란 뜻으로, 이들 강 사이에 토지가 많기 때문에 '섬'이라는 뜻을 지닌 '일'이란 명칭이 붙었다. 이 지역은 충적토로 된 평원지대인 데다 일찍부터 삼포식 농법 등 농업이 발달하여 선진농업 지대를 이루었으며, 센강을 중심으로 한 여러 하천은 교통과 교역의 요로로 활용되었다. 이런 지리적 이점으로 인해 프랑스 왕국과 프랑스문명의 발상지이자 발달의 중심지 역할을 했다.

"나는 농장 근처에 사는 데 비해 당신은 멀리 떨어져 살기 때문에, 당신이 부르비이에 있는 토지에서 거두는 것보다 상대적으로 내가 토지로부터 더 많은 소득을 거둬들입니다. … 시골로 퇴거하십시오. 시골에 사는 것이 사람들이 생각하는 것만큼 어렵지 않습니다."

그러나 낙향(落鄕)은 결국 실현성 없는 방안에 지나지 않았다. 귀족이든 부르주아든 다수의 대토지소유자는 시골에 살 마음도 여유도 없었기 때문이다. 더욱이 부자들은 보통 너무 많은 토지를 소유하고 있었고 그것도 지나치게 분산되어 있었으므로, 그 모두를 본인이 직접 경영할 수도 없었다. 그래서 임대제도를 이용할 수밖에 없었다. 물론 그것은 한시적 임대를 뜻했다. 세습적 농민보유지제도는 토지소유주의 생각으로는 단호히 거절되어야 하는 것이었다. 한시적 임대제도에는 두 가지가 있었다. 하나는 대소유지를 다수의 소규모 농장으로 분할하여 서로 다른 임차인에게 각각 위탁하는 것이고, 다른 하나는 단 한 사람의 임차인에게 대토지 전체를 모조리 넘겨주는 것이었다. 후자의 임대방식으로 영주직영지가 임대되는 경우에는, 대토지의 임차인은 보통 농민보유지 보유자들에게 부과되는 부과조와 여러 가지 잡부금의 청부인을 겸하는 것이 13세기부터 널리 퍼진 관행이었다. 이 두 가지 임대방식은 또한 두 가지 사회유형과 결부되어 있었다. 소규모 임차농은 임차지 외에도 흔히 하나의 농민보유지를 보유한 농민이었다. 이런 농민의 농업경영에는 약간의 운영자금만 요구되었다. 정확히 말해서 소규모 임차농의 금고에는 돈이 거의 없고 돈을 벌 능력도 없다는 것이 주지의 사실이었다. 그 때문에 많은 지방에서 그에 대해서는 지대의 전부 또는 일부가 곡물 형태로 지불될 것이 요구되었다. 이와 반대로 대차지농은 상대적으로 많은 운전자금이 필요했고, 판매와 계산 능력을 가져야 했으며, 상당히 큰 집안을 관리함과 동시에 영주의 대리인으로서 장원을 관리해야 했다. 그런 까닭에 그는 임차농 세계에서는 유력인사였고, 그의 경제적 역할로 봐서는 자본가였으며, 생활양식과 사고방식으로 봐서는 부르주아였다. 우리는 오튀누아(Autunois)[80]에 있는 토미레 장원과 영주직영지에서 1641년부터 1758년까지 잇달아 나타나는 차지농들에 관한 명부를 가지고 있다. 이 명부에는 바로 이 도시나 그 주변 촌락들 출신으로 모두 서로 간에 어떤 식으로든 인척관계를 맺고 있는 21명의 "상인", 1명의 푸주한, 1명의 공증인, 1명의 변호사 및 1명의 평범한 "부르주아"가 기록된 데 비해, 그곳의 농민 출신이면서 분명히 살림이 넉넉하고 무역상 가문들과 혼인관계를 맺은 가문은 두 개의 계약서 중에 단지 하나에만 나타날 뿐이다.[37]

사실 이런 직업의 이름을 골라 사용한 경우에는 허세를 부리고 싶은 마음이 상당 부분 작용했음을 고려해야 한다. 상인은 오랫동안 쟁기농보다 지위가 더 나은 것으로 알려져 있었기 때문이다. 상인이라고 불린 사람들의 다수는 아마도 그 수입의 대부분을 토지로부터 취득한 것으로 보이며, 필요한 경우에는 그 스스로 쟁기를 잡고 일하는 것을 마다하지 않았을 것이다. 그렇지만 그들의 활동은 농사일에만 국한되지 않았고 그들의 시야와 야망은 협소한 촌락의

....

80   부르고뉴 지방에 위치한 오텡시의 주변지역.

범위를 넘어섰다는 것 역시 사실이다. 부유한 차지농이 그의 지주의 자리를 차지했다는 실례도 있다. 18세기에 프랑스 전역에서 농업이 점점 더 뚜렷이 자본주의적 성격을 띠게 되었을 때, 그때까지 자신의 소유지를 농민들에게 분양해 주어 경영하는 것이 더 편리하다고 생각했던 다수의 지주들이 소수의 대규모 차지농을 위하여 다수의 소차지농을 희생시켜 가면서 임차지들의 '겸병' 조치를 취했다. 1789년에 북부 프랑스의 진정서들은 그 즈음에 널리 행해진 이런 조치에 대한 대다수 농민의 항의로 가득 차 있다. 이와 같이 간접적인 방식으로 뒤늦게 이뤄진 대토지소유의 재건은 그때까지는 곳곳에서 소농 체제의 존속을 바탕으로 해서 경영되었으나, 프랑스에서도 역시 사실상의 농민추방으로 귀결되었다.[38] [81]

그러나 소농의 토지는 사용할 수 있는 자금의 여력이 별로 없기 때문이든 매입토지를 분할하지 않으면 안 되었기 때문이든 간에 이런 새로운 매입자의 수중에 들어가지 않을 수 없었으나, 자본주의적 농업경영자가 매입할 만한 매력은 없었다. 그렇다고 해서 농민들 가운데서 그런 토지를 매입하는 데 필요한 적은 돈이라도 가진 소차지농을 찾는 것도 언제나 쉬운 일은 아니었다. 마지막으로 아주 최근에—특히 16세기에, 그리고 17세기의 초반에— 화폐가치의 폭락을 경험한 많은 토지소유주는 비록 계약기간이 짧다 하더라도 상당한 기간 동안 자기 마음대로 변경할 수 없는 화폐지대에 대해 어찌 보면 당연한 불안감을 가지고 있었다. 이와 같은 이유들로 말미암아 생

....

81   대토지소유제의 발달에 따른 농민추방은 일찍이 영국에서 인클로저로 인해 대규모로 진행되었다.

산물을 나눠 갖는 임대차제도, 곧 원칙적으로 생산된 농산물의 절반을 나누어 갖는 '반타작소작제'가 아주 급속히 확산되었다.

경작자가 수확한 생산물 가운데 일정 몫을 토지의 상급소유권자에게 지불하는 관습은 로마법에서 잘 알려져 있었지만, 프랑스의 농촌에서도 알려지지 않았던 것이 아니다. 10~11세기 무렵에 영주직영지가 축소되는 가운데 증가했던 정률생산물지대 납부 토지가 바로 그 증거다. 그러나 그 후 이런 농민보유지 형태는 주지하다시피 영주가 중세 말경에 물납(物納) 대신 금납(金納)을 장려함에 따라 드물어졌다. 생산물지대를 지불하는 농민보유지가 잔존한 곳에서는 농민보유지가 곧 세습되었다. 동시에 대개의 경우에 수확물의 절반에도 훨씬 못 미쳤던 지대 부담은 구체제 시절의 지주들이 그리도 못마땅하게 생각했던 고정불변으로 되는 경향이 있었다. 그렇지만 '반타작소작지'(métairie)라는 단어 자체와 임대인의 몫을 절반 정도로 고정시키는 관습은 일찍이 몇몇 지방에서 발견된다. 특히 11세기나 12세기부터 멘과 페르슈까지 포함하는 프랑스 서부 전역에서 존재했으며, 같은 시기의 아르투아 지방에서도 발견된다. 이런 반타작소작제는 영대 임대였을까, 한시적 임대였을까? 대체로 문헌 기록으로 봐서는 어떠했는지 알 수 없다. 또한 이런 소작제가 각각의 사례별로 영주에 대한 일련의 모든 의무를 이행해야 하는 본래 의미의 농민보유지를 대상으로 한 것이었는지, 아니면 예속관계가 창출되지 않고 개인 간의 단순한 계약에 의한 것이었는지도 확인할 수 없다. 더욱이 순전히 개인적인 이 후자 유형의 소작 계약이 13세기 이전에 분명하게 존재했는지도 의심스럽다. 여하튼 확실한 것은 중세 전 기간을 통하여 많은 지방에서 이런 반타작소작제는 전적으로 알려지지 않았거나 대체로 포도밭과 같은 몇몇 특별한 경우에만 제한적으로 실시되었다는 점이다. 이를테면 포도밭을 취득한 부르주아나 성직자는 그 재배자로 언제나 정액소작농보다는 오히려 반타작소작농을 구했다. 금고를 채우기보다 오히려 지하 포도주 저장고를 풍족하게 채우기를 원했던 것이다.

16세기까지 일부 지역에서만 제한적으로 시행되고 예전에 잘 알려졌던 지역에서조차 매우 드물어진 반타작소작제는 갑자기 16세기부터 프랑스 전역에 널리 확산되고 적어도 18세기까지 계속해서 확대되는 추세를 보인다. 화폐가치가 변동하는 상황에서 반타작소작제보다 더 안전한 토지경영 대책은 없었기 때문이다. 이탈리아의 부르주아인 노련한 금융업자들은 반타작소작제를 가장 먼저 고안해 낸 사람들이었다. 그들 금융업자는 '콘타도'(contado)[82]에서 착취당하던 피지배 주민에게 토지를 임대해 준 지배도시의 모든 시민을 대상으로 해서 ─1376년 이후 볼로냐에서 그랬듯이─ 가끔 법률을 통해 결국 이런 유형의 소작제를 강제로 시행하지 않았던가? 프랑스의 지주들도 얼마 지나지 않아 동일한 과정을 밟았다.

백년전쟁 직후의 반타작소작 계약은 종종 영구적이었다. 주민이 격감한 농촌에서 지주는 자신의 재산을 회복하려고 애썼다. 그런데 그들이 보기에 금납은 화폐가치가 하락할 염려가 있었기 때문에 믿을 만한 것이 못되었다. 그리고 다수의 지주는 직접 토지를 경작하고 싶어 하지도 않았고 경작할 수도 없었다. 또 단순히 한시적 정액소작제 정도로는 농토에 우거진 초목을 제거하겠다고 나서는

....

82   교외 농촌지대. 특히 도시국가 주변의 농촌지역을 뜻한다.

경작자를 구할 가망이 거의 없었다. 이에 비해 세습적 반타작소작제는 차지인을 농민추방으로부터 보호하는 동시에 화폐가치의 하락으로부터 임대인을 보호했다. 그래서 반타작소작제는 프랑스 중부지방과 같은 몇몇 지역에서 널리 확산되는 큰 성공을 거두었다.[39)]

그러나 대토지소유제가 다시 지배적으로 됨에 따라, 수확물의 절반이나 3분의 1 또는 4분의 1을 소작료로 지불하는 한시적 반타작소작제가 압도적으로 널리 유행하게 되었다. 앙리 4세 시절에 올리비에 드 세르(Olivier de Serres, 1539~1619)[83]는 비록 토지의 직접경영이 더 바람직하다고 생각하기는 했지만 한시적 반타작소작제를 적극적으로 권장했다. 한시적 반타작소작제는 거의 어디에서나 실시되었으나, 무엇보다도 지리적으로 토지가 척박하여 농민이 예비자금을 갖지 못한 지방에서 그리고 사회적으로는 부르주아적 소지주들 사이에서 선호하는 토지경영 방식이었다. 이들 부르주아적인 소지주는 많은 경우에 소유한 토지가 크지 않아서 자본가적인 차지농에게 임대할 수 없었기 때문만이 아니라, 여러 가지 점에서 수확물을 나눠 갖는 임대차제도가 그들의 생활양식 및 사고방식에 부응하는 것이기 때문이기도 했다. 소도시의 상인과 공증인은 자신의 땅에서 나는 생산물을 소비하는 것을 좋아했던 것이다. 그들은 반타작소작지로부터 어떤 때는 그 가루로 가정용 화덕에서 바싹바싹한 빵이나 노르스름하게 익힌 과자를 만들 수 있는 곡식을 거둬

....

83 외국으로부터 꼭두서니, 홉, 옥수수 및 뽕나무를 도입하고 양잠업, 사료작물의 휴경지 재배법, 감자를 비롯한 여러 농작물의 새로운 파종법 등을 개발하는 등 프랑스 농업의 발전에 지대한 공적을 남긴 농학자. 저서로『농업경영론』(Le théâtre d'agriculture et mesnage des champs, 1600)을 비롯하여 양잠업에 관한 2권의 저서가 있다.

들이기를 좋아했고, 어떤 때는 식탁에서 우아하게 맛을 즐길 수 있게끔 그 부인이 잘 요리할 수 있는 계란, 가금(家禽), 돼지고기 등—이들 품목은 빠짐없이 낱낱이 계약서에 규정되어 있다—으로 된 온갖 잡다한 "공납물"(devoirs)을 즐겨 받았다. 그가 도시에 있는 자신의 집에 거주할 때든, 특히 자신의 농토가 있는 시골의 집에 체류할 때든 간에, 그에게 반타작소작농—'그의' 반타작소작농—이 손에 챙 없는 모자를 들고 찾아오는 것을 바라보고 이 농민에게 계약서에 일일이 명시되어 있는 여러 가지 부역노동—거의 모든 부역노동—을 요구하며 그에 대해 후견인 노릇을 하는 것은 기분 좋은 일이었다. 로마법적 의미에서 볼 때, '동업자'인 반타작소작농은 사실상 피보호민이었다. 툴루즈 항소법원(présidial)[84]의 명예판사이자 대단한 대금업자였던 제롬 드 리마이오를 위해 1771년에 작성된 '반타작' 임대차 계약서는 차지인이 임대인에게 "충성, 순종, 복종"의 의무가 있다고 전하고 있다.[40] 반타작소작제를 통해 도시민 가운데 한 부류 전체는 토지라는 물건과 직접적 접촉관계를 유지했으며, 이 부류와 그들의 밭을 경작하는 농민 사이에는 근대에 사실상의 인신적 종속관계가 맺어졌다.

§

바로 앞에서 서술된 커다란 변화는 전체적으로 이중의 결과를

....
84   바야주 재판소나 세네쇼세 재판소의 항소심을 담당한 상급 법원. 구체제 아래서 사법
      제도를 강화하기 위해 1552년에 설치되었으나, 1792년에 폐지되었다.

낳았다. 하나는 일시적인 것이고, 다른 하나는 아직도 지속되는 것
이다.

농민 계급이 영주의 지배로부터 점차 해방되는 듯이 보였던 완
만한 변화과정은 중단되었다. 영주는 농민들을 일련의 부담들로 심
하게 옭아맸다. 대체로 새로이 영주가 된 자들은 지배자적 의식이
더욱 강했다. 몇몇 토지대장이 개정된 후 그 무엇보다 특징적인 것
은 토지대장이 영주의 명예권에 중요한 의미를 부여하고 있다는 사
실이다. 1734년 부르고뉴의 한 토지대장에는 "브레트니에르의 영주
나 그 부인 또는 그의 가족이 그곳의 교회를 출입할 때, 그곳의 모
든 주민과 본당사목구의 신자들은 정숙을 유지하고 그들에게 인사
할 의무가 있다"라고 기록되어 있다. 그 전의 토지대장에는 이런 언
급이 나타나지 않는다.

1789년부터 1792년까지 어떻게 장원제가 그것과 동일시되었
던 왕정체제를 몰락케 하면서 사라져 갔는지는 누구나 다 잘 알고
있는 바다.

그러나 새로운 유형의 영주가 아무리 농민의 지배자가 되기를
바랐다고 하더라도, 그 또한 누구보다도 대경영자로 돌아갔다. 마
찬가지로 그 역시 단순한 부르주아 이상의 사람이었다. 터무니없는
가정이기는 하지만 프랑스 대혁명이 1480년 무렵에 발발했더라면,
영주에 대한 부담들이 폐지되면서 토지가 거의 예외 없이 다수의
소토지 보유자들에게 양도되었을 것이다. 그러나 1480년부터 1789
년까지 3세기가 흘렀고 그 기간에 대토지소유가 부활했다. 그렇지
만 대토지소유의 물결이 영국이나 동부 독일처럼 거의 프랑스 전역
을 휩쓸었던 것은 아니다. 대토지소유와 더불어 매우 광대한 면적

의 농민적 토지소유가 남아 있었으며, 전체 합계면적으로 보면 농민적 토지소유가 어쩌면 대토지소유보다 더 컸을지 모른다. 그러나 대토지소유도 곳에 따라 그 재건의 성과에 큰 차이가 있기는 했지만 상당한 면적을 차지했다. 대토지소유는 대혁명을 거치면서도 심대한 타격을 입지 않고 존속하게 된다. 이와 같이 오늘날의 프랑스 농촌의 모습—종종 일컫는 것처럼 프랑스는 소토지소유의 나라가 아니라, 지방에 따라 그 구성비율이 매우 다르기는 하지만 대토지소유와 소토지소유가 병존하는 나라라고 해야 할 것이다—을 그 다양성과 기본적 특성 면에서 설명하기 위해서는 우선적으로 살펴봐야 하는 것이 15세기에서 18세기에 이르는 프랑스 농촌의 발전과정이다.

제5장

사회집단

1

망스와 가족공동체

구(舊) 사회는 개인보다는 집단들로 구성되어 있었다. 사람이 고립되면 거의 존재의미가 없었다. 사람은 다른 사람들과의 연계관계를 통해서만 먹고살고 자신을 보호할 수가 있었다. 영주든 군주든 지배자들이 호구를 조사하여 과세하면서 늘 본 것은 온갖 크기의 집단이었다.

프랑스의 농촌사가 안개 속을 벗어나기 시작하던 이른바 중세 초기에는, 토지보유의 단위인 동시에 인간의 사회적 구성단위이기도 했던 것이 촌락 및 장원과 같은 상대적으로 큰 집단조직의 하부에 위치하면서 농촌사회의 기본적 세포조직을 이루고 있었다. 작은 인간집단이 거주하는 주택과 이들이 경작하는 일단의 농토로 구성된 그것은 프랑크 시대의 갈리아에서는 거의 어디에서나 발견된다. 이것은 비슷함에도 불구하고 여러 가지 이름으로 불렸다. 가장 널리 불린 이름은 '망스'(manse, 라틴어로는 mansus)였다.[1] 그것은 또한 '팍투스'(factus)나 '콘다미나'[condamina, 또는 '콘도마'(condo-ma)]라고 불리기도 했다. 이들 단어는 어느 것이나 상당히 늦게 나타난다. 망스는 7세기가 되어서야 문헌에 보인다.[2] 콘다미나도 적어도 갈리아에서는 마찬가지로 7세기에 발견된다. 이 단어는 최초로 발견되는 문헌기록이 멘 지방 출처임에도 불구하고 특히 남부 프랑스 지방에서 자주 보인다.[3] 그리고 팍투스는 9세기가 되어서야 발견된다. 이처럼 이런 말들이 늦게 나타나는 것은 농업에 관한 그 이전의 일상적 용어를 알려 주는 자료가 거의 없기 때문이다. 그 제도는 용어보다 훨씬 오래되었음에 틀림없다.

이들 세 가지 이름 가운데 하나는 완전히 수수께끼 같은 것으로 남아 있다. 그것은 팍투스다. 우리는 이 단어가 어떤 언어와 관련이 있는지조차 알지 못한다. 그것이 라틴어 '파케레'(facere)로부터 파생했을 가능성[1]은 거의 없기 때문이다. '콘다미나'는 공동체(원래 같은 집에 사는 공동체)를 연상시키며, 그 말의 실제 사용에서는 토지를 생계수단으로 삼는 작은 인간집단이건 그 토지 자체이건 양자를 거의 구별하지 않고 지칭하는 것이었다. 망스는 처음에는 가옥이나, 아니면 적어도 주거용과 농업용의 건물 전체를 가리키는 데 사용되었다. 이런 뜻은 결코 사라지지 않고 끝까지 그 뜻으로만 잔존했다. 이런 것이 오늘날 부르고뉴 지방의 방언인 '멕스'(meix)와 프로방스 지방의 방언인 '마스'(mas)의 의미다. 망스와 아주 흡사하여 고문서에서 언제나 같은 말로 취급되었던 '마수레'(masure)

....

1 'factus'는 형태상으로는 '만들다', '하다', '행하다' 등의 뜻을 가진 라틴어 동사 'facere'의 과거분사다.

라는 낱말은 중세의 일드프랑스 지방에서는 울 쳐진 밭이 딸린 농촌의 주택을 지칭했으며, 노르망디에서는 오늘날까지도 그런 주택을 가리킨다. 이와 같이 토지보유의 단위를 표현하는 이름은 그 보유자가 살던 집으로부터 유래한다. 스칸디나비아 사람들이 말했듯이, 집은 "농토의 어머니"가 아닌가?

당시 대부분의 사회적 범주와 마찬가지로 망스를 연구하기 위해 출발점으로 삼아야 하는 것은 장원이다. 장원이 가장 중요하고 모든 것의 모체 역할을 했다는 잘못된 전제를 하려고 해서가 아니다. 단지 장원에 관한 고문서만이 우리가 망스와 관련된 중요한 현상을 이해할 수 있는 상당히 풍부한 증거자료를 남기고 있기 때문이다. 중세 초기의 '빌라' 속에서 망스의 기본 기능은 명백하다. 그것은 의무를 부과하는 단위 역할을 했다는 점이다. 실제로 부과조나 부역노동은 망스를 구성하는 여러 분할지들의 각각에 대해 부과된 것이 아니었다. 세대(世帶)나 가옥(家屋)별로 부과된 것은 더욱 아니었다. 영지명세장들에서 '망스화된'(amansée) 모든 토지, 즉 망스—우리가 뒤에서 보게 되는 바와 같이 그 크기가 조그마한 경우에는 하나의 망스를 이루지 못한다—는 하나의 의무수행 단위로만 간주되었다. 가끔 몇몇 세대의 가족이 망스라는 이름 아래 하나의 망스를 구성하는 밭뙈기들에서 공동으로 작업을 하기도 했다. 그렇지만 망스가 하나의 의무수행 단위라는 점에서는 하나의 망스를 여러 세대가 공동으로 보유하여 작업하더라도 별 상관이 없다. 언제나 망스별로 세금이 부과되었고, 그렇게 많은 금전과 곡물, 많은 닭 및 계란, 그리고 그토록 많은 일수(日數)의 부역노동 의무가 망스별로 부과되었던 것이다. 그 부담을 서로 어떻게 나눠 수행하느냐 하는 것은 하나의 망스를 함께 보유한 여러 농민들, 즉 '공동보유자들'(socii)의 문제였다. 공동보유자들이 망스에 부과되는 의무에 대해 연대책임을 졌음은 의문의 여지가 없다. 그들은 망스의 분할을 통해 이런 연대책임을 파기할 권리가 없었다. 장원에서 의무 부과의 기초단위였던 망스는 원칙적으로 분할할 수 없고 불변적인 것이었다. 혹시 망스의 분할이 허용된다고 하더라도, 반쪽 망스나 훨씬 더 드물게는 4분의 1쪽 망스 식의 단순한 분할이었으며, 그렇게 분할된 망스는 엄격하게 고정된 단위가 되었다.

같은 장원 안에서도 일반적으로 모든 망스가 똑같은 가치와 품등을 가진 것으로 생각되지 않았다. 망스는 대체로 의무가 서로 다른 몇 가지 종류로 구분되었다. 그와 반대로 같은 종류의 망스는 거의 똑같은 의무가 부과되었다. 망스의 종류를 구분하는 기준은 한결같지 않았다. 흔히 그 기준은 법적인 성격을 띠었으며, 무엇보다도 사람의 법적 신분을 기준으로 삼았다. 우리가 이미 본 바와 같이, 망스는 자유인망스(특히 콜로누스망스)와 노예망스로 구분되었으며, 그 밖에 때에 따라서는 반(半)자유인망스[반자유인(litus)은 게르만법상의 해방노예였다]라는 것도 있었다. 참고로 '소작료 납부'망스(mansus 'censilis')가 약간 있었다는 점도 부언해 두자. 이것은 계약에 의해 한시적으로 임대된 농민보유지라는 점에서, 순전히 관습적이고 실제에 있어 세습적인 앞의 세 종류의 망스와는 뚜렷하게 구분된다. 어떤 경우에는 망스가 그 보유자의 부역노동 수행방식상의 특징에 따라 구분되었다. 이를테면 '쟁기부역망스'(mansus caroperarius)나 '손부역망스'(mansus manoperarius)로 구분되었다. 사실 망스의 종류를 구분하는 이와 같은 두 가지 방식 간의 차이는 실제보다 더 명확했다. 주지하다시피 프랑크 시대에는 망스의 지위와 보유자의 신분이 완전히 일치하지 않았다. 예컨대 어떤 망스를 자유인이 보유하고 있다고 하더라도, 그 토지의 최초 보유자가 예전에 —아마도 아주 먼 옛날에— 노예였던 경우에는 여전히 노예망스라고 일컬어졌다. 그런데 최초의 토지보유에 대한 기억을 그토록 끈질기게 간직했던 것은 그것이 현재의 의무를 결정한다는 의식 때문이었다. 다시 말하면, 토지보유자의 의무가 관습에 의해 고정되어 있었기 때문에 그 의무는 현재 토지보유자의 신분보다도 훨씬 먼 옛날의 보유자의 신분에 의해 결정되었다. 이와 같이 여러 가지 지위를 지닌 망스는 그 이름이 어떠하든 간에 일상생활에서는 무엇보다 각 망스에 지워지는 의무에 의해 구별되었다. 손부역망스는 예전에는 노예망스였다. 영지명세장들에서 가끔 이 두 용어가 아무런 구별 없이 혼용되고 있다는 것이 그 증거다.[4] 점차 사람들은 망스 보유자의 실제 신분과 일치하지 않아 거치적거리는 전래의 이름을 버리고 보다 명확하고 실제적인 부가형용사로 망스의 종류를 표시하는 관행이 생겨났다. 그러나 토지보유자의 신분에 의한 분류가 농민보유지의 원초적 분류방식이었던 것으로 보인다는 점은 주목할 필요가 있다.

같은 장원 안에서도 망스는 당연히 종류에 따라 그 크기가 달랐다. 실제로 두 가지 주요 유형의 망스만을 두고 보면, 노예망스의 크기는 일반적으로 자유인망스보다 더 작다. 그와 반대로 같은 '빌라'에서 의무부과의 기본 단위인 망스가 같은 종류인 경우에 일반적으로 그 크기가 같았다는 것은 당연할 것이다. 실제로 그런 경우는 흔히 있었다. 이를테면 9세기에 갈리아 북부에 위치한 생베르탱

(Saint-Bertin)²의 영지에서 대부분의 망스가 그랬다. 망스의 크기는 지방에 따라 달랐던 것으로 보인다. 예컨대 1059년에 두 명의 저명인사가 소뮈르(Saumur)³의 생플로랑(Saint-Florent)⁴에 "그 인근 주민들의 망스와 같은 크기의" 망스를 7개 개간할 수 있는 임야를 기증했다.⁵⁾ 그러나 어떤 곳에서는 그와 반대로 망스 크기의 불균등성이 매우 심했다. 망스 크기에 아주 작은 차이가 나는 것은 사실 토지 비옥도의 차이 때문일지 모른다. 수확고가 같다고 해서 언제나 면적이 같음을 의미하는 것은 아니기 때문이다. 그러나 망스들 중에는 보통의 망스에 비해 두 배 내지 세 배나 큰 망스가 있는 등 그 크기에 큰 차이가 있었기 때문에 이런 설명은 받아들이기 어렵다. 분명히 '망스화된' 토지의 분양에서 일부 보유자는 득을 보고 일부는 손해를 보지 않을 수 없었음을 인정할 수밖에 없다. 망스 크기의 차이가 처음부터 존재한 것인지, 아니면 그 후의 변화과정에서 생긴 것인지는 알기가 매우 어렵다. 그렇기는 하지만 이런 크기의 차이가 9세기부터, 뒤에서 보게 되는 바와 같이 망스제도가 분명히 아주 일찍이 쇠퇴하기 시작했던 것으로 보이는 파리 주변지역에서 특별히 심했다는 점은 주목할 만하다. 한편 망스의 면적은 장원에 따라 달랐고 더 넓게는 지역에 따라 그 평균적 크기가 달랐다는 것은 매우 쉽게 이해될 수 있는 바다. 비교적 인구가 적었던 피카르디 지방과 플랑드르 지방에서는 망스가 9세기에 센강 유역에서보다 일

....

2 여기서 '생베르탱'이란 프랑스 북쪽 벨기에 국경선에 가까운 생토메르시에 있는 생베르탱 수도원을 가리킨다.
3 프랑스 중서부에 있는 멘에루아르도의 루아르강변에 위치.
4 생플로랑이라는 이름의 수도원을 지칭한다.

반적으로 더 넓었다. 그럼에도 불구하고 갈리아 전체적으로 볼 때는, 하나의 장원에 포함되어 있는 이런저런 유형의 농민보유지로서 망스의 수나 심지어 농민보유지 일반의 수를 이용하여 장원의 대체적 크기를 산출할 수 없을 정도로 망스 사이의 크기 차이가 심했던 것은 아니다. 우리는 기본적 토지보유 단위였던 이런 농민보유지의 크기를 대략 알 수 있다. 문제를 간단히 하기 위해 자유인망스에 국한하여 살펴보자. 비정상적 크기를 가진 몇몇 경우를 제외하면, 자유인망스의 크기는 5헥타르에서 30헥타르 사이다. 그 평균적 크기는 13헥타르 정도로, 이것은 우리가 예상할 수 있는 바와 같이 카롤링조의 법령에서 농촌 성직자의 소득을 크게 걱정하여 본당사목구의 각 교회에 주도록 규정한 표준형 망스의 최소 크기인 약 $16\frac{1}{2}$헥타르보다 약간 작은 크기다. 이런 모든 사실을 종합해서 볼 때, 다음과 같은 결론에 이르게 된다. 망스는 그 크기 면에서 오늘날 이른바 소농 또는 중농이라고 하는 것과 같았다. 그러나 구시대의 농업이 별로 집약적이지 못한 특성을 지니고 있었던 까닭에, 망스는 경제적으로 소농 규모이기는커녕 영세농 규모였다고 할 수 있다.[6]

　　대부분의 농민보유지는 망스로 되어 있었으나, 모든 농민보유지가 망스로 되어 있었던 것은 아니다. 다수의 장원에는 온갖 종류의 다양한 망스 외에도, 이런 망스로 분류될 수 없으면서도 부과조와 부역이 부과된 농민보유지들이 존재했다. 이들 농민보유지는 여러 가지 이름으로 불렸다. 즉 '호스피티움'(hospitium), '아콜라'(accola) 등으로 불렸고, 어떤 곳에서는 '세수스'(sessus)나 '라이시나'(laisina)로, 좀 더 시간이 지난 후에는 많은 지방에서 '보르드'(borde)나 '슈반'(chevanne)이라는 이름으로도 불렸다. 이들 비정상적 농민보유지는 언제나 망스보다 그 수가 훨씬 적었고 면적도 더 작았으며, 그들 사이의 크기도 매우 고르지 않았다. 그리고 이들 농민보유지에는 분명히 농민보유지의 분할불가 원칙이 적용되지 않았던 것으로 보인다. 종종 망스보유자(mansuarius)는 자신의 주 보유지에다 이들 비정상적 농민보유지 가운데 하나나 영주직영지에서 떼어 내진 땅뙈기 또는 황무지에서 개간된 땅을 추가로 취득하곤 했다. 그렇지만 비정상적인 이런 농민보유지는 여타의 토지를 보유하지 않은 사람들이 보유하는 경우가 더 많았다. 이런 농민보유지는 '빌라' 조직 안에서 부차적이고 비정상적인 구성요소였다. 그렇지만 비정상적으로 작은 이런 농민보유지는 영주의 토지분급을 통해서 또는 개간 등의 결과로 표준적 농민보유지를 구성할 만큼 충분히 확대되었던가? 그런 보유지를 표준적 농민보유지 수준으로 확대하는 것은 당연하게 생각되었던 듯하다. 표준적 농민보유지 수준으로 확대되면, 그 농민보유지로부터 부과조 수취가 보다 규칙적이고 용이해지며, 보유농민 자신도 틀림없이 표준적 농민보유지 보유자에게 인정된 방목지나 숲의 이용권 등과 같은 공동체적 권리들을 무제한으로 향유할 권리를 획득하게 된다. "우리는 아가르와 오리에 있는 땅을 그 후 완전한 의무를 이행할 수 있게끔 하나의 망스로 만들었다"라고 생제르맹데프레 수도원의 수도사들은 기록하고 있다. 어떤 경우에는 바로 이들 수도사가 어떤 사람에게 일시적으로 양도해 준 직영지의 일부 땅뙈기를 회수하여 다른 사람에게 양도해 준 토지와 합쳐서 반쪽 망스 하나를 만든 후에 제3자에게 분양해 주는 것을 볼 수 있다. 이런 변경은 말만으로는 안 될 것이다. 이런 변경에는 단호한 조처와 장원 당국의 결단이 필요했다.

이와 같이 망스는 무엇인가 의도적인 것, 심지어 인위적인 어떤 것을 내포하고 있었던 만큼 사실상 하나의 제도였다고 할 수 있다.

　망스의 가장 중요한 특성은 장원에서 의무부과의 단위 역할을 했다는 점이기 때문에, 망스를 장원 창출의 수단으로 삼고 싶은 유혹이 강했다. 이런 망스와 관련하여 더없이 단순한 설명은, 역사의 여명기에 어떤 촌락의 수장이 그의 지배 아래 있는 주민들에게 그다지 크기 차이가 나지 않는 단위로 된 토지를 나눠주고 그 토지를 분할해서는 안 된다고 선언했다고 상정하는 것일 것이다. 그렇지만 곰곰이 생각해 보면, 이런 가설은 몇 가지 문제를 안고 있다. 갈리아에 거주하는 사람들이 도대체 오로지 두 계급, 즉 절대권력을 가진 소수의 지배자와 미개간지 가운데 그래도 나눠주면 괜찮겠다고 생각되는 땅을 분급받으려고 열심인 다수의 순종적 노예로 구성된 적이 있었던가? 처음에는 영주가 그런 사람이 아니라 이러이러한 사람이라고 말하는 등 여러 가지로 반론을 제기할 수도 있겠으나, 이런 낭설을 오래도록 논박한다고 해서 무슨 소용이 있겠는가? 단 한 가지만 고찰해 보아도 이런 신화는 깨질 수 있다. 군역(軍役)에 관한 여러 가지 규정으로부터 우리는 카롤링 시대의 갈리아에서 재산이라고는 하나의 망스—심지어 하나의 반쪽 망스—밖에 갖지 못한 자유인들이 존재했음을 알고 있다. 그들은 농민보유지 보유자였을까? 그렇지 않았다. 어떤 상급 물권도 그들의 토지에 행사되지 않았음이 문헌사료로부터 분명하게 드러나기 때문이다. 그러면 그들 자유인은 영주였을까? 더더욱 아니었다. 영주였다고 한다면, 어떻게 하나의 망스로, 하물며 반쪽 망스로 망스의 경작자와 영주의 가족이 살아갈 수 있었겠는가? 이런 보통의 사람들은 귀족층의 지배 마수를 일시적으로 면한 농민적 소토지 소유자였다. 그들이 가지고 있는 토지가 농민보유지가 아니었음에도 불구하고 망스로 분류되었다는 것은 망스라는 이름이 영주에 대한 부담이라는 그 어떤 관념과도 무관한 농업경영 단위를 지칭했기 때문이다.

게다가 카롤링 국가는 망스라는 이런 토지보유의 기본단위를 군역을 부과하거나 세금을 매기는 등에 널리 이용했다. 샤를 대머리 왕으로부터 926년까지 카롤링왕조의 국왕들은 바이킹들이 약탈 행위를 중단하는 데 대한 대가로 요구하곤 했던 막대한 보상금을 지불하기 위해 일반방위세를 자주 징수했다. 정기적으로 귀족과 교회기관은 그들의 지배 아래 있는 망스의 수에 비례하여 세금을 부과받았다. 이때 과세기준이 된 것은 사실 오직 농민보유지로서의 망스뿐이었다. 그러나 시대를 더 거슬러 올라가 보자. 메로빙왕조는 로마의 토지세를 물려받았다. 그 왕조는 가끔 새로운 토지등기부를 작성하기도 했지만 대개는 예전의 토지등기부를 사용해서 오랫동안 토지세를 계속 징수했다. 그러나 이 무기는 오랫동안의 파손과정을 거친 후 마침내 관료제 국가의 운영이 서툴렀던 메로빙왕조의 손을 떠나 버렸다. 로마제국 후기의 토지세는 그 어떤 것보다 잘 알려지지 않은 제도이기는 하지만, 적어도 한 가지 특성만은 분명하게 보여준다. 토지세는 각기 대체로 농업경영 단위와 일치하는 작은 과세 단위—'카푸트'(caput),[5] '이우굼'(jugum)[6]—로 토지가 분할된 데 기초를 두고 있었다는 점이다. 물론 그 표현은 서로 다르지

....

5   원래의 뜻은 머리나 사람 또는 수장임.
6   원래는 멍에나 한 조의 역축을 뜻함.

만, 이들 과세 단위가 망스와 닮았음은 분명한 사실이다. 그러나 우리는 로마의 과세단위로서 공식적인 이들 이름 외에 일상어 속에서 지방의 언어 관행에 따라 달라지면서도 그 대부분을 우리가 모르는 다른 여러 이름이 있었음을 알고 있지 않은가?[7] 6세기 초부터 이탈리아에 존재했음이 입증되고 있는 '콘다미나'뿐만 아니라, 망스나 '팍투스'도 지방의 일상어에서 쓰인 그런 이름이었음을 어찌 생각할 수 없겠는가?

그렇지만 오해하지는 말자. 프랑크 시대의 '망스'가 로마 시대의 '카푸트'로부터 생겨났다고 생각하는 것은, 보다 정확하게 말해서 망스가 이름만 다를 뿐 바로 '카푸트'라고 생각하는 것은, 참고할 만한 토지대장이 없어 고심하던 프랑크제국의 몇몇 관리가 임의적으로 창안해 낸 것이라고 반드시 본다는 것은 아니다. 지금까지 나는 잠정적으로 불가피한 추상화를 통해 이 문제가 마치 프랑스적인 현상인 것처럼 다루어 왔다. 그러나 사실은 이 문제는 거의 전 유럽적인 것이었다. 그것은 또한 짐작되는 바와 같이 로마화된 사회에 고유한 현상도 아니었다. 오직 이탈리아만이 프랑크 시대의 갈리아의 토지보유 단위들과 모든 점에서 유사한 것들이 알려지고 더욱이 흔히 동일한 용어들로 표현되었던 유일한 곳은 아니다. 게르만계 나라들도 비슷한 양상을 보인다. 독일의 '후페'(Hufe), 영국의 '하이드'(hide), 덴마크의 '불'(bool) 등 모든 토착 단어들은 라틴어 번역서들에서 일반적으로 망스로 표현되고 있고, 이런 말들이 지칭하는 제도는 의무부과의 단위 —국가와 영주의 입장에서— 인 동시에 농업경영 단위로서 프랑스의 망스와 명백한 유사성을 보여준다. 도대체 누가 이런 유사성의 원인이 차용에 있다고 감히 말할 것인가? 우리는 미개한 게르만 왕국의 왕들이 로마의 세무 관서로부터 토지등기부상의 과세단위제도를 빌려 와서 그때까지 그것이 알려져 있지 않았던 광대한 영토에 그 사용을 강제로 확대했다고 생각할 것인가? 이들 왕국의 행정의 취약성에 대해 잘 알고 있는 우리로서는 이와 같은 생각을 받아들일 수 없다. 그와 반대로 우리는 망스나 후페를 잔인한 정복자들이 '로마제국 지역'(Romania)의 농촌에 시행한 게르만 특유의 고안물로 볼 것인가? 우리가 망스를 로마의 '카푸트'의 후속물로 인정하지 않는다고 할지라도, 게르만족의 대이동은 몇 가지 드문 예외를 제쳐두면 정복활동이었지 식민활동이 아니었다는 확실한 사실에 비춰 볼 때, 이와 같은 황당무계한 생각을 하는 것은 금물이다.

따라서 망스는 국가의 인위적인 조치보다도 더 심원하고 국가들이 역사상에 나타난 때보다 더 오래된 것임에 틀림없다. 로마사회나 프랑크왕국 사회의 조세제도와 장원제도는 망스를 이용했고, 그럼으로써 망스의 역사에 강력한 영향을 미쳤다. 망스의 기원은 다른 데 있다. 망스의 수수께끼는 다시 한 번 토지소유의 현실로, 그리고 천년 이상 된 여러 유형의 농업문명들로 돌아가 봄으로써만 풀릴 수 있다.

그러나 그렇게 하기 전에 대부분의 일상용어가, 특히 중세의 용어가 지니는 가변적 특성으로 말미암아 고심하는 가엾은 역사가들이 겪는 용어상의 난제들 가운데 하나를 해결하는 것이 선결과제다. 영주는 농민보유지 보유자들의 농장들과는 별개로 자신의 농장, 즉 직영지를 가지고 있었다. 카롤링 정부가 대토지소유자들에게 조세납부를 요구했을 때, 일반적으로 정부는 대토지소유자에게 종속되어 있는 표준적 농민보유지들에 비례해서 조세를 부과하는 데 그치지 않고 영주유보지에도 마찬가지로 과세했다. 그런데 영주유보지들 사이의 크기가 몹시 다름에도 불구하고 카롤링 정부는 순전히 의제(擬制)를 통해 영주유보지들을 일반적으로 똑같이 평가했다. 그 결과 영주 직영의 농장은 전혀 일정한 크기로 되어 있지 않았는데도 그 나름대로 과세단위로서의 틀이 잡혔다. 그런데 대체적으로 볼 때, 프랑크 시대의 망스는 과세의 기본단위 구실을 하는 하나의 농장이 아니라면 무엇이었겠는가? 영주유보지에 대한 과세가 면제된 영국에서는 영주유보지에 '하이드'라는 이름이 결코 붙지 않았다. 이와는 반대로 프랑크제국의 지배를 받던 지방들에서는 영주유보지에 '망스'나 '후페'라는 이름이 붙어 있다. 노예망스나 자유인망스와 구분하기 위해서 '만수스 인도미니카투스'라는 말을 쓰는 습관이 생겨났다(그렇지만 이런 습관은 아주 빨리—11세기 무렵에—사라졌던 것으로 보인다). 그러나 진정한 의미의 망스는 그런 것이 아니었다. 진정한 망스는 농민보유지 보유자나 자유로운 소농이 가지고 있는 망스였다. 그것은 집, 농토, 공동체적 권리에 대한 지분으로 구성된 농촌의 기본단위였다. 그것은 원칙적으로 완벽한 안정성을 지니고 있었다. 그리고 진정한 의미의 망스는 어떤 사람이 완전한 망스나 반쪽 망스 또는 4분의 1쪽 망스를 하나 가지고 있다고 일컬어질 때, 농촌집단 속에서 그의 위치가 당대인들의 눈에 즉각 아주 분명하게 드러나 보일 정도의 크기를 가진 것이었다.

그런데 이런 망스는 그 구체적 모습에서는 경지제도에 따라 아주 상이한 양상을 띠었다.

토지가 세분되어 흩어져 있고 주거지가 집촌 형태를 띤 지방에서는—특히 개방적이고 길쭉한 경지가 발달한 지역에서는— 망스가 거의 언제나 단 하나의 땅뙈기로 되어 있지 않았다. 집들은 다른 많은 집들과 함께 한 마을에 모여 있었으며, 매우 흩어져 있었던 분할지들은 여타 망스보유자들의 분할지들과 함께 서로 가지런히 같은 경구 안에 길게 뻗어 있었다. 그럼에도 불구하고 이들 망스의 각각은 순전히 의제적(擬制的)이기는 하지만 일정했으며, 서로 간에 불균등하다고 할지라도 분명히 서로 견줄 만한 비슷한 크기로 되어 있었다. 앞에서 경지제도에 대해 고찰해 본 결과, 다소 치밀하지 않기는 했으나 일종의 종합적인 계획 아래서 토지점취가 연속적으로 이루어진 것으로 생각하지 않을 수 없었다. 계획적 토지점취가 수장이나 영주에 의해서 강제로 실시되었는지, 아니면 그와 반대로 공동체에 의해 자유롭게 이뤄졌는지는 선사시대 역사의 불가사의다. 요컨대 촌락과 그에 딸린 농토들은 큰 집단, 즉 오직 추측일 따름이지만 어쩌면 부족이나 씨족의 산물이었을지 모르는 데 비해, 망스는 그보다 작은 크기의 하위집단에게 할당된 몫—촌락의 창설 때부터 할당된 것인지 보다 뒤에 할당된 것인지는 알 수 없다—이다. 망스가 그 껍데기를 이루는 이 하위 집단은 무엇이었을까? 그것은 공동의 조상을 회상하며 이야기할 수 있는 몇 세대(世代)로만 구성된다는 의미에서 씨족과 구분되는 가족일 가능성이 매우 높다. 그러나 그 가족은 여러 방계부부를 포함할 정도로 큰 여전히 가부장적 유형의 가족일 것이다. 영국에서 '하이드'란 말의 라틴어 동의어는 'terra unius familiae'[7]이며, 십중팔구 그 말 자체의 출처는 가

....

7   한 가족의 토지라는 뜻.

족을 의미하던 게르만어의 오래된 단어일 것이다.

우리가 영원히 그 자세한 내용을 알지 못할 사정 때문에 가끔 크기가 불균등하기는 했지만 동일한 방식으로 경영되었던 할당지들은 이와 같이 형성되었으나, 촌락권역의 토지 전체가 이런 할당지들로 구성되었던 것은 아니다. 촌락의 수장이 있었다면, 그의 할당지는 틀림없이 더 컸을 것이다. 사회계층 사다리의 다른 끝에서 주요 가문들에 비해 낮은 지위를 가진 잡다한 점취자들―그들 가운데 일부는 어쩌면 보다 늦게 도래했을지 모른다―은 완전한 권리를 가진 점취자들보다 더 작은 할당지를 받았다. 이런 것이 '호스피티움'이었다. 이와 관련하여 이탈리아에서 나타난 사실들을 통해서 판단하건대, 특히 '아콜라'는 소규모의 개간자들이 촌락집단의 허가를 받아 늦게 공유지의 일부를 개간한 땅뙈기였음에 틀림없다.

이와 같은 것이 후에 국가가 그들의 토지등기부의 기초로 삼으면 편리하겠다고 생각한 먼 옛날의 제도였다. 영주들 역시 그들의 지배권이 촌락들에 미침에 따라 그들의 목적을 위해 이런 제도를 이용했다. 영주들은 그들의 직영지를 분할하게 되었을 때, 자신들의 외거노예들을 위해 완전한 형태의 망스들을 창출했다. 그런데 그 총수가 자유인망스보다 훨씬 적었던 이런 노예망스는 자유인망스를 본보기로 하여 창출되었을 가능성이 매우 높다. 마찬가지로 진취적인 영주들이 완전히 새로운 정착지를 건설하여 영지를 만들 때도 그 전의 망스를 모범으로 삼아 농민보유지들을 창출했다.

현존 문헌사료와 더욱이 오늘날의 연구상황으로 볼 때, 개방적이고 불규칙한 경지제가 실시된 지방에서 망스의 실태가 어떠했는지를 정확하게 파악하기는 어렵다. 고작 일부 사료를 통해 우리는 이들 지방의 망스가, 반드시 언제나 그랬던 것은 아니었겠지만 때때로 단 하나의 땅뙈기로 되어 있었다고 추측할 수 있을 뿐이다.[8] 그와 반대로 울타리가 쳐진 경지제가 실시된 지방들의 대부분에서는 망스의 실상이 명확하며 기다란 경지제도가 실시된 지방과 아주 뚜렷한 대조를 이루었다.

울타리 쳐진 경지제 실시 지방에서도 망스라고 하는 것은 곧 작은 인간집단—십중팔구 가족일 것이다—의 농장을 의미한다. 그러나 여기서 농장이라고 하는 것은 광대한 들판 가운데 산재해 있는 밭들로 구성되는—여기에다 공동체의 권리들에 대한 지분이 추가된다— 순전히 법적 의미의 실체가 아니다. 농장은 단 하나의 땅뙈기로 되어 있고 자립적이다. 이런 울타리 쳐진 경지제 실시 지역에서 나온 고문서에서 '망스'는 보통 4개의 인접지—기다란 경지제가 실시된 지방에서는 망스가 거의 언제나 그렇게 표시되지 않는다—로 표시되고 있다. 이렇게 표시되고 있다는 것은 망스가 완전히 하나의 땅뙈기로 구성되어 있었다는 명백한 증거다.

이런 내력을 가진 망스의 변천과정을 다른 어떤 곳보다 추적하기가 쉬운 리무쟁 지방에서는 카롤링 시대의 망스로부터 거의 언제나 그 후에 작은 산촌(散村)이 탄생했다. 이런 작은 산촌은 중세 초기부터 이미 그 자체의 이름을 가지고 있었으며, 오늘날까지도 그 이름이 남아 있는 경우가 있다. 626년 6월 20일의 재산분할 문서에서 언급되고 있는 베르디나와 루데르사에 있는 2개의 망스는 오늘날 크뢰즈(Creuse)[8]의 작은 코뮌의 두 벽촌이다.[9] 토지가 척박하고

....

8   중앙산악지대의 북서부에 있는 크뢰즈도(道)를 말한다.

인구가 희박한 고장들에서는 가족이라는 세포가 다른 집단들과 뒤섞여 거주하지 않고 떨어져 살았다(그림 5-1).

§

두 종류의 망스 사이의 대조적 차이—하나는 여러 땅뙈기로 구성되어 있는 데 비해 다른 하나는 단 하나의 땅뙈기로 구성되어 있다—는 상반된 운명으로 나타났다.

울타리 쳐진 경지제 실시 지방을 제외하고는 중세 초부터 벌써 망스가 본격적 해체 단계에 들어섰던 것으로 보인다. 망스는 더 이상 분할불가한 것이 되지 못했다. 이런 현상은 망스가 사실상 망스로서 존재하기를 그쳤음을 의미한다. 어디서나 양도나 그 밖의 과정을 통해 망스는 조각이 났다. 이런 분할 현상은 어쩌면 6세기부터 생겨났는지 모른다. 우리는 당시에 투르의 그레고르가 "소유토지의 분할"이 토지세의 징수를 어렵게 한다고 말하는 것을 보게 된다. 아무튼 샤를 대머리 왕 시대부터는 이미 그랬다. 864년 6월 25일자로 된 이 왕의 한 칙령에는 콜로누스들이 집만 남기고 망스의 토지를 파는 관행이 있다는 불평이 나타난다. 만약 콜로누스들이 주택과 농토를 포함한 망스를 통째로 양도했다고 한다면, 분명히 그들에 대해 불평할 생각을 하지 않았을 것이다. 폐단은 장원의 "파괴"와 "혼란"을 초래한 망스의 분해에서 기인했기 때문이다. 망스의 분해로 부과조의 정상적 징수가 불가능하게 되었던 것이다. 이런 난맥상을 해결하기 위해서는 영주의 동의 없이 분할·훼손된 망스가 완전히 복구되도록 조치해야 했을 것이다. 그러나 그런 노력도 소

그림 5-1 리무쟁과 마르슈 지방의 농민보유지(르 샤탱)

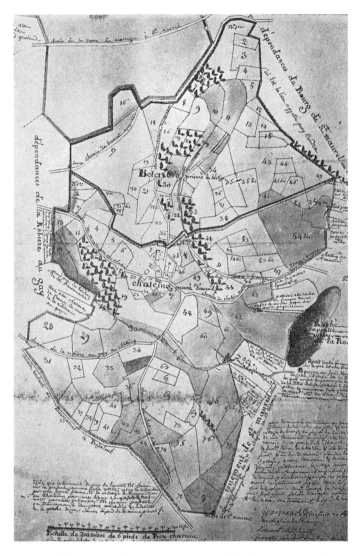

1777년 르 샤탱의 "마을과 농민보유지(mas) 및 인접토지의 지적도"와 벨라르브르(크뢰즈도 생모레이 코뮌)의 인접토지 지적도.

"카스탱이라고 불린 망스"는 1100년경에 처음으로 문헌기록에 나타난다(*Bullet. soc. archéologique du Limousin*, 제XLVIII권, no. CXLV로 출간된 *Cartulaire d'Aureil*).

용없었다. 거의 같은 시기에 파리지의 한 '빌라'에서 12개의 자유인 망스를 공유한 32명의 보유자들 가운데 11명이 이 장원의 바깥에 거주했다.[10] 망스의 이런 분해와 그에 따라 '망스화'되지 않은 농민 보유지의 증가가 866년에 정부가 그때까지 대수롭지 않은 것으로 생각했던 '호스피티움'에 처음으로 과세하려고 애쓰게 된 이유였다. 이미 그 전에 망스가 아니라 세대(世帶, 'casata')를 기준으로 해서 일부의 조세를 징수하려는 시도가 얼마간 행해지기도 했다.[11]

망스는 11세기부터 분할이 심해져서 점차 사라지게 되었다. 물론 그 소멸시기는 지방과 고장에 따라 달랐다. 보다 자세한 연구가 이루어지면, 곳에 따른 이런 차이가 보다 분명하게 밝혀질 것이다. 앙주에서는 1040년에도 여전히 망스와 보르드[9]가 분명하게 구별되었다. 루시용 지방에서도 12세기에―이즈음에는 이런 차이의 의미가 명확하게 이해된 것 같지는 않지만― 마찬가지로 구별되었다. 1135년에 파리지에 있는 빌뇌브르루아에서는 반쪽 망스가 언급된다. 1158년에 에노 지방에 있는 프리슈에서, 그리고 1162년과 1190년 사이에 파리 남쪽에 있는 리모주 및 푸르슈에서는 부과조가 망스나 반쪽 망스별로 부과되었다. 1234년에 오를레아네의 부종빌과 부이에서는 '마수레'(여기서 이 말은 농토를 포함하는 농장 전체를 지칭한다. 따라서 망스와 동의어다)를 공동보유하는 경우를 제외하고는 일정한 크기의 땅뙈기 이하(5분의 1까지)로 분할하는 것이 금지되었다. 부르고뉴 지방의 스뷔르 성주령에서는 15세기 말에 다소 불분

....

9   앞에서 본 바와 같이 정상적 농민보유지보다 그 수가 훨씬 적고, 그 크기도 작은 농민보유지를 말한다.

명하기는 하지만 '멕스'는 분할될 수 없다는 전통이 유지되었다.[12] 그러나 이와 같은 경우들은 당시에는 물론이고 오래전부터 예외적이었다. 곧 이제는 그런 경우를 볼 수 없게 된다. 그 후로—대체로 12세기부터—지대가 부과된 대상은 각각의 개별 분할지였고, 가금에 대한 부과조는 가호(家戶)별로 매겨졌으며, 부역노동은 사람이나 세대(世帶)별로 부과되었다. 동시에 이제는 농민보유지의 크기가 일정하지 않았고 농민보유지들 사이에 균형 잡힌 관계도 사라졌다. 농민보유지들은 양도의 경우에 영주의 동의를 받기만 하면 보유자의 마음대로 확대되기도 하고 분할되기도 했으며, 영주가 거절하는 경우도 점점 드물어졌다.

그 이름이 무엇이건 간에 유럽의 거의 어디에서나 본래의 토지보유 단위는 그렇게 해서 점차 와해되었다. 그러나 영국과 독일에서는 프랑스의 개방경지제 실시 지방들에서보다 훨씬 완만하게 해체되었다. 13세기에도 여전히 자주 언급되고 있던 영국의 '하이드'는 마침내 사라지는 시점에서도, '버게이트'(virgate, '하이드'의 4분의 1)나 '보베이트'(bovate, '하이드'의 8분의 1)와 같은 정규적이고 고정된 농민보유지제도를 남겼다. 독일에서도 역시 '후페'는 13세기부터 사라지기는 했으나—이보다 더 늦게 사라지는 경우도 자주 있었다—, 많은 곳에서 크기가 보다 불균등한 농민보유지들로 대체되었다. 그러나 이들 농민보유지 역시 한 사람의 권리승계자에게만 그 상속을 보장하는 상속법—가끔 오늘날까지 시행되고 있다—의 영향으로 분할불가한 것이 되었다. 프랑스에서는 이와 같은 농민보유지에 대한 분할 금지령이 거의 시행되지 않았다. 다만 분할 금지령은 막내아들에게 가장 유리하게 작용한 브르타뉴 지방의 일부 장원들에서만 예외적으로 시행되었다.[13] 요컨대 프랑스의 대부분 지방에서 장원과 농촌공동체는 12세기부터 더 이상 규칙적이고 안정된 구획으로 나뉜 질서정연한 조직이 전혀 아니었다. 일반적인 견지에서 볼 때, 다양한 이름으로 불렸던 망스는 유럽적 제도였다. 그러나 그것이 뒤에 흔적을 남기지 않고 일찍 사라진 것은 프랑스 특유의 현상이다.

틀림없이 이런 변화는 사회생활의 심층부와 관련된 요인들을 통해서만 설명될 수 있다. 우리는 중세 가족의 역사에 대해 잘 모른다. 아니 너무도 모른다. 그렇지만 중세 초 이후 가족의 완만한 변화과정에 대해서는 어렴풋하게나마 알고 있다. 혈연으로 맺어진 인간집단, 즉 친족은 여전히 매우 강력한 영향을 미쳤다. 그러나 혈족의 범위는 매우 모호해졌으며 그 구성원들에게 지워지던 의무들도 법적 강제에서 단순한 도덕적 강제 내지 거의 관습적인 강제로 바뀌는 경향을 띠었다. 친족 간 피의 복수는 여전히 여론에 의해 받아들이지 않으면 안 되는 의무이기는 했으나, 적극적이든 소극적이든 형사상의 연대책임에 관한 그 어떤 엄격한 규정도 존재하지 않았다. 부자간이나 형제간에, 심지어 사촌 간에 토지를 공동으로 보유하는 관습은 공고히 유지되었다. 그러나 이것은 사실은 관행에 지나지 않았을 뿐이다. 법률과 관습은 개인적 토지보유권을 완전히 인정했으며 친족은 토지가 양도되는 경우에 선매권(先買權)을 갖는 것 외에는 기존의 다른 권리를 가지지 못했기 때문이다. 그 범위가 불분명해지고 이제는 강력한 법적인 압력을 행사하지도 못하게 된 친족집단은 당연히 해체되기가 훨씬 쉬워졌다.

공동생활의 중심은 견고한 가부장적 대가족에서 생존한 부부의 자녀들로 구성된 부부가족으로 대체되는 경향이 있었다. 그와 동시에 오래된 가부장적 가족으로 된 엄격한 토지보유의 기본 틀이 붕괴되었다고 해서 놀라울 것이 뭐가 있겠는가? 카롤링 시대부터 이미 프랑스의 망스는, 독자적 세대를 구성하고 어쩌면 영주가 부과하는 의무상의 연대책임 외에는 다른 관계를 갖지 않는 여러 세대가 공동보유하는 경우가 자주 있었다. 이를테면 생제르맹데프레 수도원의 영지에 속하는 부아시 장원에서는 81개의 망스를 무려 182세대가 보유했다. 이런 현상은 망스제도가 그 내부로부터 해체되고 있다는 방증이다. 그러나 카롤링 시대에는 망스가 정부와 영주권력 양쪽의 보호 덕분에 분할할 수 없는 단위로 그럭저럭 유지되었다. 그런데 프랑스에서는 일찍이 이런 보호세력 가운데 전자가 없어졌다. 영국에서는 '하이드'에 토대를 둔 조세제도가 족히 12세기까지는 존속하여 '하이드'제도의 지속에 기여했음에 틀림없는 데 반해, 갈리아에서는 국가의 그 어떤 과세 노력도 10세기 초에 중단되었다. 영주와 관련해서는, 역시 프랑스 특유의 현상인 부역노동의 축소 결과로 10세기에서 12세기 사이에 일어났던 농업경영 방식상의 결정적 변화가 영주들이 의무부과의 오래된 단위가 사라지도록 방관한 원인이었다. 의무의 내용 자체가 변한 이상, 의무부과의 단위인 망스에 왜 집착했겠는가? 예전의 영지명세장들은 시대에 뒤떨어진 조항들로 가득 차 있고, 11세기 말경에 샤르트르 소재 생페르 (Saint-Père)[10]의 영지명세장을 필사하고 요약했던 수도사가 고백하듯이 명세장들에 쓰인 용어들은 거의 이해하기 어려운 것들로 되어

....

10   여기서 '생페르'란 생페르 수도원을 가리킨다.

있었다. 그래서 이들 영지명세장은 더 이상 참조되지 않았으며, 따라서 과거의 규범을 영속화하는 데 기여할 수 없었다.

우리가 고찰할 수 있는 한, 매우 중요하면서도 약간 수수께끼 같은 여러 가지 현상은 가족이 보다 작고 변하기 쉬운 크기로 축소되고, 국가의 조세제도가 철저히 붕괴되며, 장원이 내부적으로 완전히 변화한 것이다. 바로 이와 같은 현상들이 9세기의 토지대장은 망스에 기준을 두고 작성되었던 데 비해 13세기나 18세기의 토지대장은 밭이나 세대를 기준으로 하여 작성되었다는, 겉보기에는 그다지도 하찮아 보이는 사실의 배경을 이루고 있는 것이다.

어쨌든 이와 같은 사태는 망스가 산재된 여러 밭뙈기들로 구성되어 있어서 토지에 명확한 자취를 남기지 않은 곳에서 일어났다. 이런 종류의 토지보유 단위에서는 보유자가 임의로 처분할 어떤 가능성이 존재했으며, 따라서 망스가 분해되기 쉬웠다. 이와는 달리, 망스가 단 하나의 땅뙈기로 되어 있었던 울타리 쳐진 경지제 실시 지방에서는 망스가 별개의 여러 농장들로 분할되더라도 반드시 망스가 소멸하는 것은 아니었다. 그 실례를 우리는 리무쟁 지방에서 분명히 볼 수 있다. 그곳에서 부부가족들은 모두 또는 거의 다각기 집을 지어 살고 제 몫의 토지를 할당받았다. 따라서 시골 들판에 외따로 자리하고 있었던 카롤링 시대의 망스에 뒤이어, 마찬가지로 외딴 작은 산촌(散村)이 형성되었다. 집촌 형태의 취락이 역시 존재하지 않았던 노르웨이에서도 이와 마찬가지로 가부장적인 고래의 가족공동체들이 분산됨으로써 조상 전래의 넓은 농장—'아테가르'(aettegaard)—이 몇몇 독립적 농가들로 자주 분해되었다.[14] 그런데 리무쟁 지방의 작은 산촌(散村)은 근대에 이르기까지 오랜 세월 동안 계속해서 '마스'라는 옛 이름으로 불렸다. 장원의 경영이라는 견지에서는 이 '마스'는 계속해서 유지될 필요가 있었다. '마스'에 부과되는 의무에 대해 그 보유자들이 연대책임을 지고 있었기 때문이다(그림 5-1 참조). 마찬가지로 랑그도크의 산악지역에는 거의 오늘날에 이르기까지 '공동보유자들'(parsonniers)[11]이 여러 세기 동안 끈질기게 토지를 공동으로 보유한 작은 산촌(散村)인 '마스' 또는 '마자데스'(mazades)가 존재했다. 그렇지만 거기에서도 망스가 해체되었다. 18세기에는 '마자데스'의 공동보유는 일반적으로 황무지와 숲에 국한되었던 것으로 보인다. 농경지는 분할되었다. 그리고 상층부에서는 연대감이 유지되었음에도 불구하고 리무쟁 지방의 '마스'에서 실질적 경제단위는 그 후 좁은 의미의 가족이었다.[15]

§

가족공동체는 거의 도처에서 사실상 망스로부터 단순한 세대(世帶)로 이행했다. 가족공동체는 일반적으로 성문화된 규약이 없이 성립했기 때문에, 흔히 '테지블'[taisible, 즉 묵계(黙契)의] 공동체(communauté taisible)[12]라고 불렸다. 또한 형제 집단을 뜻하는 '프

....

11 'parsonnier'란 단어는 대규모의 가족공동체 내에서 토지를 공동보유하고 지대지불 등의 의무를 공동으로 이행할 책임을 지닌 부부가족의 가장(家長)을 가리킨다.

12 묵계의 공동체(communauté taisible)라고 불린 가족공동체는 핵가족이든 확대가족이든 가족의 크기나 형태에 관계없이 가정생활에서 일반적으로 개인적 소유의 부재 속에 단순히 공동생활을 한다는 일반적 의미의 가족공동체가 아니다. 그것은 무정부 상태의 봉건사회가 대체로 농민들에게 유리한 해체과정을 밟기 시작하는 13세기 말경에

레르슈'(freresche)라고도 자주 불렸다. 자녀들은—심지어 결혼한 자녀들까지도— 부모의 곁에 머물러 살았으며, 부모가 사망한 후에도 계속해서 "한솥밥을 먹으며" 함께 모여 살고 공동으로 노동하고 소유하는 경우가 자주 있었다. 이따금 몇몇 친구가 의형제 계약(affrairement)을 맺어 가족공동체에 합류하기도 했다.[16] 여러 세대(世代)가 한 지붕 아래서 살았다. 예컨대 1484년에 삼부회에서 한 대표가 인용한 사례에 의하면, 비록 이례적으로 밀집해 사는 경우이기는 했지만 캉 지방의 어떤 한 집에는 10쌍의 부부와 70명의 사람이 살았다.[17] 이런 공동체적 관습은 아주 널리 퍼져 있어서 프랑스 농노제의 기본제도들 가운데 하나인 재산상속 불능은 마침내 이에 토대를 두게 되었다. 거꾸로 재산상속 불능 규정에 대한 관념 자체가 농노가족의 토지 공동보유를 조장하는 데 기여하기도 했다.

....

프랑스의 일부 지역에서 형성되기 시작하여 백년전쟁 후 묵정밭과 황무지 개간을 위해 15~16세기에 크게 발전한 독특한 대가족 중심의 공동체적 농업경영 방식이다. 조부모와 자녀 및 결혼한 형제 등 여러 세대가 수십 명씩 한 지붕 아래 모여 한솥밥을 먹고 살았으며, 토지를 비롯한 재산은 농민가족 전체 구성원의 공유였고 노동과 소비도 공동으로 이루어졌다. 대규모의 가족공동체를 구성하게 된 요인으로는, 이 책에서 마르크 블로크가 지적하는 농노의 재산상속 불능과 세금의 가구별 징수 외에도, 농사일의 특성상 많은 일손이 필요했다는 점을 들 수 있다. 그러나 가족관계가 엄격한 위계적 질서 속에서 권위적으로 다스려졌던 것은 아니지만, 우수한 자질과 덕망을 갖춘 구성원이 가장이 되어 가족공동체의 중요사항을 결정하고 나날의 일거리를 배정하며 대외적으로 가족공동체를 대표했다. '묵계'의 공동체란, 글을 읽고 쓸 줄 모르는 농민들이 공증인이 작성한 계약서에 의하지 않고 암묵적 합의에 의해 구성한 가족공동체였기 때문에 붙여진 말이다. 이런 까닭으로 묵계의 공동체에 관한 문헌기록은 드물다. 그러나 인쇄술과 지식이 확산되고 상업자본주의가 발전하는 16~17세기의 중앙집권적 절대주의체제 아래서 문서화된 계약이 법적으로 강제되고 유행함에 따라 17세기 무렵에는 묵계의 공동체 가운데 상당수가 사라진다. 그러나 묵계의 공동체는 블로크가 뒤에서 지적하듯이 산촌(散村)이 발달한 지방에서는 프랑스 대혁명 직전까지도 존속한다.

가족공동체가 해체되기라도 한다면, 토지가 영주에게 귀속될 위험성이 훨씬 컸기 때문이다. 세금이 세대(世帶)별로 징수되는 곳에서는 세금에 대한 두려움이 비슷한 효과를 낳았다. 따로 떨어져 사는 세대가 증가함에 따라 세금의 부과액이 증대했기 때문이다. 그렇지만 이들 작은 집단이 강인한 생명력을 가졌다고 할지라도, 강제적이거나 고정불변적인 점이라곤 전혀 없었다. 다른 사람들보다 독립적인 기질이 비교적 강했던 사람들은 끊임없이 이 소집단으로부터 떨어져 나왔고, 그럴 때 토지도 떼어 나왔다. 이들이 "식탁에서 내쫓긴" 중세의 "포리스 파밀리알리"(foris familiali)[13]이다. 이것은 형벌이기도 했지만, 많은 경우에는 자발적 행위였다. 벌통 속의 꿀벌떼는 결국 여러 무리로 분봉하는 때가 도래하기 마련이다. '묵계의' 공동체는 농민보유지의 분할불가 원칙을 법적으로 보장하는 장치를 갖지는 못했던 것이다.

'묵계의' 공동체는 이제 관습이 잊히듯이 서서히, 그리고 지방에 따라 매우 다양한 시기에 사라졌다. 파리 주변에서는 묵계의 공동체가 16세기 이전부터 거의 기능을 발휘하지 못했던 것으로 보인다. 반면에 베리, 멘, 리무쟁, 및 푸아투 전역에서는 그런 공동체가 프랑스 대혁명 직전에도 여전히 기능을 발휘하고 있었다. 이런 대조적 차이를 규명하는 종합적 연구가 이루어진다면, 잘 알려지지 않았지만 매우 흥미로운 연구주제인 프랑스 사회구조의 지역별 다양성이 아주 잘 해명될 수 있을 것이다. 당장 눈에 띄는 한 가지 사실은 망스처럼 가족공동체는 산촌(散村)형 취락이 발달한 지방에서 유달

....

13   원래 문자 그대로는 '가족의 바깥에 놓여 있다'는 뜻임.

리 끈질기게 유지되었다는 점이다. 중앙산악지대 부근에 있는 푸아투 지방에서 18세기에 작성된 영주들의 몇몇 지적도는 토지가 '프레르슈'로 분할되고 있음을 보여준다.[18] 이들 '프레르슈' 가운데 일부는 분해되면서 리무쟁 지방의 '마스'처럼 작은 산촌(散村)들을 탄생시켰다(그림 5-2). 왜냐하면 도처에서 이들 아주 오래된 공동체의 해체는 가구(家口)의 수를 증가시키는 결과를 가져왔고 그 후로는 부부마다 자신의 집을 가지기를 원했기 때문이다.[19] 큰 집촌이 존재하지 않았던 지방들에서 가족보유지는 가끔 오늘날까지도 잔존하기도 한다. 외젠 르루아(Eugène Leroy, 1836~1907)[14]와 앙드레 샹송(André Chamson, 1900~1983)[15]의 소설 속에 각각 등장하는 아그라페이가(家)와 아르날가가 각각 페리고르 사람들과 세벤(Cevennes)[16] 사람들이라는 것은 우연한 일이 아니다.

....

14   사회주의적·공화주의적 사상을 지닌 작가. 페리고르 지방 출신으로 군인과 세무관리 생활을 한 후, 말년에는 그가 태어나고 살았던 농촌사회에 대한 예리한 관찰자로서 향토색 짙은 소설을 다수 썼다. 이런 작품으로는 공화주의자인 방앗간 주인을 주인공으로 삼아 제2제정하의 농촌생활을 찬미한 『프로의 방앗간』(Le Moulin du Frau, 1895), 왕정복고 시대에 페리고르의 농민들을 반란으로 몰고 간 영주의 압제를 비판한 『농부 자쿠』(Jacquou le Croquant, 1899) 등의 작품이 있다.

15   프랑스 남부 세벤 출신의 역사가이자 정치색 강한 소설을 많이 쓴 뛰어난 현실 참여적 소설가. 그의 소설에는 그의 고향 세벤에 대한 애정과 위그노였던 그의 조상의 불행에 대한 기억이 배어 있다. 일찍이 마르크 블로크가 살아 있는 동안에도 『빨강 머리의 산적』(Roux le bandit, 1925), 『거리의 사람들』(Les Hommes de la route, 1927), 『타뷔스의 역사』(Histoires de Tabusse, 1928), 『유산』(Héritages, 1932) 등의 소설이 출판되었으며, 제2차 세계대전 이후에도 『눈과 꽃』(La neige et la fleur, 1951) 등 다수의 소설이 출간되었다.

16   프랑스 중남부에 있는 산악지방. 중앙산악지대의 일부를 이루며, 오늘날 가르, 로제르, 아르데슈, 오트루아르도들의 일부를 포함한다. 세벤산맥은 남서쪽에서 북동쪽으로 뻗어 있으며, 루아르강, 알리에강 등 여러 강들의 발원지이다. 험한 산악지역이어서, 루이 14세의 낭트칙령 폐기 후에는 많은 위그노가 도피해 들어가 오랫동안 신교도 공동체들을 이루어 산 것으로 잘 알려져 있다.

그림 5-2 하나의 작은 산촌을 탄생시킨 중부지방의 묵계의 공동체(라 보드리에르)

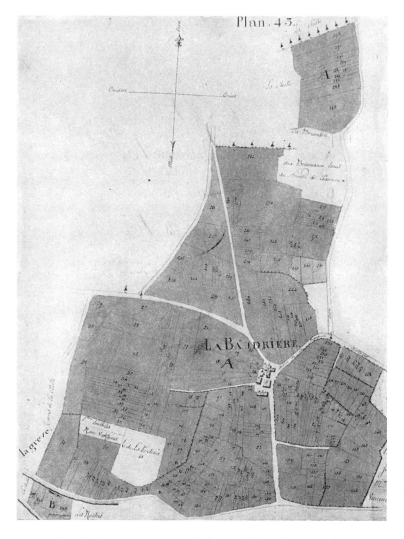

1789년 라 보드리에르[오늘날 비엔도(道) 스코르베클레르보 코뮌의 벽촌]의 '묵계의 공동체'(frérèche)에 관한 지적도.

A로 표시된 부분의 토지는 라 보드리에르라는 묵계의 공동체의 것인데 비해, 지적도 아래에 B로 표시된 부분은 어떤 이웃 묵계의 공동체, 즉 라 보데라는 묵계의 공동체의 것이다.

개방경지제가 실시된 지방으로 되돌아가 보자. 그런 곳에서는 이들 공동체적 집단의 존속과 그 뒤의 소멸이 경지구조 자체에 큰 영향을 미쳤다. 18세기에서 20세기에 이르기까지 경제학자들은 토지 분할이 농업경영에 재앙이었다는 불평을 수없이 많이 했다. 이런 불평에는 19세기 이래로 일반적으로 나폴레옹 법전, 즉 민법전 (le Code Civil)[17]에 대한 통렬한 비난이 수반되었다. 이 민법전은 실제로 균분상속을 규정함으로써 모든 악의 근원이 되지 않았던가? 상속인들이 분할지들을 세분하지 않고 통째로 나눠 가지기만 했더라면, 그래도 문제의 심각성은 덜했을 것이다. 그러나 균등을 갈구하는 각 상속인은 밭뙈기마다 조금씩의 토지를 요구했을 것이고, 그렇게 되면 토지의 세분화는 끝없이 계속되었을 것이다. 토지 분할이 프랑스에서 참으로 합리적 농업의 진보가 봉착한 심각한 난관, 곧 가장 위험스런 장애물들 가운데 하나라는 데 대해서는 이론이 없다. 그러나 토지 분할이 오로지 상속인들이 토지를 나눠 갖는 데서만 유래한다는 것은 물론 아니다. 토지 분할은 토지의 점취가 행해지던 바로 그 단계에까지 거슬러 올라가며, 어쩌면 신석기시대

....

17 나폴레옹이 4명의 편찬위원에게 기초하게 하여 1804년에 공포한 프랑스 민법전. 민법, 상법, 형법, 민사소송법, 형사소송법 등 5개의 법전으로 구성되어 있으나, 그 가운데서도 민법전을 주로 가리킨다. '나폴레옹 법전'이라고도 한다. 그렇지만 '나폴레옹 법전'이라는 명칭은 오늘날까지도 폐기되지 않고 쓰이고 있으나, 19세기 말경부터 '민법전'이란 명칭이 공식으로 사용되어 왔으며 현재도 이 명칭을 쓰는 것이 보통이다. 이 민법전은 북부 프랑스의 게르만 관습법과 남부 프랑스의 로마 성문법을 종합·통일하여 만들어졌다. 법전에는 개인의 자유와 법 앞에서의 만인평등, 소유권의 절대성, 계약의 자유, 과실(過失) 책임주의, 가족제도의 개인주의화 등 근대시민법의 기본적 원리가 엄밀·정확하고 간결·명료하게 표현되고 체계화되어 있어, 근대 각국 민법전의 모범이 되었다. 그 제정으로부터 오늘날에 이르기까지 많은 입법을 통해 수정과 판례법으로 보충되어 왔으나, 법전 그 자체는 오늘날에도 살아 있다.

의 농민들이 토지 분할에 책임이 있는 최초의 사람들인지도 모른다. 그렇지만 상속인들 사이의 분배가 점점 토지 분할을 격화시켰음은 의문의 여지가 없다. 그러나 그것에 대해 민법전의 책임은 없다. 민법전은 아무것도 새로 바꾼 바가 없기 때문이다. 민법전은 모든 상속인에게 대개는 동등한 지위를 부여하는 지방의 오랜 관습을 그저 따랐을 뿐이다. 영국과는 달리 프랑스에서는 장자상속법이 언제나 귀족층에 국한해서 시행되었으며, 더욱이 그것도 사람들이 종종 생각하는 것만큼 그리 엄격하게 시행되지는 않았다. 유증(遺贈)에 대해 말하더라도 완전히 자유롭게 이루어지는 경우는 어디에도 없었으며, 제한적 수준으로나마 농촌지역에서 행해지는 경우는 거의 없었던 것으로 보인다. 그렇기는 하지만 근대에, 그리고 틀림없이 오늘날에 가까워질수록 점점 급속히 토지 분할이 가속화되었다는 것은 분명한 사실이다. 그러나 법률은 그 어떤 것도 바꾼 바가 없기 때문에 이런 변화와 아무런 관계가 없다. 토지 분할이 심해진 것은 전적으로 습속의 변화와 관련되어 있다. 상속인들이 '프레르슈'에서 함께 살 때는, 주지하는 바와 같이 이미 매우 좁고 심하게 흩어져 있는 조상 전래의 밭뙈기들을 분할할 어떤 이유도 없었다. 아주 오래된 가족공동체가 점점 해체되게 되자, 마을의 가구가 증가하듯이 농경지에 있는 분할지들이 증가했던 것이다. 따라서 사실 농촌생활에서 물질적 외관의 변천은 결국 인간집단들이 겪는 변화의 반영에 다름 아니었다.

2

농촌공동체와 공유지

같은 농토를 경작하고 집들이 같은 소규모의 산촌이나 큰 집
촌 안에 옹기종기 모여 있는 여러 개인들과 가족들은 단지 나란히
살기만 했던 것은 아니다. 두터운 경제적·감정적 유대관계로 결합
된 이 '이웃사람들'(voisins)—이것이 프랑크 시대에 어디에서나 그
들의 공식적인 이름이었으며[18] 가스코뉴 지방에서는 어느 시대에나
계속해서 공식적 이름이었다—은 오늘날 대부분의 코뮌이나 코뮌
내의 구(區)의 선조가 되는 '농촌공동체'라는 작은 사회를 이루고
있었다.

13세기까지의 고문서에 공동체라는 말이 거의 사용되지 않
고 있는 것은 사실이다. 일반적으로 고문서에는 장원에 관한 언급
은 많지만, 주민단체에 대한 언급은 거의 없다. 그렇다고 해서 장원

....
18   칙령집을 비롯한 당시의 라틴어 문헌에서는 'vicinans'라고 기록되어 있다.

이 이런 집단 고유의 생활을 일소시켰다고 봐야 할 것인가? 그렇게 생각할 수도 있다. 그러나 역사에서 이런 부정적 경험은 한 가지 조건, 즉 문헌기록상의 침묵이 증거부족으로 생긴 것이 아니라 사실 자체가 존재하지 않는 데서 기인한다는 것이 확인될 경우에만 타당성을 지닌다. 그런데 여기서 문제가 되는 것은 증거다. 우리가 가지고 있는 거의 모든 사료의 출처는 장원인 데 비해, 공동체들은 16세기 이전에는 대부분 기록을 남기지 않았다. 더욱이 공동체들의 대부분은 오랫동안 공식적인 법체계에 속하지 못했다. 이들 공동체는 법적 인격을 갖추기 훨씬 전에 사실상의 단체로 존재했다. 자크 플라크(Jacques Flach, 1846~1919)[19]가 말했듯이, 촌락은 오랜 세월 동안 프랑스 사회에서 "무명의 배우"였다. 그렇지만 촌락이 살아 움직였음을 보여주는 많은 방증자료가 있다.

농촌공동체의 공간적 범위는 토지의 공동이용(농사철의 농작물 재배, 공유지에서의 방목, 수확 시기 등)에 관한 여러 가지 규칙의 적용을 받고 특히 주민집단을 위한 집단용익권이 적용되는 땅의 경계선들로 규정된다. 이 공동체의 경계는 개방경지제가 실시됨과 동시에 집촌이 발달한 지방에서 특히 명확했다. 한편 장원은 한 사람의 영주에 대한 부과조와 부역노동을 부담하지 않으면 안 되고 영주의 부조(扶助) 징수권과 명령권이 행사되는 공간범위로 되어 있었

---

19   알자스 지방 출신의 역사가이자 법률학 교수. 법률문제를 역사적으로 설명하려는 노력으로부터 출발하여 다양한 문명에 대한 비교법제사를 연구했다. 특히 고대 프랑스의 법제사 연구에 주력했다. 법제사와 역사에 관한 많은 저서가 있으나, 그중에서도 유명한 것은 봉건제의 형성과 발전과정을 다룬 『고대 프랑스의 기원』(Origines de l'ancienne France, 전3권, 1886~1904)이다.

다. 농촌공동체와 장원의 경계선은 일치했을까? 가끔 그랬음에 틀림없다. 특히 완전히 새로 창출된 취락들에서 그랬다. 그러나 언제나 그랬던 것은 아니며, 어쩌면 대부분의 경우에도 그렇지 않았을 것이다. 물론 이에 관해 알려 주는 자료는, 오래된 다수의 장원이 양도와 특히 재분봉(再分封)으로 인해 분할되던 비교적 후기의 장원에 관한 것이 월등히 많다. 그렇지만 이미 프랑크왕국 시대의 '빌라'도 여러 촌락권역에 산재된 망스들을 포함하는 경우가 자주 있었다. 동일한 현상이, 장원제가 실시된 유럽의 모든 지방에서도 발견된다. 프랑크왕국 시대의 영주들이나 그 후 프랑스의 영주들이나 모두 옛날 촌락 수장들의 먼 후예로 봐야 하는 것이 사실이긴 하지만, 같은 촌락에서 서로 다른 여러 권력이 성장했을 가능성이 높다는 점을 부언해 둘 필요가 있다. 어쨌든 이런 단순한 지형학적 차원의 사실만 보더라도 일찍이 장원이 농촌공동체를 완전히 흡수했을 가능성이 있다는 견해는 성립되지 않는다. 농촌의 이런 집단은 도시의 집단과 마찬가지로 단일체 의식을 가지고 있어서 장원의 분할에 가끔 격렬하게 저항할 수 있었다. 이를테면 샹파뉴 지방에 있는 에르몽빌 촌락은 이 촌락과 이 촌락의 영향권이 8개 내지 9개의 권역—각기 자체의 재판소를 가지고 있다—으로 분할되었으나, 늦어도 1320년부터 그 주민들은 장원에 상관없이 농업활동에 대한 규제권을 갖는 공동체의 간부 임명권을 획득했다.[20]

농촌의 이 작은 집단이 자신에 대한 보다 강고한 의식을 가질 뿐만 아니라 점차 그 집단사회 전체로 하여금 그 자체의 생존의지를 받아들이게끔 하는 데 성공할 수 있었던 것은 무엇보다 그것의 적대자들에 대한 저항을 통해서였다.

이 소규모 농촌공동체는 무엇보다 그들의 영주에게 저항했으며, 폭력적인 방법으로 대항하는 경우가 많았다. 13세기에 한 설교사는 "얼마나 많은 농노들이 그들의 영주를 살해하고 성채를 불태웠던가!"라고 외쳤다.[21] 821년의 한 칙령에서 "음모"라고 비난받은 플랑드르의 "노예들", 1000년경에 노르망디 공작의 군대에게 학살당한 그 공국의 농민들, 1315년에 자신들을 지휘할 "왕"과 "교황"을 1명씩 선출했던 세노네의 농민들, 백년전쟁 기간 중의 자크들과 튀생들, 1580년에 무아랑(Moirans)[20]에서 섬멸된 도피네의 농민동맹들, 앙리 4세 시절에 페리고르의 "주도면밀한 늦깎이들", "훌륭한 공작"인 숄느의 관심을 끈 브르타뉴의 크로캉들(croquants),[21] 1789년의 타는 듯이 더운 여름철에 성들과 고문서고를 불사른 자들 등 — 나는 많은 사례를 생략했다 — 은 하나의 길게 이어진 비극적 사건들의 장면들이다. 이런 참극의 마지막 단계인 1789년의 소요에 놀라고 충격을 받은 텐(Hippolyte Adolphe Taine, 1828~1893)[22]은 "충

....

20　도피네 지방의 중심도시인 그르노블로부터 북서쪽으로 20여 킬로미터 떨어진 곳에 위치.

21　'크로캉'이란 앙리 4세와 루이 13세 시절에 주로 남서부지방에서 반란을 일으킨 농민들을 가리킴.

22　프랑스의 예술철학자, 미술비평가, 문학이론가, 역사가. 자연과학과 스피노자의 철학적 결정론의 영향을 받아, 오귀스트 콩트의 실증주의에 기초를 두고 문예작품이나 역사적 사실을 인종, 환경, 시대의 세 가지 요소로 해명하는 과학적 비평을 수립했다. 그의 이런 입장은 그가 "인간의 모든 감정, 모든 사상, 모든 정신상태는 그 자체의 원인과 법칙을 가진 산물이다. 그리고 역사학의 미래는 전적으로 이 원인들과 법칙들을 탐구하는 데 있다. 역사적·심리적 연구를 생리적·화학적 연구와 동질화하는 것, 이것이 내 목표이며 나의 주관 사상"이라고 밝힌 데서 잘 나타난다. 저서로 『비평 및 역사 시론』(Essais de critique et d'histoire, 1858), 『영국 문학사』(Histoire de la littérature anglaise, 1863), 『지성론』(De l'intelligence, 1870), 『현대 프랑스의 기원』(Origines de la France contemporaine, 1875~1894, 전6권) 등이 있다. 그는 구체제 말기부터 나폴레옹 1세까지를 다

동적인 무정부 상태"라는 표현을 썼다. 그러나 어쨌든 이런 무정부 상태는 오래된 것이었다. 이런 사태에 대해 잘 알 수 없는 이 철학자에게 새삼스런 소란처럼 보였던 것은 사실은 유서 깊고 오래전부터 만연했던 현상의 반복에 지나지 않는다.

농민반란의 양상은 또한 관행적이었고 거의 언제나 비슷했다. 신비주의적 환상, 종교개혁 때까지 기다릴 것 없이 서민의 마음을 사로잡은 복음주의적 평등에 대한 강렬한 원초적 동경심, 그리고 명확하고 흔히 원대하기도 한 요구사항들이 다수의 대수롭잖은 불평들 및 가끔 우스꽝스러운 개혁 청사진과 뒤섞여 있다는 점 등이 비슷했다[1675년 브르타뉴 지방의 '농민법전'(Code païsant)은 십일조를 폐지하고 그 대신 사제들에게 고정급을 지불할 것과, 사냥 특권 및 시설물독점 사용강제권의 제한, 그리고 앞으로 담배를 세금으로 구입하여 "교구민을 기쁘게 하기 위해" 성찬식의 빵과 함께 나눠 줄 것을 요구했다[22]]. 마지막으로 이런 농민반란에는 고문서에 쓰여 있는 바와 같이 "딱딱한 목덜미를 가진" 농민들, 곧 알랭 샤르티에가 말하는 "장원의 예속 상태를 참지 못하는" 하층계급의 지도자로서 거의 언제나 시골의 몇몇 성직자가 등장했다는 점도 농민반란의 비슷한 양상들 가운데 하나다. 이들 사제의 형편은 흔히 그들의 교구민보다 나을 것이 없을 만큼 어려웠고, 교구민의 비참한 상태를 일반적 죄악이라는 관점에서 볼 수 있는 능력이 비교적 컸다. 한마디로 이들 사제는 고통받는 그들의 대중에 대해 예로부터 언제나 지식인들이 담당해 온 효모 역할을 담당할 태세를 갖추고 있었다. 이런 특성들은

....
룬 『현대 프랑스의 기원』에서 프랑스 대혁명에 대한 부정적 견해를 피력했다.

프랑스적인 것이기는 하지만, 사실은 그에 못지않게 유럽적인 것이기도 했다. 하나의 사회제도는 그것의 내적 구조에 의해서 특징지어질 뿐만 아니라, 그것이 유발하는 반작용에 의해서도 특징지어진다. 그리고 명령관계에 토대를 둔 제도는 어떤 때는 상대방을 성실하게 돕는 상호의무를 이행할 수도 있지만, 어떤 때는 양측에서 적대감이 폭력적으로 폭발할 수도 있다. 이런 현상의 관계를 고찰하고 설명하지 않으면 안 되는 역사가의 눈에는, 예컨대 파업이 자본주의적인 대기업과 떼려야 뗄 수 없는 것이듯이, 농민반란은 장원제와 불가분한 것으로 보인다.

　거의 언제나 실패하고 결국 학살로 끝났던 대규모 농민반란은 전체적으로 너무나 비조직적이어서 지속적인 어떤 것도 성취하지 못했다. 일시적으로 타올랐던 투쟁보다는 농촌공동체가 집요하게 추구했던 끈기 있고 소리 없는 투쟁이 아마 더 큰 성과를 가져왔을 것이다. 중세에 농민의 가장 큰 관심사 가운데 하나는 촌락집단을 견고하게 조직하고 그 존재를 인정받는 것이었다. 이따금 그런 목표는 종교 조직을 통해서 추구되었다. 영주─보다 정확하게 말하면 영주들 가운데 한 사람─는, 그 관할구역이 어떤 때는 하나의 공동체 권역과 일치하기도 하고 어떤 때는 여러 촌락의 권역들을 포함하기도 했던 본당사목구의 지배자가 되었다. 영주는 주임사제를 임명하거나 관할 주교에게 추천했으며, 예배의식에 쓰여야 할 여러 부과조를 착복했다. 그러나 영주가 바로 이런 부과조 수입을 본래의 용도로 사용하기보다 오히려 개인적인 이익을 취하는 데 골몰했기 때문에, 교구민들은 그가 돌보지 않는 공동의 관심사들, 특히 본당사목구 교회의 유지보수를 떠맡지 않을 수 없었다. 초가집들 가운데 덩그렇게 서 있는 거대하고 견고한 교회 건축물은 신의 집인 동시에 민중의 집 구실을 하지 않았던가? 사람들이 공동의 문제를 토의하기 위한 회의장소로 광장의 느릅나무 그늘이나 마을묘지의 잔디밭을 이용하지 않을 때는, 교회에서 회의가 개최되었다. 그리고 이따금 교회는 신학자들의 격분을 사면서도 수확물을 가득 넣어 두는 장소로 사용되기도 했으며, 위험한 상황에서는 피난처로나 심지어 방어용 요새로도 사용되었다. 중세 사람들은 경건한 마음을 잃었던 것은 아니지만 성스러운 것을 친숙하게 여기는 경향이 우리보다 강했다. 늦어도 13세기부터 많은 곳에서 본당사목구의 운영을 위해 구민들이 선출하고 교회 당국의 승인을 받은 회의체인 '본당사목구 재산관리위원회'가 구성되었다. 이 위원회는 주민들이 만나고 공동의 관심사를 논의할 수 있는, 한마디로 연대의식을 확인할 수 있는 기회를 제공했다.[23]

본당사목구의 이들 조직체는 목적이 명문화되어 있고 성격이 공식적이었다. 이에 비해 또 다른 종교단체인 평신도회는 보다 큰 자율성과 재량권을 가졌다. 평신도회는 교회의 요구에 부응하면서도 공동의 행동을 위한 단호한 의지를 견지하고 심지어 거의 혁명적 의도까지도 은폐할 수 있는 가능성이 훨씬 컸다. 1270년 무렵에 파리 북쪽에 있는 루브르(Louvres)[23]의 사람들은 이런 종류의 연합체를 구성했다. 이 조직체가 표방한 목적은 아무리 순수하다고 하더라도 이미 단순한 신앙심 차원을 넘어서는 것이었다. 교회를 건립하고 본당사목구의 빚을 갚음은 물론, 도로와 우물의 유지보수까

....

23 오늘날 파리의 샤를 드골 공항 근처에 위치.

지도 목적으로 삼고 있었기 때문이다. 이것만이 다가 아니었다. 그 조직체는 또한 "촌락의 권리를 보호할" 계획도 세우고 있었다. 이것은 왕과 같은 존재였던 영주의 대리인들로부터 촌락의 권리를 지켜내겠다는 것을 의미한다. 이 조직체의 구성원들은 서약을 통해 결속되었다. 구성원들은 곡물로 납입하는 분담금으로 채워지는 공동의 기금을 가지고 있었다. 그들은 영주재판권에 개의치 않고 분쟁을 조정하는 책임을 맡은 "지도자들"을 선출했다. 그리고 그들은 영주만이 행사할 수 있는 고권을 무시하고 벌금을 부과할 수 있는 치안 관련 규칙을 제정했다. 그들 조직에 참가하지 않으려고 하는 주민은 집단적으로 배척되었다. 배척의 방법은 일손을 빌려주지 않는 것이었다. 이것은 마을에서 앙심이 있는 경우에 사용되었던 전통적 무기였다.[24]

그러나 결국 이런 것들은 우회로에 지나지 않았다. 본래 세속적 집단이었던 농촌공동체가 합법적 단체의 지위로 격상한 것은 어디까지나 본래의 그런 성격을 통해서였다.

중세에 이런 목표를 완전히 성취한 농촌공동체들은 도시에서 생겨난 운동을 본보기로 삼음으로써 성공할 수가 있었다. 11세기나 12세기 또는 13세기에 많은 도시에서 시민들은 상호 부조(扶助)에 대한 서약을 통해 단결했다. 이런 부조서약은 우리가 이미 고찰한 바 있듯이 참으로 혁명적인 행위였으며, 위계질서에 집착한 사람이면 누구나 다 그렇게 생각했다. 이런 새로운 유형의 서약은 오랜 전통을 지닌 충성서약과 신종서약을 모방한 것이기는 하지만, 주종관계를 영속화하지 않고 동등한 자들을 결속시켰기 때문이다. 이렇게 형성된 '우애' 집단인 서약단체는 '코뮌'(commune)이라고 불렸다. 코뮌의 구성원들은 아주 강력한 힘을 갖고 있고 수완이 뛰어나며 거기다가 다행스럽게도 주변 환경까지 유리하게 작용한 경우에는, 영주로부터 이 집단의 존재와 권리를 명시적인 증서 형태로 인정받는 데 성공하곤 했다. 그런데 농촌과 도시는 서로 별개의 세계를 이루고 있었던 것이 아니다. 양쪽 사람들은 수많은 관계로 연결되어 있었다. 예컨대 파리의 시민들은 성 루이 왕 시절에 노트르담 대성당의 참사회가 소유한 시골 농노의 해방을 위해 참사회 측과 교섭한 바 있었다. 그리고 때로는 집단들 사이에 관계가 맺어지기도 했다. 이를테면 오를레아네에 있는 왕령지 소속 촌락들은 루이 7세 시대에 오를레앙시와 동일한 특허장을 통해 그리고 틀림없이 코뮌의 비용 부담으로 농노적 예속상태로부터 해방되었다. 그뿐만 아니라 도시와 촌락 사이를 구별하는 경계가 일반적으로 대단히 불분명했다. 이를테면 상업이나 수공업이 이뤄지면서도 동시에 반쯤 농업적이었던 읍락이 얼마나 많았던가! 한편 적지 않은 수의 순 농촌적인 마을들이 코뮌이 되려고 애썼다. 우리가 앞으로 알게 될 것보다 훨씬 많은 마을이 그런 노력을 기울였을 가능성이 있다. 왜냐하면 대부분의 이런 노력은 실패했고 그럼으로써 우리가 그런 노력을 알 수 없게 되었기 때문이다.

우리는 단지 13세기에 일드프랑스 지방의 농촌에서 코뮌을 형성하고자 한 시도들을 영주가 금지한 몇몇 조치를 통해 알고 있을 뿐이다. 드넓은 땅에 사는 적은 수의 농민은, 인근 도시의 성벽 안에서 어깨를 맞대고 모여 사는 상인 집단만큼 많은 인구도 재력도 굳건한 연대의식도 갖지 못했다. 그렇지만 일부 촌락이나 촌락연합체—사람들은 연합을 통해 수적 약점을 보완하곤 했다—는 곳곳에서 코뮌에 대한 특허장을 획득했다. 코뮌이 언제나 비교적 드물었던 랑그도크 지방에서는 상당한 자치권을 획득한 도시를 13세기부터 '콩쉴라'(consulat)라는 이름으로 부르는 관행이 생겨났다. 그런데 도시적 성격보다 농촌적 성격이 더 강한 다수의 집단이 특히 14~15세기에 슬그머니 이런 콩쉴라로 편입되었고, 가끔 순전히 농촌적 성격을 지닌 촌락까지도 콩쉴라로 편입되었다. 하기야 광장 주변에 밀집해 있는 남부 프랑스의 촌락들은 소도시적 외관과 사고방식을 가지고 있기는 했다.[25] 코뮌이든 콩쉴라든 이런 명칭들 가운데 어느 하나를 획득한 집단은 영속적 조직체가 되었으며, 구성원이 바뀌더라도 조직체는 소멸하지 않았다. 13세기부터 로마적 모델을 토대로 하여 법인격에 대한 이론을 새로이 만들어 내기 위해 고심하던 법학자들은 그런 코뮌을 집합적 실체, 즉 '우니베르시타스'(universitas)[24]로 인정했다. 코뮌은 법률적 개체라는 표시로서 자체의 인장을 가졌으며, 영주의 통제를 다소 받기는 했으나 주민들이 선임하는 자체의 행정관리들을 두었다. 요컨대 코뮌은 합법적 공인집단으로서의 지위를 취득했던 것이다.

그러나 대부분의 촌락은 이런 수준으로까지 승격하지 못했다. 12세기부터 영주들이 상당히 많이 발부했던 해방 특허장은 코뮌에 관한 특허장이 아니었다. 이들 특허장은 고래의 관습을 고정시키고 많은 경우에 관습을 농민에게 유리하게 수정했지만, 이들 특허장으로 말미암아 집단적 인격체가 생겨난 것은 아니었다. 후에 클레멘

....

24　　원래 고전 라틴어로는 '전체'를 뜻했지만, 중세 라틴어에서는 보통 '정치적 조직체'나 '사회집단' 등 유기적 통합체를 의미했다.

스 4세라는 이름으로 교황이 된 기 푸쿠아(Gui Foucois)[25]가 1257년
에 그랬듯이, 몇몇 법학자는 "취락에 거주하는 모든 사람"은 대표들
을 선출할 수 있는 하나의 '통합체'(université)로 간주되어야 한다
고 주장할 수 있었다.[26] 이런 자유주의적 견해 역시 대체로 이어지
지 못했다. 법인격을 부여하는 증서를 갖지 못한 공동체는 오랫동
안 법적 관념의 면에서 볼 때는 일시적인 존재에 지나지 않았다. 그
러나 공동체의 주민들이 공동으로 해결해야 할 관심사—예컨대 신
분해방을 돈으로 매수하기 위해 영주와 교섭하는 일—라든지 아니
면 어떤 피해에 대해 항의할 일이 있는 경우에는, 아무리 늦어도 13
세기부터는 이미 다음과 같은 행위가 공식적으로 인정되었다(그런
관행 자체는 그보다 훨씬 오래되었다). 주민들은 다수결로 협정을 체
결하고 경비의 지출이나 소송의 제기—국왕재판소는 비록 재판권
을 가진 영주를 상대로 한 소송이라고 하더라도 때로 환영했을 것
이다—를 결정할 수 있었으며, 이런 목적의 행위들 가운데 어느 것
에 대해서도 보통 '프로퀴뢰르'(procureur) 또는 '생딕'(syndic)이라
고 불린 대리인들[26]을 선출할 수 있었다. 논리적인 면에서 볼 때, 결
정과 명령 사항은 그것을 의결한 사람들에 대해서만 효력을 가질
수밖에 없었다. 그럼에도 불구하고 13세기의 가장 저명한 법학자였
으며 고위 관리였던 보마누아르는 다수의 의지는 집단 전체에 대한

....

25 프랑스 남부 론강 하류 유역의 생질에서 태어나 법률가가 되어 활동했으나, 말년에 교
    회 일에 투신하여 주로 프랑스 남부에서 성직 생활을 했다. 1256년에 오트루아르 소재
    르퓌의 주교가 되고 1259년에는 나르본의 대주교가 되었으며, 1261년에는 이탈리아
    사비나의 추기경이 되었다가 1265년에 교황으로 선출되었다. 재위 1265~1268년.
26 '프로퀴뢰르'나 '생딕' 둘 다 그 명칭이 어떠하든 촌락공동체의 소송, 행정 등의 업무를
    처리하기 위해 주민들이 선출한 마을 유지 출신의 대리인 또는 대표자를 가리킨다.

구속력을 가진다는 것을 인정했다. 그러나 그 다수에는 몇몇 부유한 사람이 포함된다는 단서가 붙어 있었다. 이런 단서가 붙은 것은 가난한 사람들이 "보다 넉넉한 사람들"(mieus soufisans)을 압도하도록 내버려두고 싶지 않았기 때문일 것이다. 그러나 또한 그것은, 도시사회와 접촉하던 왕정 당국에 전반적으로 영향을 미치고 구체제 말기에 농촌의 회의체에 대한 행정부 관리들의 정책방향에도 영향을 미쳤을 도시사회의 재산제한 선거제 추세에 따른 결과이기도 했다. 이런 법률용어는 법적 모호성을 표현한다. 불확실한 존재인 이들 단체는 어떤 이름으로 불렸을까? 1365년에 샹파뉴 지방에 있는 4개 마을의 농민들은 동일한 본당사목구에 소속되어 있었고 다섯 번째 마을과도 흔히 공동의 행동을 취하곤 했으나, 다섯 번째 마을과 불화가 발생하는 경우에는 심각한 걱정거리를 자초했다. 왜냐하면 그들은 결국 그들의 연합을 "단체"(corps)와 "코뮌"(commune)이라는 단어로 무심코 지칭해 버렸기 때문이다. 그래서 그들은 고등법원에 가서 자기들이 이들 단어를 "본래의 의미"로 사용한 것이 아니라 단지 "하나씩 따로따로 된" 개체들이 아님을 그런대로 표현하기 위해서 쓴 것임을 설명해야 했다.[27] 그렇지만 일찍부터 법률기록에서는 소송 당사자였던 "단체"(compagnie)에 대해 물론 코뮌이라는 이름을 붙이지도 않고, 또한 법인격도 전적으로 부정하고자 했던 까닭에 어느 곳에 거주하는 누구누구라는 이름을 붙이지도 않는 경향이 강했다. 그 대신에 법률기록에서는 이미 의미심장한 상투어가 되어 버린 어느 곳의 "공동체"라는 말이 일반적으로 사용되었다. 그러나 일단 소송사건이 끝나고 나면 프로퀴뢰르나 생딕은 일반 사람들 속으로 사라졌고, 그 집단은 외형상으로는 없어지거나 적어도 활동정지 상태에 들어갔다.

그렇지만 점차 주민회의나 프로퀴뢰르 또는 생딕과 같은 대리인제도는 정착되었다. 주민에 대한 영주의 징세 업무만 해도 통상적으로 타이유세나 그와 유사한 세금들을 가구별로 배분해 주는 책임을 맡은 농민들과의 협력이 이미 많은 경우에 요청되고 있었다. 국왕의 과세제도는 이런 관례를 따랐다. 실상 영주가 농민을 마음대로 지배하는 것을 용인하지 않았던 중앙권력이 어떻게 현지의 단체들에 의지하지 않을 수 있었겠는가? 이미 봉건적 무정부 상태가 만연하기 전에 카롤링왕조의 정부는 주민들이 선출한 '배심원들'(jurés)에게 금속화폐와 도량형에 대한 감독 업무를 맡기려고 노력한 바 있었다.[28] 프랑스에서 왕정이 재확립되었을 때, 행정당국은 그 업무가 확대되어 감에 따라 치안이나 군사 또는 재정과 관련된 많은 문제에 대하여 점점 더 자주 공동체들에게 협조를 청할 수밖에 없었다. 그래서 행정당국은 공동체의 기능을 조정하지 않을 수 없는 처지에 이르렀다. 구체제 아래서—특히 프랑스의 기본적 관료조직이 성립하는 18세기에— 대부분 지역을 적용대상으로 하면서도 실제효과는 지역에 따라 다소 차이가 났던 일련의 칙령들에 의해 일반적으로 부농에게 유리한 방향으로 농촌공동체의 회의체가 조직되었고, 생딕의 상설화도 마련되었다. 이제 공동체는 영주와, 국왕이 파견한 지사로 된 두 종류의 감독을 받게 되었다. 주민은 영주의 동의 없이 회의를 열 수 있었을까? 그에 관한 규정은 일정하지 않았다. 이를테면 오트오베르뉴 지방의 관습에서는 영주의 동의 없이도 회의가 개최될 수 있었으나, 바스오베르뉴 지방의 관습에서는 그렇지 않았다. 그렇지만 대체로 국왕의 대리인이 회의개

최에 대해 동의하지 않는 경우에는 영주의 이런 동의는 불가결한 것으로 생각되었다. 이것은 이미 카페왕조 시대 말기의 판례의 해석론이 지향한 해법이었다.[29] 주민회의의 결정은 일단 법정이나 다시 지사의 승인을 받을 때에만 집행력이 생기는 경우가 자주 있었다. 이런 모든 해법에는 애매한 점들이 아주 많았다. 그래서 촌락은 흔히 권력자들 사이의 권한 다툼으로부터 덕을 보곤 했다. 촌락은 공식적으로 법질서 속에 편입되었고, 바로 그 때문에 상당히 좁은 틀 속에 갇히게 되었다. 이것은 촌락이 법인들의 명예로운 연합회에 최종적으로 입회함에 따라 치러야 할 대가였다.

§

농촌공동체가 이런 문을 열고 들어가기까지는 여러 세기가 걸렸다. 그러나 농촌공동체는 그러기 위해서 가입을 허락해 주기를 기다리기만 했던 것은 아니다. 중세의 농경생활은 견고하게 조직된 이와 같은 집단을 전제로 해서만 가능했다. 농경생활을 보면 농촌공동체가 존재함을 충분히 알 수 있다.

우선 개방경지제가 실시되는 지방에서는 휴작지 공동방목, 윤작의 의무, 울타리 치기 금지 등과 같은 공동체적인 강제가 전면적으로 실시되었다. 이들 규칙을 위반하는 일이 발생하는 경우에 대체로 그것을 재판하는 기관이 촌락이 아니었음은 사실이다. 프랑크 왕국 시대의 사법제도가 붕괴된 뒤부터 옛 프랑스에서는 국왕과 영주의 재판소들 외에는 다른 재판소가 존재하지 않았다. 적어도 동료들에 의해 재판받을 권리는 귀족들에게만 제한된다는 견해가 지배적으로 될 때—곳에 따라 그 시기는 크게 달랐다—까지는, 농민들이 영주재판소에 종종 배석했을 것이다. 이를테면 단독 재판관 추세가 벌써 널리 확산되기 시작했던 13세기만 하더라도 오를리에 있는 파리 대성당의 참사회 의장은 판결을 언도하기 전에 그 영지의 쟁기농들 가운데서 선출되었음이 분명한 "순박한 서민들"의 의견을 들어야 했다.[30] 그렇지만 이 경우에 영주재판소의 법관들이 대표하는 것은 농민집단이 아니라 영주였다. 오래된 사적 집행 관습이 아직도 지속되던 중세에는, 규칙 위반으로 피해를 당한 집단이 보복할 수 있다는 것은 일반적으로 인정되었다. 13세기에도 파리 근처에 위치한 발랑통의 주민들은 그들의 공유지로 되어 있는 늪지대에서 방목할 권한이 없는 사람의 양떼가 풀을 뜯고 있음을 발각했을 때는 그중의 한 마리를 빼앗아 잡아먹을 수가 있었다.[31] 그러나 점차 이런 폭력행위는 정식 재판소에서 결말이 나는 소송의 단초를 이루는 단순한 담보물 취득으로 대체되었다. 법률상으로 자치권이 예외적으로 부여된 일부 촌락을 제외하고는, 오직 그 지방의 최고 영주만이 최종적으로 처벌권을 가졌다. 그렇지만 영주는 권리를 침해당한 공동체에게 때로는 그 벌금의 일부를 넘겨주어야 하는 경우도 있었다. 벌금의 일부를 넘겨받은 공동체는 초기의 도시사회에서도 널리 유행한 풍습에 따라 그 돈을 "한 잔의 술 마시기"로 써버리는 경향이 있었다.[32]

그런데 규칙 그 자체는 누가 만들었을까? 요컨대 실은 그 규칙은 '만들어진 것'이 아니었다. 그것은 관습적이었기 때문이다. 촌락의 주민집단은 이 규칙을 구전을 통해 전해 받았지만, 한편으로는 규칙이 물질적·법률적으로 잘 짜인 전체 체제와 대단히 긴밀하게 결합되어 있었으므로 참으로 사물의 본성에서 유래한 것처럼 보였다. 그럼에도 불구하고 이따금씩 고래로부터 전해져 오는 규칙을 일부 수정·보충하는 것이 불가피했다. 이를테면 가축의 방목방식을 바꾸고, 때에 따라 농경지 가운데 특정 경구를 가축의 방목장('embannie')으로 만들며, 황무지에서 새로운 땅뙈기가 개간되었을 때 거기에 윤작순서를 정한다든가, 심지어 가끔 촌락권역에 속한 모든 땅에 대해 윤작을 바꾼다든지, 마지막으로 당연히 수시로 변하기 쉬운 곡식의 수확시기와 포도수확 시기를 정하는 것 등의 일이 있을 수 있었다. 이와 같은 경우에 누가 이를 결정했던가?

이 물음에 일률적인 대답을 할 수는 없다. 심지어 일정한 시기와 지역에 대해서도 획일적인 대답을 할 수 없다. 물론 법적으로는 오직 영주만이 명령권, 곧 '방'(ban)이라는 고권을 가지고 있었다. 도시는 아주 힘든 과정을 거쳐 영주로부터 그런 권한의 일부를 획득할 수 있었으나, 촌락은 거의—또는 한 번도— 획득하지 못했다. 그러나 실제에서는 영주가 단순히 편의상으로라도 흔히 촌락의 주민집단에 대해 일부 주도권을 인정하게 되었다. 주민집단의 주도권 관례는 아주 오래되었으며, 주도권이 오랫동안 용인되었다는 바로 그 사실로 인해서 법적 효력을 띠었다. 영주와 주민집단 사이의 이런 권한배분은 전적으로 지역 사정에 따라 결정되었다. 1536년에 시토의 수도사들은 지이(Gilly)의[27] 초지에 대한 관습적인 방목 시기를 바꿀 것을 주장했으나, 주민들은 법정에서 수도사들에게 그런

....

27   여기서 시토의 수도사들이란 부르고뉴 지방의 디종시로부터 남쪽으로 멀지 않은 데에 위치한 시토 수도원의 수도사들을 가리키며, 지이는 그 수도원 근처에 있다.

권리를 인정하기를 거부했다. 1356년에 파리 근처에 있는 브뤼예르르샤텔의 영주는 단지 포도수확 시기만을 결정할 수 있었다. 거기로부터 멀지 않은 몽테브렝에서는 농민들이 영주의 동의를 얻는다는 조건으로 포도수확 시기를 결정했다. 또 오세루아 지방에 있는 베르망통에서도 마찬가지였다. 여기서는 1775년에 영주(국왕이 이곳의 영주였다)의 대리인이 촌락회의로부터 이런 권리를 박탈하려고 했으나 헛수고였다.[33] 일부 관리인의 임명권과 관련된 관습만큼 특징적인 것은 없다. 가끔 농민들은 영주의 이름으로 부과조를 징수하고 재판을 하는 대리인의 임명에도 참여했던 것이다. 그러나 영국에서는 이런 일이 흔히 있었지만, 프랑스에서는 매우 드물었다. 농민들이 농촌생활과 관련된 하급 관리인의 선임에 대해 의견을 표명하는 경우는 훨씬 더 자주 있었다. 13세기 초부터 이미 샤르트르 근처의 샹폴에서는 농민들이 영주의 독점시설물인 빵가마에서 빵 굽는 사람을 선임했다. 1307년에 뇌이수클레르몽(Neuilly-sous-Clermont)[28]에서는 농민들이 공동체의 소들을 치는 사람을 선임했다. 룅지스(Rungis)[29]에서는 1241년 5월에 영주의 대리인이 포도밭 감시원을 임명했으나, 그러기 전에 먼저 영주의 의견뿐만 아니라 그곳 주민들의 의견도 청취해야 했다. 18세기에 로렌 지방의 퐁투아에서는 농촌의 치안 담당자인 3명의 '방가르'(banguard) 가운데 2명은 그곳 주민들이 임명하고 나머지 1명은 영주가 임명했다. 이와는 반대로, 퐁투아에서 아주 가까운 롱주빌의 영주 겸 수도원장은

....

28   피카르디 지방의 우아즈도에 위치.

29   파리 남쪽 근교에 있는 오늘날의 오를리 공항 인근에 위치.

"영지 내에 있는 모든 촌락의 축제에 필요한 바이올린 연주자를 선발할" 특권까지 가지고 있다고 주장했다.[34] 요컨대 이런 온갖 차이가 존재하고 영주가 지배한다는 원칙이 공식적으로 지켜지고 있는 가운데서도, 농촌생활의 규율에 관한 작지만 중요한 문제들에 대한 촌락 주민집단의 영향은 실제로는 매우 컸다.

그뿐만 아니라, 촌락의 주민집단은 필요한 경우에 그 어떤 탈법과 심지어는 어떤 불법을 무릅쓰고라도 영향을 미치기를 주저하지 않았다. 경지구조와 오랜 관습으로 인해 압제적으로 변하기 쉬운 공동체적 정신이 강했던 기다란 개방경지제 실시 지방에서 특히 그랬다. 집단용익권이 행사될 수 있었던 것은 필요한 경우에는 순전히 도의적 압력 대신에 실효성 있는 폭력적 조치를 취할 수도 있는 세론의 위력에 주로 기인한다는 사실은 우리가 이미 알고 있는 바다. 그러나 농촌 대중 속에서 볼 수 있는 참으로 불굴의 이런 단합과 저항 정신은 ─다른 곳들에서, 특히 로렌 지방에서 비슷한 일부 경향을 찾아볼 수 있음에도 불구하고─ 피카르디와 플랑드르의 평야지대에 특유한 근대의 관습을 통해 가장 의미심장하게 표현되었다. 그 관습은 어떤 때는 "매매의 권리"─농민의 입장에서는 "권리"였지만 법적으로는 위반행위였다─라는 이름으로, 어떤 때는 "악의"나 "소작료에 대한 증오"[haine de cens, 플랑드르 말로는 '해트 판 파흐트'(haet van pacht)]와 같은 적대감을 풍기는 이름으로 지칭되었다.[35] 이런 관습은 예전에 농민보유지의 관습법상의 영속적 보유를 정착시켰던 영대 보유권과 상속권에 대한 중세적 관념이, 경제발전의 결과 도입된 한시적 정액소작제에 대한 반감으로 표출된 것이다. 대지주는 한시적인 임대차 계약만을 체결함으로써 자신의 재산을 보호하려고 했을 수 있다. 그러나 토지의 임대차 계약이 만료될 때, 지주가 기존의 정액소작농에게 거의 비슷한 조건으로 임대차 계약을 갱신하는 것을 거절하는 경우에는 지주 자신에게 불행한 일이 생길 것이다. 무엇보다도 새로운 임차농—보통 마을주민은 새 임차농이 되고 싶지도 않았고 감히 되려고도 하지 않았기 때문에 새 임차농은 보통 마을 외부인이 되었다—, 즉 "욕심꾸러기"(dépointeur)에게 불행한 사태가 발생할 것이다. 농민들이 자신들의 권리가 침해되었다는 생각이 들 때는, 지주와 새로운 임차농 양측 다 비싼 대가를 톡톡히 치를 위험이 있었던 것이다. 이런 경우에 따돌림, 절도, 암살, "칼날과 불"(le fer et le feu)[30] 등과 같은 행위로 새로운 임차농을 응징한다고 하더라도 지나친 처사라고 생각되지 않았을 것이다. 이들 농촌 대중의 요구사항은 그 정도에 그치지 않았다. 이를테면 토지가 매각될 경우에 정액소작농은 자신이 먼저 매입할 수 있는 특권을 가지고 있다고 생각했다. 또 "곡식을 베어서 거둬들이는 사람들, 타작하는 사람들, 양치기들, 숲 감시인들"과 같은 농업노동자들도 역시 자신들의 신분이 종신 동안 보장되고 세습된다고 생각했다. 그중에서도 특히 양치기들은 루이 15세[31] 시절에 라오네(Laonnais)[32] 지방과 기즈(Guise)[33] 지방에서 "협박과 폭력행위 및 살인을 통해서" 자신들의 "패거리"를 위한 사실상의 독점적 지위를 확보하는 데 성공했다.

....

30 파괴적 폭력이라는 의미임.
31 재위 1715~1774년.
32 피카르디 지방의 랑시와 그 주변지역을 가리키는 '라누아'(Laonnois)와 같은 지명이다.
33 라오네와 마찬가지로 피카르디 지방의 엔도에 위치.

17세기부터 국왕의 칙령은 이런 행위를 금지하려고 온갖 노력을 다했으나 헛수고였다. 이런 관행으로 "토지소유권"은 피카르디 지방에 있는 페론, 몽디디에, 루아 및 생캉탱 등지의 바야주 재판소들에서 "이름뿐의" 개념이 되고 말았다고 어느 한 공식 보고서가 전한다. 갤리선을 젓는 중벌에 처한다고 위협을 해도 그 끈질긴 행위들은 그치지 않았다. 예컨대 1785년에 아미앵의 지사는 새로운 칙령의 제안을 앞두고 자신이 관할하는 징세구(généralité)[34] 내의 기마경찰대가 "관할 징세구가 많은 반란자의 진압을 위해 필요로 하는 기병의 수를 제공하는" 데 충분한지 자문하고 있다. 이런 문제들과 관련하여 근대 프랑스의 도지사나 재판소도 전근대의 지사나 고등법원보다 훨씬 나은 처지에 있는 것은 아니었다. 왜냐하면 영주들과 여러 분할지 매집자(買集者)들이 구체제 아래서 소유했던 대토지들과 거의 정확하게 일치하는 일부 대소유지들을 대상으로 — 특유의 전통에 따라— 즐겨 행사되던 '매매의 권리'는 19세기를 거쳐 오늘날까지도 완전히 소멸하지 않았기 때문이다.

§

토지경작에 행사되는 용익권은 주민집단의 구성원들 사이에 강력한 유대관계를 형성했다. 그러나 집단이용 토지의 존재는 촌락권역 내의 경지제도가 어떠하든 간에 용익권보다 훨씬 강력한 유대

·········
34   구체제 아래서 세금징수를 위해 설치된 행정구역. 1542년에 코냑 칙령에 의해 설치되었으며, 프랑스 전역에 36개 정도의 징세구가 있었다.

관계를 형성하곤 했다. 18세기 말에 레티프 드 라 브르톤(Rétif de la Bretonne, 1734~1806)[35]은 "작은 사키 본당사목구는 공유지를 가지고 있었던 까닭에, 하나의 대가족처럼 운영되고 있다"라고 썼다.[36]

공유지는 여러 가지로 유용했다. 황무지든 숲이든 공유지는 초지나 휴경지 방목만으로는 평소에 가축이 사육될 수 없는 추가적인 목장을 제공했다. 게다가 숲에서는 나무와 더불어 사람들이 관행적으로 나무 그늘에서 찾곤 하던 여타의 수많은 임산물이 나왔다. 늪지에서는 토탄과 골풀이 채취되었다. 황야에서는 가축의 깔짚으로 쓰이는 무성한 잡초와 거름으로 사용되는 뗏장이나 금작화 및 고사리가 산출되었다. 마지막으로 많은 지방에서 공유지는 일시적 경작이 행해지는 예비 농경지 구실을 했다. 우리는 공유지가 실제로 존재했는가가 아니라, 시대와 지역에 따라 공유지가 법적으로 어떻게 규정되어 이용되었는지를 알아봐야 한다. 왜냐하면 무엇보다도 농업의 개별경영이 아직 미미했고 소농이 공급할 수도 없는 물품을 구입할 방도도 거의 없었던 과거에는 공유지 없이는 농촌생활이 불가능했기 때문이다.

촌락 그 자체보다 더 큰 범위의 인간집단들이 종종 연합체를 형성했던 이유는 바로 이런 소중한 재산을 이용하기 위해서였다.

....

35 계몽주의 시대의 프랑스 소설가. 본명은 니콜라스 에드므 레티프(Nicolas Edme Rétif)다. 부르고뉴 지방 온주 사키에서 가난한 농민의 아들로 태어나 식자공 생활을 하는 등 갖은 고생과 굶주림을 겪으면서 프랑스 대혁명 직전 사회의 어두운 면을 예리하게 관찰하여 사실주의적 소설로 표현했다. 이런 면에서 그는 프롤레타리아 지식인의 한 전형으로 일컬어진다. 그는 공산주의를 적극 옹호했으며, 사회개혁에 관한 많은 글을 썼다. 그의 주요 소설로는 이 글에서 인용되는 『내 아버지의 삶』(La vie de mon père, 1779)과 『타락한 농부』(Le paysan perverti, 1784) 등이 있으며, 그의 전체 저서는 200여 권에 이를 정도로 많다.

여러 공동체는 광활한 황야나 숲—노르망디 지방에 있는 루마르의 숲이 그런 예다— 또는 이런 것들보다 훨씬 빈번하게는 산악지대의 고지 하계목장을 공동으로 이용했다. 이들 공동체는 보다 큰 한 집단의 분열로부터 생겨났거나, 아니면 처음에는 독립적이었던 공동체들이 그들 공동체 사이에 위치한 땅을 비슷한 목적으로 이용할 필요성이 있어서 협약을 맺음으로써 생겨난 것들이다. 예를 들면, 목초지가 유대관계의 근간을 이루었던 피레네산맥의 '발레'(vallées)[36] 연합체들이 그랬다. 그럼에도 불구하고 대개의 경우 공유지는 큰 집촌이나 작은 산촌(散村)의 소유물이었고, 농경지의 부속물이자 연장(延長)이었다.

법적으로 말하자면, 전형적 공유지는 촌락집단의 물권 외에는 다른 물권이 설정되지 않은 토지였다고 할 수 있을 것이다. 중세의 법적 표현을 빌면, 촌락주민들이 공유한 자유지였다고 할 수 있을 것이다. 우리는 이런 집단적 자유지들에 관해서 극히 드물기는 하지만 몇몇 실례를 볼 수 있다.[37) 대체로 촌락권역 내의 전체 토지와 마찬가지로 공동이용 토지에 대해서도 위계서열화된 여러 가지 권리들, 즉 영주의 권리와 그의 봉주들의 권리들 및 농민집단의 권리들이 뒤얽혀 있었다. 그리고 이런 공동이용 토지에서는 권리들의 경계선이 개별적인 농민보유지들에서보다 훨씬 더 오랫동안 몹시 모호한 상태로 남아 있었다. 그 권리들의 경계선은 소송을 통한 격렬한 법적 다툼을 거친 후에야 확정되었다.

공유지를 둘러싼 다툼은 필연적인 것이었다. 예로부터 언제나

....

36 계곡들이라는 뜻임.

공유지는 영주와 그의 속민 사이의 분열 요인이었다. 9세기부터 이미 프랑크왕국 사회의 한 법률서식—스위스의 독일어권에 위치한 장크트갈렌 수도원에서 그 서식이 작성되었음이 사실이기는 하지만, 갈리아 지방에 관한 그런 유의 서식이 프랑스에 없는 것은 순전히 우연에 지나지 않는다—은 한 종교기관이 어떤 숲의 이용에 관해 그 주민들과 소송을 벌이고 있음을 서술하고 있다.[38] 긴 세월 동안 농민반란에서 표출된 오래고도 변함없는 불평 요인들 가운데 하나는 영주의 공유지 독점이었다. 연대기 작가인 기욤 드 쥐미에주 (Guillaume de Jumièges, 1000년경~1070년 이후)[37]는 1000년 무렵에 반란을 일으킨 노르망디의 농민들에 관해 "그들은 자신들의 법에 따라 하천과 숲을 이용하기를 바랐다"라고 썼다. 조금 더 뒤에 시인 와스는 다음과 같은 열정적인 언사로 농민들의 불평을 표현했다.

우리는 수가 많으므로
기사들에 맞서 싸우자.
그렇게 하면 우리는 숲으로 가서
우리 마음대로 나무를 베고,
물속에서 물고기를 잡으며,
숲에서 큰 짐승들을 잡는 등

....

37 11세기 라틴어로 글을 쓴 노르만계 영국인 작가이자 역사가. 베네딕트 수도회 소속의 수도사로서, 1066년 노르만족의 영국정복이라는 역사적 대사건을 알린 최초의 문필가 중의 한 사람이다. 그의 출생과 사망을 비롯한 일생은 거의 알려져 있지 않다. 노르만인의 관점에서 노르망디 공작들의 역사를 서술하고 정복자 윌리엄의 업적을 찬양한 『노르망디 공작들의 이야기』(*Gesta Normannorum ducum*, 전8권, 1071)를 저술했다.

온갖 것을 우리 마음대로 할 수 있으리라.

숲과 하천과 풀밭에서.

이처럼 풀, 물, 황무지와 같이 인간의 손이 닿지 않은 모든 것을 한 사람의 영주가 독차지함은 악습이 아닐 수 없다는 생각은 오래 전부터 농민들의 사회의식을 구성하는 기본요소였다. 11세기에 샤 르트르의 한 수도사는 관습을 어겨 가면서 수도사들이 방목세를 지 불해야 한다고 주장하는 어떤 영주에 대해 "정의를 정면으로 거스 르면서 그는 하나님이 땅에 있는 모든 동물을 위해 이용하도록 명하 신 풀들을 다른 사람들에게는 이용하지 못하게 했다"라고 말했다.[39)

그렇지만 빈 땅이 풍부하게 존재하는 한, 황무지나 숲을 둘러 싼 대립은 그리 심하지 않았다. 따라서 당시 사람들은 공유지의 법 적 지위를 명확하게 할 필요성을 크게 느끼지 못했다. 영주는 농경 지에 대해서처럼 방목장이나 숲에 대해서도 대체로 상급 물권을 행 사했다. 그렇지만 영주의 권리는 비교적 상위의 권리였을 뿐이지, 반드시 최고의 권리는 아니었다. 왜냐하면 영주라는 인물 자신은 일반적으로 그 자신의 신종선서를 통해 주종관계를 맺고 있는 다른 제후의 봉신이었고, 자기 자신의 권리 위에는 보통 갖가지 봉건적 위계서열을 가진 권리들이 존재했기 때문이다. 그러나 여기서 우 리는 이런 봉건적 주종관계의 사슬 가운데 첫 번째 고리인 촌락에 직접 관계되는 영주만 살펴보도록 하자. 황무지에 대한 영주의 권 리는 일반적으로 그것을 이용하는 촌락주민들이 단체로나 개별적 으로 이행하지 않으면 안 되는 부과조의 지불로 나타났다. 그렇다 면 공유지는 영주의 소유였다고 말할 수 있을까? 그렇게 말하는 것은 분명히 잘못일 것이다. 왜냐하면 농민들의 공유지 이용―당연히 영주도 수장인 동시에 이용자로서 농민들과 똑같이 공유지의 이용에 참여한다―은 그 나름대로 영주에 못지않게 역시 강력한 합법적 권리였기 때문이다. 농민들의 공유지 이용은 영주와 같은 자격으로 관습에 의해 승인되고 보호되지 않았던가? 농민들의 이용은 일반적으로 중세의 언어에서 바로 공동이용의 장(場)인 이러이러한 촌락의 '관습들'(coutumes)이라는 그토록 설득력 있는 이름으로 불리지 않았던가? 우리는 '빌라'의 부속물을 열거할 때 '공유지'(communia)를 언급하지 않는 경우가 거의 없는 프랑크 시대의 문헌기록 속에서 이런 정신상태의 완벽한 표현을 볼 수 있다. 마음대로 기증하거나 매각할 수도 있고 봉토로 수여할 수도 있는 한 개인의 재산 가운데 "공동의 토지"가 기재되어 있다는 것은 겉보기에는 얼마나 역설적인가! 이것은 장원이 영주의 직영지만을 포함하는 것이 아니었기 때문이다. 장원에는 영주의 지배권을 그저 확대하여 부담금을 징수할 수 있는 땅도 포함되어 있었다. 다시 말하면, 상속되더라도 개별적으로 점유되어 있는 농민보유지들과, 이런 점유에 못지않게 소중한 공동사용을 위한 공유지들이 포함되어 있었다. 1070년에 피레네산맥 너머의 루시용 지방에 적용되었던 『바르셀로나의 관습집』에는 다음과 같이 쓰여 있다.

> "두렁길과 공용도로, 하천과 샘물, 초지, 방목장, 숲, 황무지 및 바위들은 영주의 것이기는 하지만, 영주가 그것들을 갖는 것은 영주가 자유지―다시 말하면 자신의 권리 이외의 타인의 권리에 대해 신경을 쓰지 않아도 되는 토지―로 가지거나 자신의 직영지에 편

입시켜 보유하도록 하기 위해서가 아니라, 언제 어느 때에나 그것
들의 용익권이 자신의 지배를 받는 주민 대중에게 귀속되도록 하
기 위해서였다."⁴⁰⁾

대개간시대가 도래하자 황무지가 희소해졌다. 그래서 황무지
를 둘러싼 갈등은 전에 없이 격렬한 양상을 띠었다. 당시 영주가 흔
히 공유지를 자신의 농경지로 확대하는 수단으로 삼고자 했기 때
문이 아니다. 어디에서나 영주직영지는 절대적으로 축소되고 있었
다. 영주 측은 촌락 공동의 가축떼가 돌아다니면서 풀을 뜯는 방목
장을 농경지로 개간하는 작업을 자주 강요하곤 했다. 그러나 이런
작업은 농민보유지 보유자들에게 이 처녀지를 분양해 주기 위한 것
이었다. 새로이 개간된 농토의 경작자들과 이들 경작농민이 부담하
는 부과조의 수취자인 영주는 이런 개간으로부터 큰 이득을 얻었
다. 반면에 공동체는 공유지에 대한 이용권과 자유롭게 개간할 수
있는 어떤 가능성도 완전히 상실함으로써 손해를 봤다. 그렇지만
영주가 바로 자신의 직접적인 이익을 취하기 위해서 공유지를 독차
지하려고 한 경우도 있었다. 그런데 영주는 공유지의 독점으로부터
일반적으로 무엇을 얻으려고 했던가? 이제는 오로지 자신의 가축만
이 풀을 뜯을 수 있는 전용 목장―영주유보지가 대폭 축소되어 가
는 이 시기에 일손이 별로 필요하지 않은 목양(牧羊)은 영주의 경영
에서 소작지보다도 훨씬 더 중요한 부분이 되었다―이나 수익성이
있는 몇몇 특산물을 획득하고자 했다. 늪지에서는 무엇을 얻으려고
했을까? 그것은 아마 토탄이었을 것이다. "이때에(1200년경) 기느
백작의 장남인 마나세는 … 오래전에 앙드르의 전체 주민에게 공유

재산으로 기증했었던 늪지대의 방목장에서 토탄을 파내게 했다"라고 랑베르 다르드르(Lambert d'Ardres, 1160~1227년경)[38]는 썼다. 특히 공동으로 이용하는 땅에 나무가 식재되어 있는 경우에는, 영주는 주지하듯이 점점 값비싸지고 있던 목재에 대한 탐욕이 생겼다.

이와 같이 영주가 공유지를 이용할 수 있는 권리는 어디에서 왔을까? 공유지에 대한 법률적 권한관계가 불확실했으므로 아주 꼼꼼하게 따지는 사람들조차도 흔히 그 권한관계를 알기가 어려웠을 것이다. 그런 가운데 공유지를 가로챈 적지 않은 수의 귀족은 세나스(Sénas)[39]의 영주가 프로방스 지방에 있는 자신 소유의 촌락 황무지를 점유한 후 천진난만하게도 "이성은 영주와 그의 속민 사이에 차별이 있어야 함을 보여준다"라고[41] 피력한 견해가 충분한 설득력이 있다고 봤을 것이다. 영주들의 이런 태도에 대해 농민들이 아무런 항의도 하지 않고 가만히 있었던 것은 아니다. 결국 영주와 농민 사이에 분할, 즉 '캉톤망'(cantonnement)[40]이 자주 이뤄지곤 했다. 영주는 그 전의 일부 공유지에 대한 완전한 처분권을 획득했던 데 비해, 공동체는 일반적으로 사용료를 지불한다는 조건으로 그 나머지 공유지에 대한 사용권, 즉 '에즈망'(aisement)을 보존했다. 이와 같이 하여 공유지의 이런 위기 국면은 많은 곳에서 아주 오래된 '공유지' 가운데 적어도 그 일부에 대한 촌락 주민집단의 권리를 공

....

38 프랑스 북부 칼레 인근에 있는 아르드르 부락의 주임사제를 역임한 연대기 작가. 그가 쓴 『기느 백작의 연대기』(*Historia comitum Ghisnensium*, 1203)는 918~1203년간에 걸친 기느 백작들과 아르드르 영주들의 역사를 서술한 것으로, 기사들을 중심으로 한 봉건적 전통을 서정적 문체로 묘사하고 있다. 그는 기느 백작의 인척이었다.

39 프로방스 지방의 부슈뒤론도의 북부에 위치.

40 여기서 보는 바와 같이 공유지 분할을 뜻하지만, 원래의 뜻은 '구획화'라고 할 수 있다.

인하는 것으로 귀결되었다. 오늘날 프랑스의 많은 지방자치 단체가 소유한 재산의 연원은 이와 같이 영주와 농민 사이에 맺어진 협정에까지 거슬러 올라갈지 모른다.

16세기부터는 훨씬 심각한 새로운 위기가 발생했다. 당시 일신된 영주 계급은 자신이 갖고 있는 열정과 수완을 다하여 대농장의 재건을 추진했다. 그들과 마찬가지로 부르주아들과 부유한 농민들도 토지의 축적자가 되었다. 법적 인식의 변화는 토지를 축적하려는 그들의 탐욕에 때마침 이바지했다. 법학자들은 복잡하게 중첩된 물권을 명확한 소유권 개념으로 바꾸려고 애를 썼다. 여타의 토지와 마찬가지로 공유지에 대해서도 한 사람의 '소유자'(dominus)를 이 말의 로마적인 의미에서 찾아내지 않으면 안 된다고 생각했다. 일반적으로 그 소유자는 영주라는 결론이 도출되었다. 이와 같은 순전히 이론적 견해에다 소유권의 생성에 관한 이론이 추가되었는데, 놀라운 것은 오늘날의 역사가들이 가끔 그들 법학자의 말에 따라 이런 주장을 되풀이하고 있다는 점이다. 애초에는 공유지가 오로지 영주의 소유였으며, 주민은 세월이 흐르면서 양도된 토지에 대해서만 용익권을 갖는다고 주장되었다. 이것은 마치 촌락이 의당 그 촌락의 수장보다도 더 뒤에 생겨난 것처럼 보는 것과 같다. 물론 이들 이론가는 공동체의 기득권을 무시할 생각은 없었다. 그러나 13세기부터 윤곽이 잡히기 시작한 판례의 해석론에 따르면,[42] 이론가들은 일반적으로 공유지 이용에 대한 부과조가 지불되는 경우에 한해서 공동체의 기득권을 인정하는 경향이 있었다. 그래서 순전히 후한 마음에서 이루어진 '양도토지'는 정식 증서가 없는 한 법적 근거가 희박한 듯이 보였으며, 더욱이 이런 경우에 공유지의 사용자 입장에서 볼 때는 참으로 공유지가 영주로부터 증여되었는지 아니면 자신들이 단순히 공유지에 대한 권리를 침해한 것인지 의심스런 생각이 들 수가 있었다.

공유지의 소유권을 규정하려는 이 모든 노력에는 상당한 의구심과 견해차이가 따랐다. 법학 교수들과 법률 실무자들 및 행정관리들은 의견일치를 보지 못하고, 영주나 그의 속민들이 주장하는 상충된 권리들―그 효력에 있어서도 안정성이 유지되지 못했다―을 고려하여 대부분의 공유지를 분류하려고 애를 썼으나 크게 성공하지 못했다. 그러나 영주들과 그들의 법률고문들은, 심지어 강한 독자적 계급의식을 가졌던 재판소들조차도, 이런 정신으로 고취되고 법률이론으로 무장함으로써 공유지의 소유권 문제를 일반적으로 보다 단순하고 조잡한 방식으로 판단하곤 했다. 1736년에 렌 고등법원의 검사장은 "브르타뉴에서 황야(lande)[41]와 갈루아(galois)[42] 및 소유주가 불명확한 빈 땅은 모두 봉토를 소유한 영주들의 개인소유지다"라고 하면서, 노골적으로 영주의 주장을 따랐다. 1270년 6월 20일자의 한 합의서에 의하면, 부르고뉴에 있는 쿠셰의 영주는 주민들의 동의 없이 "촌락의 공유재산"을 양도하는 것이 금지되었다. 이처럼 이 문서에 명확하게 규정되어 있음에도 불구하고 1386년부터는 공작의 자문회의가 촌락의 "광장, 온갖 길, 방목장 … 및 여타의 공동장소"는 영주의 것이므로 영주가 그의 "뜻"에 따라 그것들을 처분할 수 있다는 결정을 내렸으며, 3세기 반이 지난 뒤(1733

....

41   금작화, 히드 등과 같은 관목덤불과 초목으로 뒤덮인 땅을 가리킴.
42   브르타뉴 지방의 방언으로, 경작되지 않는 황무지라는 뜻.

년)에 고등법원도 이런 결정을 따랐다. 1777년에 두애(Douai)[43]의 고등법원은 공동체들에 "속하는" 재산에 관해 언급하는 한 포고령을 등록하기를 거부했다. 거부 이유는 그 말 대신 "공동체들이 사용해서 수익을 얻는"이라는 말이 쓰여야 한다는 것이었다.[43]

사실 지방삼부회나 전국삼부회에 제출된 공유지 이용자들의 진정서들이 웅변적으로 증언해 주듯이, 공유지 침탈행위는 16세기부터 그 전보다도 더욱 격심해졌다. 침탈행위는 다양한 형태를 띠었다.

우선 공유지를 노골적으로 횡령하곤 했다. 영주는 자신의 명령권과 재판권을 남용하곤 했다. 예컨대 1576년 블루아(Blois)[44]의 삼부회에서 제3신분의 대표들은 영주는 "그 자신이 관련된 소송사건들에 스스로 나서서 재판관이 됨으로써, 불쌍한 속민들이 이용하는 공유지 이용권과 빈 땅 및 황야와 공유지를 빼앗아 가졌으며, 심지어 그들의 정당한 권리임을 입증해 주는 문서들마저 그들에게서 빼앗아가 없애 버렸다"라고 주장했다. 부유한 지주는 물론 심지어 부유한 농민까지도 재력(財力)의 힘—18세기 어떤 농학자의 의견에 의하면 농촌에서는 누구나 재력에 영향을 받지 않을 수 없었다—을 이용했다. 1747년에 오베르뉴 지방에 위치한 크로바의 사람들은

....

43 프랑스 북부 노르도에 있는 도시. 중세에는 섬유공업이 번창하고 근대에는 탄광업이 발달하는 등 경제적으로 중요한 도시이며, 고등법원의 소재지이자 1562년에 설립된 대학이 1887년에 릴로 이전하기 전까지 중요한 교육도시였다.

44 중부 루아르강변에 있는 오늘날 루아르에셰르도의 도청 소재지. 중세 초기에는 후에 카페왕조의 프랑스 왕들을 배출한 강력한 블루아 백작령의 중심지였으나, 1498년에는 루이 12세에 의해 왕실에 병합되고 16세기에는 왕가의 주요 거주지가 되었다. 13~17세기에 역대 영주들이 고딕, 르네상스, 고전의 세 가지 건축양식으로 증개축한 웅장한 블루아성은 1588년 앙리 3세가 기즈 공을 암살한 장소로 유명하다. 16세기에는 이곳에서 삼부회가 두 번(1576, 1588년)이나 열렸으며, 1697년에는 주교구청이 설치되었다.

"앞에 말한 마을의 주민인 게로 살라-파타공은 부유하고 마을의 유력자였으므로, 그 마을에 속하는 공유지의 대부분을 자기 마음대로 봉쇄하고 울타리로 둘러막아 그의 농토에 병합할 생각을 했다"라고 불평했다.[44]

때로 공유지의 독점은 법적으로는 거의 하자가 없었지만 보다 교활한 양상을 띠었다. 유복한 쟁기농은 공유지를 매우 싼 사용료를 물고 임차하곤 했다. 혹은 어떤 영주는 '캉토망'을 요구했다. 이런 분할행위는 공동체의 권리들 가운데 적어도 일부를 공고히 하는 이상, 그 자체로는 반드시 공동체에 유해했던 것은 아니다. 그러나 분할조건이 지나치게 불리한 경우에는 손실을 가져왔다. 그런데 많은 영주는 분할된 공유지의 3분의 1까지 요구했다. 이것이 근대에 판례를 통해 널리 확산되고 왕정 당국이 1669년에 마지못해 승인하고 말았던 공유지 분할권(共有地分割權, droit de triage)[45]이었다.

....

45 영주가 자신의 재판관할 아래 있는 공유지의 3분의 1을 가로채서 사유화할 수 있는 권리. 원래 임야나 자연초지와 같은 미개간지는 촌락공동체의 공동소유였고 촌락 주민은 공유지를 방목이나 땔감채취로 이용할 수 있는 권리를 누렸다. 영주도 공동소유자의 일원이었을 뿐이다. 그러나 중세 봉건사회에서 영주는 재판권 등의 권력을 이용하여 공유지를 가로챔으로써 16세기 말까지는 적지 않은 면적의 공유지가 영주의 사유지로 되었다. 특히 16~17세기에는 인구가 증가하면서 땅값이 비싸지고 영주의 사치와 낭비가 심해짐에 따라, 강압이나 사기 등 갖은 수단과 방법을 동원하여 공유지를 가로채려는 영주의 노력은 기승을 부렸다. 그리하여 결국 영주가 공유지 이용권자들에게 가축사육에 충분한 땅을 남겨 주면 나머지 땅은 사유화할 수 있다는 일종의 관습 같은 것이 생겨났다. 영주의 이런 전유권(專有權) 남용은 마침내 1669년 루이 14세의 칙령에 의해 승인을 받았다. 이 칙령에 따르면 공유지의 3분의 2는 주민들에게 무상으로 양도되고 공동체의 이용에 충당되어야 한다는 조건이 붙어 있기는 했지만, 영주는 자신의 재판관할을 받는 촌락공동체의 공유지 중 3분의 1을 사유화할 수 있는 권리를 향유했다. 그 이후 영주는 국왕이 이처럼 법적으로 인정한 공유지 분할권을 이용하여 공유지 침탈을 노골화하고 본격화했다. 영주의 공유지 분할권은 프랑스 대혁명 중 농민들의 거센 요

이런 공유지 분할권은 아마도 원칙적으로 일정한 요건을 갖춘 경우에 국한하여 적용되었을 것이며, 특히 소위 '태곳적의 양도'라고 하는 것이 근거를 갖지 못한 경우에 적용되었다. 실제로 이런 제한조건은, 한편으로는 많은 주장이 나올 수 있는 여지를 남겨 두었기 때문에 언제나 철저히 지켜졌던 것은 아니다.

마지막으로 지적할 것은, 농민들은 앞에서 본 바와 같이 토지의 대규모 취득자들이 분할지를 성과 있게 통합하는 데 기여한 부채를 개인적으로만 지고 있었던 것이 아니라는 점이다. 공동체 또한 무거운 빚을 지는 경우가 흔히 있었다. 특히 전쟁이 끝난 후에 피해복구에 필요한 공동사업의 경비로 말미암아, 그리고 무엇보다 국왕과 영주가 부과하는 조세를 공동체가 납부하지 않으면 안 되는 상황으로 말미암아, 무거운 빚을 졌다. 이런 부담에서 벗어나기 위해서 공유지의 전부 또는 일부를 매각하고 싶은 유혹이 얼마나 컸겠는가! 영주들은 그들 자신이 직접 공유지를 매입하려는 의도를 가지고 있었든, 아니면 이런 기회에 토지에 대한 그들의 상급소유권 상실에 대한 보상책으로서 공유지 분할권의 적용을 요구함으로써 비용을 들이지 않고 케이크의 일부를 빼앗아 가질 수 있다고 기대했든 간에, 공유지 매각을 흔히 부추기곤 했다. 로렌에서는 관습이나 판례가 주민에게 지불된 공유지 매각 대금의 3분의 1을 영주가 수령할 권리가 있다고 인정할 정도였다. 가끔 공유지의 이런 매각은, 어떤 때는 그것이 과연 공동체의 공식적 승인을 받은 매각인가 하는 점에서—1647

....

구로 1791년에서 1793년 사이에 일련의 법령을 통해 폐지되었으며, 1669년 이후 행해진 공유지 분할은 모두 무효화되었다.

년 국왕의 한 칙령에서는 공동체의 빚이 실제로는 없음에도 불구하고 빚이 있는 양 "위장하여" 공동체로부터 공유지를 "빼앗는" 데 혈안이 된 사람들이 매도되고 있다ㅡ, 어떤 때는 매매가격 결정의 조건 그 자체로 인해서, 몹시 의심을 받기도 했다. 그러나 사리사욕을 채우기 위해서뿐만 아니라 흔히 관리가 부실했던 다수의 농촌 소집단의 아주 열악한 재정 형편 때문에도 공유지 매각이 불가피했다. 1590년부터 1662년까지 부르고뉴 지방에 있는 샹도트르 마을은 그 마을의 공유지를 세 번에 걸쳐 매각했다. 처음 두 번의 매매계약은 사기나 착오가 있었다는 이유로 취소되었으나, 마지막 세 번째 매매ㅡ매입자는 두 번째와 똑같았다ㅡ는 마침내 성사되었다.

당연히 이런 공유지 침탈행위는 강력한 저항에 직면했다. 너무나 공공연한 이런 악폐 앞에서 농민들이 흔히 계란으로 바위치기 식의 투쟁을 시작할지 어떻게 할지 망설이곤 했던 것은 사실이다. 1667년에 디종의 지사는 "공동체를 지배하는 영주나 권력을 가진 사람들이 모든 공유지를 횡령해서 점유하고 있음에도 불구하고, 불쌍한 농민들은 자신들이 부당한 대우를 받고 있음을 불평할 엄두도 내지 못한다"라고 썼다. 그리고 『토지대장 개정을 위한 실무지식』을 쓴 석학인 프레맹빌(E. de la Poix de Fréminville, 1683~1773)[46]은 "주민들이 세력가인 영주에 반대하여 감히 그의 원한을 사는 위험을 무릅쓰려고 하겠는가?"라고 말했다.[45] 그러나 그렇다고 해서 주민들은 쉽사리 위축되지 않았다. 브르타뉴 지방에서 18세기 초경에 다수의

....

46 봉건법에 정통한 법학자. 저서에 지금 여기서 인용된 『토지대장 개정과 영주의 권리를 위한 실무지식』(Pratique universelle pour la rénovation des terriers et des droits seigneuriaux, 1746~1757) 및 『봉토의 참된 원리』(Les vrais principes des fiefs, 1769)가 있다.

영주가 황야를 "분할대여하기"(afféager)[47] 시작했다. 다시 말하면 경작이나 조림 청부업자들에게 임대해 주기 시작했다. 이런 사적 전유 행위가 확대된다는 명백한 표시가 공동사용이 배제된 땅 주변에 흙으로 된 튼튼한 제방의 축조였다. 그러나 무장한 군중은 흔히 거추장스럽고 상징성을 지닌 영주의 이런 장벽을 파괴하곤 했다. 지방 고등법원은 이들 군중을 엄벌에 처하고자 했으나 헛수고였다. 시골에서 증인을 찾는 것은 불가능했기 때문이다. 플루리보(Plourivo)[48]의 황야 주위에 있는 일부 둑이 이와 같이 하여 파괴되었을 때, 영주는 "범인을 … 찾아내기 위하여" 계고장을 발부케 했다. 그러나 어느 날 사건에 연루된 두 본당사목구의 경계선에 교수대가 설치되어 있었다. 교수대 아래에는 "증언하는 자들은 바로 이곳에 처박혀 죽을 것이다"는 경고문이 내걸린 구덩이가 하나 파여 있었다.[46]

농민대중의 힘 외에 다른 세력, 즉 왕정 당국과 그 관리들도 영주의 공유지 침탈행위를 견제하려고 애썼다. 왕정 당국과 관리들은 농민집단이 조세를 부담하고 군대를 충원해 주었기 때문에 원래부터가 농민의 보호자였다. 1560년의 오를레앙 칙령으로 공유지 관련 소송사건의 '최고' 재판권이 영주에게서 박탈되었다. 그때 이후 효력이 어떤 때는 전국에 미치고 어떤 때는 일부 지방에 국한해서 미치는 공유지에 관한 일련의 칙령이 잇달아 반포되었다. 칙령들의 내용은 공유지의 양도를 금지하거나, 일정 시점 이후 행해진 공유

....

47 원래는 영주가 봉토를 분할해 주는 것을 의미한다. 높은 농산물 가격으로 인해 황무지 개간이 수익성이 컸던 18세기에, 영주는 임대료를 받고 부르주아 등에게 황무지를 임대해 주는 데 이런 권리를 이용했다.
48 브르타뉴 지방의 코트다르모르도에 위치.

지의 매각이나 분할을 무효화시키거나, 또는 공동체의 권리 침해행위에 대한 '조사'를 추진하는 것이었다. 이에 반해 고등법원들은 영주의 공유지 침해행위를 두둔했다. 그러나 17세기부터는 통상적으로 영주들과 대립관계에 있었던 지사들이 반대파의 주장을 수용하는 정책을 취했다. 이런 정책 전환은 자신의 재정수입 증대에 조금이라도 관심을 가진 이 시대의 정부라면 어떤 정부에게나 참으로 불가피했으므로, 이런 정책이 예컨대 로렌공국에서도 똑같이 시행되는 것을 보게 된다. 통치자들이 사고방식의 전면적 전환을 통해 공유지 문제에 대한 지지세력을 바꾸게 되는 것은 18세기 중엽에 이르러서였다. 이 시점은 우리가 뒤에서 그 특성과 공유지제도에 미친 영향과 함께 고찰하게 될 '농업혁명'이 개막되는 때였다.

그러나 그 어느 쪽의 저항도 아주 큰 성과를 거두지는 못했다. 왕정 당국의 저항은 국고 수입을 늘리려는 관심 때문에 그르치고 말았다. 예컨대 1677년과 1702년의 포고들을 통해 공유지 독점자들이 지난 30년 동안 수취한 이익을 ―물론 국왕에게― "반환한다"는 조건으로, 그들에게 양도된 공유지를 적어도 잠정적으로나마 갖는 것이 허용되었다. 대개의 경우에 농민의 저항은 일시적 '민중 소요'로 그쳤을 뿐이다. 근대에는 영주와 부자를 위한 공유지 분할이 유럽적 현상이 되었다. 공유지 분할을 초래한 요인은 어디서나 동일했다. 대농장의 재건, 농산물을 시장에 내다팔기 위한 개인주의적 생산방식의 발전, 화폐와 교환을 토대로 하는 경제체제에 거의 적응하지 못하는 농민대중의 위기 등이 그 요인들이었다. 이런 대세에 농촌공동체들은 맞설 수 없었다. 게다가 공동체 그 자체가 사람들이 종종 생각하듯이 내부적으로 완전히 단합되어 있었던 것도 아니다.

3

농촌사회의 계급

계급과 관련한 논의에서 영주는 제외하자. 그리고 도시와 인근 마을에 살면서 자신의 토지를 관리하거나 지대를 징수하는 부르주아도 제외하자. 이런 사람들은 엄밀하게 말하면 농민사회의 구성원이 아니었다. 자신들이 경작하는 토지에 직접적으로 의존해서 먹고 사는 경작자들로 구성된 농민사회에 한정하여 계급을 살펴보자. 농민사회가 오늘날뿐만 아니라 18세기에도 이미 더 이상 평등하지 않았음은 분명하다. 그런데 종종 사람들은 이런 계급적 차이를 비교적 최근에 일어난 변화의 결과로 보고자 하는 경향이 있다. 퓌스텔 드 쿨랑주는 "18세기의 촌락은 더 이상 중세에 존재했던 촌락이 아니었다. 촌락에는 불평등이 발생했기 때문이다"라고 쓰고 있다.[47] 그러나 비록 계급분화의 방향에 불가피한 변화가 일어나는 경우가 있기는 했지만, 어느 시대에나 이들 작은 농촌집단은 상당히 뚜렷한 계급분화 현상을 보여 왔던 것으로 보인다.

사실은 계급이라는 말은 가장 불분명한 역사용어들 가운데 하나여서, 여기서 그것을 어떻게 사용할 것인가를 명확히 하는 것이 중요하다. 시대마다 마을주민들 사이에 상이한 법적 지위가 존재했음을 증명하는 것은 열려 있는 문을 밀어젖히는 것과 같이 쓸데없는 일이 될 것이다. 프랑크 시대의 '빌라'는 각양각색의 여러 신분이 존재했음을 보여주지만, 그들 신분 사이의 법적 차이는 일찍부터 실제로 드러난 것보다 더 컸다. 중세의 많은 장원에서 농노해방이 증가함에 따라 수적으로 점점 늘어난 '자유로운' 빌렝들은 농노들과 나란히 살았다. 몇몇 연구자가 그랬듯이, 농민사회가 원래부터 평등했다고 가정한다고 해서 이런 가정이 반박의 여지가 없는 이런 명백한 차이를 전혀 인정하지 않으려 한 것이 아님은 말할 것도 없다. 다시 말해서 그들이 의미하는 바는, 설사 농민들이 상이한 법적 지위를 갖고 있다 하더라도 그들 전체로 봐서는 어떤 이해관계의 대립도 생기지 않을 만큼 생활양식과 재산의 크기가 비슷했다고 간주한다는 것이다. 요컨대 별로 정확한 말은 아니지만 간단히 표현하면, 이것은 법적 계급은 인정하지만 사회적 계급의 존재는 부정하는 것이다. 그렇지만 이런 표현보다 더 부정확한 것은 없다.

우리가 알다시피, 중세 초기의 장원 안에서 같은 종류의 망스들 사이에도 종종 크기 면에서 큰 차이—그 차이가 처음부터 존재한 것이든 망스제도가 이미 쇠퇴한 결과로 생겨난 것이든 간에—가 있었다. 예컨대 티에 촌락에서 콜로누스 신분인 바딜로라는 이름의 망스보유자는 16헥타르 내지 17헥타르 크기의 곡물경작지와 약 38아르의 포도밭 및 34아르의 초지로 된 자유인망스를 보유했다. 이에 비해 역시 콜로누스 신분인 동과 드망슈—전자는 여형제와 함께 살고 있고 후자는 처자식을 거느리고 있다―는 3헥타르를 별로 넘지 않는 아주 작은 규모의 곡물경작지와 38아르의 포도밭 및 10아르 내지 11아르의 초지로 된 하나의 자유인망스를 공동보유하고 함께 협력해서 경작했다. 이러함에도 불구하고 우리가 바딜로와 그의 이웃 사람들이 동일한 사회계층에 속한다는 의식을 가졌으리라고 생각할 수 있겠는가? 종류가 다른 망스들 간에는 보통 크기가 달랐다. 하나의 노예망스를 이웃한 자유인망스의 보유자와 법적으로 동등한 사람―예컨대 콜로누스―이 보유할 수는 있으나, 노예망스의 크기는 보통은 자유인망스보다 작았다. 마지막으로 그 보유지의 크기가 망스만큼 크지 않은 땅뙈기를 보유한 농민들―대체로 자신이 개간한 조그마한 황무지 위에 거주하는 것이 묵인된 '황무지 불법거주자들'(squatters)에 지나지 않는 '호스피티움'이나 '아콜라' 보유자들―은 대부분 훨씬 비천한 계층에 속했다.

망스제도의 해체는 농민보유지들의 분할을 촉진함으로써 이런 차이들을 더욱 크게 벌여 놓았다. 우리가 중세 농민의 재산규모를 아는 것은 쉬운 일이 아니다. 그렇지만 몇몇 문헌기록 덕분에 그렇게도 알기 어려운 크기를 알 수 있다. 1170년에 가티네의 3개 장원에서는 타이유세가 반드시 농민보유지의 가격에 비례하여 부과되고 있었으며, 그 부과금액은 2드니에에서 48드니에 사이였다. 성 루이 시대에 피에르퐁(Pierrefonds)[49] 성주령에 있는 국왕의 농노들은 그들이 가진 재산의 5퍼센트를 해방금으로 지불했다. 화폐가치로

....
49 피카르디 지방 우아즈도에 있는 콩피에뉴 근처에 위치. 파리 북동쪽 80여 킬로미터 지점에 있다.

환산하면, 해방금은 1리브르에서 1,920리브르가 지불된 셈이다. 사실 그들 가운데 가장 부유한 사람은 농민이 아니었다. 그러나 절대로 농민이라고 추정하지 않으면 안 되는 사람들이 소유한 중소 규모의 재산들 가운데서도 격차는 뚜렷하게 드러난다. 전체적으로 봐서 3분의 2 이상의 농민들의 해방금이 20리브르에도 못 미쳤던 데 반해, 7분의 1 이상의 농민은 40리브르를 상회했다.[48]

농민들은 시간이 지나면서 특히 두 가지 기본 기준에서 서로 구별되고 뚜렷한 차이가 났다. 하나는 영주를 위해 하는 일이 품위와 권력을 갖느냐 하는 것이다. 다른 하나는 비교적 경제적 성격을 강하게 띠는 것으로, 쟁기질할 수 있는 역축을 가지고 있느냐의 여부였다.

중세의 장원에서 영주는 그의 이름으로 장원을 관리하는 한 사람의 대리인을 두고 있었다. 이런 대리인은 곳에 따라 '프레보'(prévot),[50] '메르'(maire),[51] '벨'(bayle)[52] 또는 리무쟁에서는 '쥐즈'(juge)[53]라고 불렸다. 대리인의 개인적 신분은 그의 관리를 받는 사람들보다 전혀 우월하지 않았다.[54] 심지어 그의 신분은 법적으로 '자유'를 유지해 온 마낭들보다 낮은 경우도 있었다. 실제로 장원 관리인은 노예 신분 출신인 경우가 자주 있었다. 이것은 이런 예속 관계가 원래부터 순종적 태도를 담보하는 효과가 있는 것으로 생각

....

50 중세의 라틴어로는 'praepositus'였음.
51 중세의 라틴어로는 'major'.
52 중세의 라틴어로는 'baillivus', 'ballius', 'balius' 등임.
53 중세의 라틴어로는 'judex'로서, 원래는 재판관이라는 뜻임.
54 장원의 관리인은 보통 일반 장원농민들 가운데서 발탁되었다.

되었기 때문이다. 그러나 장원 관리인의 직책은 정당한 것이든 부당한 것이든 간에 그 자신에게 많은 이익을 보장해 주었다. 무엇보다도 자신의 직책으로부터 그는 — 예로부터 언제나 그렇기는 했으나 폭력적 사회분위기와 얼마간 격정이 지배하던 시대에는 특히 — 사람들에 대한 명령권에서 비롯되는 비할 데 없는 큰 위세를 누렸다. 그는 장원이라는 작은 세계 안에서 우두머리 역할을 했을 뿐만 아니라 기회가 생기면 전쟁의 지휘자가 되었다. 위험이 닥치거나 복수가 행해질 경우에 그는 마을에서 소집된 군대의 선두에 서지 않았던가? 엄격한 금지조치에도 불구하고 그는 가끔 칼과 창을 차고 다니기를 좋아했다. 이례적인 일이기는 했지만 그는 무장한 기사가 되는 허락을 받기도 했다. 그는 자신의 권력과 재산 및 생활관습을 통해 천대받는 농민대중과 구별되었다. 게다가 상당히 난폭하고 압제적이기는 했지만 언제나 충성심이 결여된 적이 없었던 이 작은 장원 '관리인들'(sergents) 세계는, 일찍이 견고하게 결합된 계급이라면 어떤 계급에게나 거의 불가결했던 유대관계, 즉 세습의 관행을 가지고 있었다. 실제로 그들의 권력을 불안한 시선으로 바라보던 영주의 노력에도 불구하고 장원 관리인의 직무는 그 직무에 배정된 농민보유지('봉토')와 함께 아버지로부터 아들로 상속되었다. 우리가 농노의 교환에 관한 계약서들을 통해 알고 있다시피, 12세기와 13세기에 장원 관리인의 자녀는 되도록이면 다른 장원 관리인들의 자녀와 결혼하곤 했다. "자신의 집단 안에서" 꼭 결혼하고 싶어 한다는 것은 이런 집단이 무엇보다 사회적으로 하나의 계급으로 생성되는 과정에 있다는 뚜렷한 증거가 된다.

그렇지만 장원 관리인 계급은 영속되지 못하고 단명했으며, 프

랑스에서는 끝내 특별한 법적 지위를 인정받지 못하고 말았다. 13
세기부터 사회계서제(社會階序制)가 수많은 단계로 분화된 독일에
서는 귀족 계급의 아래쪽에 그들에 대한 별도의 지위가 마련되었
다. 프랑스 사회 역시 계급에 따라 조직되었지만, 보다 단순한 방식
으로 편성되었다. 프랑스에서 귀족은 13세기에도 역시 아주 강력하
게 조직되어 있었으나, 하위계급은 공식적으로 인정되지 않았다. 많
은 장원 관리인이 세습적 기사의 지위를 획득해서 시골귀족(la gen-
tilhommerie des campagnes)[55]에 동화되었다. 그들은 대개의 경우
동시에 그들의 직책을 그만두었으며, 부려먹기가 어렵게 된 대리인
들을 별로 유지하고 싶은 생각이 없었던 영주들이 그 직책을 되샀
다. 이 전직 마을 폭군들은 농민집단보다 훨씬 높은 지위로 신분이
상승했으므로, 이제는 전혀 농민집단에 속하지 않게 되었다. 그렇지
만 운이 좋지 않거나 유능하지 못한 여타의 사람들은 그렇게 높이
오르지 못했다. 영주직영지의 축소, 영주 명령권의 쇠퇴, 영주의 소
득원인 토지를 점차 임대하는 관습, 심지어 대리인들에 대한 영주
의 불신 등으로 말미암아 대리인 직책은 점차 중요성을 잃게 되었
다. 이제 대리인들은 그들의 생활양식과 사회적 지위로 봐서 부유
한 빌렝과 별반 다름없게 되었다. 11~12세기에 그리도 권세가 강했
던 장원 관리인 계급은 13세기 중에 일종의 분해가 일어난 결과로
사라진다. 중세사회는 일종의 결정체처럼 경직됨으로써, 누구나 이
제는 귀족이거나 농민이거나 둘 중 하나여야 했다.

　　이제는 영주가 세습적 관리인들을 줄임으로써 그들로 인한 피

....

55　시골에서 토지를 수입원으로 해서 살아가는 소귀족을 말한다.

해를 덜 입게 되거나, 그들 관리인의 재량권을 점차 축소시켰다. 근대에는 촌락에서 영주의 주요 대리인은 급료를 받는 법률가이든가 아니면 부과조 및 영주직영지의 청부업자였다. 법률가는 부르주아로서, 여기서 우리의 관심거리가 아니다. 청부업자 역시 가끔 부르주아였지만, 어떤 경우에는 부유한 농민이었다. 그러나 후자의 경우에 그는 남달리 유복하기는 했지만 평범한 '쟁기농'이었을 뿐이다.

"콜랭은 어떤 선량한 쟁기농에게 하루분의 일을 해 주어야 할 의무를 지고 있었다"라고 볼테르는 썼다. 이런 문구는 18세기의 문헌에 자주 나타난다. 나는 오늘날의 독자가 이런 문구가 '농민'보다 지체 높은 귀족적 유형의 사람을 표현하는 것으로 볼까 봐 염려된다. 그렇게 보는 것은 잘못일 것이다. 이 말은 당대인들에게는 매우 의미심장했다. 우리는 중세 때부터 벌써 농민들이 한편으로는 말, 황소, 당나귀와 같은 견인가축과 쟁기를 가진 농민들(이들은 당연히 살림이 가장 넉넉한 사람들이다)과 다른 한편으로는 오직 팔힘만으로 일하는 농민들의 두 부류로 매우 뚜렷하게 분화되는 것을 보게 된다. 곧 "견인하는 말을 가진" 농민인 본래 의미에서의 쟁기농(laboureur)과, 이에 대해 "팔로 농사짓는 경작자"인 무쟁기농(brassier) 및 '메나제'(ménager)[56]로 구분되었다. 부역에 관한 보고서들에서는 농

....

56 '메나제'란 구체제 아래서 부농 내지 자영농이라고 할 수 있는 쟁기농과 빈농이라고 할 수 있는 무쟁기농의 중간에 위치한 자소작농(自小作農)이라고 할 수 있다. 쟁기농이 20헥타르 이상의 토지와 한두 쌍의 역축 및 쟁기를 가진 비교적 부유한 농민이고 무쟁기농이 이와 정반대로 자신의 노동력 외에는 생산수단을 거의 소유하지 못한 빈농이었던 데 비해, 메나제는 곳에 따라 다르기는 하지만 10헥타르가량의 소규모 토지를 경작하는 농민이다. 그러나 메나제는 그 정도 크기의 토지로는 가족의 생계를 유지하기 어려워 지주나 부농에게 날품을 팔고, 경작에 필요한 역축과 쟁기도 전혀 소유하지 못하거나 부족하여 그들에게 의존하지 않을 수 없었다. 이런 메나제는 마을별로 서너 가구 정

민이 두 부류로 엄밀하게 구별되었다. 바르데(Varreddes)[57]에서는 13세기에 갈이질부역과 수송부역이 "쟁기에 역축을 매는" 사람에게만 부과되었던 데 비해, 그곳 주교좌의 구내 작업은 "쟁기를 가지고 있든 가지고 있지 않든 간에" 모든 농민에게 부과되었다. 1155년에 툴루쟁에 있는 그리졸에서는 "무쟁기농"(brassier)이라는 명칭이 분명하게 언급되고 있다. 쟁기농이라고 해서 모두가 절대로 똑같지 않았음은 물론이다. 이를테면 장원 관리인들이 쟁기농에게 부과조를 할당할 때 일반적으로 고려한 것은 여전히 쟁기농의 마구간이나 외양간에 있던 가축 수였다. 13세기에 아브랑생(Avranchin)[58]에 있는 퀴레 마을에 관해서 전해지는 바와 같이, 거의 어디서나 부유하지 못한 쟁기농들은 서로 협력하여 하나의 같은 쟁기에 "그들의 역축들을 매달지" 않을 수 없었다. 중질토(重質土) 지역에서는 밭을 갈기 위해 서너 쌍에 이르는 황소가 필요하지 않았던가? 그래서 새로운 구별이 생겨났다. 예컨대 바르데에서도 한 필이나 두 필, 세 필, 네 필의(또는 그 이상의) 말을 몰고 와서 쟁기에 "매다는" 빌렝들 간에 구별이 생겼으며, 11세기에 푸아투 지방의 생틸레르쉬르오티즈에서는 2두의 황소를 가진 사람들과 4두의 황소를 가진 사람들이 서로 구별되었다. 같은 시기에 마리지생트주느비에브(Mari-zy-Sainte-Geneviève)[59]에서는 "황소 없이 일하는" 가련한 농민들 외

....

도 존재했다고 한다. 마르크 블로크는 이 책에서 메나제를 쟁기농과 대조를 이루는 무쟁기농과 비슷한 처지에 있는 것으로 본다. 그것은 메나제가 토지가 부족하여 쟁기농에게 날품팔이꾼 역할을 했다는 사실 때문일 것이다.

57   파리에서 동쪽으로 40여 킬로미터 떨어진 마른강 근처에 위치.
58   노르망디 지방의 망슈도에 있는 아브랑슈(Avranches)시를 중심으로 한 주변지역.
59   피카르디 지방 엔도에 위치.

에도 몇몇 농민은 "바퀴달린 쟁기" 하나를 통째로 가지고 있었던 데 비해 다른 농민들은 단지 "반쪽 쟁기"만을 가지고 있었다.[49] 이런 작은 차이점들에도 불구하고 기본적 구분은 쟁기농과 무쟁기농 사이에 이루어졌다.

쟁기농과 무쟁기농의 구분은 토지소유자와 토지 무소유자를 구별한 것이었을까? 전혀 그렇지 않다. 그런 대비는 법적인 차원에서 이뤄진 것이 아니라 경제적 차원에서 이뤄졌다. 무쟁기농은 대체로 비록 초가집과 텃밭 정도이기는 했지만 약간의 땅뙈기와 심지어 약간의 여윈 가축을 가지고 있었다. 이런 것은 매우 오래전부터 볼 수 있는 사실이다. 1096년 직전에 맺어진 어떤 계약내용을 기술한 설명서는 "라이에의 아들인 아모리는 몽동빌(Mondonville)[60]에 있는 생마르탱데상의 수도사들에게 주택과 채마밭이 들어설 정도의 땅밖에 갖지 못한 2명의 오트를 바쳤다"라고 전하고 있다.[50] 이런 것은 18세기의 문헌기록에서도 매우 분명하게 묘사되는 상황이다. '쟁기농'으로 말하자면, 그가 경작하는 토지는—어쨌든 그 대부분은— 한시적인 임차지일 가능성이 높다. 이와 같은 임차지 경작은, 근대에 대토지소유제가 발달하면서도 직접 경영이 드물어짐에 따라 점점 더 빈번해졌을 것이다. 귀족이나 부르주아로부터 이들 자신이나 이들의 조상이 끈질기게 축적했던 토지를 빌려 많은 토지 경작과 다량의 가축사육으로 수익을 올린 쟁기농들은 마을의 진정한 자본가였으며, 그들의 부와 위세는 흔히 소지주를 능가했다. 18세기부터 차지농업가(fermier)가 쟁기농과 거의 동의어가 되었다는

....
60   프랑스 남동부에 있는 오트가론도에 위치.

것은 우연한 일이 아니다. 오늘날까지도 일상어에서는, 법적인 정확성을 기하려는 어떤 생각도 하지 않고, 임차지(ferme)라고 하면 좀 큰 규모의 농업경영체를 가리키는 것으로 이해되고 있다.

견인가축을 갖지 못한 무쟁기농은 얼마 안 되는 밭을 어떻게 경작했을까? 가끔 쟁기 없이 경작했다. 틀림없이 구시대에는 쟁기 없이 농사를 짓는 경우가 상당히 자주 있었을 것이다. 1210년에 작성된 어떤 문서는 라쿠르디외 수도원이 어떤 숲에 대한 개간을 계획하면서 개간지에서는 두 가지 부류의 농민, 즉 황소를 갖고 경작하는 농민과 괭이를 갖고 일하는 농민이 있을 것임을 상정하고 있다. 1771년 보쿠아(Vauquois)[61]의 지적도에는 "팔힘으로 경작되는 토지들"이 기재되어 있다.[51] 그러나 어떤 곳에서는—특히 땅이 딱딱한 곳에서는— 살림살이가 넉넉한 이웃으로부터 견인가축과 쟁기를 빌리지 않으면 안 되었다. 이런 견인가축과 쟁기를 빌리는 데는 사용료를 받지 않는 경우도 있기는 했으나—서로 돕는 것은 많은 농촌공동체에서 상당히 강한 사회적 의무였다—, 사용료를 지불하는 경우가 더 많았다. 사용료는 종종 돈으로 지불되기도 했지만, 어떤 곳에서는 가난한 사람이 부자를 돕는 익숙한 방식이었던 일손을 돕는 형태로 지불되었다. 실제로 자기가 가진 토지로는 생계유지가 너무나 어려웠던 무쟁기농은 보통 쟁기농의 집에 가서 품팔이를 함으로써 생계를 꾸릴 수 있었다. 그는 '마누브리에'(manou-vrier) 또는 '주르날리에'(journalier)라고 불린 날품팔이꾼이었다. 따

....

61 프랑스 북동부 뫼즈도의 아르곤 구릉지대에 위치. 이 마을은 제1차 세계대전 중에 격전이 벌어져 황폐화된 것으로 잘 알려져 있다.

라서 이 두 계급 사이에는 협력관계가 맺어졌다. 그러나 그렇다고 해서 알력이 없었던 것은 아니다. 18세기 말에 아르투아에서는 '메나제'들이 살림이 넉넉한 농민들에게 노동을 제공하지 않고 얼마간의 토지를 임차하는 것에 불만을 품은 쟁기농들이 그들을 응징하기 위해 쟁기 끄는 역축의 대여료를 인상해 버렸다. 그들의 불만이 어찌나 크고 위협적이었는지 정부가 중재에 나서서 법정 대여료를 결정해야만 했을 정도였다.[52]

이 두 계급의 차이와 그에 따른 대립은 예로부터 언제나 있었다. 그러나 근대세계의 경제변화로 말미암아 격차와 대립은 더욱 심해졌다. 우리가 본 바와 같이 농업이 교환경제 체제에 편입된 것이 농민이 당면한 진정한 위기의 원인이었다. 농민들 가운데 보다 넉넉하고 수완이 좋은 사람들은 이런 상황을 이용하여 보다 부유해졌다. 반면에 다수의 쟁기농은 빚을 지고는 그들의 재산 가운데 일부를 팔지 않으면 안 되어 무쟁기농 집단에 편입되거나 이들 집단과 흡사한 처지에 빠져들었다. 그렇지만 새로운 지주들이 토지를 소작지 형태로 경영하는 한, 화폐지대의 지불이나 분익소작제 방식으로 약간의 토지를 빌릴 가능성은 이들 낙오자에게 남아 있었으며, 다수가 이런 기회를 이용했다. 그러나 18세기에 많은 지방에서 대규모로 진행된 "소작지 겸병"으로 말미암아 그들 가운데 상당수가 결국 농업 프롤레타리아로 전락하고 말았다. 이 시대의 많은 문헌기록이 1768년에 릴(Lille)의 지사가 아르투아의 몇몇 면(面)에 관해 전해 주는 바와 같은 마을 상황을 묘사하고 있다.

"단 한 사람의 차지농업가가 하나의 공동체 내에 있는 모든 농경지를 독점하고 있다. 이것은 차지농업가를 주민들의 목줄을 쥔 절대적 지배자로 만들고 그 주민과 농업에 손실을 끼치는 것이다."[53]

1787년 직전에, 예컨대 로렌, 피카르디 및 어쩌면 베리와 같은 지방의 많은 공동체에서 무쟁기농은 주민의 대다수를 이루었다. 그 얼마 후에 왕정을 무너뜨리는 정치혁명이 일어났을 때와 마찬가지로, 경제적인 동시에 기술적인 '농업혁명'으로 1750년 무렵에 프랑스 농촌의 대부분이 변화하기 시작했을 때도 농민사회의 분열은 심했다.

제6장

농업혁명의 개막

관례적으로 '농업혁명'(révolution agricole)이라는 명칭은 나라에 따라 그 시기는 다르지만 유럽 전역에서 근대적인 경영방식의 도래를 나타내는 농업기술과 관습의 대변혁을 가리키는 데 쓰이고 있다. 이 용어는 적절하고 유용한 말이다. 농업혁명이라는 용어는, 농촌의 이런 변혁과 자본주의적 대공업을 탄생시킨 '산업혁명' 간에 아무도 부정할 수 없는 유사성이 존재하고 실제로 사실들에 근거를 둔 관련성이 있음을 연상시킨다. 이 용어는 그런 현상의 폭과 강도가 어느 정도인지를 드러내 보인다. 농업혁명이라는 말은 결국 역사용어로 마땅히 채택되어야 할 것으로 보인다. 그렇지만 역사용어로 채택하더라도 애매함은 피해야 한다. 농촌사 전체는 초기 단계부터 변화의 연속이었기 때문이다. 예컨대 순전히 농업기술적 측면에 국한해서 보더라도, 바퀴달린 쟁기의 발명, 규제형 윤작제에 의한 한시적 경작의 대체, 황야와 숲의 개간자들과 그 이용자들의 극적인 활동 등보다 더 결정적인 변화가 일찍이 있었던가?

'혁명'이라는 말이 근원적인 변화를 뜻한다고 한다면, 우리가 곧 검토하게 될 변화들은 확실히 혁명이라고 할 수 있을 것이다. 그러나 오랫동안 변화가 없다가 상상을 초월하는 격변이 일어났는가? 물론 그렇지 않다. 갑작스런 변화였던가? 더욱 아니다. 농업혁명은 오랜 시간에 걸쳐, 심지어 몇 세기에 걸쳐 진행되었다. 그런 완만한 진행이 프랑스에서보다 분명하게 나타났던 곳은 없다.

농업혁명은 두 가지 특징을 지니고 있다. 하나는 집단용익권이 예전에 행사되던 곳에서는 이런 권리가 점차 소멸했다는 점이고, 다른 하나는 기술상의 혁신이다. 이 두 가지 변화는 서로 긴밀한 관계를 가지고 있었으며, 완전한 의미에서의 혁명이 일어난 것은 이 두 가지 특징적 현상이 시간적으로 일치했을 때였다. 그러나 이 두 가지가 시간적으로 정확하게 일치했던 것은 아니다. 거의 모든 나라—예컨대 영국—에서와 마찬가지로 프랑스에서도 집단용익권에 대한 침해는 농업 특유의 기술변화보다 훨씬 앞서 일어났기 때문이다.

1

집단용익권의 최초 철폐 사례: 프로방스와 노르망디 지방

예전에 프로방스 지방에서는 휴작지 공동방목이 여타의 개방 경지제 실시 지방과 거의 마찬가지로 철저하게 실시되었다.[1] 가끔 경작자들이 특히 자신들의 역축사육을 위해 자신들의 휴한지 가운데 일부에 대해 공동방목을 금지시키는 것이 허용되기는 했지만, 이런 권한의 행사는 예컨대 1242년의 법령에 의하면[2] 그라스 (Grasse)[1]에서는 자신의 토지 가운데 작은 부분에 국한되었다. 그러나 14세기부터는 고래의 관습에 반대되는 강력한 움직임이 뚜렷이 나타났다.

이런 변화는 매우 격렬했던 까닭에 중세 말에는 법 개정이 시도되기에 이르렀다. 1469년에 공법을 법전으로 체계화하는 작업에 골몰하고 있던 프로방스 지방의 삼부회는 당시 군주였던 르네 왕(le

....
1   프로방스 지방에 있는 칸시의 북쪽 인근에 위치. 니스 서쪽에 있다.

roi René, 1409~1480)[2]에게 다음과 같은 청원서를 제출했다.

"개인 고유의 재산은 타인의 이익을 위해서가 아니라 자신의 이익을 위한 것이 되어야 합니다. 그러므로 본 삼부회는 모든 초지, 포도밭, 공동방목이 금지된 숲 그리고 공동방목이 금지될 수 있는 여타의 그 어떤 소유지도, 설사 그것이 왕의 지배를 받는 고장에서 시행되고 있는 온갖 관습과 상치되는 한이 있더라도, 일년 내내 공동방목이 금지되어야 하며 그 위반자에 대해서는 엄벌에 처할 것을 간청합니다."

이에 대해 르네 왕은 "누구나 자기의 재산을 자유로이 사용하고 지배하는 것은 정당하므로, 청원한 대로 될지어다"라며 동의를 표했다.[3] 이런 '법령'—청원은 왕의 승인을 얻어 법령으로 제정되었다—은 곡물경작지에 관해서는 명확하지 않았던 것이 사실이다. 그럼에도 불구하고 법령의 해설자들은 그것이 강제적 휴작지 공동방목을 완전히 폐지한 것이라고 보는 데 의견이 일치했다. 그렇지만 당대의 대부분의 입법 관련 문서들과 마찬가지로 그 법령은 준수되지 않았다. 그것은 당시 정신상태의 일면을 보여준다. 그러나 실질적 변화는 다른 데서, 즉 공동체별로 행해진 국지적 차원의 결정으로부터 왔다. 변화는 적어도 14세기에서 17세기에 이르는 4세기에 걸쳐 일어났다. 이에 대해 정확하게 서술하기 위해서는 프로

....

2   앙주, 바르, 로렌 등지의 공작과 나폴리 및 시칠리아 왕을 역임한 앙주가 루이 2세의 차남. 1434~1480년간에 프로방스 백작을 지냈다.

방스 지방의 거의 모든 읍락이나 촌락의 역사에 대해 자세히 잘 알지 않으면 안 될 것이다. 그렇지만 지면이 부족하고, 자세히 아는데 필요한 자료 역시 부족하다. 그런 이유로 내가 개괄적으로 서술하는 데 그칠 수밖에 없다고 해서 놀랄 것은 없을 것이다.[4]

많은 경우에, 특히 처음에는, '콩파스퀴테'(compascuité)[3]는 단지 제한되었을 뿐이다. 공동방목의 금지대상은 전에는 늘 몇몇 특정 농작물에 국한되었으나, 이제는 다른 농작물 재배지에 확대되기도 했다. 예컨대 살롱(Salon)[4]에서는 전에 포도밭만이 가축의 공동방목에서 면제되었으나 1454년에는 면제대상이 올리브밭과 편도나무밭 그리고 심지어 초지에까지 확대되었다.[5] 또는 촌락토지의 일정 구역 전체에 대해 공동방목이 금지되기도 했다. 이런 금지구역은 경계를 표시하는 표지석의 이름을 따서 일반적으로 '볼'(bolle)이라고 불렸으며, 보통 취락에 아주 가까운 곳이거나 가장 비옥한 곳이었다. 1381년에 엑스에 이런 금지구역이 설정되었다. 그러나 전쟁이 일어나는 경우에는 공동방목의 금지가 해제된다는 단서가 붙어 있었다. 전시에는 가축떼가 도시의 성벽으로부터 너무 멀리 떨어져 있어서는 안 되었기 때문이다. 1390년부터 이런 공동방목 금지구역이 늘어났다. 즉 타라스콩(Tarascon), 살롱(1424년), 말로센(Malaucène), 카르눌(Carnoules), 페른(Pernes), 오바뉴(Aubagne)에서 이런 금지구역이 나타났다.[6]

다른 곳에서는 처음부터 보다 전면적인 금지조치가 취해졌다.

....

3 앞에서 본 바와 같이, 공동방목권을 뜻하는 남부 프랑스의 법률용어.
4 살롱드프로방스(Salon de Provence)를 말하는 것으로, 마르세유에서 북서쪽으로 50여 킬로미터 거리에 있고 아를(Arles)시에서는 동쪽으로 40여 킬로미터 거리에 있다.

세나스에서는 공동방목이 전통적으로 영주의 직영지를 포함한 촌락권역의 모든 토지에서 행해졌다. 그러나 어느 날 영주들은 이런 방목 관습이 자신들에게 유리하지 않음을 깨닫게 되었다. 1322년에 영주들은 그해 1년 동안 마을의 가축떼가 어떤 밭이든 간에 '레스투블'(restouble)—즉 그루터기가 있는 밭—에 들어가는 것을 금지시켰다. 그러나 영주들은 그곳에 자기들의 가축을 들여보낼 권리를 완강하게 주장했다. 농민들은 항의했다. 그렇지만 농민들이 강하게 항의했던 것은 공동방목 금지조치 자체보다 불공평한 방목조치였던 듯하다. 문제는 기술적인 동시에 법적인 것이었다. 토지의 이용에 관한 규칙을 정할 권한이 누구에게 있느냐 하는 것이었다. 언제나 어려운 문제인 그런 권한의 귀속을 둘러싼 다툼은 결국 이들을 중재하는 재판의 판결을 통해 타협을 봄으로써 종결되었다. 판결내용은 다음과 같았다. 영주에게는 그루터기 밭의 공동방목을 금지시키는 권한이 인정되었다. 그러나 영주의 권한행사에는 영주가 사전에 주민들과 상의해야 할 뿐만 아니라 영주 자신이 그런 금지조치를 지킨다는 단서가 붙어 있었다. 영주 스스로가 금지조치를 준수하지 않는다면 아무도 지키지 않을 것이기 때문이다. 분명히 중재자들은 오래된 이런 관습의 폐지를 아주 당연한 것으로 보았다. 이 지방에서는 공동방목되는 땅이 매년 경매를 통해 매각되었기 때문에 틀림없이 오랜 공동방목 관습은 영구히 폐지되는 경향을 띨 수밖에 없었다.[7] 여타의 공동체들은 상황에 따라 서로 매우 다른 시기에 '콩파스쿼테'를 일거에 모조리 철폐했다. 예컨대 살롱에서는 우리가 본 바와 같은 보다 온건한 조치들을 통한 준비과정을 거친 후 1463년 직전에 공동방목권이 과감하게 철폐되었고, 아비뇽에서는 1458년에, 리에(Riez)[5]에서는 1647년에 철폐되었으며, 그보다 더 북쪽에 위치한 오랑주에서는 1789년 7월 5일에 이르러 폐지되었다.[8] 이런 철폐 결정은 점차 증가했다. 그 밖의 많은 곳에서는 원칙적으로는 공동방목권이 폐지되지 않으면서도 때로는 명시적 문서를 통해서, 때로는 단순한 용인―이는 곧 법률화되었다―을 통해서 경작농민들이 자기들의 농경지를 공동방목으로부터 면제받을 권리를 인정받았다. 이런 면제 권리는 경우에 따라 각 농가 토지의 일부에 국한되었다. 예컨대 1647년에 발랑졸(Valensolle)[6]에서는 토지의 3분의 1에 대해서만 면제 권리가 인정되었다.[9] 다른 곳에서는 이런 면제 권리가 전체 농지에 대해서 적용되었다. 가축떼를 모는 사람들이 들어오지 못하게 하는 데는 간단한 표시 하나만 있으면 되었다. 일반적으로 자갈이나 흙덩이로 된 '무더기'(montjoie)로 표시되었다. 결국 프로방스 지방에서는 공동방목권의 강제적 실시 관습이 거의 완전히 사라졌다. 그렇지만 그 지방 전역에서 모조리 사라졌던 것은 아니다. 오래된 관습을 충실히 따랐던 몇몇 공동체는 그 어떤 공동방목 금지도 인정하기를 거부했다. 아니면 오랜 특권을 향유하고 있던 영주들 자신이 이런 '무더기'를 무시해 버릴 권리를 갖고 있다고 생각했다. 만약 우리가 구체제 말에 프로방스 지방의 토지이용과 관련된 지도를 작성한다면, 그 지도에서 개인주의의

....

5   알프스드오트프로방스의 도청 소재지인 디뉴(Digne)시에서 남서쪽으로 40여 킬로미터 거리에 위치. 알르마냐프로방스에서 동북쪽으로 10킬로미터가 채 안 되는 거리에 있다.

6   알프스드오트프로방스의 도청 소재지인 디뉴시의 남서쪽에 떨어져 있는 고원지대를 가리킴. 이 고원의 남쪽에 알르마냐프로방스 및 리에가 위치한다.

승리를 표시하는 똑같은 색깔의 넓은 지면 가운데, 휴한지에서의 방목 용익권이 여전히 실시되고 있는 드문드문 산재된 토지를 표시하는 다른 색깔이 나타남을 보게 될 것이다. 지질학자들이 침식 지층의 '잔구'(殘丘, témoin)[7]를 통해 원래의 모습을 그려 보거나 아니면 언어지리학이 옛 언어 형태들의 잔해를 통해 작업하듯이, 우리가 이런 산재된 점들을 머릿속에서 연결시켜 보면 그 이전의 공동체적 농업관습을 따랐던 지역의 전체 범위를 재구성할 수 있을 것이다.

프로방스 지방에서는 예전의 "초보적인 공산주의"가 왜 그렇게 일찍 사라졌을까? 주지하다시피 프로방스에서는 처음부터 북부 프랑스의 평원지대에서만큼 "초보적 공산주의"가 강하지 않았다. 프로방스의 이런 공산주의는 북부 프랑스에서와 같은 거역할 수 없는 절대적 규칙에 근거한 것이 아니었다. 무엇보다도 경지배열 구조 자체가 북부 프랑스처럼 엄격한 규칙을 거의 필요로 하지 않았다. 밭뙈기들이 폭과 길이가 거의 같고 촌락권역 내에 대부분 아무렇게나 흩어져 있는 상태에서 이웃 사람과 관계없이 산다고 해서 큰 어려움이 없었다. 그러나 동일한 경지배열 구조가 프로방스에 아주 가까운 랑그도크나 그보다 더 먼 베리와 같은 지방에서도 나타나지만, 이들 지방에서는 오래된 공동체적 체제로부터의 탈피가 훨씬 느리게 진행되었다. 이런 현상은 프로방스 지방에서 경지배열 구조로 말미암아 공동체적 체제에 변화가 일어날 수 있다는 가능성

....
7   하천 침식의 종말기에 형성되어 준평원 위에 고립·돌출한 작은 산이나 구릉 모양의 지형.

을 설명해 주기는 하지만, 그런 변화가 실제로 일어났던 이유, 그것
도 그토록 일찍 일어났던 이유를 설명해 주지는 못한다.

프로방스 지방에서 예로부터 계속해서 가르쳐지고 있었던 로
마법은 그 지방의 관습법에 명시적인 규정이 없는 경우에는 법 규
범을 규정하는 것으로 널리 인정받았다. 그런데 고대의 법학자들이
말했듯이, 로마법은 개인재산에 대한 그 어떤 제한에 대해서도 '적
대적'이었다. 로마법은 경지개혁을 위한 논거를 제시했으며 프로방
스 지방에서 경지개혁의 필요성을 인식케 하는 데 영향을 미쳤다.
1469년의 법령은 분명히 로마법에 대한 기억으로 가득 차 있다. 현
지 법률가들이 작성한 재판소의 여러 판결이나 공동체의 결정도 마
찬가지였다. 그러나 로마법의 영향은 그런 변화를 촉진하기는 했지
만 창출한 것은 아니었다. 랑그도크 지방 역시 로마법의 지배적 영
향을 받고 있었지만, 프로방스 지방에 비해 개인주의가 훨씬 뒤늦
게 승리하지 않았던가? 프로방스 지방에서 경지제도가 바뀌게 된
진정한 원인은 바로 그 지방의 경제적·지리적 구조 속에서 찾지 않
으면 안 된다.

토양학적 이유로 프로방스에서는 개간이 다른 지방만큼 크게
진전되지 못했다. 미개간지와 언제까지나 미개간지로 남을 수밖에
없는 땅이 프로방스 지방에는 많았다. '돌투성이의 땅'(roche), 즉
방향성(芳香性)의 관목덤불로 뒤덮이고 여기저기에 나무들이 점점
이 서 있는 '황야'(garrigue)가 없는 곳이 없었다. 게다가 프로방스
지방은 너무나 건조하고 부식토가 너무도 부족해서 경작에 적합하
지는 않지만 햇빛 좋은 철에는 소중한 목초를 제공할 수 있는 다소
광대한 면적의 땅, 특히 '돌이 많은 땅'(Crau)으로 되어 있었다. 물

론 곡식을 재배할 수 없는 이런 땅은 목장으로 이용되었다. 거기서 어떤 때는 가축떼가 아무런 제한 없이 자유롭게 방목되었고, 어떤 때는 그곳의 주민 전체나 일부가 일시적으로 울타리를 쳐서 자기들의 가축만 사육하기 위해 땅을 사용할 권리를 인정받기도 했다. 이런 울타리 쳐진 땅은 '코술'(cossoul)이라고 불렸다. 공동체들은 영주로부터 이런 사용권을 굳건히 지켜 냈다. 울타리 쳐진 경지제 실시지역의 황야와 마찬가지로, 프로방스 지방의 돌 많은 '에름'(her-m)[8]─'에름'은 본래 사막이라는 뜻이다─은 보다 철저하게 개간된 지방들보다 소농들이 공동방목을 하지 않아도 될 여지를 더 많이 제공했다.

그렇기는 하지만 공동방목은 결국 쟁기농보다는 다른 사람들의 이익에 기여하였음이 점차 분명해졌다. 무쟁기농들은 물론 매우 작은 토지를 소유한 사람들도 공유지로서의 황무지를 자유로이 이용할 수 있는 권한을 가지기는 했지만, 그렇다고 해서 유서 깊은 용익권을 경작지에 대해 행사하지 못하게 되는 것을 바랄 리는 없었다. 토지 자체를 전혀 갖지 못하거나 거의 갖지 못했던 그들은, 경작지에 대한 집단용익권 행사 불가라는 변화로 말미암아 아무것도 보상받지 못한 채 몇 안 되는 가축 방목장을 잃어버릴 운명에 처해 있었다. 1789년에 정치적 혁명과 동시에 토지문제와 관련된 소요가 발생했을 때, 많은 곳에서 그들은 '콩파스퀴테'를 복구시키려고 애썼다.[10] 공동방목이 사라지는 것을 보는 그들의 심정은 애석하기 짝이 없었을 것이다. 공동방목 금지조치를 취하는 사람들이 공동체

....

8   황무지를 뜻함.

속에서 때로 직면하는 적대행위의 일부는 필시 바로 이런 데서 유래했을 것이다.[11] 그러나 오래된 공동방목 관습의 제한에 대한 진정한 저항은 훨씬 강력한 사회집단, 즉 '누리기에들'(nourriguiers)이라고 불린 대규모의 목양업자들로부터 나왔다. 예컨대 살롱에서는 시당국이 그곳의 영주인 아를 대주교로부터 휴작지 공동방목의 전면적인 폐지 허락을 받았으나, 그 후에 목양업자들이 본디부터 자기들의 단골 고객일 수밖에 없는 정육업자들의 지원을 받아 여러 해동안 그런 개혁을 저지시켰다.[12] 결과적으로 주요 문제에서는 패하고 단지 두 가지 부차적인 문제—미개간지의 한가운데에 외따로 떨어져 있는 밭들에서의 공동방목의 계속과 그들의 가축이 들어오지 못하게 하기 위해 공동체가 만들었던 '코술'의 철폐—에서만 승리했던 대규모 목양업자들의 공동방목 폐지에 대한 반감은 조금도 사그라지지 않았다. 1626년에 방목으로 포도밭과 올리브밭에 피해가 발생한 경우에 부과되는 벌금이 인상되었을 때까지도, 그들은 "가축에게 풀을 뜯게 하고 싶어 하는 개인들"의 권리를 침해할 수 있는 규정에 대해 항의하곤 했다.[13] 토지이용에 관한 공동체의 새로운 정책이 목축업자에게 피해를 주게 된 데에는 의도성이 없었던 것이 아니다. 새로운 정책은 반대편 주민들의 뜻에 따라, 오래된 공동방목 관습을 지나치게 이용하고자 하는 행위를 종식시키는 것을 주요 목표로 삼았던 것이다.

아주 먼 옛날부터 프로방스는 이동목축을 하는 고장이었다. 그런데 13세기 이후 모직물 제조업이 발달하고 육류에 대한 소비수요가 큰 도시들이 발전한 결과, 매우 오래된 이 목축 관습이 그곳 경제에서 차지하는 중요성은 더욱 커졌다. 가축떼는 대개의 경우 그

가축을 소유하거나 가축치는 일을 맡은 부유한 사람들에 의해 구성되었다. 봄철에는 가축떼가 경작농민들이 가혹한 처벌을 받지 않을까 하는 두려움 때문에 밭 한가운데를 열어 주지 않을 수 없는 큰 길―'카레르'(carreire)―을 따라 주변에 큰 먼지구름을 일으키면서 고지대의 목장으로 올라가곤 했다. 이로부터 그들이 부담하는 통행세는 '먼지세'(pulvérage)라는 사실감 짙은 이름으로 불리게 되었다. 가을이 되면 가축떼가 고지대 목장에서 다시 내려왔다. 추수가 끝난 농경지에 흩어지는 것은 바로 그때였다. 왜냐하면 '누리기에들' 자신은 그 고장 출신으로서 주민들과 마찬가지로 추수 후의 경작지에서 '콩파스퀴테'의 권리를 가지고 있든, 빚을 잔뜩 진 어떤 공동체에게 또는 보다 흔하게 볼 수 있는 현상으로 농민들의 항의에도 불구하고 돈이 궁한 어떤 영주에게 공동방목권 행사를 대행케 하든 간에,[14] 추수 후의 경작지에 대한 '콩파스퀴테'를 유리하게 활용했기 때문이다. 이와 같이 오래전에 소집단의 구성원 각자에게 생계유지에 필수적인 가축사료를 확보해 줄 목적으로 고안되었던 그 오래된 용익권은 몇몇 대규모 목양업자들―살롱에서는 이와 같은 사람들이 "귀족이나 현명한 사람들"로 자처했다―의 이익을 위한 것으로 변질됨으로써 이들 목양업자의 양들이 모든 것을 먹어 치우게 되었다. 경작농민들은 농경지의 형태 덕분에 자기의 그루터기 밭에 있는 목초로 자기의 가축을 아주 잘 사육할 수 있었고 다른 한편으로는 '에름'에서 충분한 분량의 목초를 추가로 확보할 수 있었기 때문에, 이제는 그들의 토지가 이동 양떼의 방목지로밖에 사용되지 않게 된 '콩파스퀴테'를 폐지시켰다. 프로방스 지방에서 공동방목이라는 오래된 제도의 폐기는 목축업자에 대한 경작농민들의 끝없는 투쟁의 한 국면이었다. 이것은 유목민에 대한 정착민의 투쟁인 동시에 자본가에 대한 소생산자의 투쟁이라고 말할 수 있을 것이다.

공동방목이 철폐되었다고 해서, 농촌풍경에 눈에 띄는 변화가 일어났던 것은 아니다. 울타리는 전혀 없거나 거의 없었다(실편백나무로 된 생울타리는 오늘날 프로방스 지방의 그렇게 많은 농촌 들판의 독특한 모습을 자아내고 있지만, 밭을 가축떼로부터 막아 내기 위해서가 아니라 방풍용으로 조성한 것이다. 이런 생울타리는 19세기 이후에 생겨난 것이다).[15) 분할지 통합은 전혀 없었다. 프로방스 지방에서는 개인주의적 토지이용에로의 이행이 과거 오랫동안 확립된 물질적 근간을 손상하지 않고 감지할 수 없을 정도로 서서히 이루어졌다.

§

북부 프랑스의 개방경지제 실시 지방들에서는 공동체가 오랫동안 집단방목과 결부되어 있었으며, 가끔은 오늘날까지도 그렇다. 그러나 특히 16세기 이후 일부 인사는 집단방목을 굴레 같은 것으로 보고 반대하기 시작했다. 이들은 수많은 고장에서 매우 오래된 산재지제도(散在地制度, morcellement)[9]의 철폐를 초래한 끈질긴 토

....

9   앞에서 본 바와 같이, 농민의 농토는 한 곳에 집중·통합되어 있지 않고 경구별로 작은 분할지 형태로 분산되어 있었다. 영주의 직영지 역시 기본적으로 산재되어 있었다. 경지의 이런 산재는 삼포제가 실시되는 가운데 토지의 공동체적 이용과 촌락공동체 유지를 위해서 필요했다. 따라서 경지가 분할지 단위로 경구별로 산재하고 이런 바탕 위에서 토지를 이용하는 것은, 특히 기다란 개방경지제 실시지역에서는 모든 농촌주민에게 강제되는 의무였다.

지겸병의 결과 형성된 다수의 분할지를 소유한 자들이었다. 그들이 소유한 농경지가 넓었던 관계로 휴한지는 그들 자신의 가축 방목장으로만 사용될 수 있었다. 그들은 자신들의 사회적 지위로 봐서도 하층민과 동일한 토지이용 규칙을 준수해야 하는 상태를 견딜 수 없었다. 마지막으로 많은 가축이 사육되는 외양간에서는 때때로 토지의 비생산적 휴경이 실시되지 않아도 될 만큼 풍족한 거름이 산출되었다. 흔히 그들은 1년 동안 토지를 완전히 휴경하는 대신에 거기에다 조, 채유(採油) 작물, 특히 '파율'(fayoulx)이나 '포레'(porée)라고 불린 콩과작물과 같은 약간의 잡곡을 파종하곤 했다. 이런 경작방식은 '휴경지의 도둑질'이라고 불렸다. 이것은 토양으로부터 휴식을 빼앗는 것이 아니었던가? 고전고대의 농학자들은 이미 이런 경작방식을 권장한 바 있다. 그 후로 휴경이 없는 경작방식이 완전히 잊혔던 것은 아니었다. 단지 드물게, 그리고 산발적으로 이용되었을 뿐이다. 그렇지만 점차 그런 경작방식의 채용은 도시의 시장이 농업생산자에게 매력적인 판로를 제공하는 몇몇 지방에서 확대되었다. 플랑드르 지방에서는 휴경 없는 경작방식이 필시 중세 말부터 널리 유행했던 것으로 보인다. 프로방스 지방에서는 공동방목권에 대한 반대운동이 마지막 단계에 이르렀을 때, 이런 반대운동이 이동목양에 대한 불안감과 함께 어쩌면 토지소유자들이 마침내 휴경 없는 경작방식을 채용하는 데 영향을 미쳤을지 모른다. 노르망디 지방에서는 16세기 초부터 그런 경작방식이 실시되었음이 입증되고 있다.[16]

　마을 공동의 가축떼가 추수가 끝난 밭을 계속해서 돌아다니며 풀을 뜯는 농촌 들판에서는, 따라서 프로방스를 제외한 거의 모든 개방경지제 실시 지방에서는 이러한 자유로운 개별적 경작방식은 밭을 튼튼한 울타리나 깊은 도랑으로 둘러칠 경우에만 효과를 거둘 수 있었다. 근대 프랑스에서는 공동체의 반대가 있기는 했지만, 여기저기서 울타리가 쳐진 밭이 새로이 생겨났다. 그렇지만 그런 울타리의 대부분은 곡물경작지를 보호하기 위한 것이 아니었다. 뒤에서 설명하게 될 이유 때문에 울타리 치기는 초지에 대해서 행해졌거나, 아니면 1565년 직후에 몽벨리아르의 백작이 금지시킨 울타리 치기와 같이 곡물경작지를 정원이나 과수원으로 바꾸기 위한 목적에서 행해졌다.[17] 이미 튜더왕조 시대부터 오래된 영국의 풍경을 변모시키기 시작했던 '인클로저'와 같은 것이 프랑스의 대부분 곡물경작지에서는 18세기 말 이전에는 존재하지 않았다. 예컨대 토지집적자들의 광대한 농경지가 펼쳐져 있던 18세기 초의 보스와 베리의 지적도를 보라.[18] 그들의 농경지는 소농들의 가느다란 가죽끈 모양의 농경지와 마찬가지로 완전히 개방적이다. 관습법적 토지이용 규칙은 너무나 확고하게 뿌리내렸고 분할지 통합을 위한 활동은 농민보유지의 영대 보유권으로 너무나 많은 장애물에 부딪혔기 때문에, 그와 같은 대규모의 인클로저에 의한 변화는, 심지어 인클로저에 대한 매우 열렬한 기대를 가졌다고 하더라도, 불가능했을 것이다. 그렇지만 하나의 예외 지방이 있었으니, 그것은 곧 노르망디였다.

세 가지 사실이 노르망디 지방 가운데서도 오래전부터 개방경지제가 실시되었던 지역들의 근대 발전에 큰 영향을 미쳤다. 하나는 경지제도 차원의 것이다. 과거 개방경지제 실시 지역들 가운데 적어도 일부—코 지방—에서는 많은 농경지가 프로방스에서와 같이 집단용익권의 폐지에 유달리 유리한 퍼즐 모양을 하고 있었다. 다른 하나의 사실은 법률적인 것이다. 일찍이 중앙집권화된 노르망디공국은 13세기 초부터 몇몇 편찬자료 속에 성문화된 단일한 관습법을 가지고 있었다. 원래 개인적으로 간행되었던 이 자료는 일찍이 사법 당국에 의해서 법원(法源)으로까지 인정받았고, 1583년에는 분명히 공식적 법전편찬의 기초로 이용되었다. 그렇지만 노르망디의 경지배열 구조는 그와는 달리 획일적이지 않았다. 개방경지 외에 관례적으로 울타리가 허용된 보카주가 포함되어 있었기 때문이다. 이 두 경지제가 실시되는 지방에 관한 것이면서도 양자를 제대로 구별하지 못한 13세기의 관습법집들은 절충적이고 불명확하게 처리하고 말았다. 이들 관습법집에서는 "농작물이 없는 땅이 오래전부터 울타리가 둘러쳐져 있지 않은 경우에는" 휴작지 공동방목—'바농'(banon)이라고 불렀다—이 인정되었다. 그런데 사람들은 자유로이 울타리를 칠 권리가 있었던가? 그 점에 관해서는 십중팔구 현지의 관습에 맡겼을 것이다. 그렇지만 울타리를 치고 싶어 하는 사람들에게는 관습법이 성문법적인 효력을 가졌던 데 비해 현지의 관습은 그와 반대로 구전(口傳)을 통해서만 존속했기 때문에, 관습법집의 원문을 자신들에게 유리하게 해석하기가 얼마나 쉬웠겠는가! 마지막으로—이것은 세 번째 사실로, 본질적으로 경제적인 것이다—, 구 프랑스에서 12세기 이후 코나 바스노르망디 지방보다 더 비옥한 평야지대는 없었다는 사실이다. 그곳에서 농업은 일찍이 고도의 발전단계에 도달했다. 13세기부터 휴경지에서 행해진 깊이갈이[深耕]로 말미암아 관습법은 심지어 울타리가 쳐지지 않은 땅에서도 휴작지 공동방목의 지속기간을 축소시켜 3월 중순까지만 허용했다.[19] 휴한하지 않고 경작하는 것은 매우 일찍부터 높이 평가되었다. 부르주아의 재산은 많고 탄탄했으므로, 부활한 대토지소유화의 추세는 강력할 수밖에 없었다.

실제로 16세기부터 비옥한 이들 평야지대에서는 경작지의 울타리 치기가 다른 곳에서는 상상도 하지 못할 정도로 큰 폭으로 진행되었다. 페로트 드 케롱가(家)가 브레트빌로르게외즈 촌락 주변에 집요하게 통합한 대규모 분할지 형태의 경작지들은 울타리 쳐진 땅, 곧 '파르크들'(parcs)이었다.[20] 우리는 여기서 영국의 역사가들이 발간한 '인클로저'에 관한 지도들 가운데 하나를 보는 것 같은 생각이 들지도 모른다. 법 이론과 판례는 농경지를 울타리로 둘러칠 권리를 무조건적으로 인정하는 경향이 있었다. 1539년부터 이미 관습법집의 원문에 대한 최초의 주해자들 가운데 한 사람인 기욤 르 루이에(Guillaume Le Rouillé, 1494~1550)[10]는 그 권리를 인정했다. 1583년에 공식적인 관습법전은 그 전의 관습법 모음집을 명확히 하고 보완하면서 그 권리를 명백히 승인했다. 18세기에 캉평야에는 생울타리가 오늘날보다도 더 많았다. 왜냐하면 많은 생울타리가 올빼미당 당원들(les chouans)[11]의 은신처 구실을 했던 만큼 프랑스 대혁명기에 베어졌고, 다른 생울타리들은 휴작지 공동방목의 관습―생울타리는 휴작지 공동방목의 관습이 시행되고 있는 동안

....

10 노르망디 지방의 관습법에 대한 주석을 남기고 보몽 및 알랑송의 판사를 역임한 노르망디 알랑송 출신의 법률가.
11 프랑스 대혁명 시절인 1793년 브르타뉴를 중심으로 한 프랑스 서부지방에서 공화국 군대를 상대로 반(反)혁명 유격전을 벌였던 왕정주의자들. 그 패거리의 수령인 장 코테(Jean Cottet)의 별명이 올빼미인 데서 유래한 이름이다.

에만 유용한 구실을 했다—이 19세기에 이 지방 전체에서 사라졌을 때 지주들이 보다 평화적인 방법으로 캐내어 버렸기 때문이다.

　그러나 울타리 설치는 결국 비용이 비싸게 드는 문제가 있었다. 토지—심지어 개방되어 있는 토지라고 하더라도—를 가진 사람이면 누구에게나, 원하는 경우에 이웃 사람의 가축이 자기의 밭에 출입하는 것을 거절할 수 있는 권리를 인정해 주는 것이 보다 손쉽지 않았겠는가? 관습법에 대한 가장 오래된 주석자들의 생각은 그런 데까지는 미치지 못했다. 1678년에 저서를 낸 바나주(Henri Basnage, 1615~1695)[12] 때부터 주석자들은 과감한 해석을 시도했다. 판례는 오랫동안 명확한 견해를 정하지 못하고 머뭇거렸다. 17세기에도 고등법원은, 직영지에 대해 대가를 지불받는 조건에서만 휴작지 공동방목을 받아들이겠다는 어떤 영주의 주장을 인정한 하급 재판소의 판결을 파기했다. 그 다음 세기에 고등법원의 판결은 대지주들의 요구에 대해 보다 호의적인 태도를 보였으며, 특히 코 지방에 대해서 그랬다. 이곳에서는 도시와 심지어 농촌에서도, 한창 발전하고 있던 모직물 공업으로 경종농업을 하는 사람들과 목축업자 사이에 흔히 볼 수 있는 알력이 발생했다. 1786년의 한 보고서는 다음과 같이 전한다.

　　"이 고장에서는 양을 갖고 있지 않은 사람들이 양을 가진 사람들에게 바농 철에 자신의 토지에서 가축 방목을 금지할 수 있는 수

....

12　노르망디 지방 고등법원의 변호사를 지낸 법률가. 저서로 여기서 언급되는 『노르망디의 관습법 주석』(*Commentaire sur la coutume de Normandie*)이 있다.

단들을 많이 가지고 있음을, 그리고 공공이익에 그토록 반하는 제도를 받아들일 만큼 호의적인 재판관들이 존재함을 드물지 않게 볼 수 있다."

울타리 설치가 아무런 반대 없이 진행된 것은 아니었다. 무엇보다 특징적인 것은 개간지로부터 비교적 늦게 생성된 알리에르몽과 같은 마을들에서 특히 격렬한 반대가 일어났다는 점이다. 이들 마을에서는 좁고 기다란 분할지 모양의 경지가 오래된 스칸디나비아인들의 정주지와는 대조를 이루고 있었던 것이다. 이런 저항에도 불구하고 노르망디 지방의 농촌은 울타리 설치를 통해서든 각자의 토지에 각자의 가축을 칠 권리를 무조건적으로 승인해서든 간에 18세기 중엽부터는, 예컨대 경작지의 집단이용에 충실했던 일드프랑스나 로렌과 같은 고루한 지방이 머물러 있던 단계와는 몹시 다른 토지이용 단계로 이행했다.[21]

2

초지에 대한 집단용익권의 소멸[22]

휴경지에 아무것도 재배하지 않는 곳에서 통상적인 방식으로 토지를 경작하던 농민에게는 ―프로방스 지방에서처럼 대규모 목축업자들의 휴경지 침해에 저항하지 않는 한― 자기의 토지를 추수가 끝난 후 모든 사람의 가축에게 개방하는 것이 대수로운 일이 아니었다. 경작농민은 그의 농경지에 남아 있는 곡식의 그루터기나 잡초를 좀 잃을 뿐이지만, 마을 공동의 가축떼가 밭을 지나감으로써 ―자신의 가축도 공동의 가축떼 속에 끼어서 다른 사람의 그루터기 밭을 이용한다는 것 외에도― 밭에 시비가 이루어지는 이득을 보았다. 그러나 초지의 경우에는 사정이 달랐다. 아주 오래전부터 사람들은 거의 어디에서나 초지에서 두 번째 나는 그루풀을 이용할 수 있음을 알고 있었다. 그렇지만 거의 모든 곳에서 그루풀은 초지의 임자가 수확하기 전에 공동의 가축떼가 뜯어먹거나 아니면 공동체가 그 자체를 위해 베어 버렸으므로, 그가 얻는 것은 없었다.

이리하여 초지의 임자는 가축의 겨울철 사료로 창고에 저장하거나 현금을 받고 팔고 싶기도 했던 귀중한 물품이 사라지는 것을 큰 불만을 가진 채 그저 바라볼 뿐이었다. 소득을 올릴 수 있는 것을 잃어버리면서도 아무런 보상이 없었기 때문에 불만이 클 수밖에 없었다. 초지는 흔하지 않았고 극소수의 수중에 집중되어 있었던 반면에, 타인 소유의 풀에 대해 집단용익권을 행사하는 많은 주민은 그 대가로 제공할 것이 아무것도 없었다.

그런 중에 초지 소유주들의 성미는 대단히 고약했다. 그들 대부분은 권력자들이었기 때문이다. 그들은 직영지가 해체될 때 자신들의 곡물경작지를 양도하면서도 초지는 양도하지 않고 남겨 둔 영주들이거나 후에 초지를 사들인 온갖 출신의 토지 집적자들이었다. 그들은 일반 마을 사람들에 비해 자신의 뜻을 ─심지어 불법적으로라도─ 관철시킬 수 있는 힘이 더 컸고 보복을 덜 두려워하는 경향이 있었으므로, 일찍이 휴작지 공동방목의 의무를 면제받든가 아니면 적어도 그루풀을 벤 후에야 공동방목을 허용하려고 했다. 그들은 주저하지 않고 튼튼한 울타리로 그들의 목초를 보호하고자 했다. 그래서 13세기부터 이미 이 문제와 관련해서 그들과 촌락주민들 사이에 수많은 소송사건이 발생했다. 그들의 노력은 성과가 없지 않았다. 그들은 마을 공동의 가축떼가 여러 해 동안 연이어 그들의 초지에 완전히 또는 적어도 그루풀을 벤 후까지 들어오지 못하게 하는 데 성공했으며, 이런 권력남용 행위가 오래 지속되자 재판소들도 이런 폐습을 권리로 인정할 수밖에 없었기 때문이다. 더욱이 재판관들은 16세기 이후 이에 대해 매우 호의적인 태도를 보였다. 샹파뉴 지방에서는 그런 권리의 취득시효는 3년이면 충분하다고 인정되기에 이르렀으며, 디종과 루앙의 고등법원에서처럼 재판관들은 법적으로 절대 불가능한 경우를 제외하고는 이런 종류의 울타리 설치나 공동방목의 의무 면제에 유리한 판례를 만들어 냈다.[23] 다른 곳에서는 토지대장 작성이나 '신고' 또는 합의서 작성이 영주의 지배 아래 있는 사람들로 하여금 영주직영지에 있는 목초의 특권적 지위를 인정하게 하는 기회를 제공했다.[24]

점차 세 가지 종류의 초지가 생겨났다. 한 가지는 언제나 울타리로 둘러막힌 초지였고, 다른 하나는 항구적인 울타리가 없음에도 불구하고 두 번째 풀베기가 끝난 후에만 공동방목에 개방되는 초지였다. 이런 초지의 수는 앞의 종류보다 더 많았으며, '프레 게뇨'(pré gaigneau) 또는 '프레 드 러비브르'(pré de revivre)라고 불렸다. 마지막으로 고래의 집단용익권이 계속해서 아주 철저히 행사되는 초지로, 이런 초지가 단연 가장 많았다. 이 세 가지 종류의 초지가 각각 차지하는 면적의 크기는 지역별 세력균형에 따라 결정되었다. 농민들은 일반적으로 저항 없이 그냥 되는대로 내버려두지 않았기 때문이다. 시간이 지나면서 마침내 거의 감정적 색조를 띠게 된 아주 오래된 관습에 따르면, 목초는 다른 어떤 산물보다도 더 공유물로 간주되지 않았던가? 1789년에 로렌의 한 잡지는 "천지창조 이후 현재까지 두 번째로 나는 풀(surpoil)"은 공동체에 속한다고 단언했다.

그러나 초지의 집단용익권을 둘러싼 싸움판에 드디어 고위 권력 당국이 개입하기 시작했다. 특히 첫 번째 거둔 풀의 수확량이 얼마 되지 않았을 때는, 집단이용으로 인한 그루풀의 낭비는 그 지방 전체의 경제를 책임진 군사령관, 지사, 최고재판소와 같은 당국자들을 불안하게 만들었다. 적어도 국경 근처에서는 그런 낭비가 목초를 대량 소비하는 왕실 기병대와 관련되어 그들의 각별한 관심사가 되었기 때문이다. 16세기부터 조금씩, 그리고 17세기에는 더욱 빈번하게, 봄철이 지나치게 습기가 많거나 지나치게 건조할 때는 그 피해 지역에서 두 번째 나는 풀의 전부 또는 일부를 공동방목으로부터 제외시키는 명령을 내리는 관행이 생겨났다. 이런 명령은 처음에는 매우 신중하게, 그리고 다만 그런 조치가 아주 솔직히 필요불가결해 보이는 때에만 내려졌지만, 점차 관행화되었다. 많은 지방에서 농촌의 이런 문제에 대한 재판관할권을 주장한 고등법원은 초지 소유자의 권리를 보호하려는 경향이 있었다. 원래는 공동체들을 보호하고자 하는 마음을 갖고 있었던 지사들까지도 18세기 중엽부터는 그루풀 확보의 불가피성 때문에 약자인 농민의 이익과 공동체의 기존 권리를 기꺼이 희생시키는 새로운 경제이론의 영향을 받았다. 군사적으로 위험이 가장 컸던 지방인 알자스에서는 1682년부터 그루풀에 대한 공동방목을 완전히 폐지하기 위한 시도가 있었다. 이런 완전한 폐지를 시도한 법규는 시기가 너무 빨랐고 공동체들의 저항을 받았던 데다가 재판소들이 별로 준수하지 않음으로써 거의 사문화(死文化)되었다. 그러나 18세기에는 프랑스 왕국의 대부분에서 기본적으로 언제나 특례 형태로 당해 연도에 국한된 칙령과 판결이 점점 더 자주 하찮은 구실 아래―때로는 납득할 만한 그 어떤 구실도 없이― 잇달아 공포되었다. 적어도 두 지방, 즉 18세기 초 이후의 베아른과 그 세기 말의 프랑슈콩테에서는 매년 어김없이 이런 칙령과 판결이 되풀이해서 발포되었다. 촌락의 '서민대중'은 이에 항의했다. 항의에는 폭력이 수반되지 않았던 것이 아니지만, 전체적으로는 성공하지 못했다.

그렇다고 해서 사적 소유권의 승리가 완전히 굳어졌던 것은 아니다. 그루풀을 공동방목에서 제외시키는 것은 이론상으로는 쉬운 일이었다. 그러나 누가 그 수혜자가 될 것인가? 여기에서 어려운 문제가 발생했다. 여러 사람들이 그 수혜의 권리가 있음을 주장하고 나섰기 때문이다. 초지의 임자들이 권리를 주장했을 것임은 말할 것도 없다. 그러나 또한 독자적으로 그루풀의 수확과 분배 및 판매를 떠맡아 처리할 수 있는 능력을 충분히 갖춘 공동체들도 있었다. 이들 공동체 자체도 의견이 전원 합치되었던 것은 아니다. 공동체의 이해관계는 아주 소수로 구성된 초지의 임자들의 이해관계와 분명히 달랐다. 그런데 초지를 갖지 못한 주민에는 쟁기농과 무쟁기농이 있었다. 이런 두 부류의 주민이 존재했다는 것은 그루풀의 분배 방식에 따라서는 그들 사이에 이해관계가 달라질 가능성이 있었음을 의미한다. 마지막으로 농민 위에는 보통 초지의 소유자이면서도 동시에 흔히 자기들만의 특권을 가진 영주가 있었다. 영주의 이런 특권은 이를테면 '개별방목 특권'이나 '방목독점권'과 같은 방목과 관련된 권리들이었다. 이들 특권은 비록 그루풀에 대한 공동방목의 금지로 인해서 그 가치가 줄어들기는 했지만, 보상을 받을 수 있는 것으로 생각되었다. 로렌에서는 그 보상이 모든 공유지 생산물 가운데 3분의 1을 영주가 선취(先取)하는 것으로 되어 있었다. 다양한 유제(遺制)가 복잡하게 뒤얽혀 있는 사회를 반영하는 그렇게 많은 대립된 권리 주장들 사이에서 재판소들이 판결을 내리는 데 어떻게 주저함이 없었겠는가? 메스의 고등법원이 그랬듯이 어떤 고등법원은 극도로 상이한 주장들 사이에서 끊임없이 동요하는 모습을 보였다. 다른 곳들에서는 판례의 견해에 일관성이 있었다고 하더라도, 초지의 그루풀에 대한 견해에 있어서는 지방에 따라 심한 차이가 있었다. 프랑슈콩테와 베아른에서처럼 초지에서의 공동방목이 매년 금지되는 데다 초지의 주인에게 그루풀을 온통 다주는 제도가 실시되는 곳에서는, 고래의 집단용익권의 흔적은 결국 모조리 사라졌다. 다른 곳—예컨대 부르고뉴나 로렌—에서는 두 번째 나는 그루풀에 대한 공동방목권이 아직도 몇 년씩 행사되었고 공동의 가축떼가 방목되지 않는 나머지 기간에는 그루풀이 다른 형태로 그 전부 또는 일부가 공동체들에 귀속되었던 만큼, 집단용익권의 흔적이 완전히 사라지지 않았다. 이런 목초는 통상적으로 각자가 소유한 가축의 두수에 비례하여 분배되었으므로, 농업혁명의 희생자일 수밖에 없는 무쟁기농들은 어쨌든 이런 변화로 말미암아 많은 것을 잃었다. 아무튼 초지에 대한 오래된 공동체적 관습은 종합적 개혁 없이 일종의 감지하기 어려운 잠식에 의해 점차 사라졌다.

3

농업기술 혁명

집단용익권에 대한 반대투쟁에 새로운 추진력을 제공하게 될 농업기술 혁명의 골자는 농학자 프랑수아 드 뇌프샤토(François de Neufchâteaux, 1750~1828)[13]가 "휴경지라는 오명(汚名)"이라고 부른 것의 폐지라고 요약될 수 있다. 그때까지 토지이용제도로서는 가장 발달한 것임에도 불구하고 2년이나 3년 가운데 1년간 휴한하곤 하던 토지에 대해 이제는 그 어떤 휴경도 금지된 것이다. 인류의 물질

....

13   프랑스의 정치인이자 농학자, 시인, 문필가. 프랑스 동북부지방에서 검사장 등 여러 관직을 역임한 후, 프랑스 대혁명이 일어났을 때는 입법의회의 보주도(道) 선출 의원으로 혁명정부에 참여했다. 혁명정부의 의회에서는 가톨릭에 대한 강한 반감으로 두각을 나타냈으나, 반(反) 자코뱅적 희곡작품으로 한때 투옥되기도 했다. 총재정부에서 내무장관 등 요직을 차지하고, 나폴레옹 치하에서는 원로원 의원과 의장을 지냈다. 그는 관직에 있으면서 경제문제에 특별한 관심을 갖고 자유주의적 경제사상을 실현코자 했다. 자유주의적 입장에서 경제의 혁신과 경제주체들 사이의 경쟁심을 고취하고자 했으며, 농업 부문에서는 농업협회의 설립을 장려했다. 1814년 공직에서 물러난 후에는 주로 농학에 관심을 두고 많은 저서를 출간했다.

생활에서 이보다 더 주목할 만한 진보는 없었다. 이런 발전으로 농업생산이 그 전 생산량의 때로는 두 배, 또 어떤 때는 2분의 1이 증대되었다. 따라서 훨씬 많은 사람이 먹고살 수 있는 가능성이 생겨났다. 더욱이 경작지 면적이 증가하는 만큼 정확하게 인구가 증가한 것은 아니었으므로, 사람이 과거보다 더 많았음에도 불구하고 더 잘 먹고살 수 있는 가능성이 생겨났다. 이런 놀라운 성과가 없었더라면, 생계수단을 토지에 직접적으로 의존하지 않는 많은 사람을 도시로 몰려들게 한 대공업의 발전도, 어떤 점에서는 '19세기'—이 말이 우리에게 인간의 격정과 급격한 변화를 연상시키는 모든 것과 함께—도 상상할 수 없었을 것이다.

그러나 그 이전의 토지이용 체제는 긴밀하게 상호 결합된 제도들로 구성되어 있었다. 그래서 전체 토지이용 체제를 허물어뜨리지 않고는 비생산적 부분을 없애기가 쉽지 않았다. 농업혁명이 실행되기 위해서는 여러 가지 조건이 필요했던 것이다.

예전에 휴경지로 사용되었던 윤작포에는 무엇이 파종되었을까? 곡식이 파종되었을까? 가끔 그렇게 생각되었다. 그렇지만 그런 생각은 너무나 잘못되어서 수긍할 만한 것이 못 된다. 이에 대한 관찰 결과, 똑같은 땅에 언제나 똑같은 농작물이나 유사한 농작물을 파종하면 수확량이 극도로 감소할 수밖에 없음이 밝혀졌다. 곡식의 뿌리가 도달하는 부식토의 깊이와는 다른 깊이로 뿌리가 파고들 수 있는 농작물을 찾아내는 것이 필요했다. 그런 작물은 채소였을까? 사람들이 보통 처음에 찾아낸 작물은 채소였다. 그러나 채소의 재배는 아무 땅에서나 권장할 만한 것이 되지 못했고, 그것의 소비량이 무한정 확대될 수 있는 것도 아니었다. 아마와 유채에 대한 관찰

결과도 마찬가지였다. 이런 이유 때문에 과거의 토지이용 체제 전체를 급작스럽게 바꿀 필요는 실제로는 없었다.

그뿐만 아니라 휴경지에 재배할 농작물을 찾아내는 것만으로 모든 것이 끝나는 것은 아니었다. 아무리 대체작물이 잘 선정되었다고 할지라도, 농작물을 연속적으로 경작하기만 하는 것은 지력을 고갈시킬 위험성이 있었다. 지력의 고갈을 막으려면, 시비량을 증가시킬 필요가 있었다. 그런데 화학비료가 발명되지 않았으므로, 결국 두엄의 시비를 증가시킬 필요가 있었다. 이 때문에 가축의 수를 늘리는 노력이 요구되었다. 그러나 여기에 첫눈에도 해결될 수 없는 것처럼 보이는 모순이 존재했다. 농토에 휴식을 제공하는 것이 사실 휴경지제도의 유일한 목표는 아니었다. 휴경지는 가축에게 방목장을 제공했던 것이다. 17~18세기에 파리 고등법원은 판결들을 통해 수도 인근의 몇몇 촌락에 대해 1년 동안 휴경하는 예전의 윤작제도를 강제로 실시하게 했다. 고등법원이 보기에 새로운 토지이용 방식이 양의 사육을 위태롭게 하고 그로 인해 파리의 주민에 대한 축산물 공급을 위태롭게 할 것 같았기 때문이다.[25] 휴경지를 폐지하면서도 목축을 유지하는 데 그치지 않고 더욱 확대하고자 한 것은 실현 불가능한 일을 시도한 것이 아니겠는가?

이런 이중적 문제는 인공적 목초 재배로 해결되었다. 새로운 윤작제도 속에서 곡식과 번갈아 재배되게 된 것은 주로 사료작물이었다. 그리고 동시에 생 랑베르(Jean François Saint-Lambert, 1716~1803)[14]가 칭송했듯이 "수확이 끝난 지 얼마 안 되는 밭들이

....
14 프랑스의 계몽주의자들인 엘베시우스와 홀바크의 유물론의 영향을 받은 유물론자이자

부드러운 풀을 제공하여 가축들을 놀라게 한"것도 사료작물이었다.[26] 사료작물은 그 뿌리가 곡식의 뿌리보다 더 깊이 뻗는 데다가 토양으로부터 서로 다른 성분의 화학적 자양분을 필요로 하는 클로버, 잠두, 개자리속(屬) 등의 콩과식물이거나, 아니면 예컨대 무―당시의 농학 관련 논문집에 그리도 자주 언급된 그 유명한 '순무'(turnep)―와 같이 살이 많은 뿌리채소였다. 뿌리채소는 앞에 말한 종류의 강점 외에 경작지에서 잡초를 주기적으로 없애 주는 제초작용의 이점까지 가지고 있었다. 사료작물의 재배는 새로운 것이었을까? 절대로 그런 것은 아니었다. 사료작물의 대부분은 오래전부터 재배되었으나, 적은 분량이 재배되었고 밭에는 재배되지 않았다. 사료작물은 정원에서만 재배되었다. 어떤 의미에서는 농업혁명은 경종농업에 대한 원예농업의 승리라는 시각에서 볼 수도 있다. 원예농업으로부터 생산물이 차용되고, 김매기 및 집중적 시비와 같은 농사기술이 채용되었으며, 휴작지 공동방목을 전적으로 배제하고 필요한 경우에 울타리를 설치하는 것과 같은 농업경영의 기본 규칙이 차용되었기 때문이다.[27] 아메리카로부터 전래되던 때부터 알려지기는 했으나 오랫동안 동부의 몇몇 지방에서만 특히 가축의 사료용으로 소규모 재배되었던 감자가 18세기 말에 발견된 농작물의 명단에 추가되었다. 감자는 동시에 그때까지 곡물을 식량으로 삼던 농민들이 기아에 대한 공포를 물리치는 데 기여했다. 그에 뒤이어 곡식과의 교대경작에서 가장 고전적인 형태를 띠게 되는 사탕

....

중농주의자. 디드로 등이 주도해서 편찬한『백과전서』(Encyclopédie)에 기고했으며, 저서로 여기서 인용되는 중농주의적 전원시인『계절』(Les Saisons, 1769)과 유물론적 관점을 피력한『일반 교리문답 강의』(Catéchisme universel, 1789) 등의 저서가 있다.

무가 재배되었다. 그러나 초기의 단계에서는 농업혁명의 옹호자들이 사용한 말인 '새로운 농업'은 사료작물과 연관짓지 않고는 도저히 생각할 수 없는 것이었다.

새로운 농업의 선구자들에게 맨 처음 떠오른 생각은 지당하게도 2년 또는 3년으로 된 예전의 윤작주기를 유지하는 것이었다. 단지 사람들은 휴경지를 '도둑질했을' 뿐이다. 그러나 사람들은 곧 사료작물을 몇 년간 같은 땅에서 연속해서 재배할 때 수확물이 더 많아진다는 것을 알게 되었다. 그런 다음에 곡식을 다시 재배하게 되었을 때, 곡식의 이삭은 더 크고 알차게 되었던 것이다. 그리하여 상당 기간 지속되는 진정한 의미의 '인공초지'(prairie artificielle)[15]가 조성되었고, 그 이전의 윤작제도를 완전히 뒤집어 버리는 비교적 길면서도 융통성 있는 윤작주기가 창출되게 되었다.

농업기술 혁명이 적어도 시도되기 위해서는—혁명의 성공을 위해서가 아니다. 농업기술 혁명의 성공은 뒤에서 살펴보게 될 일부 법적 변화를 통해서만 가능했기 때문이다— 또 다른 조건이 필수적이었다. 즉, 농업기술 혁명을 추진할 생각을 하고 필요성을 느

....

15   여기서 진정한 의미의 '인공초지'라고 하는 것은 황무지나 하천 가에 자연적으로 조성된 자연초지와 구별됨은 물론이고, 중세 초기부터 곡물경작지 및 포도밭과 함께 농지의 일부로 이용되었던 전통적인 초지와도 구별되는 초지다. 인공초지란 저자가 말하듯이 곡식을 재배한 후 예전과 같이 그 땅을 휴경하지 않고 사료작물을 여러 해 동안 재배함으로써 토지의 비옥도를 높여 곡물의 수확을 증대시킴과 동시에 많은 수의 가축을 사육할 수 있는 풍부한 사료를 생산하는 초지다. 곧 곡식과 목초를 교대로 재배하는 일종의 곡초식 농법을 시행하는 과정에서 목초가 재배될 때의 초지를 말한다. 이에 비해 그 이전의 전통적인 초지는, 농지 중 압도적인 부분이 곡물경작지로 2년간 경작되고 1년간 휴한되는 삼포제가 시행되는 가운데 이와 병행하여 농지 중 별도의 아주 작은 부분이 얼마 안 되는 가축의 겨울철 사료용 건초생산을 목적으로 하여 고정된 땅이다. 이런 초지는 초벌 풀베기가 끝나면 촌락 공동 가축떼의 방목장으로 사용되었다.

껴야 했다.

요컨대 프랑스가 새로운 농법에 대한 자극을 받은 것은 외국으로부터였다. 유럽적인 현상인 농업혁명은 그 추적이 대단히 흥미로운 계통도를 따라 전파되어 나갔다. 어디에서나 휴경지가 가장 먼저 폐지된 곳은 인구가 밀집하고 특히 도시가 크게 발달했던 지방들이었다. 이를테면 독일의 몇몇 도시의 교외와 노르망디 및 프로방스의 몇몇 농촌이 그런 곳들이었다. 그러나 무엇보다 중세 이래 유럽의 양대 도시문명의 발달 지역인 북부 이탈리아와 플랑드르에서 휴경지가 먼저 폐지되었다. 16세기부터 이미 베네치아의 한 농학자는 휴경할 땅에 서양 전체에서 최초로 사료작물을 재배하는 윤작을 권장했음에도 불구하고,[28] 그리고 18세기 프랑스의 문헌기록속에 롬바르디아 지방의 이런 관습에 관한 몇몇 언급이 보임에도불구하고, 이탈리아의 이런 모범적 사례는 알프스산맥 너머의 농업기술에 큰 영향을 미치지 않았던 것으로 보인다. 그와는 달리 플랑드르 지방은 브라반트 지방과 더불어 참으로 프랑스 농업개혁의 산실이었다. 그도 그럴 것이 그들 지방의 농법이 프랑스의 기후에 더적합했을 것이기 때문이다. 간단히 말하면, 프랑스—루이 14세 이후의 프랑스—의 작은 일부이기는 하지만 그것도 플랑드르 지방의일부일 뿐인 곳을 제외하면, 저지대 지방의 영향은 프랑스와 인접하고 있음에도 불구하고 대체로 우회로를 거쳐서, 다시 말하면 영국을 거쳐서야 프랑스에 전달되었다. 1650년에 사료작물의 재배를근간으로 한 아주 뚜렷한 윤작체계를 발전시킨 최초의 영문 저서의제목은 『브라반트와 플랑드르의 농업론』(*Discours sur l'agriculture telle qu'on la pratique en Brabant et dans les Flandres)*[16]이라고 되어 있었다.[29] 빵과 고기를 대량 소비하는 대공업에 눈을 뜨고 농업혁신의 의지를 가진 대지주들의 토지지배가 점점 더 심해진 영국과 같은 나라가 '새로운 농업'을 수용하기에 적합한 곳이 되었다. 거기에서 새로운 농업은 크게 발전하고 완성되었다. 그러나 영국의 선각자들이 새로운 농업의 기초지식을 배운 곳이 대부분 플랑드르의 평야지대라는 것은 의문의 여지가 없을 것이다. 프랑스의 경우 농업이론가들이 새로운 농업의 횃불을 전해 받은 것은 특히 1760년─뒤아멀 뒤 몽소(Henri Louis Duhamel du Monceau, 1700~1782)[17]의 저서 『농업의 기본원리』가 출간된 해─ 이후 영국으로부터였다.

마땅히 농업혁명의 이론과 사상을 먼저 논해야 할 것이다. 1766년에 투렌의 한 관찰자는 "그가 취할 수 있는 이익에 관해 깊이 생각하지 않는 토지소유자─그가 생각하는 토지소유자란 물론 대토지소유자들이다─는 없다"라고 썼다.[30] 그림(Friedrich Melchior von Grimm, 1723~1807)[18]과 같은 비관론자들은 이런 사람들을 "책상물림의 경작자들"이라고 비웃곤 했다. 이들의 이런 조롱이 언제나 틀린 것은 아니었다. 그렇지만 "수익성에 대한 면밀한 검토", 농업의 실제

....

16 영문 저서의 원제목은 *Discours of the Husbandry used in Brabant and Flanders*이다. 이것은 리처드 웨스턴 경(Sir Richard Weston)의 저서다. 웨스턴 경은 이 저서를 통해 영국 농업의 혁신적 발전을 위한 기초를 놓은 인물로 유명하다.

17 식물학, 농학, 조선 등 다방면에 걸쳐 관심을 갖고 많은 글을 남긴 과학자. 특히 농학자로서 유명했다. 10여 권에 달하는 많은 저서 가운데 대표적인 것으로는 블로크가 여기서 언급하는 『농업의 기본원리』(*Éléments d'agriculture*, 1760)와 『식물의 자연학』(*Physique des arbres*, 1758)을 들 수 있다.

18 프랑스에 가정교사로 가서 루소 및 디드로 등과 긴밀히 교제하면서 『문학 서간』을 발간하고 백과전서파의 자유주의 사상을 편 독일의 문학비평가.

과정에 대한 서적의 영향, 합리성에 바탕을 두고 농업기술을 발전시키려는 노력 등은 농업혁명에서 모두 중요한 의미를 지닌 특징들이다. 그 앞 시대의 농업혁신은 결코 이와 같은 지적인 특성을 띠지 못했다. 그러나 새로운 농업지식은 당시의 프랑스 사회에서 온갖 면에서 특별히 유리한 상황을 맞이했기 때문에 얼마간 성공할 수 있었다.

인구가 급격히 증가했다. 그 때문에 공공의 이익에 큰 관심을 가진 사람들은 식량생산을 증대시킴으로써, 언제나 불확실하고 전쟁으로 인해 여러 번 중단되는 사태에 직면했던 수입상품에 가능한 한 의존하지 않도록 할 필요성이 있다는 판단을 내렸다. 동일한 인구증가 현상으로 지주들에게는 토지의 생산량을 증대시킬 경우에 확실한 판로가 보장되었다. 농업생산에 관심을 집중하고 이를 위해 인간의 다른 관심사는 기꺼이 포기할 자세를 갖춘 전국적 규모의 경제이론 학파가 형성되었다.[19] 귀족과 부르주아 계급의 토지집적 활동으로 농업기술의 개량에 유리한 대토지소유가 재건되었다. 공업과 상업 분야에서 제한적이고 흔히 불확실한 투자처밖에 제공받지 못하던 자본이 쉽게 토지로 유입되어 거기서 영주의 지대보다 수익성이 더 큰 사용처를 찾으려 애쓰고 있었다.

마지막으로, 계몽주의 시대의 지식인들은 크게 두 가지 사조의 영향을 받으면서 살았다. 한편으로 지식인들은 신앙과 같은 관습적인 것을 합리적으로 설명하려고 애썼으며, 이제부터는 관습 그 자체를 존중할 만한 것으로 인정하기를 거부했다. 그 미개함 때문에

....

19 국부의 원천은 토지이고 농업만이 생산적이라고 본 18세기 중엽의 이른바 중농주의 경제학파를 말함.

곧잘 고딕 건축물에 비유되곤 하던 고래의 농업관습들은 그것들이 오랫동안 존재했다는 의미밖에 없는 경우에는 사라지지 않으면 안 되었다. 다른 한편으로, 계몽주의 시대의 지식인들은 개인의 권리를 대단히 중요시했다. 그들은 개인의 권리가 관습으로부터 생겨나고 미개한 공동체에 의해 채워진 족쇄에 제한을 받는다는 것을 더 이상 용인하지 않았다. 당시 널리 유행했던 사교계의 전원생활에 대한 심취, 곧 '아그로마니'(agromanie)[20]는 이따금 실소를 금치 못하게 하며, 모든 부는 토지로부터 나온다는 중농주의 주장의 지나친 단순화에 놀라지 않을 수 없다. 이런 것이 문학계의 풍조이고 학계의 경향이었음은 말할 것도 없다. 그러나 이런 현상들은 무엇보다 농업혁명이라는 대격변의 지적·감정적 표출에 불과할 뿐이다.

기술의 역사라는 것은 기술을 가진 사람들 사이의 접촉을 의미한다. 같은 성격의 다른 모든 변화와 마찬가지로 농업변혁의 빛은 몇몇 인간집단으로부터 나타났다. 변혁의 진원지는 머지않아 혁신적 농학의 지식을 가진 사람들로 충원되는 중앙정부나 지방정부의 부서들과 관변적 성격이 짙었던 농업단체들이었으며, 무엇보다 농촌에서 토지의 크기는 작았지만 토지를 슬기롭게 이용함으로써 토지 이용의 효율성이 높았던 이런저런 농가들이었다. 드물기는 했지만 농민들 중에서도 농업혁신에서 주도적 활동을 하는 사람들이 있었다. 농민들이 자발적으로 새로운 농사법을 수용한 지방은 일반적으로 개별적으로나 집단적으로 보다 선진적인 지역과의 접촉이 있었던 곳이다. 예컨대 페르슈 지방에서 포목 행상인이자 소몰이꾼이며

....

20   농업에 대한 열광 또는 농촌 심취라는 뜻임.

큰 통의 쇠테 상인들이기도 했던 소규모 농업생산자들은 그런 상품들을 가져가곤 했던 노르망디와 일드프랑스로부터 새로운 농업기술을 배웠다.[31] 그렇지만 이보다는 농업혁신의 주도적 역할을 담당한 사람들은 서적이나 여행을 통해 인공초지를 알게 된 귀족, 새로 나온 서적의 주요 독자였던 주임사제, 자신의 역축을 사육하는 데 도움이 될 수 있는 고안품들을 찾던 대장간 주인과 우체국 국장—18세기 말 무렵에 다수의 우체국장은 농업발전에 관심을 가진 지주들이 선호한 임차인들이었다—인 경우가 더 많았다. 이들은 자신의 토지에 인공초지를 도입했으며, 이런 사례는 점차 이웃사람들에게 큰 감동을 불러일으켰다. 지식이 전파되는 외에 가끔 사람이 이동하는 경우도 있었다. 이를테면 무엇보다도 농업기술 발달의 본고장 출신인 플랑드르 사람들은 에노, 노르망디, 가티네, 로렌 등의 지방에 노동자나 소작농으로 초치되었으며, 코 지방 출신 사람들을 보다 후진적인 브리 지방에 유치하려는 노력이 있었다. 사료작물 재배는 농기구, 가축의 품종개량, 농작물과 가축의 병충해 예방 등 여타의 여러 가지 면에서의 발전—실제로 진척이 있었건 단순히 시도만 있었건 간에—을 수반하면서 점차 밭에서 밭으로 확대되었다. 휴경지는 특히 대토지소유제가 발달한 지방에서, 그리고 무엇보다도 시비가 비교적 용이했던 촌락의 근처에서 사라지기 시작했다. 그렇지만 매우 서서히 소멸했다. 농업기술 혁명이 여러 가지 장애에 봉착했기 때문이다. 관습이나 경제적 차원의 난관뿐만 아니라, 대부분 지역에서 확고하게 자리 잡고 있었던 법 제도상의 장애에 직면해 있었던 것이다. 농업기술 혁명이 성공을 거두기 위해서는 법률 개정이 필수적이었다. 18세기 후반에 권력 당국자들은 이런 법 개정에 착수했다.

4

농업의 개인주의화: 공유지와 울타리 치기

구 프랑스에서는 어디에서나 황야, 늪지대, 숲이 주민들의 집단이용에 국한해서 사용되었다. 울 쳐진 경지제가 실시된 지방에서 경작자가 자기의 농경지를 완전히 자신의 마음대로 사용하는 경우에도, 농경지의 이런 자유로운 사용은 정확히 말해서 공유지로서의 황무지가 존재함으로써만 가능했다. 그뿐만 아니라 프랑스 왕국의 대부분에서 농경지 자체도 주민의 집단적 이익을 위해 사용되도록 강력한 규제를 받았다. 새로운 학파의 농학자들은 이런 공동체적 관습에 대한 반대투쟁을 개시했다. 이들 농학자는 "프랑스의 과거 미개함의 잔재"인[32] 공유지가, 현명하게 이용되었더라면 많은 수확물을 산출하거나 보다 많은 가축떼에게 먹이를 제공할 수 있었을 대규모의 비옥한 토지를 헛되이 놀리게 했다고 비난했다. 새로운 농학에 정통한 저명한 학자인 에쉴 백작(J. Fr. de Barandiéry-Mont-mayeur, Comte d'Essuile, 1718?~179?)[21]은 "소비하고 거래할 수 있는 전체 식량 가운데 얼마나 큰 부분이 허비되는가!"라고 썼다.[33] 그들 농학자는 공유지가 흔히 경작되지 않고 있었던 것은 공유지가 경작 불가능한 불모지였기 때문인데도 그 생산성을 때로 과장하기도 했다. 그렇지만 그들이 언제나 틀렸던 것은 아니다. 공유지의 생산적 이용이라는 점에 국한하여 본다면, 브르타뉴의 농민들이 뗏장을 떼기 위해 "바위가 드러날 정도로 황야를 손상함으로써 영원히 불모지로" 만든다고[34] 로앙 공작이 탄식했을 때 어떻게 옳지 않다고 할 수 있겠는가? 휴작지 공동방목과 관련해서는 그 반대자들은 이런 공동방목제도 아래서는 가축이 휴경지에서 힘들게 돌아다녀 봤자 한심할 정도로 적은 풀밖에 찾을 수 없기 때문에 가축에게 실질적으로 이로울 것이 없는 데다, 그런 공동방목은 그 자체로나 그에 수반된 강제 때문에 휴경지 폐지와 사료작물 재배를 불가능하게 한다고 말하곤 했다.

이런 주장에는 설득력 있는 논거가 없는 것이 아니었다. 그러나 그런 이유만으로는 휴작지 공동방목에 대한 강한 반감이 조성될 수는 없었을 것이다. 반(半)무의식적인 보다 깊은 감정이 개혁론자들을 자극했다. 다음과 같은 이해관계가 동기가 되었던 것이다. 그들 다수는 대지주였고, 그래서 그들의 재산은 공동방목에 따른 규

....

21   여기서 인용되는 『공유지의 정치경제학 개론』(*Traité politique et économique des communes*, 1770)에서 공유지의 역사적 기원, 규모, 지리적 분포를 기술하고, 공유지는 인간과 가축에게 비생산적이라고 비판한 농학자. 그는 그래서 공유지를 특히 가난한 사람들에게 분배하여 생산적으로 이용할 것을 제안했다. 이런 그의 주장은 중농주의 사상의 발전에 큰 영향을 끼쳤다. 이 밖에 그의 저서에는 중농주의에 가까운 여러 가지 농업개혁 과제를 밝힌 『여러 가지 주제들에 대한 고찰』(*Observations sur divers objets importans*, 1787)이 있다.

제로 손해를 보고 있었다. 더욱이 공유지와 방목권은 소농들과 무쟁기농들에게 변변치 못하기는 했지만 너무나 손쉽게 먹을 것을 획득할 수 있는 기회를 제공함으로써 대농장에서 일하지 않고 '게으름' 피우는 것을 조장했다. 바로 이런 이유들로 농업의 개인주의적 취향이 생겨났던 것이다. 이런 요인들이 대토지소유의 이익에 '손상을 입혔기' 때문이다.

그런 중에 18세기 중엽에 새로운 농업지식은 권력 당국의 지지를 획득했다. 1754년 이후 베아른의 삼부회나 같은 시기의 랑그도크 및 부르고뉴의 삼부회처럼 당시 아주 끈질기게 농업개혁의 취지를 실현코자 했던 지방삼부회들, 지사들과 그들의 관료, 그리고 심지어 대신(大臣)들과 고위 관리들의 지지를 받았던 것이다. 1759년에서 1763년까지 재무총감(Contrôleur Général)[22]을 역임했고 이어서 국무대신(Secrétaire d'Etat)[23]이 되었던 베르탱(Henri Léonard Bertin, 1720~1792)[24]은 그의 친구이자 상임고문이었던 다니엘 트뤼

....

22 1661년에서 1791년까지 프랑스의 재무 담당 대신. 재무총감은 정부 내 한 부서의 대신이기는 했지만, 그의 업무 영역은 재정, 농업, 공업, 상업, 도로, 교량 등을 포괄하는 것이어서 정부 안에서 가장 광범했으며 권한도 막강했다. 그래서 다른 부서의 대신들과는 달리 국왕을 함께 알현하는 여러 명의 재정 감독관과 상업 감독관을 그의 아래에 두고 관할했으며, 다른 정부 부서보다 훨씬 많은 인원을 거느렸다. 제1대 재무총감은 중상주의 정책을 폈던 유명한 정치가 콜베르였다.

23 1547년에 처음 설치되어 구체제 아래서 오늘날의 장관 역할을 담당한 군주정부의 고관. 외교, 전쟁, 해양, 왕실 등의 업무를 각각 담당하는 보통 4명 정도의 국무대신이 있었다.

24 보르도 지방의 변호사 출신으로 지사 등 여러 관직을 거쳐 1759년에 재무총감이 되고 1763년에 국무대신이 된 19세기의 농업경제학자이자 농업혁신의 선도자. 그는 재무총감으로 재직하면서 전쟁으로 악화된 군주정부의 재정난을 타개하기 위해 공정한 과세를 목표로 한 재정개혁안과 산업진흥을 목표로 한 경제개혁안을 마련하여 고등법원의 반대를 무릅쓰고 실행하고자 했다. 그는 경제개혁을 위해 농업과 광산업의 발전에 각

덴(Daniel Trudaine, 1703~1769)[25]의 조력을 —1769년 1월까지— 받아 신중한 경험론적 정신을 갖고 온건한 농업개혁 계획을 수립했다. 특히 1773년까지 실질적으로 농업문제를 책임지고 있던 재무총감부(部)의 재정 감독관이던 도르메송(Marie François de Paule Lefévre d'Ormesson, 1710~1775)[26]은 대신들이 바뀌는 가운데서도 변함없이 자리를 지키면서, 엄격하고 철저한 성격의 소유자인 그 자신이 진정한 발전이라고 생각하는 길을 따라 그 부서의 관리들을 지도했다.

보통 조사과정을 거친 후에 취해졌던 일련의 입법조치들은 이런 이론적 견해를 행동으로 표현한 것이었다. 물론 입법조치는 지방별로 취해졌다. 구체제 시절의 프랑스는 완전히 통일되지 않았기 때문이다. 1769년부터 1781년까지 공유지 분할은 칙령들을 통해 트루아제베쉐(les Trois Evêchés),[27] 로렌, 알자스, 캉브레지, 플랑드르, 아르투아, 부르고뉴 등의 지방과 오슈(Auch)[28]와 포의 징세구에

....

별한 노력을 기울였다. 농업혁신과 관련해서는 공유지의 개간과 경작을 장려했고, 리옹 등지에 여러 수의학교(獸醫學校)의 설립을 추진했으며, 4개 지역의 농업협회 결성을 지원하기도 했다. 국무대신을 사직한 후에는 스스로 감자재배와 관개에 의한 대규모 채소재배를 실험하기도 했다. 한편 그는 파리에 광산학교를 창설했으며, 과학 아카데미와 비명(碑銘)·고고학 아카데미의 회원이기도 했다.

25 구체제의 고위 관리이자 유명한 화학자. 파리 고등법원의 법률가 출신으로, 오베르뉴 지사를 거쳐 1739년에 교량과 도로의 계획업무를 담당하는 재정 감독관이 되었다. 그는 과학 아카데미의 회원으로서 자신의 정원에서 여러 가지 농업 관련 실험을 하는 등 농업에 큰 관심을 두고 농업발전을 위해 힘썼다. 사망할 때까지 교량과 도로 업무를 담당한 그는 특히 파리와 국경선을 잇는 수천 킬로미터의 도로건설을 주도했으며, 1747년에는 교량과 도로건설에 필요한 기술자를 양성하기 위한 학교를 설립했다.

26 역시 정부의 고위 관직을 지내면서 재정과 농업경제의 혁신을 위해 노력한 개혁가.

27 프랑스 동북부에 있는 베르됭, 메스, 툴 등 3개의 주교좌 도시와 그 부속지로 구성되는 지역.

28 프랑스 남서부에 있는 오늘날 제르도의 중심도시.

서 허가되었다. 다른 지방들에서는 국정자문회의(Conseil du roi)나 그 지방의 권력 당국으로부터 나오는 전적으로 지방적인 차원의 포고령이나 판결들을 통해 마을별로 공유지 분할이 허가되었다. 브르타뉴에서는 영주에게 유리한 한 판례를 단순히 적용함으로써 황야의 '분할대여'(afféagement)가 대규모로 진행되었다. 그리고 또 개간지에 부여되는 온갖 종류의 특혜, 그중에서도 무엇보다 세제상의 특혜로 관습이나 묵인에 의해 공동방목장으로 쓰였던 그 전의 많은 토지가 경작되었다. 그럼으로써 사실상 때로는 부자들에 의한, 때로는 다수의 소규모 개간자들에 의한 공유지 침탈을 조장했다.

집단용익권에 대해서도 마찬가지로 철폐 움직임이 일어났다. 랑그도크 삼부회는 1766년에 툴루즈 고등법원으로부터 이 지방의 대부분에서 공동체들의 반대의견이 없을 경우에는 원칙적으로 의무적 휴작지 공동방목을 금지한다는 판결을 얻어냈다. 루앙 고등법원은 일부 초지에서의 휴작지 공동방목을 완전히 금지시켰고, 루시용의 최고평정원(最高評定院, le Conseil Souverain)[29]도 마찬가지로 금지시켰으며, 파리 고등법원은 관할지역 내의 몇몇 구역에 대해 마찬가지로 금지시켰다. 다른 곳에서는 바야주 재판소, 지사, 심지어 보통 상급 권력기관의 지시를 받는 단순한 공동체들조차도 인

....

29 중세 말 이후 새로 획득된 지방에 설치된, 고등법원과 유사한 재판소. 그 기본 기능은 1663년의 한 칙령에 의해 항소사건을 다루는 것이었다. 그 구성인사는 총독, 주교, 지사, 고문판사, 검사장, 서기였으며, 지사가 의장으로서 회의를 주재하고 판결을 언도했다. 평정원은 이런 기본적 역할 외에도 국왕의 칙령이나 특허장이 해당지역 전체에서 집행력을 갖도록 하기 위해 이들을 등록·심의·건의할 수 있었고, 치안에 관한 명령을 내릴 수 있었다. 최고평정원은 루이 14세가 정복한 영토인 알자스, 아르투아, 루시용 등의 지방에 설치되었으며, 퀘벡 등 식민지에도 설치·적용되었다.

공초지 조성에 유리한 비슷한 조치를 취했다. 1767년에 왕정 당국도 도르메송의 권유 속에 금지활동을 개시했다. 휴작지 공동방목 강제를 무조건 철폐하는 것은 너무나 혁명적이고 민중의 '동요'(動搖)를 불러일으킬 가능성이 너무도 컸기 때문에 시도될 수가 없었다. 그러나 오래된 두 가지 관습에 대해 공격을 가하는 것은 타당하고 그것만으로도 효과가 있다고 생각되었다. 먼저 울타리 치기 금지에 대한 공격이 가해졌다. 그런 후에 땅 임자가 울타리나 도랑의 설치비용을 부담한다는 데 동의하는 경우에는 땅을 둘러막는 것이 자유로워져서, 자기 농토의 완전한 주인이 되고 언제 어느 때나 이웃사람이 소유한 가축의 출입을 거부할 수 있게 되었다. 그 다음으로는, 공동체들 사이의 '파르쿠르'(parcours)[30] ― 이런 관습은 그 어떤 개혁도 여러 촌락의 동의를 받도록 요구함으로써 실질적으로 각 집단이 독자적으로 그 집단에 속한 토지에서 공동방목에 관한 엄격한 규제를 완화시키고 싶어도 완화시킬 수 없게 했다 ― 에 대한 공격이 가해졌다. 1767년부터 1777년까지 로렌, 트루아제베쉐, 바루아(Barrois),[31] 에노, 플랑드르, 불로네(Boulonnais),[32] 샹파뉴, 부르고뉴, 프랑슈콩테, 루시용, 베아른, 비고르,[33] 코르시카 등의 지방에서 일련의 칙령을 통해 울타리 치기의 자유가 확립되었다. 1768년부터 1771년까지는 로렌, 트루아제베쉐, 바루아, 에노, 샹파뉴, 프랑슈콩

....

30   앞에서 본 바와 같이, 공동방목이라는 뜻임.
31   파리 대분지의 동쪽 지역.
32   프랑스 북부 해안에 면한 칼레와 불로뉴를 중심으로 한 파드칼레 지방.
33   베아른(Béarn)과 비고르(Bigorre)는 피레네 산맥에 인접한 프랑스의 남서부에 있는 지방들이다.

테, 루시용, 베아른, 비고르, 코르시카 등의 지방에서 공동체들 사이의 공동방목이 공식적으로 폐지되었다.

영불해협 건너편에서 영국의 의회가 주도한 인클로저 사업을 본받았음에 틀림없는 이런 시도는 거창했으나, 상당히 갑작스럽게 중단되었다. 1777년에 반포된 불로네 지방에 관한 칙령은 "울타리 치기에 관한 칙령들" 가운데 마지막의 것이다. 그렇지만 이 칙령 자체도 8년 전에 착수된 뒷거래의 결과였을 뿐이다. 그래서 울타리 치기 운동은 사실상 1771년부터 중지되었다. 이때부터는 여기저기서 전적으로 지방 차원의 몇 안 되는 조처가 취해졌을 뿐이다. 무기력하고 의기소침한 기운이 울타리 치기 정신의 소유자들에게 감돌았던 것으로 보인다. 이런 업무를 담당하는 행정관리들은 지난 개혁의 성과와 새로운 개혁의 가능성에 관한 문의를 받았을 때는, 거의 언제나 앞으로 울타리 치기에 신중할 것과 자제를 권고했다. 주요 농업정책의 실시가 그 초기의 정책 수립자들이 예상치 못한 난관에 봉착했기 때문이다. 구체제 시절의 프랑스 농촌사회는 그 구조가 복잡했던 까닭에 이 오래된 관습의 철폐 노력은 여러 가지 장애물에 봉착했다. 지역에 따라 장애물의 종류가 달랐던 만큼 더더욱 예견하고 극복하기가 어려웠던 것이다.

§

울타리 치기 시도에 대한 다음과 같은 반대 동기들은 강력한 것이기는 했지만 무시하기로 하자. 일부 귀족들 사이에서는 새로 설치되는 울타리들이 그들 계급의 오락이자 긍지이기도 했던 사냥에 대한 열정을 꺾어 버리지는 않을까 하는 불안감이 있었다. 이런 이유 때문에 국왕의 사냥구역에 속하는 고장에서는 울타리 설치를 국왕의 수렵 담당관들이 아주 엄격하게 금지하지 않았던가? 그리고 많은 행정관리들과 특히 사법관들 사이에서는, 파리의 검찰총장이 휴작지 공동방목에 관해서 "주민공동체라는 단체에 속하는 이런 종류의 소유권"이라고 말한 바와 같은 기득권을 존중하는 경향이 있었다. 이들에게는 소유권 속에서 오로지 개인의 권리 측면만을 보고자 한 경제이론가들이 일종의 혁명가들로 보였다. 많은 사람—종종 같은 사회집단 안에서도—은 기존의 질서에 타격을 가함으로써 사회체제를 완전히 위태롭게 할 우려가 있는 급격한 변화는 무엇이든지 두려워했다. 특히 다수의 사람들은, 아주 대담한 농학자들이 집단용익권과 꼭 마찬가지로 마땅히 폐기되어야 할 대상으로 보았던 영주의 특권을 위태롭게 할 그 어떤 급격한 변화도 두려워했다. 마지막으로 보다 단순한 것으로는 관습 그 자체를 맹목적으로 존중하는 사회 분위기가 있었다. 농업기술의 혁신뿐만 아니라 토지 이용과 관련된 법률 개혁에도 저항하는 '관습의 왕국'은 어떤 사회계층에서고 존재했다. 능력보다는 열정이 앞선 일부 개혁가의 실패로, 부유하고 비교적 유식한 많은 사람들의 농업개혁에 대한 반감과 '관습의 왕국'에 대한 집착은 더욱 커졌다. 이를테면 낭시 고등법원이 "우리의 영주들"은 라 갈레지에르 지사의 편향적 농업개혁정책에 대해 야유를 보냈다고 한 말은 이런 분위기를 표현한 것이다. 그러나 그런 '관습의 왕국'이 농민대중보다도 더 널리 퍼져 있고 더 강력하게 뿌리내린 집단은 없었다. 농민대중의 의식 속에는 농업혁명으로 말미암아 사회적 약자들이 당하게 될 위험성에 대한 어렴풋한 의식과 '관습의 왕국'이 서로 뒤섞여 있었다.

단순화—단순화는 끊임없이 변화하는 현실을 왜곡하지 않을 수 없기는 하지만 불가피한 것이기도 하다—를 통해 기본적 이해관계라는 관점에 한정하여 본다고 하더라도, 농업기술과 법률의 변화는 직접적으로나 간접적으로 토지에 의지해 먹고사는 여러 계급에게 어디서나 매우 다양한 방식으로 영향을 미쳤다. 이런 영향의 차이는 현저한 지역별 편차로 말미암아 더욱 심해졌다. 물론 이들 계급은 그들의 경제적 입장에 대해 아주 명확한 인식을 갖고 있지 못했다. 계급이 구별되는 경계선 자체가 간혹 불명확했기 때문이다. 그러나 바로 농업혁명이야말로 계급들 사이에 불가피하게 존재할 수밖에 없는 적대감을 강화하고 더욱 분명하게 하며, 따라서 계급의 정체성에 대한 의식도 명확하게 하는 결과를 낳았다. 또 농업혁명은 각 계급의 구성원들에게, 즉 영주들에게는 지방삼부회나 고등법원에서, 갖가지 계층의 농민들에게는 그들의 공동체 회의에서 논의할 기회를 제공했다. 한편 농민들은 1789년의 정치혁명이 흔히 그 이전의 여러 해에 걸친 논의 결과가 반영된 요구사항을 진정서 형태로 표현할 수 있는 기회를 제공하리라고 기대하기도 했다.

집단용익권의 폐지와 이보다 널리 행해진 휴경지의 철폐—휴경지 철폐는 방목장을 축소시킬 위험이 있었다—에 대한 무쟁기농들의 입장은 단호했으며, 끊임없이 프롤레타리아로 전락할 우려가 있었던 영세한 쟁기농들도 마찬가지로 단호한 입장을 취했다. 이들은 토지를 전혀 갖지 못했거나 매우 작은 면적의 토지밖에 갖지 못했으며, 얼마 안 되는 땅뙈기를 그럭저럭 경작하는 데 익숙해 있었다. 또한 이들은 교육을 너무도 받지 못하여 새로운 농업방식에 적응할 수 없었던 데다, 몹시 가난해서 아무리 작더라도 어느 정도의 투자를 요할 수밖에 없는 농업개량을 시도할 수도 없는 형편에 처해 있었다. 그래서 이들은 어떤 이득도 취할 수 없는 개혁에 전혀 관심이 없었다. 반면에 그들은 개혁을 매우 두려워할 수밖에 없었다. 왜냐하면 그들 대부분은 약간의 가축을 가지고 있었지만 가축의 사료라곤 공유지와 함께 공동방목장으로 쓰이는 추수 후의 밭들이 제공하는 것밖에는 없었기 때문이다. 방목장 사용에 관한 규칙에는 각 주민이 방목할 수 있는 가축의 수가 일반적으로 자신이 가진 토지에 비례하여 정해져 있었다. 따라서 이런 규칙은 부자들에게 유리한 것이었다. 그러나 바로 이런 규칙에 의해서든 단순한 묵인―농학자들은 이를 일반적으로 "침탈행위"(usurpation)라고 불렀다[35]―에 의해서든 가난한 사람도 거의 언제나 비록 그가 한 치의 토지도 갖고 있지 않다고 하더라도 휴경지에 몇몇 '큰 가축'(au-mailles)[34]을 들여보낼 수가 있었다. 이런 미천한 사람들이 이와 같은 생계수단을 잃는다면, 굶주려 죽거나 쟁기농이나 대지주에 대해 과거보다 훨씬 심한 종속상태에 빠질 우려가 있었다. 그러니 그들이 어떻게 이에 속아 넘어갔겠는가? 휴경지 집단이용권의 폐지를 반대하는 데 전원 의견일치를 본 그들은 개별 지주가 시도하는 농업개량 조치에 대해서든 울타리 치기에 관한 칙령 자체에 대해서든 간에 이런 기도에 반대하는 농민 돌격대를 조직했다. 그들의 역량은 농경지의 울타리를 파괴한 모든 사태에서 볼 수 있다. 이런 사태는 오베르뉴나 알자스에서는 몇몇 사람의 울타리 치기 기도로, 에

....

34   가축 가운데 소나 말과 같이 몸집이 큰 가축을 말한다.

노나 로렌 및 샹파뉴에서는 울타리 치기에 관한 입법 시도로 유발된 그들의 집단적 불만이 표출된 것이다.

공유지 문제에 대해서는 이런 가난한 농촌주민들 사이에 의견 일치도가 훨씬 낮았다. 그 어떤 공유지 훼손도 촌락의 하층민이 그렇게도 집착하지 않을 수 없었던 방목의 권리를 불가피하게 축소시켰다. 그럼에도 불구하고 농촌의 프롤레타리아에게 공유지 분할은 매력적인 것이었을 수 있다. 공유지 분할은 오랫동안 소중하게 간직한 꿈, 즉 이제 토지소유자가 되는 꿈을 실현할 수 있는 호기를 그들에게 제공하지 않았던가? 그런 꿈은 그 분배가 최하층의 주민들에게 유리한 방식으로 이루어진다는 조건 아래서만 실현될 수 있었음은 물론이다. 가난한 사람들에 대한 아무런 보상도 하지 않고 영주들이나 '마을의 유력자들'에 의한 공동방목장의 은밀한 또는 노골적인 독점이 성립하는 경우—예컨대 브르타뉴 지방에서 공동방목장의 '분할대여'에서 보듯이—에는 이에 대해 무쟁기농들도 대부분의 농민들과 마찬가지로 격렬한 반대투쟁에 나섰다. 그들 무쟁기농은 대토지소유자들의 주도로 오직 기존 소유농지의 크기에 비례해서 공유지를 분배하는 몇몇 공동체의 결정들에 대해서도 강력히 저항했다. 국왕의 칙령들은 농민대중의 이익을 보다 많이 배려하려고 했다. 행정관리들 사이에서는 점점 농업의 생산성을 우선시하는 경향이 있기는 했으나, 전통적으로 마을주민을 배려하려는 뜻을 명확히 밝힌 국왕의 칙령들은 공유지 분배를 소유토지의 크기가 아니라 세대(世帶)별로 규정했다.[36] 농촌주민 가운데 사실 그 누구도 고지 하계 방목장이 축소된다고 해서 득 볼 것이 없는 산악지방을 제외하고는, 이와 같은 내용의 공유지 분할은 분할된 공유지를 개간할 기대에 차 있던 무쟁기농들의 환심을 샀다. 예컨대 로렌에서는 반항하는 쟁기농들로 하여금 공유지 분할법을 수용하도록 하기 위해 개최된 본당사목구 회의에서 다수의 힘을, 가끔 압도적 다수의 힘을 사용한 것이 바로 그들이었다.

공유지와 울타리 치기 문제에는 사회계층 사다리의 다른 한 끝에 위치한 영주들의 이해관계가 걸려 있었다. 이들의 이해관계는 때로 상충되기도 하고 곳에 따라 매우 상이한 여러 가지 동기들에 지배되었다. 영주들은 대토지소유자였으며, 그 토지는 보통 농업혁신에 유리한 광대한 규모였고 그들 각자의 소유였다. 게다가 영주들은 다른 주민들과 동등한 자격으로 집단용익권에 참여했을 뿐만 아니라 많은 지방에서 농민대중보다도 훨씬 큰 집단용익권을 향유했다. 어떤 때는 로렌과 일부 샹파뉴 지방의 '개별방목 특권'과 베아른 지방의 '방목독점권'과 같이 관습에 의해 인정된 명시적인 몇몇 특권을 통해서, 어떤 때는 프랑슈콩테에서 보듯이 거의 완전한 법적 효력을 지닌 악습을 통해서 영주들은 공유지나 휴경지에서 거의 무제한적인 수의 가축떼를 방목할 수 있었다. 경제의 변화로 목축업자들이 매우 중요한 판로를 확보함과 동시에 자본주의적 경영방식의 온갖 편리한 수단을 이용할 수 있는 길이 열렸던 만큼, 영주의 이런 특권들은 수익성이 더욱 커지게 되었다. 이를테면 로렌에서는 '개별방목 특권'이 기업적 대목축업자들에게 임대되어, 수많은 공장들에 양모를 공급하고 파리시에 육류를 공급하는 원천이 되었다. 현지의 고등법원을 지배하고 삼부회의 다수를 차지했던 베아른 지방 영주들의 다음과 같은 술책만큼 영악하기 짝이 없는 계급적 이기주의를 분명하게 표현한 것은 없다. 그들은 자기들이 많은 부분을 소유하고 있던 '경사지', 곧 일시적으로 경작되는 토지에 대해서는 울타리로 둘러막는 자유를 허용했다. 이에 반해 분할지들 전체가, 심지어 그들 영주의 분할지들까지, 너무 작고 너무나 서로 뒤섞여 있어서 둘러막을 만한 가치가 없는 '평원지대'에서는 울타리 치기를 허용하지 않았다. 또 울타리가 쳐져 있음에도 불구하고 '방목독점권'을 계속 행사한다든지 아니면 높은 값의 보상금을 받기도 했다. 영주들은 이들 술책 가운데 마지막 사항에 대해서는 양보하지 않으면 안 되었으나, 보다 중요한 다른 두 가지 사항에 대해서는 자신들의 주장을 관철시켰다. 베아른 지방의 '평원지대'를 제외하고는 어디에서도 영주들은 울타리 치기의 자유를 방해하지 않았다. 영주들은 크게 확장된 농경지에서 자기들이 울타리 치기의 자유를 이용할 수 있는 거의 유일한 사람들임을 알고 있었던 것이다. 그러나 공동방목권의 폐지는 방목 특권을 향유할 수 있는 면적을 축소시킬 위험성이 있었기 때문에, 영주의 가장 소중한 이익을 손상시키는 것이었다. 그래서 영주들은 거의 어디에서나 공동방목권의 폐지에 반대했다. 로렌과 프랑슈콩테에서는 고등법원의 지원을 받아 영주들이 실제로 그 폐지를 저지하는 데 성공했다.

영주들은 예로부터 언제나 공유지에 대해 탐을 냈다. 그들은 18세기 내내 공유지를 독차지하려는 노력을 멈추지 않았다. 그런데 일반적으로 법률규정에 의한 공유지 분할은 그들에게 불리하지 않았다. 공유지 분할에 관한 칙령들은 원칙적으로 공유지 분할권의 행사를 미리 배려해 두고 있었으며, 그런 권리의 행사방법을 상세하게 규정하는 조항을 전혀 설정하지 않음으로써 영주들의 주장을 모조리 그들에게 유리하게 해석할 수 있는 법적인 길을 열어 두었던 것이다. 아무런 보상금도 지불하지 않고 분할된 토지의 3분의 1을 취득하는 이런 노획물은 매력적인 것이었다. 로렌 지방에서는 영주들이 공동체에 공유지 분할을 요구하는 압력을 가하기 위하여 무쟁기농들과 협력했다.[37]

쟁기농들은 완전히 단합된 계급이 결코 아니었다. 그렇지만 그들은 특별히 민감한 한 가지 문제에 대해서만큼은 거의 어디서나 의견을 같이했다. 그들은 공유지의 분할이 세대(世帶)별로 행해지고 영주에게 전체 공유지의 3분의 1을 떼어 주는 경우라면 이구동성으로 공유지의 분할에 반대했다. 그들의 생각으로는 이와 같은 분할방식은 아주 작은 몫의 토지만을 늘릴 수 있을 뿐이었다. 그리고 그런 분할방식은, 그들의 가축이 공동의 가축떼 가운데 다수를 차지했던 만큼 그 중요성이 한층 커진 방목권을 빼앗는 것이었다. 마지막으로 공유지 분할을 통해 날품팔이꾼들이 소토지소유자로 변모하는 것은 쟁기농들의 농업경영에 크게 필요한 일손을 빼앗을 우려가 있었다. 프러넬라그랑드(Frenelle-la-Grande)[35]의 대농들과 중농들은 1789년에 자신들의 진정서에서 무쟁기농은 "본래 농촌에서 쟁기농을 조력하는 역할을 담당하도록 운명지어져 있지 않았던가?"라고 말했다.[38] 특별히 주목할 만한 점은 랑그도크 지방에서 사실상 농업정책을 좌우하고 있던 삼부회가 공유지의 분할보다는 임대를 선호했다는 것이다. 이를 통해 삼부회는, 필요한 경우 '캉톤망'[36]을 요구할 수 있는 권한을 부여받은 영주들과 유일하게 임차

....

35   로렌 지방 보주도(道)에 위치.
36   앞에서 본 바와 같이, 공유지 분할을 뜻함.

인이 될 수 있는 부유한 농민들을 동시에 만족시켰다.[39] 이런 공유지 처분방식은 재산가들의 결탁을 교묘한 방식으로 구체화한 것이었다. 세력들 간의 결합관계가 다른 방식으로 형성되었던 로렌에서는 공유지 문제를 둘러싼 싸움이 무쟁기농들과 영주들의 연합세력에 대한 쟁기농들의 대립으로 나타나서 전적으로 계급투쟁의 양상을 띠었다.

나머지 문제에 대해서는 쟁기농들의 의견이 크게 분열되어 있었다. 토지소유자라기보다는 차지농인 비교적 부유한 쟁기농들은 토지를 소유한 부르주아들과 거의 같은 이해관계를 가지고 있었다. 쟁기농들은 개별적으로 공유지의 일부를 취득하려고 애썼다. 그들은 공동체로부터 공유지가 보유토지나 납세액에 비례해서 분할된다는 동의를 받아 낼 수 있을 때는 공유지 분할에 찬동하기도 했다. 쟁기농이 분할지 통합을 통해 형성된 상당히 넓은 면적의 농경지 소유자이거나 경작자인 경우에는, 휴경지에 사료작물을 재배하는 연속적 경작을 기꺼이 수용했다. 그래서 그들이 바라는 것은 오로지 자신의 농경지에 울타리를 치는 것이었다. 게다가 칙령들은 유례없는 직권남용을 통해 —플랑드르와 에노 지방을 제외하고는— 울타리 설치자들이 울타리가 쳐지지 않고 여전히 개방되어 있는 다른 토지의 일부에 대하여 아무런 제한 없이 휴작지 공동방목권을 계속 행사할 수 있게끔 허용했기 때문에, 그들은 더욱 자신의 토지를 울타리로 둘러치기를 바랐다. 따라서 그들 쟁기농은 이익이란 이익은 다 보면서도 손해는 입지 않았다.

이와 반대로 농민대중은, 심지어 대다수의 자영농들까지도, 고래의 토지이용 관습에 대한 집착이 훨씬 강했다. 타성 때문이었을까? 틀림없이 그런 면이 있었을 것이다. 그러나 또한 당면한 위험성에 대한 정확한 본능적 감각 때문이기도 했다. 어떤 이유에서든 간에 새로운 경제체제에 대한 적응은, 얼마 안 되는 토지를 가졌으면서도 그 토지마저 여전히 예전의 경지배열 구조를 따라야 했던 사람들에게는 힘들었을 것이다. 이런 이유의 불안감에다, 자신들과는 다른 쪽의 이익에 이바지하는 것으로 생각된 농업개혁 특유의 위험성에 대한 불안감이 겹쳐진 것이다. 부유한 농민들은 보통 초지를 가지고 있었으며, 그것으로 공동방목장에서 부족한 목초를 보충할 수가 있었다. 이런 사정 속에서 울타리 치기의 자유 덕분에 그들은 이런 소중한 목초를 완전히 자기 가축만을 먹이기 위해 남겨 둘 권한을 갖게 되었다. 대체로 보통의 쟁기농들은 초지를 전혀 갖지 못했거나 거의 갖고 있지 못했다. 그래서 그들은 자기 가축을 사육하기 위해서는 공동방목장과 타인의 곡물경작지 및 초지에서의 집단 용익권 행사가 필요했다. 그들의 농지에서도 가축의 사료가 생산될 수 있었던 것은 사실이다. 그러나 그들에게 있어서 이런 경작상의 혁신은 여러 가지 어려움을 가지고 있었으며, 특히 경지가 길쭉한 분할지들로 되어 있는 지방에서 어려움이 컸다. 그런 지방에서는 윤작의 변화는 경구별로만 가능했다. 그리고 경작자들 사이에 합의가 이루어지지 않으면 안 되었다. 이런 합의는 실제로 불가능한 것이 아니었다. 18세기 말 무렵에 로렌의 몇몇 공동체에서는 보통 윤작포들의 끝에 정기적으로 인공초지로 사용되는 공간이 설치되었다. 그러나 이렇게 언저리 땅에 특별히 설치된 인공초지는, 그것이 딸려 있는 윤작포가 관례에 따라 휴경지로 사용되고 따라서 거기에서 공동방목이 실시되는 해가 되면, 오래된 공동방목의 관습이 지속되는 데에서 이득을 보는 사람들의 침해로부터 어떻게 보호될 수 있었겠는가? 공동방목의 지속으로부터 이득을 보는 사람은 비단 무쟁기 농들만이 아니었기 때문이다. '개별방목 특권'을 향유하는 경우에는 영주들, 그리고 자신의 토지를 울타리로 둘러치고서도 이웃 사람들의 토지에서 방목을 하는 데서 오는 이익을 포기할 생각이 없었던 주요 토지소유자들도 공동방목으로부터 이득을 보았던 것이다.

원칙적으로 목초가 나는 모든 토지에 대해 공동방목권을 인정하지 않는 방법이 있었다. 앞에서 보았듯이 몇몇 지방에서는 포고령이나 판결을 통해서, 다른 지방들에서는 공동체가 정한 규칙을 통해서 이와 같은 결정이 났다. 캉브레지 지방과 수아소네(le Sois-sonnais)[37] 지방에서는 공동체가 정한 규칙이 일반적으로 준수되었던 것으로 보인다. 그러나 다른 지방들에서는 이런 규칙이 법정에서 자주 반박받고 파기되었다. 특히 울타리 치기에 관한 칙령들의 영향을 받았던 지방에서 그랬다.[40] 왜냐하면 이런 칙령들은 허울뿐이었기 때문이다. 다시 말하면, 휴작지 공동방목으로부터 벗어나기 위해서는 울타리를 둘러치지 않으면 안 되었던 것이다. 보통 크기의 토지를 가진 쟁기농들이 휴작지 공동방목을 면하기가 몹시 어려웠던 것은 바로 이 때문이었다. 울타리 치기는 언제나 비용이 많이 들었다. 특히 나무 값의 등귀로 수많은 불평의 목소리가 나던 시절에는 비용이 많이 들었다. 매우 좁고 기다랗게 생겨서 그 둘레가 면적에 비해 지나치게 긴 분할지들을 울타리로 둘러치는 경우에 울타

....

37 파리 북동쪽 엔도(道)에 있는 수아송을 중심으로 한 그 주변지역. 석회질의 토양으로 된 대평야지대다.

리 치기 비용은 더욱 컸고, 사실상 설치가 불가능했다. 울타리 치기는 자유로워졌으나, 농경지가 방목가축으로부터 보호받기 위한 필요조건으로서 요구된 울타리 치기는 사실상 부자들의 전매특허 같은 것이 되어 버렸다. 울타리 설치는 발달된 농업기술에 정통한 경작자들이 바라마지 않던 농업기술 이용의 길을 봉쇄했다. 이와 같은 상황에서 쟁기농들 전체―순조롭게 진행되기만 했다면 필시 그들은 오래된 공동방목의 관습과 차차 단절될 수 있었을 것이다―가, 프랑스 왕정의 농업정책에 반대하기 위해 전통적 질서의 무조건적 유지를 요구하는 무쟁기농들과 거의 어디에서나 뜻을 함께하게 되었다고 해서 놀라울 것이 뭐가 있겠는가!

낭시 고등법원이 지적한 바와 같이, 농업개혁가들이 시도했던 것은 시대에 뒤떨어진 '농촌경제', 이보다는 차라리 농촌의 사회질서라고 부를 만한 것의 전면적 변화였다. 이들 개혁가가 이런 격변의 심각성을 전혀 이해하지 못했다고 생각해서는 안 될 것이다. 확실히 그들은 대다수 쟁기농의 저항의 의미를 정확하게 예측하지는 못했으나, 가난한 농민들, 특히 무쟁기농들이 몰락할 우려가 있다는 것을 잘 알고 있었다. 1766년에 랑그도크 삼부회에서 툴루즈의 대주교는 새로운 농학의 취지를 지지하면서도 휴작지 공동방목은 "한 사회의 귀결이고, 같은 공동체 내의 주민들 사이에 필요불가결한 것이며, 언제나 정당한 평등이 함축된 것으로 간주될" 수 있다고 인정하지 않았던가? 모든 농학자가 농업혁명의 가공할 결과를 편안한 마음으로 받아들였던 것은 아니다. 국무대신 베르탱과 그의 보좌관이었던 트뤼덴이 농업개혁 추진을 주저했던 것은 이런 위험스런 결과 때문이었다. 또 총명한 관찰자인 메스 고등법원의 법원장인 뒤

삭이 농촌인구의 감소로 주요 토지소유자들이 노동력과 농산물 소비자를 동시에 잃지 않을까 하는 불안감을 갖게 된 것도 이런 농업혁명의 가공스런 결과에 대한 염려 때문이었다.[41] 그럼에도 불구하고 대담한 개혁가들은 인간진보를 위한 노력에 수반되는 이런 끝없는 비극적 상황 앞에서 물러서지 않았다. 그들은 농업의 발전을 바랐으며, 그 발전은 희생자를 낳는다는 것을 인정했다. 그들은 대생산자들에 대한 프롤레타리아 계급의 종속이 과거보다 더 강화되는 경제체제에 대해 반감을 갖고 있지 않았다. 농업개혁가들의 기도는 종종 냉혹함이 없지 않았다. 노동력 부족과 고임금 사태를 우려하던 오를레앙의 농업협회는 1784년에 장인(匠人)들의 "대다수는 힘든 노동에 전혀 익숙하지 못하기" 때문에 그들을 곡식 수확에 강제로 고용하자는 제의를 거부했다. 그러나 그 협회는 농촌의 부녀자와 소녀들에게 곡식의 이삭줍기를 금지시킬 것을 제안했다. 이삭줍기를 금지하면, 여성은 다른 생계수단을 찾지 않을 수 없게 되어 수확작업에서 훌륭한 일꾼이 될 것이기 때문이다. 여성은 실제로 "땅 쪽으로 몸을 굽혀 걷는 데" 익숙해 있어서 수확작업에 능숙하지 않았던가? 일반적으로 그 협회의 간부들은 가난이란 비난받아 마땅한 "게으름"의 결과에 다름 아니라고 보았다.[42]

틀림없이 이토록 노골적인 잔인성은 감수성이 예민한 사람들을 분노케 했을 것이다. 그러나 이런 사람들은 팡글로스 박사(Dr. Pangloss)[38]의 주장과 유사한 당시 풍미 중이던 경제이론이 그 다음

....

38 볼테르의 철학적 풍자소설 『캉디드』에 등장하는 대단히 낙천적인 인물. 라이프니츠의 예정조화설의 신봉자인 팡글로스 박사는 신이 이 세상을 최선으로 창조했기 때문에 세상은 모든 점에서 완벽하다고 생각한다.

세기의 '고전' 학파에 물려주게 될 굉장한 낙관주의 속에서 위안을 찾곤 했다. 1766년에 몽티예랑데(Montier-en-Der)[39]의 지사 보좌관이 쓴 바와 같이, "일반 사람에게 유익한 것은 반드시 가난한 사람들에게도 유익하게 된다"는 주장이 널리 받아들여지고 있지 않았던가? 바꿔 말하면, 쉽게 일자리를 찾을 수 있고 빈곤을 겪지 않는 것이 유일한 소원인 가난한 사람의 행복은 결국 부자의 번영에 좌우된다는 생각이 널리 통하고 있지 않았던가? 당시 메스 지방의 젊은 지사였던 칼론(Ch. A. de Calonne. 1734~1802)은 다음과 같이 말했다.

"일반적으로 경작농민에 대한 무쟁기농 및 날품팔이꾼의 관계는 주역에 대한 보조역에 지나지 않으므로, 경작농민의 형편이 나아질 때에는 이들 후자의 형편을 걱정할 필요가 없다. 어떤 면(面, canton)에서 생산물과 식량이 증대하면 계급과 신분을 막론하고 거기에 거주하는 모든 사람의 유복함이 증대한다는 것은 불변의 진리다. 그 역도 저절로 성립한다는 데 대해 조금이라도 의심하는 것은 사물의 자연적 질서를 오해하는 것이 될 것이다."

영국에서처럼 프랑스에서도 자본주의―보다 적절한 말이 없어서 그렇게 부를 수밖에 없다―가 성장기의 천진난만함과 함께 처음으로 순진한 환상과 놀랄 만한 잔인성, 그리고 풍부한 창조적 열정을 드러낸 것은, 공업문제가 발생하기 이전의 농업문제들에서였다.

....

39   샹파뉴 지방의 오트마른도에 위치.

§

    그렇지만 18세기 말엽의 법적 개혁조치도 보다 널리 전개된 농업기술의 개량운동도 프랑스 농촌의 외관을 현저하게 변모시키지는 못했다. 풍경까지도 진정으로 변모한 예외적인 지역은, 토지에 거의 전적으로 목초만 재배하기 위해 곡물파종을 그만두기 시작한 시점에 농업혁명이 도래한 곳들이었다. 즉, 에노 지방의 동쪽 변두리 지역과 불로네 지방뿐이었다. 18세기 중에 이들 지방은 오래된 곡물 위주의 농업을 마침내 포기하고 목축이나 낙농업에 특별히 적합한 토양과 기후의 이점을 이용할 수 있게 되었다. 그런 전환이 가능했던 것은 이들 지방에서는 교통과 상업이 발달하고 목축업자들에게 식량을 공급할 수 있는 드넓은 곡창지대가 존재하며 육류 소비가 많은 도시들이 인근에 존재했기 때문이다. 이런 변화를 주도한 사람들은 새로운 경제제도를 유일하게 이용할 줄 알았던 대토지소유자들이었다. 이들은 예전에 조성된 초지든 새로 조성된 초지든 자기들의 초지 주변에 많은 생울타리―생울타리는 목초를 낭비하는 공동방목으로부터 초지를 보호했다―를 설치하기 위해 그들이 그 전부터 당연한 권리라고 주장했던 울타리 치기의 자유를 이용했다. 그리하여 '장애물이 없는' 곡물경작지 대신에 곳곳에서 녹색의 울타리 쳐진 땅들이 생겨났다. 다른 지방에서도 마찬가지로 대개는 영주나 부르주아의 땅에 울타리가 설치되었다. 이들 땅에서도 역시 그 대부분의 울타리는 초지 주위에 설치되었다. 사람들이 보호하고자 신경 쓴 것은 무엇보다 목초였던 것이다. 곡물경작지 보호를 목적으로 한 경우는 초지에 비해 훨씬 드물었다. 본래 의미의 농업[40]에 있어서도 마찬가지로 농업개혁은 순조롭게 진행되지 않았다. 노르망디 지방과 같이 특별히 선진적인 몇몇 지방을 제외하고는 18세기 말에 휴경지제도는 농민들의 분할지 가운데 압도적으로 많은 부분에서, 더욱이 분할지보다 더 큰 규모의 땅뙈기로 되어 있는 다수의 경지들에서도, 계속해서 널리 실시되고 있었다. 발전된 농업이 확산되고 있었음에는 틀림없으나, 진전 속도가 빨랐던 것은 아니다. 프랑스 왕국의 대부분에서, 특히 기다란 형태의 경지제가 실시된 지방들에서 새로운 농업기술이 성공하기 위해서는 농업개혁가들이 계획했던 것보다 훨씬 심대한 변화가 필요했다. 즉, 영국에서처럼 그리고 독일의 여러 지역에서처럼 철저한 경지정리가 필요했다.

다른 무엇보다도 한 가지 장애 요소가 쟁기농이 자신의 토지를 울타리로 둘러치거나 일반적으로 자신의 경작지를 집단용익권의 행사로부터 면제받는 것을 방해했으며, 심지어 보다 부유한 토지소유자의 그런 시도들까지도 저지시켰다. 그것은 산재지제도였다. 산재지제도는 소농들이 반드시 따르지 않으면 안 되는 강제규칙이자, 분할지들을 통합한 대농들까지도 완전히 피하기 어려웠던 강제규칙이었다. 분산되어 있고 크기가 작으며 불편한 형태로 된 이들 밭뙈기를 인접한 몇몇 큰 밭뙈기들—각각 도로로 이어지는 출입구를 갖추고 따라서 서로 독립적이다—로 통합하는 방법은 이론상으로는 아주 간단했다. 영국에서는 실제로 이런 방식의 토지통합이 시행되었다. 인클로저에 관한 거의 모든 법령은 동시에 토지의 재배

....

40   곡물경작을 말함.

치를 규정했으며, 토지경작자들은 이런 규정을 준수하는 것 외에는 달리 도리가 없었다. 대부분의 농민보유지가 영대 보유권을 획득하는 데 성공하지 못했던 나라에서는 당연했던, 토지의 이런 강제적 재배치를 프랑스에서는 상상할 수 있었을까? 프랑스의 경제이론가들과 행정관리들은 그런 가능성을 생각조차 하지 못했다. 그들은 토지교환의 분위기를 조성하는 데 만족해야 했다. 사람들을 설득하는 데 그쳤던 것이다. 그러나 농민들은 예전부터 전해져 오는 관습에 집착하였고, 각자 자신의 토지에 친숙해 있었던 반면에 이웃의 토지는 좋지 않을 것이라는 불신의 눈으로 바라보았으며, 오래된 행동규범에 따라 농토를 촌락권역 전체에 분산시킴으로써 농업재해—프랑슈콩테 지방에서 '오르발'(orvale)이라고 일컬었던 것—의 위험성을 줄이기를 바랐다. 마지막으로 농민들은 당연히 영주들과 부자들이 주도할 수밖에 없었던 토지교환 사업의 위험성에 불안해하는 경향이 있었다. 이것은 이유가 없지 않았다. 그래서 농민들은 —부르고뉴 지방에서처럼 법적으로 조세면제 조치를 통해 토지교환을 촉진하려는 노력을 기울였던 지방들에서조차— 예외적으로만 토지를 교환하기로 결심했고, 일부 고답적 농학자들이 시도한 전면적 경지정리에 별로 참여하지 않았다. 토지가 사람보다 풍부했던 시절의 관습으로부터 생성되고 뒤이어 국왕의 재판권에 의해 공고화된 농민적 토지소유의 힘은 단지 농촌자본주의의 확산을 억제하기만 했던 것이 아니다. 그 힘은 농업혁명을 지체시키면서도 동시에 갑자기 농업혁명이 지나칠 정도로 잔인하게 농민대중에게 타격을 가하지 않게 함으로써 농업혁명에 제동을 걸었다. 날품팔이꾼들—이들은 토지를 소유해 본 적이 없거나 토지를 소유하고 있다가 잃어버린 사람들이다―은 농업기술이나 농업경제 변화의 피할 수 없는 희생자들이었다. 반면에 쟁기농들은 그런 변화에 천천히 적응해서 이득을 볼 수 있다는 희망을 가질 수 있었다.

제7장

현재에 대한 과거의 영향

프랑스 대혁명기의 농촌사는 혁명의 정치적 현상과 이의 여러 단계별 전개과정에 대한 연구와 긴밀히 연관시킬 때만 그 변화과정을 제대로 기술할 수 있다. 지역사적인 탁월한 논문들이 일부 있음에도 불구하고 19세기와 20세기 초엽의 농업발전에 대해서는 아직도 모르는 것이 너무 많아서 사실의 왜곡 없이 개괄하기는 어렵다. 그렇기 때문에 결국 우리의 농촌사 서술은 1789년으로 끝날 수밖에 없다. 그러나 프랑스 농촌사에 관한 서술을 끝마치면서, 지금까지 개관한 농업의 발전이 근래의 프랑스 사회와 심지어 현재의 사회에 대해 미친 영향을 언급하는 것은 필요한 일이다.[1]

§

프랑스 대혁명기의 의회가 농업정책을 다루게 되었을 때, 백지

상태에서 출발했던 것은 아니다. 이미 그 이전의 왕정 아래서 농업 문제들이 제기되었고 해결하려는 시도가 있었다. 새로운 체제는 여러 가지 점에서 왕정과 비슷한 정신을 이어받았다. 그렇지만 새 체제는 맹목적으로 모방하는 데 그치지 않았다. 새 체제는 과거의 실패로부터 유익한 교훈을 얻었고, 과거와는 현격하게 다른 계급적 관심사에 따라 행동했으며, 마지막으로 많은 장애물이 제거된 상태에서 활동했다.

농촌주민의 대다수는, 만약 아무런 제한을 받지 않고 행동할 수 있었다고 한다면, 그저 지난날의 공동체적 관습으로 되돌아갔으리라는 것은 틀림없다. 이것은 1789년에 외국인으로서 프랑스를 관찰한 바 있는 영국의 농학자 아서 영이 예상했던 바다. 울타리 치기에 관한 칙령들에 의해 피해를 입었거나 프로방스 지방과 같이 그보다 훨씬 오래전에 일어난 농촌 변화에 충격을 받은 다수의 지방에서 농민들은 대혁명 초기의 농촌소요 과정에서 흔히 강제로 집단용익권을 회복시키려고 시도했다. 많은 본당사목구의 회의체들은 그들의 진정서에서 이런 집단용익권의 회복을 요구했고, 얼마 뒤에는 농촌지역의 읍면 자치체와 촌락의 민중협회(société populaire)[1]들도 그 회복을 요구했다. 욘 지역에 있는 파를리의 상퀼로트

....

1   프랑스혁명 기간에 설립되어 활발한 활동을 펼쳤던 혁명파의 모임. 다양한 이름으로 불렸던 민중협회의 모델은 로베스피에르, 당통 등 명 연설가들로 구성되어 유명했던 파리의 자코뱅 클럽이었다. 그러나 자코뱅 클럽은 부유한 부르주아들로 구성된 제헌의회가 제정한 재산선거제의 지지자들로 구성되었던 데 비해, 민중협회는 소부르주아들 및 서민층에게까지 개방되어 있었으며 보통선거제를 지지했다. 민중협회에서는 능동시민과 수동시민의 차별이 없었으며, 여성들과 12세 이상의 청소년들도 회원이 될 수 있었다. 민중협회에 모인 시민들은 사회문제와 시국을 논하고 법률안을 검토하기도 했

(sans-culotte)²들은 울타리 치기 법에 대해 "이런 법률은 자유가 아직도 말뿐이고 평등이 한갓 공상에 지나지 않았던 시절에 오직 부자들에 의해 부자들을 위해서만 만들어졌을 법한 것이다"라고 썼다. 오텡의 민중협회와 같은 여타 단체들의 진정서들은 서민의 토지 대부분을 인공초지로 바꿈으로써 그들로부터 생계수단을 빼앗아간 "이기적 농업가들", "탐욕스런 토지소유자들" 및 "욕심 사나운 차지농업가들"의 "배신적 동맹"을 규탄했다.²⁾ 그러나 대혁명기의 의회는 무쟁기농들이나 영세한 쟁기농들로 구성되지 않았으며, 그들의 의견을 대변하지도 않았다. 학력 있고 유복한 부르주아들로

....

다. 처음에는 공민교육을 통해 시민들의 민주의식을 강화시키는 활동을 했지만, 1791년 이후에는 점차 정치활동에 참여했다. 공포정치가 실시되면서부터는 각 시에서 시당국과 협력하여 혁명정부의 법률적용을 보장하고 반혁명 분자를 고발하는 등 혁명정부의 필수적 조직이 되었다. 파리에서 최초의 민중협회는 1790년 2월에 설립되었고, 그 설립운동은 마라(Marat)의 주도 아래 1791년에 활발해졌으며, 1792년 이후 그 수가 크게 증가하여 파리를 비롯한 전국의 대도시는 물론이고 중소도시와 읍면에 이르기까지 설립되었다. 특히 정책의 차이로 같은 도시나 구역 안에서도 여러 개의 민중협회가 설치되기도 했다. 파리의 민중협회는 1789~1794년간에 100개를 넘었고, 그 가운데 가장 활발하고 유명한 것이 센강 좌안에 있었던 '코르들리에 클럽'이었다. 그러나 로베스피에르의 실각과 공포정치의 종식 후 모든 민중협회는 자코뱅 클럽과 함께 해산되었다.

2 프랑스 대혁명 때 서민층 내지 소부르주아지 이하 출신의 혁명적 과격 공화파의 별명. 부르주아지로부터 소외된 도시의 수공업자·중소상인을 주축으로 해서 구성되었으며, 노동자와 농민도 포함한다. 그 이름은 귀족과 부르주아가 입었던 반바지(culotte)를 입지 않고 긴 바지를 입었던 데서 유래한다. 이들은 고용노동에 의존하지 않는 소규모의 독립자영을 이상으로 추구한 때문에 고용노동을 필수조건으로 하는 대경영을 이상으로 삼은 부르주아지와 대립했다. 이 두 노선은 평등주의 대 자유주의 형태로 표출되었다. 상퀼로트는 평등주의적 입장에서 최고가격제의 실시와 생활권 및 행복권의 향유를 주장했다. 이들 민중세력은 1789년의 바스티유 공격과 베르사유 행진, 1792년 8월 10일과 1793년 5~6월의 민중봉기 등에서 주력을 이루었고, 이후 산악파(山岳派)의 지주로서 혁명의 추진력이 되었으며, 공포정치의 전위 역할을 담당했다. 그러나 1794년 7월 '테르미도르의 반동'으로 부르주아지의 반격을 받아 쇠퇴했다.

채워진 의회는 개인재산의 신성함을 믿었다. 제헌의회 의원인 외르토 라메르빌(Jean-Marie Heurtault-Lamerville, 1740~1810)[3]은 "토지의 독립성"을 헌법의 한 조항으로 설정할 것을 제안하지 않았던가? 위대한 혁명기의 국민공회 의원들 가운데 대범한 자들은 대혁명의 국내외 적들에 대한 불가피한 전쟁을 앞두고 이런 신념을 접어 두는 것이 좋겠다고 생각했으나, 그들 대부분은 여전히 마음속으로는 이런 소신을 견지하고 있었다. 게다가 이런 사람들은 그들 주변의 세계관에 영향을 받아 그들의 굳은 신념이었던 경제적 진보를 오로지 생산과 관련해서만 생각했고, 농업발전을 사료작물 재배와 연관지어서만 생각했다. "거름이 없으면 수확이 없고, 가축이 없으면 거름이 없다." 국민공회의 농업위원회는 휴경의 실시를 경작농민들에게 의무화시키는 법률제정을 요구한 노장르레퓌브리켕(Nogent-le-Républicain)[4]의 민중협회에 대해 이런 격언으로 답변했다.[3] 그들은 일반적으로 오래된 인습을 "봉건적" 야만성의 유감스런 유

....

3   경제학자, 정치가. 귀족 출신으로서 프랑스혁명 초기에 귀족의 진정서 작성에 참여하고 제헌의회 의원을 지냈으나, 귀족의 작위 철폐를 지지하는 등 산악파에 가담했다. 그는 1791년에 쉐르도 의회 의장으로 선출되고, 그 다음해에는 같은 도 검찰총장에 취임했다. 1795년에는 총재정부의 집행위원에 선임되고 1798년에는 500인회의 의장이 되어 재임했으나, 1799년 나폴레옹의 쿠데타가 일어난 후에는 귀향했다. 그는 혁명기의 이런 정치활동 과정에서 계몽주의적·중농주의적 사상을 가지고 농업 분야에서 적극적인 활동을 펼쳤다. 경제, 특히 토지세를 비롯한 재무행정에 관한 전문가로서 『토지세 및 공유지 분할론』(De l'impôt territorial combiné avec les principes de Sully et de Colbert, adapté à la situation actuelle de la France; Opinion sur le partage des biens communaux) 등 많은 저서를 남겼다.

4   파리 서남쪽에 있는 외르에루아르도의 페르슈 지방에 위치. 프랑스 대혁명기의 이름으로, 원래의 이름은 노장르로트루(Nogent-le-Rotrou)이다. 샤르트르와 르망 사이에 있다.

산으로 간주하곤 했다. 혁명력 2년에 외르에루아르도의 행정관리들은 "농업에 대한 휴경지의 관계는 자유에 대한 압제자의 관계와 같다"라고 말했다.[4)]

왕정의 농업정책을 방해했던 많은 장애물이 이제는 존재하지 않았다. 영주의 이익을 침해하거나 기존 질서를 어지럽히는 조치들을 그렇게도 빈번히 저지했던 고등법원은 사라졌다. 지방삼부회 역시 사라졌다. 특권층의 기득권 자체도 이제는 인정을 받지 못하게 되었다. 즉, '개별방목 특권'도, '방목독점권'도, 공유지 분할권도 더이상 인정되지 않았다. 아주 큰 토지를 소유한 사람들에게 특별히 유리한 방향으로 개혁적 조치를 취할 이유도 이제는 존재하지 않았다. 프랑스 대혁명은 무쟁기농에 대해서는 별 관심이 없었지만, 중간 규모의 쟁기농들 가운데 비교적 물정에 밝은 사람들의 요구를 들어주려는 노력을 했다. 마지막으로 혁명을 통해 하나의 통일국가가 된 프랑스에서 법률은 예전처럼 지방적 차원에서 적용될 필요가 없었다. 구체제 아래서 개혁이 한창이던 시절에 도르메송이 한동안 꿈꾸었지만 실현하지 못했던 '일반법'이 현실화될 수 있었다.

그렇지만 아직도 농업개혁에 대한 접근은 전반적으로 신중했다. 윤작강제는 자유라는 매우 개인주의적인 새로운 관념과는 정반대였으므로, 어떤 사람도 감히 그런 강제를 유지할 생각을 하지 못했다. 제헌의회는 "자기 토지의 경작과 경영을 자기 마음대로 바꿀 수 있는" 토지소유자의 권리를 선언함으로써 윤작강제를 위법이라고 낙인찍었다. 휴작지 공동방목 강제에 대해서도 마찬가지여서, 이따금 그것을 완전히 폐지하는 의안을 작성할 정도였다. 그러나 이렇게 작성되어 제출된 의안은 진지하게 받아들여지지 않았다. 제헌의회는 울타리 치기에 관한 칙령들에서 제시된 정책을 답습하여 확대하는 것으로 만족했다. 다시 말하면, 울타리 치기의 절대적 자유를 프랑스 전역에 공포하는 것으로 그쳤던 것이다. 그렇기는 하지만 제헌의회는 이런 규정에다, 과거의 칙령들로 농민들이 당했던 가장 큰 불이익 부분을 제거하는 두 가지 새로운 조항을 추가했다. 이제부터 토지소유자들의 휴작지 공동방목권은 그들이 울타리를 둘러친 토지의 면적에 비례하여 제한되거나 폐지되었다. 둘째로, 구체제 말에 여러 번 논의된 바 있는 계획―이 계획은 구체제가 더 오래 존속하고 구체제의 마지막 행동방식을 특징짓는 우유부단함을 떨쳐 버렸더라면, 어쩌면 실현되었을지도 모른다[5]―에 따라 이제는 인공초지에서의 공동방목도 일년 내내 금지되었다. 이런 입법조치는 경작농민 대다수에게 농업발전의 길을 열어 주는 것이었다. 동시에 영주가 징수하던 부과조의 소멸로 경작농민들은 생산을 증대시키더라도, 그들이 예전에 말했던 것처럼 "십일조 징수자와 정률생산물지대 징수자를 위해서"[6] 일하는 꼴이 되어 버리는 괴로운 처지를 면하게 되었다.

자연초지, 보다 정확히 말하면 그루풀의 문제가 어떻게 처리되었는지 알아보자. 자연초지에서도 두 번째 풀을 거두기 전에 휴작지 공동방목을 전면적으로 금지하는 일반법 제정이 가능한 것으로 보였던 듯하다. 제헌의회가 농지법(le Code Rural)을 면밀히 검토하여 작성할 임무를 맡긴 위원회는 한때 이런 생각을 했었으나, 이런 생각을 실행에 옮기지는 않았다. 이해관계가 복잡하게 얽힌 상황에서 오랫동안 사람들은 구체제가 모색한 정책을 답습하는 것으로 그쳤다. 즉, 그루풀의 이용제도는 읍면, 군, 도, 심지어 공화국 군대에 파견된 대표자들—공화국 기병대의 그루풀에 관한 요구사항도 국왕의 기병대와 동일했기 때문에—이 정하는 지역별 규칙에 좌우되고 있었다. 그래서 수확된 그루풀은 어떤 때에는 초지 소유자들과 공동체가 나눠 갖기도 했고, 어떤 때에는 초지 소유자들이 배제된 채 오직 공동체가 그 구성원들 사이에 분배하기도 했다. 심지어 일부 고장에서는 그루풀을 초지 소유자들이 온통 독점하는 경우도 있었던 것 같다. 그러나 초지를 갖지 않은 소농들의 목소리를 소중히 여기는 자코뱅파의 국민공회는 이런 결정이 명백히 형평성에 어긋난다고 생각했다. 열월파(熱月派, les thermidoriens)[5]의 생각은 이와 달랐다. 새로 구성된 공안위원회는 1795년에 특별조치를 통해 프랑스 전역에서 그루풀의 집단이용을 금지하고 그루풀을 초지 소유주에게 주어 버렸다. 그러나 그 다음해부터는 지역별 법령에 따라 그루풀 이용방식이 결정되는 상태로 되돌아갔으며, 오늘날까지 이런 관행이 지속되고 있다. 그렇지만 그 후 원칙적으로 다른 모든 권리 주장자들이 배제되고 오직 초지 소유주에게만 그루풀의 이용권이 부여되었으며, 어쩌면 몇몇 지방의 관습을 예외로 한다면 그런 권리 부여가 적법한 것으로 간주되었다. 그루풀의 이용에 관한 제도만큼 발전의 연속성과 진행과정의 변동을 동시에 잘 드러내 보여주는 것은 없다. 구체제 아래서 지사가 담당하던 초지의 이용질서에 관한 단속 업무는 대혁명 이후에는 도지사들이 이어받았다. 그런데

....

5 '열월'로 번역되는 '테르미도르'(thermidor)란 프랑스 혁명력의 제11월을 말한다. '열월파' 또는 '테르미도르파'란 그 달에 쿠데타를 일으켜 로베스피에르 중심의 산악당을 몰락시킨 부르주아 당파를 말한다. 중도파와 지롱드파의 잔당으로 구성된 테르미도르파는 쿠데타를 일으켜 급진적 혁명을 종식시키고 보수적인 노선과 정책을 추구했다.

지난 3세기간의 왕정 때부터 이미 약간씩 공격받은 바 있는 '두 번째 풀'에 대한 공동방목이라는 매우 오래된 관습은 혁명 후에도 마찬가지로 거듭 공격을 받았지만 끝내 일반법으로 제정되지 못한 채 19세기 중에 많은 곳에서 마침내 사라지고 말았다. 그러나 국왕의 정부보다 과단성이 있었던 혁명정부는 얼마간 머뭇거린 후에 두 번째 풀의 수확에 대한 공동체의 권리가 방목의 형태로 행사되지 않는 경우에는 공동체의 모든 권리를 폐지하였고, 그렇게 하여 그루풀 이용제도의 법적 변화를 완전히 몇몇 개인의 이익으로 귀착시켜 버렸다. 여기에는 매우 분명한 의도가 깔려 있었다. 1795년의 포고령은 소유권의 "신성불가침적 성격"―비록 "부도덕과 나태의 제도들"로 말미암아 위협받기는 했지만―을 분명히 환기시키고 있다. 주목할 점은 이런 단호한 조치가 "기아 폭동"을 무자비하게 진압한 직후 재구성된 의회의 행위이며 재산가들에게 선거권의 독점을 복원시켜 주었다는 것이다.

초지에서의 휴작지 공동방목은 비록 폐지되지는 않았으나 방목기간이 줄어들었다. 이에 비해 곡물경작지에서의 휴작지 공동방목은, 그것이 전통적으로 실시되어 온 곳에서 곡물경작지가 울타리로 둘러쳐지거나 인공초지로 바뀌지 않은 경우에는, 추수가 끝난 밭에서 오랜 세월 동안 강제로 계속 시행되었다. 1789년 이후 프랑스에 차례로 나타난 정치체제들 가운데 휴작지 공동방목을 폐지하지 않으려고 한 체제는 거의 하나도 없다. 그러나 아무리 사유재산제를 지지한다고 하더라도, 폐지로 틀림없이 일어나게 될 농민대중의 불만을 생각할 때 폐지를 주저하지 않은 정치체제도 없었다. 제3공화정(la Troisième République)[6]은 1766년부터 이미 랑그도크 삼부회가 시행했던 온건한 방식의 해결책을 마침내 채택했다. 그것은 원칙적으로 집단용익권을 폐지하되 지방자치체에 집단용익권의 존속을 요구할 수 있는 권리를 부여하는 것이었다. 그리하여 이 오래된 공동체적 관습은 오늘날의 프랑스 법률들 속에 여전히 기입되어 있다.

§

농업개혁 입법이 지체되고 머뭇거렸던 것은 농업기술 자체의 발전추이를 따라 입법이 추진되어야 했기 때문이다.

오랫동안 농민공동체는, 특히 개방경지제가 실시된 지방에서, 옛 관습에 끈질기게 집착하는 모습을 보였다. 자신의 밭을 울타리로 둘러막고자 하는 사람이 있다고 할 때, 울타리만 친다고 해서 다 되는 것은 아니었다. 그 울타리를 인정하고 침해하지 않을 이웃을 두는 것이 필요했다. 권리를 침해당한 공동체가 밭에 울타리를 친

………

6   제2제정이 몰락한 1870년부터 제2차 세계대전 중 독일군의 침략을 받아 비시정권이 성립한 1940년까지 계속된 프랑스의 공화정체. 1875년에 국민의회에서 삼권분립, 7년제 대통령, 양원제 의회 및 하원의 남자 보통선거를 골자로 하는 제3공화정 헌법이 제정되어 전형적인 의회제 민주주의 정치가 실현되었다. 초기에는 부르주아적 온건공화파가 집권하여 급진적 개혁을 배제하고 미온적 개혁으로 소시민·중산농민의 이해에 대응하면서 금융 및 공업 분야의 대자본가와 타협하여 부르주아 과두지배 체제를 강화했다. 이 시기는 프랑스 제국주의의 확립기로서 비록 자본가 계급의 우위성이 보장되고 사회적 불평등이 심화되었지만, 경제발전과 대외평화가 지속되는 가운데 국민생활이 안정되고 번영하였기 때문에 '좋은 시절'(belle époque)이라고 불리기도 한다. 그러나 그 후 제1차 세계대전으로 국토가 전쟁터가 되고 30년대에는 정쟁이 격화하여 의회주의가 위기를 맞는다.

사람에게 가하는 징벌이었던 울타리 부수기 관습은 7월왕정[7] 시대에도 사라지지 않았다. 1813년에 오트손(la Haute-Saône)[8] 지방에서는 울타리가 쳐진 경작지의 보호를 위해서가 아니라 울타리가 쳐지지 않은 인공초지를 보호하기 위해서는 "밭고랑마다 한 사람의 감시인"이 필요하다는 말이 있었다. 하급 재판소들은 지방의 관습으로부터 논거를 도출해서 19세기 초반에도 종종 사료작물의 보호를 유효한 것으로 인정하기를 거부했다. 그렇지만 발전된 농업기술이 보급됨에 따라, 개인의 권리는 더욱 존중되었다. 그러나 곡물경작지가 점진적으로 목초지로 바뀌어 간 지역들을 제외하고는 울타리 쳐진 경지는 대체로 매우 드물었다. 오래전부터 개방경지제가 실시된 고장들의 대부분은 오늘날까지도 예전의 '탁 트인 들판' 그대로 남아 있다. 그래서 '평야'와 '보카주'라는 대조적 농촌풍경은 오늘날의 여행자에게도 위대한 시인 와스의 시대와 거의 마찬가지로 선명하게 눈에 들어온다. 휴작지 공동방목은 쇠퇴했음에 틀림없다. 그러나 개방경지제 실시 지방에서, 그리고 특히 기다란 경지제 실시 지방에서는, 휴작지 공동방목이 오랫동안 많은 경지에서 행해졌고 아직도 행해지고 있다. 1889년에 의회는 초지에 대한 휴작지 공동방목을 완전히 폐지했다. 그러나 그 다음 해에 의회는 농민들의 저항여론에 직면하여 초지에서 휴작지 공동방목을 다시 허용하지 않으면 안 되었다. 로렌, 샹파뉴, 피카르디, 프랑슈콩테, 그리고 그 밖의 지방에서 많은 코뮌이 법률이 그들에게 허용한 곡물경작지나 초지에

....

7 1830년 7월혁명 후에 성립해서 1848년까지 존속한 입헌왕정.
8 프랑스 중동부에 있는 손강의 상류지역을 중심으로 한 도(道)의 이름. 프랑슈콩테 지방을 구성하는 3개의 도 가운데 하나다.

서의 휴작지 공동방목 유지 권리를 십분 이용했다. 영국의 역사가 시봄은 자신의 조국 땅에서는 오래전부터 보이지 않는 집단용익권 의 흔적을 찾기 위해 오랫동안 고문서를 조사했다. 그러던 중 1885 년에 보스 지방에서 가축떼가 그루터기가 있는 밭을 돌아다니는 것 을 자신의 눈으로 보고는 놀라움을 금치 못했다. 법적으로 윤작강 제를 폐지하는 것은 제1제정 아래서도 아직 매우 유감스러운 일로 생각되었다. 실제로 윤작강제는 거의 과거와 다름없이 거스를 수 없는 강제성을 띠고 오랫동안 존속했다. 윤작강제의 관습은 기다란 모양의 경지제가 실시된 지방에서는 오늘날까지도 분할지들의 형 태 때문에 피할 수 없는 의무이자 심지어 도덕적 강제로서 잔존한 다. 로렌의 고원지대에서, 그리고 알자스나 부르고뉴의 평야지대에 서는, 세 개의 '윤작포'(saison)가 여전히 봄철에는 각기 다른 색깔 로 대조를 이루고 있다.[7] 다만 예전에 휴경지로 쓰였던 윤작포에서 만 새로운 농작물이 과거 휴경지에 드문드문 나 있던 풀들을 대체 했다는 점이 다를 뿐이다.

　토지에 대한 인간의 새로운 승리이자 중세의 대대적 개간활동 만큼이나 감동적인 휴경지의 농작물 재배지로의 전환 역사는 그 역 사를 쓸 수 있는 날에 이야기될 수 있는 위대한 업적들 가운데 하 나가 될 것임에 틀림없을 것이다. 그렇지만 지금 당장에는 이런 역 사를 쓸 만한 자료가 부족하다. 그러나 우리는 이런 변화를 촉진한 요인들 가운데 몇 가지를 그런 대로 짐작할 수 있다. 하나는 공업 용 농작물의 재배가 시작되었다는 점이다. 다음으로는 화학비료의 발명이다. 화학비료의 발명은 시비(施肥) 문제를 해결함으로써, 곡 물경작과 가축사육의 아주 오래된 결합관계를 완화시켰으며, 18세기의 사람들에게는 거역할 수 없는 절대적 조건이자 이따금 농업의 그 어떤 진보도 어렵게 하는 조건처럼 보였던 사료작물의 대규모 재배라는 농학의 골칫거리가 이제는 해결되었다. 그 다음으로 말할 수 있는 요인으로는 유럽과 그에 뒤이은 세계의 교환경제 발달로 촉진된 토지이용의 합리적 특화다. 마지막으로 들 수 있는 요인은 다른 차원의 것이다. 즉, 지적 차원의 교류 진전이다. 지적 교류의 진전으로 이제는 농촌마을의 소규모 농민집단이 그들보다 더 유식하고 참신한 생각을 가진 사회집단들과 연결되게 되었다. 그리고 분명한 사실이 또 한 가지 있다. 휴경지의 농작물 재배지로의 전환이라는 변화의 속도는 물론 지역에 따라 매우 달랐지만, 어디에서도 빠르지 않았다는 것이다. 19세기 후반까지 여러 농촌지역에서는, 특히 동부지방에서는, 목동과 사냥꾼이 자주 드나드는 '송브르'(sombre) 또는 '소마르'(somart)라는 휴경지가 계속 나타난다. 그렇지만 결국 자연조건상 경작할 수 없는 불모지로 된 지역을 제외하고는, 사람들은 점차 토지를 거의 매년 경작하는 것을 당연한 일로 받아들이게 되었다. 그러나 프랑스의 수확고는 여전히 다른 많은 나라보다 평균적으로 더 낮았다. 유럽 세계에서든 유럽화된 세계에서든 거의 어디에서나 농업은 보다 합리적이고 과학적으로 되는 경향이 있으며, 많은 점에서 대공업과 유사한 기술과 금융제도를 이용하는 경향을 보인다.

프랑스는 근대경제의 가장 뚜렷한 특징들 가운데 하나인 이런 추세의 발전을 비교적 불안정한 걸음으로 시작했고, 결국 대부분의 이웃나라보다 뒤떨어지고 말았다. 교역이 발달한 결과 나타나는 양상들 가운데 하나인 단작(單作)이 지배하는 곳에서조차—

포도재배 고장에서, 특히 무엇보다 목장 지대에서조차 — 프랑스의 농민은, 예컨대 미국의 농업생산자와는 달리, 부분적으로 자급자족 생활을 지속했다. 곧 자신의 채소밭과 가금 사육장 그리고 흔히 자신의 외양간과 돼지우리에서 생산되는 것을 먹고 살았던 것이다.

프랑스 농민의 이와 같은 과거에의 집착을 설명해 주는 원인들 가운데 몇 가지를 파악하는 것은 불가능하지 않다. 가장 먼저 눈에 띄는 것은 물적인 성질의 것이다. 개방경지제 지역, 특히 길쭉한 모양의 경지제가 발달한 지역 — 실은 가장 비옥한 지방에 속한다 — 에서는 예전의 경지배열 구조가 거의 변하지 않았다. 경지배열 구조는 그런 식으로 경지가 배열되게 된 본래의 원인이었던 토지이용 관습을 계속해서 유지하고 받아들이게 했다. 그렇다면 경지배열 구조를 재편해야 하는가? 대체로 사람들은 그렇게 생각했다. 그러나 분할지들을 전체적으로 재배치하려는 목적을 달성하기 위해서는 재배치를 명령하는 것이 필요했다. 독재적 정신의 소유자인 마라(Jean-Paul Marat, 1743~1793)[9]는 이와 같은 강제가 필요하다고 확신했다. 그렇지만 제헌의회 의원들과 국민공회 의원들, 그리고 훗날의 경제이론가들과 권력자들이 어떻게 그런 생각을 따를 수 있었겠는가? 그들의 사회철학 밑바탕에는 토지소유자의 자유를 중시하는 태도가 자리 잡고 있었기 때문이다. 토지소유자로 하여금 대대로 물려받은 자신의 밭을 강제로 포기하게 하는 것은 토지소유자의 권

---

9 「인간과 시민의 권리선언 초안」을 작성하고 『인민의 벗』 창간을 통해 급진적 주장을 편 프랑스 대혁명기의 혁명가. 루이 16세의 처형과 독재를 요구하는 등 자코뱅파의 지도자로 과격하고 독재적인 활동을 하다가 지롱드파의 지지자에게 암살당했다.

리에 대한 더욱 견디기 어려운 침해가 될 텐데, 사람들이 이런 침해를 상상이나 할 수 있었을까? 더욱이 자유로운 선거에 토대를 두지 않은 체제라고 하더라도 그 반응을 무시할 수 없었던 농민대중은 이런 규모의 격변에 직면하면 틀림없이 반항할 태세를 갖추고 있었다. 설득을 통해 경지정리를 추진할 수 있었으리라고 생각할지 모르지만, 실제로는 경지정리가 언제나 매우 드물었다. 농업개혁가들로 하여금 유서 깊은 공동체 원리를 거부하게 한 사적 소유권의 숭배 바로 그것으로 말미암아, 개혁가들이 사적 소유권에 채워져 있는 족쇄를 효과적으로 풀고 농업기술의 진보를 촉진할 수 있는 결정적 행동을 할 수 없었다는 것은 참으로 역사적 역설들 가운데 하나가 아닐 수 없다.

확실히 경지정리는 소농의 파멸을 야기했을지 모르는 순경제적 혁명을 통해서 부지불식간에 달성될 수도 있었을 것이다. 그러나 이런 혁명 또한 일어나지 않았다.

§

1789년에 시작된 혁명으로 야기된 중대한 위기상황 속에서도 그 앞의 몇 세기간 재건된 대토지소유는 큰 손상을 입지 않았다. 망명하지 않은 귀족이나 부르주아 계급의 토지집적자들—그 숫자는 귀족 계급에서조차도 사람들이 종종 생각하는 것보다 훨씬 많았다—은 자신들의 토지를 보존했다. 망명귀족들 가운데서도 상당수가 그들의 친척이나 명의대여인을 통해 토지를 되사게 함으로써 역시 대소유지를 보존하는 데 성공하거나, 아니면 통령정부(le Consulat)[10]나 제정 시절에 반환받았다. 프랑스의 일부 지방에서―특히 서부지방에서―귀족이 소유한 토지의 잔존 문제는 연구가 가장 저조한 프랑스 근대 사회사의 주제들 가운데 하나이기는 하지만, 그 존재 자체는 이론의 여지가 없는 명백한 사실이다. 국유재산―성직자의 재산과 망명귀족의 재산―의 매각 자체가 대토지소유에 심대한 타격을 가하지는 못했다. 왜냐하면 그 매각방식 자체가 큰 규모의 분할지 단위로 행해지거나 심지어 농장을 통째로 매각하거나 함으로써 대규모 토지매입에 불리하지 않았기 때문이다. 그리하여 대차지농은 대토지소유자가 되었고, 부르주아는 앞 세대의 끈질기고 효과적인 토지집적 활동을 계속했으며, 살림이 넉넉한 쟁기농은 자신의 세습재산을 늘려서 마침내 농업자본가의 지위로 상승했다.

그럼에도 불구하고 프랑스 대혁명은 시장에 역시 많은 토지를 방출함으로써 한편으로는 소토지 소유를 견고히 했다. 별로 크지 않은 토지를 가진 많은 농민들―특히 공동체의 압력이 토지매입 조건에까지 영향을 미칠 정도로 강력한 공동체 생활이 영위된 지방에서― 역시 분할지를 취득하여 그들의 경제적 입지를 강화했다. 일부 무쟁기농도 토지 쟁탈전에 참여하여 토지소유자 계급으로 상승했다. 공유지 분할도 이와 비슷한 결과를 낳았다. 입법의회는 8월 10일 사건(le Dix Août)[11] 이후 공유지 분할에 관한 법률―숲은

....

10　총재정부에 뒤이어 1799년부터 나폴레옹 1세가 황제로 즉위하는 1804년의 제정성립 시점까지 존속한 정부. 통령의 임기는 10년이었다. 나폴레옹은 3명의 통령 가운데 제1통령으로서 1802년 종신 통령을 거쳐 황제의 자리에 등극했다. 따라서 통령정부는 혁명의 사회적 안정을 명분으로 한 사실상 나폴레옹의 군사독재 기관이었다고 할 수 있다.

11　오랜 전통을 가진 프랑스의 왕권이 정지된 혁명적·역사적 사건. 1792년 프랑스군을 패

분할대상에서 제외되었다―을 제정했다. 이런 입법 조치는 의원인 프랑수아 드 뇌프샤토가 고백했듯이 "농촌주민을 대혁명에 붙잡아 두기"위한 여러 가지 대책들 가운데 하나였다. 이런 목적에 부응하기 위해서는 공유지 분할이 당연히 세대(世帶)별로 이루어질 수밖에 없었다. 조금 뒤에 실제로 국민공회가 공유지 분할에 관해 결정한 것도―한편으로는 공유지 분할을 명령사항에서 허가사항으로 만들면서― 분할이 이처럼 세대별로 이루어져야 한다는 것이었다. 이제는 영주가 없었던 만큼, 더 이상 영주의 공유지 분할도 없었음은 말할 나위도 없다. 1792년 8월에는 1669년 이후 실행된 영주의 모든 공유지 분할이 원칙적으로 무효화되기에 이른다. 그리고 또 공동체에게는 소유주가 불분명한 토지에 대한 일종의 추정 소유권이 인정되었다. 요컨대 대혁명기의 의회는 점차 예전의 집단이용 관습에 종지부를 찍게 될 공유지 분할을 통해서 경제이론가들의 개인주의에 부응하는 동시에, 공유지 분할작업에 대한 법령제정을 통해 신체제가 필요로 하는 농촌 하층민의 요구에 부응할 생각을 했던 것이다. 그러나 두 번째 나는 그루풀 문제의 사례에서 우리가 이미 본 바와 유사한 발전을 통해서, 가난한 사람들에게 유리한 이런 공유지 분배는 대혁명이 끝나갈 무렵의 부르주아 정부들, 즉 총재

....

퇴시키면서 국경을 침입한 오스트리아와 프로이센의 반혁명 연합군은 프랑스혁명의 성과를 모두 파괴하고 구체제로 복귀시킨다는 선언을 발표하여 프랑스 국민을 위협했다. 이에 격분한 파리의 과격 공화주의자들은 8월 9일 밤 시청을 점거하여 코뮌을 수립한 후 파리 국민군 사령관 망다를 사살하고, 10일 아침에는 수만 명의 시민과 의용군을 동원하여 튈르리 왕궁으로 진격하여 스위스인 용병들을 살해했다. 루이 16세를 비롯한 국왕 일가는 입법의회로 도피했으나, 곧 코뮌 당국에 인도됨으로써 왕권은 정지되고 파리는 봉기 코뮌의 지휘 아래 놓여 왕당파의 무장해제가 단행되었다.

정부(Directoire)[12]와 통령정부에 의해 저지되었다. 게다가 필요한 법적 보호장치를 마련하지 않고 행해진 상당수의 공유지 분할은 그 후 부자들이 장악한 지방 행정당국에 의해 많은 경우에 무효화되었다. 심지어 프랑스 북부지방에서는 왕정시대에 행해진 공유지 분할까지 취소되었다. 그 후로 공유지는 단순한 이용권 형태의 배분을 제외하고는 오직 유상(有償) 양도만이 허용된다. 실은 공유지에 관한 법률 역시 처음에는 유상양도를 금지했었으나, 곧 유상양도는 관행화되고 판례를 통해 인정받았다. 이런 유상양도로 19세기 중에 몇몇 지역에서—특히 중부지방에서— 공유지는 점차 축소되고 종종 거의 전적으로 사라지게 되었다(그렇지만 아직 연구가 너무나 적기 때문에, 우리는 공유지의 축소과정과 그 실행방식에 대해서는 잘 모른다). 그러나 이런 유상분배를 통해서 새로운 토지소유자가 많이 창출되지 못했음은 분명하다. 이런 후퇴에도 불구하고, 그리고 다른 한편으로는 입법의회와 국민공회가 제정한 법령들의 시행에 대해 우리가 아는 바가 별로 없음에도 불구하고, 공유지 분할 정책이 비록 오래가지 못하기는 했지만 다수의 하층민에게 그들이 그렇게도 갈구해 마지않던 토지취득의 기회를 제공했음에는 의문이 있을 수 없을

....

12 테르미도르 반동으로 로베스피에르가 몰락한 이후 나폴레옹의 쿠데타에 이르는 1795~1799년간에 존속한 부르주아의 과두지배 정부. 부르주아 공화주의에 입각한 제한선거를 통해 의안 제출권을 가지는 500인회와 의안 선택권을 가지는 원로원의 양원제 의회가 구성되었고, 행정부는 독자적인 권능을 가지는 5명의 총재로 구성되었다. 총재정부는 성립 초부터 좌우 양파로부터의 협공, 최악의 인플레이션과 아시냐 지폐의 폭락에 따른 서민들의 생활고, 혁명전쟁의 지속, 몇 차례의 불발 쿠데타, 부정부패의 만연 등으로 정부의 토대가 뒤흔들리는 위기를 맞았으며, 결국 1799년 나폴레옹 보나파르트가 이끄는 '브뤼메르의 쿠데타'로 전복되었다.

것이다. 마지막으로 프랑스 대혁명기의 의회는 농민을 영주에 대한 부담들로부터 해방시킴으로써, 16세기 이후 토지에 대한 농민의 권리를 그리도 위태롭게 했던 부채의 가장 큰 원인들 가운데 하나로부터 농민이 벗어날 수 있게 했다. 대체로 볼 때, 그리고 세부적인 차이 — 이를 명확하게 밝히는 것이 중요한 연구과제이기는 하지만 — 를 무시한다면, 구체제 아래서 기틀이 잡힌 자본주의적 형태의 대토지소유와 농민적 소토지소유의 공존은 혁명으로 새롭게 태어난 프랑스에서도 지속되었다고 요약될 수 있다.

대혁명에서 계급대립이 절정을 이루던 시절에 하층민의 지지를 받을 필요성을 어렴풋하게나마 느낀 사람들을 제외하고는, 대부분의 혁명가들이 무쟁기농을 배려하려는 마음이 18세기의 농업개혁가들에 비해 훨씬 컸던 것은 아니다. 국민공회 의원이던 들라크루아(Jean-François Delacroix, 1753~1794)[13]는 그들 무쟁기농에게 토지를 분급해 주는 것은 공업과 농업에서 일할 노동력을 앗아갈 우려가 있다고 생각했다. 테르미도르 반동기의 공안위원회는 무쟁기농들에게서 두 번째 나는 그루풀을 이용할 권리를 모두 박탈하면서, 그들의 가축에게 먹일 약간의 그루풀을 채취하기를 바라는 경우에는 초지 소유주에게 일손을 제공할 것을 권고했다. 구체제의 일부 위정자들과 마찬가지로 공안위원회는 농촌에 빈곤층, 즉 그들이 하는 말로 "(아직 있다고 하더라도) 극빈하기까지야 할 주민들 …"이 존재한다는 사실조차 의심하는 경향이 있었다. 사실 집단용익권

....

13 　지방 변호사 출신으로, 자코뱅파에 가담하여 국민의회 및 국민공회 의장, 공안위원회 위원 등 혁명정부의 요직을 두루 역임했다. 루이 16세의 처형에 동의하고 지롱드파의 처형에 앞장섰으나, 국민공회 전복공모 혐의로 그 자신도 처형되었다.

의 소멸은 농촌 프롤레타리아에게 회복할 수 없는 타격을 가했다. 농촌 프롤레타리아가 국왕의 칙령들과 혁명정부의 법령들 덕분에 공유지 분할에서 다소의 이득을 보고 국유재산 가운데 일부를 곳곳에서 취득했음은 틀림없다. 그러나 이런 이득은 많은 경우에 허망한 것이었다. 보잘것없는 공유지와 너무나도 작은 면적의 농토에서 개간하고 경작하느라고 고생한 이들 프롤레타리아를 기다린 것은 실망뿐이었기 때문이다. 1789년에 공유지 분할 결과 일시적 출생과잉 현상이 나타나고 뒤이어 기아 사태가 발생할 것이라고 본 프러넬라그랑드 거주 쟁기농들의 예측은 전적으로 틀렸던 것만은 아니다. 이 밖에도 농촌을 떠난 요인으로는 여러 가지가 있었다. 도시에서 받을 수 있는 임금의 매력, 예전에 농업노동자들이 토지를 생계수단으로 삼아 살아가는 데 부수입원의 역할을 했던 농촌공업의 쇠퇴, 새로운 경제체제에 대한 부적응, 전통적 직업에 대한 강한 애착심이 예전보다 약화되었음을 보여주는 공동체적 사고방식 자체의 변화, 농장노동자의 비참한 생활조건을 더욱 싫어하게끔 하는 안락한 삶에 대한 새로운 희구 등이 그것이다. 뮈삭[14]의 예견을 실현하기라도 하는 듯이, 날품팔이 농민들과 영세한 쟁기농들은 떼를 지어 농토를 버리고 떠나 버렸다. 그렇게도 자주 개탄의 대상이 되고 7월왕정 시절에 이미 감지되기 시작하여 19세기 중엽 이후 거의 한결같은 속도로 가속화된 농촌탈출 현상은 무엇보다도 그들로부터 생겨난 것이다. 이런 농촌탈출은 1850년 무렵부터 역시 시작된 출생률 저하와 근래 제1차 세계대전의 엄청난 인명손실이 더해져서

....

14 앞에서 언급된 메스 고등법원의 법원장.

노동력을 감소시켰고, 이로 인해 농업기술상의 일부 변화, 즉 농기계 사용의 진전과 곡물경작지의 목장으로의 대대적인 전환을 촉진했다. 18세기 말경의 농촌인구 과잉과 그때보다 훨씬 심했던 19세기 전반(前半)의 농촌인구 과잉이 있은 다음의 시기에는 프랑스의 농촌지역에 사람이 대폭 줄어드는 사태가 발생했다. 농촌에는 사람이 너무나 적었을 뿐만 아니라 군데군데 황무지가 다시 생겨났다. 그러나 이와 같이 인구가 격감된 농촌지역은, 농경관습에 오랫동안 그토록 큰 영향을 미쳤던 기아에 대한 끊임없는 공포와 전통을 존중하는 정신으로부터 벗어난 경제활동을 해 나가기에 어쩌면 더 적합해졌을지 모른다.

오늘날의 프랑스 상황에서 중소농의 운명이 어떻게 되었는지, 다시 말하면 자작농이나 정액소작농 또는 분익소작농의 운명이 어떻게 되었는지를 정확하게 설명하는 것은 훨씬 어렵다. 아니, 사실은 현재 우리의 연구상황에서는 거의 불가능하다. 중소농이 여러가지 위기를 겪었음은 틀림없으며, 위기 가운데는 심각한 것도 있었다. 끊임없이 지속되는 신용대출의 어려움, 외국산 농산물―특히 1880년경 이후 러시아산 및 미국산 곡물―과의 경쟁, 무쟁기농의 이농(離農)과 출산율 저하로 초래된 노동력 부족, 예전보다 현대의 농민이 더 많이 필요로 하는 공산품의 가격등귀와 같은 위기를 겪었던 것이다. 소농의 대부분이 정액소작농이거나 분익소작농으로 되어 있는 지역에서는 중소농이 여전히 대토지소유자의 지배를 벗어나기 어려웠으며, 거의 어디서나 자본가와 대금업자 그리고 무엇보다도 상인에게 종속되어 있었다. 특히 상인은 이들 농업생산자에게 자신이 정한 가격을 강요했으며, 농업생산자에 비해 경제상황을 더 잘 이용하는 능력을 지니고 있었다.

중소농의 경제형편은 여러 가지 점에서 여전히 불안한 상태를 면치 못했다. 그럼에도 불구하고 기본적으로 중소농이 19세기와 20세기 초를 성공적으로 살아왔다는 것은 의심의 여지가 없다. 특히 농민적 토지소유는 이 말에 내포된 법적 의미처럼 많은 토지에 대해 농민의 절대적 지배권을 성공적으로 유지했다. 그리고 농민적 토지소유는 심지어 프랑스의 전체 토지면적 가운데서도 주목할 만한 큰 비중을 차지했다. 또 최근에는 세계대전 기간과 그 직후의 수년간 먼저 식량난이 발생하고 뒤이어 통화위기가 발생함으로써 백년전쟁과 그 직후의 시절과 마찬가지로 농민적 토지소유에 유리한 환경이 조성되었다. 중소농은 오늘날에도 경제적·사회적으로 중요한 세력을 이루고 있다고 말하는 것은 진부하기는 하지만 이론의 여지가 없는 진실이다. 중소농은 경지배열 구조의 변경을 거부한 채 고래의 경지제도에 안주했으며, 급격한 농업개혁을 추진할 마음도 별로 없었다. 이에 대해 일찍이 노령의 올리비에 드 세르는 "오래전의 토지이용 방식이 그토록 위엄을 지니고 있다"고 말했다. 그런 까닭에 중소농은 조상 전래의 농업관습으로부터 그저 마지못해 벗어나게 되었던 것이며, 발전된 농업기술도 천천히 받아들였을 뿐이다. 중소농이 갖가지 농기계와 점점 더 친숙해짐으로써 오늘날에는 그들의 공동체적 정신상태에 새로이 급격한 변화가 일어나고 있으며, 앞으로 틀림없이 이런 변화를 크게 기대할 수 있을 것이다. 그럼에도 불구하고 지금까지 그들의 농업발전에는 큰 진척이 없었다. 그러나 적어도 농업의 격변으로 중소농이 몰락했던 것은 아니다. 프랑스는 아직도 많은 사람이 토지를 소유하는 나라다.

§

　이와 같이 과거는 현재를 지배한다. 사실 오늘날 프랑스 농촌의 외관상의 특징이 어떻게 하여 생겨나게 되었는지를 설명하려면, 다음과 같은 거의 모든 특징에 대한 설명을 아득한 옛날로부터 시작되는 발전과정 속에서 찾지 않으면 안 된다. 농업 프롤레타리아의 이농(離農) 현상은 무쟁기농들과 쟁기농들의 오래된 적대관계의 귀결이다. 이것은, 쟁기 없이 팔만 가지고 수행하는 부역노동과 쟁기를 가지고 수행하는 부역노동을 대비시킨 중세 양피지 속에 그 적대관계의 첫 번째 단계가 기재되어 있는 역사의 귀결이다. 고래의 경지배열 구조를 고수하려는 태도, 새로운 농업정신에 대한 공동체적 관습의 오랜 세월에 걸친 저항, 농업기술의 완만한 발전 등의 원인이 되었던 농민적 토지소유의 강인한 생명력은 어떤가? 그 생명력은 법적으로 장원관습에 토대를 두고 있으며, 경제적으로는 국왕재판소들이 농민보유지 보유자의 권리를 결정적으로 인정하기 전에는 토지가 풍부했던 데 비해 경작할 사람은 부족했던 상황에서 유래한다. 그러나 오직 소농들만이 토지를 보유했던 것은 아니며 대농도 존재했다. 대농―대농은 소농과 힘겨운 경쟁을 했고 아직도 경쟁을 하고 있으며, 이들이 없었더라면 이들에게서 처음 시작된 농업혁명이 어쩌면 불가능했을지도 모른다―은 근대에 영주적·부르주아적 자본주의의 한 소산이다. 기다란 개방경지제가 발달한 지방에서 산재지제도는 프랑스의 가장 오래된 농업문명들만큼이나 긴 역사를 지닌 것이다. 그런데 농업문명의 발전과정을 이해할 수 있는 열쇠를 제공하는 것은 가부장적 망스로부터 그 다음

시대의 묵계의 공동체로 이행한 가족의 변천과정이다. 새로운 경제체제가 농촌생활에 도입된 결과 나타난 분할지 통합 현상은 산재지제도가 겪지 않을 수 없었던 전례 없는 특별한 사태의 원인이 되었다. 기다란 형태의 개방경지, 불규칙한 형태의 개방경지, 울 쳐진 경지 등과 같은 경지제도의 기본적인 차이점에 관한 해답도, 그리고 이와 연관된 토지이용 관습상의 차이점들—예컨대 이런 관습상의 차이로 말미암아 공동체적 사고방식이 북부와 동부지방의 농촌에서는 강력했던 데 비해 남부지방의 큰 집촌과 서부지방의 작은 산촌에서는 강력하지 못했던 것으로 보인다—에 관한 해답도, 문헌기록이 없는 과거의 안개 속으로 사라져 잘 안 보이는 토지점취의 여러 국면들과 사회구조의 특성들에서 찾지 않으면 안 된다. 농촌사 연구가 흥미진진한 관심사가 되는 이유는 이와 같은 고찰들에 있음을 사려 깊은 사람이라면 누구나 다 알 것이다. 사실 이런 고찰보다 더 절실하게 프랑스 농촌사의 진정한 성격을 파악하게 하는 연구 부문이 어디에 있겠는가? 인간사회의 연속적 발전 속에서 분자로부터 분자로의 진동은 아주 멀리까지 퍼져 나가므로, 그 발전과정 속의 어느 한 시기에 대한 이해는 그 시기가 무엇이든 간에 바로 그 앞 시기의 검토만으로는 다다를 수 없는 것이다.

원주

서론

1) 기왕 말이 났으니까 하는 말이지만, 나는 내가 바라마지 않았던 모든 수치의 정확한 제시란 도저히 엄두도 낼 수가 없었음을 특별히 밝혀 둔다. 특히 분할지(parcelle)의 크기에 관한 정확한 수치를 제시할 수가 없었다. 과거의 도량형에 관한 연구수단이 전무하다시피 한 실정이기 때문이다.

2) 뒤에서 꽤 자주 인용될 18세기의 토지조사 사업에 대해서는 *Annales d'histoire économique*, 1930, p. 551 참조. 지적도에 관해서는 같은 학술지, 1929, pp. 60 및 390 참조.

3) F. Seebohm, "French peasant proprietorship," *The Economic Journal*, 1891.

제1장 개척의 주요 단계

1) 탁월한 종합적 고찰 논문인 A. Grenier, "Aux origines de l'économie rurale," *Annales d'histoire économique*, 1930 참조.

2) *Revue des études anciennes*, 1929에 게재된 C. Jullian의 논문, p. 145.

3) A. Longnon, *Les noms de lieux de la France*, 1920, no. 875와 D. Faucher, *Plaines et bassins du Rhône moyen*, p. 605, 주석 2(로슈모로)에 인용된 실례들 참조[여기 원주에서 'no.'는 '번호'(numéro)라는 뜻으로, 프랑스어 원서에서는 'nº'로 되어 있다. 편의상 번역서에서는 no.로 바꿔 쓴다. 한편 프랑스어 원서에서 '주석' 또는 '각주'라는 뜻의 'note'는 'n.'으로 되어 있으나, 여기 번역서에서는 '주석'이라고 번역해서 쓰도록 하겠다/역자].

4) 기대치 못한 행운 덕분에 우리는 이런 정착사업에 관해 아직까지도 아주 완벽한 관련기록을 가지고 있다. *Dipl. Karol.*, I, no. 179; *Histoire du Languedoc*, 제II권, pr. no. 34, 85, 112,; 제V권, no. 113. *Bulletin de la commission archéologique de Narbonne*, 1876~1877 참조.

5) 정확하게 말하면, 1,239개의 농민보유지 가운데 257개가 보유자가 없었다. A. Coville, *Recherches sur l'histoire de Lyon*, 1928, p. 287 이하 참조.

6) C. Brunel, *Les plus anciennes chartes en langue provençale*, 1926, no. 292.

7) M. Quantin, *Cartulaire général de l'Yonne*, 1854, 제I권, no. CCXXXIII.

8) 이와 관련해서 독일에 대해서는 *Verhandlungen und Wissenschaftlichen Abhandlungen des 23 d. Geographentags* (1929), 1930의 마지막 부분에 게재된 R. Gradmann의 훌륭한 연구논문을 참조하고, 프랑스에 대해서는 말할 것도 없이 Vidal de la Blache,

Tableau de la France, p. 54 참조.

9) A. de Charmasse, *Cartulaire de l'église d'Autun*, 제I권, no. XLI.

10) 뒤의 참고문헌에 명기되어 있는 개괄적인 저서와 유용하기는 하지만 너무 많아 언급할 수 없는 여러 논문들을 제외하면, 숲에 관한 주요 저서는 다음과 같다. A. Maury, *Les forêts de la Gaule et de l'ancienne France*, 1867; G. Huffel, *Economie forestière* (3권 중 첫 2 권은 1910년과 1920년의 제2판, 제3권은 1919년의 제1판); L. Boutry, "La forêt d'Ardenne," *Annales de Géographie*, 1920; S. Deck, "Etude sur la forêt d'Eu," 1929 (*Annales d'histoire économique*, 1930, p. 415 참조); R. De Maulde, *Etude sur la condition forestière de l'Orléanais*.

11) 나는 잘 알려지지 않은 몇몇 참고문헌만을 여기에 제시한다. "밧줄 제조를 위한"(ad faciendum cordas) 참피나무의 껍질에 관해서는 B. Guérard, *Cartulaire de l'église Notre-Dame de Paris*, 제I권, p. 233, no. XXV; 사냥과 도서관의 장서와의 관계에 관해서는 *Dipl. Karolina*, I, no. 191; 푸아티에의 알퐁스 백작의 사냥에 관해서는 H. F. Rivière, *Histoire des institutions de l'Auvergne*, 1874, 제I권, p. 262, 주석 5; 호프에 관해서는 Ch. Lalore, éd, *Polyptyque de l'abbaye de Montiérender*, 1878, c. XIII 또는 Ch. Lalore, *Collection des principaux cartulaires du diocèse de Troyes*, 제IV권, Paris, 1878; 사과나무와 배나무에 관해서는 J. Garnier, *Chartes de communes et d'affranchissements en Bourgogne*, 1867, 제II권, no. CCCLXXIX, c. 10; Ch. de Beaurepaire, *Notes et documents concernant l'état des campagnes de la Haute-Normandie*, p. 409; 구베르빌 나리의 숲속 가축떼에 관해서는 A. Tollemer, *Journal manuscrit d'un sire de Gouberville*, 2ᵉ éd., 1880, pp. 372 및 388; 브르타뉴 숲의 낙농장과 종마 사육장에 관해서는 H. du Halgouët, *La vicomté de Rohan*, 1921, 제I권, pp. 37 및 143 이하 참조.

12) *De consecratione ecclesiae S. Dyonisii*, c. III.

13) 앞으로 나는 개간을 뜻하는 중세의 낱말들인 '에사르'(essart), '에사르타주'(essartage) 등을 자주 쓸 것이다. 이런 말 자체는 개간이 본격적인 것 —내가 여기서 고찰하는 '에사르'라는 말의 경우가 그렇다—이었는지, 아니면 다음 장에서 우리가 다시 보게 되는 바와 같이 때로 지속적인 개발을 위한 길을 열어 놓은 일시적인 것이었는지를 표현하지는 않는다. M. J. 블라슈가 다른 점에서 볼 때 매우 유익한 한 논문(*Revue de géographie alpine*, 1923)에서 보여주는 것처럼, 그 말의 사용을 전술한 의미들 가운데 두 번째 것으로 제한하고자 하는 것은 잘못일 것이다.

14) Arch. Nat.['les archives Nationales'의 준말로, 파리에 있는 국립기록보관소를 뜻한다. 이 번역서의 주석에서는 원서의 준말 그대로 사용한다. 그리고 이 책의 주석에서 대체로 어떤 도(道)의 기록보관소를 지칭하는 'Arch. Côte d'Or' 또는 'Arch. du Nord'와 같이 출처를 밝힌 말들도 원서의 준말 그대로 옮겨 쓴다/역자], S 206. B. Guérard, *Cartulaire de l'église Notre-Dame de Paris*, 제II권, p. 307, no. I 참조.

15) J. Sion, *Les paysans de la Normandie Orientale*의 그림 14가 제시하는 지도 참조. 그리고 분할지의 배치에 관해서는 특히 Arch. Seine-Inférieure, 지적도 1번의 1659년도 원본에 입각해서 만들어진 1752년 알리에르몽 백작령의 경탄할 만한 지적도 참조. 이들 촌

락은 독일의 역사가들이 '삼림촌'(Waldhufendörfer)이라고 부르는 것이다. 우리는 이런 지도를 J. Sion, *L'Asie des Moussons*, 제I권, 1928, p. 123에 보이는 중국의 개간지에 관한 지도와 비교해 볼 수 있다. 중국의 이 지도에서는 경지의 배치가 이와 매우 유사하지만, 가옥이 일렬로 배치되어 있지는 않다.

16) 그러나 몇몇 '빌뇌브'는 11세기 훨씬 이전의 프랑크 시대나 어쩌면 로마 시대의 것들이 다. 파리 근처의 빌뇌브생조루주는 샤를마뉴 시절부터 제법 큰 마을이었다.

17) 마을 이름이 오늘날 공식적으로 뇌빌샹두아즐이다. 그러나 마을이 건설된 지 한참 지난 뒤의 것이 아님에 틀림없는 성 루이의 한 특허장에는(L. Delisle, *Cartulaire normand*, no. 693) 분명히 "Noveville de Cantu Avis"("Neuville-Chant-d'Oisel"의 라틴어식 표기임/역 자)이라고 기록되어 있다.

18) Vathaire de Guerchy, "La Puisaye sous les maisons de Toucy et de Bar," *Bullet. de la Soc. des sciences historiques de l'Yonne*, 1925, p. 164. 이들 4개의 마을(맨 끝에 언급된 마을의 철자는 'Betphaget'로 되어 있다/원저자)은 생브랭 코뮌에 딸린 오지마을들이다.

19) 예컨대 *Cartulaire de l'abbaye Saint-Père de Chartres*, 제I권, p. 93, no. 1.

20) 그렇지만 이들 오두막집은 언제나 완전히 사라졌던 것만은 아니다. F. Cumont, *Comment la Belgique fut romanisée*, 2ᵉ éd., 1919, p. 42 참조.

21) B. Guérard, *Cartulaire de l'église Notre-Dame de Paris*, 제II권, p. 236, no. XLIV.

22) 그림 2-4 참조.

23) E. Clouzot, "Cartulaire de La Merci-Dieu," *Arch. historiques du Poitou*, 1905, no. VIII, CCLXXI, CCLXXV 및 *Arch. de la Gironde, Inv. sommaire, Série H*, 제I권, p. VII.

24) Curie-Seimbres, *Essai sur les villes fondées dans le Sud-Ouest*, 1880, p. 297.

25) Bibl. Nat., Doat 79, fol. 336 vᵒ 및 80, fol. 51 vᵒ.

26) Curie-Seimbres, pp. 107~108; J. Maubourguet, *Le Périgord Méridional*, 1926, p. 146; Suger, *De rebus in administratione sua gestis*, c. VI; G. Desjardins, *Cartulaire de l'abbaye de Conques*, no. 66.

27) R. Leonhard, *Agrarpolitik und Agrarreform in Spanien*, 1909, p. 287. 샤를 7세 시절에 생제르맹데프레(Saint-Germain-des-Prés: 여기서 생제르맹데프레란 파리시에 있는 생제르맹데프레 수도원을 가리킨다. 이 수도원의 영지는 파리분지를 중심으로 널리 분포해 있었으며, 9세기 초엽에 작성된 이 수도원의 영지명세장은 고전장원의 구조와 영지 경영에 관한 가장 풍부한 정보자료를 제공하는 것으로 유명하다/역자) 수도원장의 부과조 징수로 말미암아 파리에서 오를레앙에 이르는 도로변에 위치한 앙토니 마을의 인구가 감소할 우려가 생기자, 국왕은 그 수도원장에게 마을주민의 부담 경감을 요구하는 이유로 그런 부담이 도로변의 주거지로부터 주민 이탈을 초래할 위험성을 지적했다. D. Anger, *Les dépendances de l'abbaye de Saint-Germain des-Prés*, 제II권. 1907, p. 275.

28) B. Guérard, *Cartulaire de l'église Notre-Dame de Paris*, 제II권, p. 223, no. XVIII; Arch. Nat., S. 275, no. 13; B. Guérard, *Cartulaire de l'abbaye de Saint-Victor de Marseille*, 제II권, no. 1023 (1197년 2월 27일).

29) 14~15세기의 대위기에 관해서는 아래의 제4장에서 보다 상세히 고찰될 것이다.

30) 몽벨리아르(Montbéliard: 프랑슈콩테의 북동쪽에 위치/역자)의 백작령에서는 1562년
과 1690년 사이에 4개의 새로운 마을이 건립되었다. 그리고 또 1671년과 1704년에는 전
에 파괴되었던 2개의 마을이 재건되었다. C. D., *Les villages ruinés du comté de Mont-
béliard*, 1847.

31) De Dienne, *Histoire du désséchemant des lacs et marais*, 1891.

제2장 농경생활

1) 이 제2장과 관련해서는 Marc Bloch, "La lutte pour l'individualisme agraire au XVIIIe
siècle," *Annales d'histoire économique*, 1930 참조. 이 논문의 부록에서 18세기의 대대
적인 토지조사 사업에 필요했던 참고문헌을 보게 될 것이다.

2) *Romania*, 1923에 게재된 J. Jud의 논문, p. 405. 같은 정기간행물, 1920, 1921, 1926과 (P.
Aebischer와 공동 편찬한) *Archivum romanicum*, 1921에 게재된 같은 필자의 탁월한 연
구논문 참조.

3) '블레'는 때로 심지어 완두콩과 잠두콩도 포함하는 것이었다. 아마도 가장 저질인 빵에
는 이런 콩들로 된 가루가 섞였을 가능성이 높기 때문이다. B. Guérard, *Cartulaire de
l'église Notre-Dame de Paris*, 제II권, p. 314, no. XIII. 영국의 빵에 관해서는 W. Ashley,
The Bread of our Forefathers, 1928 참조. 1277년에 브리에 있는 작은 샹포 참사회의 회
원들은 이 마을에서는 흰 빵을 살 수 없는 때가 많다는 이유로 여기서 거주하는 것을 다소
불만으로 생각했다. Bibl. Nat., lat. 10942, fol. 40.

4) *Archives historiques de la Corrèz*, 제II권, 1905, p. 370, no. LXV 및 이 책의 편찬자인 G.
Clément-Simon의 해설 참조. 그보다 더 빈번히 영주는 공동체의 가축떼를 며칠간 자신의
농토에 몰아넣어 똥오줌을 누도록 강요했다.

5) 오랫동안 보잘것없는 농기구와 거름 부족으로 말미암아 불이 아주 많이 사용되었다. 불은
땅 위에 있는 장해물을 매우 빨리 태워 없애고 그 땅에다 가성칼륨 성분의 재를 남겨 두기
때문이었다. 사람들은 가끔 그루터기까지 불태우기도 했다. A. Eyssette, *Histoire admin-
istrative de Beaucaire*, 제II권, 1888, p. 291; R. Brun, *La ville de Salon*, 1924, c. 63.

6) 마리앙부르와 지베의 지사 보좌업무에 대해서는 Arch. du Nord, Hainaut. C 695의 2 참
조. 프랑스의 국경에 아주 가까운 나사우-자레브뤼크의 대공들의 매우 이례적인 포고들
에 관해서는 J. M. Sittel, *Sammlung der Provincial- und Partikular Gesetze...*, 제I권,
1843, pp. 324 및 394 참조.

7) B. Guérard, *Cartulaire de l'église Notre-Dame de Paris*, 제I권, p. 258, no. XVI.

8) Arch. Nat., H. 1502, no. 229, 230, 233(쇼니) 및 H. 1503, no. 32(앙구무아); Arch. du
Nord, C Hainaut 176(브뤼이생타망 및 샤토 라베이). 이 문서에는 매우 불규칙한 분할지
들과 함께 브뤼이의 지적도가 하나 포함되어 있다. 루이 14세 시절의 전쟁 기간에 파괴
되었다가 곧 다시 사람들이 거주했던 이 마을의 인구는 매우 적었다. H. Sée, *Les classes
rurales en Bretagne du XVIe siècle à la Révolution*, p. 381 이하; Borie, *Statistique du*

département d'Ille et Vilaine, 연간(年刊) IX, p. 31; Ch. Etienne, *Cahiers du bailliage de Vic*, 1907, pp. 55 및 107 참조. 쇼니 지방은 한시적 경작이 연속적 경작과 병존했는지가 확실치 않거나 아니면 적어도 병존했을 가능성이 그리 높지 않은 유일한 곳이다. 병존이 불분명한 것은 경작방식의 개량을 위한 시도가 실패했던 때문일까? 어쨌든 거기서의 연속적 윤작은 1770년에는 인공초지를 포함하고 있지 않았다. 따라서 이런 경작관행과 농업혁명을 통해 도입된 경작관행은 혼동해서는 안 된다. 끊임없이 계속 경작되면서도 시비가 이뤄지지 않은—당연히 수확고가 낮기는 했으나 그렇다고 수확이 전혀 없었던 것은 아닌— 토지의 수확고에 관해서는 *The Economic Journal*, 1922, p. 27 참조.

9) 세 부분으로 나뉜 토지의 크기에 관해 무작위로 몇몇 수치를 제시하면 다음과 같다. 1736~1737년간 부르고뉴 지방의 생센레그리즈에서는 각각 227, 243, 246주르날(journal: 한 사람이 쟁기로 하루에 갈 수 있는 면적으로, 1주르날은 약 34아르였다/역자)이었다. 그러나 1778년에 클레르몽투아(Clermontois: 피카르디의 남부지역에 있는, 오늘날의 우아즈도의 중앙부에 위치한 작은 지방/역자) 지방의 로마뉴수몽포콩에서는 758, 649, 654'주르'(jour: 이 단위의 크기도 주르날과 같다/역자)였고, 부르고뉴 지방의 마니쉬르틸에서는 제브레라는 이름의 쟁기농이 1728년에 윤작포(輪作圃)별로 4주르날에서 5주르날 사이의 토지를 소유하고 있었다. Arch. Côte d'Or E 1163 및 332; Chantilly, reg. E 33.

10) *Bibliothèque de l'Ecole des Chartes*, 제LIII권, p. 389, 주석 5.

11) Arch. Nat. LL 1599[B], p. 143.

12) 낭시 고등법원의 *Mémoire*, Arch Nat., H. 1486, no. 158에 있는 1641년 1월 20일자 포고령; François de Neufchâteau, *Recueil authentique*, 제II권, 1784, p. 164에 수록된 1670년 4월 18일자 종심재판소의 판결; Arch. Meurthe-et-Moselle, B 845, 주석 175에 있는 에피날 영지에 소속된 정액소작농의 날짜가 적히지 않은 탄원서 참조. 그리고 몽벨리아르의 백작령에 관해서는 Arch. Nat., K 2195 (6)에 있는 1662년 9월 19일과 1705년 6월 27일자 포고령 참조.

13) R. Krzymowski, *Die landwirtschaftlichen Wirtschaftsysteme Elsass-Lothringens*, 1914. Ph. Hammer, "Zweifeldwirtschaft im Unterelsass," *Elsass-Lothringisches Jahrbuch*, 1927(이 마지막 논문의 민속학적 결론은 어떤 증거도 제시되어 있지 않다); R. Pyot, *Statistique générale du Jura*, 1838, p. 394; A. Aulanier & F. Habasque, *Usages ... du département des Côtes du Nord*, 2e éd., 1851, pp. 137~139 참조.

14) Marchegay가 복원한 *Cartulaire de Saint-Serge d'Angers*, Arch. de Maine-et-Loire, fol. 106, 280, 285; G. Durville, *Catalogue du Musée Dobrée*, 1003, p. 138, no. 127(2개의 윤작포에 대한 언급이 나타남).

15) *Bulletin de la Soc. d'agriculture ... de la Sarthe*, 1re série, 제VII권 (1846~1847)에 게재된 Marc의 논문 참조. R, Musset는 *Le Bas-Maine*, p. 288 이하에서 이런 윤작제도가 3년 윤작제라고 생각하지만, 겨울곡식과 봄곡식의 연속적 재배가 없기 때문에 그것을 3년 윤작제라고 볼 수는 없을 것이다. 그러나 앞에서 서술한 윤작 유형과 더불어 한시적 경작이 다소 가미된 3년 윤작제 또한 존재했던 것으로 보인다.

16) Columelle, II, 6.

17) R. Pyot, *Statistique générale du Jura*, 1838, p. 418.

18) Van Drival, éd., *Cartulaire de l'abbaye de Saint-Vaast*, 1875, p. 252.

19) *Description de la terre et seigneurie de Varennes* (1763): Chantilly, reg. E 31, fol. 162 v°.

20) Archives de la Somme, C. 136[둘랑스의 지사 보좌관(subdélégué: 구체제 아래서 재판, 귀족의 왕위 찬탈 음모에 대한 수사 등의 업무를 수행하는 지사를 보좌하던 사람. 지사는 여러 명의 보좌관을 두었으며, 보좌관은 그가 신뢰하는 사람들 가운데 선발했다. 이들 보좌관은 특별수당이 지급되기는 했지만, 원칙적으로 무보수였다. 그러나 직무에 따르는 권세와 수입 때문에 지원자가 많았다/역자]. 밭이랑을 잠식하는 사람들에 대한 증거는 무수히 많다. 토지의 확장에 관한 예는 F. -H. -V. Noizet, *Du cadastre*, 2ᵉ éd., 1863, p. 193을, "도둑질"에 관한 문헌기록으로는 1768, Bibl. Nat., Joly de Fleury, 438, fol. 19의 보고서를, 중세에 관해서는 Jacques de Vitry, *Sermo ad agricolas*, Bibl. Nat., 17509, fol. 123을 참조.

21) 위베르폴리와 브라의 지적도(그림 2-1) 외에 스푸아, 토미레, 모네르빌 등지의 지적도(그림 2-4, 4-1, 4-2, 4-3)과 그 앞의 부아생드니라는 작은 고장의 지적도(그림 1-1)도 보라. 이런 촌락들 가운데 몇몇은 그 이름(모네르빌)이나 토지관련 용어(위베르폴리와 브라 촌락의 "delle")로 봐서 어쩌다가 게르만족의 정착지로부터 영향을 받았음을 입증하는 경우가 있다. 그렇지만 이런 것은 순전히 우연한 현상에 지나지 않는다. 뒤에 제시된 그림들은 절대적으로 중요한 농업기술적 요인들을 고려하여 선정되었다. 두 가지 예를 들면, 부르고뉴에 있는 장시니 촌락과 마니쉬르틸 촌락의 지적도(Arch. Côte d'Or, E. 1126 및 334)가 복사에 부적합하다는 생각이 들지 않았더라면, 독자들은 이들 지적도를 통해 이론의 여지 없이 갈로로마사회로부터 유래함이 명백한 이들 촌락의 경지배열 구조가 위베르폴리와 브라 촌락에 그토록 뚜렷하게 나타나는 경지배열 구조와 모든 점에서 비슷함을 볼 수 있었을 것이다.

22) 나는 이런 표현 ─독일 역사가들 사이에서 사용되는 '경작강제'(Flurzwang)라는 말과 유사하다─ 을 19세기 초에 푸아투 지방의 한 농학자가 이런 관행에 대해 참으로 극찬을 아끼지 않았던 찬사로부터 따왔다. De Vernellh, *Observations des commissions consultatives*, 제III권, 1811, p. 63 이하 참조.

23) 장시니에 관해서는 Arch. Côte d'Or, E. 1119에 소장된 1667년의 측량결과와 그 조금 뒤의 측량 일람표를 비교하라. 됭, 바렌, 클레르몽, 몽블렝빌에 관해서는 Chantilly, E reg. 39 (1783년), 그림에 대한 설명; E. reg. 31 (1762년), fol. 161; E. reg. 28 (1774년), 그림 설명; E. reg. 35 (1769년), 그림 설명 참조. 그리고 이 책의 그림 2-2와 2-3도 참조.

24) Arch. Nat. E. 2661, no. 243. E. Martin, *Cahiers de doléances du bailliage de Mirecourt*, p. 164의 "농촌을 먹여 살리는 것은 오직 공동방목장뿐이다"라는 구절 참조.

25) P. Guyot, *Répertoire*, 1784~85, art. *Regain*(필자는 Henry).

26) 몇몇 관습법에서는 정률생산물지대, 즉 영주에게 수확량에 비례한 현물 형태의 부과조 납부 의무가 따르는 토지의 울타리만이 분명하게 금지되었다. 그러나 우리는 그런 관습법에서 여타 토지의 울타리는 자유롭게 설치할 수 있도록 허용되었다고 이해해서는 안된다. 이들 관습법은 농경지를 채마밭, 포도밭, 삼밭 따위로 변경하기 위해서만, 한마디

로 말해서 농경지의 종류를 바꾸기 위한 경우에만 농경지의 울타리 치기가 고려될 수 있다는 인식을 바탕으로 한 것이다. 다시 말하면, 수확물의 일부가 영주에게 귀속되는 농경지에 대해서는—물론 영주의 허가가 없는 한— 원칙적으로 울타리 치기가 금지되었다. *Coutumes du bailliage d'Amiens*, c. 115 (*Coutume réformée*, c. 197)의 매우 간결한 본문 참조.

27) *Olim*, I, p. 516, no. VI. Arch. Nat., AD IV 1 (노장쉬르셴, 1721년; 에수아예, 1779년). Delamare, *Traité de la Police*, 제II권, p. 137 이하에 있는 17세기 판결문들은 공동의 윤작을 따르지 않는 주민에 대해서는 휴작지 공동방목의 수혜(受惠)를 금지시키는 것으로 그치고 있다. 이들 판결의 의미에 대해서는 후술할 p. 441을 보라. 1759년 8월 30일 몽벨리아르 백작의 포고, Arch. Nat., K 2195 및 전술한 pp. 121, 122도 참조.

28) J. M. Ortlieb, *Plan ... pour l'amélioration ... des biens de la terre*, 1789, p. 32, 주석*; Arch. Nat., H 1486, no. 206. 이런 종류의 소송사건에 대한 구체적인 예로는 Puy de Dôme, C 1840 (티에르의 지사 보좌관) 참조.

29) *Procès-verbal ... de l'Assemblée provinciale de l'Ile de France ... 1787*, p. 367; Arch. de Meurthe-et-Moselle, C 320.

30) Mathieu de Dombasle, *Annales agricoles de Roville*, 제I권, 1824, p. 2의 훌륭한 문장을 보라.

31) 개간과 새로운 취락에 관해서는 그림 1-1과 2-4 및 제2장의 원주 46을, 베세에 관해서는 제4장의 원주 10을, 오수아에 관해서는 *Bullet. de la soc. des sciences histor. de Semur*, 제XXXVI호, p. 44의 주석 1 참조.

32) 애초부터, 공동의 계획 아래 추진된 개간이 있은 후에 토지 분배를 한꺼번에 끝내지 않고 정기적으로 재분배했을까? 18세기 말과 19세기 초에 숑부르에서는 간헐적 경작과 결부된 정기적 토지 분배의 관습이 있었다는 확실한 사례들이 있다(Arch. Nat, H 1486, no. 158, p. 5; Colchen, *Mémoire statistique du département de la Moselle*, an XI, p. 119). 그러나 이런 관습은 이 책에서 그 전체 모습을 고찰할 수 없는 모젤강 유역의 이른바 '게회페르샤프트'[Gehöferschaft: 독일의 모젤강 유역에 위치한 트리어 인근과 자를란트에서 발견되는 농민공동체(Genossenschaft). 이 공동체에서는 경지, 목초지, 휴경지, 숲, 하천 등을 공동소유하고 공동으로 이용하거나 정기적인 추첨을 통해서 개인적으로 이용한다. 토지의 관리와 처분 권능은 공동체에 속하지만 토지의 사용과 수익 권능은 공동체의 각 구성원에 속하는 이른바 총유(總有, Gesamteigentum)의 전형적 형태다. 각 구성원은 토지에 대한 지분을 갖지 않으며 분할 청구도 할 수 없다. 그 성립과 발전과정은 분명하지 않지만, 그 해체는 중세부터 부분적으로 진행되다가 18~19세기에 마침내 토지 분배가 이뤄짐으로써 종료된 것으로 알려져 있다/역자]라고 하는 제도의 한 가지 형태일 뿐이다. '게회페르샤프트'는 상당히 근대적인 제도였을 가능성이 있다. 그렇지만 그것은 먼 옛날의, 그리고 매우 뿌리 깊은 공동체 정신을 입증하는 것이다(F. Rörig, *Die Entstehung der Landeshoheit des Trierer Erzbischofs*, 1906, p. 70 이하 참조). 다른 곳에서도 마찬가지로 근대에 "주기적으로 바뀌는 소유권"에 관한 사례들이 발견된다. 이를테면 로렌에서는 초지와 관련된 소유권이 그랬고[Arch. Nat., F^{10} 284; Soc. des Amis de la Constitution de Verdun. 영국에서 매우 널리 보급되었던 '롯메도우'(lot-meadows:

추첨으로 지분이 분배되는 공동초지를 뜻함/역자)라는 제도와 비교해 보라], 마옌(Mayenne: 프랑스 북서부의 브르타뉴 지방 동쪽, 루아르강의 하류 북쪽에 위치/역자) 지방에서는 울타리로 둘러싸이지 않은 일부 구석진 땅의 경작지에서 그러했다(*Arch. Parlementaires*, 제CVI권, p. 688). 그런 사례는 너무나 드물고 그것의 발전과정에 관해서는 지금으로서는 아는 것이 너무 적어서 어떤 일반적 결론도 도출할 수 없다. 나는 공동경작의 관습—시봄은 틀림없이 잘못 알고 영국에서 '개방경지제'(open-field system)의 기원은 공동경작에 있다고 보았다—에 관한 흔적을 프랑스에서는 찾지 못했다. 프랑스에서 농민들은 흔히 서로 도왔으며, '쟁기농들'은 '무쟁기농들'에게 역축을 제공하거나 임대해 주었다. 그러나 이렇게 했던 것은 단지 도의적 의무에서였거나 생산재를 현명하게 이용하기 위해서였을 뿐이다. 이들 관행 가운데 그 어느 것도 공동노동에는 이르지 못했다. F. Steinbach는 최근에 "Gewanndorf und Einzeldorf," *Historische Aufsätze Aloys Schulte gewidmet*, 1927에서 토지의 세분과 집단용익권을 후대의 현상으로 보는 주장을 폈으나, 내가 볼 때는 아무런 근거가 없다.

33) *Commentaire sur les Institutes de Loysel*, II, 15. 1710년의 초판본에는 나타나지 않는 이런 자세한 서술은 1783년의 재판본에 나타나며, 재판본으로부터 1846년 뒤팽 판으로 전해졌다. 재판본의 여타 보충 글들과 마찬가지로 그런 자세한 서술이 로리에르가 남긴 주석으로부터 인용되었을 가능성이 있으나 확실치는 않다.

34) 때로 짚의 분배에서 밭의 임자는 먼저 한 몫을 취할 우선권이 있기도 했으며, 영주 역시 짚의 분배에 참여하기도 했다. Arch. Nat., F¹⁰ 284(그리쿠르) 참조.

35) Guérard, *Cartulaire de Saint-Victor*, no. 269; Uzégeois, no. 198. 후자에서는 길이가 좀 더 길다.

36) 불규칙한 개방경지제가 실시된 지방들 가운데 프로방스의 과거 휴작지 공동방목에 관해서는 뒤의 p. 416 참조. 랑그도크와 가스코뉴 지방의 휴작지 공동방목에 관해서는 수많은 사례가 있다. 예컨대 E. Bligny-Bondurand, *Les coutumes de Saint Gilles*, 1915, p. 180과 229; B. Alart, *Privilèges et titres relatifs aux franchises … du Roussillon*, 1874, 제I권, p. 270; *Arch. histor. de la Gascogne*, 제V권, p. 60, c. 34 참조. 코, 베리, 푸아투 지방에 대해서는 18세기 이후까지 수많은 예들이 있다. 푸아투에 관해서는 J. Lelet, *Observations sur la coutume*, 1683, 제I권, p. 400에 기록되어 있는 매우 흥미로운 판결을 참조할 것. 휴경의 의무에 관해서는 Villeneuve, *Statistique du département des B. du Rhône*, 제IV권, 1829, p. 178 참조. 툴루즈 고등법원의 관할지역에서는 18세기에 울타리 치기의 권리가 거의 어디서나 법률상의 권리로 인정되는 것으로 결말이 났다. 그렇지만 이것이 이런 권리가 실제에서는 아무런 난관에도 봉착하지 않았음을 의미하지는 않는다.

37) 물론 몇몇 불규칙한 개방경지제 실시 고장에서도 후대의 토지 분할로—바퀴달린 쟁기의 기능에 대해서는 조금 뒤에 살펴보겠지만, 가끔은 근대에 바퀴달린 쟁기의 도입으로— 기다란 분할지들로 된 단지들이 여기저기 생겨날 수 있었다. 우리가 밝혀 보여야 할 일이지만, 동일한 현상이 울타리 쳐진 경지제 실시 지역들에서도 나타났다. 그러나 후자의 지역에서는 이런 현상이 예외적이었음을 쉽사리 알 수 있다.

38) 밭갈이용 농기구의 역사에 관해서는 참고문헌이 매우 풍부하기는 하지만, 질적 수준이

고르지 않다. 쟁기에 관한 옛 그림자료는 별로 없으며 이용하기도 어렵다. 나는 여기에 단지 아직도 유용한 다음과 같은 학술연구서들을 제시해 두겠다. K. H. Rau, *Geschichte des Pfluges*, 1845; H. Behlen, *Der Pflug und das Pflügen*, 1904; 극히 조심을 해서 참고하지 않으면 안 되는 R. Braungart의 *Die Ackerbaugeräthe*, 1881; *Die Urheimat der Landwirtschaft*, 1912(또한 *Landwirtschaftliche Jahrbücher*, 제XXVI호, 1897도 참조) 등의 저서들, 몇몇 고고학자들의 연구서(J. Chr. Ginzrot, *Die Wagen und Fuhrwerke der Griechen und Römer*, 1817; *Mémoires de la Soc. royale des Antiquaires du Nord*, 1902에 게재된 Sophus Müller의 논문), 슬라브어 학자들의 연구서(*Zeitschrift für Sozial und Wirtschaftgeschichte*, 1897에 게재된 J. Peisker와 체코어나 프랑스어로 쓰인 L. Niederlé의 여러 저서), 그리고 특히 언어학자들의 연구서(*Indogermanische Forschungen*, 제XVI, XVII, XVIII호에 게재된 R. Meringer의 글; *Deutsche Literaturzeitung*, 1909 col. 1445에 게재된 A. Guebhardt의 글) 등 참조. Gilliéron과 Edmont의 *Atlas Linguistique*에 나오는 '쟁기'에 관한 지도는 거의 쓸모가 없다. 왜냐하면 그 지도는 여러 가지 유형의 쟁기를 구별하지 않고 있으며, 따라서 전혀 별개의 대상들에 대해 당연히 서로 다른 이름들이 쓰인 것을 여러 가지 단어들이 동일한 대상을 가리키는 것처럼 다루고 있기 때문이다. 그러나 그 지도는 *Zeitschrift für romanische Philologie*, 1905에 부록과 함께 게재된 W. Foerster의 아주 훌륭한 논문이 쓰이는 데 영향을 미쳤다.

39) 몇몇 학자는 보습칼이 사용된 것을 바퀴달린 쟁기의 고유한 특징으로 봤다. 그러나 이것은 확실히 잘못된 생각이다. 실상은 바퀴없는 쟁기는 단단한 땅에서는 바퀴달린 쟁기만큼 흙을 깊이 뚫고 들어가지 못하기 때문에, 두 개의 절단 부분 부착은 오히려 방해가 되며 그래서 두 절단 부분이 바퀴달린 쟁기만큼 자주 부착되지 않았다는 것이다. 바퀴없는 쟁기 가운데서 이례적으로 프로방스 지방의 쟁기만이 한 개의 바퀴가 달린 경우가 있기는 했으나, 그 바퀴는 두 바퀴가 달린 차대와는 전혀 다른 위치에 붙어 있었고 단지 밭고랑을 따라가며 조종하기 위한 용도로만 쓰였다.

40) 물론 몇몇 변형도 있었다. 푀르스터에 의하면 특히 북부 이탈리아에서 (독일어의 'pflug'로 대표되는 게르만어 단어로부터 유래된 것으로 보이는) '피오'(pio)는 바퀴없는 쟁기를 지칭하게 되었고, M. 야베르크의 말에 의하면 '아라'(ara)는 바퀴달린 쟁기를 지칭하였다. 노르웨이에서는 '아르'(ard)가 오늘날에는 볏이 없거나 아니면 이중의 구배를 가진 볏이 있는 낡은 유형의 쟁기들 외에는 사용되지 않았던 데 비해, '플로그'(plog)는 더 개량되기는 했으나 아직도 바퀴가 없는 쟁기를 지칭하는 데 사용된 것 같다.

41) 바퀴없는 쟁기가 사용된 고장인 루에르그(Rouergue: 중앙산악지대의 남부에 위치한 지방으로, 오늘날의 아베롱도와 거의 일치하는 산악지역이며, 중심도시는 로데즈다/역자)에서는 '카루고'(carrugo)가 오늘날까지도 작은 수레를 가리킨다. Mistral, *Tresor*, 'carrugo'라는 용어 항목 참조.

42) *Georg.*, I, 174에 대한 Servius의 주석을 볼 것.

43) G. Baist의 교정에 의해 원형으로 복원된 문헌인 *Hist. Nat*, XVIII, 18, *Archiv für lateinische Lexikographie*, 1886, p. 285의 "Non pridem inventum in Gallia duas addere tali rotulas, quod genus vocant ploum Raeti"(수사본들에는 "in Raetia Galliae"와

"vocant plaumorati"라고 쓰여 있다)(이 라틴어 문장의 대체적인 뜻은 "레트족의 'ploum'이라고 불리는 두 개의 작은 바퀴달린 농기구가 얼마 전에 갈리아에서 발명되었다"는 것이다/역자).

44) 나 자신이 각 도(道))의 농업 관련 부서장들을 상대로 해서 아주 유익한 한 조사를 실시했다. 그들의 친절에 대해 여기서 감사의 뜻을 표하고 싶다. 쟁기의 현재 분포상황을 정확하게 설명하기 위해서는 농학자 마티외 드 동바슬이 높이 평가한 바 있는 바퀴없는 쟁기가 19세기 초반에 일부 지역에서 바퀴달린 쟁기보다 더 많이 사용되었음을 잊지 않는 것이 중요하다.

45) 푸아투의 농경지에 관해서는 매우 흥미로운 보고서인 Arch. Nat., H 1510³, no. 16 참조.

46) 앞의 제1장의 원주 15에서 특별히 언급된 알리에르몽의 지적도들 외에 Arch. Seine Inf., pl. no. 172에 나타나는 18세기 뇌빌샹두아즐의 훌륭한 지적도 참조.

47) 마이첸은 교차갈이질을 지나치게 중요시했던 것 같다. 그러나 바퀴가 없는 쟁기를 사용하면 얕은 밭고랑이 사방팔방으로 많이 만들어진다는 것은 확실하다. 이런 방식의 갈이질은 특히 제2장의 원주 45에 명시되어 있는 푸아투 지방에 관한 보고서에서 입증된다. 그 반증으로서 곡괭이 대신에 바퀴달린 쟁기를 사용함으로써 몇 개의 분할지로 구성된 포도밭에서 일어난 변화와 비교해 보라. R. Millot, *La réforme du cadastre*, 1906, p. 49 참조. 중국에서도 역시 바퀴달린 쟁기의 사용으로 인해서 기다랗게 뻗은 농경지가 생겨났던 것으로 보인다. 앞의 제1장의 원주 15 참조.

48) Arch. Nat., H 1486, no. 191, p. 19.

49) 개방경지제가 실시된 고장에서 거의 보편적으로 적용된 농지법에 관한 오래된 원칙보다 더 특징적인 것은 없다. 지목이 서로 다른 분할지들의 경계를 짓는 울타리가 존재할 때, 그 울타리는 분할지들 가운데 원칙적으로 울타리 치기에 가장 적합하다고 판단된 분할지에 설치되었던 것이다. 즉, 초지보다는 오히려 채마밭이나 포도밭에, 그리고 곡물경작지보다는 초지에 울타리 치기가 적합하다고 생각되었다. 울 쳐진 경지제 실시 지역의 대부분에서는 이런 규칙이 전혀 존재하지 않았다.

50) Arch. Ille-et-Vilaine, C 1632.

51) 그림 2-8 참조. "조건부 토지임대차 계약"(domaine congéable: 원래는 보통 'bail à domaine congéable'라고 한 것으로, 소유주가 임의로 해약할 수 있는 토지의 임대차 계약을 말한다/역자)제도—토지는 임대인에게 속하고 건조물은 임차인에게 속하는 소유방식—가 시행되고 있던 브르타뉴 지방의 브로에르크 고장에서는, '건조물'로 간주되고 따라서 임대차 계약의 해지 시에는 설치비용이 소유권을 잃은 임차인에게 상환되어야 했던 새로운 울타리가 임대인의 동의 없이는 설치될 수 없었다(여기서 임대인은 사실은 영주였으며, 임차인은 토지보유자였다). E. Chénon, *L'ancien droit dans le Morbihan*, 1894, p. 80 참조.

52) 이런 증거는 18~19세기에 관한 것이 많다. 브르타뉴 지방의 고등법원의 상당히 이해하기 어려운 판결이 적용된 대상은 '샹파뉴'였다. Poullain du Parc, *Journal des Audiences*, 제III권, 1763, p. 186.

53) Arch. d'Ille-et-Vilaine, C 3243.

54) Ed. Planiol, 제256, 273, 274, 279, 280, 283항. 귀족들은 그들의 토지가 아주 넓은 경우에 울타리가 없이도 그들의 경지를 방목가축으로부터 보호할 수 있었고, 어쨌든 간단한 울

타리로도 충분히 보호할 수 있었다. 귀족들은 이 두 경우에도 다른 사람들의 밭에서 '휴작지 공동방목'(guerb)의 권리를 계속 유지했다. 귀족이 아닌 사람들은 울타리를 칠 수 있었으나 튼튼하게 만들어야 했다. 비귀족들이 이런 튼튼한 종류의 울타리가 없이도 그들의 토지를 보호하기를 원하는 경우에 보호할 수 있는 방법이 있기는 했다. 그러나 그 방법이란 기껏해야 그들의 밭에 풀을 뜯어먹으러 온 가축들을 그저 쫓아내는 것뿐이었다. 그들은 자신의 밭에 들어온 타인의 가축에 대해 벌금이나 손해배상을 일체 청구할 수 없었다. 왜냐하면 공동방목은 그 '집단사회'의 생활에 필수적인 것이어서 장려되어야 했기 때문이다. 자신이 가진 모든 토지를 울타리 치거나 보호하는 비귀족은 타인의 경지에서 휴작지 공동방목권을 행사할 수 있는 일체의 권리를 상실했다. 끝으로 제280항을 통해서 우리는 4월 중순까지 어떤 토지가 "경작"(labourage)될 것인지 아니면 휴경될 것인지 아는 것은 불가능함을 보게 된다. 이것은 곧 매우 불규칙한 윤작제도가 시행되었다는 증거다.

55) 봉리외의 증서대장 속에서 "파종된 땅과 초지를 제외하고," "평탄하고 나무로 덮인" 모든 토지에서 방목할 수 있는 권리를 부여하는 것을 보라. Bibl. Nat., lat. 9196, fol. 33, 83, 74, 104, 130.

56) 이런 이유로 울타리는 대체로 의무적인 것이 되었다. Poullain du Parc, *Journal des Audiences et Arrêts du Parlement de Bretagne*, 제V권, 1778, p. 240 참조.

57) 지금까지의 이 모든 논의에서 나는 경지의 배열모양을 순전히 경제적 차원의 현상으로 보고 고찰했다. 그런데 모든 원시사회의 내부에서 영향력이 막강했던 종교적 요인이 경지 구조에 영향을 미치지 않았을까 하는 문제가 제기될 수 있다. 훗날 마술적 행위로 변질되었던 종교적 행위는 오랫동안 풍작에 없어서는 안 되는 것으로 간주되어 왔다. 게다가 경계선, 그중에서도 특히 밭의 경계선은 흔히 신성한 의미를 지닌 것으로 생각되었다(*Actes du Congrès international d'histoire des religions ... en octobre 1923*, 제I권에 게재된 S. Czarnowski의 보고서 참조). 서로 다른 종교적 견해로부터 다양한 경지배열 구조가 생성될 수는 있다. 그러나 그런 문제를 제시할 수는 있지만, 우리가 그 난제를 다루려고 하기만 하면 그만 힘이 빠지고 만다. 한편 이탈리아, 아프리카, 그리고 어쩌면 라인강 지방에서 발견된 유적들과 유사한 로마의 '센투리아티오'(centuriatio: 고대 로마사회에서 식민지 이주자들에게 분양해 준 분할지. 분할지는 정사각형 모양을 한 일정한 크기의 토지로서 규칙적으로 배열되어 있으며, 여기서 곡물농사가 이뤄졌다. 100개의 분할지는 하나의 대규모 정사각형 모양의 구획지를 이룬다. 이런 토지조직을 토대로 하여 로마의 군대가 조직되었다. 분할지를 '센투리아티오'라고 하는 것은 100개의 분할지라는 데서 유래한다/역자)의 유적이 프랑스에는 없었던가? 이 문제는 이미 제기된 바 있으나(*Revue des Etudes Anciennes*, 1920, p. 209 참조), 아직도 해답이 제시되지 않고 있다. 그러나 '센투리아티오'의 경지제도 속에서 분할지의 형태는 어떠했으며 농경관습은 어떠했던가? 지적도에 대한 검토만으로는 충분하지 못함이 다시 한 번 드러날 것이다. 거기에다 언제나 농경관습에 대한 조사가 추가될 필요가 있다. 결국 여기서 이 주석의 첫 부분에서 제기한 문제로 되돌아간다. 즉, 로마의 경지는 바퀴없는 쟁기를 사용하는 지방에서 불가피했던 거의 같은 크기의 길이와 폭을 가진 밭이 일종의 종교적 정식으로 표현된 것 — '템플룸'(templum: 이 라틴어 단어는 프랑스어나 영어에서 신전이나 사원을 뜻하는 'temple'의 어원이지만, 원래는 점쟁이가 점을 치기 위해 선을 그어 놓

은 지면이나 신성한 공간을 뜻한다/역자) — 이 아닌가 하는 문제로 귀착된다. 우리는 여기서 의문점이 아직도 얼마나 많은가를 알 수 있다.

제3장

1) L. Halphen, *Etudes critiques sur l'histoire de Charlemagne*, 1921, pp. 260~261. 앙 트네에 관해서는 B. Guérard, *Polyptyque de l'abbaye de Saint-Rémi de Reims*(원래 의 정확한 책제목은 *Polyptyque de l'abbaye de Saint-Remi de Reims ou dénombrement des manses, des serfs et des revenues de cette abbaye, vers le milieu du neuvième siècle de no-tre ére*이다/역자), 1853 참조. 유감스럽게도 생르미(Saint-Remi) 수도원(파리 동북쪽 샹파뉴 지방의 랭스에 있다/역자)의 영지명세장에서 면적의 크기는 '마파'(mappa) 단위로 표시되 어 있으며, 그 면적단위의 크기는 곳에 따라 달랐던 것으로 보인다. 그럼에도 불구하고 어 떻게 계산하든 그것의 크기는 1헥타르 이상은 되지 않았을 것이다.
2) Levillain, éd., "Statuts," *Le Moyen-Age*, 1900[원래의 정확한 이름은 L. Levillain, ed., "Les statuts d'Adalhard de Corbie," *Le Moyen Age*, IV(1900)이다/역자], p. 361. 같은 사료, p. 359 및 *Capitularia*, 제II권, no. 273, c. 31도 참조.
3) 망스에 대해 설명할 필요가 있기 때문에, 나는 아래(제5장)에서 망스의 정의와 여러 가지 범주의 망스 분류에 관해 보다 자세하게 재론하지 않을 수 없다. 여기서는 단지 장원에 대 한 이해에 꼭 필요한 사실들만 다루겠다.
4) *Capitularia*, 제II권, no. 297, c. 14.
5) S. F. Grant, *Every Day Life in an Old Highland Farm*, 1924, p. 98.
6) 강제노동이라고 할 수 있는 부역노동은 언제나 절대적으로 무보수 노동이었던 것은 아니 다. 영주는 이따금 부역노동을 수행하는 농민들에게 음식을 제공할 의무가 있었다. 예컨대 B. Guérard, *Polyptyque de l'abbé Irminon*, 제II권 (1844)에 게재되어 있는 "Polyptyque de Saint-Maur des Fossés," 제10항 참조. 이에 대한 사례는 후대에도 많다.
7) 로마제국 초기의 '빌라'에서는 부역노동이 미미했던 것으로 보인다. 그러나 여느 때처 럼 우리에게는 갈리아 지방에 관해 알 수 있는 자료가 부족하다. 아프리카의 대(大) '계 곡'(saltus)에서 발견된 비문들[19세기 말에서 20세기 초에 걸쳐 북부 튀니지아의 바그라다스 강(오늘날의 메제르다강) 유역에서 발견된 6개의 비문을 말한다. 비문은 주로 서기 2세기 무렵 황제령의 토지경작자인 콜로누스의 토지보유 조건과 지위, 황제령의 대규모 임차인인 'conduc-tor'와 콜로누스와의 관계, 황제령에 대한 제국 정부의 관심을 서술하고 있어, 당시 황제령과 같 은 대토지의 경영방식과 콜로누스의 처지를 이해할 수 있는 귀중한 사료가 되고 있다. 콜로누스 가 'conductor'에게 지불한 지대는 생산물의 3분의 1을 바치는 현물지대였으며, 부역노동은 1년 에 6일 정도였다/역자]에 비견될 만한 비문이 갈리아에서도 발견된다면, 프랑스의 농업사 에도 굉장히 큰 빛이 비춰지지 않겠는가! H. Gummerus, "Die Fronden der Kolonen," *Oefversigt af Finska Vetenskapssocietetens Förhandlingar*, 1907~1908 참조.
8) Fustel de Coulanges, *Recherches*, 1885, p. 125. *C. I. L.*, 제VIII권, no. 25902, "ex con-

suetudine Maciane"에 수록된 헨시르메티히의 비문 참조.

9) 12~13세기에 많은 도시의 주민과 심지어 일부 촌락의 주민까지 배심원을 임명하거나 그들의 임명에 참여하는 권리를 획득하게 된다. 그러나 이런 일은 그 집단들의 자치를 획득하기 위한 새로운 운동의 산물이었다.

10) B. Alart, *Privilèges et titres ... du Roussillon*, 제I권, p. 185; A. J. Marnier, *Ancien Coutumier inédit de Picardie*, 1840, p. 70, no. LXXIX.

11) 이런 똑같은 고권에 근거해서, 종종 영주는 여러 가지 이익을 자신이 취득하는 조건으로 사실상의 독점권을 부여해 준 이발사나 편자공과 같은 일부 장인들에게서 영지 내의 주민들이 용무를 보도록 강제하기도 했다. P. Boissonnade, *Essai sur l'organisation du travail en Poitou*, 1899, 제I권, p. 367, 주석 2 및 제II권, p. 268 이하 참조.

12) 십일조에 관해서는 P. Viard의 1909, 1912, 1914년의 법제적 연구서들과 *Zeitschrift der Savigny-Stiftung, K. A.*, 1911년 및 1913년 호와 *Revue Historique*, CLVI (1927) 참조. 타이유세에 관해서는 F. Lot, *L'impôt foncier et la capitation personnelle sous le Bas-Empire et à l'époque Franque*, Paris, 1928과 F. Lot의 이 저서 p. 131에서 언급된 Carl Stephenson의 연구성과들 참조. 독자들은 이런 글들을 통해 어떤 점에서 내가 이들 연구자들과 다른지를 쉽게 알 수 있을 것이다. 또한 *Mém. de la Soc. de l'histoire de Paris*, 1911도 참조.

13) 이례적으로 로마법은 아마도 프로방스 지방의 몇몇 학교에서 계속 교육되었던 것으로 보인다. 그러나 주변에 큰 영향을 끼치지는 못했던 것 같다. 교회법은 끊임없이 교육되었지만, 사회구조에 관해서는 거의 관심을 두지 않았다.

14) 여기서 농노 신분에 관한 논의는 이 신분에 관한 나의 연구물들에 의거한 것이다. 독자들은 *Revue Historique*, CLVII (1928)("Les colliberti: études sur la formation de la classe servile"라는 이름의 논문 중/역자), p. 1에서 농노 신분에 대해 최근에 출판된 연구문헌에 관한 정보를 얻을 수 있을 것이다. 노예제에 관해서는 *Annales d'histoire économique*("L'esclavage en Sicile depuis la fin du Moyen Age"라는 제목의 서평 중/역자), 1929, p. 91과 *Revue de Synthèse Historique*, XLI (1926)("Technique et évolution sociale. À propos de l'histoire de l'attelage et de celle de l'esclavage"라는 제목의 비평논문 중/역자), p. 96 및 동 XLIII (1927)("La force motrice animale et le rôle des inventions techniques"라는 제목의 비평문 중/역자), p. 89 참조. 이들 연구물에서 소개된 참고문헌에 R. Livi, *La schiavitù domestica nei tempi di mezzo e nei moderni*, Padoue, 1928을 추가해서 참조할 것.

15) Arch. Nat., S 5010[1], fol. 43 v°; Bibl. Nat., ms. lat. 5415, p. 319 (1233년 5월 15일); L. Merlet & A. Moutié, *Cartulaire de l'abbaye de Notre-Dame des Vaux-de-Cernay*, 1857, no. 474 (1249년 6월); B. Guérard, *Cartulaire de Notre-Dame de Paris*, 제II권, p. 291.

16) 근대 폴란드에서 토지에 사람을 긴박시키는 규정을 시행함에 있어 봉착한, 다음의 글들에서 보는 바와 같은 어려움들과 비교해 보라. J. Rutkowski, *Histoire économique de la Pologne avant les partages*, 1927, p. 104 및 *Le régime agraire en Pologne au XVIIIᵉ siècle* (*Revue d'histoire économique*, 1926년 및 1927년 호의 발췌문), p. 13.

17) R. Merlet, *Cartulaire de Saint-Jean en Vallée*, 1906, no. XXIX (1121년); B. Guérard, *Cartulaire de Notre-Dame de Paris*, 제I권, p. 388 (1152년); Arch. Nat., S 2110, no. 23 [1226년 2월(그레고리력으로 1226년 2월)].

18) E. Mabille, *Cartulaire de Marmoutier pour le Dunois*, 1874, no. XXXIX (1077년).

19) 브르타뉴 말에서 '모티에르'(mottiers)와 '크베지에'(quevaisiers)는, 앙리 세(M. H. Sée)가 잘 지적했듯이 거의 농노의 변종으로밖에는 생각할 수 없는 신분에 속한다. 루시용 지방에서 '호미네스 데 레멘사'(homines de remensa)라고 불린 사람들은 두말할 것 없이 농노들이다. 사람들이 이들을 '세르비'(servi: 노예들을 가리킴/역자)라고 부르기를 꺼렸던 것은 틀림없이 이 후자의 말이 중세 말까지 루시용에 상당히 많이 존재했던 본래 의미의 노예들에게만 사용되었기 때문일 것이다. 아래의 p. 231 참조.

20) 나는 이런 표현을 B. 게라르로부터 빌려왔다. 그의 해설은 다소 형식주의적인 스콜라 학파의 냄새가 나는 방식을 취하고 있음에도 불구하고, 그는 중세의 변화에 대해 가장 깊은 이해를 가졌던 사람이다. *Polyptyque d'Irminon*, 제I권, 2, p. 498.

21) E. De Lépinois & L. Merlet, *Cartulaire de Notre-Dame de Chartres*, 제I권, no. LVIII (1116년~1149년 1월 24일).

22) 카롤링 시대의 티에 촌락(*Polyptyque d'Irminon*, XIV)에 대해서는 자유인망스와 노예망스 외에 여러 가지 종류의 의무를 지는 3개의 '오티스'(hôtise: 이 영지명세장에서 사용된 라틴어로는 'hospicium'임/역자)가 있었다. 농노해방에 관해서는 Guérard, éd., *Polyptyque d'Irminon*, 제I권, p. 387 참조.

23) 영주는 또한 농민보유지 보유자의 아들들과 딸들을 자신의 집에서 얼마간 일하게 함으로써 부역노동과는 다른 방식으로 농민보유지들로부터 다소간의 노동력을 사용할 수가 있었을 것이다. 예컨대 독일의 일부 장원에서—특히 독일의 동부에서 그리고 중세 말부터— 그토록 중요한 역할을 했던 '하인으로서의 봉직(奉職)'(Gesindedienst)이 그랬다. 그러나 우리는 카페왕조 시대의 프랑스에서 적어도 자신들의 농노들에게 강제적인 가사노동을 부과하려는 영주들의 일부 노력을 곳곳에서 찾아볼 수 있음에도 불구하고, 이런 시도는 언제나 예외적이었고 실질적인 큰 의미가 없었다.

24) *Mélanges d'histoire du moyen-âge offerts à M. F. Lot*, 1925.

25) 나의 이런 견해는 M. 델레아주의 영향을 받은 것이다. 그는 중세 부르고뉴 지방의 농업발전에 관한 논문을 준비하고 있다.

26) Arch. Loiret, H 4: 1179년(J. W., 13467 및 13468 참조) 9월 9일자 알렉산드르 3세 교황의 교서, Segni. A. Luchaire, *Louis VI*, no. 492 참조.

27) P. Viollet, éd., *Etablissement de Saint Louis*, I, c. CLXX; 제IV권, p. 191 참조.

28) B. Guérard, *Cartulaire de Notre-Dame de Paris*, 제II권, p. 339, no. IV; Arch. Nat., L 846, no. 30; Paris, Bibl. Ste Geneviève, ms 351, fol. 132 v°.

29) 13세기에 생모르데포세(Saint-Maur-des-Fossés: 파리 남동쪽 근교에 있는 수도원을 가리킨다/역자)의 영주직영지들과 그 수도원장 피에르 1세(1256~1285년)가 작성한 토지대장에 보이는 직영지에서 우리가 볼 수 있는 비슷한 모습을 비교하기 위해서는 Arch. Nat., Ll 46 참조. 이 영지에서 가장 넓은—거의 비정상적으로 넓은— 영주직영지 내의 곡물경작지는

그 크기가 148아르팡이다. 이것은 50헥타르에서 75헥타르에 상당하는 크기다. 이런 면적은 오늘날의 공식적인 분류기준에 비춰 보더라도 규모가 큰 토지이기는 하나, 100헥타르에는 미치지 못하므로 "매우 큰" 토지라고 할 수는 없다. 새롭게 건설된 대부분의 취락들에 있는 영주직영지 역시 그 크기는 이와 같았다.

제4장 중세 말부터 프랑스혁명까지 장원제와 토지소유의 변천

1) *Nouvelle Revue Historique de Droit*, 1921에 게재된 J. De La Monneraye의 논문, p. 198.

2) Arch. Nat. J J 60, fol. 23 (1318년 12월 17일)에 의하면, 수도사들이 국왕에게 성직자세(聖職者稅, décime: 구체제 아래서 국왕이 성직자 수입의 10분의 1을 징수한 세금. 그 기원은 필립 4세가, 이집트의 왕 살라딘의 군대를 예루살렘으로부터 몰아내기 위해 일으킨 제3차 십자군 원정에 필요한 자금조달 방법으로 성직자의 수입 중 10분의 1을 징수하기로 한 결정을 포고한 데 있다. 성직자에 대한 과세 문제는 결국 교황 보니파키우스 8세와 충돌을 불러일으켰다. 이에 대해 필립 4세는 삼부회 소집을 통해 국민의 지지를 얻어 교황을 아나니의 별장에 유폐시키고 결국 교황청을 아비뇽으로 옮기는 조치를 취했다. 그 후 성직자세는 알비 십자군 원정이나 16세기 후반 위그노에 대한 국왕의 전쟁 등 비상시에 일정 기간 징수되었다/역자)를 지불하지 않을 수 없게 되었을 때 우아예(Oyes: 파리 동쪽 마른도에 위치한 우아예의 생피에르 수도원을 말함/역자)의 수도원장이 한 쌍의 농노 부부를 해방하고 있다. 이 각주의 끝 부분 참조. 그리고 S. Luce, éd., *Froissart*, 제V권, p. I의 주석 1과 Arch. Nat., L 780, no. 10 (1255년 12월)에 따르면, 생제르맹데프레 수도원은 농노해방으로 손해를 본 데다 부속 예배당 건축비로 2,460리브르가 지출된 데 대해 불만을 표시했다. 이 수도원은 이 돈을 차라리 수익을 올릴 수 있는 자산취득에 쓰는 것이 바람직하다고 생각했다. 그러던 중 꽤 복잡한 재정절충안이 마련되자 불만이 해소되었다. 또 Bibl. Ste Geneviève, ms 351 fol. 123에는 생쥬느비에브 주교좌 성당의 참사회를 위해 작성되고 "Iste sunt possessiones quas emimus et edificia que fecimus de denariis libertatum hominum nostrorum et aliorum quorum nomina inferius scripta sunt"("그것들은 아래에 이름들이 적혀 있는 우리의 속민과 다른 속민의 해방금으로 매입하고 지은 소유지들과 건축물들이다"/역자)라는 제목이 달린 목록이 있다. 이 참사회의 취득재산과 건축물 및 보수공사 건물의 목록 가운데는 "피렌체의 상인들에 대한"(mercatoribus florentinis) 406리브르의 지불금(이것은 로마교황에게 바치는 성직자세를 가리킨다고 보기에는 너무 많은 금액이다)이 포함되어 있다. 또한 이 문서의 60 1에는 "국왕을 위한 성직자세에 대해서도"(pro decima domini regis) 마찬가지로 기록되어 있다.

3) 물론 이보다 더 오래된 시기의 몇몇 예들이 있다. *Bullet. de la Soc. des Sciences Historiques de l'Yonne*, 1917에 게재된 De Vathaire de Guerchy의 글 참조.

4) J. Garnier, *Chartes de communes et d'affranchissements*, 제II권, p. 550 및 *Bullet. de la Soc. d'Agriculture... de la Haute-Saône*, 1880에 게재된 J. Finot의 글, p. 477.

5) Marc Bloch, *Rois et serfs*, 1920; Garnier, 앞의 책, '서론,' p. 207; *Bullet. de la Soc. des*

Sciences ... de Pau, 1877~1878에 게재된 P. Raymond의 1387년 베아른 지역 농노해방에 대한 조사보고서 중 그 이전의 두 가지 선전활동에 관한 98번과 119번의 문서 참조.

6) *Cligès*, v. 5502 이하.

7) Du Cange의 사전 중 'manumissio'라는 단어와 *Recueil des Histor. de France*, 제XXI권, p. 141 및 Guérard, *Cartulaire de N. D. de Paris*, 제II권, p. 177, no. VII 참조. 여기서 모두 인용할 수는 없지만, 이에 대한 증거는 매우 많다.

8) V. 37203 이하.

9) *Travaux de l'Académie de Reims*, 제CXXVI권, 1908~1909, pp. 257~290에 게재된 G. Robert의 글.

10) 위기에 대해서도 재건에 대해서도 충분한 연구가 이뤄지지 않았다. 나는 뒤의 참고문헌에 특별히 기록된 지역별 전문연구서에 관한 부분에서는 언급하지 못하고 지금 여기서는 인용한 사실들과 관련된 연구물만을 아래에 제시한다. H. Denifle, *La désolation des églises*, 제II권, 2, 1899, pp. 821~845; J. Maubourguet, *Sarlat et le Périgord méridional*, 제II권, 1930, p. 131; *Mémoires lus à la Sorbonne, Histoire et philologie*, 1865(세노네)에 수록된 J. Quantin의 글; Roserot, *Dictionnaire topographique du département de la Côte d'Or*, p. 35; Arch. de la C. d'Or, E 1782 및 1783(베세); C. D., *Les villages ruinés du comté de Montbéliard*, 1847; *Bulletin de la Soc. des Sciences historiques de l'Yonne*, 1925, p. 167 및 184(쥐세이); *Annales de la Société Historique et Archéologique du Gâtinais*, XXXIX, 1929, p. 14 이하(가티네)에 수록된 Ch. H. Waddington의 글.

11) Olivier Martin, *Histoire de la Coutume de Paris*, 제I권, 1922, pp. 400~401.

12) L. Delisle, *Mandements ... de Charles V*, 1874, no. 625.

13) S. Luce, éd., *Chronique des quatre premiers Valois*, 1862, p. 302.

14) 화폐의 역사에 대해 잘 알고 있는 독자는 여기서 화폐사를 충분히 서술하지 못함을 양해해 주기 바란다. 화폐의 경제사만큼 분명치 않고 잘 알려져 있지 않은 것은 없다. 특히 중세 말이나 16세기의 대위기 때의 '변동'에 관해서는 모르는 것이 많다. 그렇지만 구 프랑스의 사회생활, 특히 농촌생활을 우리가 이해하는 데 있어 이 화폐변동 현상만큼 중요한 것은 없다. 나는 화폐의 변동과정─그 자체로는 대단히 복잡한 현상이다─ 가운데 가장 중요한 특징들을 간략하게, 다시 말하면 아주 도식적인 방식으로 간단하게 보여줄 것이다. 충분히 설명하기 위해서는 긴 논의가 필요할 것이다. 그러나 여기서는 그렇게 할 계제가 전혀 아니다.

15) 그렇다고 해서 화폐가 매개가 되었든 아니면 화폐의 개념이 매개가 되었든 간에 모든 지불이 드니에로 행해졌던 것은 아니다. 화폐가치로 '평가'된 현물 형태의 지불이나 지금(地金)을 사용한 지불이 존재하기는 했지만, 큰돈은 흔히 비잔틴 화폐나 아랍 화폐와 같은 외국 화폐로 지불되곤 했다. 그러나 외국 화폐를 사용한 지불방식은 영주에 대한 부과조 지불에는 사용되지 않았다. 나는 다른 곳에서 이 까다로운 화폐유통의 문제들에 대해 보다 자세하게 재론할 수 있기를 바란다.

16) 나는 이런 통계수치들을 *Mém. de l'Acad. des Inscriptions*, 제XXI권, 2, 1857에 수록된

N. De Wailly의 글에서 인용했다. 그러나 나는 다음과 같은 점들을 수정했다. 첫째, 나는 프랑화와 관련된 통계수치를 신(新) 화폐법에 규정된 프랑화의 가치로 환산했다. 둘째, 이런 이유로 나는 금으로 평가된 구(舊) 계산화폐의 가치만을 고려할 수밖에 없었다. 이런 한계는 오늘날 프랑스의 단본위제로 인해서 거의 불가피한 것이기는 하지만, 여러 가지 문제점—이에 대해 내가 모르는 것이 아니다—을 지니고 있다. 즉, 은의 함유량은 언제나 금의 함유량에 비례하여 변동했던 것이 아니라는 점, 그리고 국제무역의 결제수단인 금화의 법정 시세는 대체로 금화의 거래 시세와는 상당히 거리가 멀었다(일반적으로 더 낮다)는 점, 마지막으로 영주에 대한 부과조 부담은 거의 언제나 은으로 지불되었다는 점 등의 문제가 있다. 다행히도 우리가 여기서 다루는 것은 화폐가치의 크기에 관한 것이다. 화폐가치의 크기는 위와 같은 문제점이 영향을 미칠 소지가 없다. 셋째, 나는 상팀 이하의 소수점은 과감히 사상(捨象)시켰다. 소수점 이하의 수치는 수학적으로 엄밀한 느낌을 주지만 완전히 왜곡된 것이기 때문이다. 물론 나는 1577년에 리브르와 수 및 드니에로 된 계산화폐를 폐지하기 위한 정부의 단기적 노력에 대해서는 고려할 필요가 없었다.

17) *Ordonnances*, 제XI권, p. 132; L. Lièvre, *La monnaie et le change en Bourgogne*, 1929, p. 49, no. 1; Planiol, *La très ancienne coutume*, 1896, p. 386.

18) E. Droz, éd. *Le Quadriloge invectif*, 1923, p. 30.

19) 귀족들의 재산이 조락한 부차적 한 원인은 분할상속의 관행이었다. 장자상속권은 때때로 사람들이 생각했던 것만큼 그리 널리 시행되지 않았다. Y. Bezard, *La vie rurale dans le sud de la région parisienne*, p. 71 이하; Ripert-Montclar, *Cartulaire de la commanderie de Richerenches*, 1907, p. CXXXIX 이하 참조. 그리고 프로방스 지방에 관해서는 아래의 p. 314(렝셜)에 제시된 예 참조.

20) A. Vachez, *Histoire de l'acquisition des terres nobles par les roturiers dans les provinces du Lyonnais, Forez et Beaujolais*, 1891.

21) *Biblioth. de l'Ecole des Chartes*, 1867에 게재된 Bourquelot의 글(매우 형편없는 글임); L. Mirot, *Les d'Orgemont*, 1913; Beaurepaire, *Notes et documents sur l'état des campagnes en Normandie*, p. 491.

22) 일상생활에서 오래전의 실례들로는 R. Merlet, *Cartulaire du Grand-Beaulieu*, 1907, no. CCCXXI, 1241년(여기서는 농민보유지 소유자가 분명하게 영대 토지보유 농민과 동의어로 되어 있다) 및 Arch. de Seine et Oise H, *fonds de Livry*, 1 (1296년) 참조. 15세기에 대해서는 J. Legras, *Le bourgage de Caen*, 1911, p. 126 주석 1, 220 주석 2; R. Latouche, *La vie en Bas-Quercy*, p. 72 참조. 법률 관련 문헌 속에서 J. 다블레주(특히 II, c. XXIV) 이후 이런 관점에서의 경향성이 나타난다. Dumoulin, éd., *Œuvres*, 1681, 제1권, p. 603; Pothier, *Traité du droit de domaine*, § 3; Championnière, *De la propriété des eaux courantes*, 1846, p. 148 참조. 물론 토지보유자가 토지의 소유권자가 아니고 토지에 대한 권리들 가운데 하나를 가진 사람으로 나타나는 훨씬 많은 사례를 드는 것은 어렵지 않을 것이다. 그리고 특히 부동산에 대한 중세사회의 법 관념은 사실 부동산 자체에 대한 것이라기보다는 오히려 이와 같은 물권에 관한 형태를 띠었다.

23) Guyot, *Répertoire*, 'Terrier'라는 단어 참조. 판결의 변화과정에 관해서는 O. Martin,

Histoire de la coutume de Paris, 제I권, p. 406 참조.

24) *Arch. Parlementaires*, 제XXV권, p. 288에 게재되어 있는 1791년 3월 15일자 로트 지방의 민사 담당 위원들의 보고.

25) Chantilly, reg. E 41에 보관된 1681년의 토지대장의 머리 부분에 있는 편지(1769년 12월 2일) 참조. 그토록 부당하게 다루어진 이 토지대장은 클레르몽투아의 옛 토지대장 총서 가운데 유일하게 보존된 것이다. 그런데 다른 토지대장들은 콩데 공의 대리인들이 고의로 파기했을지 모른다.

26) *Revue d'Auvergne*, XLII, p. 29.

27) *Revue d'histoire économique*, 1924에 게재된 L. Dubreuil의 글, p. 485 및 Du Hal-gouët, *Le duché de Rohan*, 1925, 제II권, p. 46 참조. M. Sauvageau, *Arrests et règlements*, 1737, 제I책, ch. 289~291; *Annales d'histoire économique*, 1930, pp. 366 및 516도 참조.

28) *Annales d'histoire économique*, 1930, p. 535 및 Le Père Collet, *Traité des devoirs des gens du monde*, 1763, p. 271.

29) Comité des Travaux Historiques, *Bull. historique*, 1898에 게재된 Aubert의 글. 33번의 문서에 관한 원문은 Arch. Calvados, H 3226, fol 271에 기록되어 있음. 칼바도스의 고문서보관소에는 1460년에 시작된 케롱 가문에 관한 권리증서 대장이 하나 있다. 나는 착수할 수 없었지만, 이에 대한 자세한 연구는 매우 흥미로울 것이다.

30) A. de Charmasse, *Cartulaire de l'église d'Autun*, 제3부, 1900, p. CXIV.

31) 몽모리요네에 관해서는 Raveau, *L'agriculture ... dans le Haut-Poitou*, p. 54, 리무쟁에 관해서는 오트비엔의 기록보관소 직원인 M. A. 프티가 친절하게 제공하거나 나 자신이 수집한 정보자료, 몽벨리아르에 대해서는 C. D., *Les villages ruinés*, 1847, 콩브라이에 대해서는 그림 2-10 참조.

32) P. de Vaissière, *Gentilhommes campagnards*, 2ᵉ éd., 1928, p. 205에 인용된 Rapin, *Les plaisirs du gentilhomme champêtre* 참조.

33) 어쩌면 18세기 말에 이런 위기가 완화된 것이 농민들이 토지를 재구입할 수 있는 원인이 있을지 모른다. 루취스키는 적어도 리무쟁 지방에서 이런 현상을 확인했다고 믿고 있다. 그러나 그가 기술한 이런 현상의 본질적 성격 자체는 여전히 상당히 모호한 상태다. *Revue d'histoire moderne*, 1928에 게재된 G. Lefebvre의 글, p. 121 참조.

34) *Revue d'histoire moderne*, 1928, p. 103 이하에서 G. 르페브르가 수집하고 훌륭한 해석을 단 자료 참조. 특권신분이 누렸던 합법적 또는 사실상의 조세면제 특권으로 인해 귀족이나 교회기관이 소유한 토지의 증가는 국왕의 세입에 막대한 손실을 입혔다. 따라서 대토지소유의 부활은 그 나름으로 군주정의 위기에 한몫하는 결과를 낳았다.

35) *Le Châtelain de Coucy*, v. 6387; Ch. V. Langlois, *La vie en France au moyen-âge*, 제II권, 1925, p. 154, 주석 1; J. Allenou, *Histoire féodale des marais de Dol*, 1917, p. 57, c. 17 및 p. 63, c. 20.

36) A. Tollemer, *Journal manuscrit*, 2ᵉ éd., 1880; *Mém. de la Soc. des Antiquaires de Normandie*, XXXI 및 XXXII; Blangy, éd., *Lettres missives de Charles de Brucan*,

1895; A. de Blangy, *Généalogie des sires de Russy*, 1892; Y. Bezard, *La vie rurale dans le sud de la région parisienne*, p. 108; Ch. de Ribbe, *Une grande dame dans son ménage* …, 1890; Ch. Hirschauer, *Les Etats d'Artois*, 제I권, 1923, p. 121, 주석 3. 이 모든 것에 관해서는 P. de Vaissière, *Gentilshommes campagnards de l'ancienne France*, 2ᵉ éd., 1928 참조.

37) Arch. de la Côte d'Or, G 2412 및 2415.

38) 브르타뉴 지방에서는 사실 대규모 임차지의 창출이 반드시 결과적으로 소농들의 소멸을 가져왔던 것은 아니다. 흔히 이런 "부유한 사람들"은 어느 한 지역사회에서 "거의 모든 임차지들"을 독차지하고서는 여러 "전차농"(轉借農)으로 하여금 경작케 했다. *Annales de Bretagne*에 게재된 E. Dupont의 글, p. 43 참조. 그러나 예컨대 프랑스 북부지방(노르, 파 드칼레, 솜, 엔도를 포괄하는 지역을 가리킴/역자)의 평야지대, 피카르디, 보스와 같은 여타의 많은 지방에서는 소농들이 대농들로 완전히 대체되었다. 이에 대한 농민들의 저항에 관해서는 다음의 p. 411~412 참조.

39) A. Petit, "La métairie perpétuelle en Limousin," *Nouvelle Revue Historique de Droit*, 1919.

40) J. Donat, *Une communauté rurale à la fin de l'Ancien Régime*, 1926, p. 245.

제5장 사회집단

1) 나는 '망스'(manse)가 부정확한 말이라는 것을 모르지 않는다. 정확한 오일어로는 '멕스'(meix)였음에 틀림없을 것이다. 이 단어는 오일어에서만 쓰였고, 프로방스어[provençal: 프로방스 지방에서 사용된 로망스어를 가리키지만, 광의로는 프랑스 북부의 언어, 즉 랑그도일(langue d'oïl)에 대하여 협의의 프로방스어를 포함한 랑그도크(langue d'oc)를 말한다. 오키타니아어(occitanien)라고도 한다/역자]에서는 '마스'(mas)였을 것이다. 그리고 이 양쪽 언어권에는 여러 가지 형태의 방언들이 있었음을 명심할 필요가 있을 것이다. 게다가 '멕스'와 '마스'는 뒤에서 보게 되는 바와 같이 오늘날뿐만 아니라 오래전부터 프랑크사회의 '망스'가 표현하는 것과는 매우 다른 대상을 가리킨다는 사실을 부언해 둔다. 이들 단어는 형태와 의미의 변화가 심했기 때문에 현대어에서 그 단어들에 해당하는 말들을 찾을 수 없으며, 그래서 발음상의 문제에도 불구하고 일찍이 게라르와 퓌스텔이 사용했던 것을 역사가들이 이어받아 익숙하게 써 온 '만수스'(mansus)라는 라틴어 단어가 예외적으로 오늘날까지 사용되게 되었다.

2) M. Prou & A. Vidier, *Recueil des chartes de l'abbaye de Saint-Benoît-sur-Loire*, 제I권, 1907, p. 16; *Neues Archiv.*, XI에 게재된 Zeumer의 글 p. 331; *Le Moyen-Age*, 1914에 게재된 L. Levillain의 글, p. 250 참조. 물론 '망스'가 *Formul. Andecav.*, 25와 같이 주택이라는 의미를 띠거나 띨지도 모르는 문헌사료는 여기서 고려의 대상이 아니다.

3) G. Busson & A. Ledru, éd., *Actus pontificum Cenomannensium*, 1902, p. 138. 이탈리아에서는 '콘다미나'에 대한 최초의 언급이 6세기부터 나타난다. Cassiodore, *Variae*,

V, 10. 그 의미(그리고 이 점에 관한 Mommsen의 의문 제기)에 대해서는 G. Luzzato, *I servi nelle grande proprietà ecclesiastiche*, 1910, p. 63, 주석 3의 정확한 지적 참조.

4) B. Guérard, *Polyptyque de l'abbé Irminon*, 제II권에 수록된 *Polyptyque des Fossés*, p. 283, c. 2.

5) Bibl. Nat., nouv. acq. lat. 1930, fol. 45 v° 및 46.

6) F. Lot, "Le tribut aux Normands," *Biblioth. de l'Ecole des Chartes*, 1924 참조.

7) *C. Th.*, XI, 20, 6. A. Piganiol, *L'impôt de capitation*, 1916, p. 63 참조.

8) 단 하나의 땅뙈기만으로 구성된 망스들에 대한 많은 연구가 이루어져야 할 것이다. 그 연구는 대단히 흥미로울 것이며, 망스를 사방으로 둘러싼 인접토지에 관한 사료를 통해 연구될 수 있을 것이다. 나는 놀랍게도 부르고뉴 지방의 오슈레에서 이런 것을 발견했다. Pérard, *Recueil de plusieurs pièces curieuses*, 1664, p. 155 참조.

9) *Mélanges d'histoire offerts à H. Pirenne*, 1926에 게재된 F. Lot의 글, p. 308. 프랑스 서부지역에서 망스가 단 하나의 땅뙈기로 되어 있는 실례에 대해서는 Urseau, éd., *Cartulaire de la cathédrale d'Angers*, no. XX 참조. 아마도 망스와 비슷할지 모르는 브르타뉴의 '랑'(ran)을 면밀히 연구할 필요가 있을 것이다.

10) *Polyptyque des Fossés*, c. 14.

11) '카사타'(casata) 즉 세대의 뜻은 그에 대한 동의어로 'conjugio servorum'('servus'는 여기서 장원 예속민이라는 넓은 의미로 이해된다/역자)을 제시한 교황 자카리아스(Zacharias, 재위 741~752년/역자)의 한 편지를 통해서 명확하게 제시되고 있다('conjugio'는 결혼 또는 부부관계라는 뜻이다. 따라서 'casata'의 동의어인 'conjugio servorum'은 '한 세대의 장원 예속민 가족'이라고 할 수 있다/역자). E. Lesne, *Histoire de la propriété ecclésiastique*, 제II권, 1, 1922, p. 41 이하 참조.

12) Bibl. Nat., nouv. acqu. lat. 1930, fol. 28 v^o(앙주); Tardif, *Cartons des rois*, no. 415 및 Arch. Nat. S 2072, no. 13(빌르뇌브르루아); *Revue belge de philologie et d'histoire*, 1923, p. 337(프리슈); Arch. Nat., L L 1351, fol. 7(리모주 및 푸르슈); Arch. Loiret, H 30^2, p. 438 및 Arch du Cher, 생브누아쉬르루아르의 장서(藏書) 분류번호가 매겨져 있지 않은 증서대장, fol. 409 v° (MM. Prou & Vidier를 통해 전달받음; 부종빌 및 부이); *Bulletin du Comité des travaux historiques, Section des sciences économiques*, 1896에 게재된 Flour de Saint Genis의 글 p. 87(스뮈르).

13) 네덜란드에서 유사한 사례들이 보인다. G. des Marez, *Le problème de la colonisation franque*, 1926, p. 165 참조. 큰 성공을 거두지는 못했지만 농민보유지를 일정하게 고정시키려는 시도가 있었던 로렌 지방에 대해서는 Ch. Guyot, "Le Lehn de Vergaville," *Journal de la Société d'archéologie lorraine*, 1886 참조.

14) Magnus Olsen, *Farms and fanes of ancient Norway*, 1928, p. 48.

15) 리무쟁의 '마스'에 관해서는 M. A. 프티가 전해 준 간단한 설명서와 나 자신의 연구물 참조. '마자데스'에 관해서는 매우 빈약하기는 하지만 *Recueil de l'Académie de législation de Toulouse*, 제XXXIV권에 게재된 J. Bauby의 논문 참조. 브르타뉴 지방에도 '공동보유자들'(parsonniers)의 작은 산촌(散村)이 존재했던 것으로 보인다. 그러나 어쩌면 그것들

은 아래에서 다루어질 보통의 가족공동체에서 유래했을지 모른다. 이 문제에 대해서는 자세히 연구되어 있지 않다. *Annales de Bretagne*, XXI, p. 195 참조.

16) Ch. de Ribbe, *La société provençale*, p. 387; R. Latouche, *La vie en Bas-Quercy*, p. 432.

17) A. Bernier, éd., *Journal des Etats Généraux*, 1835에 게재된 Jehan Masselin의 글, pp. 582~584.

18) 비엔의 고문서고에 있는 일련의 지적도들 가운데 큰 관심을 끄는 우아레와 앙토네의 지적도들(18세기?)을 볼 것.

19) 이 점에 관해서는 L. Lacrocq, *Monographie de la commune de La Celle-Dunoise*, 1926에 있는 탁월한 고찰 참조.

20) *Travaux de l'Acad. de Reims*, CXXVI에 게재된 G. Robert의 글, p. 257.

21) Crane, éd. *Exempla*, 1890에 게재된 Jacques de Vitry의 글, p. 64, no. CXLIII.

22) La Borderie, *La révolte du papier timbré*, 1884, p. 93 이하.

23) 1660년에 노르망디에서는 본당사목구 재산관리위원회의 경리 담당자가 지방삼부회의 제3신분의 대표 선거에 참가했다. *Le Moyen-Age*, 1929에 게재된 M. Baudot의 논문, p. 257 참조. 한편 본당사목구 재산관리위원회가 조직되기 훨씬 이전에 신도들이 본당사목구의 재산 관리에 참여하는 것을 볼 수 있다. 그중에서도 특히 12세기 초의 예로는 B. Guérard, *Cartulaire de Saint-Père de Chartres*, 제II권, p. 281, no. XXI 참조.

24) *Layettes du Trésor des Chartes*, 제V권, no. 876.

25) 촌락의 콩쉴라는 무엇보다도 랑그도크 지방에 특유한 것이었다. 그러나 프로방스에서는 '생디카'(syndicat)라는 이름 아래 다수의 농촌공동체가 일찍이 법인격을 획득했다. 본래 지중해 연안의 '오피둠'[oppidum: 원래 고대 로마의 '요새화된 도시'(citadelle)를 가리켰으나, 중세의 사료에서는 어떤 때는 성벽으로 둘러싸인 마을이나 도시를 지칭하기도 했고, 어떤 때는 자치도시를 의미하기도 했다. 여기서는 프랑스 남부를 비롯한 지중해 연안에 분포한 로마식 '성채마을' 또는 '요새마을'인 '바스티드'(bastide)를 가리킨다/역자]이었던 남부 프랑스의 촌락은 북부 프랑스의 촌락과는 매우 달랐다.

26) E. Bligny-Bondurand, *Les coutumes de Saint-Gilles*, 1915, p. 183 참조. 도시에 관해서는 *Olim*, 제I권, p. 933, no. XXIV에서 리옹 사람들을 대신하여 제시된 견해 참조.

27) G. Robert, *L'abbaye de Saint-Thierry et les communautés populaires au moyen-âge*, 1930 (*Travaux de l'Acad. Nationale de Reims*, 제CXLII권, p. 60의 초록).

28) *Capitularia*, 제II권, no. 273, c. 8, 9, 20.

29) 1320년 3월에 고등법원은 티에, 슈아지, 그리농, 앙토니 및 빌뇌브생조르주의 촌락주민들은 "단체도 아니고 코뮌도 아니기" 때문에 사전에 그들의 영주인 생제르맹데프레 수도원장의 동의를 얻어야 했었다는 이유로 주민들이 위임한 대리권을 무효화시켰다. 그러나 고등법원은 동시에 만약 그 수도원장이 동의를 요청받고도 "의무 이행을 소홀히" 한 경우에는 소홀히 한 영주 대신에 고등법원의 법정이 회의개최를 허가할 수 있는 권리를 확보해 두었다. 이것은 분명히 촌락의 문제에 상당한 개입을 할 수 있는 길을 열어 놓은 것이었다(Arch. Nat., I, 809, no. 69). 이 점에 대해서는 어떤 법제사가가 판례의 발전과정에 대한

서술에 착수하기를 기대하는 것이 좋을 것이다. 그에 관한 문헌기록이 없는 것은 아니다. 그러나 문헌기록에 대한 연구가 이뤄질 때까지는 주장과 사실이 뒤섞인 이런 중대한 문제에 관해서 모호하고 어쩌면 잘못될 수도 있는 것밖에는 말할 수 없을 것이다(생제르맹데프레 수도원에 관한 1339년의 다른 소송사건에 대해서는 Arch. Nat., K 1169A, no. 47bis 참조).

30) B. Guérard, *Cartualire de Notre-Dame de Paris*, 제II권, p. 17.

31) Arch. Nat., L L 1043, fol. 149 v° (1291년). 메종에 관해서는 1211년의 규칙(가축의 도살 대신에 담보물 취득), S 1171, 주석 16 참조.

32) Arch. de la Moselle, B 6337 (롱주빌, 1738년 12월 18일; 마니, 1760년 9월 8일).

33) *Revue bourguignonne d'enseignement supérieur*, 1893, p. 407; L. Merlet & A. Moutié, *Cartulaire de Notre-Dame des Vaux-de-Cernay*, 제II권, 1858, no. 1062; Arch. Nat., L 781, no. 12 및 LL 1026, fol. 127 v° 및 308; *Bulletin de la soc. des sciences historiques ... de l'Yonne*, XXX(1876), 제1부, p. 93.

34) L. Delisle, *Etudes sur la condition de la classe agricole*, p. 105; *Olim*, 제III권, 1, p. 98, no. XLVII; *Cartulaire de Saint-Père de Chartres*, 제II권, p. 307, no. LIV; Arch. de Seine et Oise, H. Maubuisson, 54; Bibl. de Ste Geneviève, ms. 356, p. 154; Arch. de la Moselle, B 6337.

35) 지리학이나 역사학의 지역별 연구문헌 외에, J. Lefort, 1892; F. Debouvry, 1899; C. Boulanger, 1906 참조. 나는 Boulanger가 편찬한 보고서 및 칙령들과 E. de la Poix de Fréminville, *Traité général du gouvernement des biens et affaires des Communautés*, 1760, p. 102 이하 및 *La pratique universelle pour la rénovation des terriers*, 제IV권, 1754, p. 381 (Denisart, *Collection de décisions*, 제III권, 1786, 'Berger'라는 말 참조)로부터 몇몇 표현을 인용했다. 로렌 지방과 관련해서는 정액소작농의 "독점 획책"을 억제하려는 1666년 6월 10일자 샤를 4세 공작의 포고령 참조. François de Neufchâteau, *Recueil authentique*, 1784, II, p. 144도 참조.

36) *La vie de mon père*, 3ᵉ éd., 1788, 제II권, p. 82.

37) B. Alart, *Cartulaire roussillonnais*, 1880, p. 51 (1027년) 참조. 스페인의 옛 '변경지역'(Marche)에 관한 여타의 실례들에 대해서는 M. Kowalewsky, *Die ökonomische Entwickelung Europas*, 1901년 이후, 제III권, p. 430, 주석 1. 및 A. Bernard & A. Bruel, *Recueil des chartes de l'abbaye de Cluny*, 제VI권, no. 5167 (1271년) 참조.

38) 부르고뉴의 라레에 관한 클로타르 3세의 특허장은 공유지 문제와 관련이 있는 것으로 보인다. Pardessus, *Diplomata*, 제II권, no. CCCXLIX.

39) Guérard, *Cartulaire de Saint-Père de Chartres*, 제I권, p. 172, no. XLV.

40) Brutails가 이 문헌기록에 단 주석에 대한 P. Lacombe, *L'appropriation du sol*, 1912, p. 379의 논의 참조. 나는 '알로디움'(alodium)과 '도미니쿰'(dominicum)이라는 단어들에 대한 주석을 제외하고는 Lacombe의 해석에 동의한다.

41) "Car reson monstra que differencia sia entre lo senhor et los vassalhs." Arch. Bouches-du-Rhône, B 3343, fol. 342 (1442년 1월 28일).

42) *Olim*, 제I권, p. 334, no. III 및 p. 776, no. XVII(그렇지만 여기서 다뤄지는 사람은 관련 당

사자로서의 영주의 농민이 아니며, 권리문제에 대한 판정이 나지 않았다.). L. Verriest, *Le régime seigneurial*, pp. 297, 302, 308.

43) Poullain du Parc, *Journal des audiences … du Parlement de Bretagne*, 제II권, 1740, p. 256 이하; J, Garnier, *Chartes de communes*, 제II권, no. CCCLXXI 및 CCCLXXII; G. Lefebvre, *Les paysans du Nord*, p. 67, 주석 1.

44) Essuile, *Traité politique et économique des communes*, 1770, p. 178; C. Trapenard, *Le pâturage communal en Haute-Auvergne*, 1904, p. 57; Arch. du Puy-de-Dôme, Inventaire, C, 제II권, 주석 2051 참조.

45) *Pratique*, 2ᵉ éd., 제II권, p. 254.

46) Poullain du Parc, *loc. cit.*, p. 258.

47) *Séances et travaux de l'Acad. des Sc. Morales*, CXII, p. 357.

48) M. Prou & A. Vidier, *Recueil des chartes de Saint-Benoît sur Loire*, 1900년 이후, no. CXCIV[이 문헌기록에는 '마수레'(masure)라는 말이 나타나는데, 이것은 농민보유지들로 이해되어야 한다]. Marc Bloch, *Rois et serfs*, 1920, p. 180 참조.

49) Bibl. de Meaux, ms 64, p. 197(바르데); C. Douais, *Cartulaire de l'abbaye de Saint-Sernin*, 1887, no. CVI(그리졸); L. Delisle, *Etudes*, p. 135, 주석 36(퀴레); *Mém. de la Soc. des Antiquaires de l'Ouest*, 제XIV권, no. LXXXV에 게재된 L. Rédet의 글(생틸레르); F. Soehnée, *Catalogue des actes de Henri Iᵉʳ*, 1907, no. 26(마리지).

50) Depoin, *Liber testamentorum Sancti Martini*, no. LXXX.

51) R. de Maulde, *Etude sur la condition forestière de l'Orléanais*, p. 178, 주석 6 및 p. 114; Chantilly, reg. E. 34.

52) *Mém. de la soc. des Antiquaires de Picardie*, 4ᵉ série, 제IX권에 게재된 A. de Calonne 의 글, pp. 178~179. *Quellen zur lothringischen Geschichte*, 제IX권에 수록된 바네와 루트르망주, 콩데노르탱, 보동쿠르 및 바리즈 등 로렌 지방 마을들의 합동 진정서, 제9항 참조.

53) Arch. Nat., H. 1515, no. 16.

제6장 농업혁명의 개막

1) 프로방스 지방의 농업사는 문헌사료가 없지 않음에도 불구하고 거의 서술되지 않고 있다. 특히 이동목축에 관해서 그렇다. 이동목축에 관한 연구가 이뤄지는 경우에는 프로방스 지방의 사회구조사에 관한 대단히 흥미있는 사실들이 밝혀질 것이다. 이 지방의 농업사에 관해서는 구체제 시절의 법학자들의 글을 볼 것. 특히 J. Morgues, *Les statuts*, 2ᵉ éd., 1658, p. 301; 1766년 휴한지 공동방목에 관한 조사사업에 제출된 지사와 검사장의 답변서; 1812년과 1814년의 조사에 대한 부슈뒤론의 군수들과 시장들의 답변서(Arch. des B.-du-Rhône, M 13⁶ 및 *Statistique agricole de 1814*, 1914); 부슈뒤론 지방의 관습에 관한 출판물(Ch. Tavernier, 1859)과 바르 지방의 관습 출판물(Cauvin & Poulle, 1887. 그러나 이것

은 1844년의 한 조사에 의거한 것이다); 마지막으로, *Les Bouches-du-Rhône, Encyclopédie départementale*, 제VII권, *L'Agriculture*, 1928에 게재된 P. Masson의 글 참조.

2) F. Benoit, *Recueil des actes des comtes de Provence*, 1925, 제II권, p. 435, 주석 355, c. VII.

3) Arch. B.-du-Rhône, B. 49, fol. 301 v°.

4) 연구자는 비록 프로방스 지방의 마을들을 일일이 돌아다니면서 조사할 수는 없지만, 간행된 문헌기록과 심지어 미간행된 수사본까지 이용할 수 있기 때문에 반쯤 도시화된 공동체들의 의결내용을 매우 쉽게 접할 수 있다. 이 점에서는 연구자료상의 큰 애로사항이 없다. 프로방스 지방의 이 모든 '도시들'(villes)—심지어 엑스까지도—은 여전히 그 성격에 있어서는 다분히 농촌적이었기 때문이다. 인근 농촌지역의 방목권 문제가 엑스의 시민들에게 매우 중요했으므로 14세기에 그들은 방목권과 관련된 문서를 위조하기까지 했다. Benoit, *loc. cit.*, p. 57, 주석 44 (1351년 8월 4일 이전. Arch. Aix, AA 3, fol. 139 참조).

5) R. Brun, *La ville de Salon*, 1924, p. 287, c. 9; p. 300, c. XX; p. 371, c. 27; 보다 뒤의 알르마뉴[Allemagne: 여기의 알르마뉴란 프랑스어로 독일을 가리키는 것이 아니라, 마르세유 북동쪽에 있는 프로방스 지방의 알르마뉴(Allemagne-en-Provence)를 가리킨다/역자]에 관해서는 Arch. des B.-du-Rhône, B 3356, fol. 154 (1647년 7월 21일) 참조.

6) Arch. d'Aix, AA 2, fol. 42 v°, 46, 45; E. Bondurand, *Les coutumes de Tarascon*, 1892, c. CXI; Arch. des B.-du-Rhône, *Livre vert de l'archevêché d'Arles*, fol. 235; F. & A. Saurel, *Histoire de la ville de Malaucène*, 제II권, 1883, p. LV (1500년 6월 4일); Arch. des B.-du-Rhône, B 3348, fol. 589 v° (1631년 9월 28일); Giberti, *L'histoire de la ville de Pernes*, p. 382; L. Barthélemy, *Histoire d'Aubagne*, 제II권, 1889, p. 404 이하(특히 c. 29) 참조.

7) Arch. B.-du-Rhône, B 3343, fol. 412 v° 및 512 v° (1322년 10월 5일). 1442년에 영주와 농민 사이에는 다시 의견충돌이 생겼다(*ibid.*, fol. 323 v° 이하). 이 문헌기록의 마지막 부분은 모호하기는 하지만 그루터기 밭에 대한 공동방목 금지가 언제나 엄격하게 지켜졌던 것은 아님을 보여주는 것으로 생각된다. 황무지['에름'(herm)]의 경작과 거기서 공동방목권의 행사에 대해서도 역시 격론이 일어났다. 이미 인용된 문헌기록(이 원주와 제5장의 원주 41) 외에, 같은 기록 fol. 400 v° (1432년 12월 5일, 1438년 8월 6일에 추인됨) 및 385 (1439년 12월 29일)를 볼 것. 디뉴에서는 휴작지 공동방목이 마찬가지로 1365년에 3년간 금지되었다. F. Guichard, *Essai historique sur le cominalat*, 1846, 제II권, no. CXXIII 참조.

8) 살롱에 관해서는 다음의 원주 12; J. Girard & P. Pansier, *La cour temporelle d'Avignon*, 1909, p.149, c.95 및 p.155, c.124; Arch. des B.-du-Rhône, B 3356, fol 705 v°; Arch. d'Orange, BB 46, fol. 299 참조(목록에 따름. 현장에 가서 조사했음에도 불구하고 나는 이 문헌기록을 찾을 수가 없었다).

9) Arch. des B.-du-Rhône, B 3355, fol. 360 v° (공동방목을 금지받고자 하는 사람들의 기대는 그 이상으로 컸던 것으로 보인다). 알르마뉴에서는(B 3356, fol. 154) 1647년에 "방목이 금지된 땅"(devandude)이 납세액에 비례해서 허용되었다.

10) 알프스마르팀(1388년에 프로방스 백작령으로부터 분리되어 나온 니스 백작령에서의 공동방

목과 관련된 상황 전개는 프로방스 지방의 나머지 지역과 비슷했던 것으로 보인다)에 관해서는 Arch. Nat., F¹⁰ 337 [공화력 12년 3월 10일(현재 사용되고 있는 일반 역법으로는 1804년 12월 1일 내지 2일이 됨/역자)]에 있는 도지사의 보고서를 볼 것. 뷔슈뒤론에 있는 퓌이루비에 코뮌에서는 '콩파스퀴테'가 유지되었던 것 같다. 그러나 혁명력 4년과 5년에 '대차지농들'은 공동방목을 폐지하기를 원했다. 이것이 "가난한 사람들에 대한 부자들의 소송사건"이었다. F¹⁰ 336. Arch. des B.-du-Rhône, L 658 참조.

11) 디뉴 지역에 관해서는 Arch. des Bouches-du-Rhône, B 159, fol 65 및 66 (1345년)을, 그리고 발랑졸에 관해서는 앞의 원주 9를 각각 참조.

12) Arch. de Salon, Copie du Livre Blanc(18세기), p. 674 이하. R. Brun, *La ville de Salon*, p. 379에 게재되었으나, 날짜가 부정확하고(대주교 필립한테 발송된 것으로 볼 때, 작성시점이 1463년 2월 11일에서 1475년 11월 4일 사이임에 틀림없다) 이 소송사건에 대한 설명이 완벽하지 못한 한 문서 참조. 심지어 밭에 수확물이 없는 경우에도 경작지의 공동방목을 불가능하게 하는 경매처분은 드 푸아 추기경[본명은 피에르 드 푸아(Pierre de Foix, 1386~1464). 1409년에 설치된 프랑스 최초의 추기경으로서, 1433~1464년간에 교황의 특사를 역임하고 1450~1463간에는 아를 대주교를 지냈으며, 아비뇽 대학을 건립하기도 했다/역자] 시절(1450년 10월 9일에서 1463년 2월 11일 사이)부터 나타난다. 이런 소송은 처음에는 재판관보[juge mage: 프랑스 남부지방에서 세네샬(sénéchal)이라는 지방관의 재판 업무를 담당한 관리를 가리킨다. 문자 그대로의 뜻은 '주심판사'다/역자]가 주재하는 국왕재판소에 제소되었으나, 결국에는 그 대주교의 종교재판소 소속 판사의 재판에서 심리되어 1476년 10월 26일에 판결이 났다. 1293년의 법령 중 제77조의 끝 부분과 제78조는 이미 외부인의 가축이 자신의 밭에서 방목되는 데 대한 격렬한 반감을 보여준다.

13) Arch. des Bouches-du-Rhône, B 3347, fol. 607.

14) T. Gavot, *Titres de l'ancien comté de Sault*, 제II권, 1867, p. 137에 보이는 1543년 쏘(Sault: 보클뤼즈도의 아비뇽 동북쪽 60여 킬로미터 거리에 위치/역자) 주민들의 매우 시사적인 불평 참조. 그리고 L. Guyot, *Les droits de bandite*, 1884 및 J. Labarrière, *Le pâturage d'été*, 1923을 통해 밝혀진 니스 백작령의 '산적들'과 비교해 보라.

15) 그렇지만 H. Boniface, *Arrests notables*, 제IV권, 1708, 제3부, 1. II, 제I권, c. XXI에 있는 울타리에 관한 소송사건을 볼 것.

16) Arch. B.-du-Rhône, B 3348, fol. 589 vº(카르뇰) 및 *Le grand coustumier du pays et duché de Normandie … avec plusieurs additions … composées par … Guillaume Le Rouille*, 1539, c. VIII 참조. 부르고뉴 지방에 관해서는 1370년에 스뮈르에서 휴경지에 '조'(milot)를 재배했다는 증거가 있다. B. Prost, *Inventaires mobiliers*, 제I권, 1902~04, no. 1171 (M. 델레아주가 주목한 바 있다).

17) *Mém. de la Soc. d'émulation de Montbéliard*, 1895, p. 218. 울타리 치기의 금지조치는 1703년과 1748년에도 거듭 취해졌다. Arch. Nat., K 2195 (6).

18) 그림 2-5와 그림 4-2.

19) 그렇지만 적어도 코 지방에서는 이런 규정이 제대로 지켜지지 않았다. 다음의 원주 21을 볼 것.

20) 그림 4-4 참조.

21) 주요 참고자료는 다음과 같다. ① Tardif, éd., *Summa de legibus*, VIII. 이 문헌의 c. 1 의 본문에 있는 "nisi clause fuerint vel ex antiquitate defense"("울타리가 쳐지지 않으면, 즉 예로부터 둘러막아 보호되지 않는다면"이라는 뜻/역자)라는 문구에서 'vel'이라는 단어는 '즉'으로 해석되어야 한다. 이렇게 해석되어야 하는 이유는 그 뒤에 이어지는 "ut haie et hujusmodi"("울타리와 그와 같은 종류의 것"이라는 뜻/역자)라는 말들에 있기는 하지만, 그 보다는 오히려 c. 4에 있다. ② *Le grand coutumier ... avec plusieurs additions composées par ... maistre Guillaume le Rouille*, 1539, c. VIII에 대한 주해. ③ G. Terrien, *Commentaire ⋯*, 2ᵉ éd., 1578, p. 120. ④ *Coutumes de 1583*, c. LXXXIII. ⑤ Basnage, *La coutume réformée*, 2ᵉ éd., 1694, 제I권, p. 126. ⑥ 휴작지 공동방목 허용에 대해 사용료를 지불받아야 한다는 영주 아공의 주장을 기각한 1616년 7월 1일자의 판결에 관해서는 Arch. Seine-Infér.의 "Audiences, 1616, Costentin"이라는 표제가 붙은 기록부(Bibl. Rouen, ms. 869 참조). ⑦ 떡갈나무의 묘목을 심은 땅뙈기에 관한 것이 확실하지만 난외(欄外) 주석에 "어떤 누구도 울타리를 반드시 쳐야 하는 것은 아니며, 파종된 땅은 울타리를 둘러치지 않고도 보호된다"는 특별한 언급이 있는 1732년 12월 19일의 판결에 관한 Arch. S. -Inf., *Recueil d'arrets ... depuis la Saint-Martin 1732*, pp. 24~26. ⑧ 중재위원회에 제출된 보몽라랑 시의회의 의원 보고서에 관해서는 Arch. S. -Inf., C. 2120. 그렇지만 알리에르몽 백작령에 관한 1734년 8월 26일의 판결(*Recueil d'arrets ...depuis la Saint-Martin 1732*, p. 204)이 다른 면에서 비록 지주들의 주장에 호의적 태도를 보였다고 하더라도, 관행에 반하기는 했으나 성문화된 관습법에 따라서 단지 3월 중순부터 9월 14일까지 방목 금지 기간에만 휴작지 공동방목을 금지했다는 점에 유의할 필요가 있다. 이런 판결이 있은 이후에 판례의 견해는 수정되었음에 틀림없다. 코 지방에서 쟁기농들은 본당사목구 전체 차원에서 공동의 가축떼를 구성하지 않고 그보다 작은 크기의 면(面, canton)[또는 '쾌예트'(cueillette)] 내에서만 공동의 가축떼를 구성했다. 결국 휴작지 공동방목을 별로 지지할 뜻이 없었던 판례의 견해는 17세기부터 '파르쿠르'(parcours: 앞에서 본 바와 같이 공동방목이라는 뜻임/역자)에 적대적이었다. Basnage, 제I권, p. 127(나는 이들 판결을 직접 살펴보고 확인했다). 베르송에서는 13세기에 빌렝들이 울타리를 치고 싶을 때 영주에게 '포르프레스튀르'(porpresture)라는 사용료를 지불했다(L. Delisle, *Etudes*, p. 670, v. 103 이하). 그러나 문제는 분명히 농경지를 변경시킬 —십중팔구 곡물경작지를 채마밭이나 과수원으로 바꿀— 목적으로 행해지는 울타리 치기다. 이런 영주의 사용료 수입은 정률생산물지대에 그 원천을 두었기 때문이다.

22) 나는 독자들이 이 절과 다음의 절들 및 제VII장에 관해서는 *Annales d'histoire économique*, 1930에 "La lutte pour l'individualisme agraire dans la France du XVIIIᵉ siècle"라는 제목 아래 게재된 논문들을 참조하기 바란다. 아래에서는 이 학회지에서 특별히 언급하지 않은 몇몇 사실들에 관한 참고문헌들만이 제시될 것이다. 또한 H. Sée, *La vie économique... en France au XVIIIᵉ siècle*, 1924도 참조할 것. 공유지에 관해서는 *Nouvelle revue historique du droit*, 1908에 게재된 G. Bourgin의 논문을 참조할 것.

23) Taisand, *Coutumes générales des pays et duché de Bourgogne*, 1698, p. 748; I. Bou-

vot, *Nouveau recueil des arrests*, 제II권, 1728, p. 764; P. J. Brillon, *Dictionnaire des Arrêts*, 제V권, 1727, pp. 108 및 109. 그러나 그 반대의 판결들도 있다. Fréminville, *Pratique*, 제III권, p. 430 이하 참조. 노르망디에 관해서는 Bibl. de Rouen, ms. 870, fol. 283; Arch. Seine-Infér., 1588년 7월~8월의 판결 기록부 중 7월 7일의 판결; P. Duchemin, *Petit-Quevilly*, 1900, p. 59 참조. 파리 고등법원에서도 16세기부터 동일한 경향이 나타난다. J. Imbert, *Enchiridion*, 1627, p. 194에 있는 이례적 판결 참조.

24) 다른 많은 사례 가운데 몇 가지를 들면, Saint-Ouen-en-Brie, Bibl. Nat., lat. 10943, fol. 297 (1266년 6월); A. Lacroix, *L'arrondissement de Montélimar*, 제V권, 1877, p. 24 및 183 (1415년 4월 24일 및 1485년 1월 27일); P. L. David, *Amance en Franche-Comté*, 1926, p. 458 (1603년).

25) 제2장의 원주 27 참조. *Journal des Audiences*, VII, p. 647에 수록되어 있는 1722년 2월 28일자 차장검사 아게소의 의견 속에 보이는 이유 참조.

26) *Les Saisons, L'automne*, 1826년판, p. 161.

27) 마르슈 지방과 같이 척박한 고장에서는 호밀보다 재배하기 어려운 바로 밀이 정원용 작물로 재배되기도 했다. *Mém. de la Soc. des sciences naturelles de la Creuse*, 제VIII권에 게재된 G. Martin의 글, p. 109 참조. 인공초지는 집단용익권이 어느 때고 적용되지 않았던 예전의 삼밭에 만들어지기도 했다. Arch. Nat., H 1502, no. 1, fol. 5 v° 참조. 17세기에 특히 파리 부근에서는 사료용 잠두가 재배되었다는 상당히 많은 사례가 있다. 잠두가 재배되고 있음을 알려 주는 십일조에 관한 많은 문헌기록은 이런 목초가 당시에는 울 쳐진 밭이나 흔히 과수원에서 재배되었음을 분명하게 보여준다. *Recueil des édits … rendus en faveur des curez*, 1708, pp. 25, 73, 119, 135, 165, 183.

28) C. Torello, *Ricordo d'agricoltora*. 나의 착오가 아니라면 초판은 1556년에 나왔다. 국립도서관에는 베네치아에서 출판된 1567년판이 소장되어 있다.

29) R. E. Prothero, *The pioneers*, 1888, pp. 249 및 32. *Dict. of National Biography*, 'R. Weston' 항목 참조.

30) G. Weulersse, *Le mouvement physiocratique*, 1910, 제II권, p. 152.

31) Dureau de la Malle, *Description du bocage percheron*, 1823, p. 58 이하.

32) Mémoire de la Soc. d'agriculture de Bourges, Arch. Nat., H. 1495, no. 20.

33) *Traité politique*, 1770, p. VI.

34) Du Halgouët, *Le duché de Rohan*, p. 56.

35) Arch. Nat., H. 1495, no. 33 (Soc. d'agriculture d'Angers) 및 *Annales d'histoire économique*, 1930, p. 523, 주석 2.

36) 그렇지만 알자스 지방에 관한 칙령은 공유지 분할과 최고 입찰자에 대한 임대 중에 선택할 수 있는 권리를 공동체에 부여하고 있다. 나는 부자들에게 훨씬 더 유리한 이런 특별한 제도가 생겨나게 된 까닭을 잘 알지 못한다.

37) 그렇지만 로렌의 고등법원은 공유지 분할에 관한 칙령들에 반대했다. 그 이유는 어쩌면 로렌 공작령에 별로 많지 않았던 상급 재판권 행사자들에 대해서만 공유지 분할권을 인정했기 때문일지 모른다. 그러나 이유가 그렇다고 하더라도, 거기에는 상당히 불분명한 점이

있다.

38) E. Martin, *Cahiers de doléances du bailliage de Mirecourt*, 1928, p. 90.

39) *Annales d'histoire économique*, 1930, p. 349.

40) 알자스에서는 공유지에 관한 1774년 4월 15일의 칙령으로 농사에 이용되는 가축 1두당 1아르팡의 인공초지가 공동방목에서 제외될 수 있었다. 이것은 구체제 시설에 중앙정부가 취한 이런 종류의 조치들 가운데 유일한 것이었다.

41) 그렇지만 이런 농촌인구의 집단유출은 벌써 18세기에 감지되었던 것으로 보인다. Arch. Nat., H 1495, no. 161에 있는 공유지 분할에 관한 (에쉴이 썼음에 틀림없는) 보고서(공유지 분할과 세대별 공유지 분할의 촉진에 영향을 미친 요인들 가운데 하나로서 도시로의 이주와 "가난한 백성들"의 유랑을 저지시킬 필요성이 제시되어 있다) 참조. 그리고 에노 지방에 관해서는 *Annales d'histoire économique*, 1930, p. 531 참조.

42) Arch. Nat., K 906, no. 16 (Soc. d'Orléans). 1765년에 보르도의 지사는 곡식의 부족 사태와 관련해서 "곡물의 이런 등귀 현상은 이로 인해 이익을 볼 수 있다는 기대 때문에 그 다음에는 반드시 풍성한 수확을 회복시킬 것이다. 그럼에도 불구하고 곡가의 등귀는 게으름 때문에 빈궁하게 된 일부 하층민의 불만을 낳을 가능성이 크다. 그러나 이런 종류의 불만은 경멸받아 마땅하다"라고 썼다: Arch. de la Gironde, C 428. 공동체 및 울타리 치기에 관한 입법과 관련된 이와 같은 종류의 많은 문헌기록 수집은 어려운 일이 아니다. 나는 다른 곳에서 실제로 그런 기록을 수집하려고 노력한 바 있다.

제7장 현재에 대한 과거의 영향

1) 프랑스 대혁명에 대해서는 *Annales d'histoire économique*, 1929에 게재된 G. Lefebvre 의 논문(여기서 내가 다른 인용문헌을 제시하지 않아도 될 정도의 훌륭한 참고문헌과 함께)과 *Revue d'histoire des doctrines économiques*, 1911에 게재된 G. Bourgin의 논문 참조.

2) Arch. Nat., F^{10} 284 (1793년 8월 29일).

3) Arch. Nat., F^{10} 212^B.

4) [L. Merlet], *L'agriculture dans la Beauce en l'an II*, 1859, p. 37.

5) 이런 개혁의 일부는 알자스에서 어쨌든 공식적으로 실행되었다. 제6장 원주 40 참조.

6) *Vierteljahrschrift für Sozial- und Wirtschaftsgeschichte*, 1906, p. 641에 있는 1760년 10월 26일자 수아송 지사의 편지. 새로운 경작지들에 십일조가 부과되어야 하는가 하는 문제는 18세기에 자주 논의되었다. 일반적으로 그 문제는 십일조 징수자에게 유리한 방향으로 결말이 났던 것으로 보인다.

7) 마찬가지로 풀베기 철, 추수기, 포도수확기의 공시(公示)도 여전히 법적 의무사항이었다. 그렇지만 오직 맨 뒤의 포도수확기의 공시만이 실질적 중요성을 지녔던 것으로 보인다.

그림 목록 및 출처

그림 1-1 경지가 물고기의 뼈대 모양으로 생긴 숲속의 개간지(르프티부아생드니)
출처: Arch. Seine et Oise, D, fonds de St. Cyr.

그림 1-2 파리와 오를레앙 사이의 도로변에 형성된 새마을들
간략한 출처:

Acquebouille (1142~43년): A. Luchaire, *Louis VII*, no. 98.

Les Bordes (1203~1225년): *Cartul. de St. Avit d'Orléans*, no. 50~55.

Bourg-la-Reine (1134년 이전. 원래는 Préau Hédouin): A. Luchaire, *Louis VI*, no. 536.

Chalou-Moulineux (1185년 이전): Arch. Nat., S 5131.

Etampes (일명 Marché Neuf. 1123년): A. Luchaire, *Louis VI*, no. 333.

La Forêt-le Roi (1123~1127년): A. Luchaire, *Louis VI*, no. 601.

La Forêt-Sainte-Croix (1155년): *Cartul. de Ste Croix d'Orléans*, no. 75 및 115.

Longjumeau (1268년 이전): Arch. Seine et Oise, H, fonds de Longjumeau.

Mantarville (1123년경): *Cartul. de St. Jean en Vallée*, no. 33.

Le Puiset (1102년과 1106년 사이): *Liber Testamentorum Sancti Martini*, no. 56.

Rouvray-Saint-Denis (1122~1145년): Suger, *De rebus*, c. XI.

Torfou (1108~1134년): A. Luchaire, *Louis VI*, no. 551.

Villeneuve-Jouxte-Etampes (1169~1170년): A. Luchaire, *Louis VII*, no. 566; J. M. Alliot, *Cartulaire de Notre-Dame d'Etampes*, no. XIII 및 CI.

Villeneuve (Angerville 인근)(1244년 이전): Arch. Seine et Oise, H, fonds d'Yerres(건립자 미상).

Villeneuve (Artenay 인근)(1174년 이전): Arch. Loiret, G 1502('Essart'라는 이름으로 나타남).

그림 2-1 산재지제도로 된 캉평야의 기다란 개방경지
출처: Arch. Calvados, H 2503.

그림 2-2 거의 인접해 있는 윤작포들(몽블렝빌)
출처: Cabinet des Titres de Chantilly, E. reg. 35.

그림 2-3 비교적 분산적인 윤작포들과 윤작제가 적용되지 않는 토지들(뎅쉬르뫼즈)
출처: Cabinet des Titres de Chantilly, E. reg. 35의 지적도.

그림 2-4 중세의 개간지에 형성된 기다란 개방경지(스푸아)

출처: Côte d'Or, E 1964, 지적도 2.

그림 2-5 베리 지방의 불규칙한 개방경지(샤로)
출처: Arch. Cher, 분류기호가 매겨져 있지 않은 도해집.

그림 2-6 랑그도크 남부지방의 불규칙한 개방경지(몽가야르)
출처: Arch. Haute Garonne, C 1580, 지적도 7.

그림 2-7 코 지방의 불규칙한 개방경지(브레오테)
출처: Arch. S. Infér., 지적도 no. 165.

그림 2-8 노르망디 지방 보카주 지역의 울 쳐진 경지(생토베르쉬르오른)
출처: Arch. Calvados, H 3457.

그림 2-9 브르타뉴 지방의 울 쳐진 경지와 작은 산촌(散村)(케루아른)
출처: Arch. Nat., N II, Morbihan. 8.

그림 2-10 중부지방(콩브라이)의 울 쳐진 경지(레 조베르)
출처: Arch. Cher E 717, 지적도 59.

그림 4-1 영주직영지의 확대(토미레)
출처: Arch. Côte d'Or, G 2427, 지적도 R.

그림 4-2 보스 지방의 대토지소유 형성(모네르빌)
출처: Arch. Seine et Oise, D, fonds de St. Cyr.

그림 4-3 보스 지방의 대토지소유 형성(모네르빌)
출처: Arch. Seine et Oise, D, fonds de St. Cyr.

그림 4-4 캉평야의 분할지 통합과 울타리 치기(브레트빌로르게외즈)
출처: Arch. Calvados, H 3222. 1666년의 토지대장, H 3229; 1482년의 토지대장('marche-ment'), H 3226; 1748년에 이 두 문서를 대조하여 작성한 H 3351.

그림 5-1 리무쟁과 마르슈 지방의 농민보유지(르 샤탱)
출처: Arch. Hte Vinne, D 587, 지적도 2.

그림 5-2 하나의 작은 산촌을 탄생시킨 중부지방의 묵계의 공동체(라 보드리에르)
출처: Arch. Vienne, E 66 bis, 지적도 43.

참고문헌

　이 책과 같은 총론적 저술 속에서 참고문헌을 제시하는 문제만큼 어려운 일은 없다. 서술 내용을 줄이기 위해 전혀 참고문헌을 언급할 필요가 없는가? 그렇게 하는 것은, 증명될 수 없는 것은 아무것도 주장해서는 안 되는 의무를 지닌 역사가의 정직 규범을 저버리는 것이 될 것이다. 그렇지 않으면 모든 참고문헌을 다 제시할 것인가? 그렇게 하는 경우에는 주석(註釋)이 지면의 대부분을 차지하는 문제가 생길 것이다. 그래서 나는 참고문헌과 관련해서 다음과 같은 방침을 정하게 되었다. 나는 학식이 있는 사람이 특정한 사실이나 문헌사료를 쉽게 찾아볼 수 있는 때에는 참고문헌을 제시하지 않았다. 이를테면 참고문헌이 널리 알려진 문헌자료나 본문의 설명 속에서 거명되고 잘 작성된 도서목록들을 통해서 쉽게 찾아볼 수 있는 문헌사료에 출처를 둔 경우라든지, 또는 그 제목이 아래에 기록된 문헌목록 속에 나타나고 참고자료의 특성으로 봐서 무슨 책을 참조했는지가 분명하게 드러나는 경우라든지 하는 때에는 참고문헌을 명기하지 않았다. 그 대신에 아주 주도면밀한 독자들조차도 참고문헌에 관한 안내를 받지 못하면 출전을 찾아낼 가망성이 분명히 없어 보일 때는 주의를 기울여 그 출처를 명확하게 밝힐 것이다. 나는 이런 문헌소개 방식의 단점을 숨기지 않는다. 이런 방식의 문헌소개는 필연적으로 참고문헌의 선정에 일부 임의성을 띨 수밖에 없다. 또 이런 안내방식은 내가 출처로 밝히는 것보다도 훨씬 자주 이용하는 역사서의 저자들에 대해 내가 배은망덕한 사람이라는 소리를 듣게 할 우려가 있다. 그러나 참고문헌은 잘 선정되지 않으면 안 된다.

　다음에 제시된 참고문헌은 필요불가결한 서적에 의도적으로 한정시켜 놓은 것이다. 여기에는 단지 프랑스에 관한 저서들만 기재되어 있다. 그렇지만 나는 먼저 프랑스의 국경 밖에서 여러 외국 농촌사를 다룬 저서들로부터도 도움받았음을 간단하게나마 꼭 밝혀 두고 싶다. 이런 저서들 덕택으로 가능해진 외국 농촌사와의 비교와 이들 저서로부터 얻게 마련인 연구상의 여러 시사점들이 없었더라면, 지금의 이 연구서는 틀림없이 불가능했을 것이다. 내가 이 책을 쓰는 데 도움을 받은 이런 문헌을 모두 언급한다면, 유럽적인 범위의 참고문헌을 작성하는 것이 될 것이다. 그러나 내가 도움을 받은 외국의 농업사 연구자들 가운데 다음과 같은 몇몇 지도적 인사의 이름은 마땅히 기록해 두어야 하겠다. 독일의 게오르크 한센, G. F. 크나프, 마이첸, 그라트만, 영국의 시봄, 메이틀랜드, 비노그라도프, 토니, 그리고 벨기에의 마레와 같은 학자들의 이름은 농촌사회를 연구하는 역사가들이 아주 깊은 감사의 마음을 갖지 않고서는 언급될 수 없는 분들이다.[1]

I. 시대별 프랑스 농촌사에 관한 저서

Augé-Laribé, M., *L'évolution de la France agricole*, 1912.

Augé-Laribé, M., *L'agriculture pendant la guerre*, 연대표시 없음(*Histoire économique de la guerre, série française*).

Fustel de Coulanges, *L'alleu et le domaine rural pendant l'époque mérovingienne*, 1889.

Guérard, B., *Polyptyque de l'abbé Irminon*, t. I. *Prolégomènes*, 1844.

Kareiew, N., *Les paysans et la question paysanne en France dans le dernier quart du XVIIIᵉ siècle*, 1899.

Loutchisky, J., *L'état des classes agricoles en France à la veille de la Révolution*, 1911.

Sée, H., *Les classes rurales et le régime domanial en France au moyen âge*, 1901.

II. 지역별 주요 연구서

Allix, A., *L'Oisans, étude géographique*, 1929.

Arbos, Ph., *La vie pastorale dans les Alpes françaises*, 1922.

Bezard, Y., *La vie rurale dans le sud de la région parisienne de 1450 à 1560*, 1929.

....

[1]   또한 유감스럽게도 혼란스러운 면이 약간 있기는 하지만 H. Levi Gray, *English Field Systems*, 1915와 '인클로저'에 관한 영국의 여러 저서도 나에게 유용했다. 인클로저에 관한 저서들 가운데 아주 간결한 종합적 개관서인 G. Slater, *The English Peasantry and the Enclosure of Common-field*, 1907과 H. R. Curtler, *The Enclosure and Redistribution of our Fields*, 1920만을 여기에 예시해 두고자 한다.

Blanchard, R., *La Flandre*, 1906.

Brutails, A., *Etude sur la condition des populations rurales du Roussillon au moyen âge*, 1891.

de Calonne, A., *La vie agricole sous l'Ancien Régime dans le Nord de la France*, 1920(*Mém. de la Soc. des Antiquaires des Picardie*, 4e série, t. IX.).

Delisle, L., *Etudes sur la condition de la classe agricole et l'état de l'agriculture en Normandie pendant le moyen âge*, 1851.

Demangeon, A., *La plaine picarde*, 1905.

de Ribbe, Ch., *La société provençale à la fin du moyen-âge d'après des documents inédits*, 1897.

De Robillard de Beaurepaire, Ch., *Notes et documents concernant l'état des campagnes de la Haute Normandie dans les derniers temps du moyen âge*, 1865

Faucher, D., *Plaines et bassins du Rhône moyen. Etude géographique*, 1927.

Febvre, L., *Philippe II et la Franche Comté. Etude d'histoire politique, religieuse et sociale*, 1911.

Gibert, André, *La porte de Bourgogne et d'Alsace (Trouée de Belfort)*, 1930.

Hoffmann, C., *L'Alsace au XVIIIe siècle*, 2 vol., 1906.

Latouche, R., *La vie en Bas-Quercy du XIVe au XVIIIe siècle*, 1923.

Laude, V., *Les classes rurales en Artois à la fin de l'Ancien Régime*, 1914.

Lefebvre, G., *Les paysans du Nord pendant la Révolution française*, 1924.

Marion, M., *Etat des classes rurales dans la généralité de Bordeaux*, 1902 (및 *Revue des études historiques*, 1902; 18세기에 관한 것).

Musset, R., *Le Bas-Maine*, 1917.

Raveau, P., *L'agriculture et les classes paysannes dans le Haut-Poitou au XVIe siècle*, 1926.[2]

Roupnel, G., *Les populations de la ville et de la campagne dijonnaises au XVIIe siècle*, 1922.

Sclafert, T., *Le Haut-Dauphiné au moyen-âge*, 1925.

Sée, H., *Eutde sur les classes rurales en Bretagne au moyen-âge*, 1896 (및 *Annales de Bretagne*, XI 및 XII).

Sée, H., *Les classes rurales en Bretagne du XVIe siècle à la Révolution*, 1906 (및 *Annales de Bretagne*, XXI~XXV).

Siegfried, A., *Tableau politique de la France de l'Ouest sous la Troisième République*,

....

2   같은 저자의 "La crise des prix au XVIe siècle en Poitou," *Revue Historique*, CLXII (1929) 및 "Essai sur la situation économique et l'état social en Poitou au XVIe siècle," *Revue d'histoire économique*, 1930이라는 두 논문을 통해 보완할 것.

1913.

Sion, J., *Les paysans de la Normandie orientale*, 1909.

Théron de Montaugé, *L'agriculture et les classes rurales dans le pays toulousain depuis le milieu du XVIIIe siècle*, 1869.

Verriest, L., *Le régime seigneurial dans le comté de Hainaut du XIe siècle à la Révolution*, 1916~1917.

『프랑스 농촌사의 기본성격』에 대하여

무릇 무슨 책이든 그 책을 이해하기 위해서는 저자가 어떤 사람이고 어떤 성격의 학문을 하는 사람인지를 아는 것이 우선적으로 필요할 것이다. 마르크 블로크(Marc Bloch)의 저서 *Les caractères originaux de l'histoire rurale française*(Oslo, 1931)를 번역하여 소개·설명하려고 하는 이 글에서도 저자 블로크의 생애와 그의 학문을 먼저 자세히 알아보는 것이 중요함에 틀림없다.

그러나 우리나라에서도 마르크 블로크는 많이 알려져 있고 그의 저서가 번역될 때마다 번역서에 비교적 자세히 소개되어 있는 편이다. 그리고 그의 학문도 그가 뤼시앵 페브르(Lucien Febvre)와 더불어 창시한 아날학파에 관한 여러 논문과 역사학 관련 번역서를 비롯한 많은 글에서 충분히 소개되어 있다고 할 수 있다.

그러므로 그의 생애와 학문을 특별히 전문적으로 다루는 것도 아닌 데다 뒤늦게 다시 번역된 이 책에서, 안 그래도 잘 알려진 저자 마르크 블로크를 새삼스럽게 소상히 소개할 필요는 없을 것이다. 그래서 이 글에서 그에 대한 소개는 그를 잘 모르는 독자들을 위해 아주 간략히 소개하는 수준에서 그치고자 한다. 오히려 여기서 번역하고 있는『프랑스 농촌사의 기본성격』의 내용과 역사인식 및 연구방법을 분석하고 이 책을 통해 이룩한 그의 연구성과가 그 후 학계에 어떤 영향을 미쳤고 어떤 의의를 갖는지를 살펴보는 것이 낫다고 생각된다.

1. 마르크 블로크와 그의 역사학

『프랑스 농촌사의 기본성격』의 저자 마르크 블로크는 1886년 프랑스 리옹의 유태인 교수 집안에서 태어났으며, 파리 고등사범학교를 졸업한 후 독일로 유학을 다녀왔다. 잠깐 동안 고등학교 교사 생활을 한 뒤 스트라스부르 대학과 소르본 대학 등에서 역사학 교수를 역임했다. 그는 제1, 2차 세계대전에 군인으로 참전했으며, 나치독일의 프랑스 점령 시절에는 레지스탕스 운동에 참여했다가 1944년 독일군에 체포되어 고향 근처에서 처형되었다.

블로크는 총살형으로 짧은 일생을 살았음에도 불구하고, 서양 중세사를 중심으로 10여 권의 저서와 100편에 이르는 논문 등 많은 연구업적을 남겼다. 더욱이 이들 연구업적은 그 하나하나가 질적으로도 우수하고 의의가 크다. 이런 연구업적은 대부분 양차 세계대전 사이의 비교적 짧은 기간에 이룩된 것으로, 역사 연구에 대한 그의 놀랄 만한 열정과 능력을 보여주는 것이다. 역사 연구의 새로운 지평을 열고 학계의 연구 수준을 드높인 그의 대표적인 저서로는

『프랑스 농촌사의 기본성격』 외에 우리말로도 번역되어 있는 『봉건사회』(*La société féodale*, Paris, 1939~1940)를 들 수 있다.

특히 사학사적인 측면에서 그의 연구업적은 아날학파의 창시를 통해 그가 방향을 제시하고 토대를 놓은 새로운 역사학이 제2차 세계대전 후 오랫동안 세계 역사학계를 풍미할 정도로 일대 전환을 가져왔다는 점에서 의의가 더없이 크다. 그는 문헌사료에 입각한 사건사 내지 제도사 위주의 직관적·반(反)과학적 경향을 가진 랑케류의 역사학을 극복하고, 사회 전체의 구조와 변화를 인간적이며 과학적인 차원에서 연구하는 새로운 역사학의 경지를 개척했다. 인간은 복합적·사회적인 존재인 동시에 집단적 연관성과 장기간 지속되는 거대 구조 속에 살아가기 때문에 역사는 전체사적이고 구조사적이어야 한다고 보았다. 전체사적·구조사적 역사연구를 위해서는 인간에 관한 모든 학문분야의 연구방법론과 성과가 이용되고 경제구조와 집단 및 사회의 의식구조가 파악되어야 했다. 이밖에도 역사연구에 비교사적 방법과 소급적 방법을 사용할 것을 제창하는 한편, 실제로 활용하여 큰 성과를 내는 모범을 보였다. 이와 같은 역사인식과 연구방법론을 특징으로 하는 마르크 블로크와 이에 공감하는 뤼시앵 페브르가 1929년에 창간한 *Annales d'histoire économique et sociale* 지(誌)를 중심으로 이른바 아날학파가 형성되어, 제2차 세계대전 후 오랫동안 서양의 역사학계에 큰 영향을 미치고 역사연구의 큰 성과를 가져왔다.

마르크 블로크의 삶과 학문에 대해서 보다 자세히 알고 싶은 독자들을 위해 국내에서 우리말로 번역된 그의 저서와 그에 관한 글을 소개하면 다음과 같다.

『역사를 위한 변명』(장남기 역, 한길사, 1979; 이동윤 역, 법문사, 1982; 고봉만 역, 한길사, 2007)

마르크 블로크는 제2차 세계대전 후 서양 역사학계를 주도한 아날학파의 창시자이지만, 역사학에 대한 이론서를 제대로 쓸 기회를 갖지 못했다. 다만 그가 레지스탕스 운동을 하는 기간에 참고문헌이 없는 여건 아래서 역사에 대한 자신의 견해를 틈틈이 요약·정리해 놓은 유고가 사후에 발견되었다. 그것이 이 책이다. 이 책을 통해 역사에 대한 그의 인식의 대강을 엿볼 수 있다.

『프랑스 농촌사의 기본성격』(김주식 역, 신서원, 1994)

8~39쪽에는 "마르크 블로크의 역사 연구와 『프랑스 농촌사의 기본성격』의 의의"라는 제목으로 블로크의 생애와 학문 및 이 책에 대한 번역자의 자세한 설명이 실려 있다. 그러나 상세한 설명에 비해 내용이 그리 충실한 것은 아니다.

『봉건사회』(한정숙 역, 한길사, 2권, 1986; 개정번역판: 한길사, 2001)

『프랑스 농촌사의 기본성격』과 더불어 블로크 사학의 결정체적 의미를 지닌 양대 저서 중의 하나. 서양 중세 봉건사회의 구조와 여러 관계에 대한 종합적 전체사를 도모한 전례 없는 고전적 명저. 이 책의 개정번역판 제 I권 25~56쪽의 "마르크 블로크의 역사학 세계와 『봉건사회』"라는 제목으로 된 번역자의 글은 비교적 자세하고 잘 정리되어 있다. 이 책의 제II권 386~387쪽에는 "마르크 블로크 연보"가 게재되어 있다.

『서양의 장원제─프랑스와 영국의 장원제에 대한 비교사적 고

찰』(이기영 역, 까치, 2002; 개정번역판: 한길사, 2020)

마르크 블로크의 주요 역사연구 방법 중의 하나인 비교사적 방법을 적용하여 생산적이고 명쾌한 해답을 도출한 비교사적 역사연구서의 전범. 장원제의 상이한 발전과정을 추적·분석하여 대토지소유제가 지배적인 현대 영국 농촌사회와 대토지소유제와 중소 토지소유제가 병존하는 프랑스 농촌사회의 구조적 차이를 역사적으로 해명한다. 이 번역서의 15~36쪽에는 저자와 그의 학문이 간략하게 소개되고 있다.

『기적을 행하는 왕』(박용진 역, 한길사, 2015)

블로크와 아날 역사학의 또 다른 특징인 심성사와 인류학적 역사학을 개척한 선구적 저서. 연주창이 프랑스와 영국의 왕들이 손으로 만지는 행위만으로도 치료된다는 기적의 역사와 기적에 대한 민중적 집단의식의 역사를 고찰한다. 이 번역서에는 이미 국내에 블로크의 저서와 그에 관한 소개글이 많다는 이유로 블로크와 그의 역사학에 대한 특별한 설명이 없다.

『이상한 패배―1940년의 증언』(김용자 역, 까치, 2002)

이 책은 역사학이나 역사에 관한 서적이 아니라, 제1차 세계대전에 참전하고 제2차 대전에도 레지스탕스 전사로 참전한 마르크 블로크가 당대인으로서 공화국 프랑스가 압제적인 나치 독일군의 침공 앞에서 초기에 힘없이 무너져 버린 원인에 대한 사회적 분석과 그 책임에 대한 비판 및 반성을 기록한 것이다. 그러나 이 책을 통해 블로크라는 역사가에게 현재와 역사가 얼마나 긴밀한 연관관계를 맺고 있는지를 알 수 있다. 298~299쪽에는 "마르크 블로크 연보"가 실려 있다.

그 밖에 마르크 블로크의 생애나 역사학에 대한 참고서적을 소개하면 다음과 같다.

올리비에 뒤물랭 저, 류재화 역, 『마르크 블로크: 역사가 된 역사가』(에코리브르, 2008): 다른 사람들의 다양한 평가를 원용해 가면서 마르크 블로크의 삶과 학문의 여러 가지 측면을 분석하고 조명한 그에 대한 최초의 종합적 전기(傳記).

김응종, 『아날학파』(민음사, 1991), 제1장 "페브르와 블로끄: 「다른 역사를 향하여」" 중 제3절 "블로크의 사회사"(61~88쪽).

김응종, 『아날학파의 역사세계』(아르케, 2001): 제3장 "마르크 블로크"라는 소제목 아래 그의 주요 저서를 분석하여 소개하고 있다.

프랑수아 도스 저, 김복래 역, 『조각난 역사―아날학파의 신화에 대한 새로운 해부』(푸른역사, 1998): 74~122쪽에 걸쳐 "마르크 블로크와 뤼시앵 페브르의 시대"라는 소제목 아래 페브르와 더불어 블로크와 그의 역사학이 분석되고 있다.

이재원, "마르크 블로크: 역사를 위한 삶", 『역사와 문화』, 12(2006), pp. 254~282.

장클로드 슈미트, "프랑스의 역사인류학", 『서양중세사연구』, 32(2013), pp. 173~206.

2. 책의 구성체계와 기본내용

1931년 노르웨이 오슬로의 비교문명연구소가 처음 출판한 마르크 블로크의 이 저서는 단순히 연대순으로 프랑스의 농촌사를 다룬 것이 아니다. 이것은 『프랑스 농촌사의 기본성격』(*Les caractères originaux de l'histoire rurale française*)이라는 제목을 보아도 기본적으로 두 가지 부분으로 구성되어 있음을 알 수 있다. 한 부분은 프랑스의 농촌사이고, 다른 한 부분은 그런 농촌사의 기본특징이다. 다시 말하면, 프랑스 농촌사를 서술하되 기본특징을 중심으로 기술하고, 그 기본특징을 역사적으로 설명하기 위해 농촌의 역사를 다루고 있다. 따라서 이 책의 목표는 프랑스 농촌사의 기본특징을 탐구하고 해명하는 것이라고 할 수 있다.

이런 특징은 이 책의 구성체계로 봐서도 그렇다. 제1장 "개척의 주요 단계", 제3장 "14~15세기 위기까지의 장원제", 제4장 "중세 말부터 프랑스혁명까지 장원제와 토지소유의 변천" 등의 장들은 시대별로 농촌사를 서술하고 있다고 할 수 있다. 이에 비해 프랑스혁명 이후의 농촌사회의 변화를 다루면서도 혁명기까지의 농업사가 블로크 생존 당시의 프랑스 농촌사회의 특징적 구조에 미친 영향을 요약·정리하고 있는 제7장 "현재에 대한 과거의 영향"은 물론, 제2장 "농경생활", 제5장 "사회집단", 제6장 "농업혁명의 개막" 등의 장들은 각각 윤작의 여러 형태와 여러 가지 종류의 경지제도, 가족과 촌락공동체 및 농촌사회의 계급, 집단이용권의 소멸과 농업기술 혁명 등의 주요 주제를 중심으로 프랑스 농촌사의 특징적 내용을 분석한다. 이들 후자의 장들뿐만 아니라, 외관상 시대순으로 기술하고 있는 것처럼 보이는 전자의 장들도 겉보기와는 달리 단순히 시간에 따라 평면적으로 농촌사를 기술하지 않고 그 속에서 프랑스 농촌사의 기본적 특징을 추적한다. 이와 같은 구성체계는 책의 구체적 내용으로 봐도 마찬가지다.

이 책이 농촌사에 관한 개설서 형태를 띠면서도 이와 같은 구성체계 아래 프랑스 농촌사회의 기본특징을 역사적으로 구명함을 목표로 해서 기술하고 있다는 점은 기존의 농촌사와는 판이한 이 책만의 고유한 특징이이라고 하겠다. 특히 제2장과 제5~7장은 프랑스 농촌사의 구조와 구조적 변화를 논하는 것으로, 프랑스 농촌사의 기본적 특징을 추출하고 설명하는 부분이기도 하다. 따라서 블로크의 프랑스 농촌사는 단순한 농촌사 개관이 아니라, 구조사이기도 하고 문제 중심의 역사이기도 한 것이다. 이것은 전통적인 역사학과는 분명하게 구분되는 역사학이다.

한편 이 책은 단순히 지나가 버린 과거 프랑스 농촌사의 기본특징을 적시하려고 한 것이 아니라, 저자 자신이 살던 20세기 초엽의 현대 프랑스 농촌사회의 기본특징이 어떻게 역사적으로 생겨났는지를 해명하고자 한 것이다. 따라서 저자에게 역사는 죽은 역사가 아니라 현재의 사회적 삶과 연결되어 살아 있는 역사이고, 현재 사회의 기본적 의문 현상들을 해명할 수 있는 열쇠가 간직되어 있는 역사이다. 그의 프랑스 농촌사는 현재 사회에 대한 문제의식에서 출발한다.

그러면 마르크 블로크는 그가 살고 있던 20세기 초엽 당시의 프랑스 농촌사회의 주요 특징을 무엇으로 보았을까? 그가 이 책의 제7장을 비롯한 곳곳에서 가장 중요한 특징으로 드는 것은 중소 규모의 농민적 토지소유가 우세한 가운데 대토지소유가 병존한다는 점이다. 그가 그 다음으로 중요하다고 생각하는 것으로 보이는 특징은 지역별로 몇 가지 상이한 경지제도가 프랑스 내에 분포한다는 점이다. 경지제도 가운데서도 현대 프랑스 특유의 농촌풍경과 농촌사회의 구조를 가장 잘 보여주는 것은 프랑스 북부와 동부지역에서 볼 수 있는, 울타리가 없이 넓게 트이고 윤작강제가 실시되었던 개방경지제다. 그 외 주요한 특징으로는 경지정리가 안 되어 있고 아직도 농가에서 다분히 자급자족 생활이 지속되며 다른 나라들보다 수확고가 낮은 농업의 후진성과, 농기계 사용의 확대와 곡물경작지의 목장으로의 전환을 촉진한 농촌 프롤레타리아의 이농(離農) 현상으로 보고 있는 듯하다.

블로크는 현대 프랑스 농촌사회의 이와 같은 주요 특징들은 아득히 먼 옛날에 시작되는 농촌사의 발전과정에서 형성된 것이며, 따라서 당연히 그 특징들이 형성된 계기와 과정을 그 속에서 찾아야 한다고 역설한다. 그가 프랑스 농촌사회의 가장 중요한 특징으로 지적하고 있는 중소 규모의 농민적 토지소유와 대토지소유의 병존이라는 특징 가운데 농민적 토지소유가 형성될 수 있었던 결정적 계기는 토지가 경작할 사람보다 풍부했던 시절의 장원 관습과, 영국과 달리 국왕재판소가 영주와 농민들 사이의 토지보유 문제에 간여하여 농민보유지 보유자들의 권리를 인정한 데서 유래한다. 12세기 이후 농민의 부역노동은 축소되거나 소멸했으며, 13세기부터 16세기 중엽까지 영주재판권이 약화되고 농노제가 소멸하는 한편 잔존한 농노의 수도 전차 감소하는 추세가 이어졌다. 농민들은 중세 말엽에 황폐화로 인해 끔찍한 피해를 입었지만, 그 재건과정에서 영주들이 부과조 수입의 원천이 되는 농민들을 자신의 황폐화된 소유토지로 유치하기 위해 많은 양보를 하고 특혜적 조치를 취함으로써 유리한 국면을 맞이했다. 프랑스 대혁명이 일어나자, 농민들이 큰 부채를 지고 토지소유권을 상실하는 근원이 되었던 영주에 대한 농민들의 봉건적 여러 부담이 폐지되고, 얼마 안 되는 토지를 소유한 농민들의 다수와 무토지(無土地) 농민들의 일부가 국유재산의 매각으로 시장에 방출된 토지를 매입하고 공유지를 분할받음으로써 소토지소유자로 상승했다. 제1차 세계대전 이후에는 식량난과 통화위기 발생으로 농민적 토지소유에 더욱 유리한 환경이 조성되었다고 주장한다.

중소 규모의 농민적 토지소유에 비해 대토지소유는 한마디로 근대에 부르주아적 자본주의 발전의 소산이라고 블로크는 본다. 중세 봉건사회에서 지배적이었던 영주적 대토지소유는 14~15세기의 흑사병이나 전쟁 등에 따른 황폐화와 화폐의 실질가치 저하에 따른 소작료 수입의 감소로 일대 위기를 맞이했다 그러나 십일조 수입을 가진 교회기관에서나 여전히 현물로 소작료가 수취되고 있던 벽지에서는 대토지소유가 존속했다. 16세기 이후 영주 계급은 토지대장의 재작성, 영주의 권리에 관한 증서들의 발굴, 도량형 원기(原器)의 조작, 농민에 대한 영주 권리의 간교한 법률적 재해석, 매관매직을 통해 영주 계급으로 편입되어 고등법원을 비롯한 사법기관을 장악한 관직귀족들의 영주에 유리한 판결 선고, 상속자 없는 농민보유지의 회수와 같은 직영지의 재건 노력 등 이른바 영주적 반동을 통해 중세 말에 입은 재산손실을 만회하려고 노력하여 상당한 성과를 거두었다. 특히 근대에 영주 계급의 토지확장 노력에 모범적 선례를 제시한 것은 중세 말엽 이후 18세기까지 끈질기게 진행된 상층 부르주아 계급의 대규모 토지취득과 대토지소유 노력이었다. 중세 말엽 이후 쇠퇴했던 대토지소유는 이런 양 계급의 노력으로 부활하였다. 프랑스 대혁명으로 인한 위기 속에서도 망명하지 않은 많은 수의 귀족이나 부르주아의 대소유지는 존속했고, 망명귀족의 상당수도 친척이나 중개인을 통해 몰수당한 토지를 되사거나 통령정부나 제1제정으로부터 반환받았다. 더욱이 중요한 사실은 교회기관과 망명귀족으로부터 몰수된 국유재산은 대규모의 분할지 단위로나 농장 통째로 매각됨으로써 대차지농과 토지집적 노력을 계속해 온 부르주아 및 부농이 대규모로 불하받게 되어 대토지소유는 큰 타격을 입지 않고 존속했다고 한다.

마르크 블로크는 프랑스 북부와 동부에서는 윤작강제와 공동체적 정신이 강력했던 기다란 개방경지제도가 실시되는 데 비해 공동체적 규제와 정신이 약한 남부와 서부에서는 각각 불규칙한 개방경지제도와 울타리 쳐진 경지제도가 실시되고 있는 차이점도 프랑스에서 가장 오래된 농업문명만큼이나 긴 역사를 지닌 것이라고 하면서, 이런 차이점의 해답도 과거 개척사의 여러 국면들과 사회구조의 특성들에서 찾아야 한다고 한다. 그 외 프랑스 농업의 후진성은, 경지정리에 반대하고 옛 농업관습을 고수하며 발달된 농업기술을 쉽사리 받아들이지 않는 중소 규모의 농민적 토지소유의 우세에서 비롯된다. 농민의 이런 과거에의 집착은 특히 기다란 지조(地條) 모양의 개방경지제 실시 지역에서 농가의 토지가 경구(耕區)별로 작은 분할지들로 나뉘어 뒤섞여 있는 산재지(散在地) 형태의 경지 배열 구조에서 기인(基因)한다. 또 농업프롤레타리아의 이농(離農)으로 인한 농촌인구의 격감 현상은 프랑스 대혁명 과정에서 공유지의 세대(世帶)별 분할로 토지를 획득한 농촌 프롤레타리아 층의 출생과잉과 뒤이은 기아 사태 및 제1차 세계대전의 막대한 인명손실에 따른 결과일 뿐만 아니라, 멀리 중세부터 지속되어 온 무쟁기농들과 쟁기농들의 적대관계의 귀결이라고 한다.

이와 같이 20세기 초엽 당시의 프랑스 농촌사회의 주요 특징들이 오랜 역사 속에서 형성되었다고 보는 마르크 블로크는 의당이런 현대적 특징들이 프랑스 농촌사의 기본특징들이라고 간주한다. 그가 영국이나 동부 독일과 비교할 때 가장 프랑스적인 특징으로 매우 중요시한 중소 규모의 농민적 토지소유와 대토지소유의 병존에 관해서는 농촌사를 서술하는 이 책의 곳곳에서 그 주요 형성계기와 발전과정을 추적하고 거듭 강조하면서 서술하고 있다. 농민적 토지소유의 발전과 관련하여 그가 무엇보다 강조하는 대목은 중세에 농민에 대한 사법 당국의 태도가 프랑스에서는 영국과 달랐다는 점이다. 영국에선 노르만족의 정복으로 성립된 강력한 노르만왕조와 앙주왕조가 일찍이 사법개혁을 단행하여 농민보유지 문제에 대해서는 영주재판소만이 관여하고 국왕재판소는 간여하지 않도록 함으로써 영주층과 타협했던 데 비해, 영국보다 1세기 늦게 국왕재판권이 완만하게 발전하기 시작했던 프랑스에서는 국왕재판권이 영주재판권을 잠식하면서 농민보유지 문제에 간여하여 농민보유지의 세습적 보유권을 보호했으며, 16세기에는 이런 보유권이 관습화되고, 18세기에는 법률가들이 농민보유지에 대한 농민의 소유권을 인정하기에 이르렀다는 것이다. 그리고 16세기와 17세기 초반에 화폐가치의 폭락을 경험한 영주 계급이 16세기부터 분익소작제를 선호한 것도 16세기 이후 18세기까지 중소 규모의 토지가 발달한 한 조건이 되었다.

경지제도의 지역 간 차이는 현대에나 과거에나 프랑스 농촌사 전체를 통하여 대단히 중요한 특징으로, 오랜 옛날부터 존재했다고 한다. 프랑스에는 농업기술과 윤작체제 및 농촌사회의 조직원칙에 따라 규정되는 세 가지 유형의 경지제도가 존재한다. 세 가지 경지제도는 자연환경 및 인간의 역사와 긴밀히 결부되어 있으며, 농촌사회의 조직과 정신구조에 있어 대조적인 세 가지 유형의 농업문명과 연관되어 있다고 한다. 세 가지 농업문명 가운데 하나는 프랑스 북부와 동부에 나타나는 북방적 유형의 문명이다. 이 문명권에서는 바퀴달린 무거운 쟁기와 3년 윤작제가 채용되고, 경지가 길쭉한 모양의 분할지들로 무리지어 가지런하게 배열되어 있으며, 농작물 재배와 목축 간의 균형 유지를 위해 윤작강제나 휴작지 공동방목 등을 통한 농경지에 대한 공동체적 규제와 유대가 강력하고, 취락은 집촌 형태로 되어 있는 개방경지제도가 실시된다. 다른 하나는 론강 유역, 랑그도크 지방, 가론강 유역 등 주로 남부지방을 중심으로 하고 중부의 푸아투 및 베리 지방과 북부 노르망디의 코 지방에서도 발견되는 남방형 문명이다. 여기서는 바퀴없는 가벼운 쟁기와 2년 윤작제가 사용되고, 경지는 분할지의 폭과 길이의 크기가 별 차이가 없으며, 공동체적 규제가 행사되지만 토지이용과 농경생활에서 공동체적 정신이 약하고 농경지의 보유와 농사일에서 개인주의적 성향이 강하며, 취락은 집촌으로 되어 있는 불규칙한 개방경지제도가 시행된다. 다른 또 하나의 농업문명은 토양이 척박하고 인구가 희박한 지역에서 넓은 방목장이 존재하고, 바퀴없는 가벼운 쟁기가 사용되며, 취락은 작은 산촌(散村) 형태로 되어 있고 분할지별로 생울타리가 쳐진 경지제도가 실시된다. 이런 농업문명은 대부분의 브르타뉴, 코탕텡, 멘, 페르슈, '보카주'로 된 푸아투와 방데 지방을 포함하는 프랑스 서부지방과 중앙산악지대의 대부분에서 지배적이며, 남서부의 바스크 지방, 중동부의 뷔제와 젝스 지방 등지에서도 볼 수 있다. 세 가지 농업문명 가운데서도 프랑스의 전형적 농촌문명은 기다란 개방경지제가 실시된 평야나 구릉지대의 소산이라고 한다. 각 경지제도를 특징짓는 여러 요소들은 상호 긴밀하게 결합되어 있어 독특한 농촌사회 구조를 형성하며, 따라서 잘 변하지 않는다. 그래서 블로크는 이런 농업문명이 지역별로 존재하면서 프랑스 농촌사의 기본성격을 내내 규정한다고 본다. 그러나 농촌사회의 구조에 느리기는 하지만 변화가 진행되었으며, 기다랗고 가지런하게 배열된 개방경지제 실시 지역에서보다는 불규칙한 개방경지제 실시 지역에서 변화가 더 일찍 일어났다면서 그런 변화과정을 깊이 있게 분석한다. 한편 이들 경지제도는 정도의 차이는 있지만 모두 공동체적 유대가 기본적으로 강하다. 따라서 블로크는 강력한 촌락공동체가 농촌사회에 존재했다는 점도 프랑스 농촌사의 두드러진 특징 가운데 하나로 본다고 할 수 있다.

이 밖에도 프랑스의 농촌사를 특징짓는 여러 가지 요소들이 지적되고 있다. 마르크 블로크는 근대에 상업과 관직 종사를 통해 부를 축적한 부르주아들이 영주 계급의 재정적 위기를 기화로 영주의 토지를 대규모로 취득했지만, 그들은 영국과는 달리 자본주의적으로 농업을 경영하는 농촌 부르주아지로 성장하지 못하고 토지와 더불어 영주의 여러 권리와 명예를 취득하여 영주 계급으로 대거 편입되었다고 한다. 그리고 프랑스에서는 18세기 후반에 들어서 공유지의 분할과 울타리 치기 및 휴경지 철폐 등을 지원하는 일련의 입법조치와 행정조치들이 취해졌지만, 영국과는 달리 개방경지제 실시지역 농민들의 저항, 사냥터를 잃지 않을까 하는 귀족들의 불안감, 계급 간의 이해관계 대립 등으로 말미암아 1771년에는 사실상 중단되었다. 또 프랑스는 휴경지에 사료작물을 재배하는 혁명적인 새로운 농법을 영국을 통해 뒤늦게 받아들이고, 휴경지의 철폐와 집단용익권의 소멸을 골자로 하는 농업혁명이 제3공화정까지 완만하게 진행되었으며, 그것도 철저하게 진행되지 않았다는 점도 농촌사의 특징으로 지적된다. 기타 그는 과거 프랑스 농업의 주요 특징적 현상으로 곡물 위주의 농업경영, 농경과 목축의 결합, 거름의 만성적 부족으로 인한 낮은 수확고, 시비 부족으로 인한 휴경지제도의 실시 등을 들고 있다.

3. 이 책에 보이는 역사인식과 연구방법

이와 같이 마르크 블로크는 『프랑스 농촌사의 기본성격』에서 현대 프랑스 농촌사회의 구조적 특징으로부터 출발하여 프랑스 농촌사 전체의 구조적 기본특징을 역사적으로 해명하려고 했다. 따라서 이 책은 단순한 농촌사 개설서가 아니다. 이것은 사건이나 제도를 중심으로 직관적 이해와 시간적 계기에 따른 개체서술을 특징으로 하는 랑케류의 전통적 역사와는 전혀 다른 문제 중심의 전체사이고 사회구조사라고 할 수 있다. 사회적 존재인 동시에 장기 지속적인 거대한 구조 속에서 살아가는 인간의 역사는 전체사적이고 구조사적이어야 한다는 블로크와 그 후 아날학파의 기본적 역사인식이 이 책에서 잘 드러나고 있는 것이다.

프랑스 농촌사의 기본특징을 전체사 차원에서 파악하려는 블로크의 구조사는 물질적 구조사와 정신적 구조사로 구성되어 있다. 이 중에서 물질적 구조사를 더 중요하다고 본다고 할 수 있으며 책의 내용 서술에서도 이의 비중이 훨씬 크다. 프랑스 농촌사의 물질적 구조를 밝히기 위해 그는 농기구, 토지이용 방식, 경지 및 촌락형태, 장원제도와 그 변화를 분석한다. 그러나 그가 그 가운데서도 물질적 구조 형성에 가장 큰 영향을 미치는 요인으로 드는 것은 농기구나 윤작제와 같은 농업기술이다. 이것은 주지하다시피 마르크스의 사적 유물론에서 생산력의 핵심을 구성하는 부분이다.

촌락의 공동체적 의식구조를 중심으로 분석하고 있는 정신적 구조는 무엇보다도 이와 같은 물질적 구조의 소산이다. 그중에서도 가장 중요한 규정요인은 쟁기와 같은 농업기술이다. 이를테면 그가 이 책의 제2장에서 프랑스 농촌사 전체를 통하여 극히 중요한 특징으로 보고 대조적인 세 가지 유형의 농업문명과 연관되어 있다고 주장한 세 가지 경지제도의 경우가 그렇다. 블로크에 의하면 세 가지 경지제도는 농업기술과 사회조직의 편성원칙에 따라 규정되지만, 북부와 동부에서는 윤작강제와 공동체적 정신이 강력했던 기다란 개방경지제도가 실시된 데 비해 남부와 서부에서는 공동체적 규제와 정신이 약한 불규칙한 개방경지제도와 울타리 쳐진 경지제도가 각기 실시된 근본원인은 사용 쟁기가 다르기 때문이다. 바퀴달린 무거운 쟁기가 채용되고 3년 윤작제가 실시된 북부와 동부에서는 취락이 집촌 형태로 되어 있고 농가의 경지가 좁고 기다란 가죽띠 모양으로 여러 경구에 산재해 있어 윤작강제나 휴작지 공동방목 등을 통한 농경지에 대한 공동체적 규제와 유대가 강력한 개방경지제가 실시된다. 반면에 바퀴없는 가벼운 쟁기가 사용되고 2년 윤작제가 실시된 남부 프랑스에서는 취락이 집촌 형태를 띠지만 분할지가 정방형 형태를 취하여 공동체적 규제와 공동체적 정신이 약한 불규칙한 개방경지제도가 시행된다. 또 바퀴없는 가벼운 쟁기가 주로 사용되고 인구가 희박한 서부 및 중앙산악지대에서도 취락은 산촌(散村) 형태를 띠는 가운데 각 농가의 농경지가 집중되어 있고 울타리가 쳐짐으로써 공동체적 규제와 정신이 약하고 독립적 농경생활을 영위하는 울 쳐진 경지제가 발달했다고 한다.

블로크는 여기서 그치지 않고 제6장 제4절에서 프랑스에서 농촌사회가 후진성을 띠고 변화가 느린 원인도 궁극적으로는 바퀴달린 무거운 쟁기와 연관된 독특한 개방경지제도에 있다고 설명한다. 프랑스의 전형적 농촌문명은 기다란 개방경지제가 실시된 지방에서 나왔다고 보는 블로크는, 이런 지방에서는 경지가 바퀴달린 무거운 쟁기로 인해 기다란 지조 모양을 띠고 경구별로 산재할 수밖에 없으며, 그래서 농민들은 경지정리에 반대하고 옛 농업관습을 고수하고자 했기 때문이라고 한다.

그러나 블로크는 정신적 구조가 반드시 물질적 요인에 의해 규정된다고 보지는 않는다. 오히려 사회적 의식의 독자성을 인정한다. 그는 이 책의 제3장 제1절에서 "전통의 고수에 철저했던 중세 사람들은 오래전부터 존재한 것은 그 자체로, 그리고 오직 그것만이 존속할 권리가 있다는 견해를 갖고 살았다고 말해도 별로 과장이 아닐 것이다. 집단의 전승 즉 '관습'은 집단의 생활을 지배했다"라고 말하고 있다. 그러면서 한편으로는 더 나아가 집단의 의식이 물질적 구조를 규정하는 경우도 있다고 한다. 따라서 그는 양자가 어느 정도 상호 작용하면서 병존하는 것으로 본다고 할 수 있다. 그

단적인 예가 그가 제2장 제4절에서 다음과 같이 말한 부분이라고 할 수 있다.

"그러나 물적인 면에서의 이런 고찰이 모든 것을 설명하는 데 충분한가? 물론 기술적 발명으로부터 일련의 원인들을 규명하고 싶은 유혹은 크다. 바퀴달린 쟁기로부터 기다란 모양의 경지가 필연적으로 생겨났고, 기다란 경지로 말미암아 집단의 영향력이 강력하게 유지되었으며, 보습에 덧댄 차대로부터 전체 사회구조가 생성되었다. 그렇지만 이렇게 추론하는 것은 인간 능력의 무한한 가능성을 망각하는 것이라는 점에 유의하자. 바퀴달린 쟁기로 인해 불가피하게 밭들이 길어질 수밖에 없다는 것은 틀림없다. 그러나 그런 쟁기가 밭의 폭까지 좁게 만들었던 것은 아니다. 이론적으로 봤을 때 토지보유자들이 경지를 그 각각의 길이와 폭 모두 상당히 크고 그 수는 상당히 적은 큰 땅뙈기들로 나누지 못하도록 하는 것은 아무것도 없었으며, 각 농가의 토지는 여러 개의 매우 좁은 지조들로 구성되는 대신에 매우 길면서도 그 폭 또한 매우 넓은 몇 개의 밭들로 구성될 수도 있었다.

그런데 일반적으로 이와 같은 토지 집중은 추구되었다기보다는 회피되었던 것으로 보인다. 사람들은 경작토지를 분산시켰을 때, 기회가 균등하게 주어질 수 있고 모든 주민이 여러 가지 토질의 이용에 참여할 수 있다고 생각했다. 또 촌락권역을 엄습하더라도 언제나 그 전역에 피해를 주는 것은 아닌 우박, 농작물의 병충해, 파괴적 약탈 등과 같은 여러 가지 자연재해나 인재(人災)를 완전히 당하지는 않으리라는 기대를 가지고 있었다."

그리고 그는 제2장 제3절에서는 "휴작지 공동방목과 관련해서는 그것이 절대적으로 좁고 긴 경지 형태의 필연적 산물이라고는 말하지 말자. … 참으로 휴작지 방목이 공동방목일 수밖에 없었던 이유는 무엇보다 수확이 끝난 토지는 개인의 전유가 중단된다고 믿는 하나의 관념 또는 사고습성에 있었다"라고 하고, 제2장 제4절에서 "잉여물품이 있는 경우—큰 재산을 가진 영주에게는 필연적으로 잉여물자가 있기 마련이었다—에는 그것을 팔려고 노력했다. 그러나 당시의 물질적·정신적 상황에서 비롯된 판매의 어려움은 참으로 컸다"라고도 말하고 있다.

이와 같이 마르크 블로크가 프랑스 농촌사를 기본적으로 물질적 구조사와 정신적 구조사로 구분하고 사용 농기구의 차이와 같은 농업기술을 물질적 사회구조를 규정하는 가장 유력한 요인으로 간주하며, 정신적 구조는 물질적 구조에 의해 결정되는 경향이 강하다고 생각한다는 점에서 볼 때, 그의 역사인식은 역사적 사회의 구조를 경제적 하부구조와 이에 기초한 사회적 의식 형태의 상부구조로 구별하고 생산관계의 총체로서의 경제구조는 노동수단을 비롯한 생산력에 의해 규정된다고 한 마르크스의 유물변증법적 역사인식과 닮았다. 사실 블로크가 그의 저서 『이상한 패배』에서 마르크스가 사용한 용어와 말들을 인용하고 사회분석가로서의 마르크스와 그의 저작을 높이 평가한 것으로 봐서나 일부 『아날』지(誌) 기고자들이 마르크스주의적 성향을 띠는 등 여러 가지 간접적인 증거들을 통해서 볼 때, 그는 어떤 식으로든 역사적 유물론과 관계가 있다는 지적을 흔히 받는다.[1]

----
1   김용자 역, 『이상한 패배』(까치, 2002), pp. 150~152, 163~164; O. Dumoulin, *Marc*

그러나 블로크가 마르크스주의자임을 표방한 적은 없으며, 마르크스의 역사적 유물론으로부터 영향을 받았다는 직접적인 증거도 없다. 오히려 그는 마르크스주의로부터 일정한 거리와 독립성을 유지하려는 자세를 취한 것으로 보인다. 그의 이런 태도는 앞에서 보았듯이 프랑스 농촌사에 관한 이 책에서도 확인된다. 이 책에서 블로크는 마르크스나 그의 사적 유물론에 관해 전혀 언급하지 않음은 물론, 물질구조와 정신구조와의 관계를 변증법적 유물론으로 도식화하지도 않는다. 프랑스 농촌사의 구조적 특징을 철저히 역사적 증거와 사실관계에 따라 논하는 태도를 취하고 있다. 그리고 무엇보다 물질적 구조가 정신적 구조를 기본적으로 규정한다고 보면서도, 의식적 요소의 독자성이나 물질적 구조에 대한 의식적 요소의 규정적 영향을 마르크스보다 훨씬 더 강조하는 듯이 보인다.[2]

요컨대 이 책에서 프랑스의 농촌사를 문제 중심의 전체사 차원에서 다루고자 한 블로크는 사회의 물질적 구조를 중시하여 이것이 기본적으로 정신적 구조를 규정한다고 보면서도, 거꾸로 정신적 구조가 물질적 사회구조에 영향을 미치는 경우도 제법 있으며 흔히 관습으로 나타나는 집단의식의 독자성과 능동성을 인정하여 양자가 상호 작용하면서 병존하는 것으로 본다고 할 수 있을 것이다. 블로크가 이 책의 서론에서 농촌사를 "농업기술과 동시에 다소 엄

....

　　Bloch, Paris, 2000, pp. 162~172; 프랑수아 도스, 김복래 역, 『조각난 역사』(푸른역사, 1998), pp. 81~83 참조.

2　이거스는 마르크 블로크와 뤼시엥 페브르의 유물론은, 19세기 역사철학의 사변적 측면을 공유하는 마르크스의 유물론과는 다르다고 한다. 조지 이거스, 임상우·김기봉 역, 『20세기 사학사』(푸른역사, 1999), p. 97.

격하게 토지경작자의 활동을 규제하는 농촌의 관습에 대한 연구"라고 정의한 것은 이러한 그의 역사인식을 요약하고 있다고 하겠다. 이런 역사인식 구조상의 특징을 지닌 농촌사는 그 이전의 농촌사와는 확실히 다른 것이다. 뤼시앵 페브르가 1952년에 파리의 아르망 콜랭 출판사에서 재출간된 블로크의 『프랑스 농촌사의 기본성격』의 "머리말"에서 지적하듯이, 블로크 이전에도 프랑스 농촌사에 관한 퓌스텔 드 쿨랑주(Fustel de Coulanges)나 자크 플라크(Jacques Flach), 앙리 세(Henri Sée) 등 저명한 학자들의 주목할 만한 저서들이 있었지만, 이들은 농촌사에서 농기구 및 윤작과 같은 농업기술과 경제적 측면이 매우 중요했음에도 불구하고 그 중요성을 깨닫지 못하고 제도사적인 접근을 했다.

블로크가 이와 같은 역사인식 아래 이 책을 통해 프랑스 농촌사의 기본특징을 탐구함에 있어 사용한 방법은 무엇일까? 이에 대해서는 그 스스로가 "연구방법에 대한 몇 가지 고찰"이라는 제목으로 된 이 책의 서론에서 밝히고 있다.

그가 프랑스의 농촌사에 관한 주요 연구방법으로 먼저 언급하는 것은 종합화다. 그는 "프랑스의 농촌사 연구는 종합화의 시점에 도달했으며, 이 책은 프랑스 농촌사의 종합적 개관을 목표로 한다"라고 밝히고 있다. 그 이유는 좁은 지역에 한정된 분석적 연구는 결정적인 설명에 필요한 사실에 관한 자료를 제시하고 많은 실적을 쌓을 수는 있지만, 중요한 문제들을 제기할 수는 없기 때문이었다. 종합화는 문제의 해답을 찾기 위해서가 아니라, 무엇이 중요한 문제인지 명확하게 밝히기 위해서 필요하다는 것이다. 또 종합화는 얼마 안 되는 고문서에서 과거에 대한 다수의 소중한 정보를 도출하기 위해서도 필요하다고 한다. 이와 같은 종합화는, 문제를 제기하고 그 해답을 구하는 문제 중심의 전체사를 추구한 블로크에게는 당연히 요구되는 연구방법이라고 하겠다. 그러나 블로크는 종합적 개관에 따른 문제점도 지적한다. 지역에 따라 여러 가지 차이가 존재함에도 불구하고 불가피하게 단순화함으로써 일부 왜곡을 초래하고, 특수한 것보다는 일반적인 것을 강조하며, 지리적 요인의 중요성을 일부 소홀히 하는 등의 한계가 있다는 것이다.

종합화와 긴밀하게 연관된 또 하나의 연구방법은 비교사적 접근이다. 종합화를 통해 중요한 문제가 무엇인지 파악하려면, 지리적으로 넓은 범위에서 비교가 이루어져야 한다는 것이다. 비교를 위해서는 지역을 넘어서 프랑스 전체를 포괄하는 시야가 필요하며, 나아가 가끔은 그것으로도 부족하기 때문에 유럽적 지평에서 프랑스 농촌사의 변화과정을 고찰함이 요구된다. 유럽적 차원에서 고찰할 때만 비로소 프랑스 농촌사에서 일어난 변화의 진정한 의미가 이해될 수 있기 때문이다. 비교는 무리하게 동류시하는 것이 아니라 그와 정반대로 구별하는 것이며, 대비를 통해서 공통된 특징과 동시에 고유의 특성들을 추출해 내는 것이다. 비교사적 연구방법을 사용함으로써 프랑스 농촌사의 독특한 성격과 프랑스 내 다양한 지역적 차이가 밝혀질 수 있다는 것이다. 실제로 그는 프랑스 농촌사의 특성을 밝혀내기 위해서 프랑스 내의 지역 간을 비교할 뿐만 아니라 자주 유럽적 차원에서 영국이나 독일 등 다른 나라들과 비교하곤 한다. 그뿐만 아니라, 일일이 비교하지 않더라도 이 책의 주제이자 제목인 '프랑스 농촌사의 기본성격'은 전체적으로 어디까지나 유럽적인 차원에서 다른 나라들의 농촌사와 비교하는 가운데서 분석되고 추출된 것이다. 뤼시앵 페브르는 1952년 이 책의 머리말에서 이런 점을 지적하여, 블로크에게는 농촌사가 농업기술사와 장원제의 역사 및 유럽 민족들의 비교발전사가 서로 연관되어 있다고 말했다. 이처럼 넓은 시야에서의 비교는 블로크 이전의 농업사가들이 농업문제가 하나의 코뮌이나 지방 차원에서가 아니라 유럽적인 차원에서 연구될 수 있음을 깨닫지 못했음을 생각할 때, 농업사에 대한 블로크의 또 하나의 획기적인 공헌이라고 하겠다.

블로크가 프랑스 농촌사의 구조적 특징을 탐구함에 있어 대단히 중요시하고 가장 강조하며 많이 사용한 저자 특유의 농촌사 연구방법은 시간의 역방향으로 추적하는 소급적 연구방법이다. 그는 문구해석에 주관이 개입될 수 있는 문헌기록을 이용하지 않고서도 직접적 관찰이 가능한 뒤르켐의 '사회적 사실'이라는 개념을 역사 연구에 도입했다. 사회구조는 현재까지 잔존해 온 구체적인 제도적·물질적 모습들 속에 흔적을 남긴다고 보고, 이런 사회적 사실이 드러나는 물질적 잔존물에 대한 고고학적 분석을 통해 구체적인 과거의 자취를 추적했다. "과거를 설명하기 위해서는 먼저 현재나 적어도 현재와 아주 가까운 과거를 살펴봐야 한다"는 것이다. 현재의 흔적에 의한 과거의 이해 방법은 완만한 변화를 특징으로 하는 농업사 분야에서 무엇보다 잘 적용될 수 있다. 특히 농업사 연구에서는, 18세기 이전에는 글 쓰는 사람들이 농경생활에 대해 거의 관심을 갖지 않아 문헌사료가 매우 부족하기 때문에 반드시 채용되어야 한다고 한다.

"역사가는 언제나 문헌기록의 노예다. 특히 농업사 연구에 헌신하는 역사가는 다른 어떤 역사가보다도 그렇다. 마법사의 주문과 같은 과거의 뜻 모를 문헌기록을 해독하고 싶다면, 대체로 농업사가는 거꾸로 역사를 읽어야 한다."

그래서 그는 전통적인 농업사가들과는 달리 법적·제도적 관계에서가 아니라 실제로 농민들이 일하고 생활했던 경지형태나 촌락의 흔적을 통해서 프랑스 농촌사를 재구성하려고 노력했다. 그는 농업사 가운데서도 소급적 연구방법이 적용되어야 할 대표적인 사례로, 사료라곤 후대에 관한 약간의 성문화된 관습집과 지적도 정도밖에 존재하지 않는 휴작지 공동방목과 관련된 경지제도를 들고 있다.

그러나 그는 소급적 연구방법은 함정에 빠질 우려가 있기 때문에 조심해야 한다고 강조한다. 고문서들에 대해 적절한 질문을 해야만 제한적 해답이나마 구할 수 있음에도 불구하고, 간단명료한 결론을 도출하고자 하여 상식에 어긋난 해석을 시도할 가능성이 있다는 것이다. 특히 중요한 것은 추론의 방법으로, 이에 주의하지 않으면 여러 가지 오류를 범하기 쉽다. 예컨대 예전의 농업관습은 불변적이라고 전제하여, 오늘날의 특징적 현상을 먼 과거에도 그랬으리라고 단정하는 것이다. 그렇기 때문에 최근의 현상으로부터 선사시대와 같은 먼 시대로 바로 건너뛰어 연결시키려고 하지 말고 변화의 과정을 단계적으로 면밀히 고찰해야 한다고 한다.

블로크는 서론에서 스스로 밝힌 이와 같은 주요 연구방법 외에도 본문의 서술에서 촌락의 이름을 언어학적으로 분석하기도 하고, 게르만족의 묘지에 대한 고고학적 연구성과를 이용하기도 하며, 자연지리적·인문지리적 접근도 한다. 이와 같은 여러 가지 인접학문의 연구방법과 성과의 이용은 전체사적·구조사적 역사를 추구하기 위해서는 인간에 관한 모든 학문 분야의 연구방법론과 성과가 이용되어야 한다고 생각하는 그로서는 당연하다고 하겠다.

그뿐만 아니라 여러 학문 간에 그리고 심지어 여러 민족의 학자들 간에 협력하는 공동연구도 필요하다고 한다. 예컨대 코 지방에 대한 스칸디나비아 사람들의 정주에 관한 연구에 대해서 블로크는 "스칸디나비아 사람들의 정주 역사에 대한 연구는 거의 지명 연구를 통해서만 이루어졌으나, 여기에다 분할지의 배치도에 대한 연구가 추가될 필요가 있다. 그런데 이런 연구는 여러 전공분야의 학자들과 어쩌면 여러 민족 출신의 학자들 사이의 협동연구를 통해서만 만족할 만한 성과를 거둘 수 있을 것이다"라고 말하고 있다.

블로크 스스로가 밝힌 바에 의하면, 그가 프랑스 농촌사의 기본적 특징을 연구함에 있어 사용한 주요 사료로는 성문화된 관습집과 법률서적, 1766~1787년간 3차에 걸쳐 대대적으로 실시된 토지조사 사업을 통해 작성된 방대한 지적부(地籍簿), 루이 14세 시절부터 작성되기 시작하여 18세기에 크게 증가한 지적도 등이다. 이와 같은 사료의 활용은 특허장과 같은 증서대장을 주로 사용한 블로크 이전의 농촌사 연구자들의 사료와는 전혀 다른 것이다. 물론 그는 그가 밝힌 이들 주요 사료 외에도 수많은 진정서, 칙령이나 포고문, 각종 단체의 결의사항, 심지어 문학작품 등 각종의 문헌기록을 이용한다. 이런 자료도 그 이전의 역사가들이 거의 이용하지 않은 것들이다. 새로운 역사 인식 아래 새로운 연구방법을 사용한 그에 의해 역사연구에 사용되는 사료는 새로운 시각에서 대량 개발되어 풍부해졌다.

그런데 사료는 역사가가 알려고 하는 것을 스스로 알려 주는 것이 아니라 역사가가 적절한 질문을 할 때만 많은 것을 알려 준다고 한다. 특히 재판절차나 판결과 관련된 증거 및 소송 관련 문서가 그렇다고 한다. 이러한 사료접근 방식은, 관찬사료 위주의 문헌사료를 엄격히 비판하기만 하면 역사적 사실이 저절로 드러날 것같이 믿은 기존의 랑케식 사료취급 태도와는 근본적으로 다른 것이다. 블로크는 이렇듯 사료의 개념과 이용방법에도 혁신적 변화를 가져왔다.

4. 학계에 대한 이 책의 영향과 의의

마르크 블로크가 이 책뿐만 아니라 그의 글 전체를 통해 주장하고 실천한 문제 중심의 전체사와 구조사는, 잘 알려져 있다시피 그 후 아날학파의 기본적인 역사 인식과 이론이 되어 세상에 널리 알려지고 더욱 정치하게 발전했다. 여기서는 블로크의 역사학과 학문 일반이 아날학파를 매개로 하여 학계에 미친 영향은 제외하고, 『프랑스 농촌사의 기본성격』에 한정하여 이 책이 특히 서양 중세사를 비롯한 역사 학계에 실제로 미친 영향을 간략하게 개관하고자한다. 물론 블로크는 1931년에 이 책이 출판된 후에도 그가 사망할 때까지 농촌사에 관한 연구활동을 계속했다. 초판 출간 이후의 이런 연구도 학계에 영향을 끼쳤음에 틀림없다. 그러나 뒤에서 다시 말하겠지만 그 후의 그의 농촌사 연구는 이 책을 보완하는 연장선

상에서 행해졌고, 책 내용 중의 일부나 논문 또는 서평과 같은 산발적 형태로 발표됨으로써 농촌사에 관해 집중적으로 다룬 이 책만큼 영향이 클 수가 없었다. 그렇기 때문에 농촌사와 관련하여 학계에 대한 그의 영향은 사실상 이 책을 중심으로 이루어졌다고 해도 과언이 아니다.

블로크가 이 책에서 제시한 농촌사 연구의 방법론과 제반 학설은 제2차 세계대전 후 프랑스 농촌사를 비롯한 서양의 사회경제사 학계의 주류를 형성하며 오늘날까지 면면히 이어지고 있다고 할 수 있다. 이것은 무엇보다 블로크가 사망한 지 40여 년이 지난 1986년에 사회과학고등연구원(École des Hautes Études en Sciences sociales)과 파리 독일역사연구소(Institut Historique Allemand de Paris)가 조직한 그에 대한 국제 심포지엄에 여러 나라 출신의 많은 학자들이 참가한 것을 보면 알 수 있다. 이 심포지엄에는 프랑스는 물론 독일, 영국, 벨기에, 이탈리아, 스페인, 미국, 러시아, 스위스, 오스트리아 등지에서 40명에 가까운 역사가들이 참석해서 블로크와 그의 학문을 논했다. 그중에서도 그의 농촌사 연구업적과 관련해서는 부아(G. Bois), 힐턴(R. Hilton), 켈렌벤츠(H. Kellenbenz), 포시에(R. Fossier), 르 루아 라뒤리(E. Le Roy Ladurie) 등 쟁쟁한 농촌사 연구자들이 비교사를 비롯하여 주요 주제별로 블로크의 농촌사 연구방법이나 학설을 분석·평가하고 그의 연구성과의 토대 위에 더욱 발전된 견해를 제시하고 있다.[3] 특히 농촌사 부분의 이들 글에 대

....

3   이 심포지엄의 발표문들은 1990년에 파리에서 H. Atsma & A. Burguière (Hg.), *Marc Bloch aujourd'hui. Histoire comparée & Sciences sociales*이라는 책 제목으로 출판되었다. 그중에서 블로크의 농촌사 연구에 관해 다룬 부분은 이 책의 pp. 159~252에

한 서문을 쓴 벨기에의 중세사 연구 대가 제니코(L. Génicot)의[4] 솔직한 고백은 서양 학계의 농촌사 연구자들에게 블로크의 영향이 얼마나 큰지를 잘 보여준다.[5] 그는 그 자신이 농민 연구에 헌신하고자 결심하게 된 것은 젊은 시절에 블로크의 이 책을 읽은 것이 계기가 되었다고 하면서, 문제제기와 해법, 자료 및 인간활동의 흔적 연구와 질문방법, 소급적 연구방법, 학제간(學際間) 연구, 종합화, 비교사적 연구방법 등 여러 가지 연구방법과 개념들을 블로크로부터 배웠다고 토로하고 있다. 그는 결론적으로, 블로크가 이 책과 이에 뒤이은 논문들에서 제기한 문제들은 일반적으로 지극히 타당하며 제시한 연구지침과 연구방법은 여전히 전적으로 유효하고 생산적임이 증명되었다고 주장한다.

또 1990년대 중반에 출판된 중세 농촌사 연구자들의 집단적 논문집에서도 마르크 블로크의 학문적 전통이 굳건하게 계승되고 있음을 확인할 수 있다. 1995년에 프랑스를 위시하여 벨기에, 독일, 스페인, 영국 등 여러 나라 출신의 50명이 넘는 역사가들이 중세 농촌사 연구의 거장 포시에의 학문적 업적을 기념하여 "중세 농촌 사람과 공간"을 주제로 기고한 논문집이 발간되었다.[6] 이 책의 머리말에서 마르크 블로크는 "당신과 우리들의 정신적 비조"(votre- et notre-père spirituel)로 일컬어지고 있다. 여기서 '당신과 우리들'이

....

게재되어 있다.

4   그의 대표적 저서로는 *L'économie rurale namuroise au bas Moyen Âge (1199~1429)*, 4 vols., Louvain, 1943~1995이 있다.

5   *Marc Bloch aujourd'hui*, pp. 159~163 참조.

6   E. Mornet, dir., *Campagnes médiévales: l'hommes et son espace. Etudes offertes à Robert FOSSIER*, Paris, 1995.

란 말할 것도 없이 이 책의 헌정 대상자인 포시에와 논문 기고자들을 가리킨다.

이런 집단적인 글 외에도 농촌사 학계에 대한 마르크 블로크의 절대적 영향을 입증하는 여러 훌륭한 역사가들의 증언은 많다. 예컨대 농업 부문을 비롯하여 중세사의 다방면에 걸쳐 수준 높은 글을 무려 300편 넘게 쓴 대학자 뒤비(G. Duby)는 블로크의 『프랑스 농촌사의 기본성격』으로 인해 비로소 프랑스의 농촌사 연구가 큰 발전의 전기를 맞이했다고 말한다.[7] 또 중세 기술사를 연구한 미국의 역사가 화이트(L. J. White)는 블로크의 학문적 업적에 감동하여 그를 스승으로 생각하고 중세의 기술과 사회변화에 관한 그의 노작을 블로크에게 바쳤다.[8] 이렇듯 오늘날 서양의 역사 연구자들 사이에서는 블로크의 『프랑스 농촌사의 기본성격』이 농촌사 연구의 바람직한 신경지를 개척하고 그 발전에 획기적으로 기여한 것으로 더없이 높이 평가되고 있다.

물론 블로크의 학설들에 대한 반대나 비판이 없는 것이 아니다. 블로크의 봉건사회 형성에 관한 학설의 경우, 페리스트(L. Ver-riest)나 마누노르티에(É. Magnou-Nortier)와 같은 일부 중세사가들의 거센 도전을 받았다. 벨기에의 법제사가인 페리스트는 블로크가 농노신분 특유의 의무로 간주한 인두세, 결혼세, 상속세 등의 신

<hr />

7   G. Duby & A. Wallon, éd., *Histoire de la France rurale*, 1. *La formation des cam-pagnes françaises des origines à 1340*, Paris, 1974, "Préface" 참조.

8   L. Jr. White, *Medieval Technology and Social Change*, Oxford, London, Glasgow, 1962.

분세는 농노에게만 부과된 것이 아니라고 반박한다.[9] 마누노르티에는 카롤링조 이후 카페왕조 아래서도 국가는 건재했고 고전고대로부터 내려오는 법률지식은 계속 전수되고 있었으며 외세의 침략은 과장되었다고 한다.[10] 블로크에 대한 이들 맹렬한 반대자들뿐만 아니라, 심지어 블로크로부터 큰 영향을 받았다고 자처하고 그의 학설을 옹호하는 역사가들도 그의 학설에 부분적으로 여러 가지 문제가 있음을 인정한다. 예컨대 『프랑스 농촌사의 기본성격』으로부터 전적인 영향을 받았다고 말하는 제니코는 블로크가 특정 주제를 중시한 나머지 여러 종류의 영주권을 구별하지 않았으며 귀족의 기원에 관한 주장에는 근본적 문제가 있다고 한다.[11] 또 농노제를 비롯한 봉건사회에 대한 블로크의 견해 일반에 적극 동조하는 보나시도 농노제에 관한 블로크의 주장에는 여러 가지 세부적 결함이 있다고 말한다.[12] 블로크의 농촌사 연구 전통을 이어받아 중세 농촌사에 관한 많은 연구업적을 낸 포시에는 분할지에 관한 블로크의 견해는 이에 대한 연구의 길을 개척한 커다란 의의가 있지만, 기다란 개방경지제도가 실시된 지방의 분할지에 관한 블로크의 설명을 자세히 뜯어보면 문제점이 있다고 하면서, 그 나름의 수정된 '가설'을 제시

....

9   P. Bonnassie, "Marc Bloch, historien de la servitude. Réflexions sur le concept de 《classe servile》", *Marc Bloch aujourd'hui*, pp. 365~366 참조.

10 E. Magnou-Nortier, "Les lois féodales" et la société d'après Montesquieu et Marc Bloch ou la seigneurie banale reconsidérée", *Revue historique*, CCLXXXIX (1993), pp. 321~361 참조.

11 *Marc Bloch aujourd'hui*, pp. 162~163.

12 P. Bonnassie, "Marc Bloch, historien de la servitude", *Marc Bloch aujourd'hui*, pp. 363~387 참조.

한다.[13] 그리고 보면, 농촌사에 관한 블로크의 학설을 전반적으로 반대하는 연구자는 물론이고, 지지하는 입장을 취하는 학자들도 블로크의 여러 가지 학설이 세부적으로는 문제가 있음을 인정하지 않는 사람은 거의 없다고 하겠다. 단지 이들 후자는 그런 문제점에도 불구하고 블로크 학설의 기본적 타당성과 그 소중한 가치에 비춰볼 때, 그런 세부적 문제는 대수로운 것이 아니며 학설의 기본 취지를 살려 더욱 발전시켜 나가야 할 것으로 생각한다고 할 수 있다.

그런데 사실은 마르크 블로크는 『프랑스 농촌사의 기본성격』을 쓰기 시작하는 단계에서부터 자신의 견해가 완벽하다고는 결코 생각하지 않았다. 그는 이 책의 서론에서 "연구자들에게 유용한 연구지침을 제공할 수 있을 것으로 보이는 몇 가지 가설"을 제시하고자 할 뿐이라는 아주 겸손한 자세를 취하고 있다. 그러면서 그는 "결국 학문 연구에서는 모든 주장이 단지 가설에 지나지 않을 뿐임을 언제나 인정해야 되지 않을까? 보다 깊은 연구가 이루어져서 나의 이런 시도가 전혀 근거 없는 것으로 밝혀지는 날에, 내가 부정확한 추측을 제시함으로써 역사적 진실 자체를 인식하는 데 기여했다고 생각할 수만 있다면, 나는 나의 노력에 대해 충분한 보상을 받았다고 간주할 것이다"라고 말하고 있다. 이처럼 그는 이 책에서 말하고자 하는 것을 언제나 '가설'이라는 이름으로 표현하고 있으며, 기껏해야 연구자들에게 연구의 향도 노릇을 하려고 한다고 하고 있다. 그래서 그는 책에서 단정적인 표현을 별로 쓰지 않고 의문문을

....

13   R. Fossier, "Observations sur le parcellaire", *Marc Bloch aujourd'hui*, pp. 219~
       222.

많이 쓰며 증거와 논리에 입각해 차근차근 추론해 가는 방법을 사용한다.

또 블로크는 생전에 1931년에 발간된 이 책의 초판이 그의 생전에 절판되자 서론을 비롯하여 몇몇 장을 전면적으로 개정하고 지면을 확대해서 재출판할 계획이었다고 한다.[14] 그는 이런 계획을 실천하지 못하고 말았지만, 1931년 이후 1944년 독일군에 체포되어 처형될 때까지 논문, 서평 등을 통해 초판본에서 제시된 견해를 끊임없이 다듬고 수정했다고 알려져 있다. 블로크의 제자 도베르뉴 (Robert Dauvergne)는 블로크가 초판 이후 자신의 견해에 대해 언급하고 첨삭하며 수정한 모든 자료를 수집하여 블로크의 원저에 일일이 상세한 보충 주석을 단 책을 출간했다.[15] 우리는 이 책을 통해 블로크가 애초부터 자신의 견해를 조금도 완전무결한 것으로 생각하지 않았다는 사실을 확인할 수 있으며, 부정확하거나 근거가 부족한 자신의 견해를 바로잡으려고 얼마나 노력했는지를 일목요연하게 알 수가 있다.

이와 같이 마르크 블로크가 『프랑스 농촌사의 기본성격』에서

....

14 Marc Bloch, *Les caractères originaux de l'histoire rurale française*, Librairie Armand Colin, Paris, 1952, 뤼시엥 페브르의 '머리말'(Avertissement au lecteur) 및 Marc Bloch, *Les caractères originaux de l'histoire rurale française. Supplément établi d'après les travaux de l'auteur (1931~1944) par Robert Dauvergne*, Librairie Armand Colin, Paris, 1956, 로베르 도베르뉴의 '머리말'(Préface) 참조.

15 그것이 1956년 파리의 아르망 콜랭 출판사(Librairie Armand Colin)에 의해 출판된 *Les caractères originaux de l'histoire rurale française. Supplément établi d'après les travaux de l'auteur (1931~1944) par Robert Dauvergne*이다. 이 책은 원래 1952년 파리에서 같은 출판사에 의해 출간된 *Les caractères originaux de l'histoire rurale française*의 제2권으로 계획된 것이다.

피력한 여러 가지 학설 가운데 일부는 오늘날에는 상당히 수정되지 않으면 안 되게 되었고, 특히 세부 내용에서는 다수의 문제점이 드러났다. 그러나 전체적인 면에서는 여전히 이 책에서 밝힌 그의 견해가 유효하거나 농촌사 연구자들에게 연구의 지침 역할을 하고 있으며, 적어도 영감의 원천으로 작용하고 있다고 할 수 있다.[16] 블로크 이후 농촌사 연구에서 많은 성과가 나와 그의 견해가 수정되게 된 것도, 따지고 보면 그 다수가 블로크가 개발한 농촌사 연구의 새로운 방법과 설명의 틀을 활용한 결과라고 볼 수 있다. 농촌사 연구자들의 대부분은 거시적 설명을 시도하는 경우든 미시적 연구를 수행하는 경우든 간에 블로크의 학문적 영향권에서 크게 벗어나지 못한 채, 그가 권장한 연구방법으로 그의 견해를 심화시키거나 수정하는 방식으로 연구를 진행하고 있다고 해도 지나친 말이 아닐 것이다. 이런 그들과 반대 입장에 있는 연구자들이 불러일으키는 논쟁의 많은 부분도 사실은 그의 학설을 반박하는 가운데 생겨난 것이므로, 블로크는 논쟁의 중심인물이 됨으로써 또 다른 면에서 학계의 연구발전에 이바지하고 있다고 하겠다.

한편 그의 연구방법론은 농촌사 학계를 넘어서서도 널리 유익한 성과를 낳고 있다. 이를테면 그가 이 책을 비롯하여 여러 저서와 논문들에서 그토록 강조한 비교사적 연구방법은 여러 지역사회 간의 비교연구를 촉발하고, 이런 비교연구를 바탕으로 해서 지금까지 두 차례에 걸친 건설적인 이행논쟁이 전개되는 의미 있는 결과를

....

16   르 루아 라뒤리가 블로크가 이 책에서 제시한 견해에 영향을 받아 인구, 토지소유관계, 농업생산 등의 요소를 중심으로 14세기에서 18세기에 걸친 생태학적 농업사를 시도하고 있는 것이 이에 대한 사례가 된다. *Marc Bloch aujourd'hui*, pp. 223~252 참조.

가져왔다. 이처럼 마르크 블로크의 『프랑스 농촌사의 기본성격』은 오늘날에 이르러서도 프랑스 농촌사를 비롯한 사회경제사 연구자들의 길잡이이자 신선한 자극제 역할을 하고 있다. 이런 역할은 앞으로도 상당 기간 지속될 것으로 예상된다.

찾아보기